열린 동아시아,
인문한국의 비전

동아시아학술원총서
14

열린 동아시아,
인문한국의 비전

김경호 · 손성준 책임 편집

성균관대학교
출 판 부

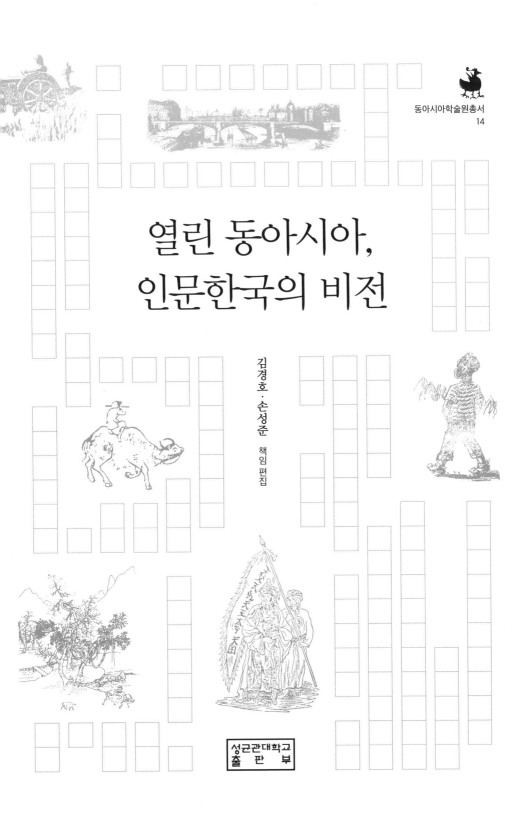

서문

이 책의 제목『열린 동아시아, 인문한국의 비전』은 사실 도발적인 면이 있다. 마치 한국연구재단이 주관해온 '인문한국' 사업을 우리가 대변하겠다는 듯한 '오만함'이 묻어나오기 때문이다. 실제로 이 제목은 2018년 3월부터 성균관대 동아시아학술원이 진행한 인문한국플러스(HK+) 사업의 과제명과 일치한다. 이는 동아시아학술원이 2007년부터 10년간 수행해온 인문한국(HK) 사업의 후속 프로젝트로서, 애초에 대형사업단으로 분류되던 동아시아학술원이 연구인력의 규모를 유지하며 연이어 참가하였기에 결과적으로 전국의 모든 HK+사업단 중에서도 가장 풍부한 인적 자원(HK교수 15명, HK연구교수 3명, 일반연구원 5명)이 함께한 사업이 되었다. 즉,「열린 동아시아, 인문한국의 비전」이 도발적 인상을 준다는 것을 모를 리 없지만, HK+사업의 과제명으로 밀어붙인 데에는 이처럼 '규모'에서 오는 자신감이 배경으로 자리 잡고 있다. 물론 HK사업의 첫 10년간 누차 우수 연구기관으로 선정된 경험도 투영되어 있었으니, '질'에서 오는 자부심 또한 적지 않았다.

해당 과제명을 고스란히 책 제목으로 옮긴 이유는, 이 책에 2025년 2월로 종료되는 HK+사업 7년간의 연구성과를 종합하는 의미를 담았기 때문이다. 즉, 이 책은 '인문한국'이라는 고유명사와 함께 동아시아학술원이 수행해온 7년, 더 소급하자면 17년의 연구 활동을 매듭짓는 위치에 있다. 19명의 공동저자가 예외없이 HK+연구인력으로만 구성되었다는 점도 강조해두고자 한다.

제목의 배경을 설명했으니, 이제 제목의 내재적 의미에 대해 부연

해보고자 한다. 이미 명시적으로 드러나 있듯, 우리는 '열린 동아시아'를 '인문한국의 비전'으로 삼고자 했다. 그렇다면 '열린 동아시아'란 무엇인가? 이에 대해선 총서의 제목에서부터 '열린 동아시아'를 적용한 전례를 통해 짚어보려 한다. 박이진·이영호가 주편을 맡은『방법으로서의 열린 동아시아』(성균관대학교출판부, 2022)가 그것이다. 이 책의 서문에서는 '열린 동아시아'의 정의와 의의에 대해 아래와 같이 설명하고 있다. 아마도 이는 '열린 동아시아'의 개념과 지향점에 대한 가장 적절한 설명일 것이다.

> 방법과 시각으로서의 '열린' 동아시아는 동아시아의 역사와 문화를 특정 시간이나 시대, 국가나 지역, 분과학문에 국한하지 않고 서로의 경계를 열어두고 접근한다는 인식론적 방법과 시각을 말한다. 시간상으로는 고대에서부터 동시대에 이르는 시간을 연결하거나 넘나들고(transhistorical), 공간상으로는 일국적, 지역적 경계를 가로지르는(transnational or transregional) 방법과 시각, 학문 간의 장벽을 허물고 상호교섭을 추구하는 자세이다. 이러한 태도에 바탕하여 비전으로서의 '열린' 동아시아, 즉 인문학적 가치의 대중사회화를 지향하고자 했다. 장기지속적인 관점에서 동아시아 공동의 역사 경험과 삶에 기반한 이론과 보편성을 추구하는 것을 목적으로 바로 지금 여기, 우리의 삶을 통해 세계와 인류를 바라보는 인문학적 통찰과 지혜를 탐구해보는 것이다.

이렇듯 '열린 동아시아'는 단순히 한국·중국·일본을 통합적으로 연구하는 수준을 넘어, 시공간과 학제를 넘나드는 방법이자 시각 그 자체로 고안된 용어이다. 여기에 인문학과 대중의 접점을 확대하고자 하는 문제의식 또한 겸비하고 있다. 앞서 언급한 총서『방법으로서의 열린 동아시아』가 '교양총서'로 기획되었던 것도 대중과 함께 호흡하고자 노력했던 흔적이다. 요컨대 우리가 지향하는 것은 거의 모든 학문적 대상과 범주, 그 경계와 미개척지, 그리고 사회에 대해서도 '열려 있는' 동아시아학이다. 그리고 바로 여기에 한국 인문학의 비전이 있다고 믿는다.

물론 크게 열려 있기에 공허한 외침에 그칠 위험성도 존재한다. 인문학이나 사회과학 분야에서 '동아시아'라는 키워드 자체가 이미 상용어처럼 되어버린 지금, 과연 '열린 동아시아'가 제시할 수 있는 새로운 지평이란 무엇인가? 이 질문에 답하기 위해 동아시아학술원 HK+사업단은 3대 핵심 연구영역을 설정하였다. 바로 「사회적 관계성」, 「난(亂)과 민주주의」, 「열린 지식과 표상」이다. 이 책의 제2부, 제3부, 제4부의 챕터명은 각각 3대 영역의 제명을 그대로 반영한 것이며, 이 책에 실린 모든 논문은 3대 연구영역 중 하나에 속한다. 각 영역에 대한 설명은 후술하도록 한다.

제1부의 제목은 '동아시아 연구의 현재와 미래'이다. 3대 연구영역과 별개로 제1부를 추가한 이유는 주로 영역별로 진행되어온 연구들을 한 자리에 묶는다는 이번 총서의 취지를 보다 적극적으로 반영하기 위함이다. 그렇다고 제1부에 실은 5편의 논문들이 2부, 3부, 4부에 비해 특별한 위치에 있다고는 볼 수 없다. 19편의 논문 전부가 동아시아 연구를 지향한다는 점에서는 공통되기 때문이다. 따라서 제1부는 제목에서부터 '동아시아'를 내세운 논문을 위주로 구성하는 방법을 택하였다. 여기에 3대 연구영역, 연구 대상 시기, 그리고 전공별 다양성을 추가로 고려하였다. '동아시아'를 의식적으로 표방하는 만큼 제1부의 글들은 저마다의 방식으로 비교의 시각을 적용함으로써 동아시아적 현상에 주목하고 있다.

배항섭은 인류가 질병·기후·환경 등 전지구적 차원의 위기에 직면하고 있는 지금, 동아시아사 연구 역시 새로운 단계로 나아가야 한다는 문제의식 속에서 그동안의 동아시아사 연구의 성취와 한계를 독자적 시각으로 재구성하였다. 박소현은 명청대 중국의 공안소설과 조선

후기 송사소설을 동아시아 범죄소설이라는 범주로 설정하였으며, 법문학비평의 관점에서 『와사옥안』을 분석하였다. 김용태는 조선의 문체반정, 청조의 문자옥, 일본의 이학금지를 '유학의 재구성'에 요청하는 시대적 흐름에 국가 권력이 개입한 동아시아 사상사 차원의 사건으로 바라보았다. 손성준은 『월남망국사』의 번역을 둘러싼 중국(저본)·한국(역본)·일본(검열)의 역학을 고찰하는 한편, 금서로 지정되어 회고의 대상에만 머물던 『월남망국사』가 해방기를 맞아 재역(再譯)되었으나 결국 냉전 질서 속으로 편입되어간 사정을 밝혔다. 임우경은 일본군이 운영했던 '위안소'가 일본의 패전 이후 한국과 대만 등 동아시아 각지로 연쇄되어 간 현상에 주목했다.

제2부의 제목 '사회적 관계성'은 3대 핵심 연구영역 중 첫 번째 항목에서 가져왔다. 이 연구영역에서는 주로 사회적 관계가 형성되는 과정과 거기서 파생된 문제의 연원에 대해 탐색해왔다. 이번 책에서 김경호는 대표적 고전 『논어』와 『사기』의 사례를 들어 익히 알려진 전세문헌의 내용과 출토된 문헌 사이의 '차이'를 논하였다. 그는 고전의 텍스트성이 가변적일 수밖에 없다는 사실로부터 고전에 대한 학제적 연구의 필요성을 도출한다. 고은미는 14세기의 원(元)이 조공 체제의 안과 밖에 위치하던 고려와 일본에 대하여 각기 다른 방식으로 해상 교역을 맺었던 사실에 주목하여 관련 법령과의 연관성을 탐색하였다. 김영죽은 선비와 상인의 경계에 놓여 있던 조선 후기 역관(譯官)의 존재 양상을 고찰함으로써 '유상(儒商)' 혹은 '사상(士商)'이라는 용어를 보다 확대 적용해야 할 것을 주장하였다. 박이진은 1980년대 이후 일본정부의 외국인 정책 변화와 맞물려 있던 혼혈 담론의 사회적 변동을 살폈다. 그는 혼혈의 다양성이 소거되는 맥락이 결국 일본인과 외국인의 구분이라는 이분법으로 수렴되고 있음을 밝히고 있다. 장무후이는 최근 중국에서 출현한 '신질생산력(新質生產力)'의 개념과 특징을 소개하며, 그것이 미국·중국 무역

갈등의 맥락 속에서 채택된 '질' 중심의 경제발전 전략이며 다양한 국제적, 사회적 문제 해결을 위한 전략을 내포하고 있음을 논하였다.

제3부의 제목은 3대 연구영역의 두 번째인 '난과 민주주의'다. 이 연구영역에서는 주로 난민이나 혁명의 역사적 성격과 개념, 혐오의 문제 및 여성의 자기표현 등에 대해 다루어왔다. 이번 책에서 이평수는 태평천국의 난과 관련된 대표적 삽화인 남경득승도(南京得勝圖)가 기왕의 인식대로 청나라 군대에 의해 멸망하기 직전이 아니라 오히려 세력이 강성하던 1853년에 이미 제작되었음을 밝히며, 이로부터 태평천국을 둘러싼 중국의 허위 선전 및 서구 국가의 시선 등을 새롭게 분석하였다. 박은영은 19세기 일본의 보신(戊辰)전쟁에 참여한 여성 니지마 야에(新島八重)에 주목하여, 그동안의 여성사 연구의 이분법적 이해 방식(근세=억압, 근대=해방)에 문제를 제기하였다. 이 구도에서 벗어난 아이즈번의 패자 야에의 경우, 오히려 근대가 차별과 억압의 시작일 수도 있었다는 것이다. 김예진은 남한 단독 정부 수립기에 간행된『월간 아메리카』의 미국소설을 미국의 문화외교 전략의 관점에서 바라보았다. 미국 공보원과 국무성이 기획한 이 번역의 핵심이 결국 미국식 민주주의의 선전에 있었다는 것이 이 글의 핵심이다. 이혜령은 1975년 유엔이 주최한 세계여성대회에 한국 대표단으로 참석한 이효재의 시선을 추적한다. 특히「멕시코 선언」을 둘러싼 냉전적 억압, 그리고 분단의 체험이 이효재가 진보적 좌파 페미니스트로 발돋움한 동력이었음을 밝힌다.

제4부의 제목은 3대 연구영역의 세 번째인 '열린 지식과 표상'이다. 이 연구영역에서는 우리에게 익숙한 지식 및 사상의 이면에 있는 동아시아적 배경, 그리고 관련 텍스트 및 이미지의 재구성에 대해 주로 다루어왔다. 이번 책에서 이영호는 유학자들이 유학의 형성 초기부터 인간의 마음을 탐색해왔다는 사실에 착안하여, 현대인들이 직면하고 있는 불안 및 불행을 극복할 단초 또한 결국 마음에서 찾아야 한다고 진단

한다. 이른바 인심(人心)에서 도심(道心)으로의 전환이다. 임태승은 고문헌을 통해 '성균(成均)'이라는 단어에 내재한 진의(眞意)를 재구한다. '성'과 '균'은 모두 음악과 밀접한 관련이 있었으며, 이는 다시 유가의 '시언지(詩言志)' 전통과 연결된다. 이 점에 착안한 그는 오늘날의 대학에서도 육예(六藝) 교육을 병행해야 한다고 보았다. 고연희는 중국 문학과 중국 회화사에서 유래한 '피리 부는 목동' 관련 이미지가 조선의 팔경시(八景詩) 속에 자리잡는 과정을 분석하였다. 나아가 이미지와 문예 작품이 각기 다른 방식으로 현실을 투영한다는 점을 논하였다. 진재교는 조선 후기에 명나라 문학가 왕세정(王世貞)의 글이 장기간에 걸쳐 논쟁적 방식으로 독해된 현상에 주목하여 '문예 공화국'이라는 개념을 도출하고 있다. 왕세정의 글 자체가 동아시아 문인들을 잇는 가교이자 가상의 소통 공간이었다는 것이다. 정우택은 이용악의 '북방 로컬리티' 성격 변화를 살피며 그의 시 「오랑캐꽃」을 '오랑캐 — 되기'/'비(非)국민 — 되기'를 통해 식민지 전시체제기에 대응한 작품으로서 자리매김하고자 하였다.

　　지난 7년간 동아시아학술원은 「열린 동아시아, 인문한국의 비전」이라는 아젠다 아래 동아시아학이 의미하는 융복합 인문학의 국제적·사회적 효용성을 탐색하는 데 집중해왔다. 구체적으로는 젠더·민주주의·번역 등 기왕의 학술적 화두를 동아시아적 시각으로 확장하였을 뿐아니라, 최근의 글로벌 이슈인 기후 및 환경문제, '생명'의 학제적 재인식 등을 새로운 동아시아학의 화두로 제기하기도 했다. 그 모든 걸음걸음을 이 총서 안에 전부 녹여낼 순 없었지만, 적어도 이 책이 '방법으로서의 열린 동아시아'가 펼쳐온 논제를 '미래가치'로 전환하는 본격적 출발점이 되리라는 점은 의심하지 않는다.

저자들을 대신하여
김경호·손성준 씀

II 사회적 관계성

Ⅲ 난과 민주주의

Ⅳ 열린 지식과 표상

I

동아시아 연구의
현재와 미래

배항섭(裵亢燮, Bae Hang-seob)

성균관대학교 동아시아학술원 교수. 19세기 한국민중사, 19세기 동아시아 비교사, 역사인식론 등에 관심을 가지고 있다. 주요 논저로 『19세기 민중사 연구의 시각과 방법』(2015), 『동아시아는 몇 시인가?』(공저, 2015), 「한국 근대사 이해의 글로벌한 전환과 식민주의 비판 ― 기후변동과 역사 연구의 새로운 방향 모색 ―」(2023), 「최근 조선시대사 연구의 역사 인식과 새로운 방향 모색」(2023) 등이 있다.

1. 머리말

한국에서 동아시아 담론은 1990년대에 들어 출현하고 확산되어 갔다. 여기에는 베를린 장벽과 현실 사회주의 붕괴, 냉전 질서의 급격한 쇠퇴, 동아시아의 NIES에 이은 중국의 '굴기(崛起)' 등 국제 정치질서의 변화, 그리고 마르크스주의의 퇴조와 포스트모더니즘 등 새로운 사조의 유입이라는 20세기 말~21세기 초반에 걸친 국내외적 환경 변화가 그 배경을 이룬다. 이러한 변화 속에서 한국의 이른바 '비판적' 지식인들의 서구 근대 이해 방식은 심각한 충격에 직면했으며, 동아시아 담론은 이러한 위기에 대응하고 한국과 동아시아의 새로운 미래를 모색하려는 의도에서 나온 것이다.[1]

　　동아시아 담론은 특히 냉전 해체와 서구중심주의에 대한 비판, 국

---

[1] 윤여일, 『동아시아 담론: 1990~2000년대 한국사상계의 한 단면』, 돌베개, 2016, 8~9쪽; 이우창, 「'서구 근대'의 위기와 한국 동아시아 담론의 기이한 여정」, 『코기토』 83, 2017; 백영서, 『동아시아담론의 계보와 미래: 대안체제의 길』, 나남, 2022.

민국가에 대한 비판 등의 문제의식이 결합되어 있었다. 동아시아 담론을 본격적으로 발화한 최원식은 "탈냉전시대"와 급변하는 아시아의 정세 속에서 서구 근대의 극복, 혹은 "국가와 민족의 경계를 넘어 세계적 차원의 민중 세상"을 만들어 나가기 위해 "동아시아적 시각"과 분단모순의 해소가 필요함을 강조하였다.[2] 동아시아 담론의 유행과 함께 성균관대학교 동아시아학술원을 비롯하여 '동아시아' 연구를 표방하는 연구기관들도 많아졌고, '동아시아'를 다루는 논저들도 많이 생산되었다. 역사학 분야에서도 마찬가지였다.

이후 동아시아 담론은 서구중심주의 비판, 자본주의 세계체제에 대한 비판, 그와 관련하여 국민국가 내지 내셔널리즘의 극복과 대안 구상, 그를 위한 동아시아 국가 간 소통·연대와 평화체제 구축('동아시아 공동체론'), 한반도 평화문제 등과 연결되며 논의가 확산되었다.[3] 또 직간접적으로 그와 관련한 동아시아 각국의 학술단체 간 교류, 시민운동 차원의 연대도 시도되어 왔다. 그러나 점차 동아시아 담론의 문제의식은 무뎌져갔고, 학술적 현실적 입지도 좁아지고 있음을 부인하기 어렵다. 이에 대해 1990~2000년대의 동아시아 담론을 분석한 윤여일은 2000년대에 들어 동아시아 담론이 "왜 동아시아여야 하는가?라는 본질적 물음을 누락한 채…… 담론의 물질성이 휘발되어 추상성, 관념성

2　최원식, 「탈냉전시대와 동아시아적 시각의 모색」, 『창작과비평』 79, 1993. 특히 냉전의 해소는 중국의 동아시아 담론과도 밀접한 관련이 있었던 것으로 보인다. 예컨대 쑨거(孫歌)는 이에 대해 다음과 같이 지적하였다. "중국은 '아시아'나 '동아시아'라는 어휘를 오랫동안 줄곧 사용하지 않았으며, 특히 그것을 사상생산의 키워드로는 거의 염두에 두지 않았다. 여기에는 중요한 원인이 있는 데, 나는 이를 냉전이라고 생각한다. 동아시아는 확실히 하나의 총체이지만, 이 총체는 연합의 방식이 아닌 대항의 방식으로 구축된 것이다. 한반도의 분단 체제는 동아시아의 통합방식을 상징한다."(쑨거 지음, 김민정 옮김, 『왜 동아시아인가』, 글항아리, 2018, 14쪽)

3　윤여일은 동아시아 담론을 크게 동아시아 문화정체성론, 동아시아 대안체제론, 동아시아 발전모델론, 동아시아 지역주의론 등으로 구분하였다.

을 노출하곤 했다."고 비판하면서 "동아시아 담론의 학술적 정착과 현실성을 제고하기 위해서는 동아시아 담론 자체의 인식론적 토대를 되묻는 작업이 필요"하다는 점을 지적하였다.[4] 매우 타당한 지적이다.

　이후 동아시아 담론은 또 다른 현실과 마주하게 되었다. 우선 중국의 위상과 미중관계의 변화, 동아시아를 구성하는 핵심인 한-중-일 간의 관계 등 국제정치 면에서 일어난 변화를 빼놓을 수 없을 것이다. 나아가 C-19 바이러스의 팬데믹(pandemic)에 따라 한층 급박하게 대두된 기후위기와 생태위기야말로 한국과 동아시아만이 아니라 인류 전체가 당면한 가장 중요하고 근본적인 도전일 것이다. 따라서 동아시아 담론의 인식론적 토대를 되묻는 작업은 더욱 절실하다고 생각한다. 더구나 단지 서구와 달랐던 동아시아사에 대한 유형적 접근이나, 동아시아 고유의 발전모델이나 문화적 정체성을 추구하는 연구가 아니라 동아시아 연구를 통해 '대안체제' 혹은 새로운 질서의 가능성을 타진하고자 한다면 무엇보다 지금까지 역사학 등의 학문을 수행해온 인식론적 기반에 대한 근본적 성찰이 요청된다.

　특히 한국의 '동아시아사' 연구는 그런 면에서 갈 길이 멀다. 지난 20여 년 동안 한국의 동아시아 담론에서는 역사적 경험을 통해 동아시아에 접근하여 동아시아사를 새롭게 이해하고 구성하려는 노력이 매우 미흡하다. 현재에도 크게 나아졌다고 보기 어렵다.[5] 이는 무엇보다 '동아시아사'를 구성하는 데 전제가 되는 연구 자체가 아직 많이 부족하다는 점과 관련이 있을 것이지만, 역시 동아시아의 역사를 어떻게 접근하고, 그를 통해 무엇을 할 것인가에 대한 고민이 아직 정리되지 않

4　윤여일, 앞의 책, 8~9쪽.

5　최근 백영서는 이와 관련하여 동아시아 담론과 동아시아사의 해후라는 관점을 제시한 바 있다. 백영서, 「아시아담론과 동아시아사의 해후-비판적 지구지역사의 길-」, 『동양사학연구』 164, 2023 참조.

았다는 점과 무관하지 않다고 생각된다.[6]

이글에서는 동아시아사 연구의 방향과 관련하여 20세기의 역사학 연구를 지배해온 인식론인 근대중심주의 비판을 위한 하나의 방법이라는 측면에 주목하여 그 가능성을 모색해보고자 한다. 근대가 추구하던 자유와 평등, 민주주의 같은 '가치'들은 이미 출발부터 문제를 안고 있었지만, 21세기에 들어 그것이 가진 파괴적 약탈적 성격이 더욱 두드러지고 있다. 근대인들의 욕망과 '발전'이 초래한 기후위기 생태위기, 그리고 여전히 이어지는 전쟁은 그것을 대변한다. 형해화한 근대적 '가치'들은 이른바 '신냉전' 시대를 상징하는 '가치동맹'과 같이 사실상 근대가 추구해온 가치를 배반하고 오히려 공격하는, 힘에 의한 '야만'의 질서를 구축하는 데 이용되는 정도로 타락하고 몰락하였다.

이를 위해 여기서는 먼저 20세기를 이끌어온 서구중심·근대중심의 역사인식, 그리고 거기에 내포된 인간중심의 역사인식을 비판적으로 검토해보고자 한다. 다음으로 현재 인류가 당면하고 있는 글로벌화, 불평등과 차별, 기후 및 환경문제라는 엄중한 도전과 과제들이 서로 복합적으로 얽혀 있다는 점을 강조하고자 한다. 서구중심주의·근대중심주의·인간중심주의를 넘어서는 새로운 역사인식의 모색과 관련하여 간과할 수 없는 도전과 과제들이기 때문이다. 이어 이른바 캘리포니아 학파의 동아시아, 특히 중국 경제사 연구의 내용과 문제점을 근대중심주의(modernocentrism)및 인간중심주의(anthropocentrism)와 관련하여 비판적으로 검토하고 새로운 연구의 가능성을 모색해보고자 한다.

---

6 이에 대해서는 배항섭, 「동아시아사 연구의 시각 - 서구·근대중심주의 비판과 극복」, 『역사비평』109, 2014 ; 「방법으로서의 '동아시아사' 연구와 새로운 역사상의 모색-근대중심주의(modernocentrism) 비판과 트랜스히스토리칼(transhistorical)한 접근-」, 『대동문화연구』112, 2020에서도 지적한바 있다.

2. 근대 역사 인식 = 서구/근대중심주의 및 인간중심주의 비판

1) 서구/근대중심주의 비판

연구자의 입장에 따라 다를 수 있지만, 20세기를 대표하는 역사학 연구의 중요한 특징은 서구중심적·근대중심적(발전론적) 인식일 것이다. 예컨대 조이스 애플비(Joyce Appleby) 등이 편집한 한 책에서는 20세기를 지배한 역사학을 크게 세 가지 조류로 구분하고 그 특징들에 대해 다음과 같이 규정하였다.

> 20세기 초반에 활동했던 대표적 사회 이론가로 손꼽히는 두 사람은 Max Weber와 Emile Durkheim이 될 것이다. 이들도 Marx와 마찬가지로 근대화라는 관점을 등장시켰고, 이 안에서 역사는 근대적 세상을 근대적으로 만드는 힘의 기원을 설명해내고자 했다. Marx, Durkheim, 그리고 Weber는 20세기 서양의 역사 해석학에서 주축이 되는 세 가지 주된 학파에 크나큰 영감을 주었다. Marx주의, 프랑스의 Annales 학파, 그리고 미국의 근대화이론이 바로 그것이다. 서로 많이 다른 것처럼 보이기도 하지만, 이 세 이론들이 갖는 공통점은, 첫째, 셋 모두 일반적으로 적용 가능한 과학적 수단들로서 지지를 받았고, 그래서 이 셋 모두는 모든 시간과 장소에서 동일하게 통용될 수 있는 역사발전이라는 서양식 모델을 추구하였다. 역사학자들이 계급갈등(Marx주의), 광범위한 인구통계학 상의 변화(Annales학파), 또는 투자와 소통이라는 새로운 네트워크의 발전(근대화이론) 중 그 무엇을 강조하든, 이들은 그들의 설명이 전 세계를 아우르기를 기대했고, 그들이 제시한 모델들이 어느 곳에서도 작용될 수 있다고 믿었다. 근대화 과정에서 벗어난 사람은 아무도 없는 것이다.[7]

20세기 초반을 대표하는 3가지의 역사 이론이 가진 공통점으로 발전론적 인식에 입각한 서구중심주의, 그리고 역사 과정은 곧 근대화를 향해 나아가는 과정이라고 선험적으로 전제하는, 곧 근대중심주의를 지적하고 있다. 이런 역사 인식은 20세기 후반 포스트모더니즘(postmodernism) 및 포스트콜로니얼리즘(postcolonialism) 같은 새로운 역사인식이나 방법론이 제기되기 이전에는 물론 그 이후 사실상 현재까지도 지배적인 위치를 점하고 있다고 생각된다. 물론 언어론적 전환(linguistic turn)이 제기된 이후 실증주의에 대한 근본적인 회의가 일어났고, 객관적인 역사 기술의 불가능성이 주장되면서 근대 역사학의 기반 자체가 크게 흔들리기도 했다. 또한 국민국가론이나 포스트구조주의의 영향을 받은 젠더론, 페미니즘 연구, 그리고 다양한 마이너리티에 대한 관심도 본격적으로 일어났다. 연구 대상 면에서도 근대 역사학이 자명한 전제로 삼았던 국민국가라는 범위에 수렴되지 않는 다양한 지역과 공간이 주목받아 왔다. 트랜스내셔널 히스토리(transnational history), 지역사, 글로벌히스토리(global history) 등이 그것이다.

　　모두 유사한 특징을 가지지만, 이 가운데 특히 글로벌 히스토리의 특징은 국가나 지역을 횡단하는 시야 속에서 국가나 지역간 상호 작용이나 연관성을 긴 역사적 시간 속에서 이해하는 데 있다. 또한 글로벌한 시야에서 관계되는 지역들 간의 비교와 연계를 중시하기도 한다. 글로벌 히스토리가 등장하고 확산되는 데에는 내셔널 히스토리에 대한 비판의식과 사회주의 붕괴 이후 더욱 확산되어 간 신자유주의와 세계화라는 흐름이 자리 잡고 있다.

　　세계화의 진전에 따라 국민국가 단위로 역사상을 구성하던 것과는

7　Appleby, Joyce, Hunt, Lynn, Jacob, Margaret, *Telling the truth about history*(1st. pbk), New York: Norton, 1994.

다른 개념이나 접근들이 요청되고 있지만, 국가 간 체제는 여전히 이어지고 있다 따라서 국민국가 단위에서 존재하던 중요한 문제나 양상들, 예컨대 불평등과 차별, 억압과 배제 등이 사라지기는커녕 세계화가 진전되는 속에서 오히려 예전보다 심각해지고 있다는 진단들이 많다. 아시아 교역권 같은 지역사나 그보다 더 넓은 범위를 대상으로 하는 유라시아사 혹은 글로벌 히스토리는 국민국가 중심의 역사서술이 가지고 있는 문제점(이념, 가치, 지향)을 넘어서는 데는 유용한 방법일 수 있다. 그러나 여전히 자본주의 세계체제와 국가 간 체제가 가지고 있는 문제점(불평등과 차별, 특히 여전한 인간중심성)들에 대한 비판은 여전히 없거나 매우 부족하다.

이 점에서 트랜스내셔널 히스토리뿐만 아니라, 포스트모더니즘이나 포스트콜로니얼리즘 등에 대해 진작부터 제기되어 온 다양한 비판들에 귀를 기울여야 한다. 예컨대 얀 네데빈 피터스(Jan P. Nederveen Pieterse)는 근대뿐만 아니라, 포스트모더니즘 논의에서도 제3세계적인 문제들이 완전히 배제되어 있다고 주장하였다. 그에 따르면 포스트모더니즘은 "전적으로 서구적인(all-Western) 논쟁이고, 서양의 질문에 서양적으로 대답하는 서양의 퀴즈(Occidental quiz)라는 것이다.[8] 아리프 딜릭(Arif Dirlik)은 또한 서구중심주의를 탈각하려면 반드시 자본주의를 비판해야 한다고 보고 있다. 그렇지 않으면 서구중심주의에서 완전히 벗어날 수 없을 것이기 때문이다. 따라서 포스트모더니즘과 포스트콜로니얼리즘에서 자본주의를 포함한 메타내러티브(metanarrative)를 부정하는 것은 서구중심주의를 다시 부활할 뿐만 아니라 자본주의를 통해서 작동하는 서구중심주의적 근대의 지속적인 헤게모니를 감추는

---

8   Nederveen Pieterse, Jan, *Empire & emancipation: power and liberation on a world scale*, London: Pluto, 1989, p. 51.

역할을 수행하고 있다는 것이다. 이런 점에서 포스트모더니스트와 포스트콜로니얼리스트 문화주의는 메타내러티브를 부정하고 권력의 체계적인 성격을 은폐함으로써 권력에 대한 체계적인 저항을 불가능케 하고, 권력이 작동할 수 있도록 알리바이를 제공해준다고 비판하였다.[9] 트랜스내셔널 히스토리 역시 계급분석에 거부감을 표현하면서 개인화, 다양화, 생활스타일, 생활주변 등을 새로운 패러다임으로 제시하고 있지만, 지구화 이후 더욱 심각해지는 사회적 불평등에 대해서는 상대적으로 무관심하다는 비판을 받고 있다.[10] 더구나 글로벌 히스토리는 "타자를 우리(영어권)의 개념과 언어로 국제적 내러티브에 통합하기 위한 또 다른 영어권의 발명품이라고 단정하지 않기 어려우며", 오히려 유럽중심주의를 확대할 수 있다는 비판까지 받고 있다.[11]

물론 포스트모더니즘이나 글로벌히스토리와 같은 새로운 연구들은 20세기 역사학이 가지고 있던 인식론적 기반, 곧 서구중심적 인식에 대해 대립적 스탠스를 취하고 있다는 점에서 현대 역사학 연구에 미친 영향은 적지 않았다. 또한 글로벌 히스토리는 이 글에서 강조하고 있는 기후나 환경 문제, 그리고 불평등과 차별 및 갈등을 극복하고 글로벌한 차원의 연대와 협력의 모색 등과 매우 친화적 성격을 가진다. 제리 벤틀리(Jerry Bentley)의 지적처럼 글로벌 히스토리는 사람들로 하여금 자신의 주변 세계를 '큰 문맥이나 체계' 안에서 이해할 수 있게 할 뿐만 아니라, 인류가 오랫동안 서로 간의 '차이'를 성공적으로 다루어왔고, 서

---

9   Dirlik, Arif, Bahl, Vinay, "Introduction", edited by Dirlik, Arif, Bahl, Vinay, Gran, Peter, *History After The Three Worlds: Post-Eurocentric Historiographies*, Lanham, Md.: Rowman & Littlefield, 2000.

10   정현백, 「트랜스내셔널 히스토리의 가능성과 한계」, 『역사교육』 108, 2008.

11   Drayton, Richard, & David Motadel, "Discussion: the futures of global history", *Journal of Global History* 13:1, March 2018, pp. 13~14.

로의 차이에 대해 익숙해지게 함으로써 차이로 인한 부질없는 갈등과 대립을 피할 수 있게 했음을 보여주기 때문이다.[12]

그러나 다른 한편 앞서 언급한 비판들로부터 자유롭지 못하다. 그 것은 무엇보다 서구중심주의와 비슷한 시기에 형성되었고, 유사한 정 치적 이데올로기적 함의를 가지고 있는 근대중심주의에 대한 비판의 식을 확보하지 못하였기 때문이라 생각한다. 서구 역사와의 다름, 혹은 서구 역사학자들의 동아시아 혹은 비서구 인식과의 다름을 강조한다 고 하여 서구중심주의가 내포하고 있는 또 다른 인식론적 프레임인 근 대중심주의의 틀을 온전히 벗어나는 것은 불가능하다. '복수의 근대성', '다양한 근대' 등에 대한 비판에서도 알 수 있듯이 '근대'를 비판적으로 성찰할 수 있는 인식론적 근거와 그에 의거한 역사인식이 전제되지 않 는다면 '서구'와 '근대'를 동시에 넘어설 수 없다고 생각한다.[13] 팬데믹 과 그에서 촉발된 기후변동과 환경문제 등을 통해 구체화하고 있는 인 류문명의 위기는 근대중심주의에 대한 비판적 인식을 더욱 절실하게 요청하고 있다.

'근대중심주의'를 학술적 용어로 처음 사용한 사람은 글로벌히스 토리를 주도해온 제리 벤틀리(Jerry H. Bentley)이다. 그는 '근대중심주의 (modernocentrism)'의 요체를 "전근대와 근대 사이의 연속성에 대해 깨 닫지 못하도록 근대 세계에 매혹당하는 것"에서 찾았다. 벤틀리는 이미 고대부터 서로 다른 문화 간의 상호작용과 개인적·집단적 교류가 있었 다는 사실을 강조하는 방식으로 근대중심주의를 비판하고자 하였다. 그러나 이러한 방법은 현재의 자본주의 세계체제, 내지 신자유주의 질

---

12 Bentley, Jerry, "Why Study World History?", *World History Connected* 5:1, October 2007.

13 이에 대해서는 배항섭, 앞의 글, 2014 참조.

서를 정당화하는 시각이라는 오해를 살 만한 여지를 남겨두고 있다. 이러한 오해를 불식시키기 위해서 나는 에드워드 사이드(Edward W. Said)의 "오리엔탈리즘(orientalism)"에 대한 규정을 차용하여 "전근대를 지배하고 재구성하며 억압하기 위한 근대의 방식"이며, "전근대에 관한 지식체계로서의 근대중심주의는 근대인의 의식 속에 전근대를 여과하여 주입하기 위한 필터로 만들어"진 것이라는 규정한 바 있다. 또 '근대중심주의'라는 개념이 함축하고 있는 정치적, 이데올로기적 성격을 보다 선명하게 드러내기 위해 "근대에 의한 전근대의 식민화" 내지 "근대에 대한 특권화"라는 측면을 강조하기도 했다.[14]

이를테면 우리에게 익숙한 발전단계론이나 삼시대 구분법도 모두 근대중심적 발전사관에 근거한 것이다. 그것은 근대의 시선, 곧 단선적 발전론 내지 목적론적 역사인식에 근거하여 전근대를 재단하는 역사인식이다. 그 바탕에는 근대의 위상을 특권화하려는 전략이 깔려있으며, 전근대는 근대를 향해 발전해 나가야 할 숙명을 안은 시간이라는 시간관이 자리 잡고 있다. 근대에 의한 전근대의 식민화에 다름 아니다. 하지만 근대나 전근대 할 것 없이 어느 시대, 어느 사회를 막론하고 거기에는 매우 다층적 시간들(전근대, 비근대, 근대, 탈근대, 어느 쪽으로도 규정하기 어려운 것 등), 혹은 다양하고 복합적인 지향성 내지 방향성을 가진 요소나 움직임들이 뒤섞여 있다. '역사'는 그러한 무수하게 많은 다양한 요소와 움직임들이 서로 중층적, 복합적으로 얽혀 만들어 가는 것이다. 그러나 서구중심·근대중심적 역사 인식에서는 비서구나 전근대의 법과 질서, 제도, 사람들이 생각하고 살아가는 방식 등에 대해 단지

---

14 이상 근대중심주의(그리고 그를 넘어서기 위한 transhistorical한 접근)에 대해서는 배항섭, 앞의 글, 2014 겨울호; 「머리말: "동아시아는 몇 시인가?"라는 질문」, 미야지마 히로시, 배항섭 편, 『동아시아는 몇 시인가?-동아시아사의 새로운 이해를 찾아서』, 너머북스, 2015; 「'탈근대론'과 근대중심주의」, 『민족문학사연구』 62, 2016; 앞의 글, 2020 참조.

근대 혹은 서구의 역사적 경험과 얼마나 유사한지, 혹은 거기에 얼마나 근접한 것인지에 따라 '역사적' 의미를 부여한다. 그렇지 않다고 판단되는 것들은 역사상을 구성하는 과정에서 배제·은폐되거나 근대적인 것, 서구의 경험과 유사한 것으로 왜곡되기도 한다.

이러한 인식에서는 비서구와 전근대의 역사에 대한 이해가 제약되고 뒤틀릴 수밖에 없음을 물론이다. 더 중요한 것은 전근대나 비서구라는 특정한 시공간에 존재하던 제도나 문화, 사상, 질서 등 다양한 요소가 어떠한 운영원리에 따라, 어떤 유기적 관계를 맺으면서 역사적 시간을 구성해나갔는지 등에 대한 질문이나 내재적 분석은 후순위로 밀려나거나, 거의 봉쇄되고 만다.

앞서 언급했듯이 어떤 시대, 어떤 사회이든 거기에는 전근대, 비근대, 근대, 탈근대 혹은 이도 저도 아닌 것들이 어떤 방식으로 얽히고 상호 연관되면서 하나의 체제나 시대를 구성하고 운영해나갔다. 거기에는 '위기에 처한' 근대를 새롭게 하거나, 근대중심적 시각으로는 상상할 수 없는 다층적 시간, 다양한 시대의 요소들이 이전에 상상할 수 없었던 독창적 방식으로 새로운 체제나 질서를 만들어 나갈 수 있는 가능성들이 내포되어 있을 수 있다. 그러나 근대지향적인 요소나 그렇게 판단되는 측면들만 강조하고 부각하는 근대중심적 접근이나 시각에서는 이러한 가능성들이 모두 배제되거나 억압되고 만다. 근대중심주의의 맥락에서 '한계'로 지적할 수 있는 것들도 근대 너머를 보고자 할 때는 한계가 아니라 새로운 가능성, 새로운 전환의 단서가 될 수 있다는 점을 지적해 둔다.[15]

---

15 이상 근대중심주의에 대한 비판은 배항섭, 「최근 조선시대사 연구의 역사 인식과 새로운 방향 모색」, 『조선시대사학보』 105, 2023에서 서술한 내용이다.

2) 인간중심주의 비판

근대역사학이 발 딛고 있던 또 하나의 인식론적 기초인 인간중심주의
에 대한 성찰이 요청된다. 계몽주의 이래 자연과 인간을 분리하여 자연
을 타자화하는 인간중심주의는 자연을 지배와 통제, 약탈의 대상으로
인식해왔다.[16] 이후, 역사학의 연구 대상은 기본적으로 인간과 인간들
이 만든 질서, 생각들이었다. 물론 토지와 인간의 관계처럼 '자연' 내지
물(物)과 인간의 관계가 중요하지 않은 것은 아니었지만, 특히 근대 이
후에는 물에 대한 인간의 작용, 물을 둘러싼 인간과 인간의 관계가 그
본질이었다. 그러나 기후변화로 인한 복잡한 사회적, 환경적, 기술적
문제들은 인간중심주의에 기초한 세계관, 가정, 접근 방식으로는 해결
할 수 없고, 지속 가능한 세상을 위해 필요한 새로운 구조, 프로세스 및
생활 방식을 상상하기도 어렵다.[17]

　　물론 여전히 기후변동이 어느 날 갑자기 개발될지도 모르는 기술
이나 시장의 힘에 의해 극복할 수 있다는 논리(Green liberalism), 인간이
자연을 초월할 수 있다고 생각하는 생태근대주의(Ecomodernism) 등이
제기되고 있다. 그러나 최근에 들어 지구촌 곳곳에서 최초 최대 최고
라는 수식어와 함께 빈번하게 일어나는 극한기후 현상, 그리고 2021년
8월 IPCC 제6차 보고서 등은 인류에게 기후 위기에 대응할 수 있는
시간이 정말 얼마 남지 않았다는 경종을 거듭 울리고 있다. '인류세
(Anthropocene)' 혹은 '자본세(Capitalocene)'나 '기술세(Technocene)' 등의
새로운 지질학적 시기 규정이 제기되고 있는 데서도 알 수 있듯이, 역

16　Sundberg, J., "Decolonizing posthumanist geographies", *Cultural Geographies*, 21:1, 2014, pp. 34~36.

17　Fazey, Ioan, et al., "Transformation in a changing climate: a research agenda", *Climate and Development*, 10:3, 2018, p. 210.

사 연구 역시 인류의 존속 가능성을 위협하고 있는 기후·환경 문제를 배제하고는 성립할 수 없게 되었다. 기후·환경 문제와 '인류세' 등의 새로운 개념들은 인간과 자연의 분리하였던 근대역사학의 인식론적 근거, 곧 인간중심주의에 대한 뿌리부터의 성찰을 요구하고 있다. 인간과 자연의 관계를 포함하는 인류의 삶의 방식에 대한 근본적 성찰, 그 동안 역사연구의 대상이었던 인간사회 내부만이 아니라 그 '외부'로 치부되어온 자연환경까지 포괄하는 새로운 역사 인식을 촉구하는 것이기도 하다.

　　Covid-19의 팬데믹에 따라 글로벌화와 기후변동, 불평등과 차별 문제뿐만 아니라, 식민주의까지도 이러한 문제들과 밀접하게 얽혀 있다는 점이 새삼 확인되고 있다. 또 그에 대한 대응을 위해서는 무엇보다 글로벌한 차원에서 국가 간 연대와 협력이 절실하다. 역사학 내지 관련 학문에서는 그 동안 인식론적 기반이 되었던 서구중심주의나 근대중심주의는 물론 계몽주의 이래 자연과 인간을 분리한 후 자연을 타자화하고 지배와 통제, 약탈의 대상으로 인식해온 인간중심주의에 대한 근본적 전환을 요구하는 것이다. 동아시아사 연구도 이러한 요구에 대응하여 새로운 방향을 모색해야 할 것이다.[18]

3. 불평등 · 차별 · 글로벌화 및 기후 · 환경 문제의 복합성

최근 들어 불평등과 차별, 그와 밀접한 관련을 가진 부패 문제에 대해

---

[18]　이상 기후위기와 역사 연구의 새로운 방향에 대해서는 배항섭, 「한국 근대사 이해의 글로 벌한 전환과 식민주의 비판 -기후변동과 역사 연구의 새로운 방향 모색-」, 『역사비평』 145, 2023 참조.

일국사적 시각을 벗어나 글로벌한 관점에서 바라보아야 한다는 주장들이 활발히 제기되고 있다. 브랑코 밀라노비치(Branko Milanović)는 글로벌화한 불평등을 이해하기 위해서는 그 동안 국민국가를 자연스러운 분석단위로 삼아온 방법론적 국가주의(methodological nationalism)를 넘어서야 한다고 주장하였다.[19] 지그문트 바우만(Zygmunt Bauman)은 불평등이 이미 지구화하였고, 이를 넘어서기 위해서는 이기주의의 질서를 신뢰와 연대를 촉발하는 평등의 질서로 대체 할 것을 주창하였다. 또한 (자본)권력은 이미 전지구적이지만, 정치는 지방적이라는 점을 지적하면서 글로벌한 연대의 필요성을 주장했다. 이를 위해 그가 구상하는 것은 영토적 주권국가가 아니라 영토를 초월한 코스모폴리탄(cosmopolitan)한 비정부 조직들과 연합들이다.[20] 낸시 프레이저(Nancy Fraser)는 다양한 정의들을 둘러싼 사회적 갈등, 정치적 공간 문제. 인정투쟁 운동들도 점차 영토국가 너머를 주목하고 있음에 주목하였다. 이런 요구들이 더 이상 전적으로 개별국가의 공중에 의해서만 논의되지 않기 때문이다. 따라서 신자유주의적으로 지구화하는 자본에 대응하고 불법적 국가들이나 초국적 기업들과 같이 통제를 거부하는 행위자들을 규제하기 위해서는 초국적 규제와 치안권력의 제도화가 요청된다고 주장하였다. 또한 이 권력들의 설계, 인력, 기능을 민주적으로 감독할 수 있는 공정한 초국적 대표기제, 또 지휘탑을 점유하고 있는 사람들을 대응하기 위한 초국적 행정부와 입법부가 필요하며, 그에 부응하여 책임을 부과할 초국적 연대성, 초국적 공론장 구축이 불가결하다고

19 브랑코 밀라노비치 지음, 서정아 옮김,『왜 우리는 불평등해졌는가?: 30년 세계화가 남긴 빛과 그림자』, 21세기북스, 2017, 313~319.
20 지그문트 바우만 지음, 정일준 옮김,『부수적 피해: 지구화 시대의 사회 불평등』, 민음사, 2013.

하였다.[21]

빈곤, 그리고 그와 연결된 부패문제를 해결하기 위해서도 글로벌한 접근이 요청되고 있다. 토마스 포지(Thomas Pogge) 등은 정의는 빈곤을 완화하고 인권을 확보하는 것 이상의 근본적 변화를 요구한다고 하면서 부자 나라의 시민들은 저개발 국가, 권위주의적 국가에 대한 약탈, 그에 따른 빈곤에 책임이 있음을 알아야 한다고 하였다. 또 지속적 빈곤의 결정적 원인인 부패는 국내 정치 및 사회 문제에 대한 국제적 간섭 없이는 제거할 수 없기 때문에 빈곤과 부정의에 대응하는 공평한 교환과 분배 정의 등을 실현하기 위한 글로벌한 비국가적 기구의 필요성을 제시하고 있다.[22]

한편 근대가 만들어낸 최고의 성취 가운데 하나인 민주주의 역시 국가 단위에서나 글로벌한 차원에서 제기되는 새로운 문제들에 대한 대응이라는 양면에서 도전을 받고 있으며, 위기에 처해 있다. 민주주의에 대해서도 새롭게 질문해야 한다. 예컨대 홉스 봄(Eric Hobsbawm)은 국민국가의 영토 안에서만 작동할 수 있는 민주주의 시스템이 세계화와 초국적 기업에 의해 야기되는 지구적 환경문제(자연과 지구에 대해 인간의 행동이 미치는 충격이 지질학적 규모의 힘이 되어버린 시대) 등 새로운 도전들을 해결하는 데 민주주의는 희망적이지 않다는 진단을 내리고 있다. 그가 지적했듯이 21세기는 시장으로의 참여가 정치로의 참여를 대체하였고, 소비자가 시민의 자리를 대신한 시대이다. 홉스 봄은 이러한 시대의 대의민주주의와 '대중의 뜻(people's will)'이 21세기의 문제들을 해결할 수 있을 것이라는 점에 대해 회의를 드러내기도 하였다.[23]

---

21 낸시 프레이저, 『지구화 시대의 정의』, 그린비, 2010.
22 Follesdal, Andreas, and Thomas Pogge, eds. *Real world justice: grounds, principles, human rights, and social institutions*. Vol. 1. Springer Science & Business Media, 2005.
23 Hobsbawm, Eric, Democracy can be bad for you, *New Statesman*, 5 March, 2001,

c-19의 패데믹 이후에도 방법론적 국가주의, 혹은 설명적 국가주의(Explanatory nationalism)에 대한 비판과 함께 지구민주주의, 생태중심의 정치체제, 지구적 문제를 해결하기 위한 글로벌 거버넌스(global governance)의 필요성이 제기되었다.[24] 이것은 기왕의 국민국가 뿐만 아니라, 국민국가를 형성하고 지탱해나간 민주주의에 대한 심각한 회의를 보여준다. 곧 모순은 글로벌화하였지만, 그것을 해결해야 할 주체는 여전히 국민국가 단위로 분절되어 있다는 것, 민주주의 역시 국민국가 단위에서만 작동한다는 것을 지적한 것이다. 글로벌 거버넌스, 혹은 '사회행성'이 제기되고 있지만, 불평등과 기후 위기에 가장 큰 책임이 있는 1세계는 요지부동이다.[25] 그러나 민주주의와 환경문제의 관계에 대한 논의는 아직 시작 단계인 듯하다. 빈곤과 정의에 관한 문제와 관련하여 글로벌한 차원의 대응, 나아가 글로벌 거너넌스의 필요성이 대두되고 있으나, 여전히 환경문제는 중요한 의제로 상정되지 않고 있다. 앞서 언급한 글로벌 거버넌스, 기구나 제도들의 '내용'과 '당사자'가 여전히 '인간'으로 국한되어 있다는 점에 대해서는 보다 근본적으로 다시 생각해봐야 할 것이다.

불평등과 차별은 팬데믹 상황에서 그 양상을 더욱 두드러지게 드러내기도 했고 다른 한편으로는 더욱 심화해가고 있는 것으로 보인다.[26] 불평등, 그리고 차별과 빈곤은 환경 문제와 매우 밀접한 관련이

---

pp. 25~27.

24 제러미 러프킨 외 인터뷰, 안희경 지음, 『오늘부터의 세계』, 메디치, 2020, 183~185쪽.

25 Forst, Rainer, "Justice, Morality and Power in the Global Context", Follesdal, Andreas, and Thomas Pogge, eds. *op. cit*, 2005.

26 미국 싱크탱크 '정책연구원'(IPS)과 소비자단체인 '공정한 세금을 위한 미국인 연합'(Americans for Tax Fairness)이 발표한 보고서에 따르면 미국의 억만장자들은 C-19바이러스의 대유행 이후 재산이 40% 정도, 재산 규모로는 1,200조를 벌었다고 한다. 전체 인구의 약 0.0002%에 불과한 660명의 억만장자 재산의 총합은 이달 기준 4조 1000억달러

있다. 불평등은 이미 1970년대 초기부터 소득격차가 큰 나라일수록 폭력 사건이 더 자주 발생하고 건강상태가 나쁘다는 사실이 드러났다. 뿐만 아니라 불평등은 모든 구성원들을 지위 경쟁과 불안 속으로 더 깊이 빠뜨린다.[27] 최근의 연구에서는 기후변화가 사회적 불평등을 악화시킨다는 점을 확인해주고 있다. 대다수의 여성, 아동, 노인, 병인, 장애인 등이 가장 취약한 집단이라는 것이다.[28] 또 팬데믹 이후 바이러스에 대한 대응 과정에서도 가난한 사람들, 인종을 비롯한 다양한 차원의 소수자들이 입는 피해가 그렇지 않은 사람들에 비해 훨씬 심각하다는 사실이 명백히 드러났다.[29] 이러한 연구들은 기후변화나 환경파괴가 불평등 문제와 밀접한 관련이 있음을 보여준다.

이같이 환경문제나 바이러스의 습격 등 자연으로부터의 재난이 인간 사회의 불평등과 차별을 강화한다는 연구는 적지 않게 이루어졌다. 그러나 대부분은 경제적 불평등이나 인종적 차별에 따라 소수자들이 주거 환경이나 전염병 등 총체적 삶의 환경면에서 매우 열악하고 재난으로부터 더 심한 피해를 받는다는 점을 지적하는 내용들이었다.[30] 그

(한화 약 4,500조원)로 이는 미국 인구의 하위 50%가 보유하고 있는 재산의 3분의 2보다 많은 수준이다(「머니투데이」2021.1.27.).

27 미국은 다른 부유한 국가들과 비교할 때 소득격차가 가장 크고, 살인율과 정신질환자 비율, 십대 출산율이 가장 높은 반면, 기대수명, 아동의 행복 수준과 수학 성취도, 문해력은 가장 낮다. 제러미 러프킨 외 인터뷰, 위의 책, 159~160쪽.

28 Burnell, Peter, Democracy, democratization and climate change: complex relationships, *Democratization*, 19:5, 813~842, 2012, pp. 813~842.

29 가난한 나라, 국가 안에서는 가난 지역, 가난한 계층의 사람들이 피해를 편파적으로 받고 있다. 코로나19 양극화 재확인……비정규직 실직 경험, 정규직 8.5배, 프레시안 2020.09.21. (https://www.pressian.com/pages/articles/2020092115160194339#0DKU) ; 뉴욕 코로나19 사망률, 가난한 지역이 최대 15배 높았다: 가난할수록 고통받는 코로나 사태…… 미국인, 의료보험 입장 변화 없어, 프레시안 2020.05.20. (https://www.pressian.com/pages/articles/2020052004194270364New)

30 예컨대 최근 'Science'에 실린 한 논문은 환경과 생물다양성 보존을 위해서는 인종적, 경제적 억압 체계를 해체할 필요가 있다는 점도 지적하고 있지만, 핵심 내용은 경제적 불평

에 반해 팬데믹이 새롭게 제기한 문제, 곧 기후변화나 환경파괴 문제와 불평등 양자의 관계를 불평등이 환경파괴를 초래한다는 방향에서 접근한 연구는 거의 없다.

이와 관련하여 최근 케이완 리아히(Keywan Riahi) 등이 제출한 연구가 주목된다. 여기에 따르면 국내의 불평등은 사회적 결속력을 저하시킨다는 면에서 문제이지만, 국가 간 불평등이나 내셔널리즘도 국가 간 경쟁을 부추기고 국가 안보에 대한 우려와 지역 갈등을 초래하기 때문에 기후나 환경 문제를 해결하기 위한 국제적 연대와 협력을 우선순위에서 밀어낸다는 점을 지적하였다.[31] 기후 위기에 대한 '효율적' 대응을 위해서는 국가 내부적인 연대와 결속뿐만 아니라, 국민국가와 내셔널리즘을 넘어선 글로벌한 연대와 협력이 필요하다는 사실을 강조한 것이다. 기후변화에 대한 대응이 국가 내부뿐만 아니라, 국가 간 불평등과도 매우 깊은 상관관계가 있음을 보여준다. 또 팬데믹에 대한 대응과 마찬가지로 기후변화에 대한 대응 역시 국가 간 경쟁 체제가 유지될 때는 물론이고, 잘 사는 나라들만의 노력으로도 명백한 한계가 있으며, 결국 글로벌한 연대와 협력이 필요함을 시사한다.

최근 퍼거스 그린(Fergus Green) 등의 연구에 따르면 부와 권력을 포함한 사회경제적 불평등이 (CO_2)배출 집약적인 소비와 생산을 촉진하고, 부유한 엘리트들의 기후 정책 방해를 촉진할 뿐만 아니라, 기후 정책에 대한 대중의 지지를 약화시키며, 집단행동의 사회적 기반을 약화

등, 인종차별이 약자들의 주거환경 사이에는 매우 혹은 의미 있는 상관성이 있다는 점이다. (Christopher J. Schell et al, "The ecological and evolutionary consequences of systemic racism in urban environments", *Science*, 1. 1126, 2020)

31 Riahi, Keywan et al., "The shared socioeconomic pathways and their energy, land use, and greenhouse gas emissions implications: An overview", *Global Environmental Change* 42, 2017, pp. 153~168.

시킨다고 주장하였다.[32]

　여전히 해야 할 일을 많이 남기고 있지만, 최근 들어 사회 정의와 환경 사이의 관계에 대한 새로운 비전이 제시되고 있다. 지난 20년 동안 사회 정의 옹호자들은 환경 보호의 중요성을 점점 더 인식하게 되었다. 글로벌한 차원이든 일국 내의 차원이든 빈부에 따라 지역 사회가 종종 불균형적인 환경 비용을 부담한다는 사실도 인식되고 있다. 동시에 환경 보호 옹호자들은 불평등이 환경 저하를 악화시킨다면 환경의 질적 호전은 권력과 부의 민주적 분배를 향한 움직임을 필요로 한다는 점을 인식하기 시작했다.[33]

　또한 최근 들어 불평등이나 차별이 환경에 미치는 악영향에 대한 연구도 양적, 질적으로 이전에 비해 한층 진전되고 있는 것으로 보인다. 아직은 충분한 연구가 쌓여있지 않지만, 가정, 지역사회, 국가 및 국제라는 4개의 채널을 통해 양자의 관련성을 살피기도 한다. 가난한 가구에 유리한 수입의 재분배가 환경에 더 유리한 잠재력을 가지고 있다는 점, 공동 재산(환경) 자원 보호에 필요한 집단적 노력이 환경에 유리하다는 점, 국가들 간의 경제적·정치적 평등이 세계 환경 문제에 맞서는 데 필요한 세계적인 노력을 더 쉽게 동원할 수 있게 할 수 있다는 점 등이 지적되었다.[34]

32　Green, Fergus and Noel Healy, "How inequality fuels climate change: The climate case for a Green New Deal", *One Earth* 5:6, 2022. pp.636~638. 또한, 경제적 불평등은 정치적 부패와 사회적 분열을 심화한다. 예를 들면, 미국의 부유한 보수주의자들은 정부가 '열심히 일하는' 백인 노동자 계층의 돈을 빼앗아 '자격이 없는' 빈곤층, 이민자, 유색인종에게 나눠준다는 믿음을 조장해 왔으며, 이러한 믿음은 집단 간 협력에 필요한 연대의 유대를 약화시킨다는 것이다(p.640).

33　Boyce, James K., Inequality and environmental protection, *WORKINGPAPER SERIES Number* 52(JANUARY 2003), POLITICAL ECONOMY RESEARCH INSTITUTE.(, University of Massachusetts Amherst)

34　Islam, S. Nazrul, Inequality and Environmental Sustainability, *Working Paper*,

불평등과 가속화하는 지구 환경 변화의 관련성에 대한 연구가 진행될수록 글로벌한 차원의 대응이 필요하다는 점, 또 21세기에 인류가 맞이한 가장 시급한 과제 중 두 가지라 할 수 있는 이 문제들이 얼마나 깊이 연결되어 있는지를 확인해준다. 지금까지 대부분의 연구가 불평등이 生物圈(biosphere)에 미치는 일방적인 영향이나 그 반대만을 고려했다면, 새로운 연구들은 사회-생태학적(social-ecological) 시스템 내에서 사회 경제적 요소와 환경적 요인 사이의 복잡한 역학 관계, 불평등과 생물권 사이의 교차성 내지 상호 작용의 중요성을 알려준다. 또한 불평등과 생물권 사이의 연계에 대한 시스템적 이해를 증진하기 위한 다층적, 복합적 접근의 필요성을 보여준다.[35]

4. 캘리포니아 학파(California School)의 (동)아시아사 · 중국사 연구

한국에서 동아시아 담론이 확산되어 가던 무렵 미국에서는 서구의 독창성과 탁월함을 자명한 전제로 삼던 서구중심적 세계사 인식과 사회이론을 비판하고 '새로운 세계사'를 구축하려는 노력이 본격적으로 제기되기 시작했다. 그들은 유럽이 산업화를 이끈 독창적이고 고유한 능력을 지녔으며, 그것이 경제발전을 위한 보편적 모델을 만들었다는 종래의 주장을 반박하였다. 나아가 1800년 전후까지는 아시아나 중국이 세계경제에서 더 중요한 역할을 하였고, 근대 이후 일어난 '서구의 대

No. 145, August 2015, UN DESA. 나아가 소득과 부의 불평등 외에도, 성 불평등도 환경의 질에 나쁜 영향을 미친다는 점도 언급되었다.

35 Hamann, Maike, et al. "Inequality and the biosphere." *Annual Review of Environment and Resources* 43:1, 2018, pp.61~83. 또한 불평등과 생물권 사이의 연계에 대한 시스템적 이해를 증진하기 위한 복합적 융합적 연구의 필요성을 분명히 보여준다.

두'도 문화나 가치 등에서 서구가 비서구에 비해 독창적이거나 탁월함을 가지고 있었기 때문이 아니라 외부적이거나 '우연적인' 요인들을 배경으로 한 것이라는 주장이다.[36] 서구중심주의에 의해 이해되고 서술된 지금까지의 세계사를 새롭게 구성할 수 있는 하나의 '방법으로서의 동아시아사' 연구가 나아갈 수 있는 가능성의 일단을 보여주는 문제의식이라 생각한다.

우선 『리오리엔트』를 쓴[37] 안드레 군더 프랑크(Andre Gunder Frank)는 이 책의 목적이 "기존의 거의 모든 사회이론이 유럽 중심적 편견과 오만에 물들어 있다는 사실을 논리적으로 규명하고 증거를 제시하는 것"이라고 밝혔다. 그는 "1800년 이전에 세계경제에서 우세한 지위를 점한 지역이 있었다면 그것은 아시아였다. 당시 세계경제에서 '중심적' 지위와 역할이 있었고, '여러 중심' 중에도 만약 서열이 있었다면, 그 정점에는 중국이 있었다고 보아야 한다."고 주장하였다. 프랑크는 자신의 입론을 실증하기 위해 인구·생산성·소득·무역액 등 다양한 수량적 비교를 시도하였다. 한 그는 유럽인이 인종, 민족, 제도, 자본주의 정신 등에서 아시아 지역보다 우월했기 때문에 근대화에 성공했다고 보지 않

---

36 이에 대한 소개로는 강진아, 「16~19세기 중국 경제와 세계체제—'19세기 분기론'과 '중국 중심론'」, 『이화사학연구』 31, 2004; 강성호, 「전지구적' 세계체제로 본 세계사와 동아시아—안드레 군더 프랑크」, 『역사비평』 82, 2008; 강성호, 「유럽 중심주의와 포스트모더니즘을 넘어」, 『역사비평』 84, 2008; 강진아, 「동아시아로 다시 쓴 세계사—포머란츠와 캘리포니아학파」, 『역사비평』 82, 2008; 유재건, 「유럽 중심주의와 자본주의」, 한국서양사학회 엮음, 『유럽 중심주의 세계사를 넘어 세계사들로』, 푸른역사, 2009; 강성호, 「유럽 중심주의 세계사에 대한 비판과 반비판을 넘어」, 호남사학회, 『역사학연구』 39, 2010; 강진아, 「중국의 부상과 세계사의 재조명」, 『역사와 경계』 80, 2011; 배영수, 「'서양의 대두'와 인간의 본성」, 『역사학보』 216, 2012; 김경필, 「침묵 속의 대결—'서양의 대두'에 관한 세 해석」, 『서양사연구』 48, 2013, 135~156쪽 참조.

37 안드레 군더 프랑크 지음, 이희재 옮김, 『리오리엔트』, 이산, 2003. 원제는 Frank, Andre Gunder, *ReOrient: global economy in the Asian Age*, Berkeley: University of California Press, 1998.

는다. 오히려 그는 유럽이 이 시기에 세계경제의 (반)주변부에 머물러 있었기 때문에 '후발성'의 비교우위를 가질 수 있었다는 점을 지적하였다. 따라서 그는 근대 이후 유럽이 주도한 세계경제에 대해 유럽은 "이미 존재했던 세계경제질서에 뒤늦게 편승했거나, 기존의 느슨한 연결고리를 강화한 것에 불과하다"고 판단하였다.[38]

로이 빈 웡(Roy Bin Wong, 王国斌)은 1997년 「China transformed」라는 저서에서[39] 유라시아 대륙의 양쪽 끝(유럽과 중국)에서 보이는 16~18세기 농촌 산업이 유사한 경제적 발전 과정과 수준이었다고 주장했다. 중국 농민들과 유럽 농민들의 경제적 행위는 노동의 지역별 전문화, 농촌과 도시 지역의 상품 교류, 수급 여건의 변화에 따른 가격 변동 등의 주요한 측면에서 유사했다는 것이다. 나아가 그는 18세기의 유럽과 19~20세기의 유럽이 가진 공통점보다 18세기의 유럽과 같은 시기 중국이 가진 공통점이 더 많았다고 주장하였다. 그는 역사는 '경로의존적'인 궤적을 따르며, 특정 시점에서는 항상 다양한 가능성이 존재하고 단일한 불가피한 변화는 일어나지 않는다는 전제 하에 아시아와 유럽의 분기를 설명했다. 곧, 산업화 이전에는 유럽과 아시아의 경제가 모두 스미스식 성장(분업과 전문화에 따른 생산성 향상) 단계에 있었지만, 산업 혁명 이후 유럽이 스미스주의 성장의 한계를 돌파(또는 성장의 한계 도래를 연기)한 반면 중국은 그러지 못한 다음부터 발생하였다는 것이다. 王国斌은 화석 에너지와 신대륙의 발견이 없었다면 산업화는 상상할 수 없었을 현대 유럽사의 발전ㄴ에는 우발성이 특별한 역할을 수행

38 『리오리엔트』에 대한 소개는 배항섭, 앞의 글, 2014에서 밝힌 바 있다.

39 Wong, Roy Bin, *China transformed: historical change and the limits of European experience*, Cornell University Press, 1997.(王国斌 著; 李伯重, 连玲玲 [共]译, 『转变的中国: 历史变迁与欧洲的局限』, 凤凰文库, 2008)

했다는 점을 강조하였다.[40] 王国斌의 책은 다른 캘리포니아 학파 연구자들과 달리 경제사만 다루는 것이 아니라,[41] 1부 '경제 변화', 2부 '국민국가 형성', 3부 '집합 행동'를 다루고 있다. 경제와 정치, 사회사를 종합적으로 다루고 있기 때문에 동서양의 사회, 경제, 정치 역사 변화 과정에 가진 복합적인 측면들을 한층 충실하게 보여주고자 하였다.

王国斌의 접근 방법은 독특하다. 그는 다른 많은 동료들과 마찬가지로 서구 중심주의에 반대하며 중국 역사의 진정한 특징을 발견하고자 하면서도 동양과 서양의 역사적 발전이 실제로 개별주의적인 동시에 많은 공통점이 있다는 것을 인정한다. 이에 따라 그는 유럽의 경험을 바탕으로 한 법칙과 규범을 전면적으로 거부하지는 않는다. 말하자면 유럽의 경험을 거부하지 않고 서구 중심주의에 반대하는 것이 이 책의 주요한 '참신성' 중 하나다. 이러한 발상을 토대로 저자는 한편으로는 유럽 경험의 관점에서 중국에서 일어난 일을 평가하고 다른 한편으로는 중국 경험의 관점에서 유럽을 평가하는 독특한 비교사적 접근 방식을 활용하고 있다. 상호 주관성을 통해 새로운 행동 패턴과 가치관을 도출하는 것이다. 그러나 그는 '서구의 도전에 대한 각 지역의 대응'을

---

40 이상 王国斌의 책에 대한 소개는 仲伟民, 「学术界对前近代中国研究的分歧: 以彭慕兰·黄宗智的观点为中心」, 『河北学刊』 2, 2004 참조.

41 예컨대 대표적 학자인 케네스 포메란츠의 핵심 논지는 초기 근대 시기 중국의 경제적 발전 수준이 유럽, 특히 영국과 대등하였음을 밝히는 데 있다. 그의 논의가 경제 문제에 집중되어 있다는 점은 산업자본주로 이끈 시장의 발달 정도, 칼로리 섭취나 소비의 질과 내용 등의 면에서 영국과 중국의 차이점을 강조하는 필립 황과의 논쟁에서도 잘 보인다. 이에 대해서는 Huang, Philip C. C., "Further Thoughts on Eighteenth-Century Britain and China: Rejoinder to Pomeranz's Response to My Critiqu", *The Journal of Asian Studies* 62: 1, 2003; Pomeranz, Kenneth, "Facts are Stubborn Things: A Response to Philip Huang", *The Journal of Asian Studies* 62: 1, 2003; 黄宗智, 「发展还是内卷?十八世纪英国与中国——评彭慕兰『大分岔:欧洲,中国及现代世界经济的发展』」, 『历史研究』 4, 2002; 黄宗智, 「再论18世纪的英国与中国——答彭慕兰之反驳」, 『中国经济史研究』 2, 2004 참조.

비서구 각 지역 근대사의 주요 축으로 간주하는 일반적 이해와 달리 모든 비서구 사회의 문화와 역사는 유럽의 영향과 무관한 고유성을 가지고 있음을 전제로 한다. 이에 따라 그는 '서양-각 지역' 양자 간의 '충격과 대응'을 주축으로 하는 일원론적 세계사 이해를 넘어 아시아, 아프리카, 라틴 아메리카 사회가 모두 다양한 특성을 가지고 있다고 주장하여 '차이'의 다양한 의미(보통 문화)를 창출하고자 하였다.[42]

케네쓰 포메란츠(Kenneth Pomeranz)는 2000년에 쓴 「The great divergence(大分岐)」에서 18세기 이전에는 동양과 서양이 동일한 발전 수준에 있었고 서양에는 서양 특유의 내생적(內生的) 이점이 뚜렷하지 않았음을 강조하였다.[43] 그는 동양과 서양 간에 분기(分岐)가 시작된 것은 18세기 말과 19세기 초에 이른 후부터였고, 이후 양자 간에 점차 차이가 벌어지기 시작하였다고 이해하였다. 이러한 분기가 일어난 핵심 원인은 아메리카 신대륙 개발로 인한 토지 제약이 해소되었고, 영국은 중국과 달리 증기기관의 동력원인 탄광이 유리한 지리적 위치에 존재했기 때문이라는 것이다. 이에 반해 중국은 신대륙 발견과 같은 '횡재'가 없었을 뿐만 아니라, 중국의 탄광은 경제의 핵심 지역인 강남으로부터 너무 멀리 떨어져 있어서 운송비가 많이 드는 등 매우 불리한 위치에 있었다.

이른바 캘리포니아학파의 주요 연구자들은 모두 19세기에 들어 서구와 중국 간에 대역전이 일어났다는 점을 강조한다. 19세기 이전에는

---

42 李伯重,「"相看兩不厭": 王国斌『转变的中国:历史变迁及欧洲经验的局限』评介」,『史学理论研究』2, 2000, 148~153쪽.

43 케네스 포메란츠 지음; 김규태, 이남희, 심은경 옮김,『대분기: 중국과 유럽, 그리고 근대세계 경제의 형성』, 서울: 에코리브르, 2016 ; Pomeranz, Kenneth, *The great divergence: China, Europe, and the making of the modern world economy*, Princeton University Press, 2000;彭慕兰 著, 史建云 译,『大分流』, 南京: 江苏人民出版社, 2014.

유라시아에 걸쳐 중심부가 여러 개 존재했고, 이곳들은 모두 시장경제의 활력에 힘입어 경제성장이 두드러진 지역이었다고 하였다. 이들은 유럽의 산업혁명은 유럽에만 있던 독특한 특징, 문화나 가치 때문에 필연적으로 일어난 것이 아니라 우연적, 외부적 요인에 의한 것이었음을 지적하였다.

한편 캘리포니아 학파의 연구 성과에 대해서는 관심만큼이나 많은 비판들이 제기되었다. 우선 프랑크의 책에 대해서는 비록 저자가 애써 '동방중심론'이나 '중국중심론'을 만들어 낼 생각은 전혀 없었으나, 그의 결론이 지나치게 중국을 추켜세운다는 중국 학계로부터의 비판이 있다.[44] 또 프랑크의 오랜 친구이던 조반니 아리기(Giovanni Arrighi)는 캘리포니아 학파에 대해 아직 비판적 입장에 있을 때인 1999년 프랑크의 책에 대해 1400~1800년에 전에 이미 세계 모든 사람을 상호 경쟁으로 몰아넣은 글로벌 시장이 존재했다는 그의 '증명'은 사실과 논리보다는 믿음에 훨씬 더 많이 의존하고 있다고 비판하였다. 나아가 그는 프랑크가 "재치 있게 또는 무의식적으로 신자유주의 이데올로그들의 합창에 합류하여 자기 조절 시장에 대한 믿음을 되살린다."라고 하여 프랑크의 논의가 신자유주의와 연결될 수 있음을 지적한 바 있다.[45]

아리프 딜릭(Arif Dirlik)은 자본주의 발전에서 중국이 기여한 점을 강조하는 일련의 연구들에 대해 서구중심주의의 가정과 서구의 발전에서 비롯된 범주들을 암묵적으로 지속하고 있으며, 서구의 근대성에서 유래된 기준에 따라 중국의 변화를 측정한다는 점에서 근본적인 한

---

44 "어떤 학자들은 조지프 니덤(Joseph Needham)이 중국 과학사에 대한 연구를 중국 문화를 추켜세운 혐의가 있다고 여기지만, 프랑크의 관점은 오히려 훨씬 지나치다(仲伟民,「学术界对前近代中国研究的分歧——以彭慕兰.黄宗智的观点为中心」,『河北学刊』 2, 2004, 147쪽).

45 Arrighi, Giovanni, The World According to Andre Gunder Frank, *Review*, 22:3, Fernand Braudel Center, 1999, pp. 343~346.

계를 가진다고 비판한다. 예컨대 그는 프랑크의 서구중심주의 비판에 대해 서구중심주의를 지운다는 명목 하에 자본주의적 발전을 특정한 역사의 종합적 국면에서 나온 산물이 아닌 인류의 운명으로 만듦으로써 그것을 보편화하면서 자연스러운 것으로 만들었다고 지적하였다. 자본주의를 역사적으로 자연스러운 것으로 만들게 되면 가능한 대안이란 오직 대안적 자본주의들 밖에 없게 되기 때문에 역사에서 다른 대안들을 인식할 수 있는 가능성을 훼손한다는 것이다.[46] 또한 그는 서구중심주의에 대한 문화적 접근을 비판하면서 서구중심주의가 궁극적으로 자본에 의해 형성된 일상생활의 구조들에 자리 잡고 있다면, 서구중심주의에 도전하기 위해서 변화시켜야 하는 것은 바로 그 구조들이라는 점을 강조하고 있다.[47]

한편 케네스 포메란츠에 대해 張家炎은 그가 李伯重의 연구에 크게 의존하고 있지만, 수의적(隨意的)으로 인용한다고 비판하였다. 예컨대 일반적으로 어느 연구자의 연구이든 오류 내지 이견이 있을 수 있는 것이지만, 포메란츠는 李伯重의 연구에 대해서만은 거의 완벽한 것으로 받아들이고 있다는 점을 지적하였다. 또 李伯重은 중국이 서유럽과

---

46 이에 대해 딜릭은 다음과 같이 敷衍하여 설명하고 있다. "이 과정에서 잃어버리는 것은 경제는 물론 정치, 사회, 문화의 조직과 실천에서 주목해야 할 대안들이다. 이런 대안적 가능성에 대한 고려는 최근 연구에서 경제주의 속으로 사라지고 있으며, 이는 자본주의와 자본주의 근대성의 형성과정에서 일정한 역할을 맡았던 사회적 정치적 조직을 망각해버리는 전철을 밟고 있다. 유럽중심주의를 우회적으로 받아들이는 이런 문제는 대안적 근대성이 직면한 문제다. 대안적 근대성에 대한 주장은 그들이 참고한 유럽/미주의 근대성을 채택한 것이며, 근대라는 용어의 사용으로 인해 비평가들에 의해 유럽 및 북미와 동일시되면서 그들이 부정한 바로 그 유럽중심주의를 지속하는 것이 된다. 일반적으로 근대성에 대한 재개념화를 하지 않고 대안적 그리고 복수의 근대성을 주장하는 것은 차이를 강조하는 "유일한" 근대성이라는 주장을 보편화하는 것이 된다(Dirlik, Arif, Contemporary Perspectives on Modernity: A Critical Discussion, *Sungkyun Journal of East Asian Studies*, 8:1, 2008).

47 아리프 딜릭 지음, 황동연 옮김, 『포스트모더니티의 역사들』, 창비, 2005, 128, 132쪽, 146, 148쪽.

얼마나 다른지 증명하려고 노력했고, 그가 표현하고자 하는 개념은 중국의 경제 발전을 서구의 방법으로 설명 할 수 없다는 것이었지만, 포메란츠는 李伯重의 연구를 바탕으로 중국이 1800년 이전에 서유럽과 다르지 않다는 것을 필사적으로 증명하려고 노력했다는 것이다.[48]

　　캘리포니아 학파의 연구, 특히 포메란츠의『대분기』에 대해 가장 신랄하게 비판한 연구자는 캘리포니아 학파보다 일찍 중국 강남 지역 농업사의 장기적 변화과정에 대한 연구서를 출간한 바 있는 황종지(黃宗智, Philip C. Huang)였다.[49] 그는『대분기』가 구체적인 생활 및 생산 조건을 경시하고 이론과 서면(書面)상의 수치를 선호하여 논증 과정에서 많은 경험적 오류를 낳았다고 주장했다. 黃宗智는 영국과 중국 강남 지역의 농업 경제는 농장 규모의 큰 차이(강남 농장은 영국의 1%[50]), 농업 혁명의 여부(영국은 18세기에 농업 생산성이 2배 증가, 강남은 감소)와 도시화(영국은 중소 도시 수 증가, 중국은 아님), 원시 산업혁명(영국은 농공분리, 중국 강남은 미분리, 이에 따라 인구압 및 값싼 노동력 발생), 농축 결합 여부(영국은 결합, 중국은 미결합), 소비혁명(영국 농촌의 생산력 증가, 중국은 그렇지 못함). 도시제품에 대한 수요 확대, 식량, 의류소비 등에서 차이가 적지 않았다는 사실을 구체적인 자료와 수치를 통해 반박하며 포메란츠의 주장을 비판하였다.[51]

48　張家炎,「如何理解18世纪江南农村:理论与实践—黄宗智内卷论与彭慕兰分岔论之争述评」,『中国经济史研究』2, 2003, p.111.

49　대표적인 연구로는 Huang, Philip C. *The peasant family and rural development in the Yangzi Delta, 1350~1988*, Stanford University Press, 1990

50　장강 이남의 농장은 영국 농장의 1퍼센트에 불과하고 1인당 경작지 면적은 그 1/45에 불과하다고 하였다.

51　黄宗智,「发展还是内卷?十八世纪英国与中国——评彭慕兰『大分岔:欧洲,中国及现代世界经济的发展』,『历史研究』4, 2002; 黄宗智,「再论18世纪的英国与中国——答彭慕兰之反驳」,『中国经济史研究』2, 2004.

또 黃宗智는 최근 자신의 학문적 역정을 돌아보는 글에서 캘리포니아 학파의 연구에 대한 비판과 관련한 그의 역사의식, 문제의식을 설명한 바 있다. 우선 그는 중국의 경험적 현실이 서구 이론과 관련하여 대부분 "역설적(paradoxical)"이라는 비판적 이해에 도달했으며, 중국 현실에 더 부합하는 새로운 개념을 탐색하여 중국 농업 및 농촌 역사 연구에서 "발전없는 성장(没有发展的增长, growth without development)", "내권화(involution)", "내권형상품화(内卷型商品化, involutionary commercialization)"라는 새로운 키워드를 발굴하였다.[52]

黃宗智는 위의 키워드들이 서로 밀접한 관련이 있다고 하였으며, 그가 중국과 영국 혹은 미국의 농업을 비교할 때 가장 중요하게 생각하는 것은 토지와 인구의 비율이었다. 중국은 인구가 많고 토지가 적은 기본 조건으로 인해 토지는 상대적으로 부족하고 비싼 반면, 인력은 상대적으로 많고 저렴하기 때문에 중국 농업은 1에이커당 매우 많은 노동력을 투입하고 매우 적은 토지를 사용하였다. 반대로 미국은 "인구밀도가 낮다"는 기본적인 조건으로 인해 1에이커의 토지 당 최소한의 노동력을 투입하고 그 대신 많은 기계를 투입할 수 있었다는 것이다. 따라서 미국 농업은 '내권화'가 드물고 더 많은 기계를 사용하여 노동력을 줄이고 노동 생산성을 향상시킬 수 있었다. 이것이 중국과 미국의

---

52 황종지의 involution('内卷化' 혹은 '過密化')과 '内卷化 성장'(또는 '过密型增长')의 요체는 '노동 생산성 저하 속 경제성장'을 의미하며, 이는 명청 중국 경제 발전의 특징이 양적 증가, 질적 정체라고 제시한 마크 엘빈(Mark Elvin)의 관점과 共鳴하는 것이기도 하다. 또한 '内卷化' 이론도 황종지가 처음 창안한 것이 아니다. 그것은 인류학자 클리포드 기어츠(Clifford Geertz)가 1960년대에 인도네시아의 벼농사에 대한 심층 연구를 통해 처음 제안한 것이며, 학자들의 광범위한 관심을 끌었다. 그러나 이 이론을 중국 경제사 연구에 최초로 도입하여 큰 영향을 끼친 인물은 황종지가 확실하다(정철웅, 「중국 근대 경제 발전에 대한 접근 방법」, 『역사학보』 151, 1996, 355~357쪽; 仲伟民, 「学术界对前近代中国研究的分歧—以彭慕兰、黄宗智的观点为中心」, 『河北学刊』 2, 2004, 144쪽).

기본적인 차이점이라고 하였다. 현대에 들어서도 미국은 농업의 기계화에 점점 더 많은 투자를 하고 '규모의 경제' 이론을 통해 노동 생산성 향상이라는 측면에서 농업 발전의 경험을 쌓은 반면, 중국은 주로 노동 집약적 농업에 계속 의존해야 했다고 하였다.[53]

근대 이전 중국 농업의 상업화는 비교적 평등했던 서구의 도시-농촌간 교역과 달리 대부분 '내권적 상업화', 생존 중심의 상업화, 도시와 농촌 간의 불평등한 상업화, '기형적 시장'에 의한 상업화였다고 하였다. 또한 중국의 '소농 경제'가 조만간 사라질 가능성도 높지 않다고 전망하였다. 이 때문에 중국 농업이 나아갈 길은 미국식의 '규모의 경제'에 초점을 맞출 것이 아니라 '소농 경제'의 중요성을 인식하여야 한다고 하였다.[54]

黄宗智가 캘리포니아 학파와 달리 영국(미국)과 중국 농업의 생산성 차이를 강조하는 이유는 영국이나 미국의 선진성과 중국의 후진성을 확인하려는 것이 아니다. 그가 추구하는 것은 무엇보다 영국 미국 모델에 대한 맹목적 모방이 아닌, 중국의 역사적 경험이나 현실에 적합한 새로운 "발전 모델"을 개발하여야 한다는 데 있다. 그러나 그의 입론 역시 프랑크나 포메란츠 등과 유사하게 여전한 발전론적 사고에 근거해 있으며, 근대중심주의에 대한 비판이라는 감각이 없다. 그가 영국이나 미국을 중국과 비교할 때도 가장 중요한 관심은 생산력 내지 노동 생산성에 있었다. 이는 그 역시 근대중심적, 발전주의적 역사인식에 근거해 있음을 의미한다. 그가 미국이나 영국 모델을 벗어나 새로운 '중국식 모델'을 찾는 것도 서구와는 다른 방식의 '발전 경로'를 모색하기 위해서였다.

---

53 黄宗智, 「消解中国经验与西方理论的悖反: 黄宗智学术自述」, 『文史哲』 2, 2023.

54 黄宗智, 「消解中国经验与西方理论的悖反: 黄宗智学术自述」, 『文史哲』 2, 2023.

5. 동아시아사 연구의 새로운 방향: 근대중심주의 비판의 모색

캘리포니아 학파에 의한 새로운 세계사 이해는 분명히 서구 중심적 역사인식을 비판하는 데는 유용하다. 그러나 그들은 발전론적 역사인식에 입각하여 '산업혁명'이라는 인류사 발전의 핵심 '사건'을 둘러싼 내재적, 자생적 도달 여부를 문제의식의 중심에 두고 있다. 근대 그 자체를 상대화하는 것은 아니다. 근대가 낳은 발전론적 역사인식에 대한 비판은 논의 밖에 있다. 자본주의 세계체제에 대한 비판보다는 그에 대한 기여도나 주도권을 둘러싸고 서구와 경쟁하는 아시아와 중국의 모습을 부각시키거나, 자본주의 세계체제를 낳은 산업혁명이라는 특정한 '현상'에 구속된 시각은 여전히 근대 중심적·발전론적 역사인식을 유지하거나 목적론적 방향으로 흐를 가능성을 배제하기 어렵다.

이들의 논의에는 이러한 인식이 가지는 현재성이 무엇인지에 대해 분명히 밝히지 않고 있다. 그러나 이러한 논의들은 결국 자본주의의 발전과 자본주의 세계체제를 구축하는 데 기여한 정도, 혹은 현 체제 속의 위치, 나아가 앞으로의 위치를 둘러싼 경쟁이라는 '낡은' 문제의식과 가치관에 근거해 있다.

이점에서 최근 조반니 아리기(Giovanni Arrighi)의 연구는 문제의식을 좀 달리 한다.[55] 그는 만약 중국이 "자국중심적(self-centered) 시장기반 발전, 강탈 없는 축적, 비인적 자원보다 인적 지원을 동원하고, 대중의 참여를 통해 정책을 만들어 가는 정부 등 ㄴ중국의 전통을 부활시키고 공고히 하는 데 성공한다면, 중국은 문화적 차이를 진정으로 존중하

---

55 조반니 아리기 지음, 강진아 옮김, 『베이징의 애덤 스미스: 21세기의 계보』, 길, 2009; Arrighi, Giovanni, *Adam Smith in Beijing: lineages of the twenty-first century*, London/New York: Verso, 2008.

는 문명연방을 출현시키는 데 결정적으로 기여하는 지위에 오를 수 있을 것이다."고 예상하였다.[56]

　윤상우가 잘 정리해둔 바와 같이 19세기 이전 중국의 발전 경로에 대해 아리기는 다음과 같이 이해하고 있다.[57] 첫째, 중국은 소농중심의 토지평등 원칙이 실현되고 있었기 때문에 대분기 전까지 '비자본주의적 시장경제' 발전 단계로 규정될 수 있다. 브레너(Robert Brenner)가 말한 자본주의 요건(직접생산자의 생산수단에 대한 통제력 상실)을 충족하지 못하며, 따라서 시장교환이 확대되더라도 중국의 발전경로는 자본주의적이지 않다는 것이다. 둘째, 중국이 스기하라 가오루(杉原薫)가 말하는 '근면혁명(industrious revolution)'에 입각한 발전경로를 걸어온 것으로 이해하였다. 중국뿐만 아니라 16~18세기 동아시아 국가들은 토지부족에 대응하여 노동집약적 기술을 발전시켜 인구증가에도 불구하고 생활수준을 개선하는 근면혁명의 경로를 추구해왔으며, 이것은 20세기 이후에도 동아시아 발전경로의 특징으로 남아있다고 하였다. 이에 반해 유럽은 자본집약적이고 에너지 소모적인 '산업혁명(industrial revolution)'의 경로로 나아간 것으로 파악된다. 셋째, 중국의 비자본주의적 시장경제, 근면혁명에 입각한 발전경로는 내재적으로 사회의 틀을 그대로 유지하는 스미스적인 성장에 부합되며, 또한 '자연적인' 발전경로(농업-제조업-해외무역의 순차적 발전)로 평가할 수 있다. 반면, 유럽은 자본주의적 시장경제, 산업혁명의 발전경로를 밟아왔는데 이는 기존 사회의 틀을 파괴하고 새로운 것으로 대체하는 슘페터와 맑스의 발전상에 부합되며, 스미스적 관점에서는 '비자연적이고 퇴행적인' 발전경로로 인식된다.

56　아리기, 535쪽.

57　윤상우, 「베이징 컨센서스 비판: 라모와 아리기의 논의를 중심으로」, 『유라시아연구』 제11권 제4호(통권 제35호), 2014 참조.

주목되는 것은 유럽의 자본집약적이고 에너지 소모적인 생산에 대비되는 중국의 노동집약적 기술이다. 아리기는 중국뿐만 아니라 동아시아가 시장 경제 전통의 계승자이며, 다른 어느 지역보다도 비인적 자원보다는 인적자원을 동원하고 경제적 독립과 농업경영자의 복지를 파괴하기보다는 보호했다고 주장하였다.

그는 중국의 노동집약적 생산의 사례로 상하이 근교의 원평(元丰) 자동차 공장의 생산을 들고 있다. 그는 그 공장에서는 "한 대의 로봇도 눈에 띄지 않"고, 많은 중국의 다른 공장처럼 조립 라인은 다수의 젊은 이들로 채워지는데, 이들은 중국에서 늘어나고 있는 기술학교에서 새로 도착하여 기껏해야 큰 전기 드릴, 렌치와 고무망치를 가지고 일하고 있다는 점을 강조하였다.[58] 그러나 아리기의 이러한 판단은 어디까지나 당시 중국의 생산력 수준과 그에 연동되는 값싼 노동력의 존재라는 가장 기초적인 문제를 외면한 것이다.

현실은 아리기의 기대와 매우 다르다. 중국은 이미 자동차 제조 작업에서 로봇 이용을 포함한 자동화 시스템이라는 면에서 세계를 선도하고 있으며, 일부 작업에서는 무인 생산까지 이루어지고 있다.[59] 또 샤오미(Xiaomi) 공장의 몸체 작업장(Body Workshop)에서는 주요 생산 공정의 100%가 완전 자동화되어 있으며 전체 자동화율은 91%에 달한다.

---

58 아리기, 502~503. 또한 아리기는 Ted C. Fishman을 인용, "중국 비즈니스는 비싼 기계 뿐 아니라 비싼 관리자 역시도 교육받은 저렴한 노동이 대체한다. 스미가 기업의 관료 경영에 대해 낮게 평가한 것을 입증하듯이 자율적인 노동력은 '관리 비용 역시 낮춘다'. "믿을 수 없으리 만큼 자율적인 중국 노동자들의 자율성"을 강조한다는 점을 지적하고 있다. 아리기, 504.

59 "Dongfeng Motor to deploy humanoid robots for auto manufacturing』,「carnewschina」, June 3, 2024; https://carnewschina.com/2024/06/03/dongfeng-motor-to-deploy-humanoid-robots-for-auto-manufacturing/

조립 라인은 또한 39대의 로봇 덕분에 고도로 자동화되어 있다.[60] 업계의 연구에 따르면 중국 제조업의 약 70%가 이미 기계와 자동화에 의해 이루어지고 있다.[61] 아리기의 기대는 난망하게 되었음을 보여준다.

　　동아시아나 중국의 역사적 경험으로부터 근대중심적 역사인식과 발전론적 사회이론을 극복할 수 있는 방안의 모색은 아직 오리무중이다. 그러나 머리말에서 언급한 바이러스의 팬데믹 그 자체에 대한 관심이나 역사적 경험에만 관심을 기울이기에는 팬데믹이 우리에게 던지는 질문이 엄중하다. 자연에 대한 정복자, 지배자라는 착각에서 비롯된 근대문명에 대한 근본적 성찰 요구받고 있다. 역사학도 이에 대응하는 새로운 과제나 문제의식을 끌어안아야 할 것이다. 불평등과 차별, 기후·환경 문제가 발전론적 역사인식, 서구중심·근대중심적 역사인식에 경종을 울린 지 오래되었지만, 우리는 그 동안 그 경고를 무시하고 외면해 왔거나 적어도 그것을 우리의 문제로 수용하는 자세를 취하지 못하였다. 포스트 담론이나 국민국가론, 그리고 소수자에 대한 논의들 모두 발전론적인, 서구중심적 이해에 대한 일정한 비판의식과 연결되어 있었지만, 근대중심적 인식은 느슨하거나 없었다. 무엇보다 인간사회의 질서나 그것을 구성하는 사유방식에 대한 비판과 성찰을 담고 있을 뿐이고, 자연 환경문제까지 끌어안는 방식의 고민은 사실상 없었다. 앞서 언급했듯이 가장 중요한 과제로 대두되고 있는 글로벌화나 불평등과 차별문제만 하더라도 환경문제와 밀접한 관련을 가진다.

60　"Inside Xiaomi's EV Factory, Where the Company Produces an Electric Car Every 76 Seconds", 「DirectIndustry e-Magazine」, July 29, 2024https://emag.directindustry.com/2024/07/29/inside-xiaomis-ev-factory-where-the-company-produces-an-electric-car-every-76-seconds/

61　Factory automation looking more like us, China Daily, 2024~05~29;https://www.chinadaily.com.cn/a/202405/29/WS665684e7a31082fc043c9b8a.htm

인간의 삶과 그것 둘러싼 인간사회의 질서와 사유를 총체적으로 조망하는 전체사(total history)의 필요성이 이미 오래전에 제시된 바 있지만, 이제는 환경문제까지 포괄하는 더 넓은 의미의 전체사가 요청된다. 환경사만 하더라도 인간의 행위가 자연 환경에 미치는 영향을 중심으로 한 접근이 아니라, 양자 간의 상호 관계성을 포함하는 보다 복합적이고 융합적인 접근이 필요하며, 불평등과 환경문제를 초래한 서구/근대에 대한 깊은 성찰을 통해 그 너머를 구상하지 않을 수 없다. 그러한 구상, 그러한 상상을 가능케 하는 인식론적 기반을 동아시아사의 경험으로부터 찾을 수 있을까? 그를 위해 어떤 방식으로 동아시아사를 접근할 것인가? 여전히 남겨진 커다란 숙제이다.

"전지구적 '보편' 가치가 있다면" 그것은 "누군가에 의해 주어지는 것이 아니라, 우리가 창조하는 것이다. 그러한 가치를 창출하려는 인간의 기획은 인류의 위대한 윤리적 기획이다"는 월러스틴(Immanuel Wallerstein)의 주장이[62] 더욱 실감나는 시대를 맞고 있다. 새로운 시대가 요구하는 새로운 역사상을 만들어 가기 위해서도 새로운 인식론에 대한 고민이 절실하다.

---

62 이매뉴얼 월러스틴, 김재오 옮김, 『유럽적 보편주의: 권력의 레토릭』, 창비, 2008, 56쪽.

참고문헌

낸시 프레이저, 『지구화 시대의 정의』, 그린비, 2010.

백영서, 『동아시아담론의 계보와 미래: 대안체제의 길』, 나남, 2022.

브랑코 밀라노비치 저, 서정아 역, 『왜 우리는 불평등해졌는가?: 30년 세계화가 남긴 빛과 그림자』, 21세기북스, 2017.

쑨거 저, 김민정 역, 『왜 동아시아인가?』, 글항아리, 2018.

아리프 딜릭 저, 황동연 역, 『포스트모더니티의 역사들』, 창비, 2005.

안드레 군더 프랑크 저, 이희재 역, 『리오리엔트』, 이산, 2003.

이매뉴얼 월러스틴 저, 김재오 역, 『유럽적 보편주의: 권력의 레토릭』, 창비, 2008.

제러미 러프킨 외 인터뷰, 안희경 저, 『오늘부터의 세계』, 메디치, 2020.

조반니 아리기 저, 강진아 역, 『베이징의 애덤 스미스: 21세기의 계보』, 길, 2009.

지그문트 바우만 저, 정일준 역, 『부수적 피해: 지구화 시대의 사회 불평등』, 민음사, 2013.

케네스 포메란츠 저, 김규태·이남희·심은경 역, 『대분기: 중국과 유럽, 그리고 근대 세계 경제의 형성』, 서울: 에코리브르, 2016.

Appleby, Joyce, Hunt, Lynn, Jacob, Margaret, *Telling the truth about history*(1st. pbk), New York: Norton, 1994.

Follesdal, Andreas, and Thomas Pogge, eds. *Real world justice*: *grounds*, *principles*, *human rights*, *and social institutions*. Vol. 1. Springer Science & Business Media, 2005.

Huang, Philip C., *The peasant family and rural development in the Yangzi Delta*, *1350~1988*, Stanford University Press, 1990.

Wong, Roy Bin, *China transformed*: *historical change and the limits of European experience*, Cornell University Press, 1997.

강성호, 「'전지구적' 세계체제로 본 세계사와 동아시아—안드레 군더 프랑크」, 『역사비평』82, 2008.

_____, 「유럽 중심주의와 포스트모더니즘을 넘어」, 「역사비평』 84, 2008.

_____, 「유럽 중심주의 세계사에 대한 비판과 반비판을 넘어」, 호남사학회, 『역사학 연구』 39, 2010.

강진아, 「16~19세기 중국 경제와 세계체제—'19세기 분기론'과 '중국 중심론'」, 『이화 사학연구』 31, 2004.

_____, 「동아시아로 다시 쓴 세계사—포머란츠와 캘리포니아학파」, 『역사비평』 82, 2008.

_____, 「중국의 부상과 세계사의 재조명」, 『역사와 경제』 80, 2011.

김경필, 「침묵 속의 대결—'서양의 대두'에 관한 세 해석」, 『서양사연구』 48, 2013.

배영수, 「'서양의 대두'와 인간의 본성」, 『역사학보』 216, 2012.

배항섭, 「동아시아사 연구의 시각 — 서구·근대중심주의 비판과 극복」, 『역사비평』 109, 2014.

_____, 「머리말:"동아시아는 몇 시인가?"라는 질문」, 미야지마 히로시, 배항섭 편, 『동아시아는 몇 시인가?-동아시아사의 새로운 이해를 찾아서』, 너머북스, 2015.

_____, 「'탈근대론'과 근대중심주의」, 『민족문학사연구』 62, 2016.

_____, 「방법으로서의 '동아시아사' 연구와 새로운 역사상의 모색—근대중심주의 (modernocentrism) 비판과 트랜스히스토리칼(transhistorical)한 접근 —」, 『대동 문화연구』 112, 2020.

_____, 「최근 조선시대사 연구의 역사 인식과 새로운 방향 모색」, 『조선시대사학보』 105, 2023.

_____, 「한국 근대사 이해의 글로벌한 전환과 식민주의 비판 — 기후변동과 역사 연 구의 새로운 방향 모색 —」, 『역사비평』 145, 2023.

백영서, 「아시아담론과 동아시아사의 해후 — 비판적 지구지역사의 길 —」, 『동양사학 연구』 164, 2023.

유재건, 「유럽 중심주의와 자본주의」, 한국서양사학회 엮음, 『유럽 중심주의 세계사를 넘어 세계사들로』, 푸른역사, 2009.

윤상우, 「베이징 컨센서스 비판: 라모와 아리기의 논의를 중심으로」, 『유라시아연구』 제11권 제4호(통권 제35호), 2014.

윤여일, 『동아시아 담론: 1990~2000년대 한국사상계의 한 단면』, 돌베개, 2016.

이우창, 「'서구 근대'의 위기와 한국 동아시아 담론의 기이한 여정」, 『코기토』 83, 2017.

정철웅, 「중국 근대 경제 발전에 대한 접근 방법」, 『역사학보』 151, 1996.

정현백, 「트랜스내셔널 히스토리의 가능성과 한계」, 『역사교육』 108, 2008.
최원식, 「탈냉전시대와 동아시아적 시각의 모색」, 『창작과비평』 79, 1993.

李伯重, 「"相看两不厌": 王国斌『转变的中国 : 历史变迁及欧洲经验的局限』评介」, 『史学理论研究』 2, 2000.
张家炎, 「如何理解18世纪江南农村:理论与实践——黄宗智内卷论与彭慕兰分岔论之争述评」, 『中国经济史研究』 2, 2003.
仲伟民, 「学术界对前近代中国研究的分歧: 以彭慕兰, 黄宗智的观点为中心」, 『河北学刊』 2, 2004 ;
黄宗智, 「发展还是内卷?十八世纪英国与中国——评彭慕兰『大分岔:欧洲,中国及现代世界经济的发展』」, 『历史研究』 4, 2002.
_____, 「消解中国经验与西方理论的悖反: 黄宗智学术自述」, 『文史哲』 2, 2023.
_____, 「再论18世纪的英国与中国——答彭慕兰之反驳」, 『中国经济史研究』 2, 2004.

Arrighi, Giovanni, The World According to Andre Gunder Frank, *Review*, 22:3, Fernand Braudel Center, 1999.
Bentley, Jerry, "Why Study World History?", *World History Connected* 5:1, October 2007.
Boyce, James K., Inequality and environmental protection, *WORKINGPAPER SERIES Number 52*(JANUARY 2003), POLITICAL ECONOMY RESEARCH INSTITUTE(University of Massachusetts Amherst)
Burnell, Peter, Democracy, democratization and climate change: complex relationships, *Democratization*, 19:5, 2012.
Dirlik, Arif, Contemporary Perspectives on Modernity: A Critical Discussion, *Sungkyun Journal of East Asian Studies*, 8:1, 2008.
Dirlik, Arif, Bahl, Vinay, "Introduction", edited by Dirlik, Arif, Bahl, Vinay, Gran, Peter, *History After The Three Worlds: Post-Eurocentric Historiographies*, Lanham, Md.: Rowman & Littlefield, 2000.
Drayton, Richard, & David Motadel, "Discussion: the futures of global history", *Journal of Global History* 13:1, March 2018.
Fazey, Ioan, et al., "Transformation in a changing climate: a research agenda", *Climate and Development*, 10:3, 2018.
Green, Fergus and Noel Healy, "How inequality fuels climate change: The climate case for a Green New Deal", *One Earth* 5:6, 2022.

Hamann, Maike, et al. "Inequality and the biosphere." *Annual Review of Environment and Resources* 43:1, 2018.

Hobsbawm, Eric, Democracy can be bad for you, *New Statesman*, 5 March, 2001.

Huang, Philip C. C., "Further Thoughts on Eighteenth-Century Britain and China: Rejoinder to Pomeranz's Response to My Critiqu", *The Journal of Asian Studies* 62:1, 2003.

Islam, S. Nazrul, Inequality and Environmental Sustainability, *Working Paper*, No.145, August 2015, UN DESA.

Nederveen Pieterse, Jan, *Empire & emancipation: power and liberation on a world scale*, London: Pluto, 1989.

Pomeranz, Kenneth, "Facts are Stubborn Things: A Response to Philip Huang", *The Journal of Asian Studies* 62:1, 2003.

Riahi, Keywan et al., "The shared socioeconomic pathways and their energy, land use, and greenhouse gas emissions implications: An overview", *Global Environmental Change* 42, 2017.

Sundberg, J., "Decolonizing posthumanist geographies", *Cultural Geographies*, 21:1, 2014.

박소현(朴昭賢, Park So-hyeon)

성균관대학교 동아시아학술원 교수. 한중 비교문학 전공. 한국과 중국의 범죄소설과 법문화사, 동아시아 여성사 등을 연구해왔다. 주요 저서로 『문학이 정의를 말하다』(2023), 공저로 『동아시아 연구 어떻게 할 것인가?』(2016), 『조선후기 법률문화 연구』(2017), 『검안과 근대 한국 사회』(2018) 등이 있다.

법문학비평 관점에서
전근대 동아시아 소설 읽기

1. 들어가며

전근대 동아시아 소설, 특히 범죄소설 장르[1]에 대한 최근 연구는 문학
연구의 고유 영역을 넘어 법학이나 법의학 같은 '전문지식' 분야를 깊
숙이 '침범'한 상태이다.[2] 서로 다른 학문 분야, 특히 인문학과 사회과학
또는 자연과학 분야 간의 학제적(interdisciplinary) 혹은 융복합 연구를
장려하는 최근의 교육 정책과 환경을 고려할 때 이런 연구가 마냥 생뚱

---

[1] 여기에서는 주로 명청(明淸) 시기 중국의 공안소설(公案小說)과 조선(朝鮮) 후기에 와서 활
발히 창작된 송사소설(訟事小說) 장르를 가리킨다. 이때의 범죄소설(crime fiction)은 범죄
와 수사를 주제로 한 포괄적 의미의 소설 장르를 가리키며, 탐정소설(detective fiction)을 비
롯한 다양한 범죄·수사 이야기를 하위 장르로 포괄한다. 중국의 공안소설과 조선의 송사
소설은 영어로는 'court case fiction'으로 번역된 바 있는데, 이 장르들에서는 법정에서의
심문이나 소송 장면이 주요 장면으로 묘사되고 있는 까닭이다. 따라서 이 장르들 역시 넓
은 의미의 범죄소설에 속한다고 볼 수 있다.

[2] 최근의 국내 연구만을 예로 들면, 고숙희, 「공안소설, 법의학과 통하다 - 명대 공안소설전
집 중 人命案과 『無冤錄』을 중심으로」와 「중국 전통 법의학으로 본 명대 공안소설」; 박소
현, 「중국과 조선의 법률문화와 범죄소설의 계보학」과 「동아시아 범죄소설의 사회사 - 명
청시기 공안소설과 조선후기 송사소설의 비교를 중심으로」; 오효려, 「法理與情理的思辨 -
以中韓公案小說的結局爲中心」 등이 있다.

맞거나 억지스러운 시도라고만 볼 수는 없다. 사실 범죄소설이라고 하면, 대체로 탐정소설과 같은 흥미 위주의 읽을거리가 떠오르기 마련이고, 이와 같은 오락적 읽을거리를 법학 또는 법사학 분야와 연관 짓는 연구는 당연히 드물 수밖에 없다. 오늘날 어느 누가 법률 지식을 얻기 위해 탐정소설을 읽거나 법정 드라마를 볼 것인가?

그러나 단언컨대, 전근대 동아시아 범죄소설 장르에 대한 최근의 학제적 연구 경향은 단순히 정책적 의도를 반영한 인위적 결과물이 아니라, 오랫동안 지속되어 온 법과 문학 사이의 상호작용이 학계의 주목을 받으면서 나타난 매우 자연스럽고도 '바람직한' 현상이다. 그런 현상의 원인은 학계뿐만 아니라 문화적 요인 등 여러 층위에서 찾을 수 있겠으나, 필자가 여기에서 특히 강조하고 싶은 것은 문학 내적인 동인보다는 문학 외적인 동인이다.

필자가 보기에 문학 외적인 동인, 즉 법의 영역으로부터의 동인이라면, 문학과 법학 연구자 양자의 궁금증을 불러일으킬 만하다. 이미 문학 연구에서 문학의 바깥을 지향하고 소통하고자 하는 시도는 우리에게 익숙한데, 거꾸로 법학이 문학을 지향한다면 어떤 목적을 달성하기 위한 것이며, 그 효과는 무엇인가? 더구나 전근대 동아시아의 범죄소설 장르에 대한 연구가 전근대와 근대 법문화의 간극을 메울 수 있다면, 오랫동안 하위문학으로 여겨져 온 이 장르를 또 다른 관점에서 고찰할 필요가 있는 것은 물론이다.

전근대 동아시아의 범죄소설 장르에 대한 최근 연구는 주로 범죄소설의 사회·문화사적 맥락을 밝히는 데 집중되었다. 이 연구들에서 밝혀진 사실은 첫째, 이 장르는 당시 법문화와의 밀접한 연관성 속에서 발전했으며, 둘째, 법의 문학적 재현뿐만 아니라 전문적 법률 지식의 전달에도 상당한 관심을 기울였다는 것이다. 법과 문학, 좀 더 구체적으로 말하자면 법과 서사(narrative)의 수렴 현상은 법과 문학의 영역이 엄격하게 분리된 근대 법문화에서는 좀처럼 보기 드문 현상이다. 따라서 전근대 동아시아 범죄소설을 전문적 '법서(法書)'의 일종으로 보는 경향에 대해서는 회의적 시각이 없지 않았다. 즉, '오락적 읽을거리'로서의 소설의 교육적 역할을 어디까지로 볼 것인가에 대한 논란이 있다. 수많은 법전과 판례집, 공문서 등 매우 체계적이고도 표준화된 '실록(實錄)' 관습이 확고하게 형성된 동아시아 사법 전통에서 허구적 범죄소설의 교육적 역할이라는 것은 역시 제한적일 수밖에 없지 않았을까? 전근대 동아시아 범죄소설 또한 당시 법문화의 일부로서 실록 전통을 보완하는 기능을 했다고 한다면, 그 역할의 범위는 구체적으로 어떻게 설정되었고 전문적 법서 장르와는 또 어떻게 구분되었는가? 다시 말해서 어느 정도까지 전문성을 확보했다고 볼 수 있는가?

그런데 한편으로는 이런 의심에 가득 찬 질문 자체가 여전히 근대적인 것임을 우리는 인정해야 한다. 실제로는 근대 법문화에서도 법과 문학 영역의 교차 현상은 빈번했지만, 근대 이전과 달리 근대 이후에 와서는 법의 '서사성(narrativity)'을 억압하고자 노력했을 뿐이다.[3] 법과 문학 혹은 법과 서사의 밀접한 연관성에 대한 최근의 성찰은 문학 분야만이 아니라 법학 분야 내부에서도 활발하게 전개되었다. 이런 성찰은 근대법의 보편주의적, 형식주의적 경향을 수정하고 법의 '인문주의 정신'으로의 회귀를 촉구하는 비판적 경향과 연관성이 있다.[4] 이는 완벽

---

3 Peter Brooks, "Narrative in and of the Law," p. 415; 피터 브룩스, 「법에서의 서술과 법의 서술」, 304쪽. 본고에서는 이 글을 인용할 때 한국어 번역본을 참조하되 필자가 직접 번역하는 것을 원칙으로 했다.

4 이는 1970년대 미국을 중심으로 법경제학 운동에 대한 반작용으로 일어난 법과 문학 운동(Law and Literature movement)을 가리킨다. 이에 대해서는 국내에서도 몇몇 법학자들에 의해 소개된 바 있다. 이와 관련한 연구로는 강진철, 「법과 문학: '법과 문학 운동'을 중심으로」; 「법학과 인문학의 상호작용에 관한 연구: '법과 문학 운동'을 중심으로」; 안경환, 「미국에서의 법과 문학운동」; 이상돈, 「법문학이란 무엇인가?」; 이소영, 「법문학의 가능

하게 독자적인 발전을 이룬 전근대 동아시아 사법 전통과 근대 (서구) 법문화가 상호 소통할 수 있는 접점을 찾았다는 의미이기도 하다. 왜냐하면, 전자는 정밀한 사법 체계의 발달에도 불구하고 '예주형보(禮主刑補)'라는 유교적 '인문주의'의 영향 아래 기계적이고 형식주의적인 법적용을 가능한 한 지양했기 때문이다.[5]

이 글은 전근대 동아시아 범죄소설 장르의 '경계성', 즉 문학과 법의 영역의 경계에 교묘히 위치한 장르적 특성이 최근 법문학비평의 관점에서 강조한 법의 서사성을 포착하고 있음에 주목하고자 한다. 바로 이러한 장르적 특성 때문에 필자는 장르 수용의 사회·문화사적 맥락에 대한 이해뿐만 아니라 텍스트 분석을 통한 서사적 본질에 천착할 필요가 있다고 본다. 따라서 이 글에서는 우선 법률과 서사의 관계에 대한 서사학(narratology)적 접근을 이론적으로 검토하고, 다음으로는 이에 대한 대표적 사례로서 조선 후기 송사소설 작품인 『와사옥안(蛙蛇獄案)』을 분석해보고자 한다.[6]

법률과 서사의 관계에 대한 서사학적인 접근은 법의 서사성의 본질을 이해하는 데 필수불가결한 부분이다. 법은 실천적 측면 — 예를 들어 법정에서 난무하는 원고와 피고, 변호인과 증인, 검사와 판사, 배심원의 엇갈리는 진술과 주장을 상상해보라 — 에서 온갖 상충하는 이야

성에 대한 연구: 해체주의 문학 방법의 법적 수용을 중심으로」; 최경도, 「법과 문학 연구 -성과와 점검」 등 참조. 해외의 대표적 연구로는 Peter Brooks and Paul Gewirtz eds., *Law's Stories: Narrative and Rhetoric in the Law*; Guyora Binder and Robert Weisberg, *Literary Criticisms of Law* 참조.

5 동아시아 사법 전통에 대한 유교적 영향을 가리켜 '법의 유교화(Confucianization of law)' 현상이라고도 한다. 이 현상에 대한 연구로는 권연웅, 「유가 법사상의 역사적 맥락」; 박소현, 「법문학적 관점에서 바라본 유교적 사법전통」; 范忠信·鄭定·詹學農, 이인철 역, 『중국법률문화탐구 - 情理法과 중국인』; T'ung-tsu Ch'ü, *Law and Society in Traditional China* 등 참조. 특히, '법의 유교화'라는 용어와 이 현상에 대한 분석은 Ch'ü의 연구 참조.

6 『와사옥안(蛙蛇獄案)』의 해제 및 원문은 장효현 등 편, 『우언우화소설』 참조.

기들, 즉 스토리텔링(storytelling)으로 가득 차 있다. 법은 원칙적으로 이를 통제하고 억압하는 한편, 스토리텔링의 힘을 잘 인식하고 있다. 바로 이런 이유로 최근 법학 분야에서는 법적 스토리텔링에 상당한 관심을 보이며, 이에 대한 서사학적 분석이 법의 운용과 정의 실현에 실질적 도움이 된다고 여긴다. 따라서 서사학적 분석은 법문학비평에서 가장 중요하고도 핵심적인 부분인데, 오히려 문학 분야에서는 이에 대한 개괄적 검토조차 제대로 이루어지지 않았다. 이 글에서 우선 이론적 검토가 필요하다고 본 가장 큰 이유이다.

다음으로 대표적 사례로서 살펴볼 『와사옥안』은 조선 후기에 유행한 우화형 송사소설[7] 중에서도 전례가 없는 매우 독특한 작품이다. 이 작품은 개구리와 뱀의 송사라는 완벽한 허구적 이야기를 '검안(檢案)'[8]이라고 하는 지극히 형식적이고도 엄격한 공문서 양식에 맞춰 전개함으로써 앞에서 언급한 '경계성'의 특성과 함께 '법의 서사성'을 극명하게 보여준다. 사실 『와사옥안』의 '우화와 공문서'라고 하는 이 생소한 조합은 이미 몇몇 문학 연구자들이 주목했던 바이다.[9] 그러나 『와사옥안』에 대한 선행

---

7 조선 후기 송사소설 중에는 동물우화와 결합한 송사소설 작품들이 많이 있는데, 이를 우화형 송사소설 또는 송사형 우화소설이라고 한다. 예를 들어 잘 알려진 「황새 결송(決訟)」과 같은 작품이 대표적이다. 송사형 우화소설 중에서도 쥐나 다람쥐 같은 설치류를 주인공으로 한 작품들이 많은데, 이 작품들은 '서류(鼠類) 송사형 우화소설'로 분류되기도 했다. 이 장르에 관한 연구로는 이헌홍, 『한국송사소설연구』; 신해진 편역, 『서류 송사형 우화소설』 참조.

8 검안(檢案)은 조선시대 검험(檢驗)의 조사 결과를 기록한 문서다. 검험은 검시를 중심으로 한 인명사건(人命事件), 살인 및 자살 등 사망사건의 조사절차로서 자살, 타살, 병사 등 명확한 원인이 밝혀지지 않은 사망사건은 모두 검험의 대상이 된다. 검안의 문서격식은 18세기 말 정조(正祖, 재위 1776~1800) 때 표준화된 것으로 보인다. 현재 총 596건에 달하는 검안이 규장각에 소장되어 있는데, 규장각 소장 검안 대부분이 1897년부터 1906년 사이에 작성되었다. 검험과 검안에 관해서는 심희기, 『한국법제사강의』, 241~282쪽 참조.

9 『와사옥안』에 대한 선행 연구로는 김재환, 「와사옥안연구」; 김준영, 「와사옥안의 고대소설상 특성」 등 참조. 또한, 『와사옥안』의 사회사적 맥락 또는 조선 후기 법문화와의 연관성에 관해서는 박소현, 「동아시아 범죄소설의 사회사」, 153~162쪽 참조.

연구는 주로 법률의 문학적 재현의 측면에 초점을 맞춰왔는데, 검안 작성이나 형사소송 절차에 관한 교과서로도 손색이 없는『와사옥안』의 수사학(rhetoric)적 특성이라든가 법적 스토리텔링에 대한 분석은 깊이 다뤄지지 않았다. 이 글에서는 법문학비평의 관점에서 특히,『와사옥안』의 '경계성'이 어떻게 '법의 서사성'을 포착하고 있는지를 분석하고자 한다.

2. 문학비평적 관점에서 본 법률과 서사의 관계

법문학비평의 출발점은 우선 1970년대 미국에서 전개된 법과 문학 운동이 상이한 두 방법론을 포괄한다는 사실을 이해하는 것이다. 바로 '문학에서의 법률(law in literature)'과 '문학으로서의 법률(law as literature)'인데, 이때 법과 문학 운동의 중심은 전자보다는 후자에 있다. 전자는 문학작품에 반영된 법적 주제나 법률 묘사의 연구를 가리키는데, 기존의 문학비평이나 역사연구에서 널리 활용되었던 관점 혹은 방법론과 크게 다르지 않다. 이에 비해 후자는 '법경제학 운동'에 대한 반성과 대응으로 나타난 비교적 새로운 관점을 반영한다. 법문학비평의 교과서라고도 할 수 있는『법률에 대한 문학비평 *Literary Criticisms of Law*』(2000)의 서론에서는 후자를 이렇게 정의한다.

> 이 연구 경향은 사법제도를 구성하는 저술, 사상, 절차 등을 더 잘 이해하기 위해 문학비평, 이론, 해석 등의 기술(techniques)과 원리를 활용하고, 사법제도의 개혁을 위한 도구로서 이 기술과 원리를 제공하는 것이다.[10]

---

10   Binder and Weisberg, *Literary Criticisms of Law*, p. 3.

법문학비평은 '문학에서의 법률'과 '문학으로서의 법률' 양자가 밀접하게 연관되어 있다는 사실을 결코 부정하지 않으면서도, '상상적 (imaginative)' 텍스트로서의 문학의 역할을 법의 실천적 영역으로 확장함으로써 문학이 사법제도의 비판과 개혁에 실질적으로 공헌할 수 있는 가능성을 강조한다. 『법률에 대한 문학비평』에서 다루는 법문학비평은 그 방법론에 따라 크게 다섯 가지로 구분된다. 법에 대한 해석학적 비평 (hermeneutic criticism of law), 서사적 비평(narrative criticism of law), 수사학적 비평(rhetorical criticism of law), 해체주의적 비평(deconstructive criticism of law), 마지막으로 법에 대한 문화비평(cultural criticism of law)이 그것이다.

이 중에서도 법에 대한 서사적 비평 혹은 서사학적 접근이 본질적으로 가장 문학적이면서도 기존의 법학 연구에 가장 도전적이라고 할 수 있다. 왜냐하면, 근대 법학에서 법은 절대적, 보편적, 추상적인 것으로 간주되었으며, 이와 같은 '비인간적' 이성주의를 기계적으로 관철할 때 법적 정의도 실현된다고 믿었기 때문이다. 법이 서사적이라거나 현대의 재판절차가 스토리텔링으로 가득 차 있다는 주장은 법의 보편적 이성주의를 부정하고 대신 법의 특수성과 상대성, 주관적 경험주의를 인정한다는 의미로 해석될 수 있기에 법은 가능한 한 서사를 억압하거나 통제하는 방식으로 그 서사성을 '숨겨왔던' 것이다.

따라서 법학자들 스스로 '서사로서의 법률'을 시인한다면 매우 중요한 관점의 전환을 의미한다고 할 수 있을 것이다. 이와 관련하여 1980년대 말 미국에서 '법적 스토리텔링'에 관한 심포지엄이 열렸고,[11] 여기에서 논의된 주장들을 살펴보는 것은 법조계 및 법학 분야의 관점과 궁극적 목표를 이해하는 데 상당한 도움이 된다. 이를 정리해보면 다음과 같다.

---

11   Richard Delgado, "Storytelling for Oppositionists and Others: A Plea for Narrative,"
      Michigan Law Review 87 (1989): 2411~2412; Binder and Weisberg, 위의 책, p. 201 재인용.

1. 인간의 지각과 사고는 필수불가결하게 서사에 의존한다.
2. 화자(話者)들의 엇갈리는 이해관계와 경험을 반영함으로써 동일한 사건에 관해서도 서로 경쟁하는 이야기들이 서술될 수 있다.
3. 법적 주장과 판결은 서사 형식으로 서술된 사건들에 대한 선택적 해석에 의존한다.
4. 그러나 이와 같은 선택적 특성으로 말미암아 법적 주장은 경쟁적인 이야기들을 억압한다.
5. 가장 빈번하게 억압받는 이야기들은 하위집단(사회적 약자)의 관점을 반영하는 것일 수 있다.
6. 일반적인 법 담론은 법이 어떤 특정한 이야기들에만 '특혜를 줄 수 있다(privilege)'는 사실을 부인한다.
7. 공정성 획득을 목표로 하는 합법적 의사결정은 서사에서 강조하는 인간 경험의 특수성을 추상화하는 규율들을 적용함으로써 그 목표를 달성한다.
8. 법적 결정이 인간에게 초래할 구체적 결과와 의미를 억압함으로써 규율은 법을 도덕적으로 둔감하게 만든다.
9. 규율의 권위는 그 규율을 권위적인 의사결정권자의 의지와 연계시키는 은밀한 서사에 의존하는데, 이 서사는 의사결정권자들이 어떻게 권위를 갖추게 되었는지를 설명한다.
10. 법학에서 서사의 활용은, 그것이 허구적이든 사실적이든, 도덕적으로 법을 개선하고, 불편부당함에 대한 법적 주장을 전복하며, 하위집단(사회적 약자)의 이익을 도모할 수 있다.[12]

---

12   Binder and Weisberg, 앞의 책, p. 201.

요컨대 법이 공정성을 내세워 서사를 억압하는 대신 이를 활용할 때 법은 오히려 도덕적 분별력을 개선할 수 있으며, 사회적 약자의 이야기에 귀기울임으로써 사회정의의 실현에 더 다가갈 수 있다는 것이다. 실제 법정 등에서 법조인에게 요구되는 냉철하고 비인간적인 '전문가로서의 목소리'는 이들의 감성적 분별력을 해칠 수 있다. 이성을 앞세운 냉철함을 "'인간적 상황'에 적용할 때 그에 대한 진정한 관심과 극적 효과는 많은 부분 사라질 수 있다. 그리하여 그것은 법조인의 시야를 좁혀 그들로 하여금 (법의) 권력을 무비판적으로 수용하고 개혁의 가능성을 볼 수 없게 만든다."[13]

이처럼 우리는 법과 문학 운동이 사법개혁을 촉구할 목적으로 법의 영역에서 자발적으로 일어났다는 사실에 주목해야 한다. 이는 우리가 일반적으로 알고 있는 것처럼 단순히 법의 문학적 재현을 '참조'하는 정도를 훨씬 넘어선다. 즉, 법조인 스스로 법의 비인간성을 개혁해야 할 필요성을 깊이 자각하고 그 개혁의 도구로서 이야기의 상상력과 감수성, 도덕적 연민으로 가득 찬 문학을 적극적으로 수용하고자 한 것이다. 사법개혁의 도구로서의 서사는 이야기라는 단순하고도 보편적인 행위 그 자체, 즉, 이야기의 반전문성(anti-professionalism)과 반이론성(anti-theory)을 강조한다.[14] 결국 서사라는 것은 문학 중에서도 기술적인 훈련이나 이론을 익히지 않고도, 심지어 글자를 배우지 않고도 누구나 즐길 수 있는 형태의 문학인 것이다.

한편, 피터 브룩스(Peter Brooks)는 법과 문학의 관계가 서구 전통에서도 오래된 것임을 상기시키면서, 서사는 법의 한 존재 양태로서 결코 낯선 것이 아니고 법 내부에 오랫동안 잠재해왔음을 강조한다.

---

13   Binder and Weisberg, 위의 책, p. 203.

14   Binder and Weisberg, 앞의 책, p. 204.

법정 변호사들은 이야기를 할 필요가 있음을, 그리고 그들이 법정에서 제시하는 증거를 함께 묶어 서사 형식으로 풀어내야 함을 안다. 아마도 법조인들은 이 사실을 수천 년 전부터 알고 있었을 것이다. 왜냐하면, 예로부터 서사를 통한 논증 방식을 포함한 수사학 분야는 주로 법정에서 논거의 정당성을 입증할 때를 대비한 훈련 중 하나였었기 때문이다. 그러나 수 세기에 걸쳐 진행된 법과 법률교육의 전문화는 사법절차의 수사학적 기원을 모호하게 만든 경향이 있었다. 따라서 이제는 반박할 수 없는 원칙에 근거하여 오로지 이성에 의해서만 진행된다고 믿고 싶은 분야에서 사법절차의 수사학적 기원은 단지 스캔들과 유사한 어떤 것으로 간주되어버린 것이다.[15]

이로 미루어볼 때 법적 스토리텔링이나 '법의 서사성'에 대한 논의는 궁극적으로는 법의 인문주의적 전통의 복원을 목표로 하는 것은 분명하지만, 단순히 이상의 추구에만 그치는 것은 아니다. 더 중요한 것은 현행 재판제도나 소송절차에서[16] 법조인들이 항상 경험해온, 보편적 이성주의를 지향하는 법률과는 모순되는 '법적 현실'인 것이다. 브룩스가 정확히 지적한 대로, 그 법적 현실이라는 것은 바로 "사실임을 주장하는 서사들을 심판하여 이 중 짜임새를 잘 갖춘 한 이야기를 이기게 만듦으로써 사람들을 감옥에 보내기도 하고 심지어 사형시키기도 하는 사회관습"[17]인 것이다. 따라서 "'유죄판결(conviction)'—법적 의미에

15　Brooks, 앞의 글, p. 417; 브룩스, 앞의 글, 307~308쪽.
16　물론, 여기에서 말하는 '현행 재판제도'나 '소송절차'라는 것은 매우 포괄적인 의미로 사용된 것이지만, 민사소송이든 형사소송이든 소송을 원고와 피고 사이의 대립으로 간주하는 '당사자주의'를 채택한 영미법에서는 제도적으로 법적 스토리텔링이나 법정에서의 변론의 중요성을 더욱 잘 인식했을 가능성은 있다. 다만 현재 민사소송은 대부분의 나라에서 당사자주의를 채택하고 있다.
17　Brooks, 위의 글, p. 416; 브룩스, 위의 글, 306쪽.

서의 — 은 그 이야기를 판단한 사람들 사이에 형성된 확신(conviction)으로부터 말미암는 것이다.”[18]

　법적 스토리텔링의 중요성을 강조하는 브룩스의 주장은 단순히 이론적이라기보다는 실천적 측면을 진지하게 고려함으로써 법학자와 문학 연구자 양자를 포괄하는 폭넓은 설득력을 발휘하는 것 같다. 물론, 법정에서의 법적 스토리텔링이라는 것은 증언이나 물적 증거 없이는 설득력을 지닐 수 없다. 그러나 다른 한편으로는 그 물적 증거라는 것도 철저한 법적 추론과 분석만으로는 불충분하며 서사적 통일성을 갖추어 제시될 때 비로소 그 역할을 수행할 수 있음을 인식해야 한다.[19] 이런 점에서 법이 서사적 전달과 처리의 문제에 관심을 가진다면, 이른바 '법서사학(legal narratology)'[20]이라는 것이 필요하다고 볼 수 있다. 이때, 법서사학은 법정에서 화자와 청자 — 피고와 원고, 증인, 변호인, 판사와 검사, 배심원 등 — 가 이야기를 말하고 듣는 상황에서 어떻게 이야기를 재구성하여 서술해야 하는지, 들을 때에는 또 어떻게 이야기를 받아들이고 반응해야 하는지 등등의 질문에 관해 해답을 제공할 것이다.

　오늘날 서사학은 서사의 편재성(遍在性)과 함께 모든 서사가 본질적으로 허구성과 밀접한 연관성을 갖고 있음을 강조한다. 리처드 월쉬(Richard Walsh)의 주장대로 서사성이라는 개념 자체가 허구성을 내포한다고 볼 수 있는데, 왜냐하면 모든 서사는 허구적이든 비허구적(nonfictional)이든 '인공물(artifice)'이며 '일종의 구조물(construct)'이기 때

18　Brooks, 앞의 글, p. 416; 브룩스, 앞의 글, 306쪽.

19　이와 관련해 브룩스는 대법원 판사가 '법의 서사성'을 시인한 판례를 구체적 사례로 제시하고 있다. 수터(Souter)의 판결 참조. Brooks, 위의 글, pp. 422~424; 브룩스, 위의 글, 321~324쪽 참조.

20　Brooks, 위의 글, p. 424; 브룩스, 위의 글, 325쪽.

문이다.[21] 서사의 시점, 플롯, 목소리(voice), 시간순서(time sequence) 등에 대한 구조적 분석이 가능하다는 것은 결국 어떤 서사도 (그 목적을 달성하기 위해) 인공적으로 혹은 수사학적으로 재구성될 수 있다는 뜻이며, 서사적 재현이란 언제나 (일정한 시점에 의거하여) 주관적 진실을 말할 뿐이다. 따라서 법을 일종의 서사로 본다는 것 자체가 서사와 분리된 객관적 실체로서의 법, 혹은 법의 절대적이고 보편적인 진실이라는 것을 부정한다는 의미로 받아들여질 수 있다.

서사학의 관점에서 볼 때 유일무이한 객관적 진실이라는 것은 존재하지 않는 대신 서사는 우리가 현실을 인식하고 해석하는 유일한 방식이다. 장-프랑소와 리오타르(Jean-François Lyotard)에 따르면, 지식은 온전히 서사적 '구조물'에 의존한다.[22] 리오타르의 주장대로 어떤 종류의 지식도 서사적 구조물임을 인정하는 순간 우리는 심각한 인식론적 위기에 빠지게 될 것이다. 왜냐하면, 과학을 포함한 지식의 유효성과 정당성이라는 것도 결국 일종의 서사 — 특히, 과학의 경우 계몽과 근대성, 기술적 진보를 역설하는 '거대서사(grand narrative)' — 에 의존한다는 것, 우리가 인식하는 현실은 상대적이고 주관적일 뿐이며 유일무이한 객관적 사실이란 없다는 것을 인정하는 것이기 때문이다. 결국 서사 혹은 스토리텔링의 힘은 '제도적 권위의 전복'으로부터 나온다고 할 수 있다.

요컨대 법과 서사의 관계를 이해하는 데 가장 중요한 것은 기존의 권위를 전복할 수 있는 이 스토리텔링의 힘을 인식하는 것이다. 근대법은 법의 서사적 기원을 활용하기보다는 억압하고 통제해왔지만, 사실 근대 이전에는 서구에서도 법과 서사의 밀접한 연관성에 대한 인식이

---

21   Richard Walsh, *The Rhetoric of Fictionality*, p. 14.

22   Jean-François Lyotard, *The Postmodern Condition*, p. 27.

보편적이었다. 근대법과 비교할 때 전근대 동아시아의 사법 전통은 법과 서사 양자의 양립 가능성을 자연스러운 것으로 받아들였던 것 같다.

유교적 관점에서 볼 때 법의 불편부당함과 보편성은 유교적 상대주의 — 특히, 삼강오륜이라는 주요한 인간관계의 특수성과 상대성을 고려한 — 에 의거하여 수정이 불가피한 것으로 여겨졌다. 이는 동아시아의 사법 전통이 법의 보편성과 합리성을 포기했다는 의미는 결코 아니다. '법률의 유교화' 현상으로 불리는 오랜 타협과 수정을 거쳐 인륜을 중시하는 유교적 도덕주의가 신중하고도 섬세한 방식으로 법에 구현되었음을 의미할 뿐이다. 평등 이념보다는 인간관계나 신분의 차별성을 강조한 측면만 고려한다면 법률의 유교화 현상은 분명 전근대적이다. 그러나 다른 한편으로는 유교적 사법 전통은 정의의 실현을 위해서는 기계적인 법 적용 대신 인간관계의 상대성과 인간적 조건의 특수성을 고려해야 한다는 인식을 반영한다. 이를 위해 기계적 법 적용을 의미하는 '법치(法治)'[23] 대신 실질적 합리성과 도덕적 분별력을 중시하는 '인치(人治)' 혹은 '예치(禮治)'를 추구했던 것이다. 유교적 사법 전통에서 사실상 가장 중요한 것은 바로 법치와 인치의 균형을 유지하는 것이었다. 법의 공평무사한 정신을 실현하는 것이 법치이듯 인치가 사람에 의한 지배가 아닌 사람을 위한 지배가 되려면, 인치가 인정(人情)에 이끌린 자의적인 법 해석이 되는 것을 막아야 한다. 이처럼 법치와 인치가 균형을 이루는 지점을 찾는 것, 유교적 사법 전통에서 흔히 정·리·법(情·理·法)의 균형이라 불리는 이 지점을 찾는 것이 곧 정의의 실현으로 나아가는 길로 인식되었다.

그런데 문제는 실제로 법정에서 재판관이 정·리·법의 균형점을 찾

---

[23] 이때의 법치는 오늘날 우리가 흔히 이상적인 것으로 간주하는 'rule of law'가 아닌 법의 독단적 지배를 의미하는 'rule by law'를 의미한다.

아 판결을 내리기란 결코 쉬운 일이 아니었다는 것이다. 이는 단순히 법조문을 외우거나 지침서를 숙지하는 것만으로 쉽게 해결되는 문제가 아니었다. 기본적인 법률 지식과 함께 풍부한 현장경험, 여기에 '정리(情理)에 의거한 실용적 도덕주의(practical moralism)'[24]를 갖춘다면 아마도 가능할지 모른다. 그러나 '정리'니 '실용적 도덕주의'라는 표현 자체가 어떤 일정한 '법적' 기준이 아닌 매우 포괄적이고도 모호한 개념이기에 미숙한 재판관이라면 이를 실제 판결에서 어떻게 적용해야 할지 결정하기는 상당히 어려웠을 것이다.[25] 이밖에도 우리는 당시의 재판관이라면 피하기 어려웠을 또 다른 난관을 고려해야 한다. 아마추어 정신 또는 반전문성(反專門性)을 추구하는 유교적 인문주의의 전통에서 과거제도를 통해 선발된 당시 엘리트들은 오늘날의 법조인들과는 정반대로 전문지식을 갖추지 못한 채 관료 — 혹은 재판관 — 로서의 경력을 시작해야 했다. 기술적 지식의 획득을 목표로 하는 전문적 법률교육은 오히려 하급 관리인 서리(胥吏) 계층에게나 필요한 것으로 인식되었던 것이다.

따라서 적어도 공식적으로는 전문적 교육시스템이 부재했지만, 다른 한편 '문서행정주의'가 고도로 발달한 전근대 동아시아에서 법의 운용에 대한 실질적 조언을 제공하는 다양한 형태의 법서 장르가 빠르

---

24 청대(清代, 1644~1912) 중국의 청송(聽訟), 즉 민사재판을 연구한 필립 황(Philip C.C. Huang)은 옥송(獄訟)이라 불리는 형사재판이 아닌 민사 분쟁의 경우 재판관은 법령보다는 정리에 의거하여 실용적 도덕주의를 추구하는 경향이 있었다고 주장한다. 그러면서도 황은 이와 같은 재판관의 '재량권'의 발휘가 어디까지나 매우 제한적인 상황에서만 가능했고, 관료주의적 인사고과제도를 의식한 대부분의 재판관은 법령에 의거하여 판결할 수밖에 없었다고 주장한다. 이와 관련해서는 Philip C.C. Huang, *Civil Justice in China*, pp. 204~207 참조.

25 '정리'의 개념에 관해서는 시가 슈조(滋賀秀三)의 논의를 간략히 소개한 박소현, 「법문학적 관점에서 바라본 유교적 사법전통」, 379~380쪽 참조.

게 확산되고 양적으로도 방대하게 축적된 것은 어쩌면 당연한 현상인지도 모른다. 일차적 소송기록인 당안(檔案) 외에도 편집을 거친 수많은 판례집, 개인 저자의 판결문을 편집·출간한 판독(判牘), 행정 — 사법행정을 포함한 — 지침서인 목민서(牧民書) 또는 관잠서(箴書) 등은 모두 독자에게 보편적 이념과 실용적 경험주의, 도덕적 교훈과 법적 추론, 합리적 이성과 감성적 연민의 실천을 동시에 추구하고자 했다. 여기에서 중요한 것은 이 장르들은 특정한 목적을 달성하기 위해 법의 실질적 운용을 보여주는 다양한 사례(case)들을 제공한다는 사실이다.[26] 피에르-에티엔느 윌(Pierre-Étienne Will)이 "사례의 시소러스(thesaurus of cases)"[27]라 부른 이 장르들은 법적 서사 — 혹은 법적 스토리텔링 — 의 축적을 통해서 유교적 사법 전통이 법과 서사의 친연성을 인정했을 뿐만 아니라 이를 적극적으로 활용했음을 보여준다.

　유교적 사법 전통 아래 생산된 법서 혹은 법문학 장르의 양적·질적 다양성은 놀라울 정도이다. 실제 사례를 모아놓은 판례·판독은 물론, 역사서에 기록된 재판 일화들을 모은 판례사(判例史; case history), 고소장·판결문 등 다양한 서식의 문서작성법을 제공하는 송사비본(訟師秘本) 등이 있었으며, 공안소설 또한 넓은 의미의 법문학 장르에 속하는

26　사례 — 즉, 'case' — 를 이야기 — 즉, 'story' — 처럼 서사(narrative)로 간주할 수 있으나, 그럼에도 사례와 이야기 양자는 구분된다는 주장은 주목할 만하다. 샬롯 퍼스(Charlotte Furth)에 따르면, 전자는 어떤 전문지식이 경험적으로 증명할 수 있는 사실임을 주장하고 논리적으로 설명하는 서사라는 점에서 후자와 구분된다는 것이다. 특히, 퍼스는 전통시기 중국에서도 사례를 가리키는 말로 '안(案)'이 다양한 문체나 장르에 널리 사용되었다는 사실에 주목했다. 예를 들면, 공문서를 의미하는 '공안(公案)', 옥송, 즉 형사사건의 기록인 '형안(刑案)', 판결된 사례를 가리키는 '판안(判案)' 외에도 의학적 사례인 '의안(醫案)' 등이 있었으며, 전근대 동아시아에서 널리 읽힌 범죄소설이 '공안'이라는 용어를 사용한 것도 우연이라고 할 수 없다. 이밖에 조선의 검시 보고서 양식인 '검안'도 '안'이라는 용어를 사용한다. Charlotte Furth, "Introduction," *Thinking with Cases*, pp. 1~27참조.

27　Pierre-Étienne Will, "Developing Forensic Knowledge through Cases in the Qing Dynasty," *Thinking with Cases*, p. 63.

것으로 간주되었다.[28] 이 장르들은 사대부 관료나 서리처럼 소수 전문가 집단의 수요만을 겨냥해 생산된 것이 아니었다. 명청대 중국과 조선 후기 사회에 소송의 급증과 함께 서민들 또한 소송절차라든가 고소장 등의 문서작성을 숙지해야 할 필요성이 증대되었고, 이와 같은 대중적 수요는 당시의 대중적 출판문화를 토대로 하여 충족되었다.[29] 당시 범죄소설 장르가 법문화의 대중적 확산과 밀접한 연관성을 지닌 것은 바로 이런 이유에서였다.

이념적 측면에서 법의 지배보다는 사람을 위한 지배를, 법의 기계적 적용보다는 정·리·법의 균형을 추구하는 사회에서는 누구나 '설득의 기술'로서의 '법적 스토리텔링'의 중요성을 잘 이해했던 것처럼 보인다. 당시 민사소송을 가리켜 '청송(聽訟)'이라고 부른 것은 매우 의미심장하다. 소송인들은 권위적인 '청자'를 설득하기 위해서는 우선 격식에 맞을 뿐만 아니라 논리적인 설득력과 함께 감성적 호소력을 갖춘 '이야기'를 '들려줘야' 한다는 것을 알고 있었다. 법정에서 여러 경쟁적인 이야기들 중 가장 설득력 있는 이야기만이 진실로 받아들여질 것이

28　이 다양한 장르들의 구분 및 유사성과 관련하여 Yonglin Jiang and Yanhong Wu, "Satisfying Both Sentiment and Law: Fairness-Centered Judicial Reasoning as Seen in Late Ming Casebooks," *Thinking with Cases*, pp. 31~2 참조. 특히, 여기에서는 공안소설을 법서 및 법문학 장르에 포함하고 있다는 점에서 주목할 만하다. 판례와 판독의 구분에 대해서는 滋賀秀三, 『清代中國の法と裁判』, 149쪽 참조. 송사비본에 관해서는 夫馬進, 「訟師秘本『蕭曹遺筆』的出現」 참조. 또한, 송사비본과 공안소설의 비교 분석에 관해서는 박소현, 「그들이 범죄소설을 읽은 까닭은?: 공안소설과 명청시기 법률문화」 참조.

29　당시 중국과 조선의 '호송(好訟)' 경향에 대한 기록은 상당히 풍부한 편이다. 이 때문에 후마 스스무(夫馬進)와 같은 학자는 중국사회를 가리켜 '소송사회(litigious society)'라고도 했다. '무송(無訟)'을 지향했던 유교 사회에서 아예 합법적인 변호사가 존재하지 않았다는 것을 생각한다면, 당시의 호송 경향은 매우 모순적인 현상임이 분명하다. 좀 더 자세한 사항에 관해서는, 夫馬進 編, 『中國訴訟社會史の研究』 참조. 조선 후기 소송 및 법문화의 확산과 관련해서는 조윤선, 『조선후기 소송 연구』 참조. 특히, '소송사회' 현상과 법문학 장르의 발달 관계에 대해서는 박소현, 「동아시아 범죄소설의 사회사」 참조.

고, 이는 곧 소송에서의 승리를 의미한다. 이는 또한, 법적 스토리텔링이 단순히 사실이나 증거의 나열이거나 법조문의 제시 이상의 것임을 뜻한다. 바로 법적 스토리텔링에서는 사실 자체만큼이나 사실의 서사적 또는 수사학적 재구성이 필수불가결하다는 뜻이다. 게다가 법적 스토리텔링은 단순히 소송당사자에게만 중요한 것이 아니었다. 오심을 막기 위한 재심 제도와 엄격한 인사고과제도가 작동하는 사법제도에서 권위적인 청자인 재판관조차 상급 법정의 재판관을 설득할 수 있는 보고서를 작성해야 했다. 이들이야말로 고도의 스토리텔링 기술을 가장 필요로 한 사람들이었다.

이처럼 수직적 위계질서를 구현한 사법 체계의 메커니즘 속에서 법적 스토리텔링의 역할은 어떤 것이었을까? 오늘날 법서사학이 주장하듯 그것은 과연 사회적 약자의 편에서 정의 실현의 도구로서 어떤 역할을 할 수 있었을까? 이런 의문에 초점을 맞출 때 허구적 서사인 소설과 검안이라는 고도로 전문적인 법률문서 양식을 결합한『와사옥안』의 서사적 특성은 특별히 우리의 관심을 끌 만하다. 동아시아 서사 전통에서 공안소설을 비롯해 사법제도를 '사실적'으로 재현한 수많은 허구적 텍스트가 존재함에도 불구하고 이 글에서 유독『와사옥안』만을 분석 대상으로 삼은 이유는 이러하다. 바로『와사옥안』은 우화소설이라는 가장 허구적인 서사 형식을 통해서, 엄격한 객관성과 증거주의를 채택한 사법절차에서도 법적 스토리텔링 혹은 법의 서사성에 주목함으로써 합리적 법적 추론에 도달하는 것이 가능함을 보여주는 유일무이한 텍스트이기 때문이다. 따라서 이 글의 3장에서는『와사옥안』에 초점을 맞춰 법과 서사의 관계를 구체적으로 살펴보고자 한다.

3. 사실과 허구의 경계―『와사옥안』을 중심으로

한국문학사에서 근대 이전에 생산된 범죄소설 장르를 가리켜 송사소설로 명명하게 된 것은 이헌홍의 『한국송사소설연구』에서 연유한 것 같다.[30] 그 이전에는 중국 공안소설과 구분 없이 공안이라는 명칭을 사용했다. 따라서 송사소설의 발전에 공안소설이 미친 영향을 당연히 고려해볼 만하다. 사실 『포공안(包公案)』과 같은 공안소설이 17세기 초부터 조선에 유입되어 왕실 및 양반층을 중심으로 꾸준히 읽힌 사실을 생각한다면 적잖은 영향 관계를 가정해볼 만하다.[31] 그러나 실제로는 공안소설이 송사소설의 발전에 직접적인 영향을 미쳤다기보다는 양자가 유사한 법문화의 영향을 공유한 정도로 보는 편이 옳을 것이다. 그만큼 후자는 한국 법문화의 맥락 속에서 독자적인 발전을 했다고 할 수 있다.

송사소설의 독자적 발전을 가장 잘 보여주는 것이 송사소설과 우화소설의 결합이라고 할 수 있는데, 이 중에서도 『와사옥안』은 가장 독특한 예라고 할 수 있다. 『황새결송』[32]의 예처럼 동물들의 송사 이야기는 주로 신랄한 풍자와 희화화를 통한 사회비판에 초점을 맞춤으로써 원래 우화소설이 지닌 서사적 특성을 잘 살리고 있다. 따라서 송사소

---

30 송사소설의 명칭에 관해서는, 이헌홍, 『한국송사소설연구』, 23~7쪽.

31 조선 시대 『포공안』의 유입과 수용에 관해서는, 박재연, 「조선시대 公案俠義小說 번역본의 연구」 참조.

32 『황새결송』의 줄거리는 이러하다. 경상도에 사는 한 부자가 일가친척의 행패를 견디다 못해 서울 형조(刑曹)에 친척을 고발한다. 그런데 당연히 승소를 예상했던 부자가 오히려 패소하는데, 알고 보니 무뢰배인 친척이 미리 청탁을 넣었던 것이다. 부자는 항소를 포기하는 대신 형조의 관원들에게 그들의 부정부패를 빗댄 풍자적 이야기를 들려줌으로써 그의 억울함을 해소한다. 그가 들려준 짤막한 이야기가 바로 '황새결송'이다. 줄거리는 이렇다. 서로 목청 자랑을 하던 꾀꼬리, 뻐꾸기, 따오기가 황새에게 판결을 내려주기를 요청한다. 자신이 질 것을 안 따오기는 재판 전에 미리 황새에게 온갖 뇌물을 바치며 청탁을 넣는다. 뇌물을 받은 황새는 결국 따오기의 소리를 '상성(上聲)'으로 평가한다. 본문은 유영대·신해진 편, 『조선후기 우화소설선』, 224~238쪽 참조.

설 중에서도 우화적 송사소설은, 범죄와 수사, 소송의 과정을 사실적으로 묘사한 공안소설이나 인물을 중심으로 소송사건을 묘사한 '전계(傳系) 송사소설'[33]과 달리, 당시 사회상이나 사법제도에 대한 사실적 묘사보다는 일종의 알레고리로서 극적 효과를 노린 과장과 환상, 해학 등을 추구한다. 따라서 이 소설들에 재현된 동물들의 법정은 인간사회의 사회적 모순과 충돌을 상징하는 알레고리로 읽힐 수 있을 것이다.

반면『와사옥안』은 검안이라고 하는 공문서 양식에 동물들의 법정이라고 하는 알레고리를 정확히 '대입'한 이야기이다. 현존하는 우화형 송사소설 중 고소장 또는 소지(所志) 양식을 모방한 작품들이 더러 있기는 하지만,[34]『와사옥안』처럼 검안 양식을 동물우화로 재현한 작품은 유일하다. 이는 아마도 검안의 형식적·기능적 특수성에서 비롯된 현상인 것으로 추측해볼 수 있다.

우선 검안은 원칙적으로는 소지와 달리 검험을 주관한 검관(檢官)만이 작성할 수 있다. 둘째, 검안은 검시 절차뿐만 아니라 소송사건에 연루된 사람들의 심문기록을 모두 포함한다. 심문기록은 검관의 질문에 대한 원고와 피고, 증인들의 답변을 '들은 대로' 정확하게 적는 것이 원칙이다. 즉, 생략이나 부주의한 실수, 왜곡 등은 모두 처벌 대상이었다. 여기에서 염두에 두어야 할 것은 검안은 당시 공문서 작성의 문체로서 널리 사용되었던 이두문(吏讀文)으로 작성되었다는 것이다.

이두는 주지하다시피 한자의 음과 훈을 빌려 우리말을 표기한 차자(借字) 표기법으로 한문 문법에 국어 문법을 반영하기도 하고 구어체

---

33 이헌홍,『한국송사소설연구』, 17쪽.

34 예를 들면, 19세기 후반 이서(吏胥) 계층이 저술했을 것으로 추측되는『요람(要覽)』에는 총 16편의 글이 실려 있는데, 이 중 8편이 우화적 송사소설에 해당된다. 이 글들은 모두 고양이, 개, 까치, 까마귀, 다람쥐, 쥐, 소 등이 제출한 소지 형식의 글들이다. 이와 관련해 좀 더 자세한 사항에 대해서는 박소현,「동아시아 범죄소설의 사회사」, 161~2쪽 참조.

표현을 반영한 특수용어를 만들어 사용하기도 했다. 조선 초기 이두문의 대표적 예가 바로 『대명률직해(大明律直解)』이다. 문제는 조선 후기에 와서 한문은 모든 공적 기록과 소통의 매체로 사용되었을 뿐만 아니라, 한글과 함께 '상상적' 문학의 창조적 표현 매체로서의 역할도 활발히 수행한 반면, 이두는 대체로 문서체로만 남아 있었다는 것이다.[35] 그러나 기록매체로서의 이두는 우리말 구어체 표현에 있어서 확실히 한문이 표현할 수 없는 영역을 표현해낼 수 있는 장점이 있었다. 그러나 그럼에도 '사실대로' 혹은 '들은 대로' 기술한다는 원칙은 사실상 지키기 불가능했음을 알 수 있다. '사실에 가깝게' 혹은 '핍진하게' 기술하는 것은 가능했을지 모르나, 이 또한 편집과 서사적 재구성의 산물이었기 때문이다.

검안은 또한 시간의 추이에 따라 재구성되었다는 점에서 철저하게 '서사적'이다. 예를 들면, 검안은 대개 검관이 몇 월 몇 일 몇 시에 고소장을 접수하여 검험을 위해 정시처(停屍處) ― 즉, 시신이 안치된 곳 ― 로 출발했고, 언제 도착했는지를 서술하는 것으로 시작한다. 검안 내용은 다음과 같은 순서로 순차적으로 기록된다.

(1) 서두: 검관의 검험 착수 경위 및 시친(屍親; 사망자의 가장 가까운 친척)의 고발 기록
(2) 초초(初招): 1차 신문(訊問)
(3) 검시
(4) 재초(再招): 2차 신문
(5) 삼초(三招): 3차 대질신문

---

[35] 『와사옥안』이나 『요람』에 실린 소지 형식의 송사소설들이 바로 대표적 예외라고 할 수 있는데, 이처럼 이두문으로 쓰인 문학 창작은 대개 19세기부터 이루어진 것으로 보인다.

(6) 발사(跋辭): 검관의 판결 및 판결의 근거와 이유를 밝히는 결론 부분

(7) 시장(屍帳): 76개소의 검시 항목 기술

(8) 다짐(侤音): 관의 판결에 승복하고 판결대로 이행하겠다는 소송 당사자의 맹세

(9) 감합서진(勘合書鎭): 문서 증명[36]

『와사옥안』도 위의 검험 절차와 형식을 한 치의 오차도 없이 엄격하게 따른다. 검관인 섬진별장(蟾津別將)은 시친 백개골(白介骨; 개구리)이 진대맹(陳大萌; 구렁이)을 자신의 아들 올창(兀昌; 올챙이)을 죽인 범인으로 고발하는 고소장을 제출하자, 이 사건에 대한 조사, 즉 검험에 착수한다. 1차 신문에서 개구리와 구렁이, 올챙이의 죽음을 목격한 증인들, 향리(鄕吏)를 비롯한 마을사람들이 법정에 소환된다. 목격자의 증언과 명백한 검시 결과로 미루어볼 때 구렁이는 선대(先代)의 숙원을 갚기 위해 의도적으로 올챙이를 공격했고, 올챙이는 구렁이에게 물린 상처로 사망한 것이 분명했다. 2차 신문에서도 구렁이는 올챙이가 병에 걸려 죽었다면서 결백을 주장하자, 증인들과의 대질신문이 진행된다. 대질신문에서 구렁이는 여전히 증인들이 자신을 모함한다면서 억울함을 주장했지만, 자신의 결백을 밝히지는 못했다. 검관은 모든 증거와 증언을 바탕으로 구렁이의 유죄판결을 확정한다.

여기에서 『와사옥안』의 미스터리는 누가, 어떤 목적을 달성하고자, 검안이라는 치밀한 사실적 기록―즉, 실록―과 가장 허구적인 소설 장르인 동물우화와의 부조리한 조합을 시도했는가이다. 『와사옥안』

---

36 검험 절차 및 검안 격식과 관련하여 좀 더 자세한 사항에 대해서는, 심희기, 『한국법제사 강의』, 241~282쪽 참조.

에서 보듯이 검안은 소지에 비해 훨씬 복잡한 절차와 양식에 따라 재구성되었을 뿐만 아니라, 작자와 독자층도 소지와 달리 관료(후보생) 및 서리 계층 등 소수 전문가 집단에만 국한되었을 가능성이 많다. 이것이 바로『와사옥안』외에는 검안을 소재로 한 송사소설이 없는 이유인지도 모른다.

『와사옥안』의 저자가 누구인지는 확실하지 않으나,[37] 스스로 서리 계층에 속하며 형정이나 소송 실무를 익히고자 하는 서민층 혹은 중인층을 대상으로 "법률교육을 위한 교본"[38]으로서『와사옥안』을 저술했을 가능성이 있다는 것이 기존의 주장이다. 이처럼『와사옥안』이 일종의 형정 교과서로서 읽혔다는 주장과 함께 '소설로서의 가치'를 강조하는 주장도 제기되었다.

『와사옥안』의 작자는 살인사건의 검험 절차를 한 치의 오차도 없이 교과서적으로 풀어나가고 있다. 이런 면에서만 보면 소설을 쓴다기보다는 공정한 살인사건 처리의 과정을 말하고 싶었다고 할 수 있다. 그런데 이런 발상만으로는 소설이 안 된다.『와사옥안』이 소설로 대접받을 수 있는 관건은 의인화 수법을 원용하고 부분적으로 가전적(假傳的) 필법을 구사하고 있으며 전래한 동물우화를 활용하고 있다는 데 있다. 작자가 동물을 의인화함에 있어 각기 그들의 생태에 적합한 신분과 직업을 부여했을뿐더러 그 명명법에 있어서도 해학과 기지에 찬 창의력이 발휘되

---

37 『와사옥안』의 원문이 1838년에 쓴 목태림(睦台林, 1782~1840)의 자서(自序)가 있는『종옥전 (種玉傳)』에 합철되어 있었다는 사실은 이미 학계에 잘 알려진 사실이다. 다만『와사옥안』 의 저자를 목태림과 동일시하기에는 이를 확증할 증거가 불충분하다. 그러나 목태림을 연구해온 정선희는『와사옥안』의 저자가 목태림이라고 추정한다. 목태림은 몰락한 양반으로 생계를 위해 서리층이 담당했던 지방관아의 행정 실무에 종사했던 것으로 보이며, 서리나 중인층과도 교유 관계를 지속했다고 한다. 정선희,「『와사옥안』작자고」참조.

38 박소현,「동아시아 범죄소설의 사회사」, 162쪽.

고 묘사가 사실적으로 되어 있다는 데 소설적 의의가 있다.[39]

즉, 『와사옥안』의 사실성은 단순히 검험 절차를 교과서적으로 재현한 데 있는 것이 아니라 동물들의 생태를 반영하는 세밀한 의인화 수법에서도 비롯된다는 것이다. 최근에는 『와사옥안』의 사실성 추구가 "'사실'에 대한 태도의 전환"으로 간주할 수 있다는 흥미로운 주장이 제기되었다.

> 물론 『와사옥안』이 사실주의적이라거나 또는 근대소설로 나아가는 발전적 도상에 위치하는 소설이라고 말하려는 것은 아니다. 그것은 단지 동아시아에서 광범위하게 공유되고 있었던 법제의 전통에 입각한 기록 시스템 및 "군자불어괴력난신(君子不語怪力亂神)" 내지는 "술이부작(述而不作)"에 내포되어 있는 일종의 현실주의를 극한까지 관철하고자 했던 데서 출현한 공안의 서식을 적극적으로 모방했던 것에서 우연찮게 나타난 것이다. 그리고 그것이 서구 리얼리즘의 서술자 및 사실에 대한 지배적 태도를 연상시키는 형식으로 일부 변이를 일으킨 것이라고 해도 좋겠다. (강조는 필자의 것임)[40]

그리하여 조형래에 따르면, 『와사옥안』의 리얼리즘은 "20세기 신소설의 재판에 대한 신뢰 및 근대소설의 리얼리즘"과 연결되며, 이런 측면에서 볼 때 "근대소설의 리얼리즘은 완전히 무에서 출현하거나 전적으로 외부로부터 이식된 것이 아니었다고 해도 무방하다."[41] 특히, 지

---

39   김재환, 「와사옥안 연구」, 17쪽.
40   조형래, 「'소설'의 사실, 법률과 재판」, 54쪽.
41   조형래, 위의 글, 55쪽.

극히 객관적인 관찰자의 시점에서 엇갈리는 진술과 증언을 청취하고 이를 바탕으로 '범죄 서사'를 재구성하는 검관을 고전소설의 화자(서술자)보다 근대소설의 화자에 더 가까운 것으로 보는 주장[42]은 『와사옥안』과 같은 재래의 송사소설과 신소설(혹은 근대소설)의 연결고리를 찾은 것으로도 이해할 수 있다는 점에서 상당히 주목할 만하다.

그러나 조형래의 주장을 비롯한 『와사옥안』에 대한 일련의 분석은 물론, 문학적 관점으로부터 나온 것이다. 이와 같은 분석은 『와사옥안』이 소설로뿐만 아니라 법률 혹은 형정 교과서로 읽히기에도 손색이 없었는지, 이 텍스트를 통해서 법률 지식을 얻고자 한 독자에게 과연 어떤 점에서 실질적 도움을 제공했는지, 『와사옥안』이 체계적인 법서 장르들 — 이를테면, 대표적인 법의학서인 『무원록(無冤錄)』 — 과 비교할 때 어떤 차별화된 의도나 '서사 전략'을 제시했는지, 다시 말해서 법문학적 관점에서 제기될 수 있는 여러 질문들에 적절한 해답을 제공하지는 못하는 것 같다.

앞에서 살펴본 법과 서사의 관계에 주목할 때, 필자는 『와사옥안』을 '법적 스토리텔링의 교본'으로 간주해야 한다고 주장하고자 한다. 이것이 바로 판례·판독과 같은 실제 사례집과도 차별화된 '소설의 미덕'이라고 할 수 있다. 또한 『와사옥안』과 같은 독특한 우화적 송사소설의 창작은 공안소설과 같은 범죄소설 장르가 일종의 대중적 법문학 장르로 읽혔던, 법과 서사의 친연성을 당연시했던 오랜 문화적 맥락이 없었다면 불가능했을 것이다.

『와사옥안』은 바로 브룩스가 지적했던 법의 한 단면, 즉 법의 명백한 서사성을 부각하면서, "유죄판결(conviction)이 경쟁적 이야기들을 판

---

42 조형래, 위의 글, 53~4쪽.

단한 사람들의 확신(conviction)으로부터 나온다"[43]는 말을 다시 상기하게 만든다. 『와사옥안』의 검관인 섬진별장은 1, 2, 3차에 이르는 심문 과정을 통해서 법정에서 진술된 경쟁적인 이야기들을 처음부터 끝까지 반복적으로 듣고, 발사에서 이 이야기들의 논거와 검험의 증거들을 종합하여 신중하고도 객관적인 판단을 내린 후에야 다음과 같은 '확신'에 이른다.

> 진대맹은 처음 올챙을 먹어치울 욕심에 군침을 흘리며 먹을 것을 구하는 체 했고, 또 예전의 혐의가 있는데다 새로운 분노가 겹쳐 격렬한 감정이 일었을 것이다. 대맹이가 보기에 올챙은 한 점 고기에 불과했으니 처음에는 허리를 안고 서로 뒹굴다가 마침내 마구 깨물었을 것이다. 상상컨대 그때의 광경은 마치 약한 자를 범에게 던져준 것과 다를 바 없고, 태산이 달걀을 누른 것과 다를 바 없다. 이 죄는 자신이 스스로 지은 일이므로 형벌을 면할 길이 없으며, 또 모두가 이미 입증하였으니 여러 사람의 눈을 가릴 수 없을 것이다. 처음에는 죄명을 벗으려고 올챙이 숙병이 있다고 꾸몄으나 마침내 대질하자 비로소 말문이 막혔으므로 이 사건의 범인은 대맹이가 아니고 누구겠는가![44]

이처럼 『와사옥안』에 재현된 법적 추론이라는 것은 법정에서 진술된 경쟁적 이야기들의 '서사적 재구성'에 다름 아니다. 여기에서 검관

---

43 본고의 주 18 참조.

44 "陳大萌段, 流涎於肥己之慾, 逞憾於覓食之說, 舊嫌闖發, 新憤添激, 其視尺童, 特似一臠, 初頭則抱腰相轉, 畢竟則磨牙亂嚼. 想像伊時光景, 斟酌這間情形, 則無異弱肉之投虎, 便同太山之壓卵, 孽由自作, 三尺莫逭, 人旣立證, 十目難掩是乎所, 初擬脫空誣以宿病, 及其對質, 始乃語塞者, 此獄正犯, 非渠伊誰?" 장효현 등 편, 『우언우화소설』, 671쪽. 번역은 김준영, 『『와사옥안』의 고대소설상 특성』, 126쪽 참조.

인 섬진별장의 역할은 가장 주목할 만한 것이다. 그는 '분별력 있는 관찰자'로서 서로 엇갈리는 사실만을 반복적으로 주장하며 조금도 타협을 허용하지 않는 경쟁적 이야기들을 끝까지 경청함으로써 유효한 사실과 증거를 수집하고 이를 바탕으로 법적으로나 도덕적으로 합리적인 결론을 도출한다. 이와 같은 성취는 단순히 철저하게 검험 절차를 따르는 것만으로 가능하다는 점에서 『와사옥안』은 순전히 이상적인 동시에 허구적이다. 검관은 유효한 증거와 증언의 확보에도 불구하고 굴복하지 않는 피고 진대맹을 단 한 번도 겁박하거나 고문함으로써 자백을 강요하지 않는다. 검관 스스로 유죄판결에 대한 '확신'이 들 때까지 사법절차를 따름으로써 사법적 정의를 실현하는 데 절차적 정당성 또한 중요함을 보여준다.

이는 실존인물이든 허구적 인물이든 많은 판관(혹은 검관)들이 합법적 절차를 무시하고 자신의 권위나 폭력을 남용함으로써 또 다른 불의를 초래한 사실과는 현격히 구분된다. 전근대적 사법제도의 두드러진 특성 중의 하나가 바로 사적 복수의 허용, 즉 인치와 법치의 불균형이었음을 상기할 때, 『와사옥안』 이야기는 확실히 근대적 법문화의 맥락과 맞닿는 점이 있다. 즉, 어떤 법서보다도 법치(rule of law)를 강조한다는 사실이다. 또한 오로지 서사적 권위의 실현을 통해서만이 법의 권위가 실현될 수 있다는 사실에 우리는 주목해야 한다. 따라서 『와사옥안』의 허구성은 법적 스토리텔링의 중요성을 강조하기 위해 부각되어야 하는 성질의 것이다. 왜냐하면, 실제 검관이 완벽하게 객관적인 서술자의 시점을 유지하기란 거의 불가능하기 때문이다. 법정에서 그는 자주 선택적으로 어떤 이야기를 억압하거나 지지하며, 자신이 원하는 결론을 도출하기 위해 위협이나 고문 같은 제도적 폭력의 사용도 서슴지 않는다. 이런 점에서 볼 때 실제 검안은 결코 범죄사건의 객관적 기록일 수 없는 반면, 범죄사건의 완벽한 객관적 기록을 구현한 『와사옥안』이야말로 가장 허구적이라고 할 수 있다. 이 법적 이상과 법적 현실의 영원히 메울 수 없는 간극을 조금이라도 좁힐 수 있는 유일한 방법이 바로 법적 스토리텔링이다. 특히, 약자의 이야기를 억압하지 않고 경청할 때 정의는 실현될 것이다.

『와사옥안』이 재현하고자 한 것은 아마도 이 법적 스토리텔링의 힘인 것처럼 보인다. 『와사옥안』에서 그것은 법의 이름으로 공공연히 자행되는 제도적 폭압과 권위주의를 완벽하게 무기력하게 만들기 때문이다. 정의는 바로 스토리텔링에 의한 서사적 질서가 구현될 때 실현되고 있는 것이다. 아마도 이것이 『와사옥안』의 저자가 의도했던 것인지도 모른다. 법적 정의와 시적 정의(poetic justice)가 일치하는 지점을 찾는 것.

4. 나가며

최근 법과 문학의 학제적 상호영향은 법의 권위주의를 타파하고 인간성을 회복하려는 목적으로 더욱 활발해지는 경향이 있다. 더구나 법이 억압받는 사회적 약자의 목소리에 귀기울임으로써 정의를 회복하고자 할 때 법의 서사성 혹은 법적 스토리텔링의 전복적 힘에 주목하게 된다. 최근 법문학비평은 법과 문학의 관계에 대하여 새로운 관점과 담론을 제공하는데, 특히 '문학으로서의 법률' 담론은 문학의 역할을 법의 실천적 영역으로 확대시켰다는 점에서 주목할 만하다. 이 중에서도 법에 대한 서사적 비평 혹은 '서사로서의 법률' 관점은 법적 스토리텔링 또는 서사의 활용을 통해서 기존의 제도적 권위에 도전하고 사회적 형평성을 회복하고자 한다는 점에서 그 실천적 의미를 지닌다.

본고에서는 명청대 중국의 공안소설과 조선 후기 송사소설 등 전근대 동아시아의 범죄소설 장르가 법과 서사의 밀접한 연관성을 용인하는 문화적 맥락 속에서 다양한 법서 및 법문학 장르의 일종으로 읽혔던 사실에 주목하여 이 장르를 법문학비평의 관점에서 분석하고자 했다. 인치와 법치, 혹은 정·리·법의 섬세한 균형을 유지하고자 한 유교적 사법전통에서 법적 스토리텔링의 역할은 억압되기는커녕 중시되었으며, 심지어 검시와 심문기록의 정확성을 추구한 검안에서조차 법적 스토리텔링은 제도적 폭력이나 권위에 의존하지 않고도 합리적 추론에 이르는 방법으로 간주되었다. 본고에서 한 사례로서 살펴본 『와사옥안』은 법적 스토리텔링의 이상적 사례를 보여주는 이야기로 읽힐 수 있으며, 근대 법문화와 전근대 사법 전통의 연결고리로도 해석될 수 있다는 점에서 주목할 만하다.

참고문헌

이대형·이미라·박상석·유춘동 역,『要覽』, 보고사, 2012.

『蛙蛇獄案』, 장효현 등 편,『우언우화소설』, 고려대학교 민족문화연구원, 2002.

유영대·신해진 편,『조선후기 우화소설선』, 태학사, 1998.

강진철,「법과 문학: '법과 문학 운동'을 중심으로」,『현대사회와 법의 발달: 균재 양승
        두 교수 화갑기념논문집』, 홍문사, 1994.

_____,「법학과 인문학의 상호작용에 관한 연구: '법과 문학 운동'을 중심으로」,『법
        학연구』 25, 한국법학회, 2007.

고숙희,「공안소설, 법의학과 통하다 — 명대 공안소설전집 중 人命案과『無冤錄』을
        중심으로」, 중국고전소설논총 35, 한국중국소설학회, 2011.

_____,「중국 전통 법의학으로 본 명대 공안소설」,『중국소설논총』 40, 한국중국소설
        학회, 2013.

권연웅,「유가 법사상의 역사적 맥락」,『한국유학사상대계 - 법사상편』 VIII, 한국국학
        진흥원, 2008.

김재환,「와사옥안 연구」, 동남어문논집 7, 동남어문학회, 1997.

김준영,「와사옥안의 고대소설상 특성」, 국어국문학 114, 국어국문학회, 1995.

박소현,「그들이 범죄소설을 읽은 까닭은?: 공안소설과 명청시기 중국의 법률문화」,
        중국소설논총 31, 한국중국소설학회, 2010.

_____,「동아시아 범죄소설의 사회사 — 명청시기 공안소설과 조선후기 송사소설의
        비교를 중심으로」, 명청사연구 46, 명청사학회, 2016.10.

_____,「법문학적 관점에서 바라본 유교적 사법전통」, 대동문화연구 87, 대동문화연
        구원, 2014.

_____,「중국과 조선의 법률문화와 범죄소설의 계보학」, 비교문학 53, 한국비교문학
        회, 2011.

박재연,「조선시대 公案俠義小說 번역본의 연구 — 낙선재본『포공연의』와 구활자본
        『염라왕전』을 중심으로」, 중어중문학 25, 중어중문학회, 1999.

范忠信·鄭定·詹學農, 이인철 역, 『중국법률문화탐구 — 情理法과 중국인』, 일조각, 1996.

신해진 편역, 『서류 송사형 우화소설』, 보고사, 2008.

심희기, 『한국법세사강의』, 삼영사, 1997.

안경환, 「미국에서의 법과 문학운동」, 서울대학교 법학 39.2, 서울대학교 법학연구소, 1998.

오효려, 「法理與情理的思辨 — 以中韓公案小說的結局爲中心」, 중국학보 74, 한국중국학회, 2015.

이상돈, 「법문학이란 무엇인가?」, 고려법학 48, 고려대학교 법학연구원, 2007.

이소영, 「법문학의 가능성에 대한 연구: 해체주의 문학방법의 법적 수용을 중심으로」, 고려대 석사학위논문, 2005.

이헌홍, 『한국송사소설연구』, 삼지원, 1997.

정선희, 「『와사옥안』 작자고 — 睦台林과 관련하여」, 한국고전연구 6, 한국고전연구학회, 2000.

조윤선, 『조선후기 소송 연구』, 국학자료원, 2002.

조형래, 「'소설'의 사실, 법률과 재판 — 『와사옥안』과 이해조의 『구마검』, 『구의산』을 중심으로」, 민족문학사연구 66, 민족문학사연구회, 2018.

최경도, 「법과 문학 연구 — 성과와 점검」, 새한영어영문학 56.4, 새한영어영문학회, 2014.

피터 브룩스, 「법에서의 서술과 법의 서술」, 『서술이론 — 구조 대 역사 그 너머』, 소명출판, 2016.

楊一凡 主編, 『中國法制史考證』 丙編·第4卷, 北京: 中國社會科學出版社, 2003.

夫馬進, 『中國訴訟社會史の研究』, 京都: 京都大學學術出版社, 2011.

_____, 「訟師秘本『蕭曹遺筆』的出現」, 『中國法制史考證』.

滋賀秀三, 『清代中國の法と裁判』, 東京: 創文社, 1984.

Binder, Guyora, and Robert Weisberg. *Literary Criticisms of Law*, Princeton: Princeton University Press, 2000.

Brooks, Peter, and Paul Gewirtz, eds. *Law's Stories: Narrative and Rhetoric in the Law*, New Haven and London: Yale University Press, 1996.

_____, "Narrative in and of the Law," James Phelan and Peter J. Rabinowitz, eds., *A Companion to Narrative Theory*, Oxford: Blackwell Publishing, 2005.

Ch'ü, T'ung-tsu. *Law and Society in Traditional China*, Paris: Mouton & Co, 1965.

Furth, Charlotte, Judith T. Zeitlin, and Ping-chen Hsiung, eds. *Thinking with Cases: Specialist Knowledge in Chinese Cultural History*, Honolulu: The University of Hawaii Press, 2007.

Huang, Philip C.C. *Civil Justice in China: Representation and Practice in the Qing*, Stanford: Stanford University Press, 1996.

Jiang, Yonglin, and Yanhong Wu. "Satisfying Both Sentiment and Law: Fairness-Centered Judicial Reasoning as Seen in Late Ming Casebooks," Thinking with Cases, pp. 31~61.

Lyotard, Jean-François, Geoff Renington and Brian Massumi, tr. *The Postmodern Condition: A Report on Knowledge*, Minneapolis: University of Minnesota Press, 1984.

Walsh, Richard. *The Rhetoric of Fictionality: Narrative Theory and the Idea of Fiction*, Columbus: The Ohio State University Press, 2007.

Will, Pierre-Étienne. "Developing Forensic Knowledge through Cases in the Qing Dynasty," Thinking with Cases, pp. 62~100.

김용태(金龍泰, Kim Yong-tai)

성균관대학교 한문학과 교수. 한국한문학 전공. 19세기 서울 북촌 지역의 한문학을 주로 연구하면서 아울러 동아시아 한문학의 가능성을 탐색해왔다. 주요 저서로 『동아시아 고전학의 안과 밖』(공저 2023), 역서로 『한문과 동아시아』(2023), 『판 보이 쩌우 자서전』(공역, 2022) 등이 있다.

"문체반정"과
동아시아 한문학

1. 머리말

'문체반정'은 조선 후기 문학사와 사상사 그리고 정치사에서 매우 중요한 쟁점이었으며 지금도 그러하다. 특히 이 사건은 정조의 학문관, 문예관에서 비롯되기는 하였으나 국왕 정조가 정국을 운영해 나가는 수단으로 활용했던 측면도 있었기에 연구의 초창기에는 이 점에 대하여 많은 논란이 벌어지기도 하였다. 그러나 그동안 여러 방면에서 많은 연구가 축적되어, 이제는 문체반정의 발단, 전개, 결말과 관련된 사실관계는 거의 정리되었다고 볼 수 있다.[1]

  문체반정에 관한 학계의 통설적 이해를 반영하고 있는『한국민족문화대백과』(한국학중앙연구원)의 관련 항목을 보면, 문체반정은 "정조 때에 유행한 한문 문체를 개혁하여 순정 고문으로 환원시키려던 정책"이며, "서학에 대한 문제가 본격화되는 정국 상황 아래에서 이를 능동

---

[1]   김명호, 「5장 2절: 정조의 문예정책과 문체파동」,『열하일기 연구』, 돌베개, 2022 참조.

적으로 헤쳐 나가기 위"한 정조의 정치 행위이기도 했다는 설명을 덧붙이고 있다. 즉 문체반정을 추동한 정조의 목적은, 패관잡기 등의 문체를 순정하게 바꾸려는 "문예적 측면"과 함께 서학을 추종하고 있다고 공격받는 남인 일파를 보호하기 위해서 노론 일파를 누르려는 조처였다는 "정치적 측면"으로 나누어 설명하고 있다. 이 두 가지 목적 가운데 어느 것이 정조의 진정한 목적이었는가에 대하여 많은 논란이 있기도 하였지만, 이제는 그 둘 모두 정조의 진심이었다고 보는 것이 통설로 자리 잡았다고 볼 수 있다.

그런데 문체반정을 어떻게 평가해야 하는가 하는 점에서는 여전히 엇갈리는 시각이 공존하고 있다. 정치적 측면은 일단 접어두고 문예적 측면에 국한하더라도 학계에는 상반된 평가가 제출되어 있기에 이에 관한 토론이 필요하다. 초점은 국가 권력을 활용하여 신하들의 글쓰기에 개입하고자 하였던 정조의 행위를 어떻게 평가할 수 있는가 하는 점이다. 예를 들어 강명관은 문체반정을 '검열'로 규정하고, 패관잡기의 신문체가 성리학적 체제를 흔들 가능성을 차단하기 위하여, 즉 체제를 수호하기 위하여 국가 권력을 활용하여 새로운 사유를 억압한 것이 문체반정이라고 보고 있다. 이러한 평가의 기저에는 양명학의 영향을 받은 소품문이 "유가적 도덕의 족쇄"를 부수는 긍정적 역할을 할 수도 있었는데 문체반정 때문에 실패하고 말았다고 보는 인식이 자리하고 있다.[2] 이에 반해 강혜선은 정조가 겨냥한 문체 비판의 대상은 개인적 글쓰기보다는 공적이고 제도적인 관각문이었으니, 국정에 실익이 되는 글쓰기를 추구한 것이 문체반정이었다고 보고 있다. 이러한 평가의 기저에는 경화사족의 부화한 문화를 비판적으로 바라본 정조의 입장에

---

2   강명관, 「문체와 국가장치: 정조의 문체반정을 둘러싼 사건들」, 『문학과경계』 1(2), 2001.

동조하는 연구자의 시각이 자리하고 있다.[3]

이처럼 문체반정에 대한 평가의 문제는 학계의 공통된 견해가 아직 도출되지 못한 상태인데, 이는 조선후기 주자학(주자학에 입각한 문학을 포함하여) 그리고 주자학과 대립적 위치에 있던 양명학이나 공안파 등의 사상과 문예를 큰 틀에서 어떻게 평가하고 자리매김할 수 있는가 하는 거대한 문제라고 할 수 있다. 이는 우리 학계가 함께 풀어야 하는 중요한 과제이니만큼, 다음 장에서 논의의 구도를 선명하게 드러내 보고자 한다.

그런데 문체반정의 해석과 관련하여, 이와 유사한 성격의 역사적 사건들이 17세기 이후 중국과 일본에서도 일어났다는 점에 주목하지 않을 수 없다. 그것은 바로 중국 청조(淸朝)의 '문자옥(文字獄)'과 일본 에도 막부의 관정(寬政, 칸세이, 1789~1801) 연간에 실시되었던 '異學の禁'(본고에서는 '이학금지'라고 칭함)이다. 세세하게 따진다면 문체반정, 문자옥, 이학금지 사이에는 여러 가지 서로 다른 성격과 발생 요인이 발견되지만, 큰 틀에서 볼 때 국가 권력이 작동하여 주자학을 강화하고 주자학과 대립적인 위치에 있던 사상과 문학을 억압하려 하였다는 점에서는 분명한 공통점을 발견할 수 있다.

이러한 공통점이 단지 우연에 의한 것인지, 아니면 동아시아 한문학 차원에서 연동하는 거대한 흐름이 있어서 이것이 동아시아 삼국에서 각각 발현하였던 것인지는 아직 관련 연구가 없어 판단할 수 없다. 현재 한·중·일 삼국에는 각각 자국의 문체반정, 문자옥, 이학금지에 관한 상당한 연구가 축적되어 있으나, 이들의 비교 검토 필요성에 대해서는 아직 인식이 미치지 못하고 있다. 그런데 조선에서 일어났던 문체

---

3 강혜선, 「정조의 문체반정과 京華文化」, 『한국실학연구』 23, 한국실학학회, 2012.

반정의 역사적 의미와 의의를 폭넓게 사유하기 위해서도 인접 지역에
서 일어났던 문자옥, 이학금지와 비교 검토하는 작업은 필요하다고 할
수 있으며, 동아시아 한문학 차원의 거대한 흐름이 있었는지를 확인하
기 위해서도 그러하다.

　　이에 본고는 이 문제에 대한 학계의 관심을 촉구하는 차원에서 문
체반정, 문자옥, 이학금지를 한 자리에 올려 논의해 보고자 한다. 필자
의 제한된 역량에 견주어 이 주제의 범위가 너무나 넓기에 본고의 논의
는 어쩔 수 없이 문제 제기에 그칠 수밖에 없다. 그렇지만 논점을 분명히
하기 위하여 자료에 대한 엄밀한 검토보다는 원거리에서의 조망을 통해
큰 틀의 구도를 그려봄으로써 후속 논의의 촉발에 일조하고자 한다.

2. 문체반정에 대한 평가의 문제

위에서 언급한 바와 같이, 문체반정을 주도한 정조의 행위에 대한 학계
의 평가는 엇갈리고 있다. 먼저 정조의 행위를 비판하는 주요한 견해부
터 살펴보기로 한다. 강명관의 견해를 이어 이형대는 프랑스의 비평가
랑시에르의 이론을 원용하여 문체반정에 대한 비판적 담론을 펼쳤다.[4]
이 논문은 대부분의 지면을 소품과 소설이 수행한 '감각의 (재)분배'를
논증하는 데 할애하였다. 저자의 견해에 따르면, 패관소품과 소설의 글
쓰기는 지배층이 설정해 놓은 상징과 감각의 분할 체계를 교란하여 새
로운 감각과 지각의 양식을 배포함으로써 삶의 방향을 재정의하고 세
계를 재구성할 수 있는 단초를 열었다고 평가된다. 그런데 이러한 감

4　이형대, 「문체반정과 감각적인 것의 분배 - 랑시에르적 관점에서 고전의 재해석」, 『문학들』
　　30, 심미안, 2012.

각의 재분배를 용납할 수 없었던 국왕 정조는 '통치(Police)'의 방법으로 이를 효과적으로 제압하였으니 이것이 문체반정이라는 설명이다. 고전 비평 연구에 랑시에르의 이론을 적용하는 것이 낯설게 느껴지기도 하지만, 억압과 해방의 구도를 통해 당시 성리학이 지녔던 억압의 측면을 선명하게 드러내고 있다.

안대회는 시야를 확대하여 정조의 문예 정책을 체계적으로 조망하면서 문체반정의 의미를 살폈다.[5] 이 논문은 정조의 문예 정책을 '출판 정책'과 '정치적 조처'로 구분하였는데, 정치적 조처는 다시 '성균관 유생 교육의 강화', '책문의 실시', '서적 수입 금지', '문신들에 대한 징계와 포상'으로 구분함으로써 정조의 문예 정책이 현장에서 어떻게 펼쳐졌는지를 구체적으로 설명하였다. 그런데 이러한 정책들은 "문단의 조류에 역행하는 조처"였으며, 문체의 변화를 통해 쇠락한 세상을 구제하고자 하는 것은 원인과 결과를 뒤바꾼 "근본적 오류"로 평가되었다. 그리고 안대회는 정조가 이같이 잘못된 정책을 펼쳤던 이유를 정조의 사상 자체에서 찾았다. 정조가 추구한 "주자학적 체제"는 이미 현실 문제에 대처할 능력이 없었기에, 이러한 사상을 펼치고자 하는 수단으로써의 문예 정책은 실패할 수밖에 없었다는 것이다.

심경호 또한 정조의 포괄적인 문예 정책을 다루면서 문체반정을 논하였는데, 긍정적인 측면과 부정적인 측면으로 평가를 구분함으로써 논의를 풍부하게 하였다.[6] 먼저 긍정적인 면으로는 정조가 "18세기 조선의 정치, 학술, 문화, 과학의 모든 분야에 혁신의 기운을 고취"하여 "각 분야의 혁신에 필요한 방법을 모색했"으며 "숭유중도의 이념을 각 방면에서 실천"함으로써 "국체의 안정을 도모했다"는 점을 들었다. 하

---

5   안대회, 「正祖의 文藝政策」, 『장서각』 3, 한국학중앙연구원, 2000.

6   심경호, 「정조의 문체정책과 제술부과」, 『진단학보』 127, 진단학회, 2016.

지만 정조의 정책은 "지향 이념의 협소화", "학문 방법의 고답화를 초래"하였다고 비판하였다. 특히 정조가 신하들의 글쓰기에 깊숙이 개입하여 특히 사육변려체의 제술을 지나치게 강조한 점에 대해서는 그 형식주의적 편향을 날카롭게 비판하였다. 심경호의 견해에 따르면, 정조의 사상 자체는 문제가 없지만 그 사상을 구현할 수 있는 적절한 형식을 찾지 못한 것이 문제였다고 보았다. 이는 정조의 문예 정책을 일정하게 비판한다는 점에서 안대회와 궤를 같이하지만, 정조의 사상 자체를 문제 삼지 않는다는 점에서 두 사람의 견해는 확연히 구분되고 있다.

이제 긍정적 평가를 살펴볼 차례이다. 그런데 우리가 추구하는 보편적 가치나 민주시민의 정서에 비추어 볼 때, 국가 권력으로 개인의 글쓰기를 통제한다는 것은 도저히 긍정적으로 볼 수 없는 문제이다. 그 주체가 이른바 '개혁 군주'로서 한국 사회 일반에서 긍정적인 평가를 받는 정조 임금이라 하여도 사정은 마찬가지다. 다만 정조의 통치 전반이 '폭군의 독재'와는 거리가 멀었고, 그의 학문 체계가 대단히 넓고 깊었으며, 문체반정의 구체적 조치 또한 그다지 폭력적이지는 않았다는 점이 지적될 필요가 있을 것이다. 그러므로 문체반정에 대한 긍정적 평가라고 하면, 그것이 정조에 대한 일방적 옹호일 수는 없고, 문체반정에 얽힌 여러 곡절을 살피며 그 안에 담겨 있을 수도 있는 긍정적 계기들을 살피고자 하는 태도라고 말할 수 있겠다. 먼저 위에서 언급한 강혜선의 견해를 좀 더 자세히 살펴보기로 한다.

강혜선의 견해에 따르면, 정조가 주자학을 자신의 중심적 사상으로 삼은 것은 사실이지만 주자학을 절대화하는 주자학 만능주의자는 아니었다. 정조는 새로운 학술과 문예사조에 대해서도 개방적인 입장이었으며, 다만 그것이 국가 운영에 도움이 되는가 하는 '실용'이 취사선택의 기준이었다. 정조가 보기에 소품문과 패관소설은 '실용'의 기준에 전혀 부합하지 않으므로 억제하려 했으니, 그것이 바로 문체반정이었다는 것이다. 여기서 '실용'이라는 개념이 다소 모호하다는 비판이 제기될 수 있겠지만, 문체반정을 좀 더 객관적으로 조망하고자 할 때 유용한 개념이라고 생각된다. 사실 주자학이든 양명학이든, 고문이든 소품문이든 그것의 내용과 범위 및 의의는 단순하지 않다. 주자학의 경우만 보아도 그 범위가 매우 방대하기도 하거니와 그것이 고정불변의 체계가 아니라 시대에 따라 변화하였으므로 긍정적 성격과 부정적 성격을 모두 가지고 있다. 소품문도 또한 그러하다. 오늘날 소품문이 많은 관심을 받고 있기는 하지만 사회적 문제에는 둔감한 글쓰기라는 약점도 존재한다. 그러므로 주자학을 '시대착오적'이라고 간단히 평가절하하거나, 소품문을 무조건 좋은 글쓰기로 단정하는 것은 올바른 태도가 아니다. 그러한 점에서 볼 때, '실용'은 우리의 판단을 보다 객관화시켜 줄 수 있는 참조점이 될 수 있다. 이에 대해서는 뒤에서 다시 논하기로 한다.

한편 정조가 추진한 문체반정이 정말로 주자학 전통에 입각한 정책이었나 하는 점도 다시 짚어볼 필요가 있다. 정조는 공자, 맹자, 주자로 이어지는 유학의 도통(道統)이 자신에게 이어진다고 자임했으며, 스스로 황극(皇極)의 구현자가 되고자 하였다. 그리고 신하들에 대해서는 군사(君師)로서 즉 '스승의 입장'에서 신하들 곧 '제자들'의 학문을 세세하게 지도하고자 하였다. 문체반정은 정조의 이러한 태도에서 나온 것이었는데 이는 주자학 전통과 심각하게 모순되는 측면이 있었다. 주자학의 주요한 특징 가운데 하나는 사림(士林)의 공론(公論)을 매우 중시한다는 점이다. 천명을 헤아리고 받들어 행하는 주체를 군왕 한 사람에게 맡기지 않고, 사림이 공론으로 군왕을 보좌하고 때로는 군왕을 교도(敎導)해야 한다는 것이 주자학의 뚜렷한 전통이었다(때로는 放伐도 동원하여). 그런데 순정한 주자학을 표방하였던 정조 본인이 사림의 역할을 축소한 것은 주자학의 이름으로 쌓아온 전통에 어긋나는 것이었다고 말할 수 있다.

　이 문제에 대해 현재 역사학계 및 사상사 분야에서는 활발한 논의가 이루어지고 있다. 그런데 백민정은 정조의 태도에서 발견되는 한계점을 지적하면서도 "다만 국왕 정조의 정치적 태도를 이렇게 평가하더라도 우리에게는 여전히 의문이 남는다. 우리는 권력 견제의 구도에만 초점을 맞추고 윤리적, 정치적 시비 판단의 문제를 회피하는 것은 아닐까? …… 시비선악의 윤리적 판단과 정치적 책임의 문제를 제쳐두고, 상호공존과 권력 견제의 논리만을 강조할 수는 없기 때문이다."[7]라는 소회를 밝히고 있어 주목된다. 스스로 황극의 구현자가 되고자 하였던 정조의 시도는 결과적으로 실패했지만, 정조의 문제의식에는 간단히 비판하고 지나가서는 안 되는 지점이 있다는 생각으로 읽힌다. 이와 관련하여 '시비 판단의 문제'라는 말에 주목하게 되는데 이를 오늘날 익숙한 용어로 바꾸면 '보편적 가치의 문제'와 가깝다고 보인다. 백민정의 생각은 인간으로서 숙명과도 같은 과제인 시비 판단의 문제에 대하여 정조는 외면하지 않고 나름의 방법을 통해 정면으로 돌파하고자 하였으니, 비록 결과적으로 실패하고 말았더라도 그 문제의식은 이어받아 우리 시대의 시비 판단 문제에도 참고해야 하지 않겠는가 하는 것으로 정리할 수 있다. 또한 이러한 입장의 기저에는 보편적 가치의 추구에 무관심한 학계의 풍토에 대한 비판적 입장도 투영된 듯하다.

　그런데 정조는 무슨 까닭으로 그렇게 무리한 방법을 동원하면서까지 시비 판단의 주체가 되고자 했던가? 이와 관련하여 안대회는 위의 논문에서 "조선이 근본적으로 흔들린다는 위기의식"을 원인으로 들었다. 그 구체적인 내용으로 '臣權의 왕권에 대한 도전', '西學의 팽창', '전통

7　백민정, 「정조의 경학 이해와 정치의 문제」, 『한국문화』 89, 서울대 규장각, 2020, 29쪽.

학문과 문학의 구심력 약화' 등을 들었다.[8] 조선 사회의 각 방면으로 원심력이 강하게 작용함으로써 조선 사회의 해체가 실제로 우려되는 위기 상황에서, 정조는 자신의 권력을 사용하여 원심력을 상쇄하는 구심력으로 작용하고자 문체반정을 강행했다는 것으로 정리할 수 있겠다.

정조가 처했던 상황을 이렇게 정리하고 보면 문체반정을 단선적으로 비판하거나 옹호할 수는 없다. 시비 판단의 문제가 흐려지는, 즉 상대주의에 기대는 편의적 태도가 만연함으로써 진리 추구의 중요성을 가벼이 여기는 세태를 방치하지 않으려 했던 점은 일단 긍정적으로 평가할 수 있을 것이다. 하지만 그 방법에 있어서 학문 연찬과 자유로운 토론을 통하여 진리를 추구해 나가는 정도(正道)를 따르지 않고, 국왕이라는 특수한 지위를 활용하여 학문과 글쓰기를 억압했던 점은 비판을 피할 수 없다.[9] 이처럼 문체반정의 평가와 관련하여서는 여러 가지 시각이 얽혀 있는바, 이에 대한 온당한 평가를 위해서는 당대의 상황을 폭넓게 살펴볼 수 있는 객관적인 잣대가 필요하다. 그래서 우리는 시야를 넓혀 당시 동아시아의 상황을 살펴보아야 한다.

3. 청조 문자옥의 사례

문인들의 글에서 꼬투리를 잡아 정치적 박해를 가하는 '문자옥'은 중국 역대 왕조에서 계속해서 발생했지만, 청조에 들어와 그 빈도가 증가하고 가혹함은 심해졌다. 또한 금서(禁書) 정책을 통한 사상통제도 이전

---

8 안대회, 앞의 논문, 90~95쪽.

9 정조가 학술과 문예를 억압했던 점에 대해서는 분명한 비판이 필요하지만, 그렇다고 하여 '검열' '탄압' 등의 용어를 동원함으로써 정조가 마치 군부독재 시절과 같은 억압 통치를 자행한 것처럼 보이게 하는 것도 온당하지는 않다고 본다.

왕조에 비교할 수 없이 강화되었다. 이러한 청조의 문자옥에 관하여 중국에는 방대한 연구 성과가 축적되어 있는데, 필자로서는 이를 조감할 수 있는 역량을 갖추지 못하였다. 다만 필자가 번역에 참여하였던 「淸朝 "文治"政策 再研究」(『河北學刊』第39卷 第5期, 河北省社會科學院, 2019)는 청사(淸史) 연구의 권위자인 중국 인민대학(人民大學) 양니엔췬(楊念群) 교수가 그동안 중국어권에서 이루어진 관련 연구 성과와 경향을 종합적으로 정리한 논문이므로[10], 주로 이 논문에 기대어 청조의 문자옥과 문체반정을 함께 견주어 살펴볼 수 있는 논점을 구성해 보고자 한다.

먼저 양니엔췬은 그동안 이루어진 청조 문치(文治)에 관한 연구 경향이 크게 보아 세 차례 변화했다고 정리했다. 첫 번째 단계는 양계초(梁啓超)의 '억압설'로 촉발된 '한학(漢學)과 송학(宋學) 대립' 논쟁이었다. 양계초는 이민족 정권인 청조가 한족 문인을 억압하려는 목적으로 송학을 강조하였기에, 한족 문인들은 한학을 중심으로 뭉칠 수밖에 없었다고 보았다. 청조가 나중에는 한학을 관학으로 수용하게 되지만, 그것은 '변질된 한학'이라고 보았다. 이후 이에 관한 논쟁이 이어지고 실증적인 탐구가 축적됨으로써 이러한 '억압설'에 많은 비판이 가해졌으며, 한학과 송학을 민간의 학술과 어용 학술로 단순 양분할 수는 없다는 견해가 널리 받아들여지게 되었다.

두 번째 단계에서는 '도통(道統)과 정통(政統)'의 개념을 활용하여 청조 문예 정치의 특징을 파악하고자 하는 연구 경향이 유행하였다. 앞에서 정조가 유학의 도통이 자신에게 이어졌음을 천명하며 군사(君師)로 자처하였음을 언급하였는데, 청조의 강희제(康熙帝)를 비롯하여 옹정제(雍正帝)와 건륭제(乾隆帝) 역시 유학의 도통이 자신들에게 이어졌

---

10 양니엔췬, 「청조 "文治" 정책의 재고찰」, 『한문학보』 45, 2021.

다고 선언하였다. 본래 유림은 유학의 도통에 대하여, 요(堯)·순(舜)·우(禹)·탕(湯)·문(文)·무(武)·주공(周公)의 시대는 도(道)와 치(治)가 일치되는 이상적인 사회였는데, 공자(孔子)가 제왕의 지위를 얻지 못하였기에 이후로 도와 치가 분리되었다고 보았다. 그러므로 '치도합일(治道合一)'은 유림들에게 있어 회복해야 하는 궁극적 목표였다고 말할 수 있다. 그런데 강희제를 비롯한 청조의 황제들은 '치도합일'의 이상이 자신들에게서 구현되었다고 선언하였던 것이다.

이에 대한 중국 학계의 평가 역시 엇갈리고 있다. 부정적으로 보는 쪽에서는 만주족 출신 청조 황제의 심리적 콤플렉스가 과도하게 정통성 문제에 집착하게 하는 원인이 되었으며, 황제가 도통을 자임하게 됨으로써 민간의 자율적 학술 기능이 질식되고 말았다고 평가하고 있다. 이에 반하여 긍정적으로 보는 쪽에서는, 치(治)와 도(道)의 분리를 극복해야 한다는 인식은 유학 내부에서도 이어지고 있었으며, 강희제의 경우 상당한 유교적 수행과 학문을 축적하였기에 '치도합일'을 선언할 수 있는 어느 정도의 바탕이 있었다고 본다. 또한 황제가 도통을 자임함으로써 대규모의 학술 프로젝트가 국가의 지원으로 성공할 수 있었으며, 사회도 안정을 이루었다고 본다.

마지막 세 번째 단계는 바로 현재의 연구 경향인데, 심리학적 연구 방법을 통한 미시적 탐색이 유행을 이루고 있다. 황제가 주도하는 학술과 문화 관련 통치는 권력의 최상층에서 일어나는 일이니만큼 복잡한 역학관계와 내밀한 심리작용이 얽혀 있기에 겉으로 보이는 부분과 그 이면의 실상이 서로 모순되는 점이 많으므로 이를 파헤치기 위한 연구 방법이 동원되고 있다. 황제가 지니고 있던 긴장감, 열등감 등을 밝혀내는데 많은 관심이 집중되고 있다.

이러한 매우 간략한 검토를 통해서도, 청조의 문자옥과 조선의 문체반정 사이의 유사성을 어렵지 않게 찾을 수 있다. 특히 강희제와 정조의 면모가 매우 유사하다는 점이 인상적이다. 두 군왕은 모두 학문을 즐기고 학문에 매진하였으며, 군사로 자임하며 신하들의 학문을 지도하고자 하였다. 그리고 강희제 때의 문자옥은 이후의 그것에 비해 상대적으로 온건하였다는 평가도 주목된다. 하지만 서로 다른 점도 찾을 수 있다. 청조에서는 만주족 황제와 한족 신하라고 하는 민족 모순의 구도가 큰 영향을 미치고 있는 반면에, 조선에는 그러한 모순은 없었으며 노론과 남인 등 당파적 대립과 충돌을 조정하려는 정조의 정치적 노림수가 있었다는 점을 들 수 있다. 이외에도 구체적으로 파고들면 청조의 문자옥과 문체반정에서 더 많은 공통점과 차이점을 발견할 수 있을 것이다.

그런데 청조의 문자옥과 문체반정이 군왕의 열등감, 우월감 등의 심리적 요인이나 정치적 술수 등에서 기인한 것이라면, 두 사건이 갖는 유사성은 단순한 우연일 가능성이 클 것이다. 그것이 아니라 그 뒤에서 어떠한 거대한 역사적 동력이 작용한 것이라면 이는 동아시아 한문학 차원의 연동으로 볼 수 있을 것이다. 그렇다면 그러한 역사적 차원의 요인은 어떻게 확인할 수 있을까. 필자로서는 청조의 문자옥과 문체반정이 내세웠던 '명분'이 하나의 실마리가 될 수 있다고 생각한다. 물론 그 명분은 허울일 뿐일 수도 있다. 그러나 제아무리 군왕이라 하더라도 아무런 명분을 내세우지 않고서, 자신의 욕망을 날 것 그대로 사람들에게 강제할 수는 없었을 것이다. 그리고 그 명분이 최소한도의 정당성을 확보하기 위해서는 당대 사회의 문제점에 대한 고민이 담겨야 하고, 이에 대한 해결의 비전을 담고 있어야 사람들의 반발심을 누그러트릴 수 있었을 것이다. 그러한 점에서 '명분'에는 거대한 역사적 움직임이 투영되어 있을 가능성이 크다고 볼 수 있다.

청조 문치 정책이 표방했던 대의명분이 집약적으로 정리된 문헌 가운데 『학정전서(學政全書)』라는 책이 있다. 이 책은 1773년 건륭제의

명을 받아 만주 정홍기인(正紅旗人) 출신의 예부상서 소이눌(素爾訥) 등이 청조의 학교 정책과 관련된 역대 황제의 유지(諭旨), 신하들의 상소, 학교 관련 법령 등의 자료를 모아 엮은 것이다. 총 80권 규모에 학술 정책, 학교 운영, 과거 시험 운영에 관련된 내용이 체계적으로 정리되어 있다.[11]

필자의 검토에 의하면, 『학정전서』에 담긴 근본적 문제의식은 "근년에 선비들의 풍기가 말단으로 흘러 유학의 효험이 드물게 나타난다[比年士習末端, 儒效罕著]"(8면)라는 우려나, "고인들은……그 문(文)이 곧 도(道)였거늘 지금은 꾸미기만 숭상하여 응제(應製)의 도구에 불과하게 되었으니 이는 도(道)와 문(文)을 갈라 둘로 만들고 말았다[古人……其文也, 卽其道也. 今則以詞藻相尙, 不過爲應制之具°是岐道與文而二之矣]"(24면)라는 비판이나, "천박한 선비들이 그저 신기(新奇)를 숭상한다[浮淺之士, 竟尙新奇]"(29면)라는 한탄으로 집약할 수 있다고 본다.

이러한 문제의식이 단순히 학업을 게을리하는 학생들의 풍조에 대한 일반적 우려라고 볼 수는 없다. 그보다는 당시 유학이 처했던 상황을 보여주는 자료로 보는 것이 합당하다. 당대의 젊은 유생들에게 있어 유학은 그저 출세를 위한 도구에 지나지 않았으니, 유학이 당대의 중심 사상으로 기능하지 못하고 형해화되고 있다는 위기의식으로 볼 수 있는 것이다. 그리고 이러한 지적은 조선 중기 이후 한국 한문학 관련 자료에서도 흔히 접할 수 있는 내용이라는 점이 주목된다.[12]

이러한 위기에 대한 청나라 조정의 조치 가운데 '금서 정책'과 '실

---

11 素爾訥 等纂·霍有明 等校主, 『欽定學政全書校注』, 武漢大學出版社, 2009. 아래에서 『학정전서』를 인용하는 경우 이 책의 면수를 밝히기로 함.
12 한국 한문학사의 구도를 살펴보면, 조선 전기 초기사림파에게서는 성리학 공부에 대한 문인들의 열정을 쉽게 찾아볼 수 있는데, 17세기에 이르게 되면 道와 文이 분리되었다는 개탄이 광범위하게 나온다.

학의 장려'가 주목된다. 먼저 패관소품문의 금지를 밝히는 내용을 본다.

- 순치 9년 제준(題准): 민간 책 장사들에 대하여 이학(理學)과 정치 등 문
장 수업에 도움이 되는 책의 간행만 허가하고, 기타 쇄어(瑣語)와 음사
(淫詞) 및 일체 마구잡이로 간행된 개인 문집은 유통을 엄금하니 어기
는 자는 중벌로 다스린다.[13]
- 강희 26년 의준(議准): 책방에 간행되어 판매되는 음사(淫詞)와 소설(小
說)이 150여 종이 되는데, 그 가운데에는 승려와 도사의 이름을 가탁
한 것도 있고, 혹은 어록과 방술서도 있고, 혹은 조사의 점서라 일컫는
것도 있으니 이러한 삿된 가르침은 민심을 흐려놓으니 응당 엄히 단
속하여 금지하라.[14]
- 건륭 19년 의준:『수호전』이 책에 대해서는 직(直)과 성(省)의 독무(督
撫)와 학정(學政)을 응당 신칙하고 지방관에게 명하여 일체 엄금한다.[15]

유생들이 '이학(理學)' 공부는 건성으로 하고, '음사, 소설, 쇄어, 사
교(邪敎)'의 책에 탐닉하고 있으니 이러한 풍조를 바로잡기 위해서는 이
단 잡서와 관련된 서적을 엄금해야 한다는 역대 황제의 황명이 계속해
서 내려졌음을 볼 수 있다. 정조의 문예 정책 중에도 이러한 금서 조치
가 포함되어 있으니,[16] 이 또한 문체반정과 문자옥의 유사한 점이라 할
수 있다.

---

13 『欽定學政全書校注』32면. "順治九年題准; 坊間書賈, 止許刊行理學政治有益文業諸書,
其他瑣語淫詞, 及一切濫刻窗藝社稿, 通行嚴禁, 違者從重究治."
14 위의 책, 같은 면. "康熙二十六年議准: 書肆淫詞小說刊刻出賣共一百五十餘種, 其中有
假僧道爲名, 或刻語錄方書, 或稱祖師降乩, 此等邪敎移民, 固應嚴行禁止."
15 위의 책, 같은 면. "乾隆十九年議准: 水滸傳一書, 應飭直省督撫學政, 行令地方官, 一體
嚴禁."
16 안대회, 앞의 논문, 104쪽.

열린 동아시아, 인문한국의 비전

그런데 이러한 금서 조치가 사실 별다른 실효성 있는 대처가 되지 못했음은 역사가 증명하고 있다. 유학 자체의 구심력이 약해진 상황에서 국가 권력의 개입이 유효한 방안이 될 수는 없었다. 문제를 근본적으로 해결하는 길은, 변화하는 시대적 과제에 대응할 수 있도록 유학 자체를 근본적으로 개편하는 것이어야 했다. 청나라 조정도 이러한 점을 모르지는 않았던 듯하다. 『학정전서』 권5의 제목은 '숭상실학(崇尙實學)'인데 주자학을 '실학'으로 일컬으며 주자학의 의의를 새롭게 환기하고자 애썼음을 볼 수 있다. 다음은 건륭제의 유지(諭旨)이다.

> 무릇 치통(治統)은 도통(道統)에서 나온다. 그러므로 학문이 바르지 않으면 도가 밝혀지지 않는다. 송나라의 주자(周子), 정자(程子), 장자(張子), 주자(朱子) 여러 선생이 천인성명(天人性命)의 근본 핵심과 공력을 들여야 하는 상세한 절목에 있어서 공맹(孔孟)이 마음으로 전수한 가르침을 얻었기에 이학(理學)으로 공사(公私)와 의리를 구분함에 지극히 명확하였다. 이를 따르면 군자가 되고, 거스르면 소인이 되며, 나라를 다스리는 자도 이를 따르면 다스려지고 잃으면 어지러워진다. 실로 백성을 교화하고 풍속을 이루며, 자신을 닦아 남을 다스리는 핵심에 도움이 되니 이른바 성인의 경지에 들어가는 계단이며 도를 찾아나가는 길이다. 배우는 자가 정밀히 살펴 힘써 행하면 그것이 온축되어 덕행이 되니 그 배움은 모두가 실학(實學)이며, 실행하면 사업이 되니 그 다스림은 실공(實功)이 된다.[17]

---

[17] 『欽定學政全書校注』24면. "夫治統原於道統, 學不正則道不明. 有宋周程張朱諸子, 於天人性命大本大原之所在, 與夫用功節目之詳, 得孔孟之心傳, 而於理學公私義利之界, 辨之至明, 循之則爲君子, 悖之則爲小人; 爲國家者, 由之則治, 失之則亂, 實有裨於化民成俗修己治人之要, 所謂入聖之階梯, 求道之塗也. 學者精察而力行之, 則蘊之爲德行, 學皆實學, 行之爲事業, 治皆實功."

여기서 '실학(實學)'은 '실공(實功)'과 짝을 이루고 있다. 나라를 다스리는 것과 같은 실질적인 공로로 연결되는 학문이 바로 '실학'이라는 설명이다. 앞에서 강혜선이 주목한 '실용'도 이 실학과 상통하는 개념이라 할 수 있다. 그리고 이 실학의 상대편에는 실용에 힘쓰지 않는 학문, 진실하지 않은 학문 태도가 자리하고 있다.

오늘날 경전을 해설하는 자가 간혹 한당(漢唐)의 주소(註疏)에 있는 학설을 원용하기도 한다. 무릇 전장제도(典章制度)에 대해서는 한당의 여러 유자가 전하여 기술한 바가 있으니 고증학을 없앨 수 없다 하지만 경전의 은미한 뜻은 반드시 송유의 학설을 참고하여 밝힌 연후에 성인의 미언대의(微言大義)가 해와 달처럼 행해질 수 있다. 다만 강학하는 사람들 가운데 진심으로 하는 자가 있고 거짓으로 하는 자가 있으니, 진심으로 하는 자는 많이 얻을 수 없고 거짓된 자들이 도덕성명(道德性命)의 학설에 의탁하여 세상을 속이고 명성을 훔쳐 문호를 표방하는 폐단이 점차 열렸던 점이니 이는 짐이 깊이 알고 있는 바이며 짐이 또한 심히 혐오하는 바이다.[18]

여기서 고증학이 부정되고 있지는 않지만, 고증학 자체가 실질적 효험으로 이어질 수는 없다는 점이 비판되고 있다. 또한 성리학 내부에서 이어진 지리한 논쟁에 대해서도 일정하게 비판하고 있다는 점도 주목된다. 이러한 의미의 '실학'은 정조가 추구한 '실용'과 거의 같은 것이라고 보인다. 이러한 면에서 보았을 때, 청조의 문자옥과 조선의 문체

---

18 위의 책, 같은 면. "今之說經者, 間或援引漢唐箋疏之說. 夫典章制度, 漢唐諸儒, 有所傳述, 考據固不可廢, 而經術之精微, 必得宋儒參考而闡發之, 然後聖人之微言大義, 如揭日月而行也. 惟是講學之人, 有誠有偽, 誠者不可多得, 而偽者托於道德性命之說, 欺世盜名, 漸啟標榜門戶之害, 此朕所深知, 亦朕所深惡."

반정은 궤를 같이하는 사상사적 움직임에서 비롯된 사건이라고 판단된다.[19]

4. 에도 막부 이학금지의 사례

'이학금지'는 관정 2년(1790) 에도 막부의 노쥬(老中, 쇼군을 보좌하여 정무를 총괄하는 막부의 최고위직)였던 송평정신(松平定信, 마쓰다이라 사다노부, 1758~1829)이 당시 막부의 공식적 유학 교육 기관인 탕도성당(湯島聖堂, 유시마 세이도)의 대학두(大学頭)였던 임신경(林信敬, 하야시 노부나가)에게 내린 금령(禁令)을 말하는데, 그 내용은 풍속을 파괴하는 '이학(異學)'은 일절 금지하며 주자학이 '정학(正學)'임을 확고히 확인하는 것이었다.[20]

　　여기서 '이학'은 불교나 도교와 같은 '이단'을 가리키는 것이 아니

---

19 그런데 이러한 '실학'이 '시비 판단의 문제'를 중시하고, 또한 현실과 유리된 학문을 비판한다는 점에서는 긍정적으로 평가할 수 있겠지만, 사회 체제의 구조적 모순을 해결하고자 하는 문제의식이나 비전이 담겨 있지 않다는 점은 그 한계로 지적할 수 있을 듯하다. 한편, 여기서 말하는 '실학'이 오늘날 현대 학문에서의 '실학'과 글자는 같지만, 함의가 다르다는 것은 두말할 필요가 없다. 다만 한때 일부의 연구자들이 이러한 전통적 의미의 '실학'을 들어, 오늘날 학문에서의 '실학'을 부정하기도 하였던 만큼 이에 대한 의미의 정리를 해두는 것이 좋을 듯하다. 전통적인 '실학'은 그야말로 일반 명사로써 '실질적 학문'을 뜻하는 용례도 있고, 본고에서와 같이 주자학을 현창할 때 쓰이는 용어이기도 하다. 이에 비해 현대적 의미의 '실학'은 17세기 이후 동아시아 지역에서 유학을 근본적으로 재구성하고자 하였던 '거대한 학술적 흐름'을 일컫는 말이다. 이 흐름을 한때는 근대 지향적 성격으로 해석하기도 하였으나, 근대주의에 대한 비판적 인식이 깊어지면서 이러한 근대적 편향은 많이 극복되었다. 하지만 '실학'의 내용과 성격을 어떻게 규정해 나갈지는 아직 많은 부분이 과제로 남아있는 것도 사실이다. 그런데 17세기 이후의 사상사를 살펴볼 때, 전통적 의미의 '실학'과 현대적 의미의 '실학'을 완전히 별개의 존재로 볼 수는 없을 듯하다. 이에 대해서는 본고의 5장에서 다시 논의하기로 한다.

20 和島芳男, 「寬政異学の禁の解釈 ― 近世宋学史の終末」, 『紀要論文』 1, 神戸女学院大学研究所, 1957.

고 고문사학(古文詞學)과 양명학 등 주자학의 권위를 상대화하는 유학 내부의 다른 학문 갈래를 지칭하고 있다. 그리고 청조의 문자옥과 같이 참혹한 옥사가 일어나거나, 조선의 문체반정에서처럼 특정한 인물에 대한 탄압이 일어났던 것은 아니고, 탕도성당의 교육 내용을 주로 문제 삼는 조치였다. 이 금령이 내리자 이에 대한 비판 의견이 공개적으로 표출되기도 하였지만, 주자학을 정학으로 존숭하라는 명령은 에도막부를 넘어 전국의 번학(藩學)으로 퍼져나가게 되었고, 이는 이후 일본 무사 계급이 광범위하게 존왕양이(尊王攘夷) 사상을 받아들이게 되는 바탕이 되었다.[21]

이러한 이학금지에 대하여 일본에서는 일찍부터 연구가 이루어졌다.[22] 1984년까지의 연구사를 정리한 츠지모토 마사시(辻本雅史)에 따르면 관련 연구 성과는 크게 정치사 분야와 교육사 분야로 나눌 수 있는데, 츠지모토 마사시 본인은 사상사 분야로 논점을 넓혔다.[23] 이학금지와 관련하여 여러 분야에서 많은 연구가 진행되었기에 이학금지가 나온 사회·정치·사상적 배경이나 전개 과정, 그리고 금지 이후의 학제 개편에 대해서도 많은 정보가 축적되었다. 그리고 이학금지에 대한 평가를 어떻게 할 것인가 하는 문제에 대해서도 논의가 이루어지고 있는데, 그 중심에는 마루야마 마사오(丸山眞男)의 문제 제기가 자리하고 있

---

21 揖斐高,「寬政異学の禁と学制改革―老中松平定信から大学頭林述斎へ―」,『日本學士院紀要』78(1), 日本學士院, 2023.

22 필자의 조사에 의하면 가장 이른 연구는 諸橋轍次의 「寬政異學の禁」(『近世日本の儒學』, 岩波書店, 1939)로 파악되는데, 문체반정에 대한 가장 이른 연구가 高橋亨의 「弘齋王の文體反正」(『青丘學叢』 7, 1932)임을 상기하면 문체반정에 대한 연구와 이학금지에 대한 연구 사이에는 어떤 연관성이 있는 것은 아닐까 생각된다.

23 辻本雅史,「寬政異学の禁における正学派朱子学の意義」,『日本の教育史学』27, 教育史学会, 1984.

다.[24]

우리나라의 사상사 연구에도 상당한 영향을 끼쳤던 마루야마 마사오는 '자연(自然)'과 '작위(作爲)'의 구도로 일본 근세 사상사를 분석한 것으로 널리 알려져 있다. 여기서 '자연'은 중세의 자연법을, '작위'는 근대의 실정법을 의미하는 것으로 볼 수 있는데, 그는 주자학을 '자연'에 배치하고, 조래학(徂徠學, 오규 소라이의 학문)을 '작위'에 배치하였다. 이를 바탕으로 마루야마 마사오는 일본 사상사에는 조래학의 전통이 있었기에 중국이나 조선에 비하여 서구 근대사상을 무리 없이 받아들일 수 있었다는 담론을 펼쳤다. 이러한 관점에서 보면 주자학을 강조한 이학금지는 당연히 "정체(停滯)" 현상으로 파악될 수밖에 없었다. 주자학으로는 감당할 수 없는 중세 말기의 사회 붕괴를 막고자, 국가 권력이 나서 인위적으로 주자학을 부활시키려 했던 사건이 이학금지였다고 마루야마 마사오는 결론지었다.

이러한 마루야마 마사오의 근대주의적 해석에 대하여 츠지모토 마사시는 앞에 소개한 논문에서 다소 결이 다른 입장을 제기하였다. 츠지모토 마사시가 마루야마 마사오의 견해를 전면적으로 부정하는 것은 아니지만, 일본의 주자학이 일본 역사의 흐름을 가로막는 역할만을 하지는 않았다고 보았다. 그 논거는 주로 교육제도의 국가적 확충에서 찾았다. 이학금지 이후 주자학을 공통 교육 내용으로 하는 교육제도가 일본에 전국으로 퍼져나가 학생 수가 급격히 증가하였으며, 그 바탕에서 근대 교육이 받아들여질 수 있었다는 주장을 폈다. 그러면서 당시 주자학은 보편적 가치를 제공하는 역할을 하였다는 견해도 펴면서, 주자학을 일종의 경세론으로 재해석할 수도 있을 것이라는 견해도 표명하였다.

---

24   丸山眞男,「第二章 第六節: 幕末における展開と停滯」,『日本政治思想史研究』, 東京大學出版會, 1952.

이상의 간략한 검토를 통해서도, 일본의 이학금지와 조선의 문체반정 사이에는 상당한 유사성이 발견된다. 국가 권력이 나서 주자학 이외의 학문을 억압하였다는 사건의 내용도 유사하고, 이에 대한 후대 학계의 평가에서도 유사한 구도가 발견된다. 물론 서로 다른 점도 찾을 수 있다. 이학금지의 원인으로, 에도막부의 교육을 담당했던 하야시 가문의 윤리적 타락이 거론되기도 하고, 송평정신과 주자학자들의 입장이 일치하지는 않았다는 지적도 나오고 있다.[25] 이러한 점들은 일본의 특수한 사정들이라고 할 수 있다. 그러므로 문체반정과의 비교를 위해서는 역시 '명분'을 검토할 필요가 있다.

이학금지의 직접적 명령은 송평정신으로부터 나왔지만, 그가 정조나 강희제와 같이 정치를 넘어 학술 분야에서도 강력한 지도력을 발휘한 인물은 아니었다. 이학금지의 사상적 명분은 서산졸재(西山拙齋, 니시야마 셋사이, 1735~1799), 시야율산(柴野栗山, 시바노 리츠잔, 1736~1807), 미등이주(尾藤二洲, 비토 지슈, 1745~1814), 뢰춘수(賴春水, 라이 슌스이, 1746~1816), 고하정리(古賀精里, 코가 세이리, 1750~1817) 등의 주자학자들이 제공하고, 송평정신은 이러한 논리를 활용하여 자신의 개혁 정책을 펴나가는 수단으로 활용하였다고 볼 수 있다. 여기서는 서산졸재(西山拙齋)의 언급을 통해 이학금지의 명분을 살펴보기로 한다. 먼저 그가 생각하는 '정학(正學)'은 다음과 같은 것이었다.

…… 주나라가 쇠약해진 이후로 학정(學政)이 무너져 이단이 일어났다. 양주(楊朱)의 '위아(爲我)'가 의(義)로 여겨지고, 묵적(墨翟)의 '겸애(兼愛)'가 인(仁)으로 여겨졌으니 이는 모두 인의를 말하면서 그릇된 경우이다.

맹자가 이를 물리치기를 임금과 아비를 없애고 인의를 막는 도적이라고 하였다. 한유는 맹자의 공로를 높여 '그 공로가 우임금 아래에 있지 않다'고 하였다. 육구연(陸九淵)의 '돈오(頓悟)'와 왕수인(王守仁)의 '양지(良知)'는 또한 모두 성현을 일컬으면서 잘못된 경우이다. 송명의 여러 현인이 이를 비판하여 겉으로는 유자(儒者)이지만 속으로는 불도(佛徒)이니 윤리를 말살시키는 해악을 끼친다고 하였다. 후대의 유자들은 그 공로가 맹자를 계승한다고 보았다. 비유하자면 가라지가 벼를 해치고 정나라와 위나라의 음악이 아악을 어지럽히는 것과 같으니 부득불 솎아서 내쳐야 한다. ……[26]

서산졸재는 정통과 이단의 구도로 유학의 역사를 구성하고 있다. 맹자, 한유, 송명의 유자를 정통의 자리에 설정하고, 양주, 묵적, 육구연, 왕수인을 이단의 자리에 설정하고 있는데, '송명의 유자'는 정주학파를 지칭하는 것이 분명하다.[27] 그리고 '솎아서 내쳐야 한다'라는 표현에서 이단에 대한 강경한 태도를 확인할 수 있다. 몰아내야 할 이단은 다음과 같이 규정되었다.

근세의 이등인재(伊藤仁齋, 이토 진사이)와 적생조래(荻生徂徠, 오규 소라이) 두 사람 같은 경우는 『대학』, 『중용』, 『계사전』을 배척하여 공자의 오랜

---

26 西山拙齋,「與赤松滄洲論學書」, "……衰周以還, 學政廢墜, 異端興焉, 楊朱爲我, 疑於義; 墨翟兼愛, 疑於仁. 此皆説仁義而謬者. 孟子闢之, 以為無君無父, 充塞仁義之賊. 韓子推尊其功曰: '功不在禹下也.' 乃至陸九淵之頓悟, 王守仁之良知, 亦皆称聖賢而謬者. 宋明諸賢闢之, 以為陽儒陰仏, 絶滅倫理之害. 後儒亦謂其功継孟子也. 譬稂莠之害嘉苗, 鄭衛之乱雅楽. 不得不鋤之放之……"『近世後期儒家集』(日本思想大系47, 岩波書店, 1972) 323쪽에서 재인용.

27 위 원문에 등장하는 "楊朱爲我, 疑於義" 구절이 程顥의 발언이다. 『近思録』 권13,「辨別異端」 참조.

가르침이 아니라고 한다. 혹은 자사(子思), 맹자, 정주를 헐뜯어 성인의 도를 어지럽혔다고도 한다. 궤변과 화려한 언사로 후진을 현혹하는데 '고학(古學)'이라 빙자하며 자신의 사악한 학설을 판다. 아, 이 얼마나 소인배란 말인가. 아무런 거리낌이 없으니 이는 유자(儒者)가 생겨난 이래로 없었던 일이다. 이는 한유(漢儒)가 말한 '입으로는 공자의 말을 하면서 몸은 장의(張儀)와 소진(蘇秦)의 행실을 한다'라는 격이니 혹세무민하며 인의를 막은 죄가 어찌 양주 묵적 육구연 왕수인에 견줄 수 있으랴.[28]

서산졸재는 이등인재(1627~1705)와 적생조래(1666~1728)를 직접 거명하며 고문사 학파를 이단으로 명확히 규정하고 있다. 그렇게 규정하는 이유는 고문사 학파가 『대학』과 『중용』 등 성리학에서 중시하는 고전을 폄훼하고, 정주학파를 비난하기 때문이다. 그런데 이처럼 고문사 학파만을 들어 거세게 비난하는 것은 조선의 문체반정이나 청조의 문자옥에서는 찾아보기 힘든 점이다. 이는 고문사 학파가 크게 성행하였던 일본의 특수성이 반영된 현상이라고 볼 수 있을 듯하다. 그러나 고문사이든 필기 소품이든 또는 패관소설이든 정주학의 중심적 권위를 해체하는 역할을 하고 있었다는 점은 같다. 서산졸재는 주자학의 권위가 실추되어 가는 현실의 폐해를 다음과 같이 설명하고 있다.

심하도다, 저 이등인재와 적생조래가 후학들에게 끼친 해악이여. 저 두 사람의 학설이 사람들의 이목을 현혹함이 칠팔십 년이 되었으니, 우리나라의 학풍은 크게 변하고 이단이 다투어 일어나 모두 실학(實學)을 버

---

28 위의 글. "況若近世伊藤荻生二氏, 排学庸繫辭, 為非孔子之旧. 或毁思孟程朱, 謂悖聖人之道, 詭弁飾辞, 簧惑後進, 藉口古学, 售己邪說. 噫! 何物小人. 無忌憚之甚. 自有儒者以還, 所未有之, 漢儒所謂孔子訓而儀秦行者, 其惑世誣民, 充塞仁義之罪, 奚止楊墨陸王之比乎."

리고 공허한 문장에 내달려 가고, 공리를 좇으며 도덕을 내버렸다. 이에 부박하고 경박함이 풍조를 이루고, 근후하고 성실함은 자취를 감추었다. 걸핏하면 오만하게 자만하며 선학(先學)을 멸시하여, 도학을 훼손하면 탁견이라 하고, 삿된 학설을 펴면 대업을 이루었다 한다. 『논어』에 주석을 달고 『대학』을 풀이하는 자가 무려 수십 개의 학파를 이루어 학파마다 학문을 달리하고 사람마다 학설을 달리한다. 심지어 부자 사이에도 모순이 생기고, 스승과 자제 사이도 반목한다. …… 청금(青衿)의 젊은 학인들은 옛것을 염증 내고 정학을 혐오하며, 제멋대로 판단하고 오로지 신기함만 숭상하여 개미가 모이듯 파리가 들끓듯 악취 나는 곳을 좇아다녀 여기에 빠지지 않으면 반드시 저곳에 빠지고 만다. …… 마침내 시골 노인이나 하급 관리의 비웃음을 받게 되었으며, 작은 기예와 동일시되어 혹자는 자제들을 금하여 학문에 나아가지 않도록 하게 되었다.[29]

위의 현실 진단을 요약하면, 선학의 학문은 무시하고 자신의 견해만 내세워 온갖 학설이 난무한다는 것이다. 곧 이는 학술계에서 구심력은 사라지고 원심력만 작용하고 있다는 것으로 정리할 수 있다. 권위의 해체에만 몰두함으로써 '시비 판단'은 안중에도 없는 세상이 되었다는 것이다. 그리고 이러한 추세는 끝내 학문의 붕괴로 이어지고 있다고 경고하고 있다. 송평정신은 이처럼 구심력의 회복을 요구하는 주자학파의 논리를 이용하여, 사회 기강을 다잡고자 하는 관정개혁(寬政改革)에

---

29 西山拙齋,「題与赤松国鸞論学書後」. "甚矣, 夫仁齋徂徠之遺毒後昆也. 蓋自二氏之說, 眩人耳目, 七八十年于今, 本邦学風大変, 異端競起, 皆遺實学而鶩空文; 趨功利而舍道德. 於是浮靡軽駆扇為風, 謹厚愨實斷喪掃地矣. 動輒驕傲自大, 蔑視先脩, 以毀道學為卓見, 以唱邪說爲大業. 註解論語, 解大学者, 無慮数十家, 家異其学, 人殊其説. 甚至父子矛盾, 師生鑿柄 …… 而青衿子厭故惡正, 扣槃捫燭, 唯新奇是尚, 蟻附繩趨, 慕膻逐臭, 不陷於此, 必溺於彼. ……竟至為鄉老俗吏所嗤鄙, 与曲藝小伎為同視, 而或禁其子第, 不肯就学焉者."『近世後期儒家集』(日本思想大系47, 岩波書店, 1972) 328쪽에서 재인용.

활용하고자 하였던 것으로 볼 수 있다.[30]

서산졸재는 위와 같은 현실 진단에 이어 다음과 같은 대책을 제안하였다.

> 지금 학정을 닦고 학통을 바르게 하려면, 윤리를 강론하여 밝히고 절조와 품행을 갈고 닦아, 다투어 달려 나가는 풍조를 억누르고, 부화하고 경박한 태도를 깨우치는 것보다 중요한 것이 없다. 그렇지만 (이단을) 막지 않으면 (정도가) 유행하지 않고, (이단을) 중지시키지 않으면 (정도가) 행해지지 않으니, 또한 조정에 건의하여 이학을 엄금하고 삿된 학설을 준엄히 끊기를 천주교의 사례처럼 하고, 법령으로 정하여 전국에 행해지도록 한다면 우리나라에서 학문을 하는 자들이 반드시 홀연 낯빛을 고치고 씻은 듯 생각을 바꿀 것이다. 그 뒤에 학교를 건립하고 스승을 세우면 이 백성들이 새롭게 되고 선비의 기풍을 빚어나가 성인의 학문이 다시 일어나고 참된 선비가 연이어 나올 것이다.[31]

여기에 제시된 궁극적 대책은 '윤리의 강명'과 '행실을 갈고 닦음'이다. 성리학의 가르침을 독실하게 실천하는 것이 문제를 해소하는 방법이라고 보는 것이니 이는 청조의 '실학' 강조와 맥락을 같이 하는 방안이라고 볼 수 있다. 그리고 서산졸재는 성리학을 다시 세우기 위해서는 막부가 공권력으로 천주교를 말살하였던 것과 같은 방법을 통해서

---

30 高澤憲治, 『松平定信』, 吉川弘文館, 2012, 108~112쪽 참조.

31 西山拙斎, 「答客問」 "今欲修学政正学統, 莫如講明倫理, 刮劘節行, 而抑奔競警浮靡. 雖然不塞不流, 不止不行, 又宜建百朝廷, 嚴禁異学, 峻絶邪説, 比天主教例, 著之令甲, 行之郡国, 則海内從学者, 必也幡然革面, 灑然易慮矣. 而後建学立師, 作新斯民, 陶鑄士風, 庶乎聖学可復興也, 真儒可継出也." 『近世後期儒家集』(日本思想大系47, 岩波書店, 1972) 330쪽에서 재인용.

라도 고문사 학파 등의 이학을 일소하는 과정이 필요하다는 과격한 주장까지 펴고 있다. 이러한 주자학파의 주장이 액면 그대로는 아니지만 상당 부분 실현된 것이 '이학금지'라고 할 수 있겠다.

5. 동아시아 한문학의 구심력과 원심력

지금까지 부족하게나마 조선의 문체반정, 청조의 문자옥, 에도 막부의 이학금지를 비교 검토하기 위한 몇 가지 논점들을 살펴보았다. 이제 앞에서 제기했던 문제들을 중심으로 세 사건의 역사적 의미를 비교 검토할 차례가 되었다.

먼저, 이 세 사건은 우연히 유사한 모습을 띠게 된 것인가, 아니면 심층에서 서로 이어져 있는 사건으로 보아야 할 것인가? 필자의 판단으로는, 동아시아 사상사 차원의 거대한 움직임이 지역을 달리하여 각각 문체반정, 문자옥, 이학금지로 표현된 것이라고 본다. 물론 문체반정과 관련된 당파의 문제, 문자옥과 관련된 민족 갈등 문제, 이학금지에 나타난 고문사에 대한 집중적 비난 등 각 지역의 여러 가지 복잡하고 특수한 문제들이 각각의 사건에 많은 영향을 끼친 것은 사실이다. 그러나 보다 근원적 원인은 동아시아 사회를 규율하던 주자학의 위기(곧 젊은 학인들의 외면)가 핵심적 원인이었다. 주자학의 위기는 곧 사회의 위기였던바 국가 권력이 직접 작용하여 주자학 이외의 사상과 문예를 억압하려 했다는 점에서 이 세 사건의 근본적 성격은 같다고 본다.

그렇다면 이 사건들을 어떻게 평가할 것인가. 앞서 밝혔듯이, 국가 권력을 이용하여 개인의 사상을 통제하려 했다는 점에서 이 시도들은 실패를 예정하고 있었다고 볼 수 있다. 이러한 퇴행적 측면은 강명관, 마루야마 마사오 등이 지적한 바와 같이 역사의 흐름을 억지로 돌이키려는 반동적 성격을 지니고 있음을 부정할 수 없다. 하지만 마루야마와 같은 근대주의적 시각을 취하게 되면 주자학과 관련된 다양하고 복잡한 국면과 여러 긍정적 계기들을 보지 못하게 되는 부작용이 나타난다. 그리고 서양이 주도했던 근대의 이상이 더 이상 인류가 추구할 보편적 가치로 인정받지 못하고 있다는 점도 고려해야 한다. 그렇다면 어떤 관점에서 이 사건들을 바라보아야 할까.

'동아시아 한문학'이라고 하는 학문 분야가 새롭게 등장한 이후, 우리 학계는 '보편성과 특수성', '공통성과 다양성' 등의 개념을 중심으로 이론적 체계화를 모색해 왔다. 보편성과 공통성의 자리에는 '공자로 대표되는 유교 사상'과 '고문(古文)과 같은 정통 한문 글쓰기' 등을 배치하고, '다양한 지역과 민족의 사상'과 '토착어와 결합한 한문 글쓰기' 등을 특수성과 다양성의 자리에 배치하여 동아시아 한문학의 총체성을 규명하고자 하는 시도였다. 이러한 시도는 상당한 성과를 이루어 왔다고 평가할 수 있다. 그런데 이러한 구도는 책봉조공체계의 개념을 원용한 것이어서, 아무래도 보편성에는 중국이 주로 배치되고 특수성에는 한국과 일본 등 주변 지역이 배치되는 위계적 인식을 극복하기 어려운 점이 내재해 있다. 아닌 게 아니라 은연중에 중국의 연구자들은 동아시아 한문학의 보편성을 강조하고, 한국이나 일본의 연구자들은 다양성을 강조하는 경향이 있는 것도 사실이다. 또 보편성과 특수성의 구도는 동아시아 한문학이 지닌 정태적 측면의 포착에는 유용하지만, 역동적 측면을 설명하기에는 적합하지 않다는 점도 지적할 수 있다. 이에 필자는 '구심력과 원심력'이라는 역학적 개념의 도입을 제안하고 싶다.

여기서 필자가 생각하는 구심력과 원심력은 각각 '보편성을 지향하는 힘'과 '보편성을 해체하고자 하는 힘'으로 규정할 수 있다. 한문학의 용어를 예로 들어 설명하자면 '文道合一論'은 구심력으로 작용하고, '文道分離論'은 원심력으로 작용한다고 말할 수 있다.[32] 그런데 태양계에서 구심력과 원심력이 균형을 상실하면 태양계가 존재할 수 없는 것과 마찬가지로, 동아시아 한문학 역시 보편 가치를 지향하는 힘과 보편성을 해체하고자 하는 힘의 균형이 깨지면 동아시아 한문학은 존재할 수 없다는 점이 매우 중요하다.[33]

인간이 사회를 이루어 살아가기 위해서는 보편적 가치에 대한 모색과 추구를 그만둘 수 없다(구심력의 작용). 하지만 인간의 능력은 총체성을 인식하기에 너무도 부족하기에 보편 가치에 대한 지향은 크건 작건 동일성의 폭력을 수반해 왔다. 그래서 그 폭력을 비판하며 구시대의 보편적 가치를 해체하고자 하는 사유 역시 끊임없이 등장하였으며(원심력의 작용), 이러한 비판적 사유에 자극받아 구시대의 보편적 가치는 새롭게 자기 갱신을 도모할 수 있었다. 그런 점에서 동아시아 한문학에서 구심력과 원심력은 어느 하나를 배제할 수 없는 구조라고 말할 수 있다.

또한 동아시아 한문학의 공통성과 다양성은 고정된 것이 아니어서 변화하는 시대에 따라 영향을 주고받으며 스스로 성격을 변모시켜 왔다. 다양성의 원심력에서 나오는 자극이 있어야 공통성도 시대에 맞게 자신을 변화시킬 수 있고, 공통성의 구심력이 있어야 다양성이 상대주의에 빠지지 않을 수 있다. 이러한 관점에서 동아시아 한문학을 사유하게 되면, '동일성에 내재한 폭력성'과 '다양성에 내재한 상대주의'를 모두 극복하면서 동아시아 한문학의 구조와 작동 그리고 그 변화까지 포

---

32 김용태, 「조선 후기 '文道論'의 전개 양상에 대한 일고찰」, 『한문학보』 47, 우리한문학회, 2022 참조.

33 구심력과 원심력을 상상할 때 지역이나 장소에 얽매이지 않는 것도 매우 중요하다. 책봉조공체계는 중국이 중심이 될 수밖에 없지만, 중국 내부에서도 원심력은 작용하고, 주변지역에서도 구심력은 작용함으로써 동아시아 한문학은 존재할 수 있었다. 구심력이 향하는 지점을 지역이나 장소로 보지 말고, 사상과 문예 자체의 보편성으로 보아야 동아시아 한문학의 역동적 구조를 잘 설명할 수 있다고 본다.

괄적으로 설명할 수 있을 것으로 기대된다.

앞의 본문을 서술하면서 필자는 이미 몇몇 곳에서 원심력과 구심력이라는 용어를 사용하였다. 다시 환기하면, '주자학은 구심력으로 작용하고, 필기, 소설, 고문사 등은 원심력으로 작용한다'라는 식의 서술이었다. 이러한 서술을 확장한다면, 문체반정 등의 사건은 필기와 소설 그리고 서학 등으로 인한 원심력이 커지는 비상한 사태에 처하여, 즉각적으로 구심력을 강화하고자 국가가 나서서 이단 사상을 억제하고자 하였던 사건이라고 설명할 수 있다.

하지만 국가의 직접적 개입이 근본적 해결책이 될 수는 없었으며, 다시 구심력과 원심력이 균형을 이루기 위해서는 이전 시대의 보편성과 공통성이 시대에 맞게 재해석되고 변화하여 사람들의 마음을 잡아당길 수 있는 사상적 문화적 원심력이 회복되었어야 했다. 이러한 메커니즘은 일찍이 동아시아에 불교라는 원심력이 작용한 이후 한당(漢唐) 유학이 오랜 세월의 단련 끝에 성리학으로 변모하면서 다시 구심력을 회복하였던 역사가 잘 보여주고 있다고 본다.

그런데 성리학이 구심력을 잃어가던 17세기 이후, 실제로 동아시아 유학 내부에서는 유학을 근본적으로 재구성하고자 하는 학술적·문예적 운동이 광범하게 일어났다. 비록 학계에서 아직 이 운동을 총체적으로 파악하고 있지 못하고 있기는 하지만, 그러한 움직임이 있었던 것은 사실이다.[34] 20세기 초기에 이 운동의 일부를 '실학'이라는 이름으로 포착하여 큰 관심도 받고 상당한 사회적 영향력을 발휘하기도 하였으나, 1990년대 이후 '실학'의 근대주의적 측면이 집중적 비판을 받으면서 현재의 연구는 소강상태를 이어가고 있다. 하지만 근년에는 근대

---

[34] 주자학을 재구성하고자 하는 학술 운동은 서양 제국주의에 의해 동아시아가 식민지로 전락하면서 미완성에 그치고 말았다. 그래서 이에 대한 학문적 파악도 어려움을 겪고 있다.

주의적 편향은 극복하되 '실학'이 지닌 비판적 학술 운동 정신은 계승하여, 유교를 근본적으로 재구성하고자 하였던 광범한 학술 운동을 '실학'의 이름으로 계속해서 연구해 나가자는 제언이 차츰 설득력을 얻고 있다.[35] 그런 점에서 오늘날 학계에서 포착하고자 하는 '실학'과 정조와 강희제가 강조하였던 '실학'이 비록 내용은 같지 않지만, 구심력을 회복하고자 하는 의도에서 나왔다는 점에서는 서로 관련이 있다고 말할 수 있다.[36]

오늘날은 '다양성'이 매우 강조되는 사회다. 동일성의 폭력이 난무하는 중세와 싸워 근대를 열었다는 역사 인식이 아직도 강렬하기에, 인문학계에서는 보편적 가치를 적극적으로 운위하기 어려운 분위기이다. 하지만 사회가 유지되기 위해서는 보편적 기준에 입각한 시비 판단이 없을 수 없다. 이에 근대 사회는 실정법 체계를 마련하였지만, 실정법이 보편적 가치의 역할을 온전히 대체하지는 못하는 사이에, 어느덧 자본이 자유라는 외피를 입고 폭력적으로 구심력으로 작용함으로써 오히려 다양성은 질식되고 급기야 사회조차 붕괴하고 마는 것이 아닌가 하는 우려가 점점 깊어지고 있다. 그런 점에서 우리 학계도 진정한 의미의 보편성(곧 '시비 판단'의 문제)의 탐색에 마음을 열어야 한다고 생각한다. 그리고 서구 제국주의에 의해 강제로 중단되어야 했던 동아시아 실학이 어느 지점까지 나아갔는지, 오늘날 보편적 가치의 탐색에 긴요한 부분은 없는지 살펴보는 작업도 박차를 가해야 할 것이다.

---

35 임형택 외, 『21세기에 다시 읽는 실학』, 성균관대 대동문화연구원, 2002.
36 실학에는 주자학을 비판하는 측면과 주자학을 계승하는 측면이 모두 존재하고 있음을 깊이 유념할 필요가 있다. 이에 대해서는 김명호, 「연암 문학사상의 성격-주자 사상과 관련하여-」, 『한국한문학연구』 17, 한국한문학회, 1994; 김명호, 『홍대용과 항주의 세 선비』, 돌베개, 2020, 제1부 제1장 참조.

참고문헌

기본자료

素爾訥 等纂·霍有明 等校主,『欽定學政全書校注』, 武漢大學出版社, 2009.

『近世後期儒家集』, 日本思想大系47, 岩波書店, 1972.

논저

김명호,『홍대용과 항주의 세 선비』, 돌베개, 2020

김명호,『열하일기 연구』, 돌베개, 2022.

임형택 외,『21세기에 다시 읽는 실학』, 성균관대 대동문화연구원, 2002.

丸山眞男,『日本政治思想史研究』, 東京大學出版會, 1952.

高澤憲治,『松平定信』, 吉川弘文館, 2012.

강명관,「문체와 국가장치: 정조의 문체반정을 둘러싼 사건들」,『문학과경계』1(2),
    2001.

강혜선,「정조의 문체반정과 京華文化」,『한국실학연구』23, 한국실학학회, 2012.

김명호,「연암 문학사상의 성격 ― 주자 사상과 관련하여 ―」,『한국한문학연구』17, 한
    국한문학회, 1994.

김용태,「조선 후기 '文道論'의 전개 양상에 대한 일고찰」,『한문학보』47, 우리한문학
    회, 2022.

백민정,「정조의 경학 이해와 정치의 문제」,『한국문화』89, 서울대 규장각, 2020.

심경호,「정조의 문체정책과 제술부과」,『진단학보』127, 2016.

안대회,「正祖의 文藝政策」,『장서각』3, 한국학중앙연구원, 2000.

이형대,「문체반정과 감각적인 것의 분배 ― 랑시에르적 관점에서 고전의 재해석」,
    『문학들』30, 심미안, 2012.

양니엔췬,「청조 "文治" 정책의 재고찰」,『한문학보』45, 2021.

諸橋轍次,「寬政異學の禁」,『近世日本の儒學』, 巖派書店, 1939.

高橋亨,「弘齋王の文體反正」,『青丘学叢』7, 1932.

和島芳男,「寛政異学の禁の解釈 -近世宋学史の終末」,『紀要論文』1, 神戸女学院大学
　　　　研究所, 1957.

辻本雅史,「寛政異学の禁における正学派朱子学の意義」,『日本の教育史学』27, 教育
　　　　史学会, 1984.

揖斐高,「寛政異学の禁と学制改革—老中松平定信から大学頭林述斎へ—」,『日本學
　　　　士院紀要』78(1), 2023.

손성준(孫成俊, Son Sung-jun)

성균관대학교 동아시아학술원 교수. 한국근대소설 및 동아시아 비교문학 전공. 대한제국기의 지식 수용, 한국근대문학과 번역의 관계, 동아시아의 애국 담론 등을 연구해왔다. 주요 저서로 『근대문학의 역학들 -번역 주체·동아시아·식민지 제도』(2019), 『중역(重譯)한 영웅 - 근대전환기 한국의 서구영웅전 수용』(2023), 『대한제국과 콜럼버스』(2023) 등이 있다.

해방기 번역의 역학과 동아시아 텍스트
—『월남망국사』(1949)를 중심으로

1.『월남망국사』에 다시 주목해야 하는 이유

19세기 말에서 20세기 초 한국에 번역된 외래(外來) 텍스트들은, 일역본(日譯本) 혹은 중역본(中譯本)을 매개로 이중, 삼중으로 중역(重譯)되었다는 공통점이 있다. 그런데 해방기, 곧 정치적 탈식민의 시기를 맞이한 이후로도 중역의 자장을 벗어나는 것은 요원했다. 애초에 중역이 활성화되었던 이유는 한자를 적극적으로 활용할 수 있는 동아시아적 토대와 효율주의가 용인될 수 있었던 국망(國亡)의 위기가 적절히 결합했기 때문이다. 전자를 언어적 조건, 후자를 정치적 조건이라 할 때, 해방기 역시 이 두 가지 조건이 그대로 작동하였다. 반일 감정이 적나라하게 표출되던 시기임에도 불구하고 효율성을 위해서는 일본어 중역이 필요하다는 여론이 형성될 만큼 국가 건설의 과업은 시급했다.[1]

---

1   일본어를 사용하며 자란 젊은 세대가 해방 직후의 지식장 재편 과정에서 일본어 중역에 의존하는 것은 자연스러운 일이었다. 1950년대에 이르자 이 문제는 더 강한 논조로 공론화되기에 이른다. "그것은 아마 누구나가 일어에 대한 실력만은 상당하니까, 일어를 경시하는 데서 오는 편견이겠지만 객관적으로 비판할 때 영어 중역이거나 일어 중역이거나 그

정치적 혼란이 극에 달했던 해방기의 지식문화는 여러 지점에서 대한제국 말기를 연상시킨다. 중역의 양상도 그렇거니와 국가·국민·민족 담론, 각종 분과학문과 다양한 독본류의 출판이 주류를 이루었다는 점도 거의 일치한다.[2] 두 시기 모두 각종 민간단체가 출현하여 국가의 미래를 놓고 목소리를 드높였고 지식의 장은 빠르게 재편되었다. 그 특징 중 핵심적인 것이 각종 신문·잡지를 가득 채운 '세계'에 대한 정보들이었다는 점도 유사하다.[3] 나아가, 한시적으로나마 검열로부터 상대적으로 자유로웠던 점도 두 시기의 공통점이다. 대한제국 말기의 경우 1909년 통감부, 1910년 총독부가 집행한 금서 조치나 민간 언론의 철폐 이전의 2, 3년간 번역의 양적 성과가 급격히 치솟았다. 해방기 역시 1947년 좌파서적의 압수가 본격화되기 전까지는 모든 사상적 범주를 망라하는 활력적인 번역이 가능했다.[4]

이러한 상동성 때문일까, 대한제국기에 주목받던 번역서가 해방 이후에 출판된 다양한 번역물 가운데서 재발견된다고 해서 낯설게 다가오지는 않는다. 하지만 그 대상이 『월남망국사』라면 이야기가 다르

것이 중역임에는 조금도 다름이 없는 것이다. (중략) 나는 물론 우리나라에도 중역이 도태되고 원역이라야만 행세하는 시기가 올 것을 믿고 그날이 하로 바삐 오기를 누구보다 못지않게 고대(苦待)도 하지만, 그날까지를 묵묵좌시할 수는 없는 것이다. 내가 중역이나마 장려하는 것도 따지고 보면 결국 그러한 문화개화의 날이 속히 오기를 촉진시키는 하나의 방편이라는 것을 끝으로 말해두는 바이다." 정비석, 「출판문화와 번역의 문제 -번역문학에 대한 사견」, 『신천지』 8(7), 1953. 12, 165쪽.

2   이 중 여성 독본에 주목하여 대한제국기부터 해방기까지를 함께 논의한 성과로는 임세화, 「해방기 남북한의 문해정치와 여성독본의 자리 -박영애의 『여성독본』과 최화성의 『조선여성독본』을 중심으로」, 『인문과학』 85, 성균관대학교 인문학연구원, 2022 참조. 이 논문의 100~104쪽에는 여성 독본류 외에도 해방기 독본의 전체상을 상세하게 정리해두었다.

3   이봉범, 「해방 또는 '신천지'의 열림」, 『전향, 순수, 전후, 참여 -대한민국 문학의 형성과 매체』, 성균관대학교출판부, 2023, 68쪽.

4   박지영, 「해방기 지식장의 재편과 '번역'의 정치학」, 『번역의 시대, 번역의 문화정치 -1945~1969 냉전 지(知)의 형성과 저항담론의 재구축』, 소명출판, 2019, 17~18쪽.

다. 원전이 중국어라는 점부터 여전히 지속되던 일본어 중역의 시대와는 이질적이다. 더 큰 문제는 내용이다.『월남망국사』는 프랑스의 압제 하에 있던 베트남 망명 지사 판보이쩌우가 술(述)한 것을, 청말 지식인 량치차오가 찬(纂)하고 자신의 다른 글들을 더해 1905년에 간행한 책이다. 주지하듯 핵심 내용은 프랑스의 포학한 식민 통치와 기만적 착취 양상을 고발하고 베트남 독립운동가들의 희생을 기리는 데 있었다. 한국이 여전히 독립을 갈망하는 상태라면 모르되, 당장 새로운 국가를 건설해야 하는 지상과제가 눈앞에 있는 마당에 왜 하필 망국의 역사가 다시 소환된 것일까?

『월남망국사』가 한국에 처음 단행본화된 것은 1906년 현채에 의해서였다. 주시경과 이상익은 이 현채의 국한문체『월남망국사』를 저본으로 하여 순국문체『월남망국사』로 '내부 번역'하였다. 이들 텍스트는 한국에서 즉각 큰 반향을 일으켰지만, 1909년 금서로 지정되며 대대적인 압수 대상이 되었다.[5]『월남망국사』가 해방기에 다시 빛을 보기까지는 40여 년을 기다려야 했다. 김진성(金振聲)이 국한문체로 번역하고 1949년 4월 30일 홍문서관(弘文書館)에서 발행한『월남망국사』가 그것이다.

그동안『월남망국사』의 번역 관련 연구는 거의 전적으로 현채, 주시경, 이상익의 판본들에 집중되어 왔다. 일부 논문이 김진성의 역본을 함께 언급하기도 했지만, 이는 이미 그 존재가 드러나 있는 여러 판본 중 하나였기 때문이지,[6] 그 자체가 본격적인 연구 대상인 것은 아니

---

5 1909년 5월 5일부터 12월까지 압수된『월남망국사』는 832권에 이른다. 최기영,「국역『월남망국사』에 관한 일고찰」,『동아연구』6, 서강대학교 동아연구소, 1985, 502~505쪽.

6 이를테면 김병철의『한국근대번역문학사연구』의 경우, 1940년대의 번역을 정리한 본문에서는 김진성이 번역한『월남망국사』를 다루지 않았지만, 번역문학의 총목록을 제공하는「부록」에서 해당 서적의 존재를 포함해두었다. 김병철,『한국근대번역문학사연구』, 을유

었다. 김진성의 저본이 량치차오의 원본이 아닌 현채의 역본이라는 사실(이는 주시경, 이상익도 마찬가지다)을 처음 언급한 것은 최박광의 2005년 논문으로 보인다.[7] 그러나 텍스트 분석을 통해 김진성의 역본을 현채, 주시경, 이상익 판본과 함께 비교한 성과는 2006년에 나온 송엽휘의 연구가 유일하다. 송엽휘 이전의 최박광이나, 이후의 박상석, 장효청 등의 『월남망국사』 연구에서는 김진성의 역본을 거론하더라도 '현채의 역본과 거의 일치한다.' 정도의 진단에 그쳤다.[8] 김진성의 역본을 거론한 이상의 연구들은 공통적으로 송엽휘의 선행연구에서 규명한 부분을 재확인하는 정도였다. 결과적으로 김진성 역본에 대한 지금까지의 가장 상세한 설명 역시 여전히 송엽휘의 『월남망국사』 연구에 머물러 있었다.

다만, 송엽휘의 연구는 『월남망국사』의 4가지 한국어 판본들을 함께 다루는 데 방점이 있었기에 김진성 판본만의 특징이나 의의를 규명하는 데까지는 나아가지 못했다.[9] 김진성의 역본을 "몇 글자의 차이를 제외하고는 현채의 역본과 동일한 것"으로 규정한 이상 대략적인 소개

문화사, 1975, 1020쪽.

7 최박광, 「『월남망국사』와 동아시아 지식인들」, 『인문과학』 36, 성균관대학교 인문학연구원, 2005, 12쪽.

8 최박광, 위의 글, 같은 쪽 ; 박상석, 「『월남망국사』의 유통과 수용」, 『연민학지』 14, 연민학회, 2010, 91쪽 ; 장효청, 「한국의 『월남망국사』 수용 양상 연구」, 대구대학교 석사학위논문, 2013, 23쪽 등 참조. 더 최근에 나온 조경덕의 연구에서도 김진성의 역본은 간략히 소개만 되었을 뿐 논의의 대상은 아니었다. "김진성(金振聲)의 번역본은 『월남망국사』의 시의성이 사라진 1949년에 간행되어 우리 논의에서 다루지 않는다. 이 책은 홍문서관에서 간행되었으며 현재 번역본을 참조하였다. '국한문혼용체'로 쓰였다." 조경덕, 「균열과 봉합의 서사, 『월남망국사』 연구」, 『한국문학이론과 비평』 93, 한국문학이론과 비평학회, 2021, 180~181쪽.

9 "1949년에 출간된 김진성의 역본은 몇 글자의 차이를 제외하고는 현채의 역본과 동일한 것이라고 할 수 있다. 따라서 이 역본은 일제에 의해 압수되었던 『월남망국사』를 다시 출간하여 해방 후의 어지러운 상황에 교훈을 주고자 했던 것으로 보인다." 송엽휘, 「『월남망국사』의 번역 과정에 나타난 제문제」, 『어문연구』 132, 한국어문교육연구회, 2006, 193쪽.

만으로도 충분하다고 보았을 것이다. 이러한 상황으로 인해 사실상 여전히 김진성이 누군지, 왜 주시경이나 이상익과 같은 순국문체 번역이 아니라 현채의 국한문체를 계승했는지, 무엇보다 왜 하필 해방기에 『월남망국사』를 선택했는지와 같은 문제들, 즉 번역 주체, 번역 문체, 번역의 배경 및 의도에 해당하는 가장 기본적인 부분들에 대해서도 아직 구체적인 논의는 보고된 바 없었다. 가령 송엽휘가 김진성의 의도로 언급한 "해방 후의 어지러운 상황에 교훈을 주고자 했던 것"은 자명하겠지만, 더 중요한 것은 그 교훈이 무엇인지를 구체적으로 밝히는 데 있을 터이다.

이에 본고는 김진성이 번역한 해방기의 『월남망국사』를 여러 층위에서 분석하여, 당대 지식장(知識場)에 대한 보다 진전된 이해를 도모해 보고자 한다.

2. 번역자 김진성과 홍문서관

번역자 김진성(金振聲)은 누구인가? 『월남망국사』의 표지와 판권지에 노출된 역자명(譯者名)만으로는 쉽게 특정하기 어렵지만, 연령대나 활동 배경 등을 고려하면 일단 두 명의 후보를 상정할 수 있다.

첫 번째 인물은 1892년생 김진성(1892~1961)이다. 그는 평안남도 덕천 출신으로 1918년 만주에서 독립군 양성 활동을 펼쳤고 1919년에는 대한독립단을 조직하기도 했다. 1920년대에는 대한민국임시정부의 군자금 모금 활동을 하다가 체포되어 6년 8개월간 복역한 바도 있었다. 두 번째 인물은 1914년생 김진성으로, 황해도 곡산 출신이다. 1920년에 중국으로 건너갔다가 만주에서 조직된 항일단체 국민부(國民府)에 들어가 활약한 인물로서, 밀정 김용환(金龍奐)을 처단한 사건으로

1934년 체포된 이력이 있다. 당시 그는 무기징역을 선고받고 경성형무소에서 복역하던 중 해방과 함께 출옥하였다.[10]

두 명이 모두 공인된 독립운동가라는 점이 주목된다. 1892년생 김진성은 1968년 대통령표창, 1977년 건국포장, 1990년 애국장이 추서되었고, 1914년생 김진성 역시 1968년 건국훈장 독립장이 추서된 바 있다. 만주에서 활동한 이력과 긴 감옥 생활 역시 공통점이다. 중국에서의 시간은 『월남망국사』를 번역할 수 있는 능력을, 항일 활동은 『월남망국사』 번역의 동기를 간접적으로 뒷받침해주는 대목이다.

다만 둘 가운데 『월남망국사』의 번역자로서 더 유력한 인물은 전자인 1892년생 김진성이다. 우선, 둘의 연령대를 감안할 때 전자의 가능성이 크다. 두 김진성 간의 나이 차는 22년이다. 1949년을 기준으로 할 때 전자는 50대, 후자는 30대이므로 둘 다 번역에 임할 수 있었겠지만, 1914년생 김진성은 한국에서 처음 『월남망국사』가 유행하던 1906년에서 1909년까지를 전혀 경험해보지 못했다. 반면, 대한제국 말기에 10대 후반이었던 1892년생 김진성에게는 시대의 문제작이었던 『월남망국사』의 기억이 충분히 각인되었을 법하다.

또한 1914년생 김진성의 행보에서 해방 이후 1946년에 다시 길림으로 간 기록이 남아 있다. 그는 이후로 다시 귀국하지 않고 1961년 중국 심양(沈陽)에서 사망했다.[11] 『월남망국사』의 출판은 1949년이었고, 역자 서문의 작성 시점을 기준으로 해도 1948년이었으므로, 그때 이미 중국에 가 있었던 1914년생 김진성이 번역자일 가능성은 희박하다. 1958년에 그가 「자전서(自專書)」에서 밝힌 내용으로 보아도 해방 직후

---

10 한국학중앙연구원 편, 『한국민족문화대백과』, '金振聲' 항목 참조.

11 독립유공자공훈록편찬위원회, 『대한민국독립유공자공훈록』 제10권, 국가보훈처, 1993, 403~404쪽.

부터의 행보는 중국이라는 공간을 벗어나지 않는다.[12]

　이상을 근거로, 이 글에서는 1949년에 나온 『월남망국사』의 번역자를 덕천 출신의 1892년생 김진성으로 추정한다. 물론 상기 두 명 외에 다른 동명이인(同名異人)들도 확인할 수 있으며, 아예 문헌과 데이터를 통해 포착되지 않는 미상의 김진성이 따로 존재할 경우도 완전히 배제할 수는 없다.[13] 그러나 이러한 우려는 1949년 판 『월남망국사』에 수록된 번역자 김진성의 서문에 의해 어느 정도 불식된다. 다음은 역자 서문의 전문이다.

　　序

　嗚呼라 飮氷室主人 梁啓超 氏는 支那에 有名한[14]先覺志士로다. 支那가 장차 滅亡危機에 濱함을 慨歎하여 隣國 越南滅亡에 前轍을 引하여 自國民族에게 覺醒을 促하고저 越南亡國史를 著함이로다. 吾人은 讀하려하였으나 讀할 自由가 無하였고 購得하려하였으나 購할 수 없었다. 30餘年間이나 저 暴虐無道한 倭政下에 呻吟하던 우리는 出版에 自由가 無하였고 思想取締가 嚴酷함으로 讀하려하였으나 讀할 自由가 없었다. 幸히 天佑하고 神助하여 日本에 羈絆을 脫하였으매 이에 余는 淺識

12　金振聲, 「自專書」(1958. 6. 16.), 박환, 「독립운동가 후손 면담: 國民府 參士 金振聲」, 『한국민족운동사연구』 64, 한국민족운동사학회, 2010, 502쪽에서 재인용.

13　가령 동일한 한자명을 쓰는 1925년생 김진성(1925~?)이 있다. 그는 간도특설대의 일반병이었다. 익히 알려져 있듯 간도특설대는 항일조직을 공격하기 위한 조선인 중심의 부대로, 해당 김진성은 1945년 3월 허베이성에서 자행된 간도특설대의 민간인 학살 사건의 가해자이기도 했다. 제대 후에는 만주국 헌병으로 일했다(『친일파인명사전』 '김진성' 항목 참조). 1949년 판 『월남망국사』는 역자 서문에서부터 일제의 압제를 통렬하게 비판하는바, 간도특설대 출신의 인물이 번역을 자임했을 리 만무하다. 이렇듯 '김진성'이라는 동시대의 동명이인을 추가로 확인할 수는 있지만, 애초에 『월남망국사』의 번역을 기획한 주체로 보기 어려운 후보도 존재한다.

14　원문은 '유명하'로 오기되어 있다.

을 不拘하고 此書를 簡易하게 再譯하여 供献하노니 惟我全國民은 必讀
하여 볼지어다. 世界列强에 心理가 何에 在을 自然이 察知하리로다.

戊子榴夏　　譯者 識[15]

　　김진성은 강점기 내내 자행된 일본의 압제를 정면으로 비판한다.
출판 자유의 박탈과 사상취체(思想取締)로 인해 『월남망국사』를 보고
싶어도, 구하고 싶어도 불가능했던 '과거' 30여 년을 언급한 것은 해방
기 지식장의 주류가 새로운 국가 건설, 즉 '미래'에 더 많은 초점이 있었
던 것과 명백히 대비된다. 이는 오랜 시간 일제와 대립각을 세워온 인
물의 경험과 사유로부터 정제되어나온 언어에 가깝다. 특히 "暴虐無道
한 倭政下에 呻吟하던 우리"와 같은 표현은 중국 지역에서 식민지 조
선으로 빈번히 유입되던 불온 선전물의 전형적 화법을 연상시킨다.[16]
그 시제가 현재형에서 과거형으로 바뀌었을 따름이다. 이 서문은 결국
역자 김진성이 일본을 바라보는 시선을 드러낸다. 후술하겠지만, 번역
과정에서 나타나는 역자의 개입 양상 역시 이 지점과 관련되어 있다.
　　아울러, 위의 글에서는 『월남망국사』에 대한 역사적 이해, 기획자
로서의 의지가 전해지는 번역의 의도까지 두루 확인할 수 있다. 특히
"惟我全國民은 必讀하여 볼지어다. 世界列强에 心理가 何에 在을 自然
이 察知하리로다."처럼 힘주어 토로하는 마지막 대목을 보건대, 번역자
김진성이 단순한 생계형 번역자였을 가능성은 매우 낮다. 1949년 판의
표지 또한 이를 방증한다. 표지 우측에는 "越南亡命客 巢南子"와 "支那
梁啓超"에 이어 "韓國 金振聲"이 나란히 놓여 있다. 표제만이 선명했던

15　巢南子述, 梁啓超著, 金振聲譯, 『越南亡國史』, 홍문서관, 1949, 序2쪽.
16　1930년대를 중심으로 조선에서 중국발 출판물의 검열이 지닌 의미에 대해서는 류진희,
　　「식민지 검열장의 형성과 그 안의 밖 『朝鮮出版警察月報』에 있어 '支那'라는 메타 범주」,
　　『대동문화연구』72, 성균관대학교 대동문화연구원, 2010 참조.

현채나 주시경의『월남망국사』표지와는 큰 차이라 할 수 있다. 김진성은 직접 "有名한 先覺志士"로 표현한 량치차오 바로 옆에 자신의 이름을 올리며, 일부러 존재감을 드러내는 편을 택했다. 요컨대 이 역자 서문이나 표지에는 일제의 통치 속에서 대한제국기와 식민지시기를 관통하는 가운데 형성된『월남망국사』의 정치적 의미를 잘 아는 인물이, 자신의 이름을 걸고 그 텍스트를 해방기로 소환하고자 한 의지가 담겨 있었다. 책을 발행한 홍문서관(弘文書館)은 설

『월남망국사』(1949) 표지

립 시기를 특정하긴 어렵지만, 1920년대 말부터 출판 활동이 확인되는 상업출판사였다.[17] 해방기로 한정하자면 홍문서관이 발행한 서적 수는 15~20종 정도로 추산된다.[18] 을유문화사, 정음사, 한성도서 등 당대의

---

17 오영진의 연구에서는 홍문서관이 '일제강점기부터 활동해온 출판사'가 아니라 '출판물로 확인한 출판사'로 분류되어 있어 수정할 필요가 있다. 오영진,『해방기 간행도서 총목록: 1945~1950』, 소명출판, 2009, 19쪽. 이를테면『最新速成 日語自通 全』(박중화, 1929),『釋字附音最新 金玉尺牘』(김희, 1932),『삼국풍진 죠자용전』(신태삼, 1935),『悲劇小說 그날밤』(이상현, 1936),『悲戀哀話 美人의 春夢』『강명화전』(홍병석, 1938),『家庭小說 안해의 결심』(김상덕, 1944),『마음의 琴綜』(현경준, 1944) 등의 식민지시기 출판물이 홍문서관 발행으로 확인된다. 발행인이나 발행처 주소도 일치하는 등 단지 이름만 같은 출판사는 아니다.

18 『流浪』(이광수, 1945.9),『無雙 明心寶鑑』(홍문서관 편, 1945.9.20.),『朝鮮歷代御製試選』(宋柱憲 편, 1947.3.15.),『常識讀本』(宋永浩(서울중앙방송국), 1947.4.25.),『상식질문응답』(송영호, 1947.12.15.),『실용과학』(李浩基, 1947.12),『知識寶庫』(李浩基, 1948.1),『小學集註』(홍문서관 편, 1948.3.15.),『正本孟子集註』(홍문서관 편, 1949.3.15.),『越南亡國史』(金振聲 譯, 1949.4.30.),『朝鮮史槪說』(京城大學朝鮮史研究會 編, 1949.5.15.),『인생안내』(노자영, 1950.1.30.) 이상 12종은 오영식 편저, 앞의 책, 273쪽을 재정리한 것이다. 기타 해방기의

주요 출판사와는 비교하기 어려운 규모였지만, 출판의 새로운 붐을 맞은 해방기에 이러한 군소업체의 난립은 일반적이었다. 홍문서관이 펴낸 책들의 면면을 보면, 소설, 실용서, 교양서, 경전, 조선사 등 다양한 종류를 확인할 수 있는데, 주로 팔릴 만하거나 뚜렷한 수요자층이 있는 책들이었다. 가령 출판 자체로 논란이 예견되던 이광수의 소설『流浪』(1945.9)을 펴낸 것은, 홍문서관이 이 시기 여러 출판사들이 천명한 '문화건설' 같은 목표보다는 이윤의 극대화에 중심을 두고 있었다는 단적인 예다.[19]

이러한 홍문서관의 출판 양상에서『월남망국사』는 이채로운 사례다. 일단 이 책은 홍문서관 발행서 중에서 유일한 번역서이자 외국사 서적에 해당한다.『월남망국사』는 지식장이 재편되고 있던 시기에 적합한 기초학문이나 실용서도 아니고, 일제강점기를 통과하며 심화된 '조선적인 것'들에 대한 갈증을 해소할 수 있는 것도 아니었다. 역자가 서문에서 말하듯,『월남망국사』의 의미는 역사적 맥락을 내재한 정치적인 지점에 맞춰져 있었다. 그럼에도 홍문서관의 상업적 지향과는 궤를 달리하는 그 의도가 출판으로 이어질 수 있었던 데에는 아무래도 역자의 의지 및 사회적 배경이 작용했을 개연성이 크다.[20]

홍문서관 발행 서적으로『國史槪說』(서울대학교국사연구회 편찬, 1946),『신류복전』(1947),『교재용 자수도안교본』(1948),『중등국사』(柳洪烈, 1949) 등을 추가로 확인할 수 있다.

19 모든 출판사가 상업성을 신경 쓰지 않을 순 없지만, 당시 홍문서관의 이광수 소설 발행은 주류 출판사들과는 간극이 있었다. "정음사는 해방공간에서 '수만부' 판매가 보장되던 친일파 문인, 예컨대 이광수의 소설은 간행하지 않았다. 당대 출판계의 중심에 서 있던 을유문화사·고려문화사·수선사·서울출판사·백양당·박문출판사 등도 이광수의 소설을 내지 않았다. 이광수의 소설은, 영리를 노린 군소 출판사들에 의해 주로 간행되었다. 이 출판사들은 이익을 남겼지만 역설적으로 출판활동이 활동하지 않았다." 이중연,『책, 사슬에서 풀리다 -해방기 책의 문화사』, 혜안, 2005, 146쪽.

20 덧붙이자면,『월남망국사』가 과거의 책이긴 하나 그 시대의 화제작이었다는 점만은 부인할 수 없는 사실이었다. 홍문서관의 입장에서는 이 부분에 상업적 이득을 기대해볼 여지도 있었을 것이다. 이 또한『월남망국사』의 출판이 실현된 이유 중 하나일 것이다.

지금까지 거듭하여 언급한 역자의 의지는 독립운동가로 살아온 1892년생 김진성과 잘 어울리는 측면이 있다. 텍스트의 개입 양상을 보면 『월남망국사』를 해방기에 소환한 정치적 목표를 짐작할 만한 지점도 존재한다. 이에 대해서는 본고 4장에서 분석하고, 우선 3장에서는 『월남망국사』가 해방기에 출현하기까지의 전체적 맥락을 살펴보고자 한다.

3. 기억으로 소환된 식민지시기의 『월남망국사』

서문에서 김진성은 "이에 余는 淺識을 不拘하고 此書를 簡易하게 再譯하여 供獻하노니"라고 하며, '재역(再譯)'이라는 어휘를 사용하였다. 이 표현에는 새로운 시대의 도래를 선언하는 의미가 담겨 있다. 권력이 『월남망국사』의 출판을 가로막던 시대는 종식되었으니, 이제 다시 번역하여 낸다는 것이다. 식민지시기에 비해 한동안 출판의 자유가 확대된 것은 사실이기도 했다. 물론 그조차 한계는 뚜렷했다. 이를테면 미군정은 신문지법을 끝내 폐지하지 않았다.[21] 일제의 대표적 언론 통제 도구였던 신문지법은 1946년 5월 29일 공포된 법령 제88호(신문及기타 정기간행물 허가에 관한 건)과 함께 주로 좌익과 진보적 중립노선의 정기간행물에 집중적으로 적용되었다.[22]

---

21 정근식·최경희는 1952년의 신문지법 폐지를 해방기를 구분하는 하한선의 기준으로 삼기도 하였다. 정근식·최경희, 「해방 후 검열체제의 연구를 위한 몇 가지 질문과 과제 -식민지 유산의 종식과 재편 사이에서(1945~1952)」, 『대동문화연구』 74, 성균관대학교 대동문화연구원, 2011, 11~13쪽 참조.

22 이봉범, 「해방 또는 '신천지'의 열림」, 『전향, 순수, 전후, 참여 -대한민국 문학의 형성과 매체』, 성균관대학교출판부, 2023, 20~21쪽. 해방 이후에도 일제강점기의 비민주적 악법들이 효력을 발휘하고 있었고, 미군정기에 문화통제용 악법이 추가로 제정되는 등 언

여기서 상기해야 할 것은 김진성이 표출한 '재역'의 의미 이면에 '讀하려하였으나', '購得하려하였으나' 할 수 없었던 식민지의 세월이 놓여 있다는 사실이다. 다시 말해 1949년의『월남망국사』는 그 억압된 욕망이 때를 만나 터져 나온 결과물인 셈이다. 1909년 5월『월남망국사』가 금서로 지정된 이후 적어도 한국이 식민지 상태를 벗어나기 전까지, 이 텍스트는 단지 '기억'의 영역에만 머물 수 있었다.[23]

하지만 대한제국 말기에『월남망국사』의 위상이 대단했던 만큼 그 기억은 오래, 또 강렬하게 지속되었다.『월남망국사』는 단지 자유롭게 출판되거나 유통되지 못했을 뿐, 식민지시기 내내 여러 사람의 기억을 빌려 드물지 않게 존재감을 드러내며, 이는 여러 형태로 나타났다. 이를테면 "조선인이 일반으로 안남에 대한 개념이라도 얻기는 몇 해 전에 우리나라에서 한참 떠들 때에『월남망국사』를 본 후이라 하겠다."[24]나 "이곳을 지나면서 나는 문득 내가 유시에 읽던『유년필독』에 있던 그림과『월남망국사』를 연상했다."[25]처럼 베트남이 화두가 되는 순간 즉각적으로 소환되는 경우가 있다. 이는 해방 이후 상당한 시간이 지난 다음에도 마찬가지여서, "우리나라에서 '베트남'이라고 하면 그 옛날에 전해 내려오던『월남망국사』를 생각게 된다. 이 책자는 중국의 양계초

론, 출판 자유의 확대에는 근본적인 한계가 있었던 셈이다. 관련하여, 이봉범, 「8·15 해방~1950년대 문화기구와 문학 -문화관련 법제를 중심으로」,『현대문학의 연구』44, 한국문학연구학회, 2011, 259쪽.

23 이 표현은 합법의 영역에서 간행과 유통이 막혀 있었다는 것이지, 개인이 소장하고 있던 과거의『월남망국사』판본이나 비공식적으로 재번역하여 암암리에 돌려보던 판본까지 부정하는 것은 아니다. 예컨대 김소운의 회고에 따르면 그는 소학교 시절『월남망국사』를 접하고 세계관이 바뀔 정도로 큰 충격을 받았다. 이 독서 체험은 시기상 1919년을 전후한 일로, 이미『월남망국사』의 출판 경로가 닫혀 있던 때였으나『월남망국사』가 새로운 독자와 만나고 있었던 셈이다. 최박광, 「『월남망국사』와 동아시아 지식인들」,『인문과학』36, 성균관대학교 인문학연구원, 2005, 15쪽.

24 「굉장한 國賓 서울 오는 안남총독!」,『동아일보』, 1924.5.28., 2면.

25 「世界一週通信 赤道直下에서 (一)」,『조선일보』, 1933.7.5., 1면.

란 학자가 쓴 책자를 번역한 것으로 불란서의 잔인한 침략의 역사를 쓴 책이었다."와 같이 "옛날"의 기억으로 되살아나기도 했다.[26] 그 외에 식민지 조선의 미디어에서 『월남망국사』에 대한 두드러진 언급은 소위 '개화기'의 서적이나 지식문화를 언급할 때 당대의 주요 서적으로 등장하는 경우를 들 수 있을 것이다.[27]

가장 문제적인 소환은 최초의 번역자 현채가 대한제국 말기에 의도했던 것처럼, 『월남망국사』에 내재된 제국주의 비판의 메시지를 식민지 조선이라는 시공간으로 전유하는 방식이었다. 번역이나 출판은 다시 못해도 텍스트를 읽었던 기억을 공유하여 '우회적으로' 일제의 통치를 비판할 수는 있었기 때문이다. '우회'의 이유는 현채, 주시경, 이상익의 시도가 가로막혔던 과거의 사정처럼 결국 검열이었다.

> 일즉淸末의志士로 康有爲와함께保皇派의改革[28]運動者로서中國近代의 有數한政論家로되엇든梁啓超는 그의愛國者的處地에依한 自國의 人心을警醒코자하야 越南亡國史를 著述한바잇섯다 革命中國이 이룬 後에梁氏는 자못固陋한封建的思想家라는 指目으로말미암어一世의冷嘲알에笑殺된편이나 그의著한바 上述의史書는 一時東方의讀書子들로 慷慨淋漓스스로팔을뽐냄을 禁치못하게하든바이엇섯다 越南亡國史의 적힌바로 梁氏의故意로 誇張한바잇고업섯든것은 輕斷할바아니나 越南을統制하는 歐洲의某强國이 苛斂誅求로써 못할바가업서 甚한例로는 人頭稅門戶稅 或은其他常識에벗는稅金을 賦課强徵함을 抽寫함이엇섯다 그러나이러한當代의志士에依하야 自國인中國人을警醒시키고저하

---

26 「越南國紀行」, 『조선일보』, 1956. 11. 18., 1면.

27 民世學人, 「新聞小史 (十七)」 『조선일보』 1935. 7. 26., 1면 ; 「業連綿兩三代 (四)」, 『조선일보』 1936. 1. 5., 2면 등.

28 원문에는 '改革'으로 되어 있으나 오기로 보고 수정하였다.

든이약이가 現實로서 在滿朝鮮人에게 臨하얏다는것은 듯는者로非常異樣의感을 일으키는것이다 아제못게라 이것이事實인가 아닌가?[29]

위 기사는 표면적으로는 『월남망국사』를 경유하여 재만 조선인에 대한 중국인의 억압과 착취의 현실을 비판하는 것으로 읽힌다. 이 텍스트를 배출한 중국이 가해자의 위치에 선 아이러니를 지적하는 것이다. 그러나 "월남을 통제하는 구주의 모 강국이 가렴주구로써 못할 바가 없어 심한 예로는 인두세, 문호세 혹은 기타 상식에 벗어나는 세금을 부과강징함을 추사함"과 같이 통치자의 횡포를 지적하는 『월남망국사』의 구체적 내용은 명확히 제국-식민지의 관계, 현재진행형으로서의 일본과 조선의 현실을 환기하는 것이기도 하다. 현채가 『월남망국사』를 처음 번역한 의도 역시 일본과 조선의 관계를 프랑스와 베트남에 대입하여 독자의 민족의식과 저항정신을 고취하는 데 있었다. 『월남망국사』가 합법적 책으로 남아 있었다면 이는 당연히 식민지시기에도 유효한 구도였을 것이다. 하지만 식민지 검열체제가 작동하는 방식을 고려할 때, 『월남망국사』의 메시지를 복원하면서도 검열관의 시선을 피하려면 위와 같이 적어도 일본과는 무관하다는 '알리바이'가 전제되어야 했다.

그럼에도 불구하고 애초부터 한국인들에게 각인되어 있던 『월남망국사』의 기억은 일본을 겨냥하고 있었다. 그것은 무엇보다 '우리'의 처지를 곧장 환기하는 것이었다. 이 점은 다음 내용에 소상히 나타나 있다.

벌써三十年前 옛날이다 어떤新人親舊의 好意로 越南亡國史를 읽어본 일이잇섯다 그內容인越南亡命客의 半眞한告白 그대로라면 亞細亞에

29　「在滿同胞와人道問題」, 『조선일보』, 1931.3.20., 석간 1면.

地域을갓치한우리로는 그非人道的治下에八十風霜을 呻吟하는 越南人
上의게 同情의눈물을 보내지안흘수업슬것이다.이安南은歷史的關係로
보아서 中國版圖에包含된時代도 적지안치마는大部分은 獨立의地位를
保持하며 오직支那의 封册을受하여朝貢하여왓슬뿐이다[30]

　기자가 베트남의 처지에 공감한 배경으로 말한 '같은 아시아인이
기 때문'이라는 것은 명목상의 이유에 불과할 수 있지만, 뒷부분에 서
술된 베트남의 역사적 특징, 곧 '독립의 지위를 대부분 유지해온 국가'
라는 점이나 베트남이 한때 중국의 조공국이었다는 언급 등은 충분히
이전의 한국 상황을 연상시킨다. 명시적으로 서술되지 않더라도 독자
는 베트남의 역사적 조건이 한국과 흡사하다는 사실을 쉽게 파악할 수
있었다. 그리고 이는 곧장 베트남의 비극에 대한 서술, 곧 "우리로는 그
非人道的治下에八十風霜을 呻吟하는 越南人上의게 同情의눈물을 보
내지안흘수업슬것"이라는 발언에 중층성을 부과한다. 여전히 프랑스
의 지배를 받는 베트남에게 그 비극은 과거형에 국한될 수 없다. 그렇
다면 이것은 바로 그 베트남과 같은 처지에 놓인 한국의 현재 상황에
대한 고발도 되는 것이다. 즉, 여전히 우회적이긴 하지만 위의 기사는
전술한 재만 조선인 관련 기사보다는 조선의 현 상황을 선명히 연상하
게 하는 만큼, 검열의 임계점에 더 근접한 셈이었다.[31]

30　사공환, 「支那事變三周年記念論文 -佛領印度의운명」, 『조선일보』, 1940. 7. 10., 석간3면.

31　나아가, 굳이 『월남망국사』라는 기억의 매개를 소환하지 않더라도 식민지 조선의 언론에
　　소개된 동 시기의 베트남 민족주의 운동이나 프랑스-베트남 간 갈등의 문제 등은 결국 한
　　국의 현실을 환기하는 역할을 할 수 있었다.(한상도, 「일제 침략기 한국인의 베트남 인식과 연대
　　의식 -식민지 상황 인식과 반일의식을 중심으로」, 『역사학보』201, 역사학회, 2009 참조) 한편, 중일
　　전쟁 이후로는 일본 당국이 프랑스의 베트남 통치 실패를 선전함으로써 본인들의 베트남
　　을 점령을 정당화하는 아이러니한 상황이 펼쳐진다.(정근식, 「검열에서 선전으로: 일제하 조선
　　에서의 베트남담론의 추이」, 『사회와 역사』80, 한국사회사학회, 2008, 90~101쪽)

그런데 1933년의 시점에 이 임계점을 넘겨버린 사례가 식민지 조선의 매체에서 확인된다. 그 매체는 합법적으로 조선인에게 닿지 못한 온갖 '불온한' 목소리가 응집된 자료군, 곧 『조선출판경찰월보』이다. 조선총독부 경무국 도서과에서 1928년도부터 매달 간행한 이 비밀보고서는 그들의 검열 현황과 처분대상이 된 각종 출판물에 관한 구체적 정보를 생생하게 전해주고 있다.[32] 1933년 11월에 간행된 『조선출판경찰월보』 제62호에는 『월남망국사』와 관련하여 다음과 같은 불온 출판물 기사 요지가 실렸다.

> 량치차오 저(著) 「조선망국사략」을 읽음
> 량치차오는 지나인임에도 「조선망국사」를 지어 만국에 전포(傳布)했는데 우리 일반 동포는 이를 읽고서 슬퍼하는 일조차 없었으니, 만약 이를 독파하면 이천만 명의 피눈물은 산하로 하여 실색케 하고 삼천리강토는 연화(烟火)의 마을로 변할 것이다. 오늘 이후 조선 역사는 또 다시 보지 못한다. 오직 일본의 번속(藩屬) 일부분이 영속되리라. 차마 듣지 못하고 차마 말하지 못하겠다. 국권이 영멸(永滅)해도 전국의 동포 가운데 국혼을 부르는 자는 아무도 없고 가계 혈통을 남에게 빼앗기고도 단 한 사람 절치액완(切齒扼腕)하는 자가 없다. 이 망국사를 지은 자야말로 진정 한국 동포이다.
> 『월남망국사』는 우리 동포의 필독서이니, 이 정신 기백의 소지자여, 대한독립사를 만국에 전파하라.[33]

---

32 이 자료의 기본적인 성격에 대해서는 박헌호·손성준, 「한국 근대문학 검열연구의 통계적 접근을 위한 시론 『조선출판경찰월보』와 식민지 조선의 구텐베르크 은하계」, 『외국문학연구』 38, 외국문학연구학회, 2010 참조.

33 總督府警務局, 『朝鮮出版警察月報』 62, 1933. 11, 13~14쪽. 원문의 소제목은 「梁啓超著 朝鮮亡國史略ヲ讀ム」로서, 인용문은 일본어를 현대 한국어로 옮긴 것이다. (강조는 인용자)

136   열린 동아시아, 인문한국의 비전

위 내용은 불허가 출판물 중『송남집(松南集)』하권에 수록된 것으로,『조선출판경찰월보』(이하『월보』)에서 내린 불허가 판단의 근거인 셈이다.[34] 도입부에 언급된「조선망국사략」은 량치차오가 1904년『신민총보』에 발표한 글로서, 현채가『월남망국사』를 번역하면서 본문 내용 중에 첨가한 텍스트이기도 하다. 베트남 망국의 역사를 기록한 책 안에서 조선의 망국을 함께 논하는 방식만으로도, 대한제국 말기의『월남망국사』가 지닌 의미가 어떠했을지 짐작하는 것은 어렵지 않다. 여기서 송남 김원극(金源極)이『월남망국사』를 돌연 거론하는 것도 그에게「조선망국사략」과『월남망국사』가 연동되어 있었기 때문이다. 그는『월남망국사』를 "우리 동포의 필독서"라고 규정하며, 그 정신을 아는 이들이 응당 "대한독립사"를 전파해야 할 것을 선언한다. 다만 이렇게 '월남'과 '대한'을 가시적으로 엮는 순간, 검열의 표적이 될 것은 자명했다.『송남집』은 '조선문'으로 작성되었으며, 합법 출판을 위해 도서과에 사전 검열을 신청한 상태였지만, 독자로 하여금 대한제국기의 문맥에서『월남망국사』를 소환하여 '대한독립'을 운운하는 책이 통과될 가능성은 현저히 낮았다. 식민지시기에『월남망국사』가 지녔던 의미를 증언해주는

---

34 잡지 및 단행본의 출판출원 대상 중 당월의 불허가 출판물은 총 4건이었다. 이 4건은 잡지『조광』창간호, 문집『송남집』두 권(상, 하), 그리고 심훈의 소설『동방의 애인』이다.『송남집』의 처분일자는 1933년 10월 10일로 기재되어 있다. 송남에 대해서는 알려진 바 없지만『월보』상에 발행자는 김호영(金浩榮)으로 나타나 있다. 기타『월보』에 수록된 정보를 통해『송남집』의 종류가 문집이며, 사용문자가 조선문이라는 것, 발행지가 함경남도라는 것을 알 수 있다. '송남'은 김원극(金源極)의 호로,『송남집』의 발행인 김호영은 그의 아들이다. 김호영은 1927년 9월 사망한 부친의 유고집을 내고자 했던 것으로 보인다. 김원극은 대한제국기에 간행된『태극학보』와『서북학회월보』의 주필을 맡아 다수의 글을 실은 바 있다.『태극학보』는 서북지역 출신 인사들을 중심으로 결성된 일본 유학생 단체 태극학회의 기관지이며,『서북학회월보』역시 관서지방 및 함경도 중심 인사가 통합하여 간행한 잡지였다. 이후 김호영은 1938년 5월에도『송남집』의 간행을 시도하였으나 재차 총독정치에 대한 비판이 문제가 되어 뜻을 이루지 못하였다.(『조선출판경찰월보』117호, 1938.6, 35~36쪽)

것이 총독부의 검열 아카이브라는 사실은 아이러니하다.[35]

결국 『월남망국사』가 사실 우리의 이야기라는 직접적 언설은 적어도 합법의 영역에서는 해방 이후에야 터져 나올 수 있었다.

> 일즉越南亡國史가 남의것이아니고 바루우리의것으로 제설음을제대로 설어할수도없었든 우리社會에 넓이읽인일이있었거니와 그帝國主義的 侵略樣相은 彼我가일반이었던것이다 安南이나폴레옹三世에게 敗戰하여 그支配下에드러간것은 一八六二年의사이공條約에서이고 마치우리가 日本의保護條約에强制되든것과같은 그들의佛國과의 親交條約締結은 一七八七年이었었다 이條約으로써安南王朝는 佛國援助下에當時混亂한安南을 平定하고國王이되기는 하였으나이것이 또한 우리의韓國과 똑같은運命의길을밟어 드디여安南은滅亡하였고 한번 佛國의支配下에 드러간後에는諸列强의殖民地政策과도달러서佛國의徹頭徹尾한彈壓아래에서 民衆은呻吟하면서 오늘에 일은것이다.[36]

이렇듯 사실상 『월남망국사』는 대한제국기에 명멸한 책이 아니었다. 수시로 식민지 조선인의 머릿속에서 되살아나고 여러 매체를 통해 회고되는 가운데 지속적으로 조선의 현 상황을 암유(暗喩)했던 텍스트였던 것이다. 이러한 맥락에서, 해방기의 재번역은 늘 검열의 대상이 되어온 근대의 '고전'을 새 시대를 맞이하여 되살려낸 의미가 있었다.

---

35 『조선출판경찰월보』의 다른 검열 처분 기사들 중에서도 독립을 위해 분투하는 약소국으로서 '베트남'과 '조선'이 함께 논의되는 사례들을 발견할 수 있다. 예컨대 『월보』 제28호의 불허가 서적 『세계약소민족운동개관』이나 제29호의 차압된 중국 발행 신문 『천진익세보』의 기사 「1931년 국제의 새로운 형세」 등이 그러하다.

36 「越南을救하라」, 『조선일보』 1947.1.7., 1면.

4. 망국의 현재성과 검열 권력의 이동

모두에 밝혔듯, 김진성이 현채의 역본을 저본으로 삼았다는 사실은 여러 선행연구에서 지적한 바다. 하지만 두 판본 사이에 어떤 차이가 있는지에 대해서 제대로 살펴본 사례는 없었다. 텍스트 비교까지 부분적으로 수행한 송엽휘(2006)도 상동성만을 제시했을 뿐이다. 이런 이유로, 우선 다음의 두 가지를 정리해두고자 한다. 하나는 김진성이 왜 원본이 아닌 현채의 판본을 번역 대상으로 선택한 것인지, 다른 하나는 김진성의 번역에서 나타나는 특징들은 무엇인지에 대한 것이다.

전자는 결국 현채 판본의 특징을 파악하는 일이다. 환기하자면, 김진성뿐 아니라 일찍이 주시경과 이상익 역시 현채의 역본을 기준 삼아 순국문체로 번역하였다. 즉, '현채가 만든 차이'야말로 대한제국기와 해방기에 모두 선택될 수 있었던 핵심 이유일 것이다. 많은 선행연구의 존재 자체가 증명하듯, 1906년에 현채가 번역하여 출판한 『월남망국사』의 반향은 독보적이었다.[37] 그렇다면 주시경과 이상익, 그리고 김진성의 번역을 촉발한, 현채가 만들어 낸 차이란 무엇인가? 일단 〈표 1〉에서 A와 B를 비교해보자.

---

37 우림걸, 「량치차오 역사·전기소설의 한국적 수용」, 『한중인문학연구』 6, 2001 ; 최원식, 「아시아의 연대 -『越南亡國史』소고」, 『한국문학의 현단계 Ⅱ』, 창작과 비평사, 1983 ; 최기영, 「국역『월남망국사』에 관한 일고찰」, 『동아연구』 6, 서강대학교 동아연구원, 1985 ; 최기영, 「한말 천주교회와 『월남망국사』」, 『아시아문화』 12, 한림대학교 아시아문화연구소, 1996 ; 정환국, 「근대계몽기 역사전기물 번역에 대하여 -『越南亡國史』와 『伊太利建國三傑傳』의 경우」, 『대동문화연구』 48, 2004 ; 최박광, 「『월남망국사』와 동아시아 지식인들」, 『인문과학』 36, 2005 ; 송엽휘, 「『월남망국사』의 번역 과정에 나타난 제문제」, 『어문연구』 132, 2006 ; 정선태, 「번역이 몰고 온 공포와 전율 -『월남망국사』의 번역과 '말년/망국'의 상상」, 『한국 근대문학의 수렴과 발산』, 소명출판, 2008 등.

〈표 1〉『越南亡國史』 3종(원전, 현채, 김진성)의 구성 비교

【A】巢南子述, 梁啓超纂, 『越南亡國史』(1905)	84면	【B】현채 역본 (1907)[38]	93면	【C】김진성 역본 (1949)	79면
		越南亡國史序 (안종화)	1면		
		越南亡國史 附 滅國新論	1면	※제목 생략	1면
敍	1면	※'敍' 표기 생략/내용 유지		序 (량치차오 敍)	
				序 (김진성)	1면
				目次	1면
越南亡國史前錄 [記越南亡人之言]	11면	※제목 생략/내용 유지 ※「朝鮮亡國史略」 삽입	13면	越南亡國史 **一, 越南의 現狀**	12면
越南亡國史	1면	※제목 생략/내용 유지	1면		
一. 越南亡國原因及事實	7면	一. 越南亡國原因及事實	8면	二, 越南亡國原因과 事實	7면
二. 國亡時志士小傳	10면	二. 國亡時志士小傳	5면	三, 國亡時의 志士小傳[39]	5.5면
三. 法人困弱愚瞽越南之情狀	22면	三. 法人이 越南人을 困弱愚瞽ㅎ는 情狀	21면	四, 佛人이越南人을困弱愚盲하는 情狀	17.5면
四. 越南之將來	10면	四. 越南의 將來	8면	五, 越南의將來	5.8면

---

38 이 표에서 B는 1907년 5월 27일 대동서시(大東書市)에서 재간행된 판본을 기준으로 한 것이다. 1906년 11월에 보성관(普成館)에서 나온 초판에는 네 번째 부록으로「越南提督劉永福檄文」이 수록되어 있으나 재판부터는 제외되었다.

39 목차 면에는 "越南國亡時에志士小說"이라고 오기되어 있지만 본문에서는 제대로 반영되었다.

【A】巢南子述, 梁啓超纂,『越南亡國史』(1905)	84면	【B】현채 역본 (1907)[38]	93면	【C】김진성 역본 (1949)	79면
附錄 越南小志					
一.地志	3면				
二.建國沿革及與我國交涉	4면				
三.與法國之交涉	5면	附越法兩國交涉	4면	六,越, 法兩國交涉	3.2면
四.法國之越南	4면				
五.法國越南政略與中國之關係	6면				
		附滅國新法論	28.5면	**七,滅國新法論**	21.7면
		附日本의朝鮮	2.5면	八,附日本의朝鮮	2.3면

본문에서의 변화는 크게 두 가지다. 일단, 현채가 원문의「越南亡國史前錄[記越南亡人之言]」에 해당하는 내용을 번역하는 가운데 량치차오의 또 다른 글「朝鮮亡國史略」의 일부를 삽입한 것이다.[40] 조선에 대한 더 구체적인 언급을『월남망국사』에 적절히 삽입함으로써 독자의 경각심을 자극하려는 의도로 해석된다. 다음으로, 상당한 축약이 확인된다. 특히「二. 國亡時志士小傳」의 경우 10면에 이르던 분량이 절반으로 축소되었다. 이에 대해서는 현채가 "량치차오가 열거한 공포 조장의 요소들은 반감시키고 제국이 문명국의 탈을 쓰고 벌리는 자본 축적의 전략과 통제 방식 등에 대해서는 그대로 옮길 것을 선택한 것"[41]이라는 설명

---

40 이는 최기영(1985), 우림걸(2001), 정환국(2004) 등에서도 지적하고 있다. 「조선망국사략」은 1904년에『신민총보』에 게재된 것으로서, 현채가 삽입한 부분은 그중 세 번째 절인「조선위일본지조선」에서 14, 15군데를 발췌한 것이다. 정환국, 앞의 글, 16쪽.

41 손성준, 「대한제국기 「멸국신법론」의 다중 번역 -『조양보』와『월남망국사』 판본을 중심으

을 참조할 수 있다.

부록의 경우 현채는 베트남 관련 세부 정보에 해당하는 「一. 地志」
와 「四. 法國之越南」를 삭제하였고, 중국 관련 요소인 「二. 建國沿革及
與我國交涉」과 「五. 法國越南政略與中國之關係」 역시 항목 자체를 옮
기지 않았다. 그 대신 한국과 관련된 다른 량치차오의 글을 추가하여
'지금, 여기'를 위한 항일의 의도를 분명히 하였다. 본문에서는 「朝鮮亡
國史略」이 그 역할을 했다면, 부록에서는 세 번째 부록으로 삽입된 「日
本之朝鮮」이 그러하다.

더불어, 현채가 수록한 두 번째 부록 「멸국신법론」에 주목해야 한
다. 「멸국신법론」은 과거의 약탈 방식이 아니라 자본 잠식을 통한 국권
장악 과정을 구체적으로 밝힌 논설이다. 량치차오가 급진적 발화를 쏟
아내던 1901년에 『淸議報』를 통해 발표된 「멸국신법론」이,[42] 현채에 의
해 부록의 형태로 『월남망국사』와 결합함으로써 한국에서는 『월남망
국사』의 원본성 자체가 새롭게 주조된 셈이다. 현채가 「멸국신법론」을
전략적으로 강조하려 했던 정황은 본문의 제목에서부터 '월남망국사
부 멸국신론'[43]을 내세웠던 점, 책의 좌우측 양단에 페이지마다 '월남망
국사 부 멸국신론'이 인쇄되어 있었던 점, 『월남망국사』의 신문 광고에
서도 「멸국신법론」이 제목에 노출되어 있다는 점 등에서 충분히 나타
난다.[44]

종합하자면 현채의 『월남망국사』는 원전의 베트남 관련 정보 중 지
나치게 구체적인 내용들은 덜어낸 대신, 「조선망국사략」, 「일본지조선」

로」, 『국제어문』 95, 국제어문학회, 2022, 296쪽.

42　『청의보』에는 85, 86, 89호(1901.7~8)에 총 세 차례 연재되었다. 현채가 참조한 「멸국신법
　　　론」은 『음빙실문집』에 수록된 판본일 가능성이 크다.

43　여기서의 '멸국신론'은 물론 「멸국신법론」을 지시한다.

44　손성준, 위의 글, 301~302쪽.

등 대한제국의 망국 위기를 직접 다룬 량치차오의 다른 텍스트를 본문이나 부록으로 첨가하였고, 여기에 「멸국신법론」을 전략 콘텐츠로 삼은 완전히 차별화된 판본이었다. 이는 김진성을 포함한 한국의 번역자들이 원전이 아닌 현채의 판본에 이끌렸던 이유이자 한국 근대사에서 『월남망국사』의 역사적 위상이 드높았던 이유이기도 하다.

다음으로, 〈표 1〉의 B와 C를 비교해보자. 확실히 A와 B의 차이보다는 두드러지지 않지만, 몇 가지 변화는 나타난다. 표면적으로는 세 가지를 확인할 수 있다. 첫째, 본문과 부록으로 구분되던 선행 판본들의 구성이 C에서는 1에서 8까지의 일련번호를 붙인 단일 체계로 재편되었다. 이는 C에만 삽입된 별도의 목차 면을 통해 보다 쉽게 확인할 수 있다. 둘째, 전체적 구성을 정리하는 과정에서 김진성의 개입이 확인된다. 일단 「一, 越南의 現況」이라는 챕터명은 A, B 판본에는 없던 것으로 김진성이 직접 첨가하였다. 이 파트의 원래 제목은 「越南亡國史前錄[記越南亡人之言]」이었는데(A), 현채는 제목을 생략한 채 이 부분을 번역했었다(B). 또한 김진성의 넘버링 과정에서 위와 같이 1번을 '월남의 현황'에 할당했기에 결과적으로 저본인 B의 본문에 비해 번호 하나씩이 앞서게 되었다. 셋째, B의 부록 3개 중 첫 2개는 부록 표기 자체도 없애고, 「八, 附日本의 朝鮮」와 같이 세 번째 부록만 '附' 표기를 유지했다. 이는 부록을 다시 분할하여 앞의 두 부록만은 본문으로 취급하고자 한 김진성의 의도를 나타낸다. 「일본의 조선」은 내용 자체가 『월남망국사』와는 간극이 커서 처음부터 부록의 위치가 어울렸고, 반대로 B의 첫 번째 부록이었던 「越, 法兩國交涉」은 베트남을 직접적으로 다루기에 본문에 편입되어도 전혀 무리가 없었다. 그런데 B의 두 번째 부록이었던 「멸국신법론」은 베트남을 직접 다루지 않는데도 본문에 포함되었다. 전술했듯 현채가 이 부록의 중요성을 다양한 방식으로 강조한 것처럼 김진성 또한 나름대로 「멸국신법론」에 방점을 찍은 것이다.

이렇듯 겉으로 확인되는 변화들만 정리해보아도 김진성과 현채의 판본이 거의 동일하다고 보는 관점은 사실에 부합하지 않는다. 김진성이 현채의 판본을 저본으로 활용한 것은 틀림없지만, 세부적으로는 나름의 기준을 갖고 재구성을 시도하였다. 그럼에도 불구하고 선행연구에서 "1949년에 출간된 김진성의 역본은 몇 글자의 차이를 제외하고는 현채의 역본과 동일한 것"[45]으로 간주했던 이유 중 하나는 저본인 현채의 판본과 김진성의 판본이 둘 다 국한문체 문장을 구사한 데 있을 것이다. 예를 들어본다.

試問ᄒ노니光緒二十一年度借款에俄國이何故로我룰爲ᄒ야中保룰作ᄒ얏스며二十四年度借款에ᄂ俄, 英兩國이何故로大衝突을生ᄒ야, 거의干戈로相見ᄒᄂ데至하얏ᄂ뇨大抵中國政府의財政이困難홈은天下萬國이, 다熟知ᄒ는바이라, 임의知ᄒ고, 다시爭ᄒ기如此ᄒ니願컨딗我憂國士ᄂ其故룰一思홀지라今에中國은麗然한一大物이라精華가未竭ᄒ故로西人이前日埃及, 待ᄒ든者로相待치, 아니ᄒ나大抵債主의權이日重ᄒ면中央財政이必然其手中에移홀지라(현채 역본, 78쪽)

試問하노니 光緒二十一年度借款에 露國이何故로 我國을 爲하여 中保을 作하였으며 二十四年度借款에는 露, 英兩國이何故로 大衝突을 生하여 干戈로 相見하는데至하였느뇨 中國財政이困難함은 世界萬國이 다아는바라 이미알고도 貨付하기를相爭함이如此한요 願컨대 우리 中國에 憂國烈士는 其故를한번思할지어다 今에 中國은宛然한一大物이라 精華가未竭한고로 西人이 前日埃及을待하는式으로 相待치아니하나 債主의權이日重하면 中

45   송엽휘, 앞의 글, 193쪽.

央政府에財政이 반드시 그手中에歸할지라(김진성 역본, 63~64쪽)

위의 강조 표기들을 통해 알 수 있듯, 김진성의 실질적인 작업 내용은 띄어쓰기 반영, 아래아의 'ㅏ' 모음 변환, 구어에서 상용어로의 한자 대체, 일부 한자어의 한글화, 문맥을 매끄럽게 하기 위한 부분 첨삭 등으로 요약된다.[46] 책 전체로 따져보면 이 변화들이 결코 적은 것은 아니다. 한자와 한글의 조합이라는 기본 조건은 같을지언정 40년 이상이 경과하여 언어적 감각이 달라진 시점에서 다시 쓰는 작업이었기 때문이다.[47] 그러나 이 차이를 감안한다 해도 동일한 한자 어휘와 한글 어미 등을 그대로 가져오는 비율이 높은 만큼, 같은 시기의 국한문체와 순국문체(예컨대 현채 판본과 주시경 판본) 간의 거리보다는 훨씬 가까워 보이는 것도 사실이다. 게다가 예문에서 확인되는 정도의 변화만으로는 번역자의 정치적 의도 혹은 시대적 배경과 직결된 텍스트 변주의 의미를 포착하는 것 자체가 불가능하다.

그렇다면 김진성의 『월남망국사』 번역은 단순히 문장을 좀 더 친숙하게 다듬되, 현채의 판본 그대로를 해방 공간에 옮겨오는 것 자체에 의의를 둔 것일까? 기억해야 할 것은 김진성의 역본 어디에도 현채의 이름은 없다는 사실이다. 물론 만약 그렇다 하더라도 현채가 '편역(編譯)'한 『월남망국사』 판본이 지닌 메시지는 해방 공간에서도 충분히 문제적일 수 있었다. 다만, 판본 간에도 충분히 유의미한 차이가 존재한다는 사실을 먼저 지적해둘 필요가 있다. 이는 번역자 김진성의 의도적

---

46 이 외에, 위 예문으로는 알 수 없지만 김진성은 번역 과정에서 저본의 단락을 임의로 나누거나 합치기도 하였다. 단락 합치기의 예는 김진성 역본의 8쪽, 11쪽, 13쪽, 21쪽, 44쪽, 62쪽, 72쪽 등, 단락 나누기의 예는 19쪽, 39쪽, 58쪽 등에서 확인할 수 있다.

47 다만 김진성의 문장은 현채의 1906년 번역문에 근간하여 수정을 가하는 방식으로 나왔기 때문에 결과적으로 1949년 출판 당시의 문장 감각을 완전히 반영해냈다고 보긴 어렵다.

개입, 즉 명백한 첨삭의 양상으로 나타난다. 그것은 위의 예문처럼 "大抵"를 생략하거나 "中央財政이"를 "中央政府에財政이"로 옮기는 수준의 작은 첨삭들과는 전혀 다른 것이다.

문제적 첨삭 중 '첨(添)'의 영역은 주로 주석의 형태로 다양하게 확인된다. 원문『월남망국사』나 현채의 역본에는 본문 중 주석이 필요한 경우 해당 위치에 2열로 된 작은 글자로 부연 설명을 붙였다. 김진성의 경우는 주석을 1열로 된 작은 글자로 처리했으며 괄호를 통해 더 알기 쉽게 구분하였다. 〈표 2〉는 저본의 주석을 그대로 옮긴 것을 제외한, 김진성이 직접 첨가한 주석들을 정리한 것이다.[48]

〈표 2〉 김진성 역본에 추가된 주석들

구분	위치	내용(괄호 생략)	비고
1	01면 07열: 客	巢南子	
2	07면 13열: 官驗稅	卽 朝鮮에 尸體檢査와 類似함	조선 관련
3	11면 07열: 俄國	現蘇聯이다	
4	15면 04열: 賤視	우리李朝滅亡時와 조금다름이없다	조선 관련
5	15면 11열: 此一條	우리李朝末 五條約 七條約과如하다	조선 관련
6	16면 01열: 狐鼠	우리李朝末 宋秉畯, 李完用同類	조선 관련
7	17면 02열: 距今六十四年前	檀紀四二八一年戊子計以下仿此	연호(대체)
8	26면 12열: 皇帝	우리李朝에李王殿下와如함	조선 관련

---

48 소수에 불과하지만 저본에 있던 주석을 김진성이 생략한 반대의 경우도 있다. 예를 들어 "丁先皇", "李太祖"(현채, 16면)나 "民丁簿冊도亦然ᄒ야增十ᄒ고十에增一이라"(현채, 35면)처럼 지엽적인 정보는 1949년 판본에 옮겨지지 않기도 했다.

구분	위치	내용(괄호 생략)	비고
9	27면 13열: 烏獲	古之將士	
10	41면 07열: 佛語	日本이朝鮮에施하는 敎育政策과洽似하다[49]	조선 관련
11	42면 09열: 歌誦	日本이朝鮮에施行하는 總督政治와如함	조선 관련
12	47면 09열: 練兵	우리朝鮮에志願兵과如한者라	조선 관련
13	48면 13열: 距今二百二十八年前	檀君紀元四千一百八十一年[50] 丁亥計下仿此	연호(대체)
14	53면 14열: 距今八十七年前壬戌	檀紀四二八一年丁亥計下仿此	연호(대체)
15	67면 07열: 高麗王	朝鮮의王을指함	조선 관련

〈표 2〉를 통해 확인할 수 있는 특징은 김진성이 추가한 주석 중 베트남의 역사적 국면을 조선의 상황과 비교하거나 일제 침략 과정과 관련지어 설명한 사례가 다수라는 데 있다. 단순한 정보 제공으로 분류할 수 있는 3개의 주석(1, 3, 9)을 제외한 12개 중 여기 해당하는 것이 9개에 이른다. 김진성은 문맥을 고려하여 빈번히 "우리 李朝", "우리 朝鮮"처럼 '우리'의 역사인 것을 강조하는 수식과 '일본'이 주어가 된 제국주의 전략을 추가했다. 이를 통해 을사오조약이나 정미칠조약 같은 식민지화 과정, 송병준·이완용 같은 매국 세력, 조선총독부의 정책 등이 상기되었다. 정미칠조약이나 매국노의 예는 현채의 번역 시점에는 아직 일어나지도 않은 사건이었다. 이처럼 김진성은 『월남망국사』의 번역을 한국의 식민지시기를 소환하는 매개로 삼는 데 적극적이었다.

---

49 '恰似'가 일반적이지만, '洽似'도 용례가 있다.
50 '千二百八十一年'의 오식으로 보인다.

그 역사가 불과 몇 년 전 '우리의 과거'였다는 사실을 강조하는 것은 결국 '우리의 미래'를 경고하기 위한 사전 작업으로서의 의미를 갖는다. 그리고 '우리'의 과거와 미래의 연속성은 '현재'에 의해 이어질 때 더욱 효율적으로 환기된다. 〈표 2〉에 등장하는 세 차례의 '단기' 연호(7, 13, 14)는 저본의 광무(光武) 연호를 대체함으로써 그 기능을 수행했다.[51] 단군기원은 1948년 제헌국회에서 새 정부의 연호로 채택하여 1961년 12월까지 적용된 기년 방식으로, 1949년 판 『월남망국사』에도 도입되어 논의의 현재성을 강화해주었다.

그렇다면 해방기의 맥락에서 망국의 현재성이나 미래에 대한 우려는 구체적으로 무엇을 의미하는가? 왜 하필 해방기와 망국을 연결하는가에 대한 의문은 자연스러운 것이다. 대한제국 말기의 베트남 망국사 유행은 일제에 의해 망국으로 치닫고 있던 한국의 동질적 상황에 기초한 것이었고, 식민지시기의 『월남망국사』 소환은 망국인의 처지에서 프랑스를 우회하여 일본을 비난하는 데 초점이 있었지만, 해방기의 상황은 전혀 달랐기 때문이다. 그러나 제국 일본의 패망으로 인해 '독립'이나 '국가 건설'과의 친연성이 큰 듯한 착시효과가 발현되었을 뿐, 따지고 보면 한반도의 주권은 해방기에도 여전히 한국인의 것이 아니었다. 국제사회에서 장차 한국을 일본으로부터 독립시킬 것이 처음 결의된 카이로 회담(1943.11)에서부터 한국인은 직접적인 참여가 불가능했는데, 비슷한 역사는 해방 이후에도 반복되었다. 1945년 9월, 미군은 미군정을 38선 이남의 유일한 정부로 선포하였고, 1945년 12월의 모스크바 삼상회의(미국, 영국, 소련 외무장관 회의), 1946년 3월의 미소공동위원회, 1947년의 유엔 한국임시위원단 활동 등이 전개되었다. 즉, 반탁운

---

51 가령 7번의 경우 "光武十年丙午計下仿此"로 되어 있었다. 이를 포함하여 〈표 2〉의 해당 주석들은 '첨가'보다는 '대체'로 보아야 한다.

동과 그로부터 파생된 분열, 여운형 등 좌우합작 주도 인사의 암살, 단독선거 반대운동에서 촉발된 1948년의 4.3사건 등 국내의 극단적인 이데올로기 대립과 숱한 피를 흘린 비극들의 이면에는 한국인이 테이블에 앉지도 못한 채 이루어진 열강 간의 결정이 놓여 있었다. 한국인들의 반목과 혼란은, 외래적 변수에 의해 증폭·심화되었다. 특히 미국과 소련의 결정에 따라 이제는 일제강점기에도 경험하지 못한 국토의 분할까지 예견되고 있었다. 정치적·역사적 식견을 지닌 한국인들에게, 망국의 위기는 바로 작금의 문제였다.

『월남망국사』의 가장 핵심적인 문제의식은 이 지점과 관련된다. 즉, 이 텍스트는 외세의 야욕을 고발한다. 기본 구도는 베트남에 대한 프랑스의 식민 지배와 폭력에 한정되어 보이지만, 앞서 강조한바, 현채가 삽입한 부록이자 김진성이 본문으로까지 편입한 「멸국신법론」의 역할을 함께 고려할 필요가 있다. 원전 『월남망국사』와는 분리되어 있던 이 논설로 인해 복수의 한국어판 『월남망국사』들은 국가를 멸(滅)해온 근대사의 가해자 그룹에 프랑스뿐 아니라 영국, 러시아, 미국 등도 포함된다는 것을 여실히 설파하고 있었다. 다시 말해 「멸국신법론」은 열강들이 만든 잔인한 국제질서 자체를 환기하여 반제국주의적 비판의식의 형성에 기여한 텍스트였던 것이다.

요약하자면, 강대국들이 한국인의 독립국가 건설에 철저히 이타적·시혜적 태도로 임할 가능성은 없다는 것이 해방기 『월남망국사』가 발신하는 현실정치를 향한 외침이다. 이 교훈대로라면 미국이나 소련 그 어느 쪽에도 민족의 명운을 걸어서는 안 된다. 김진성의 역본을 홍문서관에서 발행한 시기는 1949년도 4월이지만, 역자 서문을 쓴 시점은 1948년 여름이라 표기되어 있다. 1948년 여름만 해도 이미 4월의 남북연석회의와 5월의 남한 단독선거가 진행된 시점이다. 전자는 결국 남북 분단으로 가던 흐름을 뒤집는 반전을 이루어내지 못했고, 후자는 그 흐름을 더욱 공고히 했다.

　그런데 김진성이 실제 번역 작업에 착수한 것은 1947년일 가능성이 크다. 그 근거는 〈표 2〉의 기년(紀年) 방식에 연도 표기가 혼재된 데서 찾을 수 있다. 7, 13, 14번이 각각 기준점으로서 단기 4218년(1948년)을 제시하고 있지만, 7번에는 1948년인 '무자(戊子)'년이 표기된 데 반해, 13, 14번에는 '정해(丁亥)'년 즉 1947년이 표기되었기 때문이다. 후자의 오기는 1947년부터 작업한 『월남망국사』의 번역 과정에서 이미 '丁亥'로 작업해두었던 분량과, 실제 출판이 1948년의 단기 연호 채택 이후로 미뤄져 1948년이라는 기준점을 다시 세우는 과정에서 뒤섞였다고 보는 게 타당하다. 결과적으로 김진성이 『월남망국사』의 번역을 기획하고 실제로 수행한 것이 1947년이었다면 아직 분단이 기정사실화되진 않은 시점에서 전선(戰線)을 좌우의 대립이 둘 것이 아니라 외세에 맞서 민족 통합의 길로 가야할 것을 제시한다는 의미도 있었을 것이다. 1892년생 김진성은 1945년 2월 홍진, 유동열, 김붕준 등이 임시정부의 중추였던 한국독립당을 비판하며 조직한 신한민주당에서 활동한 전력이 있다. 그는 해방 후 여러 인사들이 좌우합작의 통일전선을 만들고자 노력하던 1946년 6월, 5개 정당의 통합을 준비하는 모임에 김붕준, 신영삼과 함께 신한민주당의 대표단으로 참석하기도 했다.[52] 즉 1947년경 기획된 『월남망국사』의 번역은 위와 같은 정치적 행보의 연장선상에서도 그 의미를 파악할 수 있는 것이다.

　더불어 「멸국신법론」을 비롯한 『월남망국사』의 여러 내용은 문장 그대로를 가져온다 해도 해방기 정국에서 의미심장한 대목들로 넘쳤다. 몇 가지 예를 들어보자. 첫째, 전술한 주석 추가분의 상당수는 일제

---

52 「五黨合同意見一致, 代表決定코 準備進行」, 『민주일보』, 1946. 6. 14., 1면.

통치와 친일파에 대한 공격을 목표로 한 것으로서, 그 배경은 미군정 하에서 친일파가 다시 득세할 기회를 얻는 상황과 관련되어 있을 수 있다. 둘째, 「멸국신법론」에는 부역자 차원을 넘어 정부 자체가 특정 외세와 결탁하여 망국에 이른 사례를 적나라하게 비판하는 대목들이 있다.[53] 이는 남한의 단독 친미 정부나 북한의 단독 친소 정부 수립 움직임에 관한 경고의 의미를 띨 수 있었다. 셋째, 량치차오가 「멸국신법론」에서 논한 의화단 사건 이후의 중국 분할 담론은 즉각적으로 외세가 개입된 한반도의 분단 위기를 연상시킬 수 있었다. 다음은 1901년의 시점에서 량치차오가 중국의 현실을 질타한 것이지만 해방기 한국의 상황에도 날카롭게 적용될 수 있는 내용이기도 하다.

온 나라가 혼란해져 이 사람은 영국과 일본의 당파에 속하고 저 사람은 러시아와 프랑스의 당파에 속하게 되었다. 강한 외국에 붙어서 노예가 되면 우쭐하여 스스로를 대견스럽게 여긴다. 아아, 러시아 군대가 폴란드 귀족 의원 앞에 포대를 쌓아 놓은 때와 같이 되어야 우리나라의 관리가 깨달을 것 같다. 외국 사람이 우리나라의 국토를 분할하기 전에 우리가 먼저 스스로 국토를 분할하여 외국 사람이 들어오는 길을 만들어준다. 위의 언급한 관리들이 스스로 뜻을 이루었다고 생각하지만 우리나라의 국민들은 영원히 노예가 될 것이다. 관리들이 편할 수 있을까? 혹

---

53 이를테면 다음과 같은 폴란드의 사례다. "러시아를 의지하던 당은 그 꾀에 빠져 벗어날 수가 없었다. 이에 러시아 군대가 폴란드 귀족 의원 앞에 포대를 쌓고 병정이 화약을 다 준비하고 그 포대 곁에서 지키게 하고 폴란드의 전체 의원이 허락하도록 협박했다. 그 후부터 러시아 공사가 폴란드 임금을 폐립하는 권리와 백성을 살리든지 죽이든지 하는 권리를 잡게 되었다." 량치차오 편저, 안명철·송엽휘 역주, 「멸국신법론」, 『역주 월남망국사』, 태학사, 2007, 123쪽(김진성 판본 기준 57쪽이다. 김진성의 국한문체와 내용상의 편차가 거의 없어 현대어로 제시한다).

은 우리나라 국민들이 편할 수 있을까?[54]

사실 『월남망국사』가 아니더라도 해방기의 한국 정치인들이라면
위와 같은 절망적 상황이 한반도에 펼쳐지지 않도록 경계심을 갖는 게
마땅했다. 1948년 4월 평양에서 개최된 남북 연석회의의 결산으로 나
온 문서 「조선 정치정세에 대한 결정서」는 20세기 초 량치차오가 「멸국
신법론」에서 개진한 외세에 대한 단호한 문제의식을 환기해주기도 한
다.[55] 그러나 그 이상은 현실로 이어지지 않았다. 1949년이라는 시점상,
결국 김진성의 『월남망국사』는 이미 이상과는 괴리된 현실을 향하여
적어도 그 이상을 망각하지는 말아야 할 것을 주문하는 정도의 의미에
그치게 되었다.

한편, 1949년 판 『월남망국사』에는 이러한 간행 시점이 갖는 한계
외에, 번역 내용 자체에서 확인할 수 있는 명확한 한계가 존재한다. 김
진성이 번역한 「멸국신법론」 중 저본의 중요한 대목이 대량으로 생략
되었기 때문이다. 김진성의 역본에는 일제나 친일파에 대한 대항의식
은 첨가되었지만, 「멸국신법론」 중 미국에 의한 필리핀의 멸국 사례는
도입부 일부만 남겨두고 모두 사라지고 없었다. 현채 판본 기준 2면에

---

54 량치차오 편저, 안명철·송엽휘 역주, 앞의 책, 137~138쪽; 김진성, 67쪽.
55 일부를 인용한다. "우리는 미제국주의자들의 식민지예속화정책과 그들과 야합한 민족반
    역자 친일파들의 음흉한 배족망국적 시도를 반대하며 소위 '유엔조선위원단'의 기만적 단
    선 획극을 반대하여 궐기한 남북조선 인민들의 반항을 조국의 완전자주독립을 위한 가장
    정당한 애국적 구국투쟁이라고 인정한다. 우리 조국을 분열하여 남조선 인민들을 米제국
    주의자들에게 예속시키는 것을 허용하지 않기 위하여 우리 남북조선제정당사회단체들은
    자기의 전 역량을 총집결하여 단독선거배격운동을 전국적으로 전개함으로써 남조선단독
    선거를 파탄시켜야 할 것이며 조선에서 외국군대를 즉시 철거하고 조선인민이 자기 손으
    로 통일적 민주주의 자주독립국가를 수립할 권리를 부여하자는 소련의 제안을 반드시 실
    현시키기 위하여 강력히 투쟁하여야 할 것이라고 인정한다." 남북조선제정당사회단체대
    표자연석회의, 「조선 정치정세에 대한 결정서」, 서중석, 「주요 정치세력의 통일국가 수립
    운동」, 『한국사 52: 대한민국의 성립』, 국사편찬위원회, 2003, 215쪽에서 재인용.

가까운 그 내용은, 김진성 판본에서는 찾아볼 수 없다.

其五는 菲律賓에 徵홀 지라 菲律賓은 我同洲同種國人民이라 白人種과 戰爭 ㅎ
기兩次에 百折, 不撓ㅎ者니 我輩가, 맛당히 南望頂禮ㅎ야 五體가 投地ㅎ리로
다 大抵 西班牙의 力이 菲律賓을 滅치, 못ㅎ얏스니 此는 具論치, 말고 吾가 將且
美國이 菲國과 交涉ㅎ든 事롤 言ㅎ리라 (현채 역본, 73쪽)

五, 比律賓에 徵할지라 比律賓은 我同洲同種이라 白人種과 戰爭하기 兩次에
百折不撓한者이니 우리가 맛당이 歎服하는 바로다
大抵 西班牙의 力이 比律賓을 滅치 못하엿스나 此는 論치 말고 將次 某國이
比國과 交涉하던 事을 言하리라 (以下는 略함) (김진성 역본, 62쪽)

도입부의 번역만 해도 "美國"을 "某國"으로 처리하는 등, 김진성은
제국주의 침략자로서의 미국은 감추고자 했다. 문제는 "以下는 略함"
이후에 옮겨지지 않은 내용, 즉 필리핀을 삼켰던 미국의 전략이 처음엔
독립을 약속한 채 우호적으로 접근한 다음에 전개되었다는 점에서 해
방기 한국과 미국의 관계를 연상시킬 만했다는 데 있다. 김진성 판본에
서의 생략으로 옮겨지지 않은 부분을 예로 들면 다음과 같다.

말하기는 군함을 보내서 필리핀이 스페인의 굴레를 벗고 독립을 하도록
도와준다는 것인데 필리핀 사람 스스로의 생각에도 미국은 문명되고 의
협심이 강함으로 천하에 이름을 알린 지 오래된 것으로 알고 마음 편하
게 미국을 믿고 미국과 친해졌다. (중략) 미국과의 관계가 이것뿐이었는
데 어찌 미국 사람이 강국의 힘을 믿고 승전의 위엄으로 창끝을 돌려 필
리핀 사람을 치는 것을 예측할 수 있었을까? 비록 삼 년 동안 혈전을 벌
이고 미국에도 큰 타격을 주었지만 필리핀 측에서는 수없이 목숨을 잃

었다. 지금은 병기가 다 떨어지고 장군도 붙잡혔다. 수없이 많은 전쟁을 겪은 강산이 또다시 주인이 바뀌었다. 세상에 공리는 없고 오직 강권만이 있다. 세상에 다른 나라의 힘을 빌려 본국의 유신 혁명을 하고자 하는 자가 있는가? 나는 그와 함께 필리핀의 전장에 가서 추고하고 싶다. 그러나 나는 이를 이상하게 여기지 않는다. 남의 나라를 멸하는 새로운 법이 있어서 이렇게 된 것이었다.[56]

이러한 내용에 대한 삭제는 번역자 김진성의 자발적인 선택일 수도 있지만, 검열 처분으로 나타난 상흔일 수도 있으며, 미국을 의식한 자기검열의 소산일 수도 있다. 미군정이 일제강점기의 신문지법을 일부러 철폐하지 않았고, 추가로 발포된 언론 통제 법령 역시 작동하고 있었다는 것은 이미 언급한 바다.

분명한 것은 미국의 필리핀 식민지화 경위를 삭제한 것이 김진성의 모든 첨삭과 개입 중에서도 가장 문제적이었다는 사실이다. 김진성의 번역은 일제로 인해 자유롭게 『월남망국사』를 읽을 수 없던 시대의 종언을 고하며 나온 것이었다. 그러나 위의 대량 삭제 조치는 그것이 김진성의 자발적 의도였든 미군정 및 친미 정권을 의식한 조처였든, 결과적으로 텍스트의 왜곡을 가져왔다는 점에서 냉전이라는 이름의 새로운 검열의 시대가 도래했음을 보여준다.

---

56 량치차오 편저, 안명철·송엽휘 역주, 앞의 책, 129~130쪽.

5. 불온성의 재맥락화

이 글에서는 아직 본격적으로 분석된 바 없는 1949년 판 『월남망국사』
에 주목하였다. 번역자 김진성을 독립운동가 출신의 1892년생 인물로
추정하였고, 각종 언론 기사 및 총독부 검열 자료 등을 통해 금서였던
『월남망국사』가 어떻게 기억되어왔는지도 탐색하였다. 번역 과정에서
김진성은 부록이었던 「멸국신법론」을 본문으로 편입하였는데, 이는 그
가 역자 서문에서 강조한 대로 독자들이 "세계열강의 심리"를 파악하
게 하려던 번역 의도와 일맥상통한다.

「멸국신법론」은 단지 프랑스의 식민화 및 착취의 전략뿐 아니라 영
국, 러시아, 미국 등이 자행하고 있는 사례들까지 함께 다룬 텍스트였
다. 이로 인해 창출된 한국 내 『월남망국사』의 원본성은 결국 해방기까
지도 모두가 현채의 판본을 준거로 삼게 하였다. 주시경, 이상익의 선
택 당시와 달리, 김진성의 번역은 긴 시간이 흘러 『월남망국사』에 대한
한국인의 갈증이 증폭되어 있을 때 이루어졌다. 이때 김진성의 기억 속
에서 「멸국신법론」은 의심의 여지 없이 애초부터 『월남망국사』의 일부
로서 각인되어 있었을 것이다. 번역이 이루어지던 1948년의 정치적 혼
란은 외세의 개입에서 기인한 측면이 강하며, 애초에 「멸국신법론」을
비롯한 『월남망국사』의 주요 메시지 역시 그 지점을 통박하는 데 초점
이 있었다.

하지만 아이러니하게도, 해방기의 정치적 조건과 이처럼 크게 공
명하는 「멸국신법론」은, 정작 미국이 필리핀의 정복 과정에서 저지른
만행이 소거된 채 옮겨졌다. 전술했듯 1947년에 기획되었을 것으로 추
정되는 김진성의 『월남망국사』는 예상보다 늦은 1949년 4월에서야 출
판되었다. 그 사이 단선은 시행되었고 단정도 수립되었다. 현실이 된
분단 이후, 남과 북의 단독 정부는 즉각 미국과 소련을 주축으로 한 냉

전 질서의 일부가 되어 서로 오랜 세월을 그렇게 노려보게 되었다. 김진성이 번역한 「멸국신법론」에서 미국 제국주의의 만행이 삭제된 이 문제적 장면은, 한때 일본의 손에 있었던 검열의 권력이 해방 후 미국으로 이전되었을 뿐이라는 현실을 적나라하게 드러낸다.『월남망국사』는 대한제국기, 일제강점기 때와 마찬가지로 해방기에도 여전히 불온한 텍스트였던 것이다.

참고문헌

자료

『동아일보』, 『조선일보』, 『신천지』, 『朝鮮出版警察月報』 등의 신문 잡지.

량치차오 편저, 안명철·송엽휘 역, 『역주 월남망국사』, 태학사, 2007.

巢南子述, 梁啓超著, 玄采譯, 『越南亡國史』, 大東書市, 1907.

巢南子述, 梁啓超著, 金振聲譯, 『越南亡國史』, 홍문서관, 1949.

논문

류진희, 「식민지 검열장의 형성과 그 안의 밖―『朝鮮出版警察月報』에 있어 '支那'라
　　　는 메타 범주」, 『대동문화연구』 72, 성균관대학교 대동문화연구원, 2010.

박상석, 「『월남망국사』의 유통과 수용」, 『연민학지』 14, 연민학회, 2010.

박헌호·손성준, 「한국 근대문학 검열연구의 통계적 접근을 위한 시론 ―『조선출판경
　　　찰월보』와 식민지 조선의 구텐베르크 은하계」, 『외국문학연구』 38, 외국문
　　　학연구학회, 2010.

박환, 「독립운동가 후손 면담: 國民府 參士 金振聲」, 『한국민족운동사연구』 64, 한국
　　　민족운동사학회, 2010.

손성준, 「대한제국기 「멸국신법론」의 다중 번역 ―『조양보』와 『월남망국사』 판본을
　　　중심으로」, 『국제어문』 95, 국제어문학회, 2022.

송엽휘, 「『월남망국사』의 번역 과정에 나타난 제문제」, 『어문연구』 132, 한국어문교육
　　　연구회, 2006.

이봉범, 「8·15 해방~1950년대 문화기구와 문학 ―문화관련 법제를 중심으로」, 『현대
　　　문학의 연구』 44, 한국문학연구학회, 2011.

임세화, 「해방기 남북한의 문해정치와 여성독본의 자리―박영애의 『여성독본』과 최
　　　화성의 『조선여성독본』을 중심으로」, 『인문과학』 85, 성균관대학교 인문학
　　　연구원, 2022.

장효청, 「한국의 『월남망국사』 수용 양상 연구」, 대구대학교 석사학위논문, 2013.

정근식·최경희, 「해방 후 검열체제의 연구를 위한 몇 가지 질문과 과제 ―식민지 유

산의 종식과 재편 사이에서(1945~1952)」,『대동문화연구』74, 성균관대학교
　　　대동문화연구원, 2011.

정환국,「근대계몽기 역사전기물 번역에 대하여 —『越南亡國史』와『伊太利建國三傑
　　　傳』의 경우」,『대동문화연구』48, 2004.

조경덕,「균열과 봉합의 서사, 월남망국사 연구」,『한국문학이론과 비평』93, 한국문학
　　　이론과 비평학회, 2021.

최기영,「국역『월남망국사』에 관한 일고찰」,『동아연구』6, 서강대학교 동아연구소,
　　　1985.

　　　　,「한말 천주교회와『월남망국사』」,『아시아문화』12, 한림대학교 아시아문화
　　　연구소, 1996.

최박광,「『월남망국사』와 동아시아 지식인들」,『인문과학』36, 성균관대학교 인문학
　　　연구원, 2005.

단행본

김병철,『한국근대번역문학사연구』, 을유문화사, 1975.

독립유공자공훈록편찬위원회,『대한민국독립유공자공훈록』제10권, 국가보훈처,
　　　1993.

박지영,「해방기 지식장의 재편과 '번역'의 정치학」,『번역의 시대, 번역의 문화정
　　　치 — 1945~1969 냉전 지(知)의 형성과 저항담론의 재구축』, 소명출판,
　　　2019.

서중석,「주요 정치세력의 통일국가 수립운동」,『한국사 52: 대한민국의 성립』, 국사편
　　　찬위원회, 2003.

오영진,『해방기 간행도서 총목록: 1945~1950』, 소명출판, 2009.

이봉범,「해방 또는 '신천지'의 열림」,『전향, 순수, 전후, 참여 — 대한민국 문학의 형성
　　　과 매체』, 성균관대학교출판부, 2023.

이중연,『책, 사슬에서 풀리다 — 해방기 책의 문화사』, 혜안, 2005.

정선태,「번역이 몰고 온 공포와 전율 —『월남망국사』의 번역과 '말년/망국'의 상상」,
　　　『한국 근대문학의 수렴과 발산』, 소명출판, 2008.

임우경(任佑卿, Im Woo-kyung)

성균관대 동아시아학술원 교수. 20세기 전반 중국의 반전통주의 민족
서사와 성별 관계를 분석한 논문으로 박사학위를 받았고, 동아시아적
맥락에서 중국의 한국전쟁과 여성의 국민화, 신중국의 창기개조, 중국
혁명과 여성문학 등 민족국가서사와 여성에 관해 연구해왔다. 최근에
는 대만의 군 성매매업소인 군중낙원과 일본군위안소의 상관성을 통
해 동아시아의 냉전과 그 성 정치를 어떻게 볼 것인지 고민하고 있다.
저서로 『근대 중국의 민족서사와 젠더』(2014)와 편저 『'냉전' 아시아의
탄생: 신중국과 한국전쟁』(2013), 『이동하는 아시아: 탈냉전 수교의 문
화정치』(2014) 등이 있고, 역서로 『적지지련(赤地之戀)』(2012), 『현대 중
국의 사상적 곤경』(2018) 등이 있다.

동아시아 냉전과
군 '위안소'의 연쇄

1. 들어가며

중일전쟁 및 아시아태평양전쟁 당시 아시아 각 지역에 널리 산포되어
있던 일본군 '위안소'는 일본의 패전과 함께 자취를 감추었다. 하지만
그 후로도 군대를 위한 전용 성매매업소인 군 '위안소'(이하 따옴표 생략)[1]
는 동아시아 여러 지역에서 잇달아 등장했다. 가장 먼저 등장한 것은
1945년 8월 일본 전역에 설치된 특수위안시설협회(RAA) 및 점령군위
안소였다. 한국에서는 한국전쟁 발발 후 국군특수위안대와 연합군위안
소가 설치되었다. 비슷한 시기 대만에서도 군중낙원(軍中樂園, 후에 特約
茶室로 개명)이라는 대만군위안소가 등장했고, 1957년에는 미군위안소
인 미군클럽도 설치되었다. 일본의 RAA와 점령군위안소, 한국의 국군

---

[1]   이 글에서는 20세기 동아시아 지역에서 등장했던 군 전용 성매매업소를 통틀어 군 '위안
소'라 부르고자 한다. '위안'이라는 말 자체의 남성중심적 성격 때문에 논란의 여지가 있지
만, 일본군 '위안소', 일본의 점령군 '위안소', 한국군 '위안대', 연합군 '위안소' 등 역사적으
로 사용된 명칭이라는 점, 그리고 일본군 '위안소'와 전후 각 지역 군대 성매매업소 사이의
긴밀한 연계성을 부각시킨다는 점에서 유용하다고 생각하기 때문이다.

특수위안대와 연합군위안소, 대만의 군중낙원과 미군클럽은 목표나 운영방식 등에서 기본적으로 일본군위안소의 그것과 유사했다. 일본군위안소가 전후 동아시아 각지에서 연쇄적으로 부활한 셈이다.

자연히 위와 같은 전후 동아시아 지역 군위안소의 연쇄적 등장이 일본의 식민잔재와 불가분의 관계에 있음은 말할 필요도 없다. 하지만 일본 식민통치의 잔재만으로 전후 동아시아 군위안소의 연쇄적 등장 원인이 다 설명되지는 않는다. 무엇보다 일본이 과거 점령했던 지역에서 모두 군위안소가 등장한 것은 아니기 때문이다. 예컨대 한국과 똑같이 일본의 식민통치를 받았던 북한, 그리고 과거 만주국이 있었고 또 오랫동안 일본과 전쟁을 치렀던 중국대륙에도 전후 군위안소가 설치된 적은 없었다. 심지어 사회주의를 표방했던 중국과 북한에서는 군대 성매매업소는 말할 것도 없고 전사회적으로 성매매업소 자체가 완전히 사라졌다. 이는 전후 동아시아 군위안소 등장의 원인을 전적으로 일제 식민주의와 그 잔재로만 돌릴 수는 없음을 보여준다.

나아가 군위안소를 설치했던 일본, 한국, 대만이 사실 일본의 패전 직후 이미 공창제도 자체를 사회적으로 불법화한 상태였음을 상기할 필요가 있다. 대만은 1946년 6월에, 한국은 1947년 11월에 이미 공창폐지령을 내렸던 것이다. 더구나 일본의 구식민지였던 한국이나 대만에서 폐창은 식민주의 청산의 일환이라는 의미도 각별했다. 예컨대 한국의 〈공창제도등폐지령〉 제1조는 "본 영은 일정 이래의 악습을 배제하고 인도를 창명하기 위하야 남녀평등의 민주주의적 견지에서 공창제도를 폐지하고 일체의 매춘행위를 금지함"[2]이라고 하여, 공창폐지가 일제 식민지배 악습 청산의 일환임을 분명히 밝히고 있다. 뿐만 아

---

2 김귀옥(2019) 141쪽 참고.

니라 공창폐지는 19세기말 유럽에서 주장되기 시작한 이래 근대 '문명' 세계의 보편적 의제가 된지 오래였으며, 전후 UN도 성매매 금지 및 여성과 아동의 인신매매 금지를 위한 국제적 차원의 공약운동을 활발하게 추진하고 있었다. 일례로 군중낙원 설치 직전 대만 정부도 UN의 〈인신매매 및 타인을 이용한 매음 단속 공약〉 결의안 비준을 놓고 1년이나 논의과정을 거쳤다고 한다.[3] 그만큼 성매매 자체를 금기시하는 당시의 국제적 분위기 속에서 정부와 군 당국이 대놓고 군 '위안소' 설치를 추진한다는 건 체면이 서지 않는 일이었던 것이다. 그것은 한국 정부도 마찬가지였다. 한국의 육군본부가 특수위안대를 설치하면서 "국가시책에 역행하는 모순된 활동"[4]이라고 자인했던 것도 공창제폐지라는 당시의 국내법과 국제적 추세를 정부가 의식하고 있었음을 분명하게 보여준다.

그렇다면 외국 군대의 점령을 대비하기 위해 설치된 일본의 RAA나 점령군위안소는 둘째치고, 한국과 대만 정부가 자신의 도덕성과 위신의 추락 위험을 감수하면서까지 자국군위안소를 설치할 수밖에 없었던 이유는 무엇일까? 그것도 1950~1951년이라는 거의 같은 시기에 한국과 대만에서 공히 자국군위안소가 설치됐다는 사실은 단지 우연의 일치일까? 전후 전세계적으로 군위안소를 설치한 국가가 유독 동아시아지역에 집중된 이유는 무엇일까?

전후 동아시아 지역 일본군위안소의 연쇄적 부활은 일차적으로 식

---

3 1950년 4월 26일부터 1951년 4월 6일까지 작성된 대만 외교부 문서 참고. 그에 따르면 대만정부는 해당 공약이 비록 UN 결의안이기는 하나 미국 영국 벨기에 네덜란드 등도 가입하지 않았다는 점을 들어 일단 가입을 보류하기로 했다고 한다. 당안번호: A303000000B/0039/635.19/8, 〈取締販賣人口及利用他人賣淫公約〉, 國家檔案資訊網, (열람일:2019년 5월9일).

4 육군본부(1956), 『六·二五 事變 後方戰士: 人事篇』 풍문사. 김귀옥(2019) 134쪽 재인용.

민잔재의 불철저한 청산과 긴밀한 관련이 있음은 분명하다. 그러나 주지하다시피 식민잔재의 불철저한 청산을 초래한 궁극적 원인은 바로 전후 동아시아의 분단과 전쟁, 그리고 미소냉전 질서의 동아시아적 구축 과정, 즉 탈식민의 냉전화에 있다고 할 수 있다. 전후 자국군위안소의 등장은 물론이고 일본군위안소 문제에 대한 오랜 사회적 억압과 그 해결운동의 복잡성 역시 그와 같은 탈식민의 냉전화 및 그 결과 형성된 동아시아의 탈식민분단체제 속에서 고찰되어야 할 필요가 있다.

그런 점에서 본 논문은 특히 1950년대 초에 자국군위안소를 설치했던 대만을 중심으로 하되 전후 동아시아 냉전질서의 구축과정이 어떻게 군위안소의 연쇄적 등장을 추동했는지 구체적으로 살펴보고자 한다. 우선 기존의 연구성과들을 바탕으로 전후 일본, 한국, 대만의 군위안소 설치상황을 개관하고, 이어서 특히 자국군위안소를 설치했던 한국과 대만을 중심으로, 군위안소의 등장이 전후 동아시아 반공연대의 형성과정과 어떻게 맞물리는지를 몇 가지 연결고리를 통해 살펴보려 한다. 이를 통해 본 논문은 지금까지 일국적 틀 안에서 따로 논의되던 군위안소들의 역사를 한 자리에 올려놓고 그 사이의 관련성을 찾아냄으로써 전후 동아시아 냉전이라는 시공간적 시좌를 확보하는 것이 긴요함을 강조하고자 한다.

2. 전후 동아시아 지역 군 '위안소'의 연쇄

1) 일본의 특수위안시설협회(RAA)와 점령군위안소

1945년 8월 17일 성립한 히가시쿠니노미야 내각은 "연합군 장병을 위안하기 위한 각종 시설을 만들기로 결정"하고, 18일 도쿄 요리점 조합장들을 소집한 뒤 "정부가 가능한 모든 지원을 할 테니 반드시 민간에서 주도"[5]해 달라고 요청했다. 이에 도쿄도 산하 접객업 7개 단체는 곧 대장성을 통해 일본권업은행으로부터 융자를 받고 경시청 주도하에 8월 23일 특수위안시설협회(RAA)를 설립했다. RAA는 8월 28일 오모리 해안에 제1호 '고마치엔'을 연 것을 필두로 도쿄도에 43개시설(위안소 14개소, 카바레 9개소, 기타 병원과 여관 등)을 설치했다. 한편 8월 18일 내무성 경보국장의 〈외국군 주둔지의 위안 시설에 관하여〉라는 통첩이 각 지방정부에 전달된 후 전국의 점령군 주둔지에도 점령군 대상 위안소가 개설되기 시작했다. 설치방법은 현과 경찰이 업자를 움직여 위안소를 개설하는 경우가 가장 많았다. 몇몇 지방에도 특수위안시설협회가 조직되었으며 특수위안소라는 이름을 사용했지만 도쿄도의 RAA와는 별개의 조직들이었다.

미 점령군은 이들 위안소 설치를 환영하고 격려했다. 원래 미 육군성의 기본정책은 매춘금지였지만, 일본의 미군정은 병사들의 매춘을 용인하면서 성병예방을 철저하게 하는 것이 중요하다고 생각했기 때문이다. 미군은 대신 일본측에 성병검진을 철저히 하도록 요구했으며, 성병검진카드를 소지하지 않은 여성들을 검거하여 검진하거나 치료를 받도록 강제했다. 김수용은 이것을 일본군'위안부' 제도와 미군 '아메리카 플랜'의 조우라고 보았다.[6] 한편 히라이 가즈코는 전후 일본의 점령군위안소는 여러 면에서 구 일본군위안소를 직접 계승한 것이라며 그 연속성을 강조한다. 그에 따르면, RAA를 비롯한 점령군위안소들은

---

5 히라이 가즈코(2021) 242쪽. 이하 일본 점령군위안소에 관한 내용 중 따로 출처를 밝히지 않은 경우는 모두 히라이 가즈코(2021)의 논문을 참고했음.

6 김수용은 "1910년대 후반부터 시행된 '아메리칸 플랜'이라는 미군의 성 정책이 주둔지와의 상호작용에 의해 증폭되고 변화했다는 점을 일본이 패전 후 미군의 점령을 대비해 만든 특수위안시설협회(RAA)의 설립과 이후의 활동 내용을 통해" 살펴 보고 있다. 더 자세한 것은 김수용, 「일본군'위안부' 제도와 아메리카 플랜의 조우」『대동문화연구』 제122권(2023) 409~439쪽 참고.

개설 당시 구 일본군위안소 규정을 참고했을 뿐만 아니라, 위안소 장소로 과거 유곽이나 구 일본군위안소, '산업위안소'였던 건물을 그대로 사용한 경우도 많았다. 심지어 구 일본군이 사용하던 콘돔을 비롯한 물자들이 점령군위안소에서 전용되기도 했다고 한다. 점령군을 상대하는 여성들을 '위안부'로 칭한 것도 일본군위안소와 같다. 물론 RAA와 특수위안소 여성들은 '특별정신대', '여성특공'이라고도 불렸다고 한다.

그런데 미일 당국의 기대와 달리 점령군위안소 설치 이후에도 미군의 성병 감염률은 줄어들기는커녕 더 높아졌으며 일본인 여성에 대한 강간 사건도 끊이지 않았다. 게다가 미군 목사들은 물론이고 미국 본토에서도 점령군위안소에 대한 비판 여론이 거세졌다. 이에 놀란 점령군정부는 결국 설치된지 반년도 채 되지 않은 1945년 12월 중순 지방의 점령군위안소들에 대해 폐쇄명령을 내렸고 1946년 1월에는 전국적으로 공창제 폐지령을 내렸다. 도쿄 RAA의 위안소들은 그 후에도 잠시 유지되었으나 결국 미 태평양육군사령부의 출입금지령을 받고 3월 27일에 모두 폐쇄되었다. 그러자 점령군위안소의 여성들이 사창으로 유입되면서 사창이 급속하게 번창하기 시작했다. 급기야 1946년 11월에는 '특수음식점가(통칭 아카센赤線)'라고 불리는 성매매집중지역이 지정되기에 이르렀다. 폐지된 공창제가 다시 부활한 것이다. 그에 따라 미군기지 주변은 물론이고 전국적으로 집창촌이 늘어났고 이들의 수는 사창과 더불어 한국전쟁 기간 정점에 달했다.[7]

2) 한국의 국군특수위안대와 연합군위안소
1950년 한국전쟁 발발 이후 한국 국방부는 한국군을 위한 '특수위안대'

---

7   노병호, 『전후 일본의 내셔널리즘과 미국』 서울: 신서원

를 설치했다. 특수위안대의 존재는 구술사학자 김귀옥에 의해 처음 알려졌다. 김귀옥은 한국전쟁 관련 증언채록 과정에서 처음 한국군의 '위안부' 존재를 알게 됐고 후에 육군본부가 공식 출판한『육이오사변 후방전사』에서 그 존재를 확인했다.[8] 그에 따르면 특수위안대는 군인들의 사기 앙양, 전쟁으로 인한 폐단의 예방, 성욕 억제로 인한 욕구불만이나 성격 변화 등에 대한 예방을 목표로 설치되었다고 한다.

특수위안대의 정확한 설치시기는 아직 알려지지 않았으나, 김귀옥은 후방전사에 실린 1952년의 특수위안대 실적통계표와 기타 자료를 근거로 휴전협상이 시작된 1951년 중후반 무렵 설치됐을 것으로 추정한다(김귀옥 2019:146). 특수위안대의 규모 역시 확실치는 않지만 김귀옥은 다른 여러 구술자료까지 고려할 때 특수위안대는『후방전사』에 기록된 서울 3개소 강릉 1개소 외에도 여러 지역에 더 존재했을 것이라 보고, 종사 여성수도 180명에서 많게는 300여명으로 추산한다(김귀옥 2019:149).『후방전사』는 특수위안대의 '위안부'가 "제5종 보급품"으로 부대에 배치되었으며 군이 직접 '위안부'를 검진하고 관리했음을 보여준다. 한국군 특수위안대는 구 일본군 위안소처럼 '티켓제'로 운영되었는데, 전쟁터에서 공을 세운 순서대로 티켓을 나누어주었으며 공훈의 정도에 따라 티켓 숫자도 달랐다고 한다. 한편 한국군 특수위안대는 지정된 군 위안소 외에 군인들의 편의를 위해 최전선까지 출동위안 서비스도 제공했다(김귀옥 2019).

한편 한국국방부는 한국전쟁에 참전한 연합군을 위한 위안소도 별도로 관리했다. 연합군위안소의 목적은 성병관리, 간첩방지, 사기진작, '일반여성'에 대한 강간 방지 등이었다. 연합군위안소는 1950년부터 시

---

8   김귀옥에 의하면『후방전사』는 그 후 열람이 불허되었다고 한다.

작해서 1951년 봄에 본격적으로 설치되기 시작한 것으로 보인다. 박정미는 〈청소 및 접객영업 위생사무 취급요령 추가지시에 관한 건〉이라는 정부문서를 통해 한국정부가 위안소 설치에 직접 개입했음을 증명했다.[9] 해당 지시는 "위안소에서 외군을 상대로 위안접객을 하는 부녀자"를 '위안부'로 명명하고, 이들의 자격 조건과 성병검진 및 치료에 관한 사항을 규정하고 있다(박정미 2011: 35~72). 한국군 특수위안대가 군이 직접 설치하고 운영하는 방식이었다면 연합군위안소는 정부가 민간에게 위탁하여 설치·경영하고 군이 이를 감독하는 방식을 취했다. 위 문서에 여성들의 검진 결과에 따른 허가증을 외군헌병대에 연락해야 하니 정확을 기하라는 내용이 있다는 점에서 박정미는 연합군위안소에 대한 설치와 관리가 한국정부 단독으로 결정한 것이 아니라 주둔군의 요청에 의해 결정되었을 것으로 본다.

그런데 앞서 언급했듯이 한국은 미군정이 통치하던 1947년에 이미 공창제를 폐지했기 때문에 한국군 특수위안대나 연합군위안소 설치는 모두 불법이었다. 육군본부도 특수위안대가 "국가시책에 역행하는 모순적 활동"임을 잘 알고 있었기에 처음부터 특수위안대의 존재를 한시적인 것으로 명시했던 것이다. '특별위안활동' '특수위안대'라는 명칭도 전쟁이라는 특수시기의 예외적 활동임을 강조하는 것이었다. 전쟁이 끝나자 육군본부는 "휴전에 따라 이러한 시설의 설치목적이 해소됨에 이르러 공창폐지의 조류에 순명"하기 위해 1954년 3월 정식으로 특수위안대를 폐지했다. 연합군 접객시설도 예외는 아니었다. 그에 대해서도 한국정부는 "전시에 한하야 특수사정에 의거한 임시 조치"이자 "육이오 동란을 계기로 전쟁수행에 수반된 특수영업태이며 의법적 공무

---

9 한국의 연합군위안소와 '위안부' 관련 내용은 모두 박정미, 「한국전쟁기 성매매정책에 관한 연구: '위안소'와 '위안부'를 중심으로」, 『한국여성학』 27권 2호(2011), 35~72쪽 참고.

사업이 안이라는 것"[10]이라고 밝힌 바 있다. 하지만 한국군 특수위안대가 전쟁 후 폐지된 것과 달리 연합군위안소는 전후에도 사라지지 않았다. 미군 주둔이 장기화되었기 때문이다. 이들은 그후 미군기지촌의 집창촌으로 발전하였다.

3) 대만의 군중낙원(특약다실)과 미군클럽

군중낙원(軍中樂園)은 1951년 대만의 금문도를 비롯한 최전선의 섬들에서 처음 등장했다. 1952년 2월 장제스가 군위안소 시범운영을 지시하였고, 1953년 3월 공표된 〈군중낙원설치임시시행판법(設置軍中樂園暫行辦法)〉에 따라 1년여간 시범사업과 여론수렴 과정을 거쳐 1954년 6월 정식으로 〈군중낙원설치실시판법(設置軍中樂園實施辦法)〉이 공표되었다. 이에 따라 금문도를 비롯한 외도(外島-대만 본도를 제외한 나머지 섬들)뿐만 아니라 대만 본도에도 육해공군 군단급 이상 군부대에 모두 군중낙원이 설치되기 시작했다.[11] 국방부는 군중낙원에 종사하는 여성을 '시응생(侍應生)'[12]이라 명명하고 이들을 군무원으로 간주하여 1954년 법 시행과 동시에 주식과 부식을 배급했으며 군병원을 통해 페니실린을 대량으로 제공했다. 또 1954년 10월에는 군중낙원 업소의 세금 면제를 지시했다. 1957년 3월 군중낙원은 '특약다실'로 개명되었고 관련법도 〈특약다실설치실시판법特約茶室設置實施辦法〉으로 개정됐다.[13]

---

10 〈청소 및 접객영업 위생사무 취급요령 추가지시에 관한 건〉(보방 제1726호, 1951. 10). 박정미(2011) 50쪽에서 재인용.

11 姚惠耀(2019),「戰後臺灣'軍中樂園'研究(1951~1992)」臺灣師範大 臺灣史研究所 碩士論文

12 폐창 선언 이후 대만은 과거의 '娼館'을 특종업소인 '酒家'로 변경하면서 과거 '娼妓'나 '妓女'도 '시응생'이라는 호칭으로 바꾸었으므로 '시응생'은 군중낙원 여성만 가리키는 것은 아니었다. 그러나 1956년부터 다시 '창기'라는 용어가 공식적으로 쓰이면서 '시응생'은 군중낙원 여성만의 호칭으로 남게 되었다. 임우경(2019a) 240쪽

13 임우경(2019b)을 참고.

군중낙원은 기본적으로 민간이 설치하고 위탁경영했으며 군이 그것을 관리감독했다. 예외적으로 전시비상행정체제가 실시되던 금문도의 군중낙원은 직영에 가까운 형태로 운영되었다.[14] 대만 본도의 육군 군중낙원은 1958년 32개에서 1961년 40개(해공군까지 포함하면 50개)로 증가했고, 시응생은 1958년 808명에서 1961년 1182명으로 늘었다. 정확한 통계는 밝혀진 바 없지만 전체 병력수와 할당된 군중낙원 수가 정해져 있었기 때문에 대만 특약다실의 전체규모는 1961년 이후 증가했더라도 제한적이었을 것으로 짐작된다. 한편 1957년에는 대만 주둔 미군을 위한 특약다실이 '미군클럽(美軍俱樂部)'이라는 이름으로 정식 설치되었다. 미군클럽은 성적 접대뿐만 아니라 다른 문화적 오락시설까지 포함한 것이었다. 미군클럽은 베트남전쟁 당시 대만으로 휴가를 즐기러 온 미군병사들이 급증하면서 성업을 이루었다. 미군클럽은 베트남전쟁이 끝나자 하락세로 접어들었다가 1979년 미중수교가 이루어지고 미군이 대만을 철수함에 따라 자연스럽게 사라졌다.

대만 본도의 군중낙원도 그즈음 사라진 것으로 보인다. 1970년대 후반 본도에서 군중낙원이 사라졌다는 증언들이 있지만, 여타 성매매 산업의 다양화 및 활성화로 인해 자연도태된 것인지 정부 지시가 있었던 것인지는 아직 밝혀진 바 없다. 외도까지 모든 군중낙원이 정식으로 폐지된 것은 1990년에 이르러서였다. 1987년 계엄이 해제된 후 민주화 열망이 분출되기 시작한 데다 일본군위안부를 둘러싼 한일 갈등 소식이 전해지면서 대만에서도 군중낙원에 대한 비판이 일어나기 시작했던 것이다. 급기야 대만 의회에서까지 관련 비판이 제기되었고, 이에

---

14 예상시의 회고록에 의하면 시응생이 모두 여죄수였던 대만 본도의 봉산특약다실도 군이 모든 것을 관리하고 책임지는 직영 형태였다고 한다. 葉祥曦(2014). 예상시의 회고록과 봉산특약다실에 대해 더 자세한 내용은 임우경(2019c) 참고.

국방부 장관은 1990년 11월 30일 군중낙원의 폐지를 공식 지시했다. 그러나 외도에서 군중낙원 영업은 그후에도 한동안 계속되었다. 다만 그후 운영된 군중낙원은 군이 관리하는 군인 전용 성매매업소가 아니라 민간 대상으로 전환된 공창업소였다. 하지만 그마저도 44년간 지속된 외도의 계엄령이 해제되고 전시행정이 종결된 1992년에는 완전히 문을 닫게 되었다.

3. 내전과 분단, 그리고 반공 합종연횡

패전 직후 일본정부가 기민하게 RAA와 점령군위안소를 설치했던 것은 "4천만 야마토나데시코(大和撫子-일본여성의 청초한 아름다움)의 순혈을 지키기 위해"[15] '성의 방파제'가 필요하다는 인식 때문이었다고 알려져 있다. 그런데 이 성의 방파제는 단지 일본의 '일반여성'이나 '순혈'을 지키기 위한 것만은 아니었다. RAA는 일본정부가 점령군에게 바친 "패자의 선물"이었다고 말하는 도우스 마사요는 그 선물이 성의 방파제엿을 뿐만 아니라 냉전의 방파제이기도 했음을 보여준다. 그에 따르면, 당시 국무대신 고노에 후미마로는 점령군위안시설 설치를 지시하면서 "(나는) 패전보다는 좌익혁명을 두려워한다. 패전은 국체를 유지할 수 있으나, 혁명은 그렇지 못하기 때문"[16]이라고 말했다. 그는 사소한 분쟁으로 연합군에 대한 국민의 적개심이 고조되지 않을까 저어했는데, 그 적개심이 성난 민심을 부추겨 공산혁명의 길로 연결될까 두려웠던 것이다. 그리고 그가 그 '사소한 일'의 예로 든 것이 바로 '부녀자 문제'였

---

15 히라이 가즈코 앞의 글, 2019: 242~243.
16 도우스 마사요, 『패자의 선물』(구월, 1992) 24쪽.

다. 그는 '일반 여성'에게 피해가 발생하면 무엇보다 일본인-특히 투항을 거부하는 군인세력-을 자극해 통제불가능한 사태로 발전할 염려가 있고, 미일간 감정적 균열과 원한이 발생하면 천황이 어렵게 결단한 점령통치가 실패로 돌아갈까 걱정했다.[17] 결국 '방파제론'의 궁극적 관심은 '사소한' '부녀문제'라기보다 그 사소한 문제가 초래할지도 모르는 일본의 공산혁명과 국체와해에 있었던 것이다.

그런데 아이러니하게도 패자의 선물은 승자에 의해 거절되고 말았다. 처음에는 미군도 내심 반겼던 점령군위안시설이 1년도 못되어 미군의 변심으로 폐지되고 만 것이다. 미군이 RAA와 점령군위안소를 폐지하게 된 주요 배경 역시 반공의 필요였다. 당시 미국과 소련은 모두 승전국으로서 이해관계를 공유했지만 한편으로 서로 다른 이념과 체제를 지향하는 경쟁자기도 했다. 전후 미소 체제경쟁이 점점 더 본격화되는 상황에서 미군정의 일본 통치는 냉전 경쟁의 중요한 무대로 간주되었다. 점령 당시 미군의 성 정책을 연구한 김수용에 의하면 당시 일본의 무장해제와 민주화를 자임한 미군정은 일본에서 소련보다 사상적으로 우월한 삶의 방식을 실현해야 한다는 압력을 받고 있었다. 미국 본토에서도 미군정이 일본에서 점령군위안소를 계속 허용할 경우 소련이 미국의 위선을 비난할 것이라는 우려가 존재했다. 실제로 소련은 공창제도와 여성의 인신매매가 일본을 민주화시키는 일과 무슨 상관이냐며 잇달아 비판을 제기했다. 미군정이 점령군위안소 폐지를 결정한 것은 공교롭게도 소련의 그 같은 비판 직후였다.[18] 결국 점령군위안소의 설치와 폐지 과정에서 미국과 일본은 공히 '반공'이라는 새로운

---

17 RAA가 설치되기 직전의 구체적 상황과 고노에 후미마로의 동태 등에 대해서는 도우스 마사요, 앞의 책, 제2장 18~58쪽 참고.

18 김수용, 「일본군'위안부' 제도와 아메리카 플랜의 조우」『대동문화연구』제122권(2023) 409~439쪽.

냉전적 국면을 심각하게 고려하고 있었던 것이다. 다른 점이 있다면 일본 정부는 일본이라는 민족국가적 차원에서 반공국체의 유지에 좀더 관심이 있었던 반면, 미군정은 일본을 넘어서 반소반공이라는 국제적 냉전 질서 구축까지 고려했다는 것이다. 패전과 함께 일본에서 점령군 위안소가 발 빠르게 설치되고, 또 반년도 채 안돼 폐지되어 버린 이 사태는 적국이었던 미국과 일본이 전후 반공동맹으로 변신할 것을 예고하는 정치적 해프닝이자 냉전의 성 정치를 상징적으로 보여준 의미심장한 순간이기도 했다.

한편 중국은 항일전쟁 승리 후 연합정부 수립을 원하는 미국과 소련의 바램과 달리 국공내전으로 치달았다. 미국의 막대한 지원과 소련의 지지에도 불구하고 국민당 장제스 정부는 공산당에게 점차 밀리기 시작하더니 결국 1949년 12월 대만으로 패퇴하고 말았다. 미국은 이미 1948년 여름 발행한 『중국백서』에서 그간 미국 대중정책의 실패를 인정하고 국민당에 대한 지원 중단을 천명한 상태였다. 게다가 마오저둥이 모스크바에 머무르고 있던 1950년 1월에는 한반도와 대만을 미국의 방어지역에서 배제한 애치슨라인까지 발표했다. 대만 장제스 정부는 내일 당장 소멸될지도 모르는 절체절명의 위기상황에 놓이게 된 것이다. 이에 한반도에서 전쟁이라도 발발하면 대만이 살 기회가 생길 것이라 여긴 사오위린(邵毓隣)의 조세론(造勢論)에 따라 장제스 정부는 남한의 이승만 정권과 친분을 과시하며 북한을 자극했다. 과연 때마침 한국전쟁이 발발했고, 장제스 정부는 기적처럼 살아날 기회를 얻게 됐다. 장제스 정부는 한국전쟁에 직접 참전하여 중국의 동북지역을 접수하고 나아가 중국내지를 다시 수복한다는 원대한 계획을 수립했다. 중국을 자극할 것을 염려한 미국의 반대로 대만의 직접 참전은 무산됐지만, 대신 장제스 정부는 연합군을 도와 중국인민지원군 포로수용소 관리를 비롯한 후방 첩보작전에 적극적으로 개입했다. 포로수용소 내 중국인 포로들 간의 충돌이 국공내전을 방불케 할 만큼 폭력적으로 전개된 데에는 그같은 국민당의 역할이 컸다.[19] 한국전쟁은 미소 냉전의 대리전일 뿐만 아니라 국공내전의 연장이기도 했던 것이다.

한국전쟁을 통해 아시아 대중국 반공기지로서 전략적 가치를 확인받은 대만은 미국의 경제적 지원과 군사적 상호방위조약까지 끌어냄으로써 드디어 절멸의 위기를 벗어날 수 있었다. 그런데 그와 같은 대만 국민당 정부의 부활은 양안 분단체제의 출발점이기도 했다. 한국전쟁은 한반도 남북의 분단은 물론이고 양안의 분단까지 고착시킨 결정적 계기가 된 셈이다. 동아시아에서 미소 냉전은 38선으로 상징되는 전후 한반도의 분단에서 시작되어 국공내전과 한국전쟁이라는 열전을 거쳐 분단이라는 형태로 완성되었던 것이다. 이들 내전은 '긴 평화의 시대'라 일컬어지는 서구의 미소 냉전 양상과는 선명하게 대비된다. 폭력적 내전으로 분출되어 끝내 분단으로 고착된 동아시아 고유의 냉전질서는 언제 터질지 모르는 지뢰 위에 위태롭게 유지되어 왔다. 반공을 목표로 하는 동아시아 지역의 합종연횡 속에서 일본의 전쟁배상과 탈식민의 기획들은 실패를 거듭하거나 보류되며 21세기인 지금도 미완인 채로 남게 되었다. 이처럼 국제적 냉전 대립 속에서 정치적 사회적 문화적 분단과 잠재적 전쟁 상황이 탈식민 기획들을 억압하거나 왜곡하면서 구축된 전후 동아시아질서를 필자는 동아시아의 탈식민분단체제라 부르려 한다. 전후 동아시아 지역 군위안소의 연쇄는 바로 그와 같은 동아시아 탈식민분단체제와 떼어 놓고 생각할 수 없다. 심지어 전후 등장한 각 국의 군위안소는 그 자체가 동아시아 탈식민분단체제를

---

19 이승만과 장제스의 관계, 그리고 한국전쟁에 대한 장제스정부의 개입에 대해 더 자세한 것은 김경일(2005) 제5장-제9장 참고. 한국전쟁 당시 연합군 포로가 되었던 장저스는 왜 중국과 미국의 전쟁이 포로수용소에서 중국인 간의 국공내전으로 변해버렸는지를 묻는다. 張澤石(2011) 142쪽.

구성하는 중요한 일부였다고 할 수 있다. 그 가장 대표적인 사례가 전후 40여년이나 유지된 대만의 군중낙원일 것이다.

전쟁이라는 특수한 상황을 전제로 설치된 만큼 한국군이 직영했던 특수위안대는 한국전쟁이 끝나자 다음 해인 1954년에 폐지되었다. 그와 달리 대만의 군중낙원은 외도를 기준으로 했을 때 무려 40여년이나 유지되었고 본도에서도 20여년 존속되었다. 그렇다면 대만의 군중낙원은 전쟁과 무관한 것이었을까? 아니다 오히려 군중낙원의 장수는 사실 대만의 전쟁이 그만큼 오래 계속됐음을 반증한다. 그런 점에서 대만 군중낙원은 한국군 특수위안대보다 동아시아 탈식민분단체제의 폭력성과 그 성 정치를 더 전형적으로 드러낸다.

대만으로 패퇴한 장제스정부는 1949년 본도에 계엄령을 내렸고 이는 1987년에서야 해제되었다. 특히 중국대륙을 마주하고 있는 대만 외도에서는 1948년부터 1992년까지 무려 44년이나 계엄령이 실시되었고 그동안 전시비상행정상태를 유지했다. 뿐만아니라 금문도는 1958년부터 1979년까지 20년 동안이나 이틀에 한 번씩 계속되는 대륙의 포격을 받으며 살았다. 실제로도 전쟁상태였던 것이다.[20] 1979년 미중수교가 이루어지고 미군이 철수하고 중국대륙의 포격이 중단된 후에도 금문도를 비롯한 외도의 전시상태는 계엄령이 해제된 1992년까지 유지되었다. 외도의 군중낙원도 그와 같은 운명을 겪었다. 그 존속 기간이 놀랄 만치 길지만 대만의 군위안소 역시 전쟁을 배경으로 한시적으로 운영되었다는 점에서는 한국군 특수위안대와 같다. 그 전쟁이란 외부와의 전쟁이 아니라 이념으로 갈라진 민족 내부의 동족상잔이었으며, 군위안소 역시 적군이나 점령군이 아닌 자국군 남성을 대상으

---

20   외도 금문도의 이런 상황과 특약다실 관계에 대해 더 자세한 것은 임우경(2019a) 참고.

로 설치되었다. 한국과 대만은 모두 '반공'을 목표로 하는 이념전쟁에 복무하도록 자국군위안소를 설치했던 것이다.

한편 대만 군중낙원이 40여년이나 유지된 데는 단순히 전쟁 기간이 길었다는 점 외에 또 다른 대만만의 특수성도 작용했다. 바로 대규모의 대륙출신 군인들의 존재였다. 국민당 정부가 대만으로 패퇴하면서 이끌고 온 대륙출신 병사가 50여만 명이나 되었던 것이다. 한편으로 수십만명의 젊은 남성들로 이루어진 군대 집단의 갑작스런 도래는 대만이라는 작은 섬 사회에 위협적으로 느껴지기에 충분했다. 점령군에 대한 일본인들의 '성의 방파제' 논리가 대륙출신 군인들에게도 제기되었던 것이다.[21] 그와 동시에 국민당 정부의 정책적 필요도 있었다. 한국전쟁이 발발하자 장제스정부는 5년 안에 중국대륙을 수복한다는 계획을 세우고, 이를 위해 1952년 1월 현역군인의 결혼 금지령까지 내렸다. 대륙수복 계획을 성공시키기 위해 정부는 전투경험이 있고 대륙으로 돌아가고 싶어 하는 대륙출신 병사들을 싼값에 동원하고자 했고 그로 인한 병사들의 불만을 달래고자 군위안소 설치를 감행했다. 1920년대부터 북벌전쟁, 항일전쟁, 그리고 국공내전 등 수십년간의 전쟁을 치르면서도 군위안소를 설치한 적이 없던 국민당 군대였지만 내전에서의 패배와 멸망의 위기 앞에서는 미처 체면 차릴 여유조차 없었던 것이다.

하지만 대만군의 한국전쟁 참전은 무산됐고 장제스의 대륙수복 계획 역시 물거품이 되었다. 조만간 고향으로 돌아가기를 꿈꾸며 결혼도 미루고 대륙수복 작전에 열심이던 대륙출신 군인들은 영락없이 외톨이 실향민 신세가 되었다. 게다가 그들 상당수는 박봉에 오랜 군 복무로 혼기까지 놓쳐 독신으로 늙어가야 했다. 그들은 가난하고 문화수준

이 낮다는 이유로 점차 대만사회에서 천대받는 집단으로 전락해 갔다. 그런 대륙출신 병사들에게 군중낙원은 싼 값에 연애나 가족에 대한 욕망을 채워주는 공간으로 활용될 수 있었다.[22] 장제스정부가 군중낙원 설치를 뻔뻔하게도 장제스의 '덕정(德政)'이라고 말한 데는 이런 기막힌 사정이 놓여 있었다. 이들 늙고 가난한 대륙출신 군인 집단은 대만 군중낙원이 그처럼 오랫동안 존재하게 된 또 하나의 이유였던 것이다.

한편 한국전쟁이 장제스정부를 살려냈다면 장제스정부가 대륙수복의 꿈을 실현하도록 남몰래 구체적으로 도와준 것은 바로 '백단(白團)'이었다.[23] 백단은 1949년 7월 국민당군대를 위해 구 일본군 장교들이 결성한 군사고문단이었다. 백단이라는 이름은 그 대장이었던 구 일본군 육군소장 토미타 나오아키(富田直亮)의 중국이름 바이훙량(白鴻亮)에서 따온 것이기도 하고, 공산당의 홍군에 대해 자유주의 백군이라는 상징을 담은 것이기도 했다. 백단에 참여한 일본군장교들은 모두 83명이었으며 그중 81명이 모두 1950년 대만으로 들어와서 1968년까지 비밀리에 활동했다. 그들은 주로 국민당군의 대륙반공작전 수립 및 실전훈련을 주도하는 한편 군사교육과 훈련을 맡아 20년간 2만명 이상의 국민당 장교들을 배출했다. 거의 모든 대만군 장교들이 백단의 교육을 받았다고 해도 과언이 아니다. 뿐만 아니라 구 일본군 장교들은 1949년 10월 공산당의 금문도 상륙작전에서 국민당군대가 대승을 거두고 금문도를 보위하는 데 결정적인 도움을 주었다. 국민당군대가 1958년 시작된 중국의 금문도 포격과 군사위협에 효과적으로 대응할 수 있었던 것도 백단의 충고에 따라 금문도의 군사시설을 지하요새화하고 미리

---

22 도제 니우(鈕承澤) 감독의 영화 〈군중낙원〉(2014)에 등장하는 라오장(老張)의 이야기는 이런 상황을 잘 보여준다.

23 이하 백단과 관련된 논술은 IM, WooKyung(2020) 170~171쪽을 요약수정한 것임.

준비해 둔 덕이었다.[24]

그런데 일본군 장교들은 왜 전승국인 중국의 국민당정부를 도왔을까? 애초 백단을 조직한 일본측 막후 지도자는 오카무라 야스지(岡村寧次)였다. 오카무라가 누구인가? 바로 1932년 일본육군 '위안소'를 처음 만든 장본인이었다![25] 또 1945년 9월 남경에서 열린 항복선언식에서 항복문서에 직접 사인했던 구 일본 지나파견군 총사령관이 바로 그였다. A급 전범으로 남경의 전범재판에 섰던 그가 어떻게 1949년 벌써 일본으로 돌아와 전승국 국민당을 돕는 군사고문단까지 조직하게 됐을까?

그것은 국공내전에 일본군을 활용하고자 했던 장제스의 필요와 오카무라의 반공주의가 맞아떨어진 결과였다. 1945년 8월 15일 일본 천황의 패전 선언 전에 이미 장제스는 '덕으로 원한을 갚는다(以德報怨)'라며 일본에 대한 전후 처리가 관대하게 진행될 것임을 예고했다. 그 목적은 단연코 '반공', 즉 중국공산당과의 싸움에 일본군을 이용하기 위해서였다. 실제로 국공내전 중 국민당 인사들은 중국 감옥에 수감되어 있던 오카무라를 수시로 찾아가 반공작전과 관련한 조언을 구했다. 당시 국민당 핵심인사였던 차오스청(曹士澂)은 전범재판에서 오카무라를 사형에 처하지 않고 석방한다면 훗날 반드시 국민당의 반공전쟁을 도울 것이라면서 그의 석방을 주장했다. 그에 동의한 장제스는 비밀리에 남경의 전범재판에 압력을 넣었고 결국 오카무라는 증거불충분이라

---

24 백단의 존재가 처음 세상에 알려진 것은 그 주요성원이었던 小笠原清이 1971년 『文藝春秋』 8월호에 발표한 「拯救蔣介石的日本將校團」을 통해서였다. 본문에서 정리한 백단 관련 내용은 모두 孫立祥(2010), 呂新雨(2016), 陳鴻獻(2005) 참고.

25 그는 회고록에서 자신이 1932년 상해파견군 참모부장으로 있을 때 일본군의 민간인 강간을 예방하기 위해 육군위안소를 설치하기로 하고 일본의 나가사키현 지사에게 '위안부단'을 보내달라고 요청했다고 밝혔다(요시미 요시아키 1993:53~54). 그런 이유로 그는 2000년 12월 일본군 성폭력 문제 해결을 위해 열렸던 동경 민간 국제전범재판에서 기소되기도 했던 A급 전범이었다.

는 황당한 이유로 무죄 선고를 받았다. 결국 1949년 2월 A급 전범이었던 그는 완전한 자유의 몸으로 일본에 돌아왔고, 7월 장제스의 비준 아래 차오스청과 함께 중일반공동맹인 백단을 탄생시켰던 것이다(呂新雨 2016:127). 또 오카무라는 일본에 백단의 후방부대라 할 수 있는 '후지클럽'(1952)도 결성했다. 후지클럽은 구 일본군 엘리트로 구성된 일종의 군사도서관으로서, 전쟁사, 전략전술이론, 국방문제, 국제형세 등을 연구하고 관련자료를 수집하여 백단활동을 보조하는 것이 주요임무였다. 후지클럽에서 활동한 인물은 총 16명으로, 그들은 1953년부터 10여년간 매주 1회 모임을 진행하며 7000여권의 군사도서, 5000여 종의 귀중한 자료를 비밀리에 대만의 백단에게 보냈다(孫立祥 2010:84) 백단의 구성원들은 나중에 일본에 돌아온 후에도 '오카무라 야스지 동지회'를 조직해 활동하면서 전후 일본 내 이른바 '대만파'의 핵심성원이 되었으며 1950, 60년대 이래 일본정계를 주도하는 우익의 선조가 되었다(呂新雨 2016:128)

한때 아시아태평양을 주름잡던 일본군 엘리트 장교들이 이제 국민당군을 위한 일종의 씽크탱크 역할을 자처하며 조직적으로, 그것도 20여년이나 관련 활동을 해 왔다는 사실은 그야말로 충격적이다. 그보다 여기서 더 주목할 점은 그 백단이 대만 군중낙원 설치에 개입했을 가능성이다. 사실 백단이 군중낙원 설치에 개입했음을 보여주는 증거자료는 아직까지 밝혀진 바 없다. 그간 관련 연구가 안되기도 했지만 백단이 철저히 비밀리에 활동했기 때문에 백단 관련자료 자체가 상당수 여전히 공개되지 않은 상태다. 또한 설령 백단이 군중낙원 설치에 어떤 식으로든 관여했다 하더라도 이를 공식문서자료로 남겼을 가능성은 희박하다.

그럼에도 불구하고 다음과 같은 사실로 보아 백단의 개입 가능성 자체를 배제하기는 어려워 보인다. 백단 83명중 82명이 대만에 들어

온 것이 1950년이었고, 그중 3분의 2가 넘는 64명이 1953년까지 활동을 마치고 일본으로 돌아갔다(陳鴻獻 2005). 즉 1950년부터 1953년까지 한국전쟁을 전후로 한 그 3년간 대만에 체류하던 백단의 인원수가 가장 많았고 활동도 가장 집중적으로 이루어진 것이다. 그런데 공교롭게도 그 시기가 바로 군중낙원 설치 시기와 일치한다. 앞서 개관한 바와 같이 군중낙원의 정식 설치는 1954년이었지만 그 준비는 이미 1950년부터 시작되었다. 팽호와 금문도 일선 장교들이 군위안소 설립을 제안했던 1950년 가을 무렵에는 이미 80여명의 구 일본군장교들이 국민당 군대 각처에서 군사고문으로 활동하고 있었다. 그리고 설립 제안은 장제스의 비준을 거쳐 1951년 10월 첫 군중낙원이 금문도에 설치되었다. 1952년에는 군 수뇌부에서 본격적인 군위안소 설치 관련논의가 시작되었고 1953년까지 몇 곳의 시범운영과 여론수렴과정을 거쳐 1954년 정식 설치에 이르게 된 것이다(姚惠耀 2019:19~51). 이 일련의 일들이 진행되는 동안 군사고문이었던 백단은 과연 아무런 역할도 하지 않았을까? 백단이 먼저 장제스정부에게 군위안소 설치를 건의하거나 직접 개입했을 가능성은 얼마든지 존재한다. 설령 백단이 적극적이 않았다 해도, 군위안소 운영경험이 전무했던 장제스정부가 경험 많은 일본군사고문단을 곁에 두고도 사적이든 공적이든 자문 한 번 구하지 않았다면 그게 더 이상한 것 아닐까? 이에 대해서는 앞으로 더 구체적인 실증연구가 필요해 보인다.

한편 백단의 활동이 철저히 비밀리에 진행되었다 해도 일본 미군정의 묵인이나 방조 없이는 불가능했다고 볼 수 있다. 대만의 한국전 참전을 반대했던 미국정부의 입장과는 별개로 연합군총사령관이었던 맥아더는 줄곧 장제스정부의 편에서 대륙수복작전까지 옹호했던 반공주의자였기 때문이다. 요컨대 전후 일본정부는 공산혁명이 두려워 맥아더와 미군정에 '선물'까지 하며 그 세력을 등에 업었고, 전승국 중국의 국민당 정부는 백단으로 대표되는 일본의 극우 군국주의자들과 기꺼이 손을 잡았으며, 한국의 극우반공주의 이승만 정부는 그런 장제스 정부와 아시아반공연맹을 만들기 위해 백방으로 노력했다. 이처럼 전후 동아시아는 반공이라는 이념을 중심으로 빠르게 헤쳐모였고, 그 이념을 위한 열전(熱戰)의 도구로서 '특수'라는 기만적 이름을 단 군위안소들이 잇달아 등장한 것이다. 전후 동아시아에서 반공을 위해 이루어진 합종연횡과 열전들, 그것이 바로 이미 사라진 구 일본군위안소 제도가 한국과 대만에서 수년만에 부활하게 된 근본적 배경이었다.

4. 탈식민의 냉전화와 성 정치

히라이 가즈코는 일본 RAA의 특수위안소와 구 일본군위안소는 발상, 시스템, 인적 차원에서 모두 연속성을 지닌다고 지적했다(히라이 가즈코 2021). 전자나 후자나 주체가 모두 일본정부이고 시기적으로도 패전 직후였으니 그 연속성이란 자연스럽다. 그런데 몇 년의 시간차를 두고, 일본도 아닌 한국과 대만에서 등장한 군위안소도 어찌된 일인지 사정은 비슷하다. 한국군 특수위안대나 대만의 군중낙원도 구 일본군위안소와 여러 면에서 매우 유사할 뿐만 아니라 연속적이기까지 한 것이다. 김귀옥은 그 원인을 식민주의의 불철저한 청산에서 찾는다. 가장 대표적 근거로 꼽히는 것이 한국전쟁 발발 당시 한국군 수뇌부가 대부분 식민지 시대 일본군이었다는 점이다. 김귀옥의 조사에 따르면 한국군 특수위안대를 만들고 운영관리했던 한국군 책임자인 장석윤은 만주국 장교출신이었고, 나머지 후생감(厚生監) 3명도 모두 일본군 학병출신이었다. 즉 일제시기 일본군대 출신의 한국인 장교들이 건국 후에도 한국군의 요직을 차지했고 일본군위안소를 직간접적으로 체험한 그들에 의해 일본군위안소 제도가 한국군 특수위안대로 고스란히 계승되었다는 것이다(김귀옥 2019:178~181). 특수위안대라는 명칭도 그렇고, 연합군 위안소의 여성종사자에 대한 정부 공식 명칭이 당시 한국인에게는 생소했던 '위안부'[26]였다는 점도 결코 우연이 아니다. 식민시기의 인적 자원을 그대로 계승한 결과 탈식민 시기에도 식민제도가 심지어 그와 똑같은 이름으로 계승되었던 것이다.

이 같은 식민지 인적 계승을 두고 김귀옥은 한국군 특수위안대가 "일본 식민주의와 친일파의 합작품"(김귀옥 2017)이라 비판했다. 그러나 그와 같은 식민시기 인적 자원 계승의 더 직접적인 책임은 일본군 무장해제를 위해 점령군 자격으로 남한에 들어온 미군정에 있다고 할 수 있다. 행정, 사법, 언론, 경찰, 군대 등 거의 모든 면에서 일제 강점기 시스템과 인력들을 그대로 유지시켰던 미군정의 행정편의주의가 식민주의적 인적 청산을 불가능하게 만들었기 때문이다. 그것은 멀리는 미국의 역코스정책과 가깝게는 이승만 정권의 반공주의로 이어지는, 전후 분단과 냉전이라는 국내외적 반공연대 세력의 합종연횡 속에서 비로소 가능한 일이었다. 동아시아 각지의 탈식민 기획들이 미국이라는 우산 아래 새로 헤쳐모인 반공연대 세력들에 의해 왜곡되었던 것, 즉 탈식민의 냉전화가 바로 식민주의가 다시 부활하게 된 근본 원인인 것이다. 그런 점에서 1948년 건립된 "친미반공 이승만 정부는 식민잔재를 해체할 능력도 의지도 없었을 뿐 아니라 권력의 핵심지배층이 바로 청산되어야 할 구세력이었다"(박정미 2011:66)고 한 박정미의 지적은 김귀옥보다 한 걸음 더 나아간 비판이라 할 수 있다. 필자는 식민지시기 일본군

---

26 박정미는 1951년도 한국의 정부공식문서에서 '위안부'라는 명칭이 쓰였음을 확인했다. 여기서 '위안부'는 "위안소에서 외군(연합군)을 상대로 위안접객을 업으로 하는 부녀자"를 가리키는 것이었다(박정미 2011:52). 이는 '위안부'라는 존재가 식민시기 일본만이 아니라 탈식민시기 자국정부에 의해서도 사용되었음을 보여준다는 점에서 충격적이다.

위안소와 냉전시기 미군위안소를 이어주는 중간다리로서 한국군 특수위안대에 주목해야 한다는 박정미의 주장에 동의할 뿐만 아니라 나아가 그것의 이중적 성격, 즉 탈식민의 냉전화 현상을 더 분명하게 강조할 필요가 있다고 본다.

전후 군위안소의 재등장이 단지 식민주의의 부활만으로 설명되지 않음은 대만의 경우에서 더 분명하게 확인된다. 대만은 식민지였지만 중국 전체가 식민지는 아니었고, 중국을 대표하는 정부로서 줄곧 일본과 전쟁을 해온 국민당 정부는 계승하고 말고 할 식민주의적 유산 자체가 없었다. 그렇다면 대만군 군중낙원이 일본군위안소와 그처럼 흡사하게 부활될 수 있었던 경로는 무엇일까? 첫 번째 가능성은 앞서 살펴 본 백단의 존재지만 이에 대한 실증연구가 뒷받침되어야 할 것이다. 이를 제외하고 확인된 경로만 보면 두 가지가 있는데, 하나는 국민당군 장교들이고 하나는 구 일본군위안소 업자들이다.

우선 일본군위안소 제도를 거의 유사하게 부활시킨 첫 번째 경로는 다름 아닌 국민당군 장교들이었다. 금문도를 비롯한 외도에 병사들의 민간인 강간 사건이 잇따르자 일선의 장교들이 일본군위안소 같은 군위안소의 필요성을 제기했고, 1951년 본도의 남부방수구(南部防守區)도 대만의 특수한 기후문제를 들며 정식으로 '영기(營妓)제도'를 건의했던 것이다. 그렇다고 국민당군 장교들이 한국군 수뇌부처럼 일본군 출신이거나 친일부역자였을 리는 만무하다. 그런데도 그들이 군위안소 설치를 제안할 수 있었던 건 이미 너무나 가까이에 그 선례가 있었기 때문일 것이다. 십수 년의 항일전쟁을 거치면서 국민당 장교들이 일본군위안소의 존재를 몰랐을 리 없지만, 특히 전쟁 막바지에 이르러 그들은 본격적으로 일본군위안소의 실태를 직접 접하게 되었다. 일본의 항복과 함께 연합국은 일본군 점령지역을 4개 지역으로 나누고 소련, 미국, 중국, 영국이 각각 한 지역을 책임지게 했는데, 국민당군은 동북

지역을 제외한 전 중국과 북위 16도 이북의 인도차이나반도 지역을 담당했다. 바로 전쟁 후기에 일본군위안소가 집중적으로 설치된 지역이었다. 일본군 무장해제 과정에서 국민당군은 일본군위안소를 접수하고 남아 있던 위안부를 구조하거나 심문하면서 일본군위안소에 대한 구체적 정보를 입수할 수 있었다. 예컨대 국민당 152사 소속 장교였던 종창(鐘强)은 1945년 해남도에서 일본군 무장해제 업무를 수행하던 중 '군중낙원'이라 부르던 일본군위안소를 접수하고 남아 있던 여성들을 구했으며, 그녀들이 '위안부'가 된 경위와 위안소 생활에 대해 자세히 들었다고 한다.[27] 이런 경험을 통해 국민당군 장교들이 존망이 위태한 상황에서 일본군위안소 제도를 생각해 낸 것은 자연스런 학습효과였다고 할 만하다. 일본군의 선진적 군사 지식과 전술 등을 높이 산 장제스가 적군이었던 그들을 군사고문단으로 기꺼이 모셔왔던 것처럼, 일본군위안소 제도도 필요하다면 밴치마킹하지 못할 이유가 없었던 것이다.

두 번째 경로는 바로 구 일본군위안소 업자들이었다. 지금까지 알려진 바로 두 사람이 있는데, 하나는 금문도 군중낙원의 초대 민간인 경영자였던 쉬원쭝(徐文忠)이고 하나는 대만 본도 봉산군중낙원의 경영자였던 쑤파오(蘇炮)이다. 쉬원쭝은 1951년 금문도에 처음 '군낙원'을 설치할 때부터 1968년까지 약 17년간이나 금문도 군중낙원을 경영했던 민간책임자였다.[28] 그는 당시 금문도 방위사령부 대장이었던 후리앤(胡璉) 장군이 군중낙원을 설치하기 위해 대만 본도에서 특별히 물색하여 초빙해 온 인사였다. 1960년대 금문도 군중낙원의 실무자였던 천창

---

27 陳慶港, 『血痛: 26個慰安婦的控訴』 北京出版社. 2005.

28 쉬원쭝이 시스템을 만들고 발전시킨 금문도 특약다실의 역사에 대해서는 임우경(2019a) 참고.

칭에 의하면, 쉬원쭝은 상해에서 성매매업에 종사하다 대만에 왔고 그 후로도 비슷한 일을 하던 '전문가' 업자였다고 한다.[29] 후리앤 장군이 공들여 초빙했다는 것은 그가 단순한 성매매업소 업자가 아니라 군위 안소 경영 노하우를 가진 사람이었음을 보여준다. 국공내전으로 국민 당군을 따라 대만으로 건너온 200여만명의 대륙사람들 중에 중일전쟁 시기 군위안소 사업을 했던 업자가 쉬원쭝 하나뿐이었을까? 1949년 초 북경을 점령한 중국공산당이 전격적으로 성매매업소를 근절하고 '창녀 개조사업'을 시작했다는 소식에 상해를 비롯한 전국 도시지역 성매매 업소 업자들은 불안하지 않을 수 없었을 터이다. 그런 중국공산당이 승 승장구하며 남하하고 있다는 소식까지 더해진 후로 그 중 상당수가 쉬 원쭝처럼 사업을 접거나 심지어 장제스를 따라 대만까지 왔을 가능성 은 작지 않다.

한편 대륙에서 온 쉬원쭝과 달리 쑤파오는 대만 본토에서 일본군 위안소 사업을 했던 업자였다. 과거 일본의 식민지이면서 일본과 남양 을 잇는 군사적 중계지였던 대만에는 말할 것도 없이 일본군위안소가 각지에 존재했다. 당연히 대만 현지인 중에도 일본군위안소를 운영했 던 업자가 적지 않았을 텐데, 쑤파오도 그중 하나였던 것이다. 군중낙 원 시범사업 기간이던 1953년 9월 남방구총사령이었던 육군중장 스쥐 에(石覺)도 군부에 위안소 설치 신청서를 제출했는데 이때 위탁경영 신 청을 한 쑤파오의 건의서를 첨부했다(姚惠耀 2019). 이 건의서에서 쑤파 오는 과거 일본군과 함께 위안소를 경영해 본 경험이 있어 사정을 훤히 알고 있는 자신이야말로 위탁경영에 적임자라며 내세웠다. 그리고 과 거 일본군위안소의 핵심적 운영방식을 먼저 소개하고 그것을 기준으

---

29 陳長慶,『金門特約茶室』金門縣文化局. 2006, 24쪽.

로 본인이 생각하는 군중낙원 운영방식을 건의했다. 그는 과거 일본군은 '영기'를 이등병과 같은 수준으로 대우했는데, 국민당군도 그와 똑같이 해주면 더 좋겠지만 안되면 알아서 처리할 수 있다고 제시했다. 또 일본군은 지방정부를 통해 건물과 설비를 모두 제공해 줬지만 쑤파오는 건물도 본인이 책임지고 구할 것이며, '영기'의 충원은 일본군위안소 때와 마찬가지로 전부 민간이 책임질 것이니 군은 전혀 책임질 필요 없다고 제안했다.[30] 결국 쑤파오는 군은 아무것도 신경 쓰지 말고 의약품 제공과 성병검진만 부담하면 된다는 파격적 조건을 제시한 것이다. 경제적 부담도 부담이지만 가장 도덕적으로 비난받기 쉬운 성매매 여성 충원 문제의 책임을 민이 부담하겠다고 하니 국민당으로서는 너무나 반가운 제안이었음에 분명하다. 결국 쑤파오는 위탁경영자로 선정되었고 1954년 봉산에 군중낙원을 설치했다. 쑤파오는 정부의 "현재의 필요와 위기극복운동(克難運動)의 종지를 받들어"(姚惠耀 2019:29) 위

---

30 쑤파오 건의서 내용을 대략 번역하면 다음과 같다. 〈과거 일본군위안소 운영 경험〉 1. 당시 일본군도 수요가 있으면 해당 지방정부에 위안소의 신속한 설립을 요청했음. 그러면 해당 정부는 민간 위탁업자를 물색하는 한편 건물을 마련하여 설비를 갖추어 주었고 그런 후에 민이 몇 년간 위탁경영을 맡았음. 2. 영기(營妓)는 일본군 이등병에 해당하는 대우를 했고 따라서 그 인원수는 수시로 조정하면서 유지되었음. 3. 위생검사와 의약품 공급은 일본군이 전담함. 4. 관련 사무는 민이 책임지되 예를 들어 질서유지나 기타 필요한 지시가 있거나 사고가 발생한 경우에는 일본군과 의논함. 5. 1회 환락의 대가는 당시 생활지수를 기준으로 하되 민영업소의 1회 가격의 절반을 넘지 않도록 함. 6. 영기 충원은 민간이 전담하고 일본군은 어떤 책임도 지지 않았음. 〈현재의 필요와 위기극복운동의 종지를 받들어 다음과 같이 제안함〉 1. 건물은 민이 전담. 적당한 곳-봉산진-을 골라 민간건물을 구매하고 설비도 갖출 예정. 2. 영기는 민이 책임지고 모집하며 군은 어떤 책임도 지지 않음, 3. 의약품 구매에 군이 협조하되, 가능한 방면에서는 절반을 군용약품으로 제공하기 바람, 4. 영기 대우는 일본군이 한 것처럼 할 수 있으면 제일 좋지만 안된다면 알아서 해결할 수 있음, 5. 위생과 건강 검사는 군이 책임(매주 1회), 6. 1회 환락 대가는 민영의 절반 이상을 넘지 않도록 하되 생활지수를 기준으로 정함, 7. 사고 발생 시 수시로 보고하고 파견원이나 헌병의 협조를 받아 질서를 유지함." 1953년 9월 23일 남부방수구총사령관 육군중장 스쥐에(石覺)의 신청서에 첨부된 쑤파오(蘇炮)의 건의서, 「爲設立軍中樂園請核示由」, 『軍中樂園設立及管理案』, 문서번호 00049913. 姚惠耀(2019) 29쪽 재인용.

기에 몰려 있던 국민당을 돕고 그 대가로 이미 불법화된 성매매업을 합법적으로, 그것도 군의 보호 아래 계속할 수 있는 기회를 잡은 것이다.

1950년경 금문도에 군중낙원을 설치할 때는 군부 책임자가 업자를 수소문해야 했다면, 1953년 본격적으로 군부대 전체에 군위안소 설치가 추진되자 군부가 어렵게 찾지 않아도 쑤파오처럼 경험 많은 민간업자들이 제발로 찾아왔던 것이다. 본디 국민당의 반일민족주의적 입장에서 보면 쉬원쭝이나 쑤파오같은 구 일본군위안소 업자들은 사실 친일부역자에 해당된다. 하지만 국민당은 그들의 친일경력을 전혀 문제삼지 않았고 오히려 그 경험과 노하우를 이용하기 위해 그들을 새로운 파트너로 삼았다. 장제스와 오카무라가 손잡고 백단을 만든 것과 마찬가지로 말이다. 그리고 바로 그 업자들에 의해 과거 일본군위안소의 운영방식이 대만군 특약다실 운영에도 고스란히 복제되었다. 한국군 특수위안대가 군이 직접 설치하고 운영하는 직영 방식이었던 비해 대만본도의 특약다실이 대부분 민간위탁방식으로 운영된 것도 그와 무관하지 않을 것이다. 결국 일본군과 싸웠던 국민당군과, 일본군에 부역했던 민간업자의 이해가 서로 만나 일본의 패망과 함께 사라졌던 일본군위안소가 대만군 군중낙원으로 신장개업하게 된 셈이다. 그것은 바로 대만의 식민주의와 대륙에서 온 장제스정부의 반공주의가 접속한 결과였다. 그리고 그 접속이 아무런 저항 없이 이루어진 데는 대만 사회 전체에 잔존하는 식민적 감각도 한몫 했다. 1952,3년 군중낙원 시범운영 결과에 대한 군내부 조사에서도 보이듯이, "본성에는 일제시대에 원래 영기(營妓)가 있었기 때문에 사회적으로 이 제도의 실행에 대해 특별하다거나 반감을 느끼지 않았던" 것이다.[31]

---

31   姚惠耀, 앞의 논문 28쪽 재인용.

다만 강조할 것은 양자의 접속을 주도한 것은 장제스 국민당 정부였지 업자가 아니었다는 점이다. 국민당이 군위안소 설치를 제안하고 결정하지 않았다면 친일부역자로 몰릴 수도 있었던 민간인 업자들이 먼저 공개적으로 나서는 일은 없었을 것이다. 하지만 반대로 국민당군이 군위안소 설치를 결정한 이상 설령 민간인 업자들이 나서지 않았다 해도 일본군위안소의 부활 가능성은 얼마든지 있었다. 더구나 국민당 군대 뒤에는 일본군위안소의 원조였던 일본군 장교들이 군사고문으로 있었음에랴. 결국 대만군에 일본군위안소가 부활하는 과정에서 민간업자 같은 식민시기 인적 자원의 계승은 부차적 요소, 또는 여러 요소 중 하나에 불과했으며, 가장 핵심적 역할을 한 것은 바로 국민당 장제스정부였다. 국공내전과 한국전쟁이라는 배경 속에서 반공주의자인 장제스 정부와 일본 극우 군국주의자들 간에 반공네트워크가 만들어졌고, 대륙수복이라는 군사적 목표를 위해 군위안소 설치의 필요가 대두되었으며, 이 같은 "현재의 필요와 위기극복운동의 종지"를 받들기를 자청한 업자들이 정부의 의중을 영리하게 대신 실현해 주었던 것이다.

5. 나가며

앞에서 필자는 일본군위안소가 단죄되기는커녕 전후 동아시아에서 잇따라 부활한 맥락을 미국이 판을 깐 동아시아의 자유진영-반공네트워크의 형성 속에서 찾아보았다. 전후 역코스정책으로 대표되는 미국의 반공주의 우산 아래 동아시아 지역의 탈식민 기획들이 불철저하게 이루어지거나 상당 부분 왜곡되었음은 주지하는 바이다. 그런 가운데 동아시아의 제국주의 대 반제국주의 구도는 일제 패망 후 내전과 분단, 열전과 냉전을 횡단하며 자유진영 대 공산진영의 구도로 빠르게 재편되었다. 그 속에서 구 일본군위안소는 이제 일본의 RAA를 비롯한 점령군위안소로, 한국의 한국군특수위안대와 연합군위안소로, 대만의 군중낙원(특약다실)과 미군클럽으로, 그리고 아시아 각지의 미군 기지촌으로 계승되고 부활했다. 그렇게 보면 20세기 동아시아의 역사는 군위안소 연쇄의 역사였다고 해도 과언이 아닐 듯하다. 전후 동아시아 군위안소의 연쇄는 서구에서 '긴 평화의 시대'로 일컬어지는 냉전시대에도 동아시아에서는 전쟁이 계속되었음을 의미한다. 아직도 오키나와나 한국 등에 남아 있는 기지촌은 그 전쟁이 21세기에 들어선 지금까지도 끝나지 않았음을 보여주는 것이다.

　　전후 동아시아 군위안소의 연쇄는 그와 같은 동아시아 탈식민의 냉전화 과정과 그 결과로서의 탈식민분단체제 속에 놓고 볼 때 비로소 전체적인 모습을 드러낸다. 한국군 특수위안대나 대만 군중낙원의 등장을 단지 식민잔재의 문제나 그 부활이라는 측면에서만 볼 것이 아니라 동아시아라는 공간, 그리고 냉전과 열전이 갈마들던 전후라는 시간성 속에 교차시켜 보아야 하는 이유이다. 그렇게 보면 제국주의 시대 일본군위안소와 냉전/열전 시대 한국과 대만의 군위안소, 그리고 지금까지 존재하는 아시아 각지의 미군 기지촌이 하나의 선상에 놓이게 되고, 미국과 동아시아 반공네트워크가 더 선명하게 드러난다. 미국은 문명도덕 국가로서의 체면 때문에 일본의 점령군위안소 형성이나, 그 후 아시아 각지 기지촌 형성과정의 표면에 직접 나선 적은 없다. 심지어 일본과 남한 미군정은 서둘러 공창제 폐지령을 내림으로써 소련과의 이념경쟁에서 우위를 확보하고자 했다. 하지만 그것은 형식적인 술수에 불과했다. 미국은 전후 동아시아에서 일본군위안소가 부활하는 것을 묵인했고 조장했으며 심지어 몰래 교사했다. 미국은 전후 동아시아 각국에서 일본군위안소가 부활할 수 있는 토양을 만들고, 그것의 부활을 묵인하고 조장함으로써 동아시아 군위안소의 연쇄를 초래하는 데 결정적 역할을 했던 것이다. 게다가 미국은 미군을 보호하기 위해 더 철저하게 기지촌 여성들을 관리하도록 한국과 일본과 대만 정부에 요구하는 한편, 현지주둔 미군이 직접 기지촌 여성을 연행하고 감금하고 강제로 신체검사를 하는 등 인권침해도 서슴지 않았다. 국가가 성매매 여성들의 몸을 관리하고 통제했다는 점에서 일본은 물론이고 한국과 대만이 포주국가였다고 한다면, 미국은 막후에서 각 지역 성매매여성을 직간접적으로 통제해 온 공동관리자였을 뿐만 아니라 그 포주국가들을 조종해 온 초국가주체(hyper-agency)였다고 할 수 있다.

요컨대 동아시아 군위안소의 연쇄를 이해하기 위해서는 반드시 냉전적 역관계에 의해 탈식민의 방향과 성격이 조정되었다는 점, 즉 탈식민의 냉전화에 주목해야만 한다. 여전히 논란중인 구 일본군위안소 문제 역시 일본 식민주의만이 아닌 동아시아 식민과 냉전의 중첩이라는 이중구조 속에서 바라볼 필요가 있다. 일본군위안소가 일본의 패망으로 완전히 사라지지 않고 분단과 내전이 점철되었던 동아시아의 특수한 냉전질서 구축과정에서 다시 부활했기 때문이다. 일본군위안소와 전후 각국의 군위안소가 서로 연쇄관계에 있다는 점에서 일본군위안소에 관한 연구도 지금보다 훨씬 더 적극적으로 각각의 군위안소를 참조체계로 삼을 필요가 있다. 특히 대만의 군중낙원은 구 일본군위안소 제도를 거의 그대로 계승했다는 점에서 일본군위안소의 구체적인 실체를 밝히는 데 매우 중요한 참조체계를 제공해 준다. 더구나 일본군위안소나 한국군특수위안대 관련 자료가 상당부분 소실된 데 비해 대만군중낙원은 40년이나 존속되었기 때문에 상당히 많은 정부관련자료가 아직 남아 있다는 점에서 더 의미있다. 나아가 상호간 참조체계의 형성은 일본군위안소는 물론이고 다른 동아시아지역 군위안소 문제를 사고하는 데 있어 자료 차원을 넘어 훨씬 더 풍부한 아젠다와 사유의 단초들을 제공해 줄 것이다.

뿐만 아니라 냉전과 동아시아라는 시각에서 보면 전후 일본군위안소의 연쇄적 부활이 자유진영에서만 일어났다는 사실도 성찰의 대상으로 떠오른다. 계속되는 전쟁이라는 상황은 동일하게 주어졌지만, 냉전의 분계선 북쪽, 이른바 사회주의진영 국가들에서는 군위안소의 연쇄가 일어나지 않았을 뿐만 아니라 심지어 성산업 자체가 완전히 소멸되었던 것이다. 이 흥미로운 대비는 군위안소의 등장이나 그 해소가 단지 식민주의나 군사주의 또는 국가주의, 심지어 남성중심주의의 문제만은 아님을 시사해 준다. 그에 대한 후속 연구들이 부지런히 이루어지기를 기대해 본다.

참고문헌

김경일 저, 홍면기 역, 『중국의 한국전쟁 참전 기원』 서울: 논형, 2005.

김귀옥, 『그곳에 한국군 '위안부'가 있었다』 서울: 선인, 2019.

_____, 「일본 식민주의와 친일파의 합작품, 한국군위안소 제도」 송연옥 편 『식민주
　　　의, 전쟁, 군 '위안부'』 서울: 선인, 163~195, 2017.

김수용, 「일본군'위안부' 제도와 아메리카 플랜의 조우」 『대동문화연구』 제122권,
　　　409~439쪽, 2023.

노병호, 『전후 일본의 내셔널리즘과 미국』 서울: 신서원, 2014.

도우스 마사요 저, 노길호 역, 『패자의 선물』 도서출판 구월, 1992.

문승숙·마리아 혼 엮음, 이현숙 역, 『오버 데어: 2차 세계대전부터 현재까지 미군 제
　　　국과 함께 살아온 삶』, 그린비, 2017.

박정미, 「한국전쟁기 성매매정책에 관한 연구: '위안소'와 '위안부'를 중심으로」, 『한국
　　　여성학』 27권 2호 35~72, 2011.

송연옥외, 『식민주의, 전쟁, 군 '위안부'』 서울: 선인, 2017.

요시미 요시아키 저, 남상구 역, 『일본군 '위안부' 그 역사의 진실』, 서울: 역사공간,
　　　2013.

_____, 김순호 역, 『종군위안부자료집』 서울: 서문당, 1993.

우순덕, 「기지촌여성(미군위안부)의 삶과 국가의 책임」, 『복지동향』 244호 61~69, 2019.

임우경, 「풍문과 역사 사이: 대만군위안소 '特約茶室' 연구의 현황과 과제」, 『중어중문
　　　학』 제76호 229~261, 2019a.

_____, 「일본군위안소에서 대만군 '特約茶室'로」, 『중국어문학논집』 제118호
　　　377~399, 2019b.

_____, 「위안부가 된 여죄수들-대만군 '특약다실'의 '충군' 논란 일고」, 『중국학연구』,
　　　제90집 321~348, 2019c.

진성희, 「탈역사 서술과 공간의 표상 — 영화 〈군중낙원〉을 중심으로」, 『비교문화연
　　　구』 43집 405~428, 2016.

후지메 유키 저, 김경자·윤경원 역, 『성의 역사학-근대국가는 성을 어떻게 관리하는

　　가』, 삼인, 2004.

히라이 가즈코, 「일본군위안소에서 RAA · 점령군위안소로」, 전쟁과여성에대한폭력리
　　서치액션센터 편, 번역공동체 잇다 역, 『일본인 '위안부' ― 애국심과 인신
　　매매』, 논형 240~252, 2021.

姚惠耀, 「戰後臺灣'軍中樂園'研究(1951~1992)」 臺灣師範大 臺灣史研究所 碩士論文,
　　2019.

呂新雨, 「臺獨的歷史根源: 從'白團'到'臺灣幇'」, 『開放時代』 6기 123~139, 2016.

葉祥曦, 『八三么軍中樂園』, 臺北: 大辣出版, 2014.

張澤石, 『我的朝鮮戰爭』 北京; 金城出版社, 2011.

孫立祥, 「日本'白團'秘赴臺灣及其對兩岸統一的影響」 『東北師大學報』 4기 81~85,
　　2010.

陳長慶, 『金門特約茶室』 金門縣文化局, 2006.

陳慶港, 『血痛: 26個慰安婦的控訴』, 北京出版社, 2005.

陳鴻獻, 「蔣中正先生與白團(1950~1969)」, 『近代中國』 160기, 91~119, 2005.

IM, WooKyung, "Resurrection of the Japanese Military 'Comfort Stations' in East
　　Asia: Focusing on the Taiwanese Military Brothels, Special Assignation
　　Teahouses (teyuechashi)", Inter-Asia cultural studies vol.21, no.1, 164~181,
　　2020.

당안번호: A303000000B/0039/635.19/8, 〈取締販賣人口及利用他人賣淫公約〉, 國家
　　檔案資訊網, (열람일:2019년 5월9일)

II

사회적 관계성

김경호(金慶浩, Kim Kyung-ho)

성균관대학교 동아시아학술원 교수. 중국고대사(전국·진한시기)와 출토문헌 및 고대동아시아사 전공. 전국·진한시기 국가권력의 성격, 변경지역의 실태, 사상 문화의 보급 및 고대 중국과 한국의 관계 등을 연구해 왔다. 주요 논문으로 「전한시기 『논어(論語)』의 전파와 그 내용-새로운 출토문헌 『논어(論語)』의 『제론(齊論)』설과 관련하여-」(2018), 「前漢時期 西域 境界를 왕래한 使者들 -『敦煌懸泉置漢簡』 기사를 중심으로」(2021) 외 다수와 주요 역서로 『문자의 발견-역사를 흔든다』(2016), 『간독이란 무엇인가?』(2017), 『환경으로 보는 고대 중국』(2023) 등이 있다.

상이한 서사(書寫)가 기록된
고전문헌의 비판적 다시 읽기
─ 출토문헌(出土文獻)과 전세문헌(傳世文獻)의 변주(變奏)

1. 출토문헌의 연구 개황과 고전 문헌의 새로운 '이해'

1970년대에 들어와 중국 각지에서 고대사는 물론이고 고전 문헌의 공백을 메울 수 있는 중요한 자료들이 연속적으로 발견되었다. 죽간, 목간, 백서의 발견이다. 서북 변경지역인 돈황(敦煌)·거연(居延)지방에서 대량으로 발견된 행정 및 군사관련 목간 ─『돈황한간(敦煌漢簡)』,『거연한간(居延漢簡)』 등으로 불림 ─ 등의 발견은 진한시대의 행정제도의 실체를 규명하는데 많은 도움을 제공하였다. 이와는 달리 호북성(湖北省)과 호남성(湖南省)을 중심으로한 지역에서는 사상 혹은 법률관련 문헌등이 상당 수량 발견되었다. 이러한 출토문헌에 기록된 주요 내용은 춘추전국시대에서 진한대에 이르기까지의 병서[손자병법 등], 사상[노자 등], 법률, 의학, 수학, 음양가 등의 사상서가 주류였다. 더욱이 1993~1994년에 발견된『곽점초묘죽간(郭店楚墓竹簡)』이나『상해박물관장전국초죽서(上海博物館藏戰國楚竹書)』의 발견은 고문자 연구는 물론이고 제자백가에서는 볼 수 없는 사상들이 대량으로 포함되어 있어 고대 중국의 사상과 문화의 연구에 전환기를 맞이했다고 할 수 있다. 이러한 추세는 21세기 들어와서도 새로운 출토문헌의 발견으로 계속되었다. 2007년부터 악록서원에서 정리 발간한『악록서원장진간(岳麓書院藏秦簡)』은 진시황 시기의 법률 뿐만아니라 다방면에 걸친 사회적 정황에 대한 정보를 제공하였으며, 이후 청화대학에서 정리한『청화대학장전국죽간(淸華大學藏戰國竹簡)』, 북경대학에서 정리한『북경대학장서한죽서(北京大學藏西漢竹書(一)~(伍)』등은 그 대표적인 성과이다.

이와같이 1970년대부터 현재까지 다양한 출토문헌이 발견되었고, 특히 1990년대 이후에는 전국시대 서사된 출토문헌을 통해 현재 통용되고 있는 전세문헌의 구체적인 내용을 대조·확인할 수 있게 되었다. 즉 2천년의 시간을 건너뛰어 당시 유포된 문헌을 조우하는 것이 가능하게 되었다. 출토문헌과 전세문헌의 조우는 다양하게 이루어졌다. 출토문헌의 발견 비중이 점점 증가하면서 전세문헌과 비교 연구가 불가피하게 되었고 새로운 방법론의 중요성이 제기되었다. 전해 내려오는 고전에 기록된 원문은 변하지 않는다는 확고한 전통적 인식은 청말 고증학과 '의고학파'의 영향으로 점차 그 실제와 진위에 대한 의문이 제기되기 시작하였다. 이러한 변화 가운데 '고전'에 대한 재검토와 재해석이 본격적인 연구주제로 제기된 것은 '지하(地下)'에 숨겨져 있던 당대의 자료들인 죽간, 목간, 백서들이 '지상(紙上)'으로 그 본연의 모습을 들어내기 시작하면서 부터이다. 1973년 호남성 장사시(長沙市)에 위치한 전한 초의 무덤인 마왕퇴한묘(馬王堆漢墓) 3호에서는 매우 다양하고 귀중한 부장품이 출토되었는데, 특히 세인들의 이목을 끈 것은 다양한 성격의 백서(帛書)의 출토였다.[1] 주요 출토 백서는『노자(老子)』,『전국종횡가서(戰國縱橫家書)』,『주역(周易)』등이다. 이러한 출토 백서가 갖

---

1   湖南省博物館·復旦大學出土文獻與古文字硏究中心 編纂, 裘錫圭 主編,『長沙馬王堆漢
     墓簡帛集成』(全七冊), 中華書局, 2014.에 실물사진이 잘 정리되어 있다.

는 문헌적 의의는 이미 잘 알려져 있듯이 백서『노자』는 그 체제가 「덕경(德經)」이 상편, 「도경(道經)」이 하편으로 현존의 『노자』와 그 체제와 다르게 기록되어 있음을 알 수 있다.[2] 또한 백서『전국종횡가서』가 발견되기 전까지『전국책』에 서술된 내용의 사실 여부에 대해서는 논란이 있었지만『전국책』과 동일한 내용과 문장이 확인된 후에는『전국책』이 실제 기록을 서술하였음 확인할 수 있었으며,『사기』와『전국책』의 서술 오류를 바로잡을 수 있는 근거를 제공하였다. 이와같이 출토자료인 마왕퇴백서의 발견은 문헌자료와의 비교 연구를 통해 현재에 전해지는 고전 텍스트의 오류를 바로잡을 수 있을 뿐만아니라 그 원본의 형태도 확인할 수 있는 귀중한 자료로서 의의가 있다고 할 수 있다. 이러한 동일한 텍스트에 대한 서로 다른 서사의 내용을 출토문헌『논어』와『사기』를 통해서 확인해 보고자 한다.

2. 『논어(論語)』 간독의 발견, 유일한 경문(經文), 다른 기재방식

중국에서 보다 체계적이고 과학적인 방법에 의해 죽간과 목간이 발굴 정리되기 시작한 것은 1949년 이후이다. 1949년 이래, 특히 70년대 이후에 들어서는 중국 전역에 걸친 활발한 고고발굴이 진행된 결과, 거의 중국 전역에서 다량의 출토문헌이 발굴되었다고 해도 과언은 아니다.[3]

2　陳華麗, 「馬王堆漢墓帛書《老子》"《德》在《道》先"小議」, 『湖南省博物館館刊』第14輯, 2018.

3　李零, 「簡帛的形制與使用」(『簡帛古書與學術源流』(修訂本), 生活·讀書·新知 三聯書店, 2008, 126쪽)에서는 "70년대 이후 출토(문헌)은 날로 증가하여 자료가 산적해 있기 때문에 새로운 결론을 도출하는 것이 매우 필요하다(七十年代後, 出土日增, 材料山積, 很有必要做重新總結)."라고 지적하고 있다. ; 金慶浩, 「한·중·일 동아시아 3국의 목간 출토 및 연구 현황」, 『한국고대사연구』59, 2010, 336~341쪽.

출토문헌을 통한 전세문헌에 대한 보다 다양한 이해는 최근 발견된 다양한 죽간 목간 자료를 통해서 더 구체적으로 확인할 수 있다. 몇 가지의 사료를 통해서 이를 설명하고자 한다. 먼저 『논어』의 경우이다. 20세기에 들어서 최초로 발견된 『논어』간은 1930~34년 놉노프[羅布淖爾] 봉수 유적에서 선제(宣帝)·원제(元帝)시기의 『논어』「공야장(公冶長)」 일부가 기재된 잔간 1매가 발견되었다.[4] 발견된 이 간은 목간(木簡)이고 잔간 1매에 불과하여 『논어』연구에 많은 주목을 끌지는 못하였다.

전세문헌 『논어』와 비견할 만한 출토문헌 『논어』의 출현은 1973년 중국 하북성 정주시(定州市)에서 대략 660여 매의 이른바 '정주논어죽간(定州論語竹簡, 이하 정주간)'이 출토되었으며,[5] 현행본 『논어』와의 대조분석을 통하여 완성된 석문과 교감기가 1997년에 출간되었고, 최근에는 관련사진과 설문초고가 공개되었다.[6] 이와 관련하여 주목받는 또 다른 출토문헌 『논어』는 1990년대 초 평양 낙랑구역 통일거리 조성과정에서 발굴된 정백동(貞柏洞) 364호분에서 출토된 '낙랑논어죽간(樂浪論語竹簡 이하, 낙랑간)'이다. 아직 공식적인 발굴보고서나 죽간의 정리 과정에 대한 아무런 정보가 없지만, 공개된 관련 사진 1~2매를 통해 대략적인 형태나 내용이 '정주간'과 유사하다는 것이 현재까지의 연구 성과이다.[7] 또한 전한 중기에서 후한 초 시기에 해당하는 『논어』 목간이 감

4 黃文弼, 『羅布淖爾考古記(中國西北科學考察團叢刊之一)』, 國立北京大學出版部, 1948, 209~210쪽. 소개된 《論語》簡은 길이7.8㎝, 너비0.7㎝, 두께0.2㎝로서 상단부가 殘缺된 상태이다. 그 내용은 "[殘缺]亦欲毋加諸人子曰賜非"이다.

5 河北省文物研究所, 「河北定縣40號漢墓發掘簡報」 1981, 『文物』 8; 國家文物局古文獻研究室·河北省博物館·河北省文物研究所, 「定縣40號漢墓研究竹簡簡介」 1981, 『文物』 8 등을 참조.

6 河北省文物研究所定州漢墓 竹簡整理小組, 『定州漢墓竹簡論語』, 1997, 文物出版社; 河北省文物考古研究院·清華大學出士文獻研究與保護中心·中國文化遺産研究院 編, 『定縣八角廊漢墓竹簡選粹』(中西書局, 2023)

7 李成市·尹龍九·金慶浩, 「平壤貞柏洞364號墳等출토 竹簡《論語》에 대하여」(『木簡과文字』

숙성(甘肅省) 돈황 현천치(懸泉置) 지역과[8] 견수금관(肩水金關) 유지에서
『논어』목간이 발견되었다. 아울러 2016년에는 강서성(江西省) 남창시
(南昌市)에서 황제에서 폐위된 창읍왕(昌邑王) 해혼후(海昏侯) 유하(劉賀)
의 무덤에서 다양한 유물과 함께『논어』,『예기』,『역경』등의 전적을
포함한 5천 매 정도의 죽간이 출토되었는데 이 중에서『논어』가 가장
많은 주목을 받고 있다.[9] 그러나 이러한 논어 간독의 서사는 현재 통용
되고 있는『논어』경문과 일치하지 않음을 발견할 수 있다. 더욱이 비슷
한 시기에 작성된 출토문헌『논어』의 경우에도 그 서사가 일치하지 않
음을 알 수 있다.

이상과 같이 소개한 출토자료『논어』가운데 전세본『논어』의 관
련 내용과 비교하면서 서사의 차이가 있는지를 확인할 수 있는『논어』
간독은 편명이 확인된 다음과 같은 간독이다. 1)정주간[전편(全篇)], 2)
낙랑간[선진(先進), 안연(顔淵)], 3)해혼후논어죽간 및 목독[옹야(雍也), 지
도(知道), 자장(子張), 자한(子罕)], 4)현천치한간[자장], 5)견수금관한간[옹
야, 태백(泰伯), 위령공(衛靈公), 양화(陽貨)] 등이다.[10] 현재까지 알려진 대표
적인 출토문헌『논어』는 정주간과 논어간이다. 이 두 개의『논어』간의
형태를 비교하여 보면 대체로 다음과 같이 정리할 수 있다. 정주간은
620여 매로서 잔간이 대부분을 차지한다. 정주간이 비록 잔간이 대부

第4號, 2009―中譯:『平壤貞柏洞364號墓出土竹簡《論語》』(『出土文獻研究』第十輯, 2011)

8 胡平生·張德芳,『敦煌懸泉漢簡釋粹』上海古籍出版社, 2001, 174쪽: "乎張也, 難與並而
爲仁矣. ・曾子曰, 吾聞諸子, 人未有自致也者, 必也親喪乎. ・曾子曰, 吾聞諸子, 孟莊
子之孝, 其它可能也, 其不改父之臣與父之……"

9 江西省文物考古研究所·南昌市博物館·南昌市 新建區博物館,『南昌市西漢海昏侯墓』,
『考古』7, 2016, 61쪽; 楊軍·王楚寧·徐長靑, 「西漢海昏侯劉賀墓出土『論語·知道』簡初探」,
『文物』12, 2016, 75쪽.

10 정주논어죽간에 대해서는 이미 많은 연구가 진행되었기 때문에 본고에서는 서술을 생략
한다.

분일지라도 중산왕(中山王) 유수(劉脩)가 전한 선제 오봉(五鳳) 3년(B.C. 55)에 사망했기 때문에 정주간의 서사 연대는 오봉3년(B.C. 55) 이전 이며, 매 간마다 쓰여진 자수는 간 중간의 편철 부분을 중심으로 상하 각각 10자 전후로 기술되어 있다.[11]

낙랑간은[12] 제11권 「선진」과 제12권 「안연」의 일부 내용임을 확인할 수 있었다. 또한 형제(形制)도 죽간 양 끝부분과 중간 부분에는 편철한 흔적이 선명하게 남아 있고 더욱이 중간 부분의 편철한 흔적을 중심으로 상하 각각 10자씩 균일하게 쓰여져 있는 사실로 보아 상기한 정주간과 형제가 거의 동일함을 알 수 있다. 또한 편철된 방식이 선편후사(先編後寫)임이 확실한 형태임을 볼 때 두『논어』간은 계통적으로 매우 유사함을 띠고 있기 때문에 한대 내지에서 유입되었을 가능성은 매우 농후하다. 게다가 낙랑간은 '초원(初元 4년, B.C. 45)'이라는 연호가 명기되어 있는 호구부와 같은 무덤에서 출토되었다는 점[13]과 정주간이 선제 오봉 3년 이전에 작성되었음을 고려한다면 적어도 선제·원제시기 통일화된『논어』의 판본이 전국에 보급되었음을 추측할 수 있다.

또한 돈황현천치한간에서 발견된『논어』권19 「자장」편의 잔편 및 유가 관련 전적의 내용으로 추정되는 잔편이다. 주요 내용은 다음과 같다.

11 中國國家圖書館 中國國家古籍保護中心 編,『第一批國家珍貴古籍名錄圖錄』(第1冊), 「一. 漢文珍貴古籍名錄·00077論語」, 國家圖書館出版社, 2008. 77쪽.

12 이성시, 윤용구, 김경호, 앞의 논문(2009) 참조.

13 손영종, 「락랑군 남부지역(후의 대방군지역)의 위치 — '락랑군 초원4년 현별 호구다소□□' 통계자료를 중심으로」(『력사과학』 198, 2006, 30~33쪽); 「료동지방 전한 군현들의 위치와 그 후의 변천(1)」(『력사과학』 199, 2006, 49~52쪽); 尹龍九, 「새로 발견된 樂浪木簡 — 樂浪郡 初元四年 縣別戶口簿」(『韓國古代史研究』 46, 2007, 241~263쪽); 「平壤出土 「樂浪郡初元四年 縣別戶口簿」 研究」(『木簡과 文字』 3, 2009); 金秉駿, 「樂浪郡 初期의 編戶過程과 '胡漢稍別' —樂浪郡初元四年縣別戶口多少□□」木簡을 단서로」(『木簡과文字』 창간호, 2008); 「樂浪郡初期の編戶過程 —「樂浪郡初元四年 戶口統計木簡을端緒として」(『古代文化』 61(2), 2009는 씨의 2008논문을 수정 보완한 글이다.) 등을 참조.

① 당당하구나 자장이여! 그러나 함께 인을 하기에는 어렵구나. ·증자
가 말하였다. "내가 선생님으로부터 듣기를, '사람이 스스로 극진히
하는 것이 없더라도 반드시 부모의 상에는 극진히 해야 한다' 라고
하셨다." ·증자가 말하였다. "내가 선생님께 들으니 맹장자의 효도
가운데 다른 일은 할 수 있겠으나 아버지의 신하와 아버지의 (정치를
고치지 않은 일은 하기 어렵다' 라고 하셨다)" 乎張也, 難與並而爲仁矣. ·曾
子曰, 吾聞諸子, 人未有自致也者, 必也親喪乎. ·曾子曰, 吾聞諸子,
孟莊子之孝, 其它可能也, 其不改父之臣與父之……**14**

② ▨▯ 자장이 말하였다. "덕을 잡은 것이 크지 못하고 도에 통하는 것이
독실하지 못하면, 그런 사람을 어찌 잇다고 말할 수 있으며 어찌 없
다고 말할 수 있겠는가?" 자하의 문인이 자장에게 교류하는 것을 묻
자 자장이 말하길(▨▯ 子張曰, 執德不弘, 通道不篤, 焉能爲有, 焉能爲亡. ·子夏
之門人問交於子張, 子張曰**15**

상기한 두 간은 모두 돈황 현천치 지역에서 발견된 것으로 ①목독
의 주요 내용은 「자장」편의 일부로서 현재 통용되는 『십삼경주소(十三
經注疏)』**16**와 비교하여 보면 간문에 "이(而)"자가 추가되어 있으며, "오
문제자(吾聞諸子)"의 표현이 현행본에는 "오문제부자(吾聞諸夫子)"로, 그
리고 "기타가능야(其它可能也)"의 "타(它)"자가 "타(他)"로,**17** "맹장자지효
(孟莊子之孝)"의 마지막 부분에 "야(也)"자가 삽입되어 있다. 또한 ②목독
의 내용 역시 『십삼경주소(十三經注疏)』와 그 내용을 비교하여 보면 간
문의 "도통부독(通道不篤)"이 현행본에서는 "신도부독(信道不篤)"으로 표

---

14 胡平生·張德芳, 위의 책, 2001, 174쪽.

15 張德芳·郝樹聲, 『懸泉漢簡研究』 甘肅文化出版社, 2009.

16 李學勤 主編, 『十三經注疏(標點本)』 北京大學出版社, 1999.

17 張德芳·郝樹聲, 위의 책(2009, 268쪽)에서는 "他"로 석문하고 있다.

현되어 있다. 이처럼 비록 현행 통용본과의 문자상에서 약간의 출입이 확인된다. 특히 ②의 목독은 정주간 「자장편」에서도 발견되지 않은 부분으로 전한 중·후기의 논어 텍스트를 복원하는데 중요한 자료임에 틀림없다.

이와같이 정주간과 낙랑간이 한대 유통된 『논어』의 실제를 보이고 있다면 서북변경에서 출토된 견수금관한간에서 출토된 『논어』간[18]과 강서성 남창시 인근 해혼후 유하의 묘에서 출토된 『논어』간[19]은 그동안 문헌에서 전하고만 있던 『제론』의 발견 가능성을 논할 수 있게 되었다. 『견수금관한간』과 해혼후 묘에서 출토된 『논어』에는 종래 출토된 『논어』간에서는 볼 수 없었던 『제론(齊論)』의 편명인 「지도(知道)」편이 발견되어 1,800여 년 전에 사라진 『제론』에 대한 연구의 개시를 알리게 되었다.[20]

이와 관련하여 『견수금관한간』의 『논어』 관련 내용을 정리하면 다음과 같다.

---

18 甘肅簡牘保護研究中心·甘肅省文物考古研究所 등, 『肩水金關漢簡』(壹)-(伍), 中西書局, 2011~2015.

19 해혼후 묘에 대한 정식발굴 보고서가 발간되지 않은 상황하에서 해혼후 묘에 대한 서술은 江西省文物考古研究所·南昌市博物館·南昌市 新建區博物館, 「南昌市西漢海昏侯墓」(『考古』2016~7)에 근거하여 서술하였음을 밝혀 둔다. 아울러 관련 유물의 도판은 江西省文物考古研究所·首都博物館 編, 『五色炫曜 — 南昌漢代海昏侯國考古成果』(江西人民出版社, 2016)을 참조.

20 楊軍·王楚寧·徐長青, 「西漢海昏侯劉賀墓出土『論語·知道』簡初探」, 『文物』2016~12, 75쪽. ; 김경호, 「前漢 海昏侯 劉賀 墓의 性格과 『論語』竹簡」, 『史林』60, 2017를 참조.

일련번호	간호(簡號)	석문(釋文)	소속편명	출전
1	73EJT31:75	遷怒不貳過不幸短命死矣今	雍也	參, p.221
2	73EJT31:77	☑ 於齊冉子爲其母請粟	雍也	參, p.221
3	73EJT15:20	子曰大伯其可	泰伯	貳, p.18
4	73EJT24:802	☑ 毋遠慮必有近憂 ☑	衛靈公	參, p.27
5	73EJT24:833	☑ 曰天何言哉四時行焉萬物生焉 ☑ 年之喪其已久矣君子三	陽貨	參, p.29
6	73EJT22:6	• 孔子知道之易也易=云省三日子曰此道之美也 ☑		貳, p.94
7	73EJT31:139	• 子曰自愛仁之至也自敬知之至也 ☑		參, p.227
8	73EJC:607	• 子贛曰九變復貫知言之簒居而俟合憂心橾念國之虐子曰念國者橾呼衡門之下		伍, p.244
9	73EJT14:7	• 子曰必富小人也貧小人也必貴小人也賤小人		貳, p.9
10	73EJC:180	☑ 敬其父則子說敬其兄則弟說敬其君則☑		伍, p.193
11	73EJT9:58	• 子曰君子不假人君子樂 □☑		壹, p.203
12	73EJT24:104	☑ 何以復見乎子贛爲之請子曰是 ☑		貳, p.290
13	73EJH1:58	☑ 之方也思理自外可以知 ☑		肆, p.255

출전: 감숙간독보호연구중심甘肅簡牘保護研究中心·감숙성문물고고연구소甘肅省文物考古研究所 등, 2011~2015 『견수금관한간』(1)-(5), 중서서국中西書局.

위의 〈표 1〉에서 1)~5)번까지의 구절은 전세문헌 『논어』에서 확인되는 내용이지만, 6)~13)번까지는 전세문헌 『논어』에서는 확인할 수 없는 내용이다. 그런데 최근 공개된 해혼후 『논어』간의 내용을 확인해보면 재미있는 사실을 알 수 있다. 현재 정리작업이 완료되지 않은 상태에서 공개된 내용은 다음과 같다.

③ 공자께서 말씀하셨다. "옹은 임금 노릇을 하게 할 만하다"/ 자유
가 무성의 재상이 되자, 공자께서 말씀하셨다. "너는 사람을 얻었는
가?"/ 지혜로운 자는 물을 좋아하고 인한 자는 산을 좋아하니 지혜로
운 자는 움직이고 인(한 자는 고요하며 지혜로운 자는 즐거워하고 인한자는 장
수한다) 子曰 雍也可使南面 / 子游爲武城宰 子曰女得人爲民乎 / 智
者樂水 仁者樂山 智者動 仁(者靜 知者樂 仁者壽)[21]
④ 孔子智道之易也 易易云者三日 子曰此道之美也 莫之御也 / 智道[22]

③은 전세문헌『논어』「옹야」편에 보이는 내용과 일치하지만 괄호
안의 내용은 죽간의 하단부가 잘라진 까닭에 확인할 수 없다. ④와 관련
한 내용은 상기 〈표 1〉-6)의 구절인 " • 공자지도지이야이=운성삼일자
왈차도지미야(孔子知道之易也易=云省三日子曰此道之美也☑)"와 비교하여 보
면 거의 동일하게 서사되어 있음을 알 수 있다. 서술의 편의상 ④와 관련
한 견수금관 논어 관련 간인 6)번의 기사를 다시 정리하면 다음과 같다.

⑤ 공자께서는 도를 (실천하는 것이) 쉽다는 것을 알았다. 쉽다는 것은
삼일동안 성찰하는 것이다. 공자께서 말씀하셨다. "이 도는 아름다운
것이다☑." (• 孔子知道之易也易=云省三日子曰此道之美也☑)
⑥ 공자께서는 도를 (실천하는 것이) 쉽다는 것을 알았다. 쉽다는 것은
삼일…… 공자께서 말씀하셨다. "이 도는 아름다운 것인데 사용하지

21　江西省文物考古研究所·首都博物館 編, 앞의 책(2016), 186쪽. 띄어쓰기와 괄호안의 내용
　　은 필자에 의함.
22　江西省文物考古研究所·南昌市博物館·南昌市 新建區博物館,「南昌市西漢昏侯墓」(『考
　　古』2016~7), 61쪽. 띄어쓰기는 필자에 의함.

않는다/지도 (孔子智道之易也 易易云者三日 子曰此道之美也 莫之御也 / 智道)

이 두 논어 구절의 차이를 비교하면 '지(知)'와 '지(智)', '이(易)='과 '이이(易易)', '성(省)'과 '자(者)'의 차이다. '이(易)='의 '='는 중복을 피하기 위한 중문부호이며 "易"로 읽을 수 있으며 용이하다는 의미이다.[23] 〈표 1〉-6)의 『견수금관한간』「73EJT22:6」인 ⑤간과 ⑥간의 가장 결정적인 차이는 ⑥간은 배면에 '지도(智道)'라고 단독으로 편명이 표기되어 있지 만 이에 비해 ⑤의 간문은 단독으로 쓰여진 편명이 보이지 않는다는 점 이다. '지(지)도知(智)道' 편명과 관련하여 아래의 기사를 주목하여 보자.

⑦『논어』의 고론은 21편으로 공자 고택의 벽 속에서 나왔으며 「자장」 편이 두 개이다. 『제론』은 22편으로 「문왕」과 「지도」의 두 편이 많다. 『노론』은 20편이고 [『노론』의]『전』은 19편이다.(『論語』古二十一篇. 出孔 子壁中, 兩「子張」. 『齊』二十二篇. 多『問王』・『知道』. 『魯』二十篇, 『傳』十九篇)[24]

⑧ 장우는 본래 『노론』을 수학하였으나 나이 들어서는 『제론』도 학습하 였다. 후에 이를 합쳐서 살펴었으나 그 번다함을 줄이기 위해 「제론」 「문왕」과 「지도」 두 편을 삭제하여 『노론』 20편으로 확정하였으니 이를 『장후론』이라 부른다. 당시부터 이를 중히 여기었다(張禹本授『魯 論』, 晩講『齊論』, 後遂合而考之, 刪其煩惑, 除去『齊論』「問王」・「知道」二篇, 從『魯論』 二十篇爲定, 號『張侯論』, 當世重之)[25]

상기 인용한 ⑦~⑧에 따르면 ⑥의 '지도'는 그동안 유실되었다고

---

23 蕭從禮・趙香蘭, 「金關漢簡"孔子知道之易"爲《齊論・知道》佚文蠡測」, 『簡帛硏究2013』, 廣 西師範大學出版社, 2014, 184~187쪽.

24 『漢書』권30「藝文志」, 1716면.

25 『隋書』권32「經籍志」, 939면.

믿고 있던『논어』의 세종류 판본의 하나인『제론』의 편명일 개연성이 농후하다. 그런데 해혼후 출토『논어』간(④간) "지"와 ⑤에 보이는 "지"는 다른 글자이다. 한대에는 "지(智)"와 "지(知)"는 통용되어 동일한 글자로 사용되고 있는데[26] 이러한 사실은 몇 가지의 사례에서 확인할 수 있다. 즉『노론』계통에 속하는 정주간 논어[27]에는 "지(智)"와 "지(知)"가 혼용되고 있으며 동일 계통인『노론』에 속하는 후한 영제 연간(희평熹平4년 175-광화光和5년 182)에 새겨진 이른바 희평석경(熹平石經)의『논어』에는[28] 모두 "(知)"로 쓰여져 있다. 이러한 사실은 전한 중기 이후부터 "지(智)"와 "지(知)"에 대해『노론』계통에서는 점차로 "지(知)"로 정합되어 가는 과정이라 볼 수 있으며, 해혼후『논어』와 동일한 묘에서 함께 출토된 목독의 내용에서도 확인할 수 있다. 출토된 목독의 내용 중 1매의 목독에는『논어』가 쓰여져 있는 이른바「해혼후유하묘출토『논어』서독도海昏侯劉賀墓出土『論語』書牘圖」가 있는데[29] 관련 내용 중, 제2열("오유지호 아무지픔有知乎? 我毋知")과 제4열("●知")에는 모두 "(知)"로 쓰여져 있어 상기한 ④의 편제인 "지도(智道)"와는 상이하게 쓰여져 있다. 해혼후『논어』간의 전모가 공개되지 않은 정황하에서는 아직 단정할 수 없지만 해혼후『논어』간에는 ④의 "지(智)"와 ⑤의 "지도(智道)"에서 알 수 있듯이 "지(智)"자 만이 사용되고 있다. 이와 관련하여 전국시기 중기에서 후기에 사용된 것으로 추정되는 곽점초간에는 일관되게 "지

---

26 楊軍·王楚寧·徐長靑, 앞의 논문, 72쪽.

27 王素,「河北定州出土西漢簡本論語新探」,『簡帛研究』第3集(主編 李學勤 謝桂華, 廣西教育出版社, 1998), 467쪽에서는 정주논어죽간이 성격을 "『張侯論』에 비하여 비교적 이른 시기의 융합본으로서『張侯論』과 같으며 역시『魯論』을 저본으로 하고『齊論』을 비교본으로 하고 있다"라고 규정하고 있다.

28 馬衡,『漢石經集存』, 上海書店出版社, 2014, 56쪽, "石經之所刻, 確爲魯論"

29 王意樂·徐長靑·楊軍,「海昏侯劉賀墓出土孔子衣鏡」,『南方文物』2016~3, 70쪽「圖 24: 海昏侯劉賀墓出土『論語』書牘圖」참고.

(智)"자 만이 보이고 있다. 예를 들면 「노자」갑의 "부지족(不智足 p.111)", "천하개지(天下皆智 p.112)", "지천(智天 p.113)", "지족불욕智足不辱, 지지불태智止不怠 p.113)"과 「노자」을의 "막지기와(莫智其瓦 p.118)"나 「치의(緇衣)」의 "자왈子曰..위지가망이지야爲上可望而智也 p.129)"등에서 알 수 있듯이 시종일관 "지(智)"자 만을 쓰고 있다. 그러나 마왕퇴한묘백서『노자』갑·을본에는 곽점초간과는 달리 "지(知)"만이 보이기 때문에 전국시기에는 '지(知)'자가 사용되지 않았다고 주장한 견해도 있음을 볼 때[30], 해혼후『논어』③·④간의 "지(智)"자와 「『논어』서독도」의 제2열과 제4열에 "지(知)"가 동시에 보이는 것은 아마도 서한 중기 이후『노론』계통에서 혼용되어 사용된 "지(智)"와 "지(知)"가 점차로 "지(知)"로 통일되어 가는 과정을 보여주는 것으로 해석할 수 있다.

　　현재까지 공개된 해혼후『논어』간의 또 다른 특징은 현행본 또는 다른 판본의『논어』에 비해 다른 문장이 존재한다는 점이다. 상기 인용한 ③"자유위무성재 자왈여득인위민호(子游爲武城宰 子曰女得人爲民乎)"간을 보면 그 차이를 알 수 있다. 이 문구에 해당하는 현행본의 내용은 "자유위무성재 자왈 "여득인언이호(子游爲武城宰 子曰..女得人焉耳乎)"[31]이다. 즉 "위민(爲民)"과 "언이(焉耳)"의 차이는 매우 명료하다. 더욱이 현행본의 "언(焉)·이(耳·)호(乎)"는 모두 어조사로서 어법에 맞지 않는다. 이러한 차이점에 대한 명확한 근거는 不明하지만 대체로 다음과 같이 추론할 수 있다. 서사의 내용에 커다란 차이가 나는 원인으로 일단 생각할 수 있는 것은 초사과정에서 잘 못 썼을 가능성이다. 그러나 경적의 정리과정에서 한대의 학자들은 교감이 습관화되었기 때문에 이

30　徐富昌, 「從簡帛本「老子」觀察古籍用字問題 ― 以「古今字與通假字爲中心」, 『簡帛』第2輯, 上海古籍出版社, 2007, 103쪽.

31　李學勤 主編, 『論語注疏』(十三經注疏), 卷6「雍也」, 北京大學出版社, 1999, 76쪽.

러한 실수는 사실상 거의 불가능에 가깝다고 할 수 있다. 여기에서 다시 주목해야 하는 것이 『장후론(張侯論)』의 성립과정이다.

⑨ 처음에 장우가 스승이 되었을 때 상은 경전의 뜻과 관련해 자신에게 묻는 것을 어려워했는데 이 때문에 『논어장구』를 지어 헌상했다. 이에 앞서 노나라의 부경, 하후승, 왕양, 소망지, 위현성 등은 모두 『논어』를 강설했으나 사람마다 조금씩 차이가 있었다. 장우는 앞서 왕양에게 배웠고 후에는 용생을 따랐기 때문에 그 중에 뜻이 일치하여 논란이 없는[所安] 것만 가려서 뽑았기 때문에 가장 늦게 『논어』를 냈지만 높은 평가를 받아 존귀하게 여겨졌다. 유생들이 말하였다. "『논어』를 배우고자 한다면 장우의 글을 읽어라." 이로부터 배우는 자들은 장씨를 따르는 자가 많아 다른 학설들은 점차 쇠퇴해져 갔다(初, 禹爲師, 以上難數對己問經, 爲論語章句獻之. 始魯扶卿及夏侯勝·王陽·蕭望之·韋玄成皆說論語, 篇第或異. 禹先事王陽, 後從庸生, 采獲所安, 最後出而尊貴. 諸儒爲之語曰.「欲爲論, 念張文.」由是學者多從張氏, 餘家寖微)[32]

즉 장우(張禹)가 직접 『논어』를 저술하여 세상에서 존중받았다는 것이 바로 이른바 『장후론』이다. 상기 인용한 기사에 의하면 장우는 제론을 전수한 왕양(王陽)과 용생(庸生)에게서 벼슬을 하였지만 자신은 노론(魯論)의 내용을 중심으로 『장후론』을 저술하였다.[33] 따라서 『장후론』은 노론과 제론을 통합한 내용으로 구성되었고, 성제 이후로는 노론 및 장후본(張侯本)의 내용이 중심이 되어 후대까지 유전된 것이다. 즉 장

---

32 『漢書』 권81 「張禹傳」, 3352면.

33 『漢書』 권30 「藝文志」, 1717면, "漢興, 有齊·魯之說.傳齊論者, 昌邑中尉王吉·少府宋畸·御史大夫貢禹·尚書令五鹿充宗·膠東庸生, 唯王陽名家.傳魯論語者, 常山都尉龔奮·長信少府夏侯勝·丞相韋賢·魯扶卿·前將軍蕭望之·安昌侯張禹, 皆名家.張氏最後而行於世."

후론은 원제 또는 성제 시기에 완성된 것이고 그 저본인 노론은 선제·원제 시기에 정형이 이미 완성되었다. 따라서 해혼후『논어』간과 비교하면 시기적으로는 조금 늦게 완성된 판본이다. 다시 말하자면『노론』과『제론』이 병용되던 해혼후『논어』간과『노론』위주로 구성된『장후론』이 완성된 시기에 이러한 논어 자구의 변화가 생긴 것으로 추론할 수 있다. 따라서 현행 통용되는『논어』「옹야」편의 "여득인언이호(女得人焉耳乎)"의 내용은『노론』자체의 문제가 아니라『장후론』및 그 저본의 대상이 된『노론』에 문제가 있을 가능성이 있는 것이다. 더욱이 상기 인용한 왕양은 장우에게『제론』을 전수한 인물일 뿐만아니라 창읍중위(昌邑中尉) 왕길(王吉)과 동일인으로서 해혼후『논어』역시 왕길 즉 왕양으로부터 전수되었을 것이다.[34] 그러나 현행본『논어』「옹야」편의 "여득인언이호"라는 표현은 비록『제론』과『노론』을 융합하여『장후론』을 저술하였다고 하여도『장후론』이 날로 논어의 전형으로서 중요해지고 제가의 주장이 점차로 쇠퇴해지는 과정에서 실제로 장우는 저술과정에서『제론』의 내용을 완전히 반영하지는 않았을 가능성이 농후하다. 만약 이러한 추론이 타당하다면, 상기한 전한 말 정현(鄭玄)이 "『노론』의 편장은『제론』과『고론(古論)』를 참고하여 주석을 하였다" 는 저술 과정에서 아마도 "여득인언이호" 문구에서 "언이호(焉耳乎)"의 어조사와 이를 인용한『노론』계통의 판본을 인용하였을 것이다. 환언하면 정현이 참고한『노론』의 내용 가운데 적어도「옹야」편의 "자유위무성재 자왈..여득인언이호(子游爲武城宰 子曰.."女得人焉耳乎")"는 잘못된 구절이며,『노론』을 저술할 때 참고한『제론』의 내용은 아마도 결실되었거나 참고하지 않았을 가능성을 부정할 수는 없다.

34　楊軍·王楚寧·徐長靑, 앞의 논문, 2016~12, 74쪽.

3. 『사기』에 기술된 '동일(同一)한 사실', '상이(相異)한 기록'

1) 『사기』와 관련 출토문헌의 기록

종래 전세문헌만으로는 확인되지 않는 '동일한 역사적 사실'이 '상이한 기록'이 서사된 출토문헌과 비교 연구를 통해서 다양한 비판적 고전 읽기가 진행되고 있다. 먼저 『사기』의 기록과 출토문헌에 서사된 내용의 차이를 예시로 들어 보면 다음과 같다. 먼저 『사기』「손자열전(孫子列傳)」의 주요 내용 가운데 하나는 손무(孫武)가 오왕(吳王) 개려(闔廬) 앞에서 여관(女官)을 훈련시키는 고사이다. 그런데 이 고사는 전한 무제시기 산동성(山東省) 은작산(銀雀山) 2호 한묘에서 출토된 죽간 『손자병법』「견오왕(見吳王)」에서도 확인할 수 있다.[35] 이 묘에서 출토된 죽간 「견오왕」은 묘주가 문제(文帝)시기부터 사용한 것으로 추정되어[36] 『사기』보다 앞선 기록일 뿐만 아니라 그 내용도 『사기』「손자열전」 보다 많기 때문에 사마천이 「손자열전」을 작성할 때에 발췌하여 이용한 자료임을 알 수 있다. 이와같은 서술은 『사기』 저술시, 문제12년(B.C.168) 으로 추정되는 마왕퇴3호한묘에서 출토된 『전국종힁가서(戰國縱橫家書)』의 구성에서도 확인할 수 있다.[37] 『전국종횡가서』는 총 27편으로 구성되어 있는데, 이 가운데 『사기』 8편, 『전국책』 10편이 공통적인 내용이다.[38] 즉 사마천이 『사기』의 관련 내용을 작성할 때 시기적으로 앞서서 기록된 『전

---

35 銀雀山漢墓竹簡整理小組, 『銀雀山漢墓竹簡』, 「釋文·註釋」, 文物出版社, 1985, 190~233簡, 34~37쪽. 또 墓의 연대에 대해서는 山東省博物館·臨沂文物組, 「山東臨沂 西漢墓發現《孫子兵法》和《孫臏兵法》等竹簡的簡報」, 『文物』 2기, 文物出版社, 1974, 18~20쪽.

36 銀雀山漢墓竹簡整理小組, 위의 책, 5쪽.

37 馬王堆漢墓帛書整理小組 編, 『戰國縱橫家書』, 文物出版社, 1976.

38 『史記』가 『戰國縱橫家書』와 공통적으로 관련 있는 내용은 魏世家·趙世家·韓世家·田敬仲完世家·穰侯列傳과 蘇秦列傳의 일부 내용이다.

국종횡가서』의 관련 기사를 『사기』 저술 시에 이용했음을 알 수 있다.

반면에 『사기』 권66 「오자서열전(伍子胥列傳)」의 서술은 상기한 죽간 『손자병법』 「견오왕」과 『전국종횡가서』의 서술과는 달리 사마천이 관련 자료를 이용하지 않은 경우이다. 「오자서열전」의 구성은 『좌전』과 공통된 기년을 기본으로 하면서 『국어(國語)』·『여씨춘추(呂氏春秋)』·『회남자(淮南子)』·『월절서(越絶書)』·『전국책(戰國策)』·『신서(新序)』·『설원(說苑)』 등의 다양한 관련 자료를 인용하여 편집한 것으로 보인다. 이러한 문헌들은 전세문헌으로서 사마천이 이용한 텍스트와 어느 부분까지가 공통된 내용인가를 명확하게 비교하는 것은 쉽지 않다. 이와 관련하여 『사기』 권66 「오자서열전」의 서술과 관련된 기사의 내용을 검토하여 보자.

⑩ 자서는 과거에는 공이 많았지만 지금 살육당하게 된 것은 (그의) 지략이 쇠했기 때문이 아니다(子(胥)前多(功), 後(戮)死, 非其智(衰)也)[39]

⑪ 자서는 과거에는 공이 많았지만 지금 살육당하게 된 것은 쇠했기 때문이 아니다. (그의) 지략이 쇠했기 때문이 아니다. 먼저 합려를 만났고 나중에 부차를 만났기 때문이다(伍子胥前功多, 後戮死, 非知有益衰也. 前遇闔廬, 後遇夫差也)[40]

위의 ⑩기사는 전국시기 곽점(郭店)1호 초묘(楚墓)에서 출토된 『곽점초묘죽간(郭店楚墓竹簡)』 「궁달이시(窮達以時)」의 내용이고[41] ⑪기사는

---

39 荊門市博物館, 『郭店楚墓竹簡』 釋文 「窮達以時」, 文物出版社, 1998, 145면.

40 劉向 著, 楊以漟 校, 『說苑』(叢書集成初編) 권17 「雜言篇」, 中華書局, 1985, 168면 ; 韓嬰 著, 周廷寀 校注, 『韓氏外傳』(叢書集成初編) 권7, 89면, "伍子胥前功多, 後戮死, 非知有盛衰也. 前遇闔廬, 後遇夫差也"라 하여 동일한 문구가 보인다.

41 淺野裕一, 『古代思想史と郭店楚簡』 제3장 「『窮達以時』の 「天人の分」について」, 汲古書

『설원』의 기사로서 모두 오자서의 평가와 관련한 내용이다. 이러한 오자서 평가와 관련 기술은 한초 장가산한간(張家山漢簡)『개려(蓋廬)』의 기술에서 확인할 수 있다.[42] 주요 내용은 오왕 합려와 오자서와의 대화 형식으로 치국과 용병 관련 내용 외에도 병가와 음양가의 색채를 강하게 드러내고 있다. 즉 오자서를 병법가로 평가하고 있다.[43] 그러나「오자서열전」에서는『개려』의 주요 내용인 병법이나 치국을 논의한 기사는 찾아볼 수 없다.[44] 따라서『개려』에 보이는 오자서의 인물상은『사기』에서 이용하지 않은 자료이지만 한대 오자서 평가의 일면을 알 수 있는 내용이기도 하다.

또한『사기』「하거서(河渠書)」의 내용과 관련 있는 상해박물관장초간(上海博物館藏楚簡)「용성씨(容成氏)」에 전하는 내용은 전국시대부터 한대까지의 내용을 기록한 자료들이다.[45] 특히「용성씨」의 내용 가운데 순(舜)이 우(禹)를 사공(司工)에 임명하여 구주 지역으로 구획된 중국 전역의 치수를 명한 내용에 주목해야 한다.[46] 이 내용은 종래『상서』「우공편(禹貢篇)」등에서 묘사된 우의 치수 관련이 있다. 그런데「용성씨」에서는「우공편」의 서술과는 달리 산악이나 토지 정황(전부田賦, 특산물特産

院, 2005, 67~90쪽.

42　張家山二四七號漢墓竹簡整理小組,『張家山漢墓竹簡』(이하,『張家山漢簡』, 文物出版社, 2001; 邵鴻,『張家山漢簡《蓋廬》研究』, 文物出版社, 2007.

43　邵鴻, 위의 책, 2007, 19쪽.

44　『張家山漢墓竹簡』, 2001,「蓋廬」, 275면, "蓋廬問申胥曰..凡有天下, 何毀何擧, 何上何下? 治國之道, 何愼何守? 使民之方, 何短何長? 盾(循)天之則, 何去何服? 行地之德, 何范何極? 用兵之極何服? 申胥曰..凡有天下, 無道則毀, 有道則擧. 行義則上, 廢義則下. 治民之道, 食爲大葆, 刑罰爲末, 德正(政)爲首.……(하략)……."의 기사 내용처럼 政治는 治國의 근본이고 道義의 유무는 국가 흥망의 관건으로 治民의 道는 衣食의 풍족함과 德政을 가장 중시하고 있음을 알 수 있다.

45　馬承源 主編,『上海博物館藏楚竹書(二)』,「容成氏」, 上海古籍出版社, 2002, 도판 91~146면, 석문주석 247~293면.

46　馬承源 主編, 위의 책, 도판 115~120면, 제23호간~제28호간 상단("北爲名浴五百").

物, 교통交通 등)에 대해서는 일체 언급이 없다. 더구나 구주설(九州說)에
대해서도 전세문헌에 보이는 구주의 명칭과 내용이 일치하는 것이 거
의 없으며(〈표 2〉참조), 『상서』등의 전세문헌에서 볼 수 없는 취중(就中)
과 한수(漢水) 이남 지역의 치수를 강조한 기사는 초를 특별한 영역으로
정하려 한 의도로서 해석할 수 있다.

〈표 2〉 『尙書』·『史記』·「容成氏」에 보이는 九州名

문헌명	九州의 명칭									출전
尙書	冀州	兗州	靑州	徐州	揚州	荊州	豫州	梁州	雍州	禹貢篇
史記	冀州	沇州	靑州	徐州	揚州	荊州	豫州	梁州	雍州	夏本紀
容成氏	夾州	滄州	競州	簹州	莒州	虘州	鄗州	敘州	虘州	上海博楚簡

　　이러한 「용성씨」의 기사는 『사기』「하본기」나 「하거서」 등과는 다
른 계통의 자료임을 보여준다.[47] 즉 전국시기 초간 「용성씨」에 기록된
제왕의 전설은 사마천이 『사기』를 작성할 때에는 반영하지 않은 텍스
트였지만, 진한시기보다 이전시기에 『상서』와 같은 경서류가 아닌 다
른 계통의 자료가 존재했음을 보여주는 것이다. 이와같이 『사기』는 다
양한 관련 자료에 대한 사마천의 취사선택에 의해 편찬된 사서일 뿐아
니라 전국시대 이래로 전해 내려오는 고사자료 역시 『사기』편찬 시 중
요한 사료의 내원이 되었던 것으로 보인다.[48] 고사 자료들은 전한 말 유

---

47 淺野裕一, 『竹簡が語る古代中國思想(一) ― 上博楚簡研究』, 「『容成氏』における禪讓と放
伐」, 汲古書院, 2005, 3~34쪽; 陳偉, 『新出楚簡硏讀』, 제4장 「上博竹書硏讀(一)」, 武漢大學出
版社, 2010, 154~164쪽 참고.
48 李零, 『簡帛古書與學術原流』 第六講 「簡帛古書의 體例與分類」, 三聯書店, 2004, 204쪽
에서 諸子書는 "借古喩今" 할 때에 寓言의 형식을 갖추고 있음을 지적하면서 그 예로서

향(劉向)의 정리에 의하여 『전국책』・『신서』・『설원』 등의 서적으로 정리되었다. 따라서 이러한 고사 자료들은 유향보다 사마천이 먼저 보았을 것이며 『사기』 편찬 시에도 적극적으로 이용되었을 것이다.

「진시황본기」의 서술과 관련 있는 고사자료 가운데 최근 북경대학에서 수집 정리한 전한시기의 죽서 「조정서(趙正書)」의 내용이 공개되었다.[49] 정리자에 따르면 이 자료는 전한 초기의 자료로서 동방 6국 귀족의 후손들이 편찬하였을 것이라고 한다. 더욱이 주목되는 것은 진시황의 죽음과 관련한 기술이 『사기』의 그것과 배치되는 내용이 보이고 있다는 점이다. 그렇다면 새로이 발견된 진시황 죽음과 관련한 출토문헌 기사는 사마천이 『사기』를 편찬할 때 취사선택하지 않은 자료로서 또 다른 사실을 보여주고 있는 것인지 아니면 허구적 기사인지에 대해서는 다음 장에서 서술하고자 한다.

2) 시황제(始皇帝) 죽음과 호해(胡亥) 계위(繼位)의 또 다른 기록

종래까지 진시황의 죽음과 관련해서는 『사기』 「진시황본기」의 내용이 중요한 기록이었다. 그런데 최근 『사기』의 내용과는 전혀 다른 새로운 사료가 공개되었다. 북경대학(北京大學) 소장 한간(漢簡) 가운데 진시황 관련 내용을 기록한 「조정서」이다.[50] 정리자에 따르면 「조정서」의 편찬

『韓非子』 「內儲說」 「外儲說」은 모두 "語"類의 故事로서 변론과 유세를 행하는 資本으로서 일종의 "資料庫"라고 칭한다.

49 北京大學出土文獻研究所 編, 『北京大學藏西漢竹書(參)』, 上海古籍出版社, 2015; 趙化成, 「北大藏西漢竹書《趙正書》簡說」, 『文物』第6期, 文物出版社, 2011; 姚磊, 「北大藏漢簡《趙正書》釋文補正」, 『古籍整理研究學刊』 2016~1; 工藤卓司, 「北京大學藏西漢竹書『趙正書』における「秦」敍述」, 『中國研究文集』 果號(總63號), 2017, 188~212쪽 참조. 특히 工藤卓司(2017)는 『조정서』에 묘사된 구도는 무제의 죽음을 전후한 상황과 어린 소제의 즉위와 매우 비슷하다고 인식하여 昭帝期의 상황을 배경으로 편찬하였을 것이라는 견해를 제출하였다.

50 姚磊, 「北大藏漢簡《趙正書》中的秦始皇形象」, 『歷史教學問題』 1기, 2017, 48~53쪽에서

연대는 무제후기보다는 조금 앞서며 전한 초기일 가능성도 존재한다
고 한다.[51] 따라서 사마천이 『사기』를 편찬한 시기가 무제 후기임을 고
려한다면 「조정서」는 『사기』보다 편찬시기가 앞선 문헌이다. 또한 현
존 52매의 죽간 가운데 정리간 46매와 잔간 4매(결자가 많은 2매 제외)는
비교적 양호한 상태로서 유실된 죽간은 보이지 않는다.[52] 이러한 「조정
서」의 전편에 걸쳐서 작자는 '진왕(秦王)'·'조정(趙政)'과 '호해(胡亥)'라
고 칭하지 『사기』에서 보이는 '진시황'과 '진이세황제'와 같은 '황제'라
는 표현을 결코 사용하지 않고 있다. 이러한 서술로서 볼 때 작자는 한
초에 진의 정통성을 인정하지 않는 사인중의 하나였을 것이다.

　「조정서」는 서술의 특징상, '이야기(言)'를 기록한 것이 중심된 내
용이고 '사(事)'를 기록한 것은 보조적 성격의 서술로서 "사어(事語)"류
의 문헌에 속한다.[53] 내용상으로 보면 잡기에 해당하여 "소설가(小說家)"
로 분류할 수 있다.[54]

　전체 52매 분량 「조정서」의 주요 내용은 시황제가 5차 순행 도중에
사망한 기사부터 2세 황제 호해가 즉위하여 여러 공자와 대신을 살해
하고 진 제국을 멸망시켜가는 과정에서 시황제, 이사(李斯), 호해(胡亥),
자영(子嬰)의 여러 언행이 대화의 형식으로 기술한 문헌이다. 이 가운데
진시황제의 죽음과 관련한 기사가 보이는데 『사기』「진시황본기」와 서

는 『史記』에서 보여주는 진시황의 권위, 전제 등과 같은 모습이 아닌 죽음을 앞두고 눈물
을 흘리는 보통인간으로서의 모습을 보여주고 있다고 한다.

51　趙化成, 앞의 논문, 2011, 66쪽.

52　北京大學出土文獻硏究所 編, 앞의 책, 2015, 187쪽. 그러나 조화성은(앞의 논문, 2011,
64쪽) 현존 51간, 정리 후 50간이라고 보고한 것으로 보아 정리 과정에서 간의 총 매수에
약간의 변동이 발생하였음을 짐작할 수 있다.

53　張政烺,「《春秋事語》解題」,『文物』제1기, 1977, 36∼39쪽; 章學誠,『文史通義』,"古人不
著書, 古人未嘗離事而言理."

54　陳侃理,「『史記』與『趙正書』─ 歷史記憶的戰爭」,『中國史學』26, 日本中國史學會, 2016,
28쪽.

술의 차이가 있다. 우선 「조정서」의 관련 기사를 정리하면 다음과 같다.

⑫ • 옛날에 진왕 조정이 천하를 순행하고 돌아오는 도중에 백인현에 이르러 병에 걸렸다. 병이 위중해지자 서글픈 기색으로 눈물을 흘리면서 깊은 탄식을 하며 주위의 (신하들에게) 말하기를, "천명[수명]을 바꿀 수 없는가? 내가 이처럼 병이 든적이 없었는데 슬프도다 ……'라고 하였다(• 昔者, 秦王趙正 出斿(遊)天下, 環(還)至白(柏)人而病. 病蔦(篤), ▯[ ](喟)然流涕, 長大(太)息謂左右曰 "天命不可變于(乎))? 吾未嘗病如此, 悲也……"

[第1~2簡]

⑬ 조정이 눈물을 흘리면서 이사에게 "내가 자네를 의심한 것이 아니다. 그대는 나의 충신이네. 세워야 할 것[繼位]을 논의하라"고 하였다. 승상 신 이사와 어사 신 풍거질이 죽음을 무릅쓰고 머리를 조아리며 말하엿다. "지금 길이 먼데 조서를 내려 결정하게 하시면 신은 대신들이 모의를 꾸밀까 염려됩니다. 아들 호해를 세워 후계자로 대신하게 하십시오." 왕이 "승인한다"라고 하였다. 왕이 죽은 뒤 호해가 즉위하자 곧바로 형 부소와 중위 몽염을 죽였다(趙正流涕而謂斯曰: "吾非疑子也, 子, 吾忠臣也. 其▯(議)所立." 丞相斯·御史臣去疾昧死頓首言曰: "今道遠而詔期宭(群)臣, 恐大臣之有謀, 請立子胡亥爲代後." 王曰: "可." 王死而胡亥立, 即殺其兄夫(扶)胥(蘇)·中尉恬)

[第15~16簡]

⑭ 진왕 호해가 듣지 않고 마침내 자신의 뜻대로 행하여 승상 이사를 죽이고 조고를 세워 승상과 어사의 일을 행하게 하였다. 그 해가 끝나기도 전에 과연 (조고가) 호해를 죽였다. 장군 장한이 들어와 나라를 평정하고 조고를 죽였다. 다음과 같이 말한다. "호해는 이른바 간언을 듣지 않은 자이다. 즉위한 지 4년 만에 자신은 죽고 나라를 망하게 하였다"(秦王胡亥弗聽, 遂行其意, 殺丞相斯, 立高, 使行丞相·御史之事, 未能冬

(終)其年, 而果殺胡亥. 將軍張(章)邯入夷其國, 殺高. 曰..胡亥, 所謂不
聽閒(諫)者也, 立四年而身死國亡)

상기한 「조정서」⑫·⑬의 기록은 『사기』 「진시황본기」와 상응하는
내용이다. 그리고 「조정서」 ⑭의 기사는 『사기』 「진시황본기」와 「이사
열전」의 2세 2년과 3년의 기사인 조고(趙高)가 이사와 호해를 처형하고
자영이 조고를 살해한 내용과 대응하는 기사이다. 따라서 두 기사의 가
장 커다란 서술의 차이를 정리하면 먼저 『사기』 「진시황본기」에는 시
황제가 평원진(平原津)에서 발병해서 사구(沙丘) 평대(平臺)에서 사망
한 것으로 기록되어 있지만 「조정서」 ⑫에는 백인(柏人)에서 발병하여
상태가 심해져 사망했지만 장소에 대해서는 언급하고 있지 않다. 또한
「조정서」⑮의 기사는 2세 호해의 황제 즉위는 「진시황본기」의 기사처
럼 장자인 부소(扶蘇)에게 내린 조서의 위조와 그에 따른 부소의 죽음에
의한 것이 아니라 5차 순행에 동행한 승상 이사와 어사대부(御史大夫)
풍거질(馮去疾)이 진언하여 시황제가 이를 승인하였다는 것이다. 그리
고 「조정서」⑭에 의하면 호해가 이사를 살해하고 조고는 호해를 살해
했으며, 장한(章邯)이 조고를 살해하였다고 서술되어 있다. 즉 「조정서」
의 기록은 「진시황본기」의 내용과 많은 차이가 있음을 알 수 있다.

이와같이 「조정서」의 시황제 사망 전 기사나 "고부소승상사왈(故復
召丞相斯曰)"와 같은 시황제와 이사의 대화는 『사기』에서는 볼 수 없는
기술이다.[55] 따라서 「조정서」에서 전하고 있는 내용은 『사기』와는 다른

---

55 北京大學出土文獻研究所 編, 앞의 책, 第3~8簡, 2015, 189~199쪽, "而告之曰..「吾自視
天命, 年五十歲而死. 吾行年十四而立, 立卅七歲矣, 吾當以今[歲]死, 而不智(知)其月日,
故出斿(遊)天下, 欲以變氣易命, 不可于(乎)? 今病篤(篤), 幾死矣. 其亟日夜揄[輸], 趣(趨)
至甘泉之置, 毋須後者. 其謹□(微)密之, 毋令群臣智(知)病.」病卽大甚, 而不能前, 故復

서사가 있었음을 추측할 수 있다. 이러한 서사의 차이는 한대에서는 진시황의 죽음을 둘러싼 다양한 문헌이 존재했고 사마천은 그 중의 하나를 선택하여 편집한 것으로 볼 수 있다. 즉 지금까지 중국고대사 연구의 주요한 문헌인『사기』의 사료적 내용과 성격에 대해서는 진지한 검토가 필요한 것이다. 이러한 서술의 차이와 관련하여 주의 깊게 파악해야 할 내용은「조정서」⑭의 기사이다.

『사기』「진시황본기」37년조의 서술에 의하면 시황제의 5차 순행시에 장자 부소와 소자 호해의 동정을 살펴보면 부소는 몽염을 감시하라는 명분으로 서북변경으로 쫓겨났고 호해는 시황제의 총애로서 함께 5차 순행에 동행하였다. 그리고「진시황본기」에서 시황제가 임종때에 부소에게 내린 조서의 "여상회함양이장(與喪會咸陽而葬)"내용은 시황제가 제위를 장자인 부소에게 제위를 계승하고자 한 의향이 있음을 암시한 것으로 해석할 수 있다. 이에 반해「조정서」⑬의 기사는 임종 무렵에 이사가 "의소립(議所立)", "청립자호해위대후(請立子胡亥爲代後)"이라 진언하여 이에 대해 진시황은 "가(可)"라고 대답하여 호해의 계위가 진시황이 임종 전에 논의에 의해서 결정한 것으로 호해의 황제 즉위는 정당한 절차에 따른 것이지 음모에 의하여 정해진 것이 아님을 기술하고 있다. 그러나「진시황본기」의 기사에 의하면 부소는 인애현명(仁愛賢明)하지만 진시황과는 政見이 맞지 않았으며 호해는 혼용잔학(昏庸殘虐)하여 제위를 계승하기에는 부적합한 인물로 묘사되고 있다. 따라서 이러한 모순된 내용의 기사는 진의 멸망과 2세 호해로의 제위 이양 과정의 해석과 관련된 중요한 내용이다.

召丞相斯曰..「吾霸王之□(壽)足矣, 不奈吾子之孤弱何. ……其後不勝大臣之分(紛)爭, 爭侵主. 吾聞之..牛馬鬪(鬭)而蚊蝱(虻)死其下; 大臣爭, 齎(齊)民古(苦). 吾衣(哀)令(憐)吾子之孤弱, 及吾蒙容之民, 死且不忘. 其議所立"(밑줄 인용자)

2013년 호남성 익양현(益陽縣) 토자산(兎子山) 유적의 9호 우물에서 1매의 목독이 출토되었는데 이 목독은 진 이세 원년 10月 갑오일(甲午日)에 즉위한 후, 반포한 조서로서[56] 주요 내용은 '짐봉유조(朕奉遺詔)'의 의미에서 알 수 있듯이 호해의 계위 정당성을 강조하고 있으며, 원년에 새로운 정치의 주요 방침을 공포한 것이다. 즉 천하의 관리와 백성들을 위무하여 혜정을 시행한다는 내용이다.[57] 따라서 조서의 내용은 「조정서」의 내용과 상통하며, 이러한 기록에 근거하면 시황제가 임종 직전에 호해를 제위의 계승자로 결정하였을 개연성은 매우 높다고 해석할 수 있다.[58] 그렇다면 호해의 즉위를 이사와 조고의 음모에 의해 즉위하였다는 『사기』의 기술은 어떻게 해석해야 하는가라는 문제가 자연스럽게 제기될 수 있다.

이와 관련하여 상기한 2세 조서가 발견된 곳과 인근 지역인 호남성 장사시 마왕퇴 한묘에서 발견된 「오성점」에서는 진이세의 기년은 보이지 않고 단지 "장초(張楚)"라고 표기했으며 "시황제"의 기년을 그대로 사용하여 멸망 후에는 바로 "한원년(漢元年)"으로 표기하고 있어 호해의 계승을 부정하고 있음을 추측할 수 있다.[59] 또한 진승(陳勝)이 기병하

---

56 이에 대한 여러 해석이 존재한다. 본고에서는 陳偉, 「《秦二世元年十月甲午詔書》通譯」, 『江漢考古』 總148期, 湖北省文物考古研究所, 2017, 124~126쪽을 참고하였다. 이외에도 孫家洲, 「兎子山遺址出土《秦二世元年文書》與《史記》紀事抵牾解釋」, 『湖南大學學報(社會科學版)』 29권3기, 中國湖南大學, 2015, 18~20; 張春龍·張興國, 위의 논문, 6~7쪽; 吳方基·吳昊, 「釋秦二世胡亥"奉詔登基"的官府報告」, 簡帛網, 武漢大學 簡帛研究中心, http://www.bsm.org.cn/show_article.php?id=2025 등을 참조.

57 孫家洲, 앞의 논문, 2015, 18쪽; 아울러 秦 2世 時期의 令文도 발견되어 胡亥가 비록 3년의 짧은 치세이지만 황제의 진의 통치를 수행했음을 알 수 있다(陳松長, 「岳麓秦簡中的兩條 秦二世時期令文」, 『文物』 9期, 文物出版社, 2015, 88~92쪽.)

58 馬瑞鴻, 「秦二世胡亥繼位說考辨」, 『文化學刊』 7기, 2017~7, 231~234쪽에서는 『사기』와 『趙正書』 그리고 《秦二世元年十月甲午詔書》 등의 자료를 종합적으로 분석하면 호해는 진시황의 법정계승인이라는 점은 더욱 역사적 사실에 부합한다고 주장한다.

59 裘錫圭 主編, 『長沙馬王堆漢墓簡帛集成』 第一冊, 中華書局, 2014, 179쪽.

기 전에 오광(吳廣)과 상의하는 중에 호해의 계위는 정통성이 결여되었음을 언급하였으며,[60] 이러한 호해 계위에 대한 부정적 서술은 한초 시기의 기사인『사기』「숙손통전」의 내용에서도 확인할 수 있다.[61]

진말 한초 시기의 문헌기사와 출토자료의 내용에 의하면 호해의 계위에 대해서 비정통으로 인식하고 있음을 알 수 있다. 이러한 인식은 아마도 당시 시대적 배경에 기인한 역사적 사실에 대한 해석에 기초하였을 것이다. 진승과 같은 반진감정은 "호해부당립(胡亥不當立)"의 이유가 되었을 것이다. 또한 한초의 문헌이나 출토자료의 내용들이 진의 정통을 부정한 새로운 왕조의 창업 계승을 강조한 것은 매우 자연스러운 현상이었다. 이러한 진말·한초의 배경하에서『사기』가 저술된 것이다. 『사기』는 '성일가지언(成一家之言)'의 역사서이며 그 서술의 목적이 한의 성덕을 찬양하기 위한 것이었다. 따라서 진에 대한 부정과 한의 정통성 그리고 한조 황제의 성덕을 강조한 사마천의 역사서술은 시황제 사후 '호해-이사-조고'로 이어지는「조정서」에 반영된 정치적으로는 권력을 장악한 '승자의 비정통'의 역사가 아닌 '부소-몽의(蒙毅)-몽염(蒙恬)'으로 계승된 정치적으로는 권력에서 밀려난 '패자(敗者)의 정통(正統)'의 역사가 한조(漢朝)로 계승되는 인식을 반영한 것이다. 이런 까닭에 시황제가 임종시 호해를 계승자로서 지정한「조정서」의 기록 역시 진의 정통성을 부정한『사기』와 동일한 입장일지라도 서사자의 인식에 따라서 그 계위과정에 대한 서술의 차이가 있음을 알 수 있다.

이러한 모순된 기록은 전세문헌『사기』「진시황본기」와 출토문헌『악록진간(岳麓秦簡)』의 기사에서도 확인된다.

60　『史記』권48「陳涉世家」, 1950면, "吾聞二世少子也, 不當立, 當立者乃公子扶蘇."
61　『史記』권99「叔孫通傳」, 2724~2725면.

⑮ (시황28년) 강수를 타고 상산으로 가서 제사를 지냈다. 대풍을 만나 강을 건널 수가 없었다. 진시황이 박사들에게 물었다. "상군은 어떤 신인가?", 박사들이 대답하였다. "듣자하니 요임금의 딸이고 순임금의 아내인데 이곳에 묻혔다고 합니다." 그러자 진시황은 크게 화를 내며 형도 3천인으로 하여금 상산의 나무를 모두 베게한 후 그 산을 벌거숭이로 만들었다(浮江, 至湘山祠. 逢大風, 幾不得渡. 上問博士曰 "湘君何神？" 博士對曰 "聞之, 堯女, 舜之妻, 而葬此." 於是始皇大怒, 使刑徒三千人皆伐湘山樹, 赭其山)

『史記』권6 「秦始皇本紀」

⑯ • (진시황)28년4월기묘일, 승상 외장과 왕관은 상산에서 황제의 제서를 받았다. 내가 천하를 이미 천하를 병합한 이래로 친히 해내를 어루만져 남으로 창오에 이르러 동정의 물을 건너 상산과 병산에 오르니 그 수목이 우거진 것이 아름답고, 낙취산을 바라보니 남으로 수목이 □ 또한 아름다우니 이를 모두 베지 못하도록 금하라(•卅六(八)年四月己卯丞相臣狀·臣綰受制相(湘)山上, "自吾以天下已幷, 新撫晦(海)內, 南至蒼梧, 凌涉洞庭之水, 登相(湘)山·屛山. 樹木野美, 望駱翠山以南樹木 □ 見亦美, 其皆禁勿伐.

『岳麓秦簡(5)』056~057簡[62](밑줄인용자)

위의 두 기사는 상산의 나무를 베어내는 것과 관련한 밑줄친 상반된 내용을 서술하고 있다. 이와같이 전세문헌인 『사기』「진시황본기」와 관련한 출토문헌인 「조정서」와『악록진간』의 기사는 상반된 내용이다. 이와같이 동일한 사실이지만 상반된 고전의 기사를 접하면 현재의 연구자 혹은 독자들은 어떠한 입장에서 이를 해석해야 할지 곤혹스러

---

62   朱漢民·陳松長 主編, 『岳麓書院藏秦簡(伍)』, 上海辭書出版社, 2017.

운 입장에 처할 것이다. 그렇다고 우리는 지금까지 아무런 의심없이 읽어 온, 혹은 의심이 들더라도 수정을 위한 비교 대상이 없던 전세문헌의 고전인 『논어』, 『사기』 등에 기록된 내용을 부정할 수도 없을 것이다. 이와같이 서사자에 의해 작성된 상이한 기록은 그동안 아무런 의심 없이 읽어오던 전세문헌 고전의 내용에 대한 긍정 여부를 판단해야 하는 것인가? 아니면 또 다른 해석을 강구해야 하는가? 이것이 현재 출토문헌의 발굴이 나날이 증가하면서 전세문헌을 이해하는데 발생한 예상하지 못한 문제이다.

4. 결론 및 제언: 동일한 문헌에 대한 상이한 서사의 존재

앞에서 서술한 논어간의 유형을 묶어보면, 우선 발굴지에 따라 그 형태상의 차이가 두드러지게 나타난다는 점이 주목된다. 우선 정주와 평양출토 논어간 및 해혼후 논어간은 모두 묘에서 발굴되었고, '죽간(竹簡)'이라는 공통점이 있다. 반면 중국의 현천치와 놉노프[羅布淖爾]에서 발견된 논어간은 일반 유적지에서 발굴되었고, '목간(木簡)'이다. 또한 묘에서 발굴된 논어죽간의 용도는 일차적으로 부장용이라는 점은 쉽게 짐작할 수 있다. 그러나 이것이 묘주가 생전에 사용한 것을 부장한 것인지? 또는 부장용으로 특별 제작된 명기(明器)인지에 대해서는 밝혀진 것이 없다. 부장용 여부가 중요한 까닭은 묘에서 발견된 논어간이 단순 장례 용품의 일종이라면 간독형태의 문자자료에 대한 학술적 신뢰성과 사료적 가치가 떨어질 수밖에 없기 때문이다.

실제 정주논어죽간의 경우 가체자(假借字)와 이체자(異體字) 및 약자(略字)·탈자(脫字)는 물론이고 오자(誤字)도 상당수 발견되고, 잔존 자수는 현행본의 절반에도 못 미치는 분량임에도 700여 곳에서 현행본과의 차이가 발견되는데 이는 전체 글자 수 7,576자의 약 10%에 해당하는 분량이다.[63] 이러한 현상은 일반적으로 비전문 서사가 논어를 초사하는 경우 자신의 편의에 따라 정본의 일부 글자를 가차자·이체자·약자 등으로 대체하거나 혹은 실수로 글자를 누락 또는 오기하였을 가능성이 있다. 그러나 정주 논어간의 경우, 묘주의 신분이 제후왕이고 논어뿐만 아니라 유가자언(儒家者言)·애공문오의(哀公問五義)·보부전(保傅傳)·태공(太公)·문자(文子) 등의 유가와 관련된 다수의 전적과 더불어 육안왕조오봉이년정월기거기(六安王朝五鳳二年正月起居記)·일서(日書)·주의(奏議) 등 실용서에 속하는 서적도 부장되어 있다. 더욱이 논어간 중 오기한 부분을 수정한 흔적이 그대로 드러나 있는가 하면, 총 2,500여 매의 죽간 옆에는 서도(書刀)와 장방형의 벼루 및 동호(銅壺) 형태의 연적까지 놓여 있기 까지 하였다. 이는 정주간이 형식적인 장의용품의 일종으로 제작되어 부장된 것이 아니라 묘주가 생전에 실제 사용한 손때 묻은 서적 중의 하나였으며, 나아가 명계(冥界)에서도 문자생활을 향유하기 위한 준비물이기도 하였음을 보여주는 것이다.[64]

한편, 정주간을 문자학의 측면에서 보면, 현행본 논어와 달리 어기조사(語氣助詞)와 통가자가 많은 것이 특색인데, 이것은 논어를 암송용의 구어체로 편집한 결과임을 알 수 있다. 예컨대, 현행본 「위령공편(衛靈公篇)」과 죽간본을 비교하여 보자.

현행본 위령공편: 君子不可小知而可大受也, 小人不可大受而可小知也
죽간본: 君子不可小知也, 而可大受也, 小人不可大受也, 而可小知也
죽간본에는 어기조사인 "야(也)"가 현행본보다 배나 늘어나 있다.

---

63 河北省文物研究所定州漢墓竹簡整理小組, 『定州漢墓竹簡論語』 1~2면.

64 尹在碩, 「韓國·中國·日本 출토 論語木簡의 비교 연구」, 『東洋史學研究』, 2011, 31쪽.

어기를 살리기 위해 "야(也)"자를 고의적으로 삽입하여 구송(口誦)에 편의를 도모한 것이다.[65] 또한 당대(唐代)에 초록된 정현주본(鄭玄注本)의 이인편(里仁篇): "군자지어천하 무적,무막,의지여비(君子之於天下, 無適, 無莫, 義之與比)"는 정주논어죽간에는 "군자어천하 무적 무막 의지여비(君子於天下, 無適, 無莫, 義之與比)"로 기록되어 있다. 즉 "지(之)"를 삽입하여 동일한 효과를 얻고자 한 것으로 추측할 수 있다. 이와 같은 사례는 정주 논어간의 전편에 걸쳐 열거할 수 없을 정도로 빈출한다. 이외에도 정주간이 구어체로 편찬된 것임을 입증하는 사례로 통가자의 빈출을 들 수 있다. 고대 한적에서 통가자가 나오는 것은 일반적 현상이지만, 정주 논어간의 초사자는 저본 논어의 내용을 귀로 듣고 바로 옮겨 적는 바람에 정자와 별자를 구별할 틈이 없이 초사하였을 것으로 추정된다. 즉, 유(誘)는 유(牖)로, 미(彌·迷), 민(閔·鼉), 屢(루)·居(거), 동(公·功), 독(篤)·축(祝), 영(佞)·년(年), 음(陰·音), 고(固·故) 등의 통가자가 발견되는데, 다 알듯이 통가 관계에 있는 글자들은 서로 의미가 전혀 다르지만 음가만 고려하여 발음하기 쉬운 구어체로 작성한 것이다. 이는 한편으로는 유수(劉修)의 묘에서 출토된 논어죽간이 묘에 부장하기 위해 특별히 제작된 명기류(冥器類)와 전혀 다르게 유수(劉修)가 평소 즐겨 사용한 손때 묻은 서적이었음을 입증하는 것이다.

또 다른 사실은 정주간에는 글자의 수정 흔적이 그대로 드러나 있다는 점이다. 『정주간』의 범례 중에는 원래 이 논어죽간을 작성할 때 작성자 스스로가 글자를 삭제하여 생긴 공간을 ○으로 처리하였다고 한다.[66] 예컨대 「선진편(先進篇)」의 관련 내용을 살펴보자.

---

65 陳東, 「關于定州漢墓竹簡論語的幾個問題」, 『孔子研究』 2003年 第2期, 11~13쪽 참조.
66 河北省文物研究所定州漢墓竹簡整理小組, 위의 책, 8면.

季子然問, '仲由·冉求可謂[大臣]與?' 子曰, '吾以子爲異之問, 曾由與求 ○問. 所謂大臣○, 以道[事君, 不可] [則]止. 曰與求也, 可[謂具臣]○.' ○ '然則從之者與?' 子[曰: '殺父與君, 亦不從也.'"[67]

원래의 간문에 글자를 삭제한 흔적이 남아 있는 것은 초사자가 원본을 초사한 후 초사 대상 원본과 초사본을 대조하여 오자가 발견되거나 암송하는 데 지장이 있는 필요없는 글자를 서도로 삭제한 결과일 것이다. 이는 곧 정주간이 유수가 생전에 즐겨 읽은 서적의 하나임을 또다시 입증하는 것이라 하겠다. 더욱이 정주간 중 가장 많은 분량이 남아 있는 694글자의 「위령공편(衛靈公篇)」의 경우, 첫 구절인 "위령공문진어공(衛靈公問陳於孔)"부터 마지막 구절인 "고상사지[도야](故相師之[道也])"[68]는 현행본의 해당 부분과 완전히 일치한다. 또한 정주간의 가장 마지막 편장인 「요왈(堯曰)」의 가장 말미에 기재된 "범이장(凡二章), [범삼백입이자(凡三百卄二字)]"는[69] 한대 당시 「요왈」편이 322자로 구성되었음을 의미하는데,[70] 이는 370자로 구성되어 있는 현행본 논어의 「요왈편」과 거의 일치한다. 따라서 정주간의 가장 마지막 편인 「요왈편」과 현행본 논어의 가장 마지막 편인 「요왈편」이 편장의 순서와 자수가 서로 일치함을 알 수 있는데, 이는 정주간이 현행본 논어와 동일한 편찬방식으로 제작된 완질본 논어임을 보여주는 것이며 동시에 다른 편명의 수자가 적은 것과 비교하여 고려한다면 서사자의 목적과 용도에 따른 논

---

67 이외에도 이러한 현상은 先進篇: "賜[不受命], ○貨殖焉, 億則居中."와 衛靈公篇: "[子曰: '君]子謀道不謀食. 耕也, 餒在其中○, 學矣, 食在其中○. 君子憂道不憂貧."에서도 나온다.

68 河北省文物研究所論語竹簡整理小組, 위의 책, 70~74면.

69 河北省文物研究所論語竹簡整理小組, 위의 책, 98면.

70 河北省文物研究所論語竹簡整理小組, 위의 책, 97~98면. 堯曰篇에는 현재 282자만 남아 있지만 원래는 322자였던 것이 죽간의 훼손으로 약 40글자를 확인하지 못한 것일 뿐이다.

어 편장과 분량에 대한 의도적 축약이라는 가능성도 부정할 수 없다.

한편, 앞에서 소개한 『사기』「진시황본기」와 출토문헌 「조정서」의 서사 차이도 서사자의 목적과 의도라는 차원에서 생각한다면 『논어』와 커다란 차이는 없을 듯 하다. 『사기』의 기록은 비교적 사실에 정확함을 알 수 있다. 예를 들면, 효문왕(孝文王)의 즉위와 사망 시간이 불과 3일 이라고 기록하고 있는데[71] 『수호지진간(睡虎地秦簡)』에는 "효문왕원년 (孝文王元年), 입즉사(立即死)"[72]라고 기록되어 있어 『사기』 기술의 신뢰 성을 부여할 수 있다. 그렇다면 「조정서」의 관련 기사 역시 사실에 근거 한 작성 내용인가? 이와 관련하여 먼저 진시황의 5차 순행에 동행한 인 물들과 관련한 기사를 검토하여 보자. 「조정서」의 기록에 의하면 진시 황의 5차 순행에 동행한 중심 인물은 승상 이사, 어사대부 풍거질, 낭중 령 조고 등이다. 『사기』의 관련기사와 비교하면 이사와 조고의 동행은 분명하지만 풍거질은 그 기록에 차이가 보인다.

⑰ 37년 10월 계축일 시황제가 巡遊에 나섰다. 좌승상 이사가 따랐으며 우승상 풍거질은 (궁을) 지켰다(三十七年十月癸丑, 始皇出游. 左丞相斯從, 右 丞相去疾守)[73]

⑱ 승상 이사와 어사 풍거질이 죽음을 무릅쓰고 머리를 조아리며 말하 였다(丞相斯·御史臣去疾昧死頓首言曰)[74]

⑰의 「진시황본기」의 기사에 의하면 풍거질은 우승상의 관직에 있 으면서 시황제가 출유(出遊)할 때에 동행하지 않고 궁성을 지키고 있었

---

71 『史記』 권5 「秦本紀」, 219면, "孝文王 元年, 赦罪人, 修先王功臣, 襃厚親戚, 弛苑囿. 孝文 王除喪, 十月己亥即位, 三日辛丑卒, 子莊襄王立."

72 『睡虎地秦簡』 「編年記」 6면.

73 『史記』 권6 「秦始皇本紀」, 260면.

74 北京大學出土文獻研究所 編, 앞의 책, 2015, 190쪽.

다. 이에 반해 ⑱의 「조정서」에는 어사대부의 관직에 있으면서 출유에 동행하고 있다.[75] 즉 37년 시황제 출유 때에 풍거질과 관련한 두 기사의 서술은 전혀 상반된 내용을 보이고 있다. 이 모순된 기사의 진위를 판명하기 위하여 「진시황본기」 이세원년의 관련 기사 중 2세 황제와 조고의 대화 내용을 언급하면 다음과 같다.

> ⑲ 승상 이사·풍거질·어사대부 덕은 죽음을 무릅쓰고 진언합니다. '폐하의 조서를 이 돌에 새겨 모든 것을 명백히 하시기를 신들은 죽음을 무릅쓰고 청합니다."황제가 허락하였다. 요동까지 순행한 후 돌아왔다.(丞相臣斯, 臣去疾, 御史大夫臣德昧死言:「臣請具刻詔書刻石, 因明白矣. 臣昧死請.」制曰..「可」遂至遼東而還)"[76]   (밑줄인용-자)

1행: □□臣斯臣去
    疾御史大臣□
2행: 昧死言
3행: 臣請具刻詔書
    金石刻因明白
4행: 矣臣昧死請

⑲의 기사는 시황제의 마지막 순행을 마친 다음 해 2세 황제가 즉위한 직후의 일이다. 위의 가사에 의하면 풍거질의 관직은 승상임을 알수가 있다. 더욱이 이러한 내용은 위의 기사가 각석되어 있는 「태산각석(泰山石刻)」 비문의 내용과 대조하여 보면 보다 분명히 알 수 있다. 비문은 4행으로 내용은 다음과 같다.(右에서 左로, 1~4행)

⑲의 기사의 밑줄 부분과 「태산석각」 비문의 내용을 비교하여 보

---

75   王子今, 「論《趙正書》言"秦王" "出遊天下"」, 『魯東大學學報』(哲學社會科學版) 第33卷2期, 2016.

76   『史記』권6 「秦始皇本紀」, 266면.

면 그 기사 내용이 일치함을 알 수 있다. 따라서 ⑰과 ⑱의 기사와 ⑲의 기사가 비록 1년이라는 시간적인 차이가 보일지라도 풍거질의 관직은 (우)승상이었을 가능성이 매우 높다. 왜냐하면 ⑲의 「진시황본기」의 기사와 「태산각석」 비문 기록을 보면 풍거질의 이름 다음에 어사대부가 나오기 때문이다. 즉 풍거질이 어사대부가 아니라는 사실이다. 따라서 어사대부는 덕(德)이라는 사람일 가능성이 크다. 그렇다면 바로 전 해인 진시황 37년에 풍거질의 관직은 우승상일 가능성이 높아졌다는 사실이다. 더욱이 진시황 죽음과 관련된 주요 인물들의 관직의 연원을 조사하여 보면 다음과 같다.

〈표 3〉 『사기』 「진본기」·「진시황본기」에 보이는 주요 관직표

	右丞相	左丞相	御史大夫	廷尉	出典(秦始皇本紀)
武王 2年	甘茂	樗里疾			二年, 初置丞相, 樗里疾·甘茂為左右丞相(秦本紀)
秦始皇26		王綰	馮劫	廷尉斯	丞相綰、御史大夫劫、廷尉斯 等皆曰
27					
28	隗林	王綰			列侯武城侯王離·列侯通武侯王賁·倫侯建成侯趙亥·倫侯昌武侯成·倫侯武信侯馮毋擇·丞相隗林·丞相王綰·卿李斯·卿王戊·五大夫趙嬰·五大夫楊樛從, 與議於海上.
29~33					
34		丞相李斯			三十四年, 適治獄吏不直者, 築長城及南越地. 始皇置酒咸陽宮, 博士七十人前為壽⋯⋯始皇下其議. 丞相李斯曰.
35~36					

	右丞相	左丞相	御史大夫	廷尉	出典(秦始皇本紀)
37	去疾 (처음보임)	李斯			三十七年十月癸丑, 始皇出游. 左丞相斯從, 右丞相去疾守. 少子胡亥愛慕請從, 上許之.
2세 元年	去疾	李斯	御史大夫臣德		春..丞相臣斯·臣去疾·御史大夫臣德昧死言.「臣請具刻詔書刻石, 因明白矣. 臣昧死請.」制曰.「可..」遂至遼東而還.
2	右丞相 去疾	左丞相斯			二年冬, ..於是二世常居禁中, 與高決諸事. 其後公卿希得朝見, 盜賊益多, 而關中卒發東擊盜者毋已. 右丞相去疾·左丞相斯·將軍馮劫進諫曰..下去疾·斯·劫吏, 案責他罪.
3		趙高			三年,..冬, 趙高為丞相, 竟案李斯殺之.

〈표 3〉에 따르면, 진시황에 통일의 위업을 달성하는 과정에서 중요한 역할을 수행한 인물들을 확인할 수 있다. 진시황 26년 통일 시에는 승상 왕관(王綰)·어사대부 풍겁(馮劫)·정위(廷尉) 이사가 중심적 역할을 수행했음을 알 수 있다. 통일 이후의 시기에서 이사는 진시황 33년에 승상으로 승진하고 있으며, 풍거질은 진시황 37년에 우승상의 관직으로 처음으로 보인다. 더욱이 2세 황제 즉위 이후에는 계속해서 우승상의 관직을 역임하였고 어사대부는 덕이라는 인물이 임용되었음을 보다 명확히 알 수 있다. 따라서 「조정서」의 기사 내용은 사실과는 다름을 알 수 있다. 그렇다면 진시황 통일에서 가장 측근에서 보좌한 인물인 조고와 관련한 기사를 검토해보면 「조정서」 기사의 진위성을 보다 분명히 알 수 있다.

『사기』 「몽염열전」(조고자趙高者, 제조소원속야諸趙疏遠屬也. 조고곤제수인趙高昆弟數人, 개생은관皆生隱宮)과 「진시황본기」(이세황제원년二世皇帝元

年, 년이십일年二十一. 조고위낭중령趙高爲郎中令, 임용사任用事)의 관련기사에 의하면, 조고는 본래 은관이었지만 사면으로 관직이 회복되어 낭중령에 이른 인물로 소개되고 있다. 그러나 「조정서」에는 다음과 같이 기록되어 있다.

> ⓐ 왕이 죽은 뒤 호해가 즉위하자 곧바로 형 부소와 중위 몽염을 죽였다. 대대적으로 죄인을 사면하엿고 예신 조고를 면하여 낭중령으로 삼았다(王死而胡亥立, 即殺其兄夫(扶)胥(蘇)·中尉恬. 大□(赦)罪人, 而免隸臣高以爲郎中令)[77]

그런데 진. 한의 법령에 따르면 조고의 신분이 '예신(隸臣)'일 경우에는 낭중령의 관직에 오를 개연성은 거의 없다. 이와 관련하여 아래의 법령 조문을 검토하여 보자.

> ⓑ 작2급을 반납하고 신첩이 된 친부모 한 사람을 면하게 하거나 신이 참수하여 공사가 되었는데 공사의 작을 반납하고 현재 예첩 신분인 자신의 처 한 명을 속면하고자 하고자 하는 경우는 이를 허락하고 예첩 신분을 면하고 서인이 되게 한다(欲歸爵二級以免親父母爲隸臣妾者一人, 及隸臣斬首爲公士, 謁歸公士而免故妻隸妾一人者, 許之, 免以爲庶人[78]
>
> ⓒ 도주전한 자 및 이를 도와준 사죄(死罪)의 자를 체포한 자에게 작1급을 준다. 그가 작위로서 죄인을 면제하고자 한다면 허락한다. 1인을 체포하였다면 죄사(罪死)1인을 면제해주고 성단용·귀신백찬은 2인을 면제해주고 에신첩·수인·사공은 3인을 면제하여 서인으로 삼는

---

77 北京大學出土文獻硏究所 編, 앞의 책, 2015, 190쪽.
78 『睡號地秦簡』「秦律十八種·軍爵」, 55면.

다(捕盜鑄錢及佐者死罪一人, 予爵一級. 其欲以免除罪人者, 許之. 捕一人, 免除死罪 一人, 若城旦舂·鬼薪白粲二人, 隸臣妾·收人·司空三人以爲庶人) [79]

　　위의 두 조항만을 보더라도 예신첩 등의 노비와 죄인이 사면된 신분은 서인임을 보여주는 진한시기의 법률규정이다. 따라서 ⓐ 기사인 예신 신분인 조고가 사면되어 낭중령이 되었다는 기사는 당시 법률규정과는 모순되는 내용이다. 이러한 기사는 아마도 「조정서」의 편자가 신분이 비천한 조고가 낭중령이 되었다는 사실에 근거하여 신분의 비천함을 강조하여 예신으로 상정하고 저술하였을 것이다. 만약 이와 같다면 「조정서」의 서술은 사실에 근거하였지만 서사자의 의도가 일정 정도 반영된 허구적 내용이 기재되었다고 볼 수 있다.

　　이상과 같이 『논어』와 『사기』의 내용을 통해서 동일한 텍스트이지만 상이한 기록은 서사자의 인식에 따른 결과임을 검토하였다. 서사자의 신분을 거의 알 수 없는 제한적 정보는 텍스트가 어떤 목적과 인식 하에서 쓰여진 것인가를 확증하기에는 무리가 있다. 그렇지만 이러한 배경을 규명하기 위해서는 서사된 고전문헌에 대한 새로운 비판적 고전읽기 방법을 모색해야 한다. 지금까지의 종래 텍스트 중심의 고전 읽기 방법에서 벗어나 학제적 방법론에 입각한 새로운 고전 읽기, 즉 종합적 성격의 학문으로서 고전 연구와 읽기를 해야 한다. 본론에서 예시한 『논어』와 『사기』라는 텍스트가 주는 선험적 인식, 즉 사상과 철학 그리고 역사라는 학문 영역에 고착된 고전 읽기에서 벗어난 고전 읽기가 필요하다. 왜냐하면 '고전' 문헌도 그 당대에 쓰여진 서사임을 상기한다면 쓰여진 '당대'의 역사는 물론 사회와 문화 등 다양한 분야에 대한

79 　『張家山漢簡』「二年律令·錢律」, 160면.

전반적인 이해와 지식의 전제하에서 고전읽기와 연구가 진행되어야 하기 때문이다. 이러한 인식과 학제적 연구 방법론이 전제된다면 출토 문헌과 같은 새로운 자료가 출현하여도 '호기심'의 대상이 아닌 전세문 헌의 이해를 제고하기 위한 '연구'의 대상으로 보다 쉽게 접근할 수 있기 때문이다.

향후 고전과 관련한 출토문헌의 발굴이 점차 증가하는 추세에서 '동일한 사실'에 대한 '상이한 기록'이 점차 증가되는 상황은 어렵지 않게 예상할 수 있다. 더욱이 출토문헌은 전세문헌처럼 정제된 서체와 누락없는 완성된 문장도 아니며 간문의 배열도 정확하지 않아 어떤 경우에는 의미 파악조차 쉽지 않은 경우도 발생한다. 그렇지만 분명한 사실은 출토문헌에는 전세문헌 '고전'과 함께 논의해야 할 중요한 내용이 기록되어 있다는 점이다. 이러한 측면에서 더 이상 전세문헌 '고전'에 대한 연구는 종래 분과적 연구 방법에 입각한 하나의 연구 영역이 아닌 것이다. 출토문헌의 새로운 내용은 물론이고 인접 학문의 연구 성과를 반영한 종합적인 학제적인 학문의 중심으로 거듭나야 하는 것이다. 적어도 동아시아 사회에서 한자를 매개로 형성된 고전이란 학문은 근대 서구 학문의 영향으로 성립된 분절된 학문영역의 하나로서가 아닌 '경사(經史, 경학經學과 역사歷史)' 혹은 '문사(文史, 문학과 역사)'가 융합된 다양한 학문을 통섭하는 학문으로 거듭나야 하는 것이다. 관련 분야 연구자들이 한 공간에 모여 함께 연독(研讀)하는 새로운 학문 공간의 중심이 되어야 하는 것이다. 이럴 때 이른바 '공자님' 말씀은 한 글자도 고칠 수 없다는 비교대상 자료가 없던 시기의 '확고한' 신념에 입각한 수정되지 않는 불변의 진리로서의 '고전'이 아닌 전해지는 고전 본래의 의미는 계승하되 시대적 상황에 맞는 탄력적 사고와 가변적이고 객관적 텍스트로서의 고전을 대할 수 있을 것이다. 우리가 만나고자 하는 '고전'은 쉽게 다가갈 수 없는 박물관 유리 전시장 안에 소장된 텍스트가 아닌 다양한 학문을 통섭하고 일상에서 함께 호흡하고 살아있는 도서관 서가의 공간에 위치하여 모든 사람들이 접할 수 있는 텍스트로서의 '고전'인 것이다.

참고문헌

『漢書』 권30 「藝文志」.

『漢書』 권30 「藝文志」.

『漢書』 권81 「張禹傳」.

『史記』 권48 「陳涉世家」.

『史記』 권5 「秦本紀」.

『史記』 권6 「秦始皇本紀」.

『史記』 권99 「叔孫通傳」.

『睡號地秦簡』 「編年記」.

『睡號地秦簡』 「秦律十八種·軍爵」.

『隋書』 권32 「經籍志」.

『張家山漢簡』 「二年律令·錢律」.

『張家山漢墓竹簡』, 2001, 「蓋廬」.

國家文物局古文獻研究室, 河北省博物館, 河北省文物研究所, 「定縣40號漢墓研究竹
　　　簡簡介」 1981, 『文物』 8.

江西省文物考古研究所·首都博物館 編, 『五色炫曜 ― 南昌漢代海昏侯國考古成果』,
　　　江西人民出版社, 2016.

北京大學出土文獻研究所 編, 『北京大學藏西漢竹書(參)』, 上海古籍出版社, 2015.

陳東, 「關于定州漢墓竹簡論語的幾個問題」, 『孔子研究』 2003年 第2期.

陳華麗, 「馬王堆漢墓帛書《老子》"《德》在《道》先"小議」, 『湖南省博物館館刊』第14輯,
　　　2018.

陳侃理, 「『史記』與『趙正書』― 歷史記憶的戰爭」, 『中國史學』 제26권, 日本中國史學
　　　會, 2016.

陳偉, 「《秦二世元年十月甲午詔書》通譯」, 『江漢考古』總148期, 湖北省文物考古研究
　　　所, 2017.

陳偉, 『新出楚簡研讀』, 제4장 「上博竹書研讀(一)」, 武漢大學出版社, 2010.

김경호,「前漢 海昏侯 劉賀 墓의 性格과『論語』竹簡」,『史林』제60호, 2017.

甘肅簡牘保護硏究中心·甘肅省文物考古硏究所 等,『肩水金關漢簡』(壹)-(伍), 中西書局, 2011~2015.

工藤卓司,「北京大學藏西漢竹書『趙正書』における「秦」敍述」,『中國硏究文集』果號(總63號), 2017.

韓嬰 著, 周廷寀 校注,『韓氏外傳』(叢書集成初編) 권7,

河北省文物硏究所,「河北定縣40號漢墓發掘簡報」1981,『文物』8.

河北省文物硏究所定州漢墓 竹簡整理小組,『定州漢墓竹簡論語』, 1997, 文物出版社.

胡平生·張德芳,『敦煌懸泉漢簡釋粹』, 上海古籍出版社, 2001.

湖南省博物館·復旦大學出土文獻與古文字硏究中心 編纂, 裴錫圭 主編,『長沙馬王堆漢墓簡帛集成』(全七冊), 中華書局, 2014.

黃文弼,『羅布淖爾考古記』(中國西北科學考察團叢刊之一)』, 國立北京大學出版部, 1948.

江西省文物考古硏究所·南昌市博物館·南昌市 新建區博物館,「南昌市西漢海昏侯墓」,『考古』2016~7.

金秉駿,「樂浪郡 初期의 編戶過程과 ‘胡漢稍別’—「樂浪郡初元四年縣別戶口多少ロロ」木簡을 단서로」,『木簡과文字』창간호, 2008

金秉駿,「樂浪郡初期の編戶過程 —「樂浪郡初元四年 戶口統計木簡を端緒として」,『古代文化』61~2, 2009.

金慶浩,「한·중·일 동아시아 3국의 목간 출토 및 연구 현황」,『한국고대사연구』59, 2010.

荊門市博物館,『郭店楚墓竹簡』釋文「窮達以時」, 文物出版社, 1998.

李成市·尹龍九·金慶浩,「平壤貞柏洞364號墳等출토 竹簡《論語》에 대하여」,『木簡과文字』第4號, 2009→中譯:『平壤貞柏洞364號墓出土竹簡《論語》,『出土文獻硏究』第十輯, 2011.

李零,『簡帛古書與學術原流』第六講「簡帛古書的體例與分類」, 三聯書店, 2004.

李零,『簡帛古書與學術源流』(修訂本), 生活·讀書·新知 三聯書店, 2008.

李學勤 主編,『論語注疏』(十三經注疏), 卷6「雍也」, 北京大學出版社, 1999.

李學勤 主編,『十三經注疏』(標點本)』, 北京大學出版社, 1999.

劉向 著, 楊以漟 校,『說苑』(叢書集成初編) 권17「雜言篇」, 中華書局, 1985.

馬承源 主編,『上海博物館藏楚竹書(二)』,「容成氏」, 上海古籍出版社, 2002.

馬衡,『漢石經集存』, 上海書店出版社, 2014.

馬瑞鴻,「秦二世胡亥繼位說考辨」,『文化學刊』7기], 2017~759) 裴錫圭 主編,『長沙馬王堆漢墓簡帛集成』第一冊, 中華書局, 2014.

馬王堆漢墓帛書整理小組 編,『戰國縱橫家書』, 文物出版社, 1976.

淺野裕一,『古代思想史と郭店楚簡』, 汲古書院, 2005.

淺野裕一,『竹簡が語る古代中國思想(一) ― 上博楚簡硏究』, 汲古書院, 2005.

山東省博物館·臨沂文物組,「山東臨沂西漢墓發現《孫子兵法》和《孫臏兵法》等竹簡的
　　　簡報」,『文物』2기, 文物出版社, 1974.

孫家洲,「兎子山遺址出土《秦二世元年文書》與《史記》紀事抵牾解釋」,『湖南大學學報
　　　(社會科學版)』29권3기, 中國湖南大學, 2015

王素,「河北定州出土西漢簡本論語新探」,『簡帛硏究』第3集(主編 李學勤 謝桂華, 廣西敎育
　　　出版社, 1998.

王意樂·徐長靑·楊軍,「海昏侯劉賀墓出土孔子衣鏡」,『南方文物』2016~3

王子今,「論《趙正書》言"秦王""出遊天下"」,『魯東大學學報』(哲學社會科學版) 第33卷
　　　2期, 2016.

吳方基·吳昊,「釋秦二世胡亥"奉詔登基"的官府報告」, 簡帛網, 武漢大學 簡帛硏究中
　　　心, http://www.bsm.org.cn/show_article.php?id=2025

蕭從禮·趙香蘭,「金關漢簡"孔子知道之易"爲《齊論·知道》佚文蠡測」,『簡帛硏究2013』,
　　　廣西師範大學出版社, 2014.

徐富昌,「從簡帛本"老子"觀察古籍用字問題 ―以"古今字與通假字爲中心」,『簡帛』第
　　　2輯, 上海古籍出版社, 2007.

楊軍·王楚寧·徐長靑,「西漢海昏侯劉賀墓出土『論語·知道』簡初探」,『文物』12, 2016.

姚磊,「北大藏漢簡《趙正書》釋文補正」,『古籍整理硏究學刊』2016~1.

姚磊,「北大藏漢簡《趙正書》中的秦始皇形象」,『歷史敎學問題』1기, 2017,

銀雀山漢墓竹簡整理小組,『銀雀山漢墓竹簡』,「釋文·註釋」, 文物出版社, 1985.

尹龍九,「平壤出土『樂浪郡初元四年縣別戶口簿』硏究」,『木簡과 文字』第3호, 2009.

尹龍九,「새로 발견된 樂浪木簡 ― 樂浪郡 初元四年 縣別戶口簿」,『韓國古代史硏究』
　　　46, 2007.

尹在碩,「韓國·中國·日本 출토 論語木簡의 비교 연구」,『東洋史學硏究』, 2011.

張德芳·郝樹聲,『懸泉漢簡硏究』, 甘肅文化出版社, 2009.

張家山二四七號漢墓竹簡整理小組,『張家山漢墓竹簡』(이하,『張家山漢簡』, 文物出版社,
　　　2001; 邵鴻,『張家山漢簡《蓋廬》硏究』, 文物出版社, 2007.

張政烺,「《春秋事語》解題」,『文物』제1기, 1977.

趙化成,「北大藏西漢竹書《趙正書》簡說」,『文物』第6期, 文物出版社, 2011.

中國國家圖書館 中國國家古籍保護中心 編,『第一批國家珍貴古籍名錄圖錄』(第1冊),
　　　「一. 漢文珍貴古籍名錄·00077論語」, 國家圖書館出版社, 2008.

朱漢民·陳松長 主編,『岳麓書院藏秦簡(伍)』, 上海辭書出版社, 2017.

손영종,「락랑군 남부지역(후의 대방군지역)의 위치 ― '락랑군 초원4년 현별 호구다소口

□ '통계자료를 중심으로」, 『력사과학』 198, 2006.

손영종, 「료동지방 전한 군현들의 위치와 그 후의 변천(1)」, 『력사과학』 199, 2006.

고은미(高銀美, Go Eun-mi)

성균관대학교 동아시아학술원 교수. 일본중세사 전공. 10~14세기 동아시아교류사 및 일본중세사를 연구하고 있다. 관련 연구로 「Characteristics of overseas Chinese residents and the background behind the formation of their settlements in the Song period」(2022), 「일본의 역사 전개와 무사정권」(2023) 등이 있다.

1. 머리말

원대의 무역선은 무역 관련 기본 규정인 시박칙법(市舶則法)에 따라 해외를 왕래했다. 1293년과 1314년에 제정된 시박칙법에 따르면, 무역선은 겨울 북풍이 불 때 소재지의 시박사(市舶司; 무역관리기구)에 신청하여 시박사의 상급 관청인 총사(總司; 泉府司 혹은 行省)[1]를 통해 대형 선박은 공험(公驗)을 소형 선박은 공빙(公憑)를 발급받아 출발하고, 이듬해 여름에 남풍이 불 때 돌아와 원래 공험을 발급받은 시박사로 가서 관세를 납부한 후 민간과 교역할 수 있는 구조였다.[2] 다만 겨울에 북풍이 불 때 출항하여 이듬해 여름 남풍이 불 때 돌아오는 것은 주로 동남아시아 방

---

1   원대의 기본 방침은 각 지방의 최고 행정기관인 행성(行省)에 무역 업무를 관리하게 하는 것이었으나, 1280년에서 1311년 사이에는 중앙에 천부사(泉府司)를, 관련 행성에는 행천부사(行泉府司)를 두어 특권 어용 상인인 오르토(斡脫) 및 무역 업무를 관리하게 한 시기도 있었다(陳高華·吳泰,『宋元時期的海外貿易』, 天津人民出版社, 1981, 69쪽).

2   『大元聖政國朝典章』卷22, 戶部8, 市舶, 市舶則法二十三條(至元三十年, 1293);『大元通制條格』卷18, 市舶, 延祐元年(1314)市舶則法.

면을 왕래하는 선박의 사이클이기 때문에, 원대의 시박칙법이 천주(泉州)와 광주(廣州) 시박사의 상황에 근거하여 정해진 규정이라는 것도 알 수 있다.[3]

이를 통해 해외로 나가는 선박에 일종의 무역 허가서인 공험·공빙을 발급하여 관리했다는 사실을 알 수 있는데, 다만 문제는 원을 왕래하는 모든 무역선이 공험이나 공빙을 소지하는 것이 의무였는지 여부이다. 즉 시박칙법이 중국 측의 선박은 물론 외국에서 오는 선박에도 일률적으로 적용되었는지 여부가 명확하지 않은 것이다.

예를 들어 일본 선박이 이 시박칙법의 적용 대상이었는지도 명확하지 않다. 시박칙법이 중국을 왕래하는 모든 선박에 적용된다는 입장에서 보면, 일본 선박도 다른 선박과 마찬가지로 귀국할 때에는 경원시박사(慶元市舶司)에서 공험을 발급받아 출항하고 다음번 원에 올 때 그것을 반납해야 했다.[4] 이러한 해석에 따르면 시박사가 폐지되어 선박의 해외 왕래가 금지되면 일본 선박도 기본적으로 출항이 불가능해진다.

원대에는 종종 시박사를 폐지하고 선박의 출항을 금지했다.[5] 원대의 해외 무역은 시박사의 관리하에 이루어지는 관허 무역으로 절차만 따르면 누구나 무역에 참여할 수 있었으나, 시박사나 그에 해당하는 관청이 폐지되면 무역 허가를 받을 수 없어, 민간 무역선의 출항은 전면

---

3 원대에 무역관리기구인 시박사가 설치된 주요 지역은 천주·광주·경원(慶元; 현재의 寧波)이다. 항로상 경원는 고려·일본을 오가는 선박을, 천주·광주는 동남아시아 방면을 경유하는 선박을 관리하는 구조였다.

4 江静, 「試論元朝政府対来華日商之管理」 『四天王寺国際仏教大学起要』 人文社会学部 33·短期大学部41, 2001, 21쪽.

5 원대에 시박사가 폐지되고 해외 출항이 금지된 시기는 1303~1308년, 1311~1314년, 1320~1322년의 세 차례 확인된다(壇上寬, 「元·明代の海洋統制と沿海地域社会」 『明代海禁＝朝貢システムと華夷秩序』, 2013, 初出 2006, 21쪽).

적으로 금지되었다고 한다.[6] 일본 선박도 공험을 발급받아 무역을 했다면 당연히 출항 금지의 대상이 되었을 것이다.

그러나 한편으로는 해외 출항 금지는 원의 주민에게만 해당되는 것으로, 외국 선박인 일본 선박은 그 대상이 아니었다는 입장도 있다.[7] 이는 일본 선박이 공험 발급의 대상이 아니었을 것이라는 관점을 반영하는 것이다. 또한 공험 없이 왕래했다면 일본 선박은 시박칙법의 대상도 아니었다고 볼 수 있다.

이러한 혼란이 발생하는 이유는 외국 선박에 대한 별도의 무역 규정이 없는 상황에서, 중국 상선에 적용된 시박칙법이 외국 선박에도 그대로 적용되었다고 볼 것인지[8] 아닌지에 따라 판단이 달라지기 때문이다. 다만 후자의 입장에서는 시박칙법에 대한 심도 있는 분석을 통해 시박칙법의 적용 대상에서 일본 선박을 제외한 것이 아니라, 해외 출항 금지령이 내려진 시기에도 일본 선박의 왕래가 있었다는 사실을 지적하는 데 그치고 있다.[9] 그럼에도 관련 법령과 실제 상황이 일치하지 않는다면, 해당 법령의 적용 대상이 제한되었을 가능성을 엿볼 수 있다.

---

6   四日市康博, 「一三~一四世紀における中国-東南アジアの通交と貿易 ― 元朝から見た 西洋航路上の南海諸国との関係を中心に ― 」, 『昭和女子大学国際文化研究所紀要』 21, 2014, 17쪽.

7   榎本渉, 「元朝の倭船対策と日元貿易」, 『東アジア海域と日中交流 ― 九~一四世紀』, 吉川弘文館, 2007, 初出 2001, 111쪽; 壇上寛, 앞의 글, 29~30·51~52쪽.

8   陳高華·呉泰, 앞의 책, 93쪽; 陳高華, 「元朝与高麗的海上交通」, 『震檀學報』 71·72, 1991, 355쪽; 江静, 앞의 글, 21쪽.

9   다만 욧카이치 야스히로는 원으로의 입항과 귀항을 분리하여, 일본에서 원으로 출발하는 선박은 시박사의 폐지와 관계없이 언제나 출항했으나, 원에서 일본으로 돌아오는 경우 시박사가 설치된 기간(해금 해제 기간) 동안에만 귀항했다고 하여, 일본 선박도 시박칙법의 적용 대상이었다고 판단하고 있다(四日市康博, 「14世紀の日本と元朝の海上交易における新安船」, 『아시아·태평양 해양 네트워크와 수중문화유산』 신안선 발굴 40주년 기념 국제학술대회 자료집, 2016, 10, 26, 한국 목포). 그러나 왕복이 가능해야 목적을 달성할 수 있는 무역선의 성격상, 귀항할 수 없는 상황에서 지속적으로 원으로 출항했다고 보기는 어려워, 사료상 확인할 수 없더라도 귀항이 가능했기 때문에 일본에서 출항했다고 보는 편이 타당하다고 판단된다.

따라서 본고에서는 시박칙법의 적용 대상을 명확히 하여 원이 목표로 했던 선박 왕래의 구조를 확인하고, 그 구조에서 벗어나는 존재로서 외국에서 온 무역선이 존재했던 측면을 검토하고자 한다.

2. 시박칙법에 보이는 선박 왕래의 구조

원대의 무역 관련 규정은 송대의 규정을 계승한 것으로 평가된다. 시박 칙법의 핵심 요소 중 하나인 관세를 살펴보아도 이점은 분명하다. 기본 적으로 송대의 관세는 상품별로 과세하는 방식이었는데, 귀중품(細色) 에 대해서는 1/10, 일반품(麤色)에는 1/15을 징수하였다.[10] 이 방식은 원 대에도 지속되어 1283년에는 귀중품은 1/10, 일반품은 1/15로 정해진 것이 확인된다. 또한 1293년에는 관세 외에 1/30의 선박세(舶稅)가 추 가되었다. 그 후 1314년에는 귀중품이 2/10, 일반품이 2/15로 두 배가 되었고, 이 세율은 원 말기까지 유지되었다.[11] 선박세라는 추가 관세가 부과되거나 세율이 두 배로 증가했지만, 무역품을 그 성격에 따라 구분 하여 과세하는 방식에는 변함이 없었다.

이러한 기본 방침은 쿠빌라이(世祖)가 남송을 멸망시키고 동남 해 안을 접수한 시기부터 확인된다. 해안 지역의 주민들이 해외와 왕래하 며 무역해 온 화물은 고급품에 대해 1/10, 일반품에 대해 1/15을 징수 했는데 이러한 업무는 시박관(市舶官)이 담당하며, 선박의 출항 및 귀항 과 관련해서는 반드시 목적지를 기재하고 화물을 검사한 후 공문을 발

---

10 黃純艷, 『宋代海外貿易』, 社会科学文献出版社, 2000, 141쪽; 山崎覚士, 「貿易と都 市 ― 宋代市舶司と明州 ―」 『東方学』 116, 2008, 98쪽.

11 陳高華·吳泰, 앞의 책, 87~88쪽; 高栄盛, 『元代海外貿易研究』, 四川人民出版社, 1998, 204~211쪽.

급하며 공문 발급일을 기준일로 삼는 등 대체로 모두 송의 옛 제도에 따라 법을 제정했다고 한다.[12] 여기서 원의 무역 제도가 송의 제도를 계승한 것임을 확인할 수 있다.

다만 원에서 출항했다가 귀항할 것을 전제로 하고 있는 점에서 이 규정이 동남 해안의 여러 지역에서 해외로 출항하는 선박을 대상으로 한 것으로, 해외에서 원의 항구를 방문하는 선박을 대상으로 한 것이 아님을 알 수 있다. 앞서 언급한 관세도 역시 '돌아온(回帆)' 선박을 대상으로 한 것이었다.[13]

따라서 시박칙법은 기본적으로 원의 항구를 거점으로 해외를 왕래하는 선박이 대상이었을 가능성이 높다. 언뜻 보기에는 외국 선박에 대한 규정처럼 보이는 경우에도 자세히 살펴보면 그렇지 않다는 사실을 알 수 있다.

예를 들어 1293년에 재정된 시박칙법에는 '番船'이나 '南船'이 공빙이나 공험을 발급받아 해외로 나갔다가 돌아왔으나, 조난 사고나 해적 피해를 당한 경우 해당 관청에 신고해야 하며, 해당 관청은 사실 여부를 확인한 후 관련 문서를 시박사에 보내고, 시박사는 행천부사(行泉府司)의 관청에 이를 전달하여 다시 사실 확인을 해야 한다는 규정이 있다. 조난 사고나 해적 피해가 사실로 확인되면 발급된 공빙이나 공험의 번호를 삭제하나, 만약 조난 사고나 해적 피해를 가장하여 화물을 반출한 경우에는 관련 관청에 보내 심문하여 처벌하고 화물은 몰수하도록

12　『元史』卷94, 志43, 食貨2, 市舶, "元自世祖定江南, 凡瀕海諸郡與蕃國往還互易舶貨者, 其貨以十分取一, 粗者十五分取一, 以市舶官主之. 其發舶迴帆, 必著其所至之地, 驗其所易之物, 給以公文, 為之期日, 大抵皆因宋舊制而為之法焉."

13　『大元聖政國朝典章』卷22, 戶部8, 市舶, 市舶則法二十三條;『大元通制條格』卷18, 市舶, 延祐元年市舶則法.

규정되어 있다.[14]

　여기서 보이는 '番'이나 '南'은 외국이나 해남도(海南島)[15]를 가리키는 것으로 보이므로, '番船'이나 '南船'을 외국 선박이나 해남도 선박으로 판단하는 의견도 있을 수 있다. 그러나 이들 선박은 공험을 발급받아 해상으로 나갔다가, 그 왕래 과정에서 조난 사고나 해적 피해를 당했을 가능성이 상정되고 있다. 하지만 외국 선박이나 해남도 선박이 아니더라도 해상에서 사고를 당할 가능성은 존재하기 때문에, 이 규정을 외국 선박이나 해남도 선박에만 적용된다고 본다면, 그 외의 선박(특히 중국 선박)이 불의의 사고를 당했을 경우를 상정한 규정이 따로 필요하다. 그러나 그러한 규정은 시박칙법에서 확인되지 않는다. 따라서 이 '番船'이나 '南船'이 선적이나 출신지를 가리키는 것이 아니라, 목적지를 가리키는 것이라고 보는 편이 타당하다. 즉 해외나 해남도 방면으로 나간 선박이 불의의 사고를 당했을 경우의 절차를 규정한 것으로 해석해야 한다. 그렇다면 시박칙법에 '番船'에 관한 규정이 있다고 하더라도, 그것이 외국 선박에도 적용되는 규정이라고 보기는 어렵다.

　앞서 언급한 조항 외에도 시박칙법에 '番船'이 나타나는 사례로는 '南番人'이 가져온 화물에 대한 규정이 확인된다.[16] 이를 자세히 살펴보

14　『大元聖政國朝典章』卷22, 戶部8, 市舶, 市舶則法二十三條, "番船·南船請給公憑·公驗回帆, 或有遭風·被劫事故, 合經所在官司陳告體問的實, 移文市舶司, 轉申總府(司)衙門, 再行合屬體覆. 如委是遭風·被劫事故, 方與削落元給憑·驗字號. 若妄稱遭風等搬挾船貨, 送所屬究問斷沒施行." 1314년에 제정된 시박칙법에도 대체로 비슷한 조항이 확인된다.

15　'南船'의 '南'은 해남도(海南島)를 가리키는 것으로 보인다. 이 섬은 해외가 아니지만 변방에 위치해 있고 남쪽으로는 참파(占城), 서쪽으로는 교지(交趾; 베트남 북부)와 접해 있으며, 주변 해양이 4천여 리에 이르고, 내부의 백동(百洞)을 중심으로 레족(黎族)과 료족(獠族)이 섞여 사는 지역이었기 때문에(『元史』卷92, 志41, 百官8, "元統二年十月, 湖廣行省咨, 『海南僻在極邊, 南接占城, 西隣交趾, 環海四千餘里, 中盤百洞, 黎·獠雜居, 宜立萬戶府以鎮之.』"), 공빙이나 공험을 발급하여 관리한 것으로 보인다.

16　『大元聖政國朝典章』卷22, 戶部8, 市舶, 市舶則法二十三條, "夾帶南番人將帶舶貨者, 仰從本國地頭, 於公驗空紙內明白備細填附姓名, 貨物名件斤重, 至市舶司照數依例抽稅.

면 데리고 온 '南番人'이 가져오는 화물은 본국 현지에서 공험 뒤에 첨부된 빈 종이[17]에 해당자의 성명, 화물의 이름 및 무게 등을 자세히 기재하게 하고, 시박사에 도착하면 그 수량에 따라 관례대로 관세를 징수하도록 명시되어 있다. 또한 해당 인물이 본국으로 돌아갈 때는 그가 탑승하는 '番船'의 공험에 가지고 갈 화물을 기재하고, 수출 금지품의 반출을 금지하고 있다. 따라서 해당 규정이 공험을 소지한 선박에 동승한 '南番人'에 관한 규정임을 알 수 있는데, 원 측이 공험을 기반으로 해외 당국과의 이중 확인을 통해 왕래자를 관리하려 했음을 엿볼 수 있다.

여기서 문제가 되는 것은 그가 귀국할 때 탑승했다는 '番船'의 성격이다. 자국을 방문한 무역선에 편승하여 원을 방문한 사람이 귀국할 때는 원과 자국을 오가는 모든 선박에 탑승할 가능성이 있으므로, 이 '番船'도 반드시 외국 선박을 가리키는 것이라고 보기는 어렵다. 오히려 해당 '番船'은 '南番人'이 원에서 고용한 선박으로 무역하러 나가는 중국 상선이라는 의견도 있다.[18] 여기서 보이는 '番船'도 해외로 나가는 선박이라는 의미로 해석하는 편이 가장 적절할 것이다.

이처럼 '番'이 목적지를 가리킨다고 한다면, 시박칙법이 기본적으로 원에 거점을 두고 활동하는 선박을 대상으로 했다는 사실을 유추할 수 있다. 이는 시박칙법의 제정이 논의되던 1291년경, 시박 업무를 담당했던 망구타이(忙兀臺, Mangwutai)와 시하브 앗 딘(沙不丁, Shihāb al-

---

如番人回還本國, 亦於所坐番船公驗内附寫將去物貨, 不致將違禁之物." 1314년에 제정된 시박칙법에도 비슷한 조항이 확인된다.

17 『大元聖政國朝典章』卷22, 戶部8, 市舶, 市舶則法二十三條, "公驗後空紙八張, 泉府司用訖印信, 於上先行開寫販去物貨各各名件·斤重若干, 仰綱首某人親行填寫." 공험 뒤에는 빈 종이 8장을 첨부하여 시박사의 상급 기관인 천부사(泉府司)의 인장을 찍어 두고, 그 위에 판매할 물품의 각 품목과 무게 약간을 우선 기재하고, 나머지는 선장이 직접 기재하도록 규정되어 있었다.

18 高栄盛, 앞의 책, 267~269쪽.

Dīn) 등이 자신들의 이익을 추구하여 선박이 입항하면 병사들에게 감시하게 하고 해당 선박을 봉쇄하여 고급품을 골라 수탈했기 때문에, 외국에서 온 선박은 입항하지 않게 되고 중국에서 해외를 왕래하는 선박도 적어졌던 상황을 반영한 것으로 보인다.[19] 앞서 언급한 '南番人'의 사례에서도 해외의 사람이 입항하는 방법으로 공험을 소지한 선박에 편승하는 것만을 상정하고, 외국에서 온 선박에 탑승하여 입항하는 경우는 상정하지 않은 것도 외국에서 온 무역선이 거의 없는 상황을 반영한다고 판단된다.

그렇다면 시박칙법에 공험을 소지하고 해외를 왕래하는 선박 외에 다른 선박이 전혀 확인되지 않느냐 하면 그렇지는 않다. 1314년에 제정된 시박칙법에는 '番國遣使'에 관한 규정이 추가된다. 이에 따르면 외국이 사신을 보내 예물을 가지고 궁정에 가서 황제를 알현하고자 하는 경우, 가지고 온 물품을 자세히 현지 시박사에 보고하게 하고, 시박사는 그것을 계산하고 조사하여 다른 휴대물이 없다면 행성에 보고하고, 행성은 도성(都省; 중서성)에 자문(咨文; 공문서)을 보낼 것, 만약 보고하지 않거나 타인의 화물을 휴대하여 과세를 피하려 한 경우에는 모두 밀수로 처벌하고 해당 화물을 몰수하며, 몰수한 물품의 절반은 고발자에게 포상으로 주도록 규정되어 있다.[20] 즉 시박칙법에는 타국에서 온 조공선이 상정되어 있었던 셈이다.[21]

---

19 『大元聖政國朝典章』卷22, 戶部8, 市舶, 市舶則法二十三條, "近來忙兀臺·沙不丁等自己根尋利息上頭, 船每來阿, 教軍每看守着, 將他每的船封了, 好細財物選揀要了, 爲這般奈何上頭, 那壁的船隻不出來有, 咱每這裏入去來的每些小來,"

20 『大元通制條格』卷18, 市舶, 延祐元年市舶則法, "一, 番國遣使賫擎禮物赴闕朝見, 仰具所賫物色報本處市舶司秤盤檢驗, 別無夾帶, 開申行省, 移咨都省. 如隱藏不報, 或夾帶他人物貨不與抽分者, 並以漏舶論罪斷沒, 仍於沒官物內壹半付告人充賞."

21 다만 조공선에 관한 규정이 1293년의 시박칙법에서는 확인되지 않는 점도 주목된다. 물론 이는 조공 사절이 조공품 외의 물품을 밀반입하려는 움직임을 단속하는 규정이므로,

따라서 시박칙법에서는 공험을 가지고 중국에서 해외로 나가는 무역선과 해외에서 온 조공선이라는 두 종류의 선박만 확인될 뿐 그 외의 선박은 상정되어 있지 않다. 이러한 전제는 중국의 무역선과 타국의 조공선이라는 패턴이 일반화된 실태를 반영한 것으로 보인다. 이를 1365년에 작성된 「泉州兩義士傳」에 나타나는 손천부(孫天富)와 진보생(陳宝生)의 사례를 통해 살펴보고자 한다. 해당 사료에는 다음과 같은 기록이 확인된다.

손천부와 진보생은 천주(泉州) 출신으로, 함께 자본을 출자하여 해외 무역에 나섰으며, 그들이 방문한 지역은 고려에서부터 자바(闍婆; 현재의 인도네시아 자바섬), 라후(羅斛; 현재의 태국 중부 롭부리 지방) 등 동서의 여러 국가에 걸쳐 있어 중국에서 수십만 리에 달했다. 이들 지역의 부자(父子), 군신, 남녀, 의복, 음식, 거주, 기호 등은 각각 그 풍속이 있어 중국과는 달랐다. 당시 중국은 평화로워 무기는 무기고(武庫)에 보관되어 있었고, 예악(禮樂)의 풍조가 성했다. 여러 나라에서의 '來王' 또한 바다를 덮고 여전히 그치지 않았으며, 중국에서 이들 나라로 가는 것도 동서의 집을 왕래하는 것과 같았다. 다들 장사를 위해 출항하여 함께 이익을 나누며 재화를 경쟁했을 뿐이었는데, 두 사람 역시 장사에 힘쓴다고는 해도 이국 사람들은 이 두 사람의 인품이 다른 사람들과 다르다고 보았다.[22]

1293년경에는 그러한 움직임이 일반화되지 않았을 가능성도 있다. 그러나 조공선이 조공품 이외의 물품을 가지고 와서 무역하는 일이 일반적이었음을 감안하면, 1293년경까지 조공선의 목적이 무역이 아니었을 가능성이 엿보인다. 즉 1293년경에는 표면적으로는 조공을 목적으로 하지만 실제로는 무역을 목적으로 한 선박보다는, 원의 군사적 압력에 굴복하여 정치적 협상을 위해 방문한 선박이 조공선의 주류를 이루었음을 반영하는 것이 아닐까 판단된다. 동남아시아의 국가들이 원과 안정적인 조공 관계를 맺기 시작한 것은 대체로 元貞 연간(1295~1297) 이후라는 점도 참고가 된다(榎本涉, 앞의 글, 159쪽 주 12).

22   王彝, 「泉州兩義士傳」, 『王常宗集』續補遺, "其所涉異國, 自高句驪外, 若闍婆·羅斛, 與凡

손천부와 진보생은 「泉州兩義士傳」이 작성된 1365년에 "지금은 오(吳)의 태창(太倉)에 거주하고 있다"라는 기록처럼, 해운의 요충지인 태창(현재의 江蘇省 太倉市)으로 이주한 것이 확인된다. 1351년에 홍건의 난이 발발한 후, 천주가 무장 세력이 점거한 장소가 되어 전란이 계속되었기 때문에, 장사성의 관할하에 있어 비교적 안정되었던 태창으로 이주한 것으로 보인다.[23]

다만 손천부와 진보생이 천주를 거점으로 해외 무역에 전념한 시기는 그 이전이었으며, 중국이 평화로웠던 시기였다고 하니 이는 홍건의 난이 발발하기 전일 것이다. 그 당시의 무역은 여러 나라에서 중국으로는 조공선이, 중국에서 여러 나라로는 무역선이 일반적이었던 셈이다.

이처럼 중국에서 출발하는 무역선과 외국에서 온 조공선을 기본으로 하는 왕래 방식이 일반화되었으나, 그 외의 선박 왕래가 전혀 없었던 것은 아니다. 그러한 예외적인 상황에 대비하여, 세금 징수(抽分)·무역(市舶)·해상 방어(関防)와 관련하여 규정이 미비한데 처리해야 할 사항이 있으면 행성과 행천부사가 상황을 고려하여 신중하게 처리하도록 정해져 있었다.[24] 시박칙법에 명시되지 않은 사례가 발생했을 때는 시박사의 상급 기관인 행성과 행천부사의 재량에 맡겨졌던 셈이다.[25]

東西諸夷, 去中國亡慮數十萬里. 其人父子·君臣·男女·衣裳·飲食·居止·嗜好之物, 各有其俗, 與中國殊. 方是時中國無事, 干戈包武庫中, 禮樂之化煥如也. 諸國之來王者且驪蔽海上而未已, 中國之至彼者, 如東西家然. 然以商賈往, 不過與之交利而競貨, 兩人者雖亦務商賈, 異國人見此兩人者為人有特異也."

23 陳高華,「元代泉州舶商」『元史研究論稿』, 中華書局, 1991, 初出 1985, 430쪽.

24 『大元聖政國朝典章』卷22, 戶部8, 市舶, 市舶則法二十三條, "一, 抽分·市舶·關防節目, 若有該載不盡合行事理, 行省·行泉府司就便斟酌事宜, 從長施行."

25 주 1) 참조. 다만 천부사(泉府司)가 완전히 폐지된 1314년의 시박칙법에서는 예외 사항의 처리가 행성의 재량에 맡겨졌다(『大元通制條格』卷18, 市舶, 延祐元年市舶則法).

시박칙법에 명시되지 않았다는 것은 예상치 못한 사태가 발생했음을 의미하며, 이를 예외적인 사항으로 취급하는 것 자체가 원이 구상했던 선박 왕래의 구조를 역으로 반영하는 것이다. 따라서 이하에서는 시박 칙법이 적용되지 않은 고려와 일본의 사례를 검토하여, 그것이 원의 대외 정책을 어떻게 반영하고 있는지를 살펴보고자 한다.

3. 예외적인 사례로서 고려와 일본

1) 고려의 경우

원대에 고려와 원 간의 교류는 주로 육로가 이용되었고, 해로 이용은 상대적으로 부차적이었다. 원이 중국을 통일한 후에는 남북지역 간 경제의 광범위한 교류가 시작되었고, 수도 대도(大都; 현재의 北京)는 전국의 상업 중심지로 성장했다. 원은 상업망을 연결하는 교통로를 중시하여, 고려에서 중국 동북부를 거쳐 대도로 이르는 육로가 상당히 정비되어 이용하기 쉬웠고 비교적 안전했다. 그에 비해 해로는 표류뿐만 아니라 빈번한 해적 출몰로 인해 상대적으로 위험했다. 그 때문에 원과 고려 간 왕래는 육로가 이용되었고, 해로의 중요성은 점차 낮아졌다고 한다.[26] 이러한 상황은 양국 간 교류에서 그 이전에 비해 강남지역과의 무역이 쇠퇴하고 북부와의 무역이 활발해졌다는 평가로도 이어졌다.[27]

그럼에도 해로가 완전히 쇠퇴한 것은 아니었다. 당시 강남의 조세는 해상 경로를 거쳐 대도로 운반되었는데, 해당 경로는 출발항이었던 태창에서 해상으로 북상하여 산동반도를 거쳐 직고(直沽; 현재의 天津)에

---

26   陳高華, 앞의 글, 354~355쪽.
27   江静, 「元代中日通商考略」, 『中日関係史料与研究』 1, 2002, 98쪽.

이르고 거기서부터 운하로 대도까지 연결되는 구조였다. 그와는 별도로 산동반도에서 요동이나 고려까지 이르는 경로가 있어, 이를 이용해 군량미나 구호미가 운반되었다.[28] 원은 일본 원정을 위한 비용이나 굶주린 백성 구제를 위해 요동과 고려로 쌀을 보내기도 했다.

그 때문인지 해상 운송을 담당한 세력 중에는 고려와의 무역에 참여하는 이들도 있었다. 태창을 거점으로 해상 운송을 담당했던 은구재(殷九宰)는 원으로부터 지급되는 운송료(舶脚錢)를 자본으로 삼아 고려와 거래하여 큰 부를 쌓았다고 한다.[29] 앞서 언급한 손천부와 진보생처럼 천주에서 고려를 왕래한 사례도 있으며, 이처럼 강남에서 방문한 상인이 고려왕을 위해 연회를 열었다는 기록도 확인된다.[30] 이러한 선박의 왕래에 편승하여 고려로 건너갔다고 생각되는 강남 승려의 사례도 존재한다.[31]

한편 고려에서의 선박 왕래도 끊긴 것은 아니었다. 1314년경에는 성균제거사(成均提擧司)가 박사 유연(柳衍)과 학유(學諭) 유적(俞迪)을 강남으로 보내 서적을 구매하게 한 사례가 확인된다. 해당 선박은 도착하기 전에 파손되어 유연 등은 소지품을 모두 잃고 상륙했으나, 당시 태자부 참군(太子府參軍)으로 남경(南京)에 있던 판전교사사(判典校寺事) 홍택(洪瀹)이 유연에게 보초(寶鈔) 150정을 보내 경서 1만 8백 권을 구입하여 귀국할 수 있도록 했다고 한다.[32]

---

28 陳高華, 앞의 글, 352쪽.

29 植松正,「元代の海運万戶府と海運世家」,『京都女子大学大学院文学研究科研究紀要(史学編)』3, 2004, 157～158쪽.

30 『高麗史』卷32, 忠烈王27年(1301) 8月조, "戊子, 江南商客享王于壽康宮."

31 『高麗史』卷107, 列傳20, 諸臣, 權㫜, "江南僧紹瓊, 泛海而至, 㫜欲出家師事之." 강남 승려 소경(紹瓊)이 바다를 건너 고려에 이르자, 퇴직한 권단(權㫜; 1228~1311)은 출가하여 그의 가르침을 받으려 했다.

32 『高麗史』卷34, 忠肅王元年(1314) 6月 庚寅조, "初成均提擧司, 遣博士柳衍·學諭俞迪于

그중에는 고려왕이 직접 사신을 파견하여 무역한 사례도 확인된다. 원정(元貞) 연간(1295~1296)에는 고려왕이 주시랑(周侍郎)을 보내 바다를 건너와 무역하고자 했는데, 당시 관리들은 천주와 광주시박사처럼 30%의 관세를 부과하려 했다. 그러나 강절행성(江浙行省)의 우승(右丞)이었던 사요(史耀)는 고려왕이 부마가 된 후로 내부(內附)한 지 오래되었는데 '海外不臣之國'과 같은 대우를 해서는 안 된다며, 단지 1/30의 세금만 징수하도록 했다고 한다.[33] 강절행성의 관리가 무역선의 관세에 관여한 이유는, 송대부터 고려선이 방문했던 경원시박사가 강절행성의 관할하에 있었기 때문일 것이다.

앞서 언급한 것처럼 당시 관세는 고급품이 1/10, 일반품이 1/15이었고, 관세 외에 1/30의 선박세가 추가되어 있었다. 따라서 30%라는 관세는 시박칙법에서는 확인되지 않는 높은 수치임을 알 수 있다. 원에 복속하지 않은 해외의 국가에 대해서는 높은 관세가 부과되었던 셈인데, 이를 통해 원과 책봉관계를 맺지 않는 한 경제적으로 불리한 조건에 처해졌다는 사실을 알 수 있다.

반면 부마가 된 고려왕의 물품에 대해서는 관세가 면제되고 1/30의 선박세만 징수되었다. 1/30이라는 세율은 원 국내에서 거래되는 상품이 납부한 세율과 동일하여, 고려왕의 물품이 원 국내의 물품과 동일한 대우를 받았다는 사실을 알 수 있다.[34]

江南, 購書籍, 未達而船敗, 衍等赤身登岸. 判典校寺事洪瀹, 以太子府祭軍, 在南京, 遺衍寶鈔一百五十錠, 使購得經籍一萬八百卷而還," 판전교사사(判典校寺事)는 유교 경전을 포함한 여러 도서를 보관하고 인쇄하는 임무를 담당한 전교사(典校寺)의 정3품 관직이다 (『韓国古典用語辞典』).

33 姚燧,「榮祿大夫福建等處行中書省平章政事大司農史公神道碑」,『牧庵集』16, "高麗王遣周侍郎, 浮海來商, 有司求比泉廣市舶十取其三, 公曰王于屬為副車且內附久, 豈可下同海外不臣之國, 惟如令三十稅一."

34 陳高華, 앞의 글, 355쪽; 魏恩淑,「원간섭기 대외무역(對元貿易) ―『노걸대(老乞大)』를 중

부마가 파견한 무역선의 관세의 경우, 1314년의 시박칙법에서는
굳이 일반적인 경우와 마찬가지로 징수할 것을 명시하고 있어 그 이전
부터 면제하는 관례가 있었음을 알 수 있다. 즉, 제왕(諸王)·부마·권력
자·유력자·승려·도사(道士)·기독교인·이슬람교도 등이 해외에 가서
무역해 온 물자는 모두 예에 따라 관세를 징수하고, 만약 몰래 반입해
관세를 납부하지 않은 경우 원칙에 따라 관세를 징수하도록 고발을 인
정하고, 심문하여 사실이라면 화폐나 물건은 몰수하고 범인은 장형(杖
刑) 107대를 맞게 하며, 관리는 면직된다고 규정되어 있다. 몰수한 물건
의 절반은 고발자에게 상으로 주도록 하며, 관세 면제가 명시된 성지(聖
旨; 황제의 명령)나 의지(懿旨; 皇后·皇太后·太皇太后의 명령서)를 가지고 있
는 경우, 행성·선위사(宣慰司)·염방사(廉訪司)에 명령하여 이를 회수하
도록 규정되어 있다.[35]

그러나 해당 규정은 1293년에는 "승려·도사(先生)·기독교도·이슬
람교도·人口[36]"[37]와 같이 주로 종교 관계자가 대상이 되고 있어, 부마
가 자신의 지위를 이용해 관세 면제를 받으려는 움직임은 1293년에서
1314년 사이에 현저해진 것으로 보인다. 여기서 확인되는 고려왕에 대
한 관세 면제 조치 역시 그러한 경향을 반영한다.

심으로 ─ 」, 『지역과 역사』 4, 1997, 84쪽.

35 『大元通制條格』卷18, 市舶, 延祐元年市舶則法, "諸王·駙馬·權豪·勢要·僧·道·也里可温·
    答失蠻諸色人等, 下番博易到物資, 並仰依例抽解. 如有隱匿不行, 依理抽解, 許諸人首
    告, 取問是實, 錢物没官, 犯人決杖壹佰柒下, 有官者罷職, 仍於没官物内壹半付首告人
    充賞. 若有執把免抽聖旨·懿旨, 仰行省·宣慰司·廉訪司就便拘收."

36 人口는 일반적으로 노예(하인)를 의미하지만, 이 경우는 대상인이나 왕족, 귀족의 대리인
    으로서의 특수한 지위의 노예를 가리킨다고 판단된다(욧카이치 야스히로의 가르침에 따른 것
    이다).

37 『大元聖政國朝典章』卷22, 戸部8, 市舶, 市舶則法二十三條, "和尚·先生·也里可温·答失
    蠻·人口."

2) 일본의 경우

일본과 원 간의 무역은 1281년 전쟁을 계기로 중단되었다가, 1289년 이전에 다시 재개된 것으로 보이나 여전히 불안정한 상황이 계속되었다. 그러나 1302년경부터 '不臣之國'으로 일본을 인정하고 받아들이는 체제가 정비된 이후 무역이 활발해졌다.[38] 그러나 일본과의 무역이 정상화되었다고 해서 일본 선박에 대한 경계가 없어졌던 것은 아니다. 원은 오히려 경비 강화를 전제로 무역을 허가했기 때문이다.

쿠빌라이 시기의 일본 선박에 대한 무역 허가는 일본을 회유하려는 정치적 동기가 담겨 있었다.[39] 그러다가 1299년 승려 일산일녕(一山一寧)의 파견을 마지막으로 30년 이상에 걸친 일본 회유를 포기한 일이, 일본을 복속하지 않은 국가로 고정시키는 결과를 낳았고 경원에 새로운 경비 강화 체제 역시 구축되었다.[40] 즉, 1303년 경원에 설치된 절동로도원수부(浙東路都元帥府)와 1304년 경원의 외항에 해당하는 정해(定海)에 설치된 정해천호소(定海千戶所)는 매년 방문하는 일본 선박에 대비하기 위한 기관이었다.

또한 일본 선박에는 다른 선박과는 다른 무역 조건 역시 적용된 것으로 보인다. 이를 1305년에 원에 들어온 승려 용산덕견(龍山德見)의 행적에서 살펴볼 수 있다. 해당 기록에 따르면, 용산덕견은 22세 때인 1305년에 무역선을 타고 경원에 도착했는데, 당시는 고려·남송·대리(大理) 등의 여러 나라가 몽골에 통합되었는데 일본만이 복속하지 않고 있었다. 그 때문에 일본과의 무역을 허락하려 하지 않고, 관세를 높이기 위해 상인의 상륙을 금지했을 뿐 아니라, 승려도 성에 들어오는 것

---

38 榎本涉, 앞의 글, 112~117쪽.
39 南基鶴, 『蒙古襲来と鎌倉幕府』臨川書店, 1996, 189~190쪽.
40 榎本涉, 앞의 글, 114~117쪽.

을 허락하지 않았으며, 이를 위빈한 자는 스파이와 동일하게 처빌했다고 한다.[41]

　복속하지 않은 일본에 대해 관세를 높였던 셈이다. 그렇다면 일본에 대해서는 얼마나 높은 관세가 부과되었을까? 이에 대해서는 고려왕이 파견한 무역선의 사례가 참고가 된다. 앞서 언급한 사례에 따르면, 천주와 광주시박사에서는 '海外不臣之國'에 대해 30%의 관세를 부과하고 있었다. 따라서 '海外不臣之國'에 해당하는 일본 역시 30%라는 높은 관세의 대상이었을 것으로 보인다.[42]

　이상에서 확인한 고려와 일본의 사례에서, 두 나라의 무역선이 시박칙법에 규정된 관세의 적용을 받지 않고, 시박사나 이를 관할하는 관청의 관리들의 재량에 맡겨졌던 사실이 확인된다. 이는 해당 선박들이 원이 상정했던 중국에서 출발하는 무역선과 외국에서 온 조공선이라는 패턴에서 벗어난 외국에서 온 무역선이었기 때문일 것이다.

　한편, 두 나라의 사례에서는 13세기말에서 14세기 초에 걸쳐 '海外不臣之國'의 무역선과 경제적 제재를 연계시키려는 움직임이 등장한 사실 역시 엿보인다. 그렇다면 다음으로 이 '海外不臣之國'이라는 개념이 설정된 의미를 검토해 보고자 한다.

41　「黃龍十世錄」, 玉村竹二編, 『五山文学新集』 3, 東京大学出版会, 1969, "時師方二十二歲, 遂去附商船抵四明. 時高麗·江南·大理等諸國, 皆爲蒙古所一統, 獨吾日本不服. 故将不許容交関, 爲齵其抽分之直, 不惟禁止商客上岸, 乃至雲遊衲子, 亦不得入城門, 或有犯者, 例以細作人坐罪."

42　일본이 '海外不臣之國'으로 30%의 관세 대상이었을 가능성은 에노모토 와타루도 지적하고 있다(榎本涉, 앞의 글, 161쪽 주 25).

4. '해외불신지국(海外不臣之國)' 설정의 의미

'海外不臣之國'이라는 개념은 해외 원정(遠征) 정책의 종료와 밀접한 관련이 있다. 해외에 대한 원정이 지속되는 한, 아직 복속되지 않은 지역은 언젠가는 정복 대상이 될 수 있으므로 '海外不臣之國'으로 고정할 필요가 없다. 또한 그 제재도 군사적인 것이었지 경제적인 것은 아니었다. 그 때문에 두 번의 물리적 충돌에도 불구하고 일본 선박의 무역은 인정되었던 것이다. 그러나 군사적 정복을 포기한 순간 주변을 복속한 지역과 '海外不臣之國'으로 나누고, 후자에게는 불리한 무역 조건을 적용하고 있다. 즉 군사적 제재에서 경제적 제재로 수단을 바꾼 셈이다.

이처럼 '海外不臣之國'과 경제적 제재를 연계시키는 대외 정책은 테무르(成宗)가 즉위한 1294년 이후에 시행되었다. 그 이전의 쿠빌라이 시기(재위 1260~1294)까지는 주변 지역에 '內屬' 또는 '內附'라는 실질적인 복종 관계를 강요했으며, 이를 위해 무력 행사도 마다하지 않았다. 예를 들어 1268년에는 동이(東夷)는 모두 '內屬'하고 있는데 일본만이 중국의 달력인 정삭(正朔)을 받지 않고 있다는 인식이 확인된다.[43] 그 '內屬'의 실체는 인질 제출·군사 협력·물자 공급·역전(驛傳)의 설치·호적 제출·감독관(다루가치)의 설치 등이었다.[44] 이러한 실질적인 복속 관계는 '內屬'의 의무가 이행되지 않는 한 언제라도 군사적 긴장을 동반하는 것이었다.

그러나 쿠빌라이 사후 해외에 대한 원정 정책은 포기되었고, 형식적인 조공 관계에 기반한 교역 중심으로 대외 정책의 기조가 변화했

---

43 『元史』卷168, 列傳54, 王國昌, "而東夷皆內屬, 惟日本不受正朔,"

44 『元史』卷208, 列傳95, 外夷1, 高麗, "又太祖法制, 凡內屬之國, 納質·助軍·輸糧·設驛·編戶籍·置長, 已嘗明諭之."

다.[45] 이러한 움직임은 내륙에서의 원의 정책 전환과도 연동되어 있었다. 1269년과 1281년을 계기로 강화된 고려와 티베트 군주에 대한 원의 간섭은 테무르대에 들어와서는 인질을 해방시키는 형태로 완화되었으며, 이러한 전환은 무력 행사에 기반한 대외 정책을 포기하면서 발생한 것으로 보인다.[46] 주변 지역에 '內屬'이나 '内附'라는 형태의 실질적인 복속 관계를 요구하던 방식에서 조공 관계를 맺는 선에서 그치는 방식으로 바뀌었고, 기존의 '內屬'이나 '内附' 지역에 대한 속박도 완화되었다. 그 결과가 '海外不臣之國'이라는 개념의 등장이었다.

그러나 이 '海外不臣之國'이라는 개념은 단지 경제적 제재를 위한 것만이 아니라, 용산덕견의 행적에서도 확인할 수 있듯이 해당 국가로부터의 선박 출입을 막으려는 의도도 있었던 것으로 보인다. 왜냐하면 당시의 시박칙법에 따르면 중국에서 해외를 왕래하는 무역선은 10% 이내의 관세만 내면 되었으나, 이러한 중국 선박이 자국을 방문하는 한 '海外不臣之國'도 그들에게 무역품을 맡기거나 그 선박에 동승하는 방식이 30%의 관세를 내야 하는 무역선을 출항시키는 것보다는 유리했을 것으로 보이기 때문이다.

반면 복속한 나라들은 조공선을 보내는 편이 더 유리했을 것이다. 조공 사절이 조공품 이외의 물품을 밀반입하여 관세를 면제받으려 했던 움직임에서 알 수 있듯이, 조공의 명목으로 무역을 하는 편이 더 유리하기 때문이다. 원과 남중국해의 여러 나라 간 통상 관계에서 조공 무역이 통상 관계의 전부는 아니었지만, 궁정 외의 장소에서 이루어진 부수적인 상거래까지 포함하면 조공 무역이 차지하는 비율이 상당

45　桃木至朗, 『中世大越国家の成立と変容』, 大阪大学出版会, 2011, 147쪽.
46　乙坂智子, 「元朝の対外政策 ― 高麗・チベット君長への処遇に見る「内附」体制 ―」, 『史境』38·39, 1999, 32~40쪽.

히 컸다는 지적은 이러한 상황을 반영한다고 보인다.[47] 따라서 '海外不臣之國'이라는 개념이 도입된 이후, 중국에서 온 무역선과 외국에서 온 조공선이라는 경향이 더욱 강화되었을 것이다.

그러나 일본의 경우 다른 지역과는 달리 일본을 거점으로 중국과 무역하는 패턴이 일반화되어 있었다. 원과 일본 간을 왕래한 선박 중에 중국을 거점으로 활동한 선박은 거의 없었으며, 있다고 하더라도 일상적으로 양국 간을 왕래하던 선박이라기보다는 일시적인 방문에 불과했다.[48] 따라서 일본의 경우 직접 무역선을 출항시킬 수밖에 없었다. 실제로 『元史』에서 외국에서 온 무역선으로 확인되는 사례는 일본 상선뿐이라는 점이 이러한 경향을 반영하는 것일 것이다.

그러나 일본 선박과의 무역은 언제나 긴장감을 동반하는 것이었다. 그러한 경향은 일본 상인이 관리의 부정(不正)때문에 경원에서 폭동을

---

[47] 四日市康博, 앞의 글(2014), 30쪽.

[48] 기미야 야스히코는 양국 간의 무역선 왕래를 검토한 결과 대부분의 무역선이 일본 선박이며, 원의 선박으로 명기된 사례는 『園太曆』観応元年(1350) 4月 14日조에 보이는 "今月(三月)十五日, 宋船一艘着岸于筑前國息濱津之由, (中略) 大元兜率龍山和尚以下禪僧十八人〈日本人〉, 幷船主十一人〈宋人〉, 來着云々."의 사례뿐이라고 지적하고 있다(木宮泰彦, 『日華文化交流史』, 冨山房, 1955, 415쪽). 그러나 그 탑승자인 용산화상의 행적에 따르면 귀국하고자 하는 마음이 일어 곤산(崑山)에서 배를 사서 하카타에 도착했다고 하여(『眞源大照禪師龍山和尚行狀』, 『續群書類從』第九輯 下, "無幾歸心猶動, 飄然而起, 買舟崑山以至博多, 實日本貞和五年歲次己丑, 時師六十六歲也."), 해당 선박이 양국 간을 자주 왕래하던 성격의 선박이라기보다는 일본 승려가 일본으로 귀국하기 위해 고용한 것으로 보인다. 탑승자 역시 일본 선승 18명과 중국 선원 11명을 합해 29명에 불과하여, 일반적인 무역선의 규모에 비하면 상당히 작다. 또한 해당 선박을 곤산에서 구매한 이유도 1348년 11월 태주에서 일어난 방국진 반란의 영향으로 태주와 가까운 경원을 피해 류가항을 이용하기 위한 것으로, 일반적인 무역선의 왕래 경로에서 벗어난 사실도 지적되고 있다(榎本涉, 「元末内乱期の日元交通」, 『東アジア海域と日中交流 一九~一四世紀』, 吉川弘文館, 2007, 初出 2002, 184~185쪽). 한편 용산화상의 사례 외에는 1314년 원에 입국했던 승려 대지(大智)가 1324년에 귀국할 때 영종(英宗)의 명령으로 원의 선박에 탑승했으나, 해상에서 표류하여 고려에 도착한 사례가 확인된다(『大智禪師偈頌』, 『日本洞上聯燈録』卷2). 이 역시 원 황제의 명령에 따른 특수한 사례였을 것이다.

일으킨 이후 더욱 강화되었다. 1309년에는 경원의 관리와 일본인 사이에 충돌이 발생하여 경원의 성이 전부 불타는 일이 발생했다. 그래서 원에서는 여러 사찰에 거주하던 일본인 승려들을 체포했는데, 천동사(天童寺)는 가장 심각한 피해를 입어 수십 명이 체포되어 공적 운송 경로를 통해 대도로 보내졌다. 그중에 앞서 언급한 용산덕견도 포함되어 있었는데, 그는 낙양(洛陽)의 백마사(白馬寺)에 수감되게 되었다고 한다.[49]

이 폭동 사건을 계기로 원의 일본인에 대한 경계는 군대나 스파이에 대한 경계에서 일본 상인의 폭동에 대한 경계로 주된 경계 대상이 바뀌었다고 한다.[50] 그러한 상황을 일본 선박과의 무역을 감독한 왕극경(王克敬)의 일화에서 엿볼 수 있다. 왕극경은 1317년에 사명(四明), 즉 경원에 가서 일본인과의 무역을 감독하게 되었다. 그 이전의 감독관들은 일본인의 성정(性情)을 이해하지 못하고 두려워해 반드시 병사를 배치하고 방어하여 마치 대적에 대비하는 것과 같았다. 그러나 왕극경이 도착하여 이러한 조치를 모두 해제하고 은혜로 달랬기 때문에 모두 순종하여 감히 싸움을 거는 자가 없었다고 한다. 당시 일본 원정에 종군했다가 포로가 된 강남 출신자가 일본 상선을 따라 중국에 도착했다가 왕극경에게 고향으로 돌아가게 해달라고 호소했는데, 혹시 화근이 될까 두려워하는 사람도 있었다. 이에 왕극경은 군인이 은덕에 따라 귀순해 왔는데 어찌 받아들이지 않겠는가, 만약 문제가 발생하면 자신이 책

---

49 「眞源大照禪師龍山和尚行狀」, 『續群書類從』第9輯 下, "(大德)十一年, 慶元路官與倭國有閑, 一城盡災, 由是巡撿於諸寺捕倭僧, 天童尤遭重責, 旣得數十人, 載站船以送之大都, 師亦預其數, 偏置於洛陽白馬寺." 大德11년은 1307년이지만 동일한 사건을 가리키는 원대 기록은 至大2년(1309)으로 기록되어 있다. 다만, 용산화상의 행적 연대가 실제와 1·2년의 차이가 있을 수 있다는 에노모토 와타루의 지적(榎本涉, 앞의 글(2001), 123쪽)에 따라 1309년의 사건으로 판단하였다.

50 榎本涉, 앞의 글(2001), 124~126쪽.

임을 지겠다고 보고하자 조정은 기뻐했다고 한다.[51]

이로부터 일본 선박과의 무역이 여전히 충돌의 가능성을 내포하고 있었음을 알 수 있다. 이것이 왕극경처럼 일본 선박만을 감독하는 관리가 배치된 이유일 것이다. 이러한 관리의 존재는 다른 사례에서도 확인되어, 원대 해운의 주역이었던 주청(朱清)과 장선(張瑄) 세력이 1303년에 숙청되었다가 1310년에 복권되었는데, 그때 장선의 아들 장문룡(張文龍)은 일본 상선을 단속하는 직책을 맡았다고 한다.[52] 이처럼 1310년부터 확인되는 일본 선박을 감독하는 전문 관리의 존재 역시 일본 상인의 폭동으로 인해 강화된 대비 체제의 하나로 볼 수 있을 것이다.

상대국과 공식적인 외교 관계를 맺지 않은 경우, 상대국의 인물이 문제를 일으키고 도망가도 그 사람을 찾아내 처벌하는 일은 매우 곤란했다. 국경을 왕래하는 사람들의 활동은 관련 국가들의 협력이 없이는 관리하기가 쉽지 않았던 것이다. 원에게 일본은 그러한 위험성을 내포한 몇 안 되는 국가 중 하나였다. 그 때문에 무역은 무장한 병사의 엄중한 감시하에 이루어졌지만, 그래도 효과가 없으면 무역 자체를 금지하려는 움직임도 나타났다.

1335년에는 지방의 감찰관 바시(扳實)가 일본이 아직 복속하지 않았다는 이유로 중국에 오는 것을 금지하도록 상소하여 해당 조치가 시행된 것으로 보인다.[53] 이러한 조치는 일시적인 것이었고 1343년부터

---

51 『元史』卷184, 列傳71, 王克敬, "延祐四年, 往四明監倭人互市. 先是, 往監者懼外夷情叵測, 必嚴兵自衛, 如待大敵. 克敬至, 悉去之, 撫以恩意, 皆帖然無敢譁. 有吳人從軍征日本陷於倭者, 至是從至中國, 訴於克敬, 願還本鄉, 或恐為禍階. 克敬曰,『豈有軍士懷恩德來歸而不之納邪, 脫有釁吾當坐.』事聞, 朝廷嘉之."

52 植松正, 앞의 글, 130쪽.

53 黃溍, 『金華黃先生文集』卷25, 「資善大夫河西隴北道肅政廉訪使凱烈公神道碑」, "倭人未服, 不宜使至中國."; 榎本涉, 앞의 글(2001), 146~148쪽.

는 다시 일본 선박을 받아들였던 것으로 보이나[54], '海外不臣之國'이라는 개념은 언제든지 무역 금지로 이어질 가능성을 내포하고 있었던 셈이다.

5. 맺음말

본고에서는 원의 시박칙법이 중국에서 출발하는 무역선과 외국에서 오는 조공선을 상정하고 있었으며, 이는 당시 선박의 왕래 실태를 반영한 것임을 지적하였다. 다만 원이 처음에는 외국에서 오는 무역선이 거의 없는 상황을 바탕으로 선박 관리를 시도했더라도, 무력 행사를 포기하고 '海外不臣之國'이라는 개념을 설정한 이후에는 '海外不臣之國'에서 오는 선박의 왕래를 가능한 한 차단하려는 의도도 있었다는 점 역시 지적했다.

이처럼 원대에는 이미 중국에서 출발하는 무역선과 외국에서 오는 조공선이라는 구조가 자리 잡았고, '海外不臣之國'에서 온 선박도 일본을 제외하고는 거의 없었다. '海外不臣之國'의 무역선을 완전히 금지하고 조공국의 선박만을 받아들이는 방식으로 전환하기 쉬운 상황이었던 셈이다. 특히 '海外不臣之國'에서 온 사람들과의 교류에서 문제가 발생하고, 이를 단속할 효과적인 수단을 찾지 못할 경우 이러한 가능성은 더욱 높아졌을 것이다. 그런 의미에서 '海外不臣之國'이라는 틀은 조공국만을 받아들이는 체제로 이어지기 쉬웠다.

또한 '海外不臣之國'이라는 개념이 설정된 시기와 거의 동일한 시기인 1303년에 시박사 폐지에 따른 해외 출항 금지령이 내려진 점도 주

---

54   榎本涉, 앞의 글(2001), 150~153쪽.

목할 만하다. 이 조치는 1308년에 해제되어 시박사가 부활했지만 그 후에도 시박사의 존폐는 반복되었다.[55] 이러한 일종의 해금(海禁) 조치는 외국과의 교류를 국가가 독점하려는 의도에서 비롯된 것으로 평가되고 있지만[56], 한편으로는 '海外不臣之國'에게 조공을 촉구하는 측면도 있었을 것이다.

주변국에 조공 관계를 강요하기 위해서는 중국 측의 출항 금지가 필수적이었다. 예를 들어 송은 일본에 문서를 보내 조공을 촉구한 적도 있었으나, 일본 측이 송과 조공 관계를 맺는 것을 거부하여 양국 간에 공식적인 외교 관계가 수립되지는 않았다.[57] 그러나 양국을 왕래하는 중국계 상인의 선박을 이용해 일본에 필요한 물자를 조달하거나 승려가 왕래하거나 할 수 있었다. 그 연장선상에서 원과 일본 간의 교류도 존재했던 것이다. 따라서 일본과 같은 국가에 조공이라는 형식을 받아들이게 하려면 민간 상인의 출항 금지가 필수적이었다.

즉 '海外不臣之國'과 해외 출항 금지령은 상호 연관되어 있었던 셈이다. 이 조공 체제의 전신으로 보이는 '海外不臣之國'과 해외 출항 금지령이 14세기 초에 등장했다는 사실은 아시아의 해상 교류를 이해하는 데 있어 중요한 포인트가 아닐까 판단된다.

---

55 주 5) 참조

56 壇上寬, 앞의 글, 21~24쪽; 四日市康博, 앞의 글(2014), 17쪽.

57 田中健夫編,『新訂續善隣国宝記』, 集英社, 1995, 元永元年(1118)조.

참고문헌

사료

『高麗史』.

『大元聖政國朝典章』,『大元通制條格』,『金華黃先生文集』,『牧庵集』,『王常宗集』,『元史』.

『五山文学新集』,『新訂統善隣国宝記』,『続群書類従』,『日本洞上聯燈録』.

연구서

陳高華·呉泰,『宋元時期的海外貿易』, 天津人民出版社, 1981.

高栄盛,『元代海外貿易研究』, 四川人民出版社, 1998.

黄純艶,『宋代海外貿易』, 社会科学文献出版社, 2000 .

榎本渉,『東アジア海域と日中交流 ―九～一四世紀』, 吉川弘文館, 2007.

木宮泰彦,『日華文化交流史』, 冨山房, 1955.

南基鶴,『蒙古襲来と鎌倉幕府』, 臨川書店, 1996.

桃木至朗,『中世大越国家の成立と変容』, 大阪大学出版会, 2011.

연구논문

魏恩淑,「원간섭기 대외무역(對元貿易) ―『노걸대(老乞大)』를 중심으로―」,『지역과 역사』4, 1997.

陳高華,「元朝与高麗的海上交通」,『震檀學報』71·72, 1991.

江静,「試論元朝政府対来華日商之管理」,『四天王寺国際仏教大学起要』, 人文社会学部33·短期大学部41, 2001.

____,「元代中日通商考略」,『中日関係史料与研究』1, 2002.

植松正,「元代の海運万戸府と海運世家」,『京都女子大学大学院文学研究科研究紀要

　　　　　　(史学編)』3, 2004.

乙坂智子,「元朝の対外政策 ─ 高麗・チベット君長への処遇に見る「内附」体制 ─」,
　　　　　『史境』38・39, 1999.

壇上寛,「元・明代の海洋統制と沿海地域社会」,『明代海禁＝朝貢システムと華夷秩
　　　　　序』, 2013, 初出 2006.

山崎覚士,「貿易と都市 ─宋代市舶司と明州 ─」,『東方学』116, 2008.

四日市康博,「一三～一四世紀における中国-東南アジアの通交と貿易 ─元朝から見
　　　　　た西洋航路上の南海諸国との関係を中心に ─」,『昭和女子大学国際文化
　　　　　研究所紀要』21, 2014.

_____,「14世紀の日本と元朝の海上交易における新安船」,『아시아・태평양 해
　　　　　양 네트워크와 수중문화유산』신안선 발굴 40주년 기념 국제학술대회 자
　　　　　료집, 2016. 10. 26, 한국 목포.

김영죽(金玲竹, Kim Young-jook)

성균관대학교 동아시아학술원 연구교수. 한국 한문학 한시 전공. 전근
대 중간층 지식인 및 동아시아 사행 관련 한문 문헌 등을 연구해왔다.
주요 저역서로 『조선 지식인이 세상을 여행하는 법』(2016), 『국역 북원
록』(공역, 2016), 『국역 벽로집』(공역, 2018), 『역주 정본 퇴계전서』(공역,
2024) 등이 있다.

역관(譯官), 사(士)와 상(商)의 경계에 서다
― 조선 후기 역관과 사상(士商)(유상(儒商)) 사이의
개연성을 중심으로

1. 문제 인식; 유(儒)와 상(商)의 결합에 대하여

필자는 연행 관련 문헌을 오랜 기간 접하면서 중간계층의 역할에 주목
해 왔다. 이들이 조선 사회 사계층의 소비 혹은 사치 현상, 고급문화 창
출의 기저에 자리하고 있음은 주지의 사실이다.

하지만 그들 스스로가 자신의 정체성을 어떻게 인식하는가, 또한
그것이 조선 사회 내에서 그들의 생업과 순조롭게 조화되는가라는 문
제에 있어서는 단언하기 힘들다. 이는 조선의 중간계층지식인 및 문화
지형을 탐색하고자 하는 연구자들이 봉착하는 난제이기도 하다. 결과
적으로 '중인' 혹은 '중간계층'으로 범범하게 규정하기에는 매우 복잡
한 망으로 얽혀 있는 이들이다. 이러한 특징은 역관에게서 더욱 포착된
다. 이들은 유자로서의 사와 상 경계에 위치해 있다고 말할 수 있다. 조
선 역관의 정체성은 儒에 기반하였으며, 생업으로서의 삶은 상행위에
놓인 셈이다.

본고에서는 '사'와 '상'[1]을 넘나들며 문화의 한 축을 담당하게 역관,
이들의 존재를 어떠한 기제 속에서 설명해야 하는가 그 고민해서 출발

해 보고자 한다.

먼저, 필자가 주목한 '유상'이란 단어의 연원을 살펴보면 다음과 같다.

유(혹은 儒士)와 상은 분명 다른 층위의 가치관과 업을 지닌 이들이다. 이들을 합쳐서 부르기 시작한 유래는 오래되었지만, 유와 상이 결합된 형태의 용어 출현은, 그 '유상' 현상 발생에 비해 비교적 늦다. 유상은 보통 '상인으로서 유행(儒行)을 겸비한 자'를 칭하지만 역사적 맥락, 사회적 분위기에 따라 '유로서 상을 업으로 하는 자'들까지 포함한다. 유에서 상으로 진행되었든 상에서 유로 진행되었든 간에 이들이 기본적으로 유가적 소양과 지식을 지니고 있다는 점에서는 공통분모를 지닌다.

기존 연구에서는 위에서 제시한 두 가지의 개념을 포괄한 유상이란 용어의 첫 출현을 청나라 강희 연간으로 간주하는데, 두준(杜俊)의 「왕시보가전(汪時寶家傳)」을 근거 출전으로 삼는다. 이 의견에 대해서는 이미 중국 학계의 공감대가 형성되어 있다.

그렇다면, 중국 학계에서 유상의 개념이 명쾌하게 정리되었는가? 이에 대한 문제는 여전히 논란의 여지가 있다. 기존 연구에서는 유상은 유와 상이 유기적으로 결합하여 중국 역대 사회에게 끼친 긍정적 에너지와 활동성에 대해서는 대체로 합의하였다. 이를 감안할 때, 통념으로서의 유상은 유가적 정신과 상인의 업이 유기적으로 결합한 형태라고 보면 무난할 것이다.

중국은 역사상 유상에 대한 긍정적 시각을 확보했다는 점이 포착된다. 후대, 신상(紳商)으로 이어지며 사회적으로 영향력을 지니게 되었

---

1   본고에서 '사'와 '상'의 경계라 명명함에 있어, 이들이 지닌 儒者的 의식으로서의 '士'와 직역에 수반되는 상행위로서의 '商'을 염두에 두었음을 밝힌다.

으며[2], 계층 안에서는 삶의 여건이나 사회적 대우가 실제로 진일보하기도 했다.

반면 조선의 문헌에서는 유상이란 용어나 그 개념을 포착하기가 힘들다. 조선의 사계층은 의식적으로 자신을 '리(利)'의 추구와 격리시켰으며 표면적으로 독서사인(讀書士人)과 종정대부(從政大夫)의 입장을 놓지 않는다. 궁핍한 다수의 사들이 자칭 조대(措大), 혹은 궁조대(窮措大)라 칭하면서도 그 속에서 '독서하는 사인'으로서의 문화 권력은 놓지 않겠다는 의지를 행간에 숨겨 놓기도 한다.

하지만, 역관은 이와 결을 달리한다. 유교적 가치관, 실무적 능력, 학자적 취향까지 그 스펙트럼이 매우 넓어, 전근대 유상의 이미지와 상당히 겹치는 부분들이 많다. 이것이 필자가 통념의 유상과 조선의 역관 사이의 개연성을 찾아보고자 하는 이유이다.

2. '사'와 '상'의 경계로서의 역관

유와 상이 결합되는 구조가 만들어지기까지 사행은 지대한 역할을 해왔으며, 사행의 주역은 조선 내외의 지식정보의 창출, 향유, 재생산을 담당했던 중간계층, 그 중에서도 상층의 고급문화 형성에 기여한 역관이 자리했기 때문이다.[3] 사의 교양을 갖추되 이익 추구의 업을 동시에

---

[2] 명청시대 致富한 상인들이, 부와 가문을 지키기 위해 거금을 왕조에 헌납, 紳士의 학위나 관함을 사는 捐納制를 활용하여, 계급 상승을 이루었다. 이들의 계급 상승은 商으로서의 이점을 십분 활용한 것이다. 관련한 내용은 『중국의 신사계급』(페이샤오퉁[費孝通], 지만원 옮김, 갈무리, 2019), 박기수, 「청대행상의 신상적 성격」(『전근대 동아시아 역사상의 사』, 김경호·손병규 책임편집, 2013)에서 상세히 다룬 바 있다. 필자 역시 이를 참고하였다.

[3] 이에 대해서는 진재교, 「18,19세기 동아시아와 지식(知識), 정보(情報)의 메신저, 역관(譯官)」(『한국한문학연구』 30, 2011)에서 상세히 다루었으며, 해당 논문에서 제시한 역관의 역할 및 위

행하며, 이를 기반으로 상층 고급문화를 형성하는 저변을 갖출 수 있던 것도 그들의 공이 크다.[4]

물론 모든 현상에는 명암이 존재한다. 그들의 지적, 물리적 동선 파악이 조선에서 근대로의 이행기 지점에 유의미한 고찰이 되지 않을까 한다.

그렇다면, 조선시대 역관의 정체성을 어떻게 보아야 하는가.

이는 역관을 포함한 중인계층을 어떠한 범주 속에 배속시켜야 하는가라는 논의와도 연관되어 있다. 이 기준을 사민(四民), 동아시아 유교문화권의 계급의 범주로 구별하는 것은 무용할 수도 있다. 사민은 사[士, 출신]와 농공상[農工商, 직업]으로서, 분류의 층위가 다르며 결국 치자와 피치자, 양자 구도로 수렴될 수밖에 없다. 여기에서부터 역관을 어떤 범주에 귀속시켜야 할 것인가에 대한 고민이 시작된다.

1) 士, 자의식과 기능적 측면의 결합

역관에 대한 조선 사회의 인식은 다음과 같다.

① "사헌부대사헌(司憲府大司憲) 채수(蔡壽) 등이 상소하기를…… 하늘이

상에 대한 논지 전개와 결론에 대해 이견이 없으므로 재론하지 않는다. 다만, 필자는 이에 겸하여 역관에 대한 처우와 실태, 그들의 실무 능력, 역할의 범주 등에 대해 해당 논문에서 거론한 문학작품과 관찬사료 외에 『역관상언등록(譯官上言謄錄)』의 내용을 추가하고 실증의 바탕으로 삼고자 한다.

4 이에 관련하여서는 박수밀의 「조선의 중국 서적 유입양상과 그 의미-서반과 유리창의 존재를 중심으로」(『동아시아문화연구』 제50집, 2011)를 참조할 만하다. 조선 사신의 서적 구입과 유통에 있어 긴밀한 유대를 형성한 이들은 청조의 서반과 조선의 역관이라 할 수 있다. 해당 연구에서는 조청 사인 간의 문화교류에서 행해진 지식 유통과 그 주체인 서반의 역할에 주목하여, 사신-l역관-l서반으로 이어지는 유통의 메커니즘과 그 과정에서 발생하는 명암을 문화사적으로 조명하였다. 이를 통해 서반 역시 어느 한 직역으로 특정하기에는 '사(士)'적인 측면과 '상(商)'의 측면이 혼재되어 있다는 점을 추측할 수 있다.

백성을 내시고 이를 나누어 사민을 삼으셨으니, 사농공상이 각각 자기의 분수가 있습니다. 士는 여러 가지 일을 다스리고, 농부는 사에 힘쓰며, 공인(工人)은 공예를 맡고, 상인(商人)은 물화의 유무를 상통(相通)시키는 것이니, 뒤섞어서는 안 되는 것입니다. 만약에 사부(士夫)가 농사에 힘쓰고 농부가 여러 가지 일을 다스리려 한다면, 어찌 거슬리고 어지러워 성취하기 어렵지 않으며, 어찌 전도되어 법이 없는 것이 되지 않겠습니까? 지금 전하께서 의원과 역관을 권려하고자 하시어 그 재주에 정통한 자를 특별히 동·서반에 탁용(擢用)하도록 명하셨으니, 신 등은 그 까닭을 알지 못하겠습니다. 삼가 『주례』를 상고하여 보니, 의원은 의정(醫政)을 관장하여 독과 약을 모아서 의사(醫事)에 제공하고 세 밑에 의사를 고찰하여 식록을 정하는데, 열에 열을 모두 완수한 자를 상등(上等)으로 하고 열에 넷을 잘못한 자를 하등(下等)으로 하였으니, 이것은 등급의 차례를 나누어 녹봉의 후박(厚薄)을 정한 것이지, 청직(淸職)의 반열에 탁용하였다는 것은 듣지 못하였습니다. 상서(象胥)와 설인(舌人)따위와 같은 것에 이르러서는, 말[言語]을 전하여 설유(說諭)하고 사령(辭令)을 화협하게 하는 데 지나지 않는 것이니 그 임무가 본래 가볍습니다. 그러므로 비록 의술에 뛰어남이 화타와 같은 무리라도, 전사(前史)에서는 모두 방기(方技)로 열기(列記)하고 열전에는 넣지 않았습니다. 어찌 그 사람이 한미하고 그 일이 천하여서 사대부에 열기(列記)할 수 없다는 것이 아니겠습니까? 그러므로 우리 조정에서는 종조조(祖宗朝) 이래로 의관과 역관을 따로 설치하고 그 부지런하고 게으른 것을 고찰하여 올리기도 하고 내리기도 하여 그 녹을 주었으니, 거의 주관(周官)의 제도에 합합니다. 그 가운데에서 조금 우수한 자는 간혹 올려서 당상관을 삼기도 하고 혹은 2품으로 승진시키기도 하였으니, 이 또한 특별한 은전이고 선왕의 제도는 아닙니다. 더구나 이들은 거의 모두가 미천하고 본래 명류는 아닙니다. 그러니 외람되게 국은을 입은 것이 지나치다고 말하지 않을 수 없으며, 국가의 권려(勸勵)가 지극하지 않다고 할 수 없습니다. 그런데 오히려 분수가 아닌 것을 희망하여 스스로 顯官을 차지하려 하니, 마땅히 「죄를」 추궁하여 엄히 징계해서 그 나머지의 무리를 경계해야 할 것인데, 전하께서 죄를 주지 않으실 뿐만 아니라 또 채용하시니, 이는 시축(尸祝)으로 하여금 준(樽)과 조(俎)를 넘어서 포인(庖人)의 일을 대신하게 하는 것과 같아서, 그가 할 일을 하지 않고 그가 맡아야 할 임무를 맡지 않아서 마침내 귀천이 서로 혼란하게 되고 쓰고 버리는 것[用舍]이 어긋나게 됩니다. 그리하여 사부(士夫)는 동렬이 되는 것을 부끄러워하고 의원과 역관은 그 업에 전력하지 않으면, 이것은 두 가지를 다 잃어서 하나도 좋은 것이 없다 하겠습니다.

대저 농부와 공인·상인·무당·의원·약사인 사람들은 나라에 없어서는 안 될 사람들입니다. 더구나 농상(農桑)은 백성의 하늘이 되며 예악은 나라를 다스리는 근본이니, 의원과 역관에 비교하면 그 경중이 만만의 차이가 있습니다. 이제 의원과 역관을 권려하고자 하여 동·서반에 탁용한다면, 만약에 예악을 흥기 시키고자 함에 악공을 동·서반에 탁용해야 하고, 만약에 농상을 장려하고자 함에 농부를 동·서반에 탁용해야 할 것이니, 그것이 가하겠습니까? 대저 성왕이 사람을 쓰는 것은 목수가 나무를 쓰는 것과 같아서, 대소·장단을 각각 그 재목에 마땅하게 해야 합니다. 약한 나무는 동량이 될 수 없고, 큰 재목은 빗장과 문설주[扃楔]가 될 수 없습니다. 그러므로 재상은 모름지기 재상감의 인재를 써야 하고, 육경은 모름지기 육경 감의 인재를 써야 하며, 아래로 백집사(百執事)에 이르기까지 각기 그 재능에 마땅한 뒤에라야 그 직임에 딱 알맞다고 할 수 있을 것입니다. 이제 의원과 역관으로 하여금 의술이나 통역의 일을 다스리게 하지 않고 사부의 벼슬을 시키고자 하시니, 농부에게 서사(庶事)를 다스리게 하고 약한 재목으로 동량에 쓰려 함과 무엇이 다르겠습니까? 옛사람이 비록 '어진이를 등용하는 데에는 그 부류(部類)를 따지지 않는다.' 하고, '가르치는 데 달려 있고 종류가 따로 없다.' 하였으나, 이른바 '어진이'와 이른바 '가르침'이 어찌 의원과 역관을 두고 한 말이겠습니까? 옛날을 상고하여 보면 맡은 바가 각각 달라서 서로 침노할 수 없으며, 지금에 상고해 보아도 귀천이 길이 달라서 서로 섞일 수 없으니, 뒤섞여서는 안 되는 것이 명백합니다. 전하의 흠명문사(欽明文思)하심은 백공(百王)에 뛰어나시지만, 오히려 날마다 경연에 나아가시어 학문에 부지런히 힘쓰시고 밤늦도록 독서하시어 피로함을 잊으심이, 어찌 유생·박사를 본받아 글귀를 아름답게 꾸미고 입으로 읽는 일을 위함이겠습니까? 전대를 넓게 살피시고 득실을 밝게 보아서, 일을 행하는 성왕(聖王)과 귀추(歸趣)를 같이하고자 하는 것입니다. 그렇다면 환관에게 숭반(崇班)을 가(可)할 수 없고 의원과 역관을 청류에 섞을 수 없다는 것을 전하의 명성(明聖)으로 어찌 아시지 못하겠습니까? 만약에 '대비께서 나이가 많으니 의약을 중시하지 않을 수 없고, 사대교린에 역관을 중시하지 않을 수 없다.'고 하시면, 한 가지 방법이 있습니다. 세종 시대에 통역을 잘한 자로 김하와 이변이 있었고, 오늘날에 의약을 잘하는 자로 한계희와 임원준·권찬이 있는데, 이들은 모두 천품의 출신이 아닙니다. 만약에 거듭 강이(講肄)와 습독(習讀)의 법을 밝히시고, 그 중에 총민한 자를 택하여서, 상벌을 분명히 하여 권려하신다면, 김하와 이변, 한계희와 임원준·권찬만한 자가 어찌 장래에 없겠습니까? 이러한 데에는 힘쓰지 않으시고, 반드시 옛 법을 변경하고 선대의 헌장을 파괴하고 훼손하여 조정을 낮추고 군자를 욕되게 하시고, 선왕의 제도를 버리시어 미천한 사람을 높이려고 하시니, 신 등은 그것이 가한지를 알지 못하겠습니다. 엎드려 바라건대, 속히 성명(成命)을 거두시어 신민의 소망

에 부응게 하소서."⁵

②"신 등은 생각건대, 관작(官爵)으로 어진이를 권면하고, 상으로 공로
를 갚는 것이니, 관작이 어질지 못한 사람에게 가하여지면 어진이
를 권면하지 못하고, 상이 공로 없는 사람에게 미치면 공로 있는 자
가 게을러집니다. 황중·장유성이 함께 역관으로서 다행히 대신의 추
천을 받아 당상관을 제수받았으니, 이미 분수에 넘은 것입니다. 그런
데 지금 또 하루아침에 함께 2품에 승진하였으니, 신 등은 알지 못하

5　『성종실록』임인(1482) 4월 15일 기사 "司憲府大司憲蔡壽等上疏曰: ……且天生黔黎, 分爲四
民, 士·農·工·商, 各有其分. 士治庶事, 農力田功, 工執藝業, 商通有無, 不可混也. 若欲士大夫力
田功, 農夫治庶事, 則豈非逆亂而難就, 顚倒而無章乎? 今殿下欲勸勵醫·譯, 精於其術者, 特
命擢用東·西班, 臣等未知所以. 謹按『周禮』, 醫師掌醫之政, 聚毒藥以供醫事, 歲終稽其醫事,
以制其食, 十全爲上, 十失四爲下, 則是分其等次, 以爲祿之厚薄, 未聞擢用於淸班也. 至如象
(語)〔胥〕·舌人之類, 不過論言語·協辭令而已, 其任固已輕矣. 故雖神於醫術如華佗之輩, 前史
皆列於方技, 不入於列傳. 豈以其人微·其事賤, 不可列於士大夫也賤? 故我朝自祖宗以來, 別
設醫官·譯官, 考其勤慢, 迭爲陞降, 以受其祿, 庶合周官之制. 其間稍優者, 或陞爲堂上官, 或
陞爲二品, 是亦特恩, 非先王之制也. 況類皆賤微, 本非名流. 猥蒙國恩, 不爲不過, 國家勸勵,
不爲不至. 而猶希非分, 自占顯官, 所當窮推痛懲, 以警其餘, 而殿下不惟不罪, 又加傾採, 是
猶使尸祝越樽俎, 代庖人之事, 不事其事, 不任其任, 終於貴賤相亂, 用舍乖及. 士夫耻與爲
伍, 醫·譯不專其業, 則是謂兩失, 而無一可者也. 夫農·工·商·賈·巫·醫·藥師之人, 皆國之不可
無者也. 況農桑爲民之天, 禮樂治國之本, 比於醫·譯, 輕重萬萬矣. 今旣欲勸勵醫·譯, 擢用於
東·西班, 則設若欲興起禮樂, 則樂工擢用於東·西班, 欲勸勵農桑, 則農夫擢用於東·西班矣,
其可乎哉? 夫聖王之用人也, 猶匠之用木, 大小·長短, 各當其材. 弱木不可爲棟樑, 大材不可
爲居楔. 宰相須用宰相之才, 六卿須用六卿之才, 下至百執事, 各當其才, 然後可以稱其職矣.
今欲使醫舌, 不治醫舌之事, 而任士夫之職, 何異農夫以治事, 用弱材於棟樑乎? 古人雖云
立賢無方, 有敎無類, 其所謂賢·所謂敎, 豈醫舌云乎哉? 稽之於古, 則所任各異, 不可以相侵,
考之於今, 則貴賤異路, 不可以相雜, 其不可混也明矣. 殿下欽明文思, 超出百王, 而猶日御經
筵, 孜孜學問, 乙夜忘疲者, 豈効儒生博士, 雕篆口讀而已哉? 乃欲洞觀前代, 明見得失, 以處
於行事之際, 欲與聖王同歸耳. 然則宦者之不可加以崇班, 醫·譯之不可雜於淸流, 以殿下之
明聖, 而豈不知之乎? 若曰: "大妃年深, 醫不可不重, 事大交隣, 譯不可不重," 則有一說焉. 世
宗之世, 善於譯者, 金何·李邊也, 當今之時, 良於醫者, 韓繼禧·任元濬·權攢, 皆非出於賤品
也. 若申明講肄·習讀之法, 擇其聰敏, 明其賞罰, 以勸勵之, 金何·李邊·繼禧·元濬·權攢, (河)
〔何〕獨乏於將來也? 不務於此, 而必欲變舊章, 毁先憲, 卑朝廷, 辱君子, 棄先王之制, 崇賤微
之人, 臣等不知其可也. 伏望亟收成命, 以副臣民之望."

거니와 황중을 택용하는 것이 공 있는 사람을 권하고 덕 있는 사람을 장려하는 것이 되겠습니까?

대개 역관은 중국 조정에 있어서 서반(序班)이 되고 우리 조정에 있어서는 통사(通事)가 되는데, 중국 조정에서는 서반을 대접하기를 지극히 천하게 하고, 우리 조정에서도 통사를 대접하는 것이 또한 그러합니다. 그렇다면 장유성·황중의 작위가 당상관에 이른 것은 이미 지나친 것인데, 더구나 2품의 가자를 하는 것이겠습니까? 우리 조정에서 임시로 품대(品帶)를 띠는 예 가 하나가 아니니, 3품 당상관이 중국에 입조하려면 임시로 띠고, 의주목사 3품 당상관인 자가 중국 사람을 접대하려면 임시로 띠고, 사옹원 관리가 사신을 연향(宴享)할 때에 임시로 띱니다. 장유성·황중이 비록 임시로 금대를 띠더라도 말을 전하는 데에 무엇이 해가 되기에 반드시 2품의 직을 주고자 하십니까? 만일 은대가 질(秩)이 낮은 것을 혐의한다면, 승지도 전하의 명령을 사신에게 전하는 자인데 오히려 를 띠니, 신 등은 알지 못하거니와 승지의 직임이 도리어 장유성·황중보다 가볍습니까? 황중과 장유성이 항상 역원에 있어 제조를 가칭하는데, 한학(漢學) 생도가 그 괴로움을 견디지 못하여 장문(狀文)을 발하기까지 하였고, 당시의 역관들이 항상 서로 말하기를, '한학을 일으키고자 하면 모름지기 장가·황가를 쫓아내야 한다.' 하였습니다. 이것뿐 아니라 역원의 구사(丘史)를 빼앗아 자기가 차지하니, 하관(下官)이 위엄을 두려워하여 감히 말은 못하나 이를 갈면서 속을 썩이는 자가 많았습니다. 하물며 승진하여 2품이 되었으니, 더욱 꺼리는 것이 없어서 장차 못하는 짓이 없을 것입니다."[6]

---

6 『성종실록』 임인(1480) 5월 5일 기사 "司憲府大司憲鄭佸等﹑司諫院大司諫金䃏等上疏曰:臣等竊謂, 爵以勸賢, 賞以酬功, 爵加於非賢, 則賢者不勸, 賞及於無功, 則有功者怠矣. 黃中·張有

위의 예문 ①과 ②는『성종실록』실록에 실린 2편의 기사이다. 상소를 올린 채수는 역관·의관의 탁용이 불가함을 논하는 상소를 지속적으로 올렸는데, 특히 역관을 거론하면서 士, 즉 청류에는 들 수 없음을 역설한다. 동시에 이들의 사회적 기능에 대해서는 부인할 수 없는 입장을 취하기도 한다. 그러나 대체로 역관에 대해 부정적이며 상당한 위기의식조차 감지된다.[7] 역관은 반상의 구별에도 '사민'의 범주 그 어디에도 뚜렷하게 귀속시킬 수 없는 부류로서 인식되고 있는 것이다.

동아시아 전근대의 사의 출발은 매우 복잡다단하다.『백호통의』나『한서』를 참조하면, 사는 실무를 맡은 이들이고, 재위자(在位者), 즉 배움을 기반으로 백성들에 대해 '位'를 겸한 자라 할 수 있다. 하지만 이역시 고정적인 것은 아니었다. 유사(遊士), 유사(儒士), 유상(儒商) 등으로연칭(連稱)되는 이유도 그들의 자의식과 기능적 측면이 결합 되면서 나타나는 사회문화적 현상이 혼종 되어 있는 상태라 할 수 있을 것이다.[8]

채수의 상소문은 '사'와 그 외의 계급을 명확하게 구분하지만, 사회역할이나 그 기능을 기준으로 삼는다면 어떤 이들이 '사'에 속하는가

誠, 俱以譯官, 幸蒙大臣擢薦, 得拜堂上, 已踰涯分. 而今又一朝, 同升二品, 臣等未知擢用黃中者, 其勸有功, 勵有德耶? 蓋譯官在中朝爲序班, 在我朝爲通事, 中朝待序班至賤, 不齒士類, 我朝之待通事亦然. 然則有誠·黃中, 位至堂上, 已爲濫矣, 況授二品之階乎? 我朝假帶之例非一, 三品堂上, 入朝中國, 則假帶焉, 義州牧使爲三品堂上者, 接待中國之人, 則假帶焉, 司饔院官員於使臣宴享之時, 則假帶焉. 有誠·黃中, 雖假着金帶, 何害於傳語, 而必欲授二品之職歟? 若以銀帶秩卑爲嫌, 則承旨亦傳殿下之命於使臣者也, 而猶着銀帶, 臣等未知承旨之任反輕於有誠·黃中也歟. 中與有誠, 常在譯院, 假稱提調, 漢學生徒, 不堪其苦, 以至發狀, 而當時譯官, 常相語曰: "若欲興學, 須去張·黃." 非獨此也, 譯員丘史, 奪爲己有, 下官怵於威, 而不敢言, 切齒腐心者多矣. 況陞爲二品, 則益無顧忌, 將何所不至."

7 특히 사행기록에서는 역관에 대한 시선이 긍정적이기보다는 부정적이다. 문인 관료들의 역관에 대한 폄하와 갈등은 역관이 지닌 신분과 실무 능력, 외교의 비중이 불균형한 데에서 비롯된다.

8 이에 대해 김경호,「秦漢初 출토자료에 반영된 士·吏의 성격」(『전근대 동아시아 역사상의 士』, 김경호·손병규 책임편집, 2013),『中國武俠史』(진산, 강봉구 역, 동문선, 2000) 참조.

혹은 속해야 하는가에 대한 논의는 단순하게 정리되지 않는다. 사회가 규정한 사와 인식 속에서의 사가 합치되지 않는 경우도 많다. 결국, 일정한 지위를 지닌 이들이(물론 미관말직이라고 자처해도 이를 포함해야 한다고 본다.) 한 사회에서 스스로의 역할과 의식의 비중을 어떻게 가늠하고 있었는가를 따져보아야 할 것이다.

　이에, 역관의 자의식은 타자, 특히 조선의 사대부에 의해 묘사되거나 구성된 형태가 아닌, 동일 계층에 속한 동류, 혹은 스스로의 목소리를 내어 입지를 밝히는 문헌을 통해서 고구하는 것이 바람직하다.

　③ 「자소(自笑)」

非農非工又非賈	농부도 아니고 공인도 아니고 상인도 아니니
生來更羞守錢虜	살면서 수전노 되기 더욱 부끄러워했노라
學書學劍俱無成	글과 검 배웠으나 모두 이룬 것 없어
天質自慚愚且魯	타고난 자질 어리석고 둔한 것 부끄럽구나[9]

　③은 18세기 역관 대족(大族)인 변종운(卞鍾運, 1790~1866)의 시이다. 그는 현재 자신이 처한 좌표를 '非農非工又非賈'라 하였다. 사민 중 '농공상'에 속하지 않았음을 분명히 함으로써[10] 내면의 士의식과 표면적 직역 사이의 끊임없는 충돌을 드러내었다.

　④ 〈소재 변종운[卞歗齋鍾運]〉

| 士皆趨俗學 | 선비들은 모두 속학을 좇는데 |

9　卞鍾運, 『歗齋集』 권1 「自笑」.

10　변종운의 사의식에 대해서는 김홍매, 『소재 변종운 문학 연구』(국학자료원, 2020)에서 자세히 다룬 바 있다. 김홍매는 '농공상'에 대한 부정이 곧 '사'에 대한 긍정이라는 점을 지적했는데, 필자 역시 이에 대해 큰 이견은 없다.

夫子其真儒　신생께신 참된 유자였다네.
下帷研經義　휘장 내리고 경서의 뜻 궁구하면
庶幾董仲舒　한나라의 동중서와 가까웠어라
處貧終憂道　가난에 처해서 끝내 도를 근심하셨고
冥心復厥初　마음 가라앉히고 초심을 회복하셨지.
旬然歡齋集　훌륭한『소재집』이 나오니
世人比璠璵　세상 사람들 번여옥에 비기누나[11]

「자소」가 '결핍된 士'로서의 독백이었다면, ④는 동류의 시선을 투과한 '유자', '사인'으로서의 모습이라 할 수 있다. ④는 후배 역관인 김병선(金秉善, 1830~1891)의『해객시초(海客詩抄)』에 실린 회인시 가운데 '변종운'을 읊은 작품이다. 위의 시를 토대로 역관 변종운의 삶을 관통하는 핵심 키워드를 추출한다면 '진유(眞儒)'라 할 수 있다. 변종운을 평생 강학과 후학양성에 심혈을 쏟은 한나라 동중서에 단적으로 비교한 것은 이를 증명한다. 이 작품이 후배 역관 김병선에 의해 쓰였다는 사실 자체가, 역관 스스로가 '유자'로서의 자의식을 지녔음을 뜻하기도 한다.

다음은 역관 출신 김지남의『통문관지』에 실린 내용이다.

③ 최세진(崔世珍): 중국어에 정통하고 이문(吏文)도 아울러 통달하였다. 성종 때에 원과(院科)에 입격하고 뽑혀서 강이습독관(講肄習讀官)에 보임되었다. 수년이 지나서 임금이 업으로 삼는 일을 친강할 때에 칭찬하고 감탄함을 크게 더하여 특별히 질정관으로 차출하였다. 언관이

11　金秉善,『海客詩抄』,「感舊詩八首」

아뢰기를, "잡직을 질정관에 보임하는 것은 예전부터 그런 예가 없었습니다."하니, 임금이 말하기를, "마땅한 사람을 얻었다면 어찌 전례에 구애되랴? 나로부터 전례를 삼도록 하라." 하였다. 여러 번 명나라 서울에 갔으므로 모든 중국 제도와 물명을 다 환히 알았고, 모든 사대문서가 다 그의 손에서 나왔다. 가정 병술년(1526)의 이문 정시에 첫째로 뽑혀 특별히 당상에 올랐고, 기해년(1539)에 또 과시(課試)에 첫째로 뽑혀 가선대부에 올랐다. 남곤(南袞)이 아뢰어 이문학관을 설치하고 공에게서 수업하게 하였다. 교명(敎命)을 받들어 『사성통해』·『언해노걸대』·『박통사』를 지었고, 또 지은 것으로는 『노박집람』·『훈몽자회』·『이문집람』·『옥편』 등의 서적이 있는데, 지금까지도 배우는 자들이 손바닥을 들여다보듯 번거로이 스승을 찾지 않아도 될 정도이다. 『사성통해』의 자서에 이르기를, "가업을 이어받아 배우고부터 뜻을 돈독히 하고 게을리 하지 아니하여 이 책을 만들었다."라 하였다. 냄서시부정겸한학교수(內贍寺副正兼漢學敎授) 역임하고 동지중추부사에 이르렀다.[12]

사행에 임해 무능한 문신과 대조되어 언급되는 인물들은 주로 역관이었는데, 이들 가운데 자주 거론되는 인물로서 홍순언과 최세진을 꼽는다. 최세진은 외국어 방면에 있어 역관이자 학자의 이미지를 지닌, 능력 있는 외교관 모습의 표상이다.

⑤ "사간원대사간 정괄(鄭佸) 등이 차자(箚子)를 올리기를, 이제 역관 장유성을 관압사(管押使)로 삼았는데, 통사가 중국 조정에 드나들면서

---

12   金指南『通文館志』, 人物, '崔世珍'조.

장사하어 이익을 취하였으므로 사람들이 모두 천하게 여기니 비록 당상이라 하더라도 조관(朝官)으로 대접할 수 없습니다. 그런데 어찌 조정에 있는 신하 중에 보낼 만한 사람이 없어서 역인(譯人)을 정사로 삼겠습니까? 장유성이 통사가 된 것은 중국 조정에서 모르는 이가 없는데, 장유성이 정사가 된 것을 보게 되면 우리나라 사신을 장유성의 예로 보고 모두 천하게 여길 것입니다. 하물며 장유성은 본디 근신하지 아니하여 이제 만약 북경에서 반드시 자중하지 않고 몸소 판매를 행할 것이니, 국가에서 중국을 높이고 使命을 중히 여기는 뜻이 아닙니다. 원컨대, 개차하도록 명하소서."[13]

드문 경우이긴 하지만 ④의 예처럼 역관 가운데 정사의 역할을 대신하여 수행한 적이 있다. 성종은 역관 장유성에게 외교 사안의 처리 및 의전, 이른바 '전대(專對)'의 임무를 맡겨도 무방하다고 생각한 듯하다. 이로 인해 정괄을 비롯한 조정의 일부 관료들은 강하게 반대하며 상소하며 유자의 신분으로 상행위를 할 우려가 있다는 이유를 내세웠다.

전근대 중국에서 유와 상이 가장 이상적으로 결합 되어 외교 임무를 수행한 인물 유형은 자공(子貢)이다. 공자의 눈에 비친 자공의 장점은 언어였지만, 그의 상업적 재주와 성취에 찬사를 보내기도 한다. (『논어』「선진」) 역관에게는 언어소통이라는 기능적 실무 외에도 전대에 대한 의무가 주어졌기 때문이다. 견강부회하자면, 공자가 인정한 자공의 언어는 그가 안회(顔回)와 견주면서 평가한 상업의 능력과도 연결이 된

---

13 『성종실록』5년 갑오(1474) 8월 26일 기사 "司諫院大司諫鄭佸等上箚子曰: 今以譯官張有誠爲管押使, 通事出入中朝, 興販取利, 人皆賤之, 雖堂上固不可以朝官待之也. 在朝之臣, 豈無可遣者, 而以譯人爲正使乎? 有誠之爲通事, 中朝之人, 無不知之, 見有誠爲正使, 則我國之使, 例視有誠而皆賤之矣. 況有誠素不謹慎, 今如赴京, 必不自重, 身行販賣矣, 甚非國家尊中國, 重使命之意也. 願命改差. 不聽."

다. 공자는 안회의 누공(屢空)을 매우 안타까워했고 동시에 자공의 화식(貨殖)능력에 주목했던 것이다.

이들의 실무 능력과 자부심은 『역관상언등록(譯官上言謄錄)』이나 다수 연행록에서도 상세히 기재되어 있다. 기실, 역관들의 교육은 상당히 체계적으로 이루어졌다. 사역원 산하의 연소총민청(年少聰敏廳)에서 이루어진 언어 및 대외 실무 교육에 단련되었기 때문이다.

⑥ 대신과 비국당상들이 왕을 뵐 때 영의정 정태화가 아뢴 계는 다음과 같다. "판중추부사 정유성이 사역원 도제조가 된 처음에, 북경에 갈 역관은 취재해서 보내겠다는 일이 결정되었습니다. 그런데 역관들 중 한학교회, 연소총민으로 선발된 자들은 삼경과 사서, 본업인 『노걸대』, 『오륜전비』 등을 책을 두고서 서도(書徒)에 적힌 생도들이 사계절 초하루에 제조가 자리를 열면, 책을 돌려가며 고강(考講)을 보았고, 이미 시험에서 선발된 자들은 그 차례에 따라 파견되었습니다. 다만, 몽학, 왜학, 여진학 삼학(三學)은 각각 전공어로 취재하여 보냈는데 그 가운데 혹 예조의 부경취재에서 2등에 준하는 자가 있으면 다시 시험보지 않고 보냈습니다. 이 일은 전임 도제조가 정한 방식이므로, 앞으로 더 융통해야 할 것이기에 이렇게 감히 아룁니다." 상이 말씀하셨다. "그렇게 시행하라."[14]

---

14 『譯官上言謄錄』, 갑진년(1664, 현종5) 윤 6월 16일 一. 大臣備局堂上引見時, 領議政鄭所啓, "判中樞府事鄭, 爲司譯院都提調之初, 以赴京 譯官, 臨時取才, 差送事定奪. 而譯官中, 如漢學敎誨·年少聰敏等被選之類, 則以三經·四 書 及本業老乞大·五倫全備等書, 置簿書徒, 四季, 判提調開坐, 輪冊考講, 旣是取才, 此類則從其次第差送. 惟蒙學·倭·女眞三學, 臨時各以本業取以送, 而其中或有禮曹赴京取 才, 准二分者 則之不可更試, 事體, 前都提調所定之式, 今將稍加變通, 故敢此陳達." 上 曰, "依爲之."

위의 예문은 역관 선발에 관한 정보가 담겨 있다. 한학교회, 연소총민으로 선발된 사람들은 사서삼경과 전공 서적인『노걸대』,『오륜전비』등을 암기하는 시험을 치렀다. 다만, 몽학이나 왜학, 여진학 등의 삼학은 전공 언어를 기반으로 취재하였음을 알 수 있다.

적어도 한학역관이라면 사서삼경에 대해 해박해야 했으며, 고강과 배강(背講), 임강(臨講)을 통과해야 했다.[15] 관청 내의 관리 또한 엄격했다. 서도(독서를 완료한 생도를 기록한 문서)로서 학습의 양과 질이 떨어지지 않게 검사했고 목표량을 달성하지 못 할 경우에는 처벌도 감행했다.[16] 이른바 사역원에서의 근태조사는 비교적 엄격했으므로 이들의 실무 능력이 제고되었던 것이다. 외교의 전대를 도맡고 정치적으로 기민한 사항을 다루기 위해서는 당연한 일이다. 역관들 스스로도 내규를 만들어 실무 능력 배양 및 관원의 결속을 다졌다. 이는『사역원완의』를 통해 확인할 수 있는데[17], 관원들의 합의와 운영의 과정이 담겨 있다.

이 같은 '사'로서의 의식과 '실무적 능력'의 결합이라는 구조가 숙종대 이후부터 역관의 특정 가문이 업을 세습하며 부를 이루고, 이를 기반으로 지식정보의 유통과 향유의 중추적 역할을 담당하게 된 연유이며 1851년 중인통청운동의 시도까지 연결되는 지점이기도 하다.

2) 상[18], 직역과 생계형 업으로서의 결합

한편, 역관 임무의 무게감과는 달리 이들에 대한 처우가 늘 좋았다고는

---

15 역관 선발 및 사역원 체제에 대해서는 정승혜,「通文館志와 司譯院 四學」(『진단학보』134, 2020)에서 상세히 다룬 바 있으며, 필자 역시 이를 참조하였다.

16 『역관상언등록』, 입인년(1662, 현종3), 8월 2일.

17 『사역원완의』에 대해서는 정승혜,「국립중앙도서관 소장 사역원완의」(『문헌과해석』 2013)참조.

18 『실록』등의 관찬사료와 개인 문집에서 '역상(譯商)'이란 호칭을 볼 수 있다. '역상'은 역관의 임무와 상인의 임무가 기계적으로 결합된 단어라기 보다는, '역관'을 바라보는 부정적 시각과 상행위에 대한 천시에서 기인한 사계층의 가치판단이 들어간 것이라 할 수 있다.

볼 수 없는 부분이 있다.

① 사역원관원이 도재조의 의견을 아뢴 계는 다음과 같다. "근래에는 여러 방면에서 열성이었던 학업이 점점 예전만 못한데 그중에 역학들이 가장 심합니다. 새로 임명된 자들은 학습할 생각이 없어 일상어조차 터득하지 못합니다. 대체로 중국 조정에 조회하러 가는 길이 끊긴 이후로는 그들이 생활할 방도가 없어졌고, 비록 남북으로 파견되는 임무가 있어도 원래 자리가 많지 않아서 직책의 윤회가 두루 미치지 못하므로 사학(四學)을 통틀어 많은 사람이 우러럴 바라는 것은 단지 하찮은 급료라도 받을 수 있는 실직과 체아직(遞兒職)입니다. 그런데 국가 경비가 부족하다는 이유로 누차 축소 시키니 남아 있는 자가 거의 없습니다. 급료를 받는 직책을 임명할 때마다 자리 부족이 항상 걱정되어 심양으로 가는 배종관 4인, 금주로 가는 종군역관들을 부득이 본원(사역원)의 원액 중에서 취했습니다. 급료를 덜어냈기에 취재에서 고득점을 받은 자들도 소속되지 못하거나 혹 종신토록 혜택을 누리지 못한 자가 있어 생계를 꾸릴 방도가 끊어졌기에 다급함과 억울함을 호소하니 사역원에 소속된 역관들이 염려됩니다. 지난날 감원한 수를 비록 예전의 규정대로 전부 되돌리지는 못해도 훈도, 봉사, 부봉사 각1명, 여진학, 위직, 부사용 1인, 전의감과 혜민서의 규정에 따라 먼저 자리를 만들어주십시오. 심양으로가는 배종역관과 금주(錦州)의 종군역관체아직은 달리 변통하고 처리해서 참상(參上)과 위직으로 삼는다면 먼 곳에 일하러 가도 급료를 잃지 않게 되니, 취재에 응시하는 자들도 결코 실망하지 않을 것입니다. 가만히 들으니 처음에 금주역관은 병조에서 급료를 주었다고 지금도 애당초 규정에 따라 전부 병조에서 높은 급료를 준다는 것은 진실로 치우친 처사입니다. 저희가 사정을 모르는 바가 아니나 지금 국고가 부족하니 형편

을 헤아려 힙딩하게 변통하기를 부득이 황공하게 감히 아룁니다." 왕이 전교하셨다. "아뢴대로 시행하되 배종역관의 급료를 병조에서 주는 것은 맞지않다."[19]

② 사역원 관원이 도제조의 의견을 아뢴 계에 "본원(사역원)이 정해서 보낸 황해감영과 병영, 평안감영과 병영, 선천, 의주의 한학 1인, 제주, 통영의 한학과 왜학 각1인, 전라좌우수영의 왜학 1인에게는 대체로 언제라도 사고가 있을까 우려됩니다. 그들은 평소 군역을 지는 수고는 없더라도 객지로 나뉘어 파견되었기에 고생과 괴로움이 배가 됩니다. 정해진 복무 기한이 짧으면 1년, 길면 혹 3년이므로 그들이 받는 급료는 더 우대해야 합당한데도, 그중에 내쫓기거나 1인 분량의 급료도 받지 못한 자가 있습니다. 사환 자리는 이 때문에 사람들이 모두 꺼리고 피하는데, 파견한 후 만약 그들을 사지에 빠지게 한다면 매우 잘못된 일입니다. 조정에서 역관을 나누어 파견하는 것은 변방의 일을 미리 대비하자는 생각에서 한 일입니다. 청컨대 해조(該曹)에서 각처를 조사하여 남은 액수를 다시 정하고, 유통되도록 마련하여 넉넉히 지급해서 각처에 고르지 않은 폐단이 없도록 해주십시오. 그리고 각 병영에서 급료를 받는 자들에게도 지금 일체 시행해주십

---

19 『역관상언등록』, 계미년(1643, 인조21) 5월 20일 "一. 司譯院官員, 以都提調意啓曰, 近來, 各樣彬業, 漸不如舊, 而其中譯學尤甚. 新進之輩, 無意學習, 尋常說話, 亦不能曉解. 蓋自朝天路絶之後, 渠輩生理無門, 雖有南北差遣之任, 元額不多, 不能輪回遍及, 通四學累百人口, 所仰望者, 只是些少祿職·祿遞兒, 而緣國家經費不足, 累次減省, 所存者無幾. 每等付料之時, 常患不足, 瀋中陪從譯官四人, 及錦州從軍譯官等, 不得已就本院元額中. 除出付料, 故取才時, 分數居多者, 亦不得參, 或有終身不得需受者, 生理頗絶, 渴口呼冤, 委屬可慮. 前日所減員數, 雖未能盡爲復舊, 訓導·奉事·副奉事各一員, 女眞學·衛職·副司勇一員, 依兩醫司例, 爲先還設, 而赴瀋陪從及錦州從軍譯官·遞兒, 別爲區處, 以爲參上衛職, 則遠征者, 不失其料, 取才應參者, 亦不缺望矣. 竊聞, 當初錦州譯官, 自兵曹付料云, 今亦依當初事例倂, 令兵曹, 高品付料, 允爲便當. 臣等非不知, 目今, 國儲之不足, 而揆之事勢, 合有變通, 不得不惶恐, 敢啓."

시오. 기타 옷감, 베, 사환 등의 일은 모두 예전 규정에 따라 지급하여
조금 더 진휼하도록 각 병영과 각 읍이 모여서 의논하고 시행하라는
것이 어떻겠습니까?"[20]

①과 ②의 예시는 국가 경비가 부족하다는 이유로 감원한 역관들
의 자리를 융통해달라는 건의이자 역관의 본래 임무 외에 차출되어 나
간 외방 파견직의 고충을 헤아려 달라는 취지를 담고 있다. 이를 토대
로 역관의 생계유지와 처우 개선에 대한 내용이 주를 이룬다.

예문 ①에서 사역원 도제조는 당시 역학들이 공부에 대한 열의가
낮은 이유를 파악했는데 사행에 차출되지 못하여 생계를 꾸릴 여유가
없는 것을 가장 큰 원인으로 꼽는다. 녹봉이 적은 실직(實職)도 갖기 어
렵고 체아직[21] 을 마련하여 역관으로서 최소한의 생계유지를 보장해달
라는 요청을 겸한다. 이와 같은 上言은 이후에도 계속 이어진다.

주지하다시피, 역관은 사행에서의 통역이 주된 업무이지만 종종
지방으로 파견되어 외방역학(外方譯學)의 임무를 수행하기도 한다. 이
들은 사역원의 규정에 따라 문서로 추천하고 왕의 결재를 받아 내려보
내므로, 엄연히 조정에서 파견하는 관리이다. 그러나 사적 관계에 따

---

20 『역관상언등록』, 경신년(1680, 숙종6) 7월 21일 "一. 司譯院官員以提調意啓曰, 本院之定送, 漢
學一員于黃海監營兵營·平安監營兵營·宣川·義州, 漢學倭學各一員于濟州·統營, 倭學一員于
全羅左右水營者, 蓋慮其或有不時活之事故也. 其在常時, 雖無復役之勞, 分差客土, 辛苦有
倍. 所定官限, 近則一茶, 遠或三年,其所廩料, 接待理宜加優, 而其中, 至有只放, 單料不給.
使喚處, 以此, 人皆厭避. 逢差之後, 若沒死地甚非, 朝家分遣舌官, 豫備邊事之意. 請令該曹,
取考各處, 會減之數, 更爲定式, 通用磨練, 從優計給, 俾無各處, 不齊之弊, 而其自各營, 直爲
給料者, 亦今一體施行. 其他衣資朔布使喚等事, 並依舊例題給, 稍加軫恤, 以此行會各營各
邑, 何如?"
21 체아(遞兒)란 현직을 떠난 관원의 생활을 보장해주기 위해 15세기에 만들어진 제도이다. 담
당하는 실무가 따로 정해져 있는 것은 아니며, 관청에 파견된 정원 외 관리에 해당한다. 관상
감이나, 사역원 등에서도 체아를 두었다.『萬機要覽』, 「財用」, '祿制雜規'.

라 감사들이 임의로 임명하는 일 또한 종종 있었으며[22] 이에 대한 상언을 올린 기록도 보인다. 관행 아닌 관행 속에서 역관 계층 내에서의 불평등 또한 생기기 마련이다. ②의 예문에서 볼 수 있듯이, 황해도·선천·의주·제주·통영·전라좌우수영 등에 파견된 역관들은 특히 고초가 심했다. 근무 연한도 짧지 않아서, 녹봉 및 생필품, 운신수단, 이들 도와줄 사환이 필요했으므로 上言하여 요청했던 것이다. 상언을 감안한 왕의 전교에 따라 상황을 일시적으로 해결하는 경우도 있지만 기본적인 구조는 개선되지 않았다.

③ 왕이 익선관을 쓰고 흉배가 없는 흑원령포에 청정(靑鞓)·소옥대(素玉帶)로 관소에 거둥하여 청나라 사신을 접견하고 다례를 행하였다. 영의정 김재로가 아뢰기를, "근래 역관들의 생계가 점점 박하여지는 탓으로, 사람들이 모두 역관 되는 것을 싫어하여 피하고 있습니다. 또 글을 공부하여 대과나 소과에 합격한 사람은 추론할 필요가 없겠습니다만, 전에는 쇄환시킨 사례가 있었으니, 청컨대 역관의 자제들 중 다른 기술을 취택해 나간 자들은 아울러 모두 원적(院籍)으로 환속시키게 하소서."하니, 임금이 그대로 따랐다. 또 만일 장려하여 기용할 만한 사람이 있으면 전조(銓曹)로 하여금 특별히 녹용(錄用)하게 하라고 명하였다.[23]

③의 예문을 통해 명청 교체기를 거쳐 18·19세기 연행의 빈도가 높

---

22 『역관상언등록』 정해년(1647, 인조25) 7월 26일 조 참조.

23 『영조실록』 28년 기축(1752) 1월 27일 기사 "上具翼善冠, 無揚黑圓領袍, 靑鞓、素玉帶, 幸館所, 接見淸使, 行茶禮. 領議政金在魯奏曰: "近來譯官生理漸薄, 人皆厭避. 又有業文, 而中大、小科者, 不必追論, 而在前有刷還之例, 請譯官子枝之趣於他技者, 竝令還屬院籍." 上從之. 又命若有獎用者, 令銓曹另加錄用."

아짐에 따라 역관의 수요 및 역할에 대한 기대는 점차 확대되었음에도 불구하고 역관에 대한 공식적 처우는 크게 달라지지 않았던 점을 확인할 수 있다.

위와 같은 자료는 이들이 북경 사행에 임해 사적 무역으로 치부(致富)하게 되는 개연성을 제공한다. 본업은 통역이지만 해당 녹봉으로는 원활한 생계유지에 난점이 있다. 아울러, 역관 업무 특성상 정해진 연한이 있으므로, 이를 통한 항산 유지가 보장되어 있지 않았던 것도 사실이다. 외방 역관의 경우에는 더욱 심했다. 이로 인해 역관들은 북경 파견이 희망이었으며, 이를 위한 편법이나, 인적 네트워크 형성에 치력하는 구조가 고착화 된 것이다. 어쩌면, 이는 유자로서의 역관이 상(商)으로서의 면모로 넘어가는 지점이며 이들이 왜 사와 상의 대립적 자아상을 동시에 가질 수밖에 없었는가에 대한 설명이기도 하다.

역관은 공식적으로 무역에 종사할 수 있도록 허가된 관원이다[24]. 물론 무역의 특권이 역관에게만 주어진 것은 아니었다. 팔포(八包)의 경우, 사행의 공식 인원 즉, 정사, 부사, 서장관, 역관, 만상군관(灣上軍官), 군관, 화원, 사자관(寫字官), 의원 등 또한 각자의 계층과 수요에 맞게 팔포를 활용했으며 뚜렷이 항목이 정해져 있는 것은 아니었다.

그러나 역관은 다르다. 팔포와는 별개로, 어용약재와 국가에서 정한 희귀품목은 반드시 이들을 통해서 구입해야만 했다. 결국, 사적 무역과 공적 무역이 다 허용된 셈인데, 이를 중심으로 국내외(청, 일본)의 넓은 유대관계 구축하여 연속적인 무역활동을 통한 이윤추구가 가능했다.

---

24 역관의 팔포 무역 자금 중에서 公用銀은 首譯官이 수렴하여 충당하게 되어 있다. 역관들에게는 이 같은 현실이 부담으로 작용했는데, 조정은 이에 대해 공식적인 대안을 내놓았다기 보다, 역관이 경외각아문(京外各衙門)으로부터 관은을 차대하여 무역하는 것을 자유롭게 허용해 주는 방안을 택했다. 이는 역관이 무역자금을 쉽게 융통할 수 있는 통로를 열어준 셈이다.

삼사신은 사사로운 무역을 목적으로 할 처지가 못 되었지만, 역관은 공식 업무 외에 불안정한 고용이나 치부의 수단으로 사행의 기회를 십분 이용하였다. 선래비장(先來裨將) 및 군관과 선래역관이 사행보다 먼저 출발하여 번거롭고 괴로운 일들을 도맡아 하지만, 여비가 은 100냥인 까닭에 모두 앞다투어 갔다. 게다가 이윤을 목적으로 가기 때문에 몸이 상함을 감수하고서라도 사행에 임하는 경우가 빈출했다는 기록[25]도 존재한다. 실제로 은 100냥이 지급되었다기보다, '부수적인 이익이 생기고, 여비가 적지 않다'는 데 대한 비유일 것이다.

④ 좌의정 김상철이 아뢰기를, "연경에 가는 역관이 공적인 비용으로 쓸 수 있는 은자(銀子)가 절사(節使)의 사행에는 6,000냥이고 별사(別使)의 사행에는 4,500냥인데, 이를 모두 수석 통역관에게 맡겨서 초과하는 일이 없도록 하는 것이 정식입니다. 그런데 이번 별사의 사행에 수석 통역관이 전례에 따라 받아갔음에도 돌아올 때에 세관에 으레 내는 비용을 내지 못하여, 출국 허가를 받지 못해서 의주의 은자 1,000냥을 추이하여 가용하게 되었습니다. 이것은 정식(定式)이 있은 이래 없던 일로서, 장차 이로 인한 훗날의 폐단을 이루 다 말할 수가 없을 것입니다. 그러니 해당 수석 통역관을 변원(邊遠)에 정배하고, 통역하는 무리들로 하여금 국법이 있다는 것을 알아 다시는 감히 어기는 일이 없도록 하라는 뜻으로 엄히 밝혀서 신칙하소서."하여, 그대로 따랐다.[26]

---

25 申泰義, 『北京錄』, 「京城記畧」 "先來裨譯, 使行出館日, 曉發疾馳, 行中最苦役者 也. 然有所 謂先來盤纏百兩銀, 故皆爭頭出去. 盖見其慕利之甚者, 不顧其身也. 山海關 外, 道傍有古碑, 先來過者, 必書其時日, 以備使行考焉. 盖由虎狼谷道, 由千山, 直抵遼 陽, 可經數百里云."

26 『日省錄』 정조 원년 정유(1777) 3월 25일(신묘) 기사 "左議政 金尙喆啓言, 赴燕譯官之公費銀 子, 節使行六千兩, 別使行四千五百兩, 一委首譯, 使不得踰越定式也. 今番別使首譯, 依例受

④는 역관이 공적 비용을 초과하여 지니는 폐단을 지적한 것이다. 연경에 가는 역관이 공적인 비용으로 쓸 수 있는 은자는 절사의 사행일 경우 6,000냥이고 별사의 사행에는 4,500냥임을 알 수 있다. 그런데, 이를 모두 수역(首譯)에게 맡겨, 추가 비용 1,000냥을 조달하는 일이 생겼던 것이다. 사행 노정중에 불우(不虞)의 사정이 있었을 것이나, 허용하기 시작하면 추후 폐단이 예상되기 때문에 미연에 방지하려는 의도가 보인다.

앞서 언급했듯, 이들이 사행에서 무역의 전권을 사용할 수 있었던 까닭은 여타 수행 인원이 취급하기 힘든 어용약재, 희귀품 등 이었기 때문이기도 하다.[27]

⑤ 역관 최정립(崔貞砬)이 예조의 계목에 근거하여 상언하기를 "국왕께 바칠 약재를 사들이는 일은 매우 중요합니다. 그런데도 사역원에서 매번 역량이 모자란 역관을 억지로 보냈습니다. 북경의 희귀한 약을 사들일 수 없었던 형편은 이치상 당연한 것입니다. 본원이 참작하여 급한 일이 없는 체아 중에 한 번 보냈던 사람을 파견하는 것도 무방할 듯합니다. 이런 뜻을 해원에 분부하시는 것이 어떻겠습니까? ."[28]

去, 及其還來之時, 以稅官之未給例需, 不許出柵, 至有灣府銀一千兩推移加用, 此是定式後, 所未有, 後弊有不可勝言.當該首譯, 邊遠定配, 使象譯輩, 知有國法, 更不敢違越之意, 請嚴明申飭, 從之."

27 『중종실록』 1540년 7월 27일 기사를 참조해보면, 북경으로 가는 역관들의 공무역을 완전히 폐지해야 한다는 주장도 제기되었다. 그러나 장복과 약재, 궁각(弓角) 같은 물건을 사오는 것은 폐할 수 없다고 하였다.

28 『역관상언등록』경인년(1650, 효종1) 10월 8일 "一. 譯官崔貞砬上言據曹粘目內, 御供藥材貿易, 其事極重, 而該院每以貧寒譯官, 勒定差遣爲白臥乎所, 北京稀貴之藥, 不得貿來, 其勢固然. 令本院, 參商事勢, □(無)緊遞兒中, 一番差遣, 似爲無妨. 此意, 分付該院, 何如?"

⑤에 등장하는 최정립은 『통문관지』에 청렴결백한 이미지로 수록된[29] 한어 역관이다. 그가 어용약재 무역에 관련하여 상언하며 아직 실무 경력이 부족한 하위 역관에게 일임하여 결국 구입하지 못하게 된 것에 대한 개선을 요청하였다. 해당 상언은 어용약재일 경우, 유능하고 경력이 많은 역관에게 맡기는 것이 상례임을 반증한다. 역관의 약재 구입에 관한 일은 중요하고도 또 어려운 일이었다.

⑥ 사역원차상통사가 부경체아(赴京遞兒)를 옛 규정대로 보내 달라는 상언에 예조의 조목을 덧붙이기를 "지난번 사역원차상통사 정수익(鄭壽益) 등이 기한 내에 출두하여 호구를 바쳤는데, 바친 내용이 틀림없습니다. 그러므로 정수익 등의 상언을 살펴보니, 본원의 부경체아 규정에 세 가지 체아직이 있는데, 첫째는 상통사(上通事), 둘째는 차상통사(次上通事), 셋째는 압물통사(押物通事)입니다. 이른바 차상통사는 어용약재를 사들여 오는 사람으로, 약물을 사들일 때에 혹 가산을 탕진할 지경에 이르기도 해서 모두 꺼리고 피합니다. 병자호란 이후 절행에 따라간지는 오래되었고, 기타 사행에는 임시로 없어져서 아직도 예전대로 보내지 않고 있습니다. 압물통사가 구입하는 물품은 단지 채소들 종자라서 어용약재에 비하면 비중이 현격하게 다른데도 그들의 상언에는 회답하여 이미 예전대로 파견해주셨습니다. 그런데 차상통사만은 유독 아직도 예전대로 보내지 않으므로 매우 억울한 일

---

29 김지남, 『통문관지』 '인물' 최정립(崔貞砬)조에 "사람됨이 세속을 벗어나 우뚝하고 남에게 의지하지 않았다. 역적 이형장(李馨長)이 세력을 잡았을 때에 사람들이 다 가서 붙어 그 문 앞에 저자를 이루어, 비록 높은 벼슬로 임용된 자일지라도 사인(私人)이라는 비난을 면하게 못하였으니 그때의 형세를 알 만하였거니와 그런데도 공만은 비루하게 여겨 뭇사람을 대하면 번번이 □빙산이 열을 만나면 녹듯이 권세는 얼마 안 간다□는 경계의 말을 하였다. 사는 곳이 역적의 집과 문을 마주 보고 있었는데, 혐오하여 길을 바꾸었으니, 그 처신을 깨끗하게 하고 악을 미워하는 것이 이러하였다."라고 하였다.

이라고 잇따라 상언을 올리며 끊임없이 호소하고 있습니다."[30]

⑥의 예문은 차상통사 부경체아에 대한 상언이다. 역관 정수익의 주도로 차상통사 체아을 증원시켜 주기를 요청했던 내용이 담겨 있다. 사행에 참여하는 역관은 상통사, 차상통사, 압물관통사라는 임무를 맡아 해당 역할을 수행하는데, 정수익 등은 특히 차상통사의 역할이 큰 사행에서 매우 비중 있는 역할을 한다고 역설한다. 설명에 따르면, 소위 차상통사는 어용약재를 사들여 오는 사람으로, 약물을 사들일 때에 혹 가산을 탕진할 지경에 이르기도 해서 모두 꺼리고 피한다고 하였다. 압물통사 또한 약재 구입을 다루지만, 이는 '종자'를 들이는 것이므로, 여러 어용약재에 비해 비중이 현격히 다르다고도 하였다. 약재 및 희귀 물품을 사오는 과정에서 역관의 사비가 지출되는 상황이 비일비재함을 추정케 하는 기록이다. 이들이 구입한 약재의 품질이 떨어질 경우에는 내의원 도제조 등에게 문책을 당하는 경우도 있기 때문에[31] 관련 사항에 대해 민감했음은 당연하다.

역관의 무역 권한은 사행 인원과의 관계 전반에 영향을 미친다. 물품 구입의 권한이 제한되어있는 삼사는 개인적인 수요 혹은 지인들의 요청을 받는 경우가 있다.

다음의 예시가 바로 그러하다.

---

30 『역관상언등록』신유년(1681, 숙종7) 5월 12일 "一. 司譯院次上通事赴京遞兒復舊事, 上言據曹粘目, "向前, 司譯院次上通事鄭壽益等, 限內現身, 戶口現納, 親呈的實是白在果, 觀此鄭壽益等上言, 則本院赴京之規, 有三遞 兒, 一則上通事, 二則次上通事, 三則押物通事. 所謂次上通事段, 御用藥材貿來者也, 藥 物貿納之際, 或至敗家, 人皆厭避. 自丙子以後, 節行之久, 其他使行則權廢, 至今尙未復 舊是白置. 押物通事貿易之物, 只是菜種, 比諸御藥, 輕重懸殊是白去乙, 回其上言, 曾 已復舊, 而次上通事耳, 亦獨未復舊, 事甚冤抑是如, 前後上言, 縷縷呼籲爲白有臥乎所. "

31 『승정원일기』인조 7년 10월 30일.

㉖ "……이날 40리를 갔다. [『창려집(昌黎集)』이 없다면『전류주집(箋柳州集)』, 김사단(金士瑞)의 요청; 육종용(肉從容)1,2 근, 파고자(破古紙) 10량, 송남원(宋南原)의 요청; 다고(茶膏), 횡류고(橫柳膏), □ 강류원참판 (□江留元參判)의 요청; 선어(鱔魚), 하수오 자웅(何首烏雌雄), 어의동(於義洞) 이판서(李判書)의 요청; 안경, 참의댁 숙모님과 홍천 권소(權疎)·평릉찰토(平陵察討) 유채(柳綵), 학수(學修)등의 요청; 방손지재(方遜志齋), 소공동 홍판서(洪判書)의 요청;『의례경전통해(儀禮經傳通解)』, □ 박익선성원(□朴翊善聖源)의 요청;『요산암기내외편(堯山庵記內外篇)』, 이판서정보(李判書鼎輔)의 요청; 곽향(藿香), 작설(雀舌), 서일수(徐日修)의 요청; 동악묘비서체(東岳廟碑書體), 심정최(沈廷最)의 요청;『史記一大字』中一本, 김신(金神)의 요청;『모전(毛傳)』, 서상수(徐尙修)의 요청; 주홍묵(朱紅墨), 이참지정철(李參知廷喆)의 요청; 동파시(東坡詩) 일질(一帙) (혹은 주(註)가 있는 것), 풍천(豐川)의 요청; 모전(毛傳), □ 승화(□升靴), 고문윤종(古文潤從),『사기평림(史記評林)』, 일하(壹河)의 요청; 작설(雀舌), 향차(香茶) 등, 김삼척유행(金三陟由行)의 요청"[32]

㉖의 예시는 1760년 연행에 임했던 서명신의 『경진연행록(庚辰燕行錄)』에 수록된 기록이다. 『경진연행록』은 일기 형식으로 기술되어 있는데 가장 마지막 부분에 지인들이 구매 요청한 물목들이 나열되어 있다. 약재, 차, 안경, 서책 등 종류가 다양하긴 하지만, 주를 이루는 품목은

---

32 徐命臣,『庚辰燕行錄』. "…… 是日行四十里. 昌黎集無則箋柳州集. 金士瑞;肉從容一二斤. 破古紙十兩 . 宋南原請;茶膏, 橫柳膏. □江留元參判請;鱔魚, 何首烏雌雄. 於義洞李判書請;眼鏡. 參儀宅叔母請;洪川權疎. 平陵察討柳綵, 學修等請;方遜志齋. 小工洞洪判書請;儀禮經傳通解. □朴翊善聖源請;堯山庵記內外篇. □李判書鼎輔請;藿香, 雀舌. 日修請;東岳廟碑書體. 沈廷最請;史記一大字中一本. 金神請;毛傳. 尙修請;朱紅墨. 李參知廷喆(=李廷喆)請;東坡詩一帙或有註遺以★豐川請;毛傳★升靴古文潤從. 史記評林. 壹河請;雀舌香茶之屬. 金三陟由行請."

약재이다. 부탁받은 물목만 있을 뿐, 구입 여부와 과정은 기재되어 있지 않다. 관행대로라면 역관을 통해 구매했을 가능성이 크다.

이는 역관이 사(혹은 유(儒))+상(商)의 성격을 띠게 되는 근본 구조, 특히 18세기 들어 경상(京商) 혹은 의주 만상(灣商)이 역관과 결탁하고 또 역관과 경화사족 사이의 수요공급이 이어지게 되는 일단을 보여 주는 자료이기도 하다.

19세기 역관 변종운의 글은 이와 관련하여 유의미한 단서가 된다.

⑧-1 "지금 세상에 사로서 상고(商賈)가 되지 못할 자가 있겠는가? 아전이 되지 못할 자가 있겠는가? 하지만 누가 아전이 되었다가 상고가 되었다가 사가 되며, 사가 되어서는 또 이처럼 독실하게 행동할 수 있겠는가? 다만 텅 빈 골짜기의 난(蘭)과 같아 그 향기를 맡는 자가 적은 것이 아쉬울 따름이다. 담(壜)은 자가 탄운(坦雲)이다. 윗세대에 유명한 사람들이 많았는데, 일찍이 문화(文化)의 망족(望族)이었다."[33]

⑧-2 "유담이 20세가 되어 부친이 죽자 대신하여 아전이 되었는데 꽤 명성이 있었다. 관청에서 수년을 일하더니 탄식했다. "아전은 할 짓이 못 된다. 해가 뜨면 고을 수령의 뜰을 뛰어다니며 때로는 먼저 영합하기도 하고 때로는 일에 따라 속이기도 하면서 고을 수령이 어리석은지 똑똑한지 약한지 강한지를 주로 살펴 술수를 부린다. 또 녹봉은 농사를 대신하기에도 부족하여 법을 농간하여 백성을 좀먹지 않으면 처자식을 양육할 수 없다. 그러니 어찌 이것이

---

33 『歠齋文鈔』권2, 「柳壜傳」, "余惟今世士而有能不爲賈者乎? 不爲吏者乎? 是何能吏而賈而士也, 士而又能篤行之若是也? 惜乎空谷之蘭, 聞其香者盖少矣. 壜字坦雲. 上世多聞人, 曾文化之望族也."

할 짓이겠는가." 결국 떠나서 상고가 되었다.**"34**

변종의 「유담전」에서 적시한 내용은 사의식이 내재된 중간계층 모
두를 포함한다.[35] '사민(四民)'의 테두리에서는 사와 상의 결합이 애초에
모순이지만, 이를 가능하게 만드는 것은 개인의 윤리적 소치가 아닌,
사회 구조적 문제라는 점을 시사한다. 긍정적 시각에서 논하자면, 사의
교양과 윤리적 경제 행위가 이상적으로 결합할 수 있다는 가능성을 보
여 주는 사례 또한 역관이다. 경제적 기반하에 역관을 중심으로 1851년
제기된 중인통청운동은 비록 실패로 끝났지만, 사로서의 사회적 기여
와 기능이 출중함에도 불구하고 청요직에서 배제되고 있는 현실에 대
한 집단적 움직임이었다고 평가할 만하다.[36]

---

34 『歡齋文鈔』권2, 「柳壏傳」. "壏年二十, 父死代爲吏, 有聲名. 府中數年, 歎曰, '吏不可爲也. 日
出而趨走於邑宰之庭, 或先意迎合焉, 或隨事欺罔焉, 視邑宰之昏明剛弱而售其術, 且祿不足
以代其畊. 非舞文而蠹民, 無以養妻子矣. 是可爲賤?' 遂去而爲商焉."

35 홍봉한(洪鳳漢, 1713~1778)은 「浣巖集序」에서 '여항[委巷]사'의 정체성을 다음과 같이 규정한
바 있다. "조선의 사(士)중에는 빼어나고 특출한 자가 많지만, 중국의 관점으로 보면 처지도
외하여 얕잡아보지 않은 적이 없다. 그것이 어찌 하늘이 인재를 낸 이치가 그러해서이겠는
가? 다만 처지에 국한되어서 그런 것일 뿐이니 슬플 따름이다. 지금 여항의 선비는 또 조선에
서도 특히 그 처지가 국한되어 있다. 문장과 재능과 행실이 세상에 널리 알려진 자들도 끝내
진신(搢紳)이나 대부에 비견될 수가 없고, 또 그 몸이 곤궁해지는 것을 면치 못하니 정말 슬프
다. 그러나 세상에 드러낼 만한 재주가 있어서 세상에 우뚝 설 수 있고 문채가 일시를 울릴 만
하고 명성이 족히 후세 사람들을 비출 만하다면 조선이면서도 중국인 것이요, 여항인이면서
도 대부인 것이다. 그 처지 때문에 차별해서야 되겠는가?{土生東土, 固多有瓌奇傑特者. 而自中州
觀之, 未嘗不外而小之. 豈天之生才使然哉. 特局於地也. 可悲已也. 今夫閭巷之士, 又於東土之中, 地尤局
焉. 文章才行之所以顯於世者終莫能比侔於搢紳大夫, 亦不免竆厄其身, 可悲之甚者也. 然而其有可顯之
才, 而能自特立於世, 文采足以動一時, 名聲足以照後人, 則是東土而中國也, 委巷而士夫也. 烏可以其地
而輕重之哉?}"

36 해당 사항에 대해서는 송만오의 「1851년의 중인통청운동과 조선후기 중인층의 동향」(『전주사
학』 8권, 2001)과 한영우의 「조선후기 「중인 (中人)」에 대하여 - 철종조 중인통청운동에 (中人通
淸運動) 자료를 중심으로 -」(『한국학보』 12, 1986)에 실린 『象院科榜資料』를 참고하였다. 중인통
청운동에 대해서는 조선 사회 신분 계층에 대한 심도 있는 논의가 필요하므로 본고에서는 자
세히 다루지 않는다.

3. 남는 문제; 사상상혼(士商相混) 현상을 겸하여

유와 상, 혹은 사와 상은 단순한 영역 이동의 형태로 결합하지 않는다. 조선 안에서도 유와 상이 어떤 식의 넘나듦이 있었는가에 대한 것은 중간계층과 사대부를 연결하는 기제를 얼마나 면밀하게 분석하고 유형화하는가에 달려있다.

특히, 역관을 포함한 조선의 중간계층이 사에 대하여 어떤 자의식을 갖고 있는지, 조선 사회의 물질적, 정신적 측면에서 구체적으로 어떠한 영향력을 갖고 있었는지가 중요하다. 때문에, '유상(儒商)' 혹은 '사상(士商)'은 시은선생(市隱先生)으로 일컬어졌던 양반 출신 상인 한순계(韓舜繼)[37] 등의 인물이나 혹은 유자적 지식을 지닌 특정한 역관에게 귀속되는 명칭이 아니라, '현상적 단어'로서 자리 잡아야 하는 것이 아닌가 한다.

이와는 별개로 소설에서 언급된 유와 상의 결합 관계 또한 주목할 만하다. 「옥갑야화」의 도입부는 역관 치부의 메커니즘과 그 과정에 수반되는 순기능 및 역기능을 다루고, 이는 '허생'에 등장하는 변씨(卞氏)와 실제인 듯 허구인 듯 교묘하게 연결된다. 사로서 상행위를 하지만 결국 독서 사인으로 복귀하는 허생과 달리 『기문총화』「허생별전」에서 허생의 상행위는 한층 조직화되어 있으며 전략적이다. 독서 사인으로 돌아가려는 의지 또한 없다. 이재운 『해동화식전』에 수록된 이진욱, 김극술, 한양의 최선비 등도 사상(士商)을 겸한 인물로 묘사되어 있는데, 기실 그 행적은 실증하는 것에 의미를 두기 보다는 '그렇게 보고자 하는' 관찰자의 시각, 시대적 요구를 포착하는 것이 현상 해석에 대한 관건이다.

---

37 박평식, 「16세기 개성 유자(儒者) 한순계(韓舜繼)의 상업 활동」, 『한국사연구』 190, 2020.

궁극적으로 사(유)와 상의 결합 과정에 대한 시대적, 문헌적 고찰이 선행되어야 함이 타당하다. 이는 문학이나 역사, 철학을 담당하는 각계 분과학문이 독자적으로 담당할 수 있는 영역을 넘어서는 부분이 존재하기에, 입체적 시각을 확보하는 작업이 급선무라 할 수 있다. 본고는 아직 '역관의 자의식'에 대한 논의를 확장 시키기 위한 초기 단계에 불과함을 자인하며 향후 '남는 문제'에서 언급한 유관 연구에 매진하기를 기약해 본다.

참고문헌

원전

『朝鮮王朝實錄』.

『日省錄』.

金指南『通文館志』.

1823, 李永得『燕行錄』(대동문화연구원연행록선집).

1760, 徐命臣,『庚辰燕行錄』(대동문화연구원연행록선집).

朴趾源,『熱河日記』.

李圭景,『五洲衍文長箋散稿』.

成大中,『靑城集』.

鄭來僑,『浣巖集』.

卞鍾運,『歠齋集』.

『紀聞叢話』,「許生別傳」.

논저

張文晈,「賈行而士心論儒商及其內在邏輯」『山東工商學院學報』33卷, 2019.

夏明月·華夢蓮,「儒商文化的基本特征」『中國文化與管理』2卷.

徐國利,「中國古代儒商發展曆程和傳統儒商文化新探」『齊魯學刊』2卷, 2020.

노혜경·노태협,「조선 후기 개성상인의 경쟁과 상생」,『경영사연구(경영사학)』27. 2,
      2012.

박수밀,「조선의 중국 서적 유입양상과 그 의미―序班과 유리창의 존재를 중심으로」
      『동아시아문화연구』제50집, 2011.

박평식,「16세기 개성 유자(儒者) 한순계(韓舜繼)의 상업 활동」,『한국사연구』190,
      2020.

김수연,「18~19세기 한국 소설에 나타난 여성의 상업 활동과 여성 儒商」.『중국소설
      논총』46, 2015.

페이샤오퉁[費孝通] 저, 지만원 역,『중국의 신사계급』, 갈무리, 2019.

김경호·손병규 책임편집『전근대 동아시아 역사상의 士』, 성균관대학교출판부, 2013.

이현주『역관상언등록연구』, 글항아리, 2016.

진재교, 「18,19세기 동아시아와 지식(知識), 정보(情報)의 메신저, 역관(譯官)」, 『한국한문학연구』30, 2011.

정승혜, 「국립중앙도서관 司譯院完議」『문헌과 해석』, 2013.

_____, 「通文館志와 司譯院 四學」, 『진단학보』134, 2020.

김홍매, 『소재 변종운 문학 연구』, 국학자료원, 2020.

한영우, 「조선후기 「중인 (中人)」에 대하여 — 철종조 중인통청운동에 (中人通淸運動) 자료를 중심으로 —」, 『한국학보』12, 1986.

송만오, 「1851년의 중인통청운동과 조선후기 중인층의 동향」, 『전주사학』8권, 2001.

박이진(朴利鎮, Park Lee-jin)

성균관대학교 동아시아학술원 교수. 표상문화론, 비교문학 전공. 동
아시아 여성 표상, 인종주의와 혼혈아 표상, 동아시아 문화론(시누아즈
리, 자포니즘)에 관심을 갖고 연구 중이다. 주요 연구로 「『플루토』가 보
여주는 '착시' 세계 -로봇이 상상한 미래 사회의 메타포」(2024), 「'지속
가능한' 천황가 서사와 시선의 권력」(2024), 「19세기 후반 일본 여자교
육의 모델이 된 여성들」(2022), 「Beyond Nationalism In This 'ERA
OF DISASTER': Setting a New Relationship for a Sustainable
Future」(공동, 2021) 등이 있다.

탈인종화시대, 일본의 혼혈/혼종 담론과 실제
— '국제아', '더블' 담론의 이분법과 '아시아계' 혼혈을 중심으로

1. 서론

1980년을 전후해서 일본의 외국인 정책은 커다란 전환기를 맞게 된다. 1979년 국제인권규약 비준으로 난민조약에 가입하고 입관법(入管法)을 개정(1981)한 것을 시작으로 중국과의 국교정상화(1972)가 이루어졌다. 이로 인해 패전 당시 일본으로 귀환하지 못하고 중국에 남았던 중국잔류일본인의 귀환 혹은 잔류고아의 친인척 방문이 본격화되었다.[1] 또 1983년부터 일본정부가 실시한 '유학생 10만인 계획'으로 인해 일본 내 유학생 수 역시 급증하였다. 재일코리안의 특별영주자격 획득을 위한 교섭도 이 시기 변화의 요인으로 꼽을 수 있다.

　아울러 1980년대는 해외에서 일본기업의 입지와 위상이 커지고 엔고 현상 등 경제 대국의 이미지로 인해 아시아 여러 나라의 노동자가 일본으로 급속하게 유입되었다. 특히 동남아시아 출신의 여성노동자

1　이로 인해 '중국귀환자' 2세, 3세들로 이루어진 중국 루트의 하프 혹은 쿼터가 증가하였다.

가 눈에 띄게 늘어나면서 '자파유키상(ジャパゆきさん)'이라는 말이 등장하는 등 사회문제화 되었다.[2] 이외에도 중국, 한국, 필리핀, 방글라데시, 파키스탄, 이란 등의 국가에서 이주한 외국인노동자가 증가하였다. 이러한 외국인노동자의 유입으로 국제결혼의 양상이 변화한다. 패전 이후 국제결혼의 지배적인 형태가 여성이 일본국적, 남성이 외국인인 경우였다면, 이 시기에는 일본국적의 남성과 외국인 여성의 국제결혼이 증가하였다.[3]

해외로부터의 이주자가 증가하면서 외국인에 대한 논의나 연구도 관심을 받게 되는데, 1980년대 후반을 미디어를 비롯해 외국인노동자 문제가 사회적으로 클로즈업된 시기로 평가한다(森広正 2002:4). 그리고 이때 국제결혼이 증가하면서 이민, 이주에 의한 혼혈아 문제가 첨예화된다. 특히 아시아 여성과 일본 남성의 국제결혼이 증가하고, 나아가 글로벌화가 추진되면서 국제결혼도 다양화되었다. 이에 '국제아'나 '더블'이라는 표현이 이전의 '하프' 담론과 함께 혼혈아를 지칭하는 언설로 등장하였다.

그렇다면 일본사회에 이른바 하프, 더블, 국제아 등 혼혈들이 얼마나 살고 있을까. 후생노동성 2020년 인구동태조사 자료 '부부의 국적별로 본 연차별혼인건수'(厚生労働省, 人口動態調査人口動態統計確定数婚姻「夫

---

[2] 아시아 각국에서 일본으로 일하러 온 여성들을 가리키는 조어로 1983년 무렵부터 유행했다. 주로 필리핀에서 온 여성노동자를 가리키는 말로 인식되고 있는데, 풍속업(호스티스, 매춘 등)을 중심으로 한 불법취업이 사회문제가 되었다. 근래까지도 일본인 남성과 위장결혼을 해 불법으로 일하는 '자파유키상'의 문제가 이슈로 다루어지고 있다. (THE SANKEI NEWS, 2017.10.22.「ジャパゆきさん "今も……偽装結婚フィリピン人女性の「出稼ぎ哀史」バブ摘発で暴かれた過酷な現実」https://www.sankei.com/article/20171022-Q36MM5PPU5PT7HDYHYGPH6C5IU/ 검색일: 2023.01.15.)
[3] 1985년경부터 1990년에 걸쳐 그 수가 급증하며 90년대에는 2만 건을 넘기게 된다. 이러한 국제결혼의 증가는 버블붕괴 이후 더 격증하여 1998년에 정점을 찍게 된다.

妻の国籍別にみた年次別婚姻件数・百分率」)를 보면 '부부 중 어느 한쪽이 외국인(夫妻の一方が外国人)'에 해당하는 혼인수가 1989년 이후 매년 전체 혼인 총수의 3%를 넘는다. 가장 최근의 자료 2020년을 기준으로 과거 20년의 수치를 보면 연간 평균 3만 건 이상이다. 하지만 이 수치가 일본에 사는 혼혈아를 모두 포착한 데이터는 아니다. 이후 더 자세히 설명하겠지만, 데이터보다 훨씬 다양한 루트를 가진 혼혈들이 존재하기 때문이다. 그러나 현재까지 일본의 미디어나 연구 등에서는 후생노동성 인구동태 조사에 잡힌 부모의 국적 수 통계를 바탕으로 일본국적과 외국국적의 조합으로 태어난 아이들의 연간 수를 종합하여 "양친 중 어느 쪽이 외국 출신인 이른바 '하프'인 아이는 국내에서 신생아 50명 중 1명에 해당하는 연간 약 2만 명이 탄생하고 있다"(「『ハーフ』新生児の五〇人に一人外国人扱いに戸惑い」『朝日新聞デジタル』2016.11.5.)와 같이 보도하고 있다.

이 외에 하프나 국제아의 수치를 추산한 연구가 처음 진행되어 발표된 자료가 있다. 이민정책학회지에 실린 고레카와 유(是川夕)의 논문(「日本における国際人口移動転換とその中長期的展望 – 日本特殊論を超えて」『移民政策研究』10号, 2018.5)인데, 이 논문을 작성한 고레카와는 일본에서 국제아 인구가 2015년(10월 1일) 시점에서 84만 7173명으로 추산된다고 밝히고 있다. 하지만 이 수치에는 1987년 이전에 태어난 사람들이 포함되어 있지 않다. 또 해외에 살다가 이주한 하프나 국제아도 포함되어 있지 않다. 후생노동성 데이터처럼 부모의 국적이 일본국적과 외국국적이라는 조합만을 집계한 것이다. 다만, 이 연구를 통해 우리가 알 수 있는 것은 2040년에는 203만 1492명, 2060년에는 348만 5452명, 그리고 50년 후에는 현재의 4배 이상으로 국제아 인구가 계속해서 증가할 것이라는 점이다(是川夕 2018:21).

그러나 일본사회에는 위의 통계에서 볼 수 있는 것보다 더 다양한 국적, 즉 루트를 가진 혼혈들이 존재한다. 예를 들어, 해외로 이주한 일계인(일본국적 혹은 외국국적)이 현지 여성과 만나 아이가 태어났다. 그 아이가 일본에 와서 주변 혹은 스스로 하프라 칭한다. 이렇게 해외에서 태어나 일본으로 이주해 온 수많은 하프의 수는 후생노동성 통계에는 전혀 포함되지 않는다. 또 외국국적에서 귀화한 일본국적자의 경우 부모가 일본국적자이었어도 하프의 범주에 들어간다. 1987년 이전에 태어난 사람들, 즉 2015년 시점에서 30세 이상인 하프도 있다. 통계 이외의 케이스에 해당하는 하프들이 실제 많이 존재하는 것이다.

이러한 다양함을 모두 포착하여 케어하고 보호하는 정책적, 법적 대책이 마련되기 위해서는 더 많은 시간과 노력이 필요할지 모른다. 또 한편으로 다양한 루트를 가진 혼혈의 탄생을 국가가 일일이 제어하고 관리하는 것이 반드시 옳은 일인가도 신중하게 생각해 볼 필요가 있다. 앞으로 더 다양해질 인류의 형태(휴머노이드나 AI 등도 포함)와 교류방식(초연결사회 등)을 감안할 때 현재 혼혈을 구분하는 국적법과 같은 기준이 크게 변할 수밖에 없는데, 이때 혼혈·혼종의 문화가 오히려 '순혈과 단일성'에 의해 지지되어 온 과거의 문화보다 더 '보편'의 개념이 될 것이기 때문이다(자끄 오디네 2017). 따라서 혼혈·혼종의 문화를 받아들일 사회적 기반을 검토하고 문제점을 수정해 나가는 작업이 지금 주변의 다양한 외국인과 아이들을 살피는 것을 시작으로 진행되어야 할 것이다.

그러나 분출하는 국제화 담론과 다문화공생 정책에도 불구하고 '우리' 대 '그들'의 이분법이 강하게 작용하고 있는 것이 현실이다. 일본의 경우, 인구 감소에도 불구하고 외국인에 대한 편견이 강하고 이민에 극도로 소극적인 것을 지적하며 이를 일본이 '과거에 갇힌' 이유로 지목하기도 한다(BBC NEWS 2023.01.22.).[4] 특히 일본에서 외국인문제는, 고정축

---

4   BBC 도쿄특파원이었던 루퍼트 윙필드 헤이즈는 일본의 외국인에 대한 편견을 다음과 같이 일본의 역사성에서 찾는다. "강제로 문호를 개방한 지 150년. 일본은 여전히 외부 세계

인 '우리 일본인'을 중심에 두고 외국인들은 어디까지나 유동하는 노동력으로 취급하기 때문이다. 이에 관해서는 본론 1, 2장에서 더 구체적으로 소개하고 논의할 것인데, 문제는 외국인에 대한 이분법적 관점이 부모 중 한쪽이 외국인에 해당하는 혼혈에게도 그대로 적용된다는 점이다.

이에 본고에서는 '혼혈아논쟁'(1952) 이후 이른바 '혼혈 붐'의 시대를 거쳐 '하프 담론'이 등장한 1970년대의 혼혈아에 대한 인식이 이후 더욱 젠더화되고 계층화된 형태로 고착되는 현상에 주목할 것이다. 즉, 시대적으로 1980년을 전후하여 외국인노동자의 대거 유입을 계기로 국제화, 글로벌화라는 기조 아래 시행된 일본정부의 다문화공생 정책 등, '외국인 대책' 속에 나타난 혼혈아 배제 문제를 살펴본다. 그리고 정부정책과 사회가 유동하면서 혼혈아를 대하는 일본인들의 인식론적 특징을 검토해 본다.

그리고 무엇보다 이 시기에는 패전 이후 소거되었던 '아시아계' 혼혈이 가시화되는 때이다.[5] 기존의 혼혈 서사에 대한 평가를 보면 '생물학적 혼혈'을 넘어 '실존적 혼혈성', 혹은 주류적 가치에 대한 '저항으로서

에 대한 강한 의심을 갖고 두려워하고 있다." 또한 자신의 자녀들을 포함해 다문화가정의 2세들을 하프라고 부르기도 하는데, 테니스 스타 오사카 나오미를 포함해 일본에서 이런 표현은 유명인에게 흔히 사용되면서 종종 "더 아름답고 재능 있는 사람"을 뜻하는 것처럼 보이기도 하지만, 사실은 차별적 용어라고 단언하고 있다.(「日本は未来だった、しかし今では過去にとらわれている BBC東京特派員が振り返る」https://www.bbc.com/japanese/features-and-analysis-64357046 검색일: 2023.2.09.)

5 본고에서 구체적으로 다루지 못하였지만, 일본문단과 연구논단에서 복합문화로서의 경계문학, 초경문학, 그리고 경계인에 관한 경계론, 주변론 등이 90년대와 2000년대에 주목을 받는다. 이와 함께 鷺沢萠나 李良枝, 楊逸와 같이 재일코리안 2세, 3세, 혹은 재일중국인 문학 작가들이 자전적 이야기를 소설화하여 아쿠타가와상을 받은 것도 이 시기에 주목할 만한 현상이다. 전쟁기에 식민지에 체류했던 경험을 다룬 武田泰淳의 자전적인 소설(『上海の蛍』)에 등장한 '혼혈문화'나 佐多稲子의 '혼혈현상'을 재평가하기도 하고, 또 일본인의 식민지 혹은 해외 이주 경험을 담은 귀환자문학을 비롯해 관련한 다양한 문예가 주목을 받게 된다(ノーマ・フィールド·リービ英雄 1994:223~237).

의 혼혈성'을 통해 전략화되어야 함을 주장하기도 한다(趙科 2015; 福井崇
史 2008; 王俊文 2008). 민족, 국가를 초월한 문화적 융합의 가치, 그리고 생
존 방식에 있어서의 다양성, 혹은 다양성의 가능성을 그들의 존재성을
통해 추구해야 한다는 것이다. 그러나 이러한 지적이 인종주의, 민족주
의라는 주박을 깨기 위해 그들을 도구화하는 것은 아닌지 우려하지 않
을 수 없다. 실제 이들의, 특히 '아시아계' 혼혈의 삶이 그러한 층위에서
논의되기에는 너무나도 '폭력적인 상황'이었던 전후일본 사회의 심연을
고려하지 않으면 안 되기 때문이다. 어쩌면 불가항력에 가까운 차별과
편견 속에 살아 온 그들의 모습을 일면이나마 본론에서 살펴보겠다.

2. 국제화, 다문화공생 정책에 내재한 '이분법'

1980년대 중반부터 일본은 경제성장 지속을 위해 국내 시장의 개방성
을 높이고 외국과의 교역이나 교류를 촉진하기 시작하였다. 이러한 흐
름은 '국제화'라는 언설을 통해 확산되었다. 문제는 이러한 국제화 언설
의 전제가 되는 것이 일본인과 외국인이라는 이분법이었다는 점이다.

　　1985년 이전, 일본의 국적법은 부계혈통주의를 채용했다. 따라서
국제결혼을 한 일본인 여성의 아이는 일본국적을 인정받지 못했다. 법
적으로 혼혈아는 부친이 일본국적자이면 일본국민으로, 모친이 일본
국적자이면 외국인(비국민)이 되었다. 당시 이러한 가부장적이고 젠더
화된 국적법을 바꿀 필요성을 적극적으로 제기한 것은 '아시아 여성
의 모임(アジアの女の会)'[6]과 '국제결혼을 생각하는 모임(国際結婚を考える

6　1977년에 설립되었고, 1995년부터 '아시아여성자료센터(アジア女性資料センター, Asia Japan
　Women's Resource Center, AJWRC)'로 개칭하여 활동 중이다. 페미니스트로 아사히신문 편

숲)**⁷**이었다. 국적법상의 여성 차별과 아이들의 권리문제를 제기한 결과 1982년에 입관법이 개정되고, 외국인 남편(배우자)의 재류 자격이 인정되었다. 이후 1985년부터는 아이들이 부모 양쪽의 국적을 취득할 수 있도록 국적법도 개정되었다.

이러한 법체계의 변화는 혼혈아들의 법적 지위가 확대 보장되는 것으로 보이기도 한다. 하지만 1950년대 혼혈아문제의 부상과 이에 대한 정책으로 정부가 실시했던 한계가 그대로 답습되었다. 국적법 개정으로 법적 지위의 변화가 적용된 대상은 1985년을 기준으로 성인이 안된 아이들로 한정했기 때문이다. 이를 1965년에 태어난 혼혈아들에게 소급 적용해도 20세 이상의 성인은 제외된다. 패전 이후 사회문제화되었던 혼혈아들이 여전히 대상에서 제외됨은 물론이고, '성인'을 법적 기준 대상에서 배제하는 것은 1950년대 처음 시행되었던 혼혈아에 대한 정부정책이 그들의 문제를 '아동복지' 분야로만 한정해 결정한 것과 동일하다(박이진 2018). 이로 인해 자연스럽게 아이들 사이에서 형성되는 혼혈아에 대한 편견이나 차별이 1950년대와 마찬가지로 '일시적인 이지메', 그리고 '아이들 사이에서는 충분히 있을 수 있는 일'처럼 여전히 간과되고 만다. 혼혈아에 대한 인종적 편견과 차별 문제는 다시 한번 도외시된 것이다.

집위원이었던 마쓰이 야요리(松井やより)가 초대 대표로 활동하였다. 젠더와 인권은 물론이고 한반도(남북) 문제, 전후보상(위안부문제 및 전쟁과 여성 폭력 등) 문제 등에 관한 각종 출판과 세미나를 진행해 왔다. 조선인학교에 대한 고교무상교육 및 취학지원금지급제도 적용을 촉구하기도 하였다.

7 1980년 4월에 7인의 여성이 모여 시작한 단체로, 2020년 4월부터는 JAIF(Japan Association of Intercultural Families)와 AMF2020(Association for Multi-Cultural Families 2020)로 분리해 활동 중이다. '부모 양계 국적법 취득을 위한 서명 운동', '일본인 배우자와 그 아이의 새로운 재류 자격 취득 운동' 등 국적법, 외국인출입국관리법, 외국인등록법, 외국인참정권 등과 관련한 사회적 이슈를 던지고 있다.

버블붕괴에 따른 경제 침체와 경직된 사회 분위기 속에서 1990년 대에는 글로벌화가 가속되었다. 외국인노동자 수는 지속해서 증가추세를 보였고, 이로 인해 노동 이민뿐 아니라 국제결혼이 증가하면서 다문화공생 정책이 실시되었다.

경제 저성장에도 불구하고 외국인 수가 증가한 이유 중 하나는, 1990년에 개정된 입관법에서 '정주자(定住者)'라는 새로운 카테고리가 만들어지면서 '일계인(日系人)'이라는 부류가 생겨났기 때문이다. 일계 인에는 일본국적을 갖고 해외에 사는 사람들을 비롯해 일본인의 배우 자 등의 자격으로 입국한 '일본인 자손'과 '그 자손의 외국국적의 배우 자', 그리고 정주자 자격으로 입국한 '일본인 자손의 자손'과 '그 자손 의 자손의 외국국적 배우자' 등이 포함되었다. 이러한 입관법 개정은 국가가 외국인 노동이주자들을 엄격하게 통제하기 위한 일종의 '인종 내셔널리즘'의 성격을 갖기도 한다(吉野耕作 1997:161; 下地ローレンス吉孝 2018:188). 계보적으로 '일본인의 피'가 흐르고 있는 사람을 우대함으로 써 부모 혹은 조부모가 일본인이었음을 증명할 수 있다면 정주자로서 의 재류 자격을 부여했기 때문이다. 정주자라는 새로운 부류가 탄생하 면서 '일본인 자손의 배우자' 그리고 '일본인 자손의 자손의 배우자'는 외국국적자임에도 불구하고 다른 외국인보다 우대를 받고 일본에서 일할 수 있었다. 뿐만 아니라 일계인에 포함되었다.[8]

이렇게 외국인노동자의 유입에 있어 정치적 혹은 의도적으로 이 민 에스닉 집단을 무시하고 국가적 이익에 따라 그 범위를 규정하는 형태를 '국가에 의한 성원 선별'로서 폭력적이라고 비판하기도 한다.

---

[8] 법문에 정확히 '일계인'이라는 용어가 적시된 것은 아니다. 그러나 현재 법개정 결과 '일계 인'이 법적 지위를 나타내는 용어로 기능하고 있다. 특히 일계인은 정주자라는 재류 자격 을 가진 존재로 표현되고 있기 때문에 '정주자=일계인'이라는 등식이 성립되어 있기도 하 다(石田智惠 2009).

무엇보다 일계인의 카테고리를 일본인의 혈통에 근거해 구분한 이유가 아시아계 이민자들에 대한 저항감에서 기인했기 때문이다(福田友子 2002:53).[9] 일본정부의 폐쇄적이고 보수적인 이민자정책은 별도로 하고서라도 일계인의 확장은 곧 혼혈아들의 증가를 말하기도 한다.[10] 3세대까지를 정주자의 범위에 넣게 되면서 조부모를 시작으로 4분의 1을 의미하는 '쿼터'라고 자칭하는 혼혈들이 증가했다.

1990년 '개정 입관법' 시행 및 1993년 외국인 대상 '기능실습제도 개시'[11]로 지역주민으로 생활하는 외국인(외국적 주민) 수가 증가, 지역차원에서의 지원과 대책 마련도 시급했다. 아울러 1980년대 후반부터 시작된 '지역 국제화' 정책이 90년대로 이어지면서 1992년에는 국제교류추진형과 재주외국인대응형의 '국제교류마을추진프로젝트(国際交流のまち推進プロジェクト)'가 발촉되었다. 1993년에는 지방재정계획에 국제화추진대책 경비가 처음으로 포함되게 된다.[12] 그리고 1995년 이후에는 다문화공생센터(多文化共生センター)나 다카토리커뮤니티센터(たかとりコミュニティセンター)[13] 등 시민단체가 다수 등장한다. 2000년대에

---

9 福田友子는 이러한 정부정책이 일반인들과 연구자뿐 아니라 이민자 당사자에게도 무자각적으로 수용되며 고정화된 면을 지적하고 있다.

10 특히 당시 남미 루트의 혼혈이 일본 내로 대거 유입되었다. 브라질의 일계 커뮤니티에서 혼혈 여성들을 '메스티사(メスティサ)'라 불렀는데, 이들은 일본으로의 이주를 희망하며 스스로를 '하프'로 아인덴티화이기도 한다.

11 일본이 개발도상국에 기술과 지식을 전수하겠다는 명목으로 설치한 제도이다. 근래 외국인 기능실습제도가 노동력 착취 수단으로 이용된다는 비판이 나오기도 했다. "외국을 거점으로 하는 인신 매매업자와 국내 업자가 외국인 노동자를 착취하기 위해 계속 악용하고 있다"는 것이다. (연합뉴스 2021.07.02)

12 국제화 프로젝트를 담당했던 자치성에도 '국제실'이 설치되고, 시정촌 공무원을 위한 '전국시정촌국제문화연수소'를 개설하기도 했다. 1995년에는 자치성에서 전국으로 '국제협력대강의 지침'을 배포, 1998년에는 '지역국제화협회 등 선도적 시책지원사업'을 실시하였다.

13 1995년 한신아와지대진재 때 봉사활동의 거점이 되었던 구호기지(たかとり救援基地)가 외국국적의 주민들과 교류하는 지역센터로 발전하게 되었다.

들어 더욱 가속화된 국제화 정책은 2006년 '지역다문화공생추진플랜(地域における多文化共生推進プラン)'을 책정해 자치체별로 다문화공생을 운영하기 위한 기본 지침을 갖추게 되었다. 또 같은 해 '생활자로서의 외국인'에 관한 종합 대응책이 성립된다(「外国人労働者問題関係省庁連絡会議」内閣官房ホームページ).

여기서 다문화공생의 지원 대상이 되는 '외국인 주민'을 단순 노동자에서 '생활자', '지역주민'으로 다루게 된다. 이러한 변화는 획기적인 전환으로 평가받았고 정부가 다문화공생 시책에 적극적으로 대응한다는 인상을 주었다. 그러나 이 역시 신이주자(뉴커머)만을 대상으로 하고 있어 다문화가 갖는 다양성이나 다층성에 관한 고려가 부족하였다. 일본인 대 외국인이라는 이분법이 전제된 사고방식이 계속해서 저변에 있었기 때문에 일본사회에 존재하는 다양한 외국인의 삶과 나아가 일본문화의 다양성을 간과하고 있었다(ポーリン·ケント 2014:57). '외국인 주민'이라는 개념에서 외국인이 어떤 범주를 말하는 것인지 애매한 이유도 있지만, 어디까지나 '우리' 일본인이 '그들' 외국인을 어떻게 받아들일 것인지가 주된 정책의 기본 시점이었다. 여기에는 동질적이고 고정불변의 자명한 형태로서의 일본인, 일본문화라는 고정관념이 전제되고 있음을 부정할 수 없다.[14] 그리고 무엇보다 이러한 다문화공생 정책에서도 하프든 더블이든 다문화가정의 아이들은 전혀 관심의 대상이 아니었다.

인종차별 현실의 비가시화라고 할 정도로 피의 혈통에 기반한 일본인의 범주화가 확대되었음에도 불구하고, 일본인과 외국인의 범주

---

14 이러한 이분법은 고용문제, 사회보장미가입문제, 교육문제(미취학과 언어교육 문제) 등의 사회문제를 야기했고, 이에 관해 이민 연구나 에스니티 연구 분야에서 많은 연구와 지적이 이루어지고 있다.

사이에서 하프든 더블이든 국제아든 그 명칭과 관계없이 혼혈아들은 부유하고 있던 것이다. 이민정책을 취하지 않겠다는 기본 입장에서 일본형 이민정책을 만들자는 취지하에 2010년에는 일계정주외국인정책추진회의(日系定住外国人政策推進会議)를 시작으로 일본에 루트를 가진 3세대까지 그 범주를 확대했다. 그러나 이때도 '일계(日系)' 속에 일본 내 혼혈아는 포함되지 않았다. 어디까지나 외국국적을 가진 사람들만 대상이지 귀화하거나 일본국적에 등록된 사람은 제외했기 때문이다. 이러한 혼혈아를 고려하지 않은 정책은 일본사회의 인종차별주의를 간과해 버리는 자세를 단적으로 나타낸다. 이와 함께 인종차별과 관련한 사건들 역시 무시되고 만다.[15]

3. '외국인 혐오'와 혼혈아

'혼혈 붐'을 거쳐 1970년대 활발했던 하프 담론이 1980년대로 넘어가면서 국제화 정책과 조우하며 어떻게 변했을까.

과거 패전과 점령, 차별과 빈곤과 같은 부정적 이미지가 소거되고 '성공스토리'의 주인공으로 거듭난 혼혈아들을 마치 '신인류'처럼 둔갑시킨 논리가 하프 담론이다(박이진 2021a). '영어를 능숙하게 구사하고 성공한 부자에 투명하게 빛나는 하얀 피부의 미인'이 하프의 대표적인

---

15 2001년 외부성이 UN의 인종차별철폐위원회 보고에 대응해 제출한 의견서를 보면 "우리나라의 현상이 기존 법제도에서는 차별 행위를 효과적으로 억제할 수가 없다. 또한 입법 이외의 조치에 의해서도 그것을 행할 수 없을 정도의 명백한 인종차별 행위가 일어나고 있는 상황에 있다고는 인식하고 있지 않다. 인종차별금지법 등의 입법 조치가 필요하다고 고려되지 않는다"고 명시하고 있다. 이는 현재까지도 '포괄차별금지법이 필요하다는 인식에는 이르지 못함'이라는 의견을 통해 반복되고 있다.

표상으로 통용된 것이다. 이는 일본인론으로 강화된 단일한 일본인상으로 인해 외부화되고 외국인화된 혼혈아의 존재성을 극적으로 나타내고 있다.

또한 1970년대 유행한 단일민족론에 의해 지지되고 있던 일본인론, 일본문화론이 오히려 일본(인), 일본민족이 타자(이문화)와 공생하기 어려운 방해 요인으로 작용하였다. 단일화된 사회에 익숙한 일본인들이 직접적으로 이문화를 접할 때 혼란을 느끼기 때문이다. 이에 관해 패전 이후 전개된 일본의 국제교류가 크게 해외 주둔과 해외여행이라는 개인적 차원에서 진행되었고, 그 역시 20년 정도밖에 경험이 축적되지 않아 국가가 주도하는 '국제화에 대한 부적응'이 당연할 수밖에 없다고 지적하기도 한다(稻村博 1980; 平田讓二 2013). 이는 국제화가 철저히 일본 외부와의 상호관계성을 추구하는 것임을 말해 준다. 당시 일본 내부에서 가시화된 혼혈이나 하프 담론도 국제화 언설과 분리된 형태로 인식되는 것을 볼 수 있는데, 국제화가 일본인과 외국인을 구분하는 단일민족론의 강한 이데올로기성에 의해 추동되었기 때문이다.[16]

국제화라는 언설이 '일본인'의 문화적 동질성이라는 전제를 유지하고 있는 점도 중요하다. 국제는 국가와 국가 간의 관계 곧 '일본(인)'과 '외국(인)'의 상호관계를 나타낸다. 일본인이 자문화와 다른 외국의 문화를 이해할 수 있을 때는 일본문화와 민족으로서의 일본인이 결합된 상태에서이다. 재주외국인과의 공생을 목표로 하는 '내부의 국제화

---

16 국제화가 갖는 한계를 1970년대 유행한 일본인론과 관련해 비판하기도 한다. 국제화가 결국 서구적 가치관을 기준으로 하고 있고 일본적 특수성을 서구와의 비교, 특히 이념화된 서구와의 비교에 근거한 것에 불과하다는 지적이다(木村有伸 2009). 일본인론의 재생산에 다름 아닌 것이다. 또한 국제화라는 개념이 '나를 알고 자국을 알고 세계를 아는 것'으로 반드시 타자에게 동의하지 않아도 위화감을 느끼지 않는 정신 구조와 태도를 확립하는데 일조했다고 비판하기도 한다(加藤優子 2009).

(内なる国際化)'라는 표어 역시 일본인 혹은 일본국민의 내부에 민족적, 문화적 다양성을 인정하는 것으로 보기 어렵다. 이렇게 국제화의 언설은 일본사회의 폐쇄성을 타파하여 이문화에 대한 이해와 관용성을 배양할 필요성이 제창되면서 '일본인/외국인'의 이분법을 강화하는 기능을 했다.(柏崎千佳子 2010:246)

당시 미디어에서도 혼혈아문제는 완전히 모습을 감추었고, 혼혈아 혹은 성인이 된 혼혈의 존재는 국제화 언설 속에서 완전히 망각되었다(下地ローレンス吉孝 2018:171).[17] 하프의 존재도 마찬가지로 국제화의 시점에서 전혀 그들을 다루고 있지 않았다.

1980년대에는 과거 부정적 의미의 호칭이었던 '아이노코'나 '혼혈아'를 대신해 '하프'라는 표현이 미디어에 의해 지배적으로 사용되었다. 1970년대를 거쳐 패전과 점령, 그리고 차별과 빈곤과 같은 부정적인 인식이 사라지고 '대중적인 하프'의 이미지가 정착한 것이다. 물론 이러한 하프 표상의 '긍정적' 변화를 당사자들이 기쁘게만 받아들인 것은 아니다. 과거에 받은 차별로 상처를 입은 것뿐 아니라 그들에 대한 편견이 여전하다고 생각했다(サンドラ·ヘフェリン 2012).

1980년대에 혼혈의 대표적 표상으로 자리잡은 하프 담론은 1990년대에 와서도 계속되었다. 주로 하프 모델이 중심이 되어 활약하는 『Vivi』와 같은 잡지도 등장하여 '백인계 미인'의 하프 표상을 선

---

17 하프 담론이 원래부터 일본인과 외국인의 이분법을 보완하는 인종화 프로젝트 속에서 전개되었다는 주장으로 下地ローレンス吉孝는 국가주도의 국제화가 갖는 문제를 지적한다. 이와 관련해 일본의 아이덴티티 구축과 선전을 위한 '문화적 인종 프로젝트'로서 국제일본문화연구센터(国際日本文化研究センター)의 설립과 역할을 비판하기도 한다. (p.171) 국제일본문화연구센터를 설립한 나카소네 야스히로는 국제국가로 나아가기 위해서 일본이라는 아이덴티티를 확립하는 것이 중요하다며 국제화를 위한 자문화 연구센터를 설립하였고 '원 스테이트, 원 랭귀지, 원 네이션'으로 이루어진 일본을 강조하였다.

전하였다. 한편 1990년대에는 블랙컬처(흑인문화)가 유행하면서 잡지 『Luire』를 중심으로 그들의 음악이나 패션, 메이크업, 액세서리 등을 소개하였다. '갱그로(ガングロ)'[18]라는 힙합문화가 소비되기도 하였다. 특히 '블랙 하프' 모델들을 기용하여 선전하였는데, 이는 기존의 하프 이미지가 백인계 미인을 주된 대상으로 했기 때문에 '블랙 하프'라는 말을 별도로 강조해 사용해야 했다(下地ローレンス吉孝 2018:194~195).

그리고 이 시기 필리핀 루트의 혼혈아들이 미디어에서 대거 다루어지게 되었는데, 일본과 필리핀 국제결혼을 지원하는 단체 등에서 혼혈아라는 말이 차별용어임을 비판하며 '국제아'를 대신 사용할 것을 제언하였다. 그 외에도 '아시아 여성의 모임'이나 '컴스타카-외국인과 함께 살아가는 모임'[19]이 혼혈아에 내재해 있는 부정적 이미지 등을 이유로 각종 매스컴에서 혼혈아에 대한 사용 금지를 요구하였다. 이로 인해 2002년을 기점으로 매스컴에서 혼혈아를 차별표현으로 규정하는 방침을 세웠다(中島真一郎 2002). 이러한 흐름과 연동되어 하프 당사자들이 '반쪽', '불순'과 같은 부정적 이미지가 아닌 '두 개의 문화와 두 개의 언어'를 동시에 보유하고 있다는 긍정적 의미의 '더블'이라는 호칭을 사용하며 본인들의 권리주장을 적극적으로 전개하게 된다. 그리고 하프 담론이 '국제아', '더블'과 같은 호칭의 다양화를 통해 이미지 변화를 꾀

---

18 현재까지도 젊은 여성들 사이에서 즐기고 있는 패션 스타일로 선텐이나 짙은 파운데이션으로 얼굴을 치장한다. 1993년에 사진 주간지 『フライデー』 등의 매체에서 사용하기 시작한 'コギャル'라는 표현을 시작으로 96년부터 오락문화, 풍속 등이 여자 중고등학생을 중심으로 한 문화로 변화한 것을 상징한다. TV 와이드쇼나 주간지 등에서 연일 특집으로 다룰 정도였는데, 이와 함께 원조교제나 도덕관의 결핍 등도 이슈였다. 1990년대 후반부터 2000년대 초반에 걸쳐 절정을 이루었고, 오키나와 출신 가수 아무로 나미에(安室奈美恵)를 원조로 보기도 한다.

19 1985년에 출범한 '일본에 사는 아시아 여성 문제를 생각하는 모임(滞日アジア女性の問題を考える会)'이 1993년에 개칭하였다.

하게 되었다.

이러한 변화를 담아 사회적으로 파장을 일으킨 다큐멘터리(다큐멘터리 영화)가 있다. 『Doubles: Japan & America's Intercultural Children』(1995)와 『HAFU: the mixed-race experience in Japan』(2013) 이다. 당시 일본 후생노동성 통계에 따르면 2006년에 태어난 신생아 중 3.2%(30명 중 1명)가 일본인과 외국인 사이에서 태어난 혼혈이었다.[20] 두 영상을 제작한 감독들도 모두 혼혈로 어렸을 때부터 '외국인'처럼 자랐던 경험이 더블, 하프라는 존재에 주목하게 된 출발점이라고 한다.

『Doubles』의 감독 레지 라이프(Reggie Life)는 아프리카계 미국인으로, 애초에 일본에 사는 아프리카계 미국인을 테마로 '분투와 성공-아프리카계 미국인의 일본 체험기'를 만들기 위해 취재를 시작했다. 그러던 중 일본에 퍼진 더블 언설을 접하게 되면서 이 표현이 '문화가 혼합해 있는 상황을 긍정적으로 나타내는 듯해 인상적'이었다고 한다(朝日新聞 1996.01.11.). 주로 당사자들의 인터뷰를 중심으로 구성한 이 작품은 "제2차세계대전 직후 태어난 '더블'과 현대를 살아가는 젊은 세대 간의 체험과 의식이 서로 다른 것"을 잘 담아내어 화제를 끌었다(野入直美 2013:59). 패전 직후 빈곤과 차별의 시대는 과거의 일이 되고 지금의 더블들은 그 자체를 즐기고 있다는 것이다.

실제 더블 당사자 간에는 '반쪽인 하프'가 아니라 '두 가지 모두를 가진 더블'인 자신의 존재감을 여유롭게 즐기는 모습도 보인다(朝日新

---

[20] 국제결혼이 증가한 것을 가장 큰 이유로 본다. 부친이 일본인인 경우에는 아시아계의 모친이 많은데, 그중 1위가 중국, 2위가 필리핀, 3위가 한국/조선이다. 근래 신생아 150명 중 1명이 중국인과의 혼혈이라는 통계도 있다. 이로 인해 2010년대 초, 일중 간의 하프에 관한 관심이 매스컴에서 집중되기도 했다. (山下真弥(2013.4.11.) 「30人に1人がハーフの時代」https://wedge.ismedia.jp/articles/-/2702 검색일: 2023.1.20.)

聞 1995.10.26.).[21] 더블을 두 개의 문화, 두 개의 언어를 구가할 수 있는 존재로 인식하고 있는 것을 알 수 있는데, 차별용어로 사용이 금지된 혼혈아, 그리고 '부정적 의미'의 하프를 대신해 등장한 더블은 확실히 이전에 비해 긍정적이고 다양화하는 사회변화를 반영하는 주체로 보인다. 그러나 당사자들 중에는 여전히 더블이라는 말속에 차별의 의미가 있다며 비판하기도 한다. "실제 더블이라는 말은 국제결혼을 한 영어를 사용하는 부모들이 주로 지지하는 표현이다. 그리고 그 아이들은 오히려 하프라는 표현을 계속해서 사용"했다(マーフィー・重松 2002:114).

이는 더블 담론이 하프 담론만큼 사회에 침투하지 못했고 전체를 포괄하는 개념으로 성립되지 못했기 때문일 수도 있다(下地ローレンス吉孝 2018:204). 그러나 여전히 그들의 개인적 체험 속에 정체성 혼란(identity crisis)을 일으킬 '부정적 이유 혹은 환경'이 작용하고 있음을 부인할 수 없다. 예를 들어, 앞서 소개한 『Doubles』에는 오키나와에 사는 여성들이 등장한다. 그리고 그들이 '부정적인 체험을 갖고 있기는 하지만, 그것을 극복하고 떨쳐냈다'는 인터뷰와 함께 "그들과 같은 더블들의 성공, 미래지향적인 자세는 두 문화를 살아가는 아이들의 긍지"라며 해설을 덧붙인다. 이 다큐멘터리를 만든 감독의 의도는 혼혈아들이 차별과 편견을 극복하고 자신의 미래를 설계해 갈 것을 지지하는 것으로 보인다. 등장하는 모든 혼혈, 특히 흑인 혼혈의 '당당한' 모습을 희망적인 메시지와 함께 담아내는 것도 그러한 이유 때문일 것이다. 그러나 그들의 긍정적이고 희망적인 모습에 더 극적인 효과를 주는 것은 과거의 차별 스토리이다. 이는 바꿔 말하면 더블이란 차별과 빈곤처럼 '괴로운' 과거가 전제된 존재임을 나타내는 것이기도 하다.

---

21 인터뷰의 주인공은 부친이 인도네시아 루트의 혼혈아로, 간사이에서 '더블 모임(ダブルの会)'을 만들어 활동하고 있었다.

『HAFU(ハーフ)』를 제작한 감독 니시쿠라 메구미(西倉めぐみ)는 일본인 부친과 아일랜드계 미국인 모친 사이에서 태어난 혼혈이다. 어려서부터 자신은 '일본과 미국' 양쪽 모두에 해당하는 하프라고 자신하며 자랐지만, 일본에서는 결국 '일반의 일본인과는 다른 외국인 취급'만 당했다고 한다. 그래서 자신과 비슷한 '처지'의 사람들을 찾아 스무살 때 '하프 모임'에 나가게 되었다(junglecity 2014.4.). 이 다큐멘터리 영화는 일본뿐 아니라 미국, 유럽 외 다양한 나라에서 상영되어 반향을 일으켰는데, 일본에 거주하는 귀국자녀, 재일코리안, 중국인, 미국인 등 다양한 경력의 하프들이 등장하여 자신들의 삶을 이야기한다. 그중에는 한국과 일본 사이의 하프도 있는데, 부모가 일본에서 차별을 받을까 싶어 15세까지 혼혈인 사실을 감추었다고 한다. 본인 역시 사실을 알고 난 후에도 차별에 대한 두려움 때문에 스스로 하프임을 감추었다는데, 외견 상의 차이가 크지 않은 아시아계 혼혈은 대부분 그렇게 사는 경우가 많다고 이야기한다. 이 영화는 자신의 '루트'를 당당하게 밝히는 데 '용기가 필요한' 사회에서 살아가야 함을 애도하고 응원하는 메시지를 담고 있지만, '특히 일본에 사는 일본인들에게 보여주고 싶었'고 일본사회 내부의 다양성을 인정해 주길 바란다고 감독은 전한다.

더블 언설은 이후 1990년대 후반이 되면 오키나와의 '아메라시안 스쿨'이나 '재일코리안 운동' 등에서도 이용되며 점차 사회운동 용어처럼 사용되기도 했다. '아메라시안 스쿨 인 오키나와'(AmerAsian School in Okinawa, AASO)는 1998년에 그 모친들에 의해 오키나와에 개교했다. 이 학교의 교육 특징은 '더블 교육'으로 일본과 영어권(주로 미국)의 언어와 문화를 습득함으로써 아이들에게 자존감을 높여주는 것이다. 현재까지도 그 활동은 계속되고 있다. 재일코리안 내부에서는 당사자들의 모임인 '바람 모임'(パラムの会)이 주목을 받았다. 이 모임은 자신이 일본인인지 재일코리안인지 고민하던 종래의 '전략적 본질주의 입장'이 아니

라, 일본국적을 가진 존재로서 더블의 아이덴티티를 통해 다양화를 지향하였다(柏崎千佳子 2015). 자기 안의 일본과 조선을 적극적으로 받아들이고 어디에도 강제적으로 소속되지 않는다는 뜻이다. 이는 일본인과 재일코리안 양쪽에 자신의 정체성을 세울 수 '없는' 존재라는 그들의 굴레가 오히려 일본사회와 재일코리안사회 양쪽 모두를 다양화하여 현실적으로 돌파구를 마련하고자 한 제안이었다. 실제 20~30세가 중심이 된 이 모임은 1995년에서 2000년까지 이어졌는데, 재일코리안만이 아니라 일본 귀화자나 일계 미국인 등 다양한 출신이 참여하였다. 재일코리안사회뿐 아니라, 일본사회에 존재하는 '외부화된 타자'들의 새로운 아이덴티티 폴리틱스(identity politics)의 기점 역할을 하였다. 더블 담론의 사회적 영향성을 평가해 본다면, 이렇게 다양한 문화의 공존을 인정해 주길 바라는 '당사자들'의 노력이 가시화되고 조직화되었다는 점일 것이다.

그러나 미디어에서는 하프 담론이 여전히 소비의 대상으로 재생산되고 있었다. 미디어에서는 외국인과 일본인 사이에서 태어난 사람을 하프로 일괄하는 경우가 많았다. 특히 '믹스 레이스'에 관한 긍정적 이미지는 글로벌화로 인한 광고계 및 시장경제에서 매우 유용한 상품으로 다루어졌다(下地ローレンス吉孝 2018:225-226). 하지만 부모의 이주 경위나 그 역사적 배경 등이 모두 달랐기 때문에 그들의 루트나 경험은 상당히 복잡하고 다양한 양상을 띤다. 또 혼혈아문제와 하프 붐이 확산될 때의 과거 이미지도 현재까지 하프라는 표현 속에 내재해 있어 하프라는 표현은 매우 유동적이고 다층적인 의미를 갖는다.

그러나 일본사회의 '인종과 민족'에 따른 외국인에 대한 혐오는 여전히 과거 계층적이고 젠더화된 인식을 벗어나지 못하고 있다. 하프 당사자들의 말에 따르면 '어떠한 피가 흐르느냐에 따라 그 경험이 다르다'고 하는데, 백인의 피가 흐르면 모델 사무소에서 연락이 오지만,

한국인이나 흑인의 경우 사정이 완전히 달랐다(BBC NEWS 2020.08.30). 2015년의 흑인계 하프 미야모토 에리아나(宮本エリアナ)가 미스 유니버스 재팬으로 선출되며 벌어진 사건은 편견에 시달리는 하프에 대한 인식을 잘 보여준다. 그녀가 일본 대표로 선출된 직후부터 인터넷상에 '일본인답지 않다', '왜 블랙이 일본 대표냐!'와 같은 비난의 목소리가 분출하였다. 이때 그녀의 부친이 아프리카계 미국인 병사였다는 이력을 들어 그녀의 용모가 일본인스럽지 않음을 지적하기도 하였다. 모친은 '물장사'를 하는 직업여성이라는 중상모략까지 나타났다. 테니스 선수 오사카 나오미(大坂なおみ)의 경우에도 그녀가 '순수한 일본인 선수와 다르다'며 외모의 차이를 보이는 신체성을 문제시하였다.[22] 여전히 패전과 점령이라는 부(負)의 역사가 혼혈아의 부정적 인식 저변에 작용하고 있는 것이다(박이진 2021b). 오키나와의 경우에는 모친에 대한 편견과 차별이 그대로 아이에게로 수렴되어 매춘과 혼혈아를 연결하여 사고하는 방식이 오히려 다문화공생 사회에 대한 담론이 확대될수록 더욱 스트레오 타입화되어 버렸다(野入直美 2016). 인종적 차별의 문제가 심연에 잠재되었을 뿐 사라지지 않은 것이다. 하프, 더블이 상품 시장에서 긍정적 이미지로 활약하는 것과는 정반대로 스트레오 타입화된 혼혈에 대한 인식, 즉 '흑인계 혼혈=점령아=팡팡'의 도식은 여전히 대중의 인식을 지배했다.

야구 스타 기누가사 사치오(衣笠祥雄)와 이라부 히데키(伊良部秀輝)도 부친이 점령군 병사로 알려져 많은 화제를 모았다. 불미한 죽음을 맞이한 이라부 히데키는 강박적일 정도로 매스컴을 싫어해 오해를 많이 샀다고 하는데, 메이저리그에 도전하기 위해 미국에 갈 때까지

---

22 '오사카 나오미 선수에게 표백제가 필요하다', 광고에서 실제 피부보다 하얗게 나온 것을 들어 '백인화했다'고 비판하는 등의 차별 발언이 나오기도 했다.

도 자신이 "순수 일본인이 아니라 외국인과의 하프라는 것을 전혀 몰랐다."고 고백했다. 그러나 실제 어려서부터 오키나와 미군기지 마을을 자주 왕래했고 모친이 그곳에서 이라부를 낳았다고 한다(gachinnko 2022.06.07). 부친에 대한 정보를 전혀 알 수 없어 미국으로 진출한 것이 부친을 찾기 위해서라는 오해 등 그를 둘러싼 무수한 추측이 난무하는 것은 그의 인터뷰에서 짐작할 수 있듯이 '순수 일본인'과 '외국인'이라는 이분법이 대중들에게 어떤 상상력을 불러일으키는지 보여준다.

2015년에는 필리핀계 하프 그룹이 연루된 살인사건으로 이주 노동자들의 증가가 사회문제시 되며 필리핀계 하프에 대한 혐오가 조장되었다. 가나가와 현 가와사키 시(神奈川県川崎市)에서 한 중학생이 18살 소년에게 살해되었는데, '가와사키 사건'이라고도 부르는 이 사건은 가해자 소년이 하프들의 모임을 이끌었고, 또 모친이 필리핀 출신이었음을 연결해 일파만파 비난의 여론이 형성되었다(LivedoorNews 2015.03.17.).[23] 이러한 혐오의 감정은 앞서 1980년대에 유행했던 '자파유키상'의 문제와 함께 여전히 일본 대중에게 작용하고 있는 '고질적인' 인종차별적 인식에서 유래한다고 할 수 있다.[24]

---

[23] 필리핀 여성이 낳은 혼혈아들은 일본에서의 삶보다 모친의 고향으로 가서 정착하는 경우가 많다. 필리핀에서도 지역사회로부터 차별을 받지만, 그중에는 자신이 일본인 하프임을 자랑스럽게 생각하는 경우도 있다(bunshun. jp. 「ハーフの子供たち」より).

[24] 2005년 입관난민법 개정으로 불법취업에 대한 단속이 강화되면서 위장결혼의 형태를 띤 자파유키상들이 많아졌다. 이에 불법취업을 조장하는 전문 브로커들이 아예 필리핀 현지에서 20~30대 여성을 스카웃하여 실제로 조촐한 결혼식도 올린다고 한다. 안정적인 재류 자격을 취득한 필리핀 여성들은 일본어 실력도 수준급으로 고액의 임금을 약속받고 도항한다. 그러나 막상 일본에서의 사정은 달랐다. 근무 시간이나 환경의 열악함은 물론이고 돈도 제대로 지급되지 않았다. 그러다 경찰에 적발되면 무일푼으로 추방당하고 만다(THE SANKEI NEWS 2017.10.22.).

4. 심연으로 가라앉은 '아시아계' 혼혈

1) 전후일본에서 아시아계 혼혈이 '말살'되는 과정

필리핀계 하프가 사회문제로 회자되며 촉발된 일본 내 거주하는 외국인, 특히 재일코리안에 대한 배척은 '헤이트 스피치'라는 배외주의 운동으로 분출되었다(樋口直人 2014). 그리고 이러한 일본 내 배외주의를 대부분 한일 양국의 정치적, 역사적 갈등에서 초래된 문제로 인식해 왔다(이승희 2015; 이규수 2014). 이를 인종차별주의(레이시즘) 문제로 보도하거나 연구한 논의는 거의 없다. 민족주의 관점에서의 해석법이 더 큰 영향을 주고 있기 때문이다.

역사적으로도 조선인, 혹은 중국인과의 사이에서 태어난 혼혈아에 관해서는 주로 식민지기 인종개량론이나 내선(또는 내대)결혼 정책을 중심으로 논의해왔다(長志珠絵 2019; 星名宏修 2016) 그리고 그중에서도 내선결혼으로 인한 아이의 탄생, 즉 혼혈아에 대해서는 '내적 검열(금기)'이 작용한 탓인지 더욱 논의를 찾기 어렵다. 한국 식민지 문학에서도 혼혈 문제는 거의 외면되다시피 했고,[25] 해방 이후 미군과 기지촌 여성 사이의 혼혈아 문제가 훼손당한 민족의 자존심을 드러내는 장치로 1960년대 후반부터나 본격적으로 등장했다(박광현 2009; 최강민 2006). 이

---

25 그 이유를 박광현은 세 가지로 설명한다. 먼저 당시 조선이 정치력의 불균형이 이미 전제된 이중언어/문화 사회였기 때문에 혼혈 문제가 귀속의 문제로 갈등을 야기하더라도 그 갈등의 해결 양상이 정형화되어 그려지기 쉬웠다는 것이다. 둘째, 이미 민족이 위계화된 상황에서 당시 조선 작가들이 혼혈의 문제를 다루기 어려웠다. 순혈주의 사회에서 혼혈의 문제는 대개 그들을 동정과 관용의 시선에서 타자화하거나 동일화하는 맥락에서 다뤄진다. 따라서 조선어 작품에서 다루는 혼혈 문제는 큰 한계를 지닐 수밖에 없었고, 더욱이 당시 조선 작가들이 피식민의 피해의식을 가지고 있었다고 가정한다면, 혼혈 문제는 더욱 주변화될 수밖에 없었을 것이다. 셋째, 조선인과 일본인 사이의 혼혈인이 당시 구성원들에 비해 피부색이나 생김새 등과 같은 외양에서 큰 차이가 없었기 때문에 크게 가시화되지 않았다(박광현 2009:343).

때에도 이미 조선인과 일본인 사이의 혼혈 문제는 망각의 서사가 되었고 대개 해방기의 유작에 지극히 작은 편린으로 남아 있다(박광현 2009). 혼혈아에 대한 심리적 금기 의식이 더 강화되는 이유는 한국이나 일본 모두 '단일민족 신화'를 전제로 해방 이후, 혹은 패전 이후의 국민국가 재편에 들어갔기 때문이다.[26] 그리고 양국 모두 배제의 대상이 미군과의 사이에서 태어난 혼혈아로 집약되었고, 혼혈아 문제는 과거 '민족'의 우열 개념이 아닌 인종주의로 인식되기 시작하였다.

인종주의적 시각에 따른 구분은 피부색과 같은 외견상의 표징에 따라 혼혈아를 인식하는 방식이기 때문에 비슷한 피부색과 외형을 가진 아시아계 혼혈이 '인종주의적 구분'의 범주에서 제외되는 것은 합당한 귀결로 생각할지 모른다. 그러나 전후일본 사회에서 아시아계 혼혈은 동종(同種)의 범주 속에서 일본인과 차별없이 대등한 관계 속에서 살지 못했다. 일단 1950년대 '혼혈아 정책'이나 혼혈 담론 어디에도 아시아계 혼혈에 대한 언급이 없다. 하프 담론도 마찬가지이다. 아시아계 혼혈은 철저히 제외한 형태로 인종화 프로세스를 밟았다(박이진 2021a; 2021b). 본고에서 문제로 지적하고 싶은 부분은 서구식 인종주의 논리를 바탕으로 혼혈아를 인지하게 되면서 모든 정책과 관심이 GI-baby에 대한 대책 혹은 '배려'로 진행된 결과, 아시아계 혼혈은 존재 자체의 부정을 넘어 그 출생부터 배제되었다는 사실이다. 이 장에서는 전후일본 사회의 저변을 넘어 심연으로 가라앉은 아시아계 혼혈의 존재에 대해 살펴보겠다.

패전 후 '최초의 혼혈아'는 귀환(引揚げ) 사업 과정에서 발생했다.

---

26 해방 후 미국 주도의 냉전 질서 속에서 한국이 원했던 것은 단일민족 정서에 기반한 강력한 문화정체성을 확립하는 것이었다. 따라서 혼혈아를 연구하는 것은 근대 한국의 정체성의 기원을 검토하는 작업의 시작이라고 지적한다(허병식 2012:155).

소련병사에게 강간당한 일본 여성이 낳은 아이로, 당시 경멸의 의미를 담아 '로스케(ロスケ)'라고 불렀다(高崎節子 1952:23; 上田誠二 2014:46). 만주와 조선 등지에서 귀환한 일본인들은 우선 귀환항(引揚港)에 머물며 수일에 걸쳐 검역을 받았다. 이때 14세 이상의 여성은 성병과 임신 여부를 체크했다. 이 과정에서 피난 중에 갖게 된 '혼혈 태아'에 대해서는 낙태수술을 강행했다. 패전 후 1948년(7월)에 우생보호법(優生保護法)이 제정될 때까지 낙태수술은 규제의 대상이었지만 암묵적인 묵인(ヤミ堕胎)을 통해 이루어졌다(太田典禮 1967:159).[27] 그리고 낙태수술을 포함해 임신 진단의 과정에서 여성 본인의 의사 여부는 중요하지 않았다. 이렇게 '강제적' 관리가 적용된 데에는 전시 상황에서 벌어진 폭력(주로 강간)에 본인의 의지와 관계없이 노출되었음을 배려한 '인도주의적 차원에서의 여성 구제'라는 명분이 있었다.

당시 '공중위생대책'의 일환으로 항구의 검역에 주력하게 되면서 후생성(厚生省)은 귀환사업 지원과 방역을 강화하기 위한 시설로 귀환원호원(引揚援護院)을 설치하였다. 그리고 곧 '부녀자의료구호(婦女子医療救護 1946.4)'를 검토해 '인도적 차원에서 중절수술을 실시'했다(당시 원호원의 검역과장이었던 山口正義의 인터뷰, 每日新聞 1987.8.17.). 따라서 귀환사업을 진행하는 대부분의 시설에 낙태수술을 진행할 수 있는 상담소(혹은 시술소)가 설치되었다(上坪降 1979; 山本めゆ 2015:77~81).[28] 당시 '철저하게 추출하여 보호하는데 노력'하라는 지침에 따라 '엄격하게' 실시된 이 조치(「満鮮引揚婦女子医療救護に関する件」1946.4.26.)는 본토 '밖'(외지)의

---

27 후생성대신과 각료회의에서 법무대신의 반대를 무릅쓰고 최종적으로 묵인했다고 전한다 (『サンデー毎日』1953.3.29.)

28 후생성과 관련 정부 기관의 요청으로 낙태수술을 받은 여성의 수는 400~500명 이상일 것이라고 추정되고 있다. 그러나 상륙과 동시에 아이를 낳은 여성들도 있었다. 이들은 조용히 고향으로 보내졌지만, 결국 다락방에 숨어서 살아야 했다(高崎節子 1952:23).

위험 요소가 '안'(내지)으로 유입되는 것을 애초에 차단한다는 의지를 담은 것이었다.

여기서 '위험 요소'는 표면적으로 성병이 가장 컸다. 이를 두고 당시 피해 여성에게 의료를 제공한다는 인도적 관점이 '여성을 성병의 감염원으로 치부해 온 전전(戰前)의 공중위생' 개념에서 이어져 온 발상임을 비판하기도 한다(山本めゆ 2015:79). 그러나 이때 시행된 검역이 성병이라는 질병뿐만 아니라 당시까지(우생보호법 제정 이전) 불법이었던 낙태수술도 포함되어 있음은 '불순한 피'에 대한 위구심이 더 뿌리깊게 작용했음을 나타낸다.[29]

'적(敵)의 아이'를 본토에 들이지 않겠다는 기제는 전시 체제 중에 나타나는 '귀결'로 지적하기도 한다. 즉 전시 중에 폭행을 당한 여성을 '적군의 처'로 배제하고 그 아이를 '작은 적군'으로 부르며 '오염된 아이', '원치 않은 아이'로 멸시했던 기록을 다수 볼 수 있다는 것이다. 따라서 정부는 법적으로 금지되어 있는 중절수술을 예외적으로 인정했고, 그러한 여성이 낳은 아이는 강간 가해자와 동일시하여 피해자 커뮤니티에서도 배제당하는 경향이 있다(Donna Seto 2013).

'적의 아이의 타자화'는 20세기 전반의 유럽에서도 논쟁을 일으켰고, 이후에도 혼혈아에 대한 공포와 혐오의 상상력을 증폭시켰다. 이는 패전 후 일본의 귀환항에서 실시된 낙태수술의 사례에서도 나타난다(山本めゆ 2015:72~74). 또한 전후 한국의 상황도 마찬가지였다. 사생아도 두려운 일이지만 혼혈아는 그보다 더 큰 문제로 인식했고, 그로 인해 귀환하던 중 배 위에서 해산한 아이를 버려버리기도 했다. '원수 놈

---

29 "당시 상륙하는 북조선, 만주 방면의 귀환 부녀자는 대부분 탈주자이기에, 당해 연령의 부녀자 대부분이 소련, 중국, 조선인의 폭행을 받은 결과, 신체에 이상을 느끼고 있다. 이를 특수 부인에 대한 진료 및 정신적 위안을 위해 국가적 견지에서 최대의 관심을 갖고 만전의 대책을 강구해야 한다."(『仙崎引揚援護局編』1946)

의 씨알머리'였기 때문이다(엄흥섭「귀환일기」).

물론 귀환 과정에서 발생한 혼혈아는 상대적으로 그 수가 많지 않고, 주로 점령하에서 미군과 일본인 여성 사이에서 낳은 혼혈아의 경우가 다수를 차지했다. 이를 우려한 일본정부가 점령군 상대의 특수위안시설협회(후에 RAA협회)를 만들어 이른바 일본 여성의 순결을 지키는 방파제를 역할을 지시한 것은 주지의 사실이다.[30] 특수위안시설의 공적 역할에 대한 시시비비는 차치하더라도, 당시 일본정부가 착안해 낸 '일본 여성의 순결을 지키는 방파제로 일본 여성을 내세운다'는 명분은 '불순'한 혼혈의 출생을 제어해 단일민족국가의 구축을 견고하게 만들겠다는 의지에 다름 아니었다. 그리고 '방파제'의 역할은 똑같은 논리로 귀환 과정에서도 강행되었다. 집단귀환 시 16세의 여학생을 소련병에게 희생양으로 바치고 모두 안도하고 감사해했다거나, 특수직업 부인들에게 일반 부인을 대신하여 희생해 달라고 요청했다는 기록 등, 귀환 당시 여성에게 행해진 성폭력은 반드시 적군의 무력에 의한 공격에만 한정되지 않는다(西村二三子 1946 ; 山本めゆ 2017:2~18). 귀환항에서 실시한 여성들에 대한 검역(임신 진단과 수술)은 실제 인도주의적 구제라는 명분만큼이나 민족주의적 기제가 강하게 깔려있던 것이다.

그렇다면 이것이 왜 전후일본 사회의 아시아계 혼혈의 비가시화로 연결되는 것일까. 그 첫 번째는 여성 귀환자들이 전장(남경, 만주, 조선 등)에서 겪은 비극을 당시는 물론이거니와 역사적으로 묵살해 온 점에 원인이 있다. 특히 여성들에게 일어난 비극이 '일본인 피해의 측면만 강조'되면서 당시 시행된 국가적 암묵 하의 '강제적 낙태'와 이를 통한 '철

---

30 1945년 8월 18일, 경시청은 점령군을 위해 합법적으로 위안시설을 설치할 것을 협의했고, 같은 날 내무성에서는 지방장관 부처로 무전을 보내어 예기(藝妓), 공창(公娼), 사창(私娼), 여급(女給), 작부(酌婦) 등을 위의 시설로 보내 충당하도록 했다(早川紀代 2007; 平井和子 2014).

저한 혼혈아의 말살'이 진행되었다. 더구나 낙태수술을 받은 여성이나 치료에 관여했던 관계자들이 입을 닫아버리면서 전후 역사에서 완전히 망각되었다(阿部安成·加藤聖文 2004;64).[31] 이는 얼마 전까지 '전후일본 사회에서 귀환자의 혼혈아는 공식적으로 발생하지 않았다.'(荒川章二 2014:40)는 단언에서 알 수 있듯이, 당시 귀환항에서 낙태수술을 통해 혼혈아 출생 자체를 허락하지 않겠다는 대책이 얼마만큼이나 철저하게 그리고 비인도적으로 전개되었는지 말해 준다.

그리고 두 번째는 우생보호법의 영향이다. 1948년 7월, 전시 중에 제정되었던 국민우생법(國民優生法, 1940.5.)이 우생보호법으로 바뀐다. 주지의 사실대로 국민우생법은 단종법(斷種法)으로 '유전성 질환'의 예방을 통해 국민의 소질(素質)을 향상시킨다는 목적 아래 불임수술을 합법화하였다. 그러나 총력전체제로 돌입하면서 '낳아라, 늘려라(産めよ 殖やせよ)'라는 정책과 함께 중절수술에 대한 규제를 강화하였다. 패전 후 우생보호법은 우생사상을 더욱 강화한 형태로 발의된다. 인구수를 높인다는 양적 관리 차원에서 중절수술에 대한 규제를 완화하는 한편 질적 관리도 목표로 했다. '불량 자손'의 출생을 방지하고 모성의 생명건강을 보호한다는 취지였다. 따라서 '유전성 질환' 외에 '한센병 환자'가 중절과 불임수술의 대상이 되었고, 1949년 6월 이후에는 여기에 '경제적 이유'에 의한 중절이 용인되었다. 이는 자연스럽게 피임에 대한 공인과 보급으로 이어졌다. 병약함과 빈곤, 잦은 출산이 '열악한 아이'를 낳게 되는 원인으로 지적되었고, 특히 강간에 의한 임신은 '불량한 아이'를 낳게 되는 직접적 원인처럼 법안이 제출, 제정되었다(太田典禮

---

31 귀환자 여성들의 성폭력 피해와 낙태수술에 관해 언급하기 시작한 것은 2004년 무렵부터이다(阿部安成·加藤聖文 2004). 당시 일본 여성이 집단적 혹은 조직적 성폭력에 노출되었고 국가적 차원의 묵인 아래 대량의 강제 낙태수술을 받았다는 사실이 '역사에서 완전히 망각되었다'고 그 심각성을 비판하였다.

주의를 요하는 점은, 낙태수술에 대한 범위의 확대가 혼혈아에 대한 대중적 인식에 영향을 주었다는 것이다. 우생보호법에서 '경제적 이유'가 낙태수술의 요인으로 인정되면서 특수위안시설 등 매춘으로 인한 임신은 대부분 낙태로 이어졌고, 이로 인해 "팡팡은 아이를 낳지 않는다."(高崎節子 1952:41)는 인식이 팽배해졌다.[32] 따라서 1949년 6월 이후 태어난 혼혈아는 점령군들의 '현지처' 혹은 강간에 의한 아이로만 한정해 생각하기 시작했다. 그리고 이러한 인식이 1952년 강화조약 이후 미군의 철수와 함께 뜨거운 이슈가 되는 '혼혈아 문제'와 결합하여 GI-baby를 중심으로 한 '혼혈아 정책'의 수립을 낳게 되는 배경으로 작용하게 된 것이다.

2) '죄악시된 혈통'에 대한 고백

사회적으로 침잠된 아시아계 혼혈이 이른바 '죄악시된 혈통'으로서 어떠한 삶을 살아야 했는지, 다치하라 마사아키(立原正秋)의 소설 「쓰루기가사키(剣ヶ崎)」(1965)를 통해 조금이나마 짐작해 볼 수 있다. 전후일본에 남겨진 조선인과 일본인 사이의 혼혈 2세 형제의 삶을 다룬 이 소설은 '아이노코', '조센진'이라는 멸시 속에서 어머니의 재가로 둘만 남게 된 혼혈 형제(타로와 지로)가 등장한다. 그들은 외조부에게 맡겨져 성장하면서 스스로를 억압자와 피억압자의 피가 같이 흐르는 존재로 인식, '혼혈 자체가 일종의 죄악'이라는 생각을 갖고 살아간다. 그러면서도 혼혈이 뭔가 '불세출의 새로운 민족'을 만들 수 있을지 모른다는 생각을 한 타로(太郎)는 외사촌 동생과 사랑에 빠져 아이가 생기게 되고 함

---

32 이는 기지 주변의 여성들을 '경솔한 교제로 혼혈아를 낳지 않도록 계몽시킬 것'이라는 후생행정에서도 나타난다(全國社會福祉協議會連合會 1953).

께 도주할 계획을 세운다. 그러나 여성의 오빠(외사촌 형)에게 들키고 만다. 외사촌 형은 이민족의 피가 흐르는 자에게 동생을 줄 수 없다며 타로를 죽창으로 찔러 죽인다. 이를 목격한 동생에게 타로는 "지로야, 명심해라. 아이노코가 믿을 수 있는 것은 미(美)이다. 혼혈은 하나의 죄이다."라는 유언을 남긴다.[33]

아시아계 혼혈이 가시화된 것은 앞서 말했듯이 더블 담론의 확산과 때를 같이 한다. 1990년대부터 재일코리안 출신 혼혈(아버지 조선, 어머니 일본)은 '재일 더블'임을 자청함으로써 혼혈임을 통해 일본인과 조선인 어느 쪽에도 치우치지 않는 아이덴티티를 주장하였다. 이분법으로 수렴되지 않는 새로운 형태의 아이덴티티 폴리틱스였다. 이러한 변화에는 재일코리안에 대한 일본 내 법적 지위의 변화가 큰 영향을 주었을 것이다. 1991년에 구식민지출신자와 그 자손에게 특별영주자격을 인정하게 되면서 재일코리안들의 법적 지위가 변화였고, 1993년에는 영주자의 지문날인 의무가 폐지, 2000년에는 모든 외국인의 지문날인 제도가 폐지되었다.

아시아계 혼혈에 관한 그 이전의 기록들이 아주 희소하게나마 존재하기는 한다. 1953년에 간행된 『부부생활(夫婦生活)』에 내지와 외지(중국)에서 결혼해 두 명의 남편을 갖게 된 '귀환자 여성(引揚妻)'에 관한 기사가 어떻게 보면 최초로 등장한 관련 기사라고 할 수 있는데, 하지만 기사의 주된 포인트는 '남성의 품을 벗어나 살아갈 수 없는 여성 삶

---

33 이 작품을 발표한 이후 작가 다치하라 마사아키는 자필이력에 자신이 혼혈이라고 명시한다. 물론 이는 허위 사실로 밝혀지는데, 이러한 '허위 커밍아웃'을 통해 그가 재일코리안으로서 일본사회에서 살아가는 고통이 오히려 더욱 절실하게 전달될 수 있었다고 평가하기도 한다(박광현 2009: 355). 이는 당시의 상황 속에서 자기 목소리를 가지고 말하고 또 스스로 행동하는 혼혈의 등장인물이 재일코리안문학 혹은 동아시아문학에서 제대로 다루어지지 못했던 것을 나타내기도 한다.

의 비극'에 있다(『夫婦生活』 1953:198~200). 당시 혼혈아동들을 보호하고 있던 엘리자베스 샌더스 홈의 기록에서도 아시아계 혼혈에 대한 내용을 일부 확인할 수 있는데, 역시나 귀환자 여성이 낳은 아이였다. 그러나 그녀가 북조선, 경성, 부산 등지를 경유한 이력과는 별도로 아이의 부친은 러시아인이었다. 그 외 미귀환자의 아내나 전쟁미망인이 낳은 혼혈아들이 많다는 부언설명이 있을 뿐이다(沢田美喜 1953:142~159).

이후 1963년이 되면 귀환자 여성이 낳은 조선인 혼혈아들의 삶을 특보로 다룬 기사가 2개 등장한다. 모두 '조선인 출신이었던 부친' 때문에 고난의 삶을 살아야 했던 이야기를 다루고 있다. 혼혈아 가정이 환경적으로 열악하여 이를 이유로 진학이나 취직에서 불합격한 경험(『若い広場』 1963:21~23)이 일본정부에서 말하는 혼혈아, 다문화정책에 일관해 등장하는 인식, 즉 그들에 대한 이지메가 단지 아이들의 미숙한 성장기 때의 일시적 문제에서 끝나지 않는 것임을 증명해 줌은 당연하다. 심지어 나고야에서 살던 열일곱의 윤아키코(尹秋子)는 "단지 아버지가 조선인이라는 이유만으로" 두 모녀가 죽음을 선택할 정도의 '박해'에 내몰렸던 경험을 고백하고 있다(『女学生の友』 1963:105). 그외에도 '조선인이니까 같이 놀면 안 된다', '저열한 조선인인 주제에 일본 이름을 사용한다' 등 그녀의 고백을 통해 당시 아키코와 같은 출신의 동급생(혼혈아)들이 어떠한 삶을 살았는지 짐작해 볼 수 있다. 더구나 이러한 차별로 점차 본적을 포함해 자신의 출신을 숨기게 된 그들은 끝내 서로의 존재를 친구로 두는 것까지도 금기시하게 되었다.

특이한 것은 아키코의 기사가 '인종차별 속에 살아가는 청춘'이라는 타이틀을 달고 있다는 점이다. 당시를 포함해 근래까지도 조선인과 일본인 사이에서 태어난 혼혈을 '인종차별'의 범주에서 다룬 기사로는 유일하다. 물론 아키코 자신이 글 속에서 인종차별을 직접적으로 언급하고 있지만, 이 특집을 주관한 편집자가 미키 스미코(三木澄子)라는 당

시 아동문학 작가로, 특히 소녀를 독자 혹은 주인공으로 한 '주니어소설(ジュニア小説)'의 유행을 주도했기 때문에 이러한 표현을 정면에 내세울 수 있었다고 본다. 이 기사는 미키 스미코의 얼굴과 함께 '이유 없는 차별과 싸우며 진실을 추구해 살아가는 영혼의 기록'이라는 제목의 자필 서문이 앞서 달려있다. 전체적인 글은 아키코의 에피소드를 통해 화두를 던지고 이에 대해 미키 스미코가 조언을 하는 형식이다. 단락마다 '아키코, 살아야 한다!', '비밀스러운 고민', '꿈은 저 멀리', '눈을 뜨다', '지금, 투쟁을 할 때'처럼 그녀의 일대기를 작가적 관점에서 하나의 성장스토리로 주제화해 놓고 있다. 당시 소녀들을 독자로 한 잡지의 기획과 함께 일련의 주니어소설이라는 장르를 개척하던 문단의 흐름이 '조선인 혼혈 소녀'를 일본사회에서 어린 시절의 고난을 뒤로 하고 밝고 힘찬 미래를 살아가는 주인공으로 선택한 것이다. 마지막에 '나에게는 지금 조선인으로서의 자각도 있지만 일본에 대한 애착도 강하다'는 아키코의 말에 미키는 '아키코의 고민의 근본적인 요인이 문제를 일본 내에서만 바라보기 때문'이라고 코멘트한다. 일본이든 북조선이든 한국이든 자유롭게 가서 보고 느껴보면 지금의 고민이 달라질 것이라고 조언이다. 그리고 '당신의 지금의 고통은 당신만의 고민이 아니다. 일본과 조선의 행복을 위해서 우리 모두가 싸워서 극복해야 할 고통임을 이해해야 한다'며 글을 마친다.

그러나 이후 1970년대가 되어서도 조선인 부친을 둔 혼혈아들의 고난사는 계속된다. "'조선인'은 악의 대명사이자, 최고의 멸시감을 지닌 표현이다."(「「朝·日」混血として」『思想の科学』, 1974)라는 글을 기고한 이정차(李定次)는, 어느 날 갑자기 자신이 조선인 혼혈임을 알게 되었음을 고백하고 있다. 그리고 그는 자신이 일본인에서 조선인으로, 그리고 혼혈아라는 정체성으로 변화하면서 느낀 혼란을 이렇게 이야기한다. "혼혈이라는 말 자체가 터부였고, 혼혈은 원래 사회에서 차별받는 존재라

고 알고 있었다. 우리 집에서도 흑인 혼혈에 대해 꼴사납다고들 했다. 자신이 혼혈이라고 밝히고도 아무렇지도 않게 사는 사람은 엄청난 사람이다."(李定次 1974:46~47) '조선인 혼혈'이라는 정체성이 일본사회에서 어떠한 시선 속에서 인식되었는지, 더 이상의 설명이 필요하지 않을 것이다. 미키 스미코의 조언처럼 '조선인 혼혈아'가 자유롭게 자신의 삶을 선택하고 밝은 미래의 주인공이 될 수 있는 시대는 윤아키코의 고백 이후 10여 년이 지나서도 요원한 상태였다.

재일코리안은 그나마 일본사회에서 다수에 해당하는 외국인 집단이기에 다른 집단에 비해 가시화되기 쉬울 수 있다. 그외 남양군도와 같은 미크로네시아에서 발생한 혼혈아들도 소수이지만 일본 내에 존재했다. 이들은 패전 이후 부친과 함께 귀환하여 정착한 경우도 있고, 교육의 기회를 위해 일본제국(내지)으로 유학을 온 경우도 있다(能仲文夫 1990:85; 飯高伸五 2016:13). 대량의 이주이민자가 입식하여 이루어진 식민정책은 당연하게 일본인과 현지인 사이의 혼혈 문제가 발생할 수밖에 없는 시스템이었다. 그리고 제국일본에서 기원하는 민족적, 인종적 사고가 전전을 포함한 전후의 일본사회로까지 연속되고 있다(坂野徹, 2016). 단지 심연에 침잠해 있을 뿐, 언제든 발사될 수 있는 장전된 총처럼 존재한다.

5. 결론

이상으로 1980년대 이후 전환기를 맞이한 일본정부의 외국인 정책과 연동되어 나타난 혼혈에 대한 사회 담론의 변화를 살펴보았다.

1980년대 이후 진행된 입관법 및 국적법 개정과 같은 법체계의 변화는 일본 내 혼혈에 대한 법적 지위를 확대, 보장해 주는 것처럼 보였다. 더구나 1990년대에 들어 글로벌화가 가속되며 유입된 외국인노동자의 증가는 국제결혼의 형태를 다양화시켰고 다문화공생 정책의 시행으로 이어졌다. 이때 사회적으로 부정적인 이미지의 하프, 혼혈아라는 말 대신 국제아, 더블이라는 표현이 사용되게 된다. 정주자라는 새로운 카테고리가 생겨나며 일본인 자손의 배우자 혹은 일본인 자손의 자손의 배우자를 일계인이라는 법적 지위를 통해 우대하기도 했다. 이러한 일계인의 확장은 일본 혈통이 아닌 아시아계 이민자들에 대한 저항감에서 비롯된 한편, 혼혈의 다양화(증가)를 초래할 수밖에 없었다. 2000년대에 들어 성립된 '생활자로서의 외국인'에 대한 대응책은 외국인 주민을 단순 노동자가 아니라 지역주민으로 대우하였다. 그러나 이 역시 뉴커머만을 대상으로 한 정책으로 일본에 존재하는 다양한 외국인의 삶을 간과하는 한계를 가졌다.

이러한 정부정책이 한계를 노정하는 이유는 그 기본 시점이 일본인을 고정축으로 '일본인 대 외국인'이라는 이분법에 의거해 추동되고있기 때문이다. '우리' 일본인이 '그들' 외국인을 어떻게 받아들일지만고려한 것이다. 이러한 이분법은 부모 한쪽이 외국인에 해당하는 혼혈에게도 그대로 적용되었다. 무엇보다 피의 혈통에 기반한 일본인의 범주가 확대되었어도 일본인과 외국인 사이에서 태어난 하프, 더블, 국제아 등 그 명칭과 상관없이 혼혈은 부유하고 있었다. 1950년대 혼혈아문제의 부상과 이에 대한 대책으로 실시한 '혼혈아 정책'에서 보였던 한계가 그대로 답습되었다. 혼혈아에 대한 인종적 편견과 차별 문제는 다시 한 번 도외시된 것이다.

당시 국제화 언설이 일본인과 외국인을 구분하는 단일민족론의 강한 이데올로기에 의해 추동되었고, 이로 인해 국제화와 다문화라는 개념 속에서 혼혈의 존재가 망각되는 한편, '더블' 표상이 부상하였다. 혼혈아에 내재된 부정적 이미지 등이 지적되며 혼혈아를 차별표현으로 규정하게 되고, 이와 연동하여 하프 당사자들이 '반쪽', '불순'과 같은 의미가 아닌 '두 개의 문화와 두 개의 언어'를 동시에 보유한 더블이라는 명칭을 적극 사용하기 시작한 것이다. 이는 다양한 사회변화를 반영한 새로운 주체의 등장으로 보이기도 했다.

그러나 더블의 개인적 체험 속에는 과거 '부정적' 환경으로 인한 정체성 혼란과 불만이 크게 자리하고 있었다. 과거의 차별 경험이 결국 그들을 긍정적이고 희망적인 존재로 '거듭나게' 하는데 전제조건처럼 작용한 것이다. 물론 더블 담론은 '아메라시안 스쿨 인 오키나와'나 '바람 모임'처럼 다양한 문화의 공존을 인정해 주길 바라는 '외부화된 타자'들의 노력을 가시화하고 일조하였다는 점에서 그 영향성을 평가해 볼 수 있다. 특히 오키나와 혼혈과 재일코리안 내의 혼혈이 스스로 새로운 아이덴티티 폴리틱스를 주장할 수 있었다. 하지만 미디어 등에서 소비되고 재생산된 그들에 대한 인식은 여전히 부정적 이미지의 하프 담론을 계승하며 '인종과 민족'에 따라 계층화되고 젠더화되었다.

'외국인 혐오'의 연장이라고도 볼 수 있는 혼혈에 대한 대중들의 심급은 패전과 점령이라는 부(負)의 역사가 저변에 흐르는 것이었다. 오키나와의 경우에는 모친에 대한 편견과 차별이 그대로 혼혈아에게 수렴되며 매춘과 혼혈아를 연결하는 도식이 더욱 스트레오 타입화되었다. 혼혈의 연예인이나 운동선수들을 둘러싼 비난의 여론은 '순수 일본인'과 '불량 외국인'이라는 상상력이 대중들에게 고질적인 인종차별 의식으로 존재함을 단적으로 보여주었다.

무엇보다 이 시기에는 패전 이후 전후일본에서 소거되었던 아시아계 혼혈이 더블 담론과 함께 가시화되었다. 본고에서는 점령기를 거쳐 서구식 인종주의 논리를 바탕으로 인종화된 일본사회에서 아시아계 혼혈이 존재 자체의 부정을 넘어 그 출생부터 철저히 '배척'된 프로세스(역사)를 검토해 보았다. 패전 후 귀환사업의 진행과 함께 귀환항에서 실시된 검역 과정에서 귀환자 여성들이 부녀자 의료구호라는 인도주의적 차원에서 중절수술을 받았다. 이러한 조치는 '철저하게 추출하여 보호한다'는 지침에 따라 엄격하게 실시되었는데, 여기서 '철저하게 추출할' 대상은 성병과 같은 공중위생적 차원의 질병만이 아니었다. '불순한 피'가 내지로 유입되는 것을 차단한다는 '순혈' 민족주의의 기제가 오히려 더 강하게 작동하고 있었다.

전쟁기에 발생한 '적의 아이'를 본토에 들이지 않는다는 기제는 일본만의 문제는 아니다. 당시 한국을 비롯해 유럽 등지에서도 역사적으로 적의 아이, 혼혈아는 혐오와 공포의 대상으로 인식되며 버려졌다. 그러나 귀환항에서의 '강제 낙태'를 통한 혼혈아의 철저한 말살이 일본의 전후역사에서 완전히 망각되었다는 점은, 일본사회에서 아시아계 혼혈이 배제되는 가장 큰 요인이었다. 아울러 점령기에 제정되는 우생보호법(1948.7)에서 '불량 자손'의 출생을 방지하는 낙태수술의 범위를 병적 질환이 아닌 경제적 이유로 확대한 점 역시 중요한 요인으로 지적할 수 있다. 우생보호법 제정 이후 태어난 혼혈은 점령군의 현지처나 강간으로 태어난 아이로만 여겨졌기 때문이다. 이때부터 혼혈아는 출생 자체가 불량의 낙인을 받게 된다.

문제는 여기서 끝나지 않았다. 역사적으로 '말살'되었다고 여겨진 아시아계 혼혈은 이른바 '죄악시된 혈통'으로서 더욱 힘든 삶을 살아왔다. 특히 '조선인 출신의 부친' 때문에 겪게 된 혼혈아들의 고초는 그 기록이 희소하기는 하지만 그들이 어떠한 삶을 살아야 했는지 충분히 짐작해 볼 수 있었다. 본적을 숨기는 것을 넘어 서로 간에 친구로도 관계를 맺을 수 없었던 이들에게 '조선인은 악의 대명사이자, 최고의 멸시감'을 나타내는 표현이었다는 고백은, '조선인 혼혈'의 정체성이 일본사회에서 어떠한 시선 속에서 포착되어왔는지 충분히 짐작하게 한다. 이들을 배제하는 논리와 과정에는 '불량한 혈통'에 대한 제국일본의 민족주의적 기제가 여전히 강하게 작용하고 있었고, 일본사회에서 이들이 심연으로 가라앉은 채 살아갈 수밖에 없는 이유였다.

　　일본사회의 현실에 눈을 돌려보면 일상생활에서 일본인이라는 개념의 민족적, 인종적 이미지는 너무나도 소박하게 그러나 깊게 사람들의 인식에 뿌리내려 있는 것을 알 수 있다. 일상 회화에서 '일본인이다/아니다', '일본인 혈통', '일본민족', '순수일본인' 등의 표현이 흔하게 사용되고 있는 것도 사실이다. 일본인이야 아니냐의 문제를 국적 문제로 생각할 수도 있다. 그러나 일상에서 일본인이냐 아니냐가 판결나는 것은 국적의 유무가 아니라 그들의 외견(외모, 피부색) 등 그 신체성과 직접적으로 관련이 있다. 신체성뿐만 아니라 혈통이라는 개념을 비롯해 질문자의 의도에 따라 이름, 행동, 젠더, 섹슈얼리티, 계층성 등 다양한 지표와 관련을 갖기도 한다. 이렇게 단일하게 표현될 수 없는 다양하고 복잡한 배경을 가진 혼혈들이 그 다양성이 무시된 채 하프, 더블, 국제아와 같은 단어로 일반적으로 지칭되고 있는 것은 주의를 요한다. 이는 일본사회가 일본인과 외국인이라는 구분이 역사적 과정을 통해 다양한 주체에 의해 의도적으로 구축되어 왔고, 그렇게 구축된 카테고리가 '명백하고 본질적인 것'으로서 사회나 사람들의 인식 속에 자리잡아 왔기 때문일 것이다.

참고문헌

박이진, 「혼혈아 외부화 프로세스와 대중문화」, 『대동문화연구』 115, 2021a.

_____, 「하프, 또 하나의 일본인론」, 『일본문화연구』 77, 2021b.

_____, 「전후 일본의 혼혈 담론-GHQ 점령기를 중심으로」, 『대동문화연구』 103, 2018.

_____, 「집합기억으로서의 전후―1970년대『인간의 증명』속 기원의 이야기」, 『일본학보』 110, 2017.

자끄 오디네 저, 이산호·김휘택 역, 『다문화주의: 세계화와 혼혈』, 경진출판, 2017.

이승희, 「근대 이후 일본의 배외주의와 재일조선인」, 『일본학』 43, 2015.

이규수, 「일본 '재특회'(在特會)의 혐한 배외주의」, 『일본학』 38, 2014.

허병식, 「고아와 혼혈, 근대의 잔여들」, 『역사와문화』 24, 2012.

박광현, 「식민지/제국의 경계와 혼혈의 기억」, 『일어일문학연구』 70, 2009.

최강민, 「단일민족의 신화와 혼혈인」, 『언어논집』 35, 2006.

엄흥섭, 「귀환일기」, 『엄흥섭 선집』, 현대문학(2010), 1946.

長志珠絵, 「近代日本の人種·人種化論と「国際結婚」言説の変容」, 『人文學報』 114号,, 京都大学人文科学研究所, 2019.

是川夕, 「日本における国際人口移動転換とその中長期的展望－日本特殊論を超えて」, 『移民政策研究』 10号, 2018.

下地ローレンス吉孝, 『「混血」と「日本人」: ハーフ·ダブル·ミックスの社会史』, 青土社, 2018.

山本めゆ, 「引揚げの記録·記憶における性暴力の主題化―「水子のうた」を学び越えるために」, 『福岡女たちの戦後』 2, 2017.

_____, 「生存者の帰還 ―引揚援護事業とジェンダー化された「境界」」, 『ジェンダー研究』 17, 2015.

野入直美, 「「日本型多文化共生社会」に沖縄は入っているか」, 『異文化間教育』 44, 2016.

野入直美, 「映像表象における沖縄のアメラジアン」, 『アイデンティティ·トラブ

ル ―「人種 / エスニシティの混淆」と日本社会』, 国際社会学, 2013.

星名宏修, 『植民地を読む ―「贋」日本人たちの肖像』, 法政大学出版局, 2016.

飯高伸五, 「帝国後の「混血」のゆくえ ―日本出自のパラオ人の越境経験」, 『文化人類
　　　　学研究』17, 2016.

坂野徹, 「混血の現存過去 ―混血研究と日本人起源説から考える帝国日本」, 『文化人
　　　　類学研究』17, 2016.

趙科, 「佐多稲子の『分身』を読む : 「混血現象」をめぐって」, 『九大日文』26, 2015.

柏崎千佳子, 「在日外国人・マイノリティの現在 : 移住と定住をめぐって」, 『三田社会
　　　　学会』20, 2015.

＿＿＿＿＿＿, 「日本のトランスナショナリズムの位相 ―多文化共生言説再考」, 『多民
　　　　族化社会・日本 ―「多文化共生」の社会的リアリティを問い直す』, 明石書
　　　　店, 2010.

上田誠二, 「占領・復興期の「混血児」教育 ―人格主義と平等主義の裂け目」, 『歴史学
　　　　研究』920, 2014.

荒川章二, 「「戦後日本」の問い方をめぐって」, 『歴史学研究』920, 2014.

ポーリン・ケント, 「多文化共生政策が誰との「共生」を目指しているか」, 『国際文化研
　　　　究』18, 龍谷大学国際文化学会編, 2014.

樋口直人, 『日本型排外主義 : 在特会・外国人参政権・東アジア地政学』名古屋大学出
　　　　版会, 2014.

平井和子, 「日本占領をジェンダー視点で問いなおす ―日米合作の性政策と女性の
　　　　分断」, 『ジェンダー史学』10, 2014.

平田譲二, 「既存研究からみた異文化適応能力」, 『Sanno University Bulletin』Vol.34
　　　　No.28, 2013.

西倉めぐみ, 『HAFU: the mixed-race experience in Japan』ユナイテッドピープル,
　　　　총87분, 2013.

サンドラ・ヘフェリン, 『ハーフが美人なんて妄想ですから!! 困った「純ジャパ」との
　　　　闘いの日々』, 中公新書ラクレ, 2012.

加藤優子, 「異文化間能力の育む異文化トレーニングの研究 : 高等教育における異
　　　　文化 トレーニング実践の問題と改善に関する一考察」, 『仁愛大学研究紀
　　　　要』8, 2009.

石田智恵, 「1990年入管法改正を経た「日系人」カテゴリーの動態 ―名づけと名乗り
　　　　の交錯を通して ―」, 『Core Ethics』5, 2009.

木村有伸, 「「異文化適応」論の中の日本人特殊論について」, 『立命館国際研究』22(2),
　　　　2009.

福井崇史,「抵抗する「混血」性」,『アメリカ文学研究』44, 2008.

王俊文,「方法としての「混血」」,『文京学院大学外国語学部文京学院短期大学紀要』, 8, 2008.

早川紀代,「占領軍兵士の慰安と買売春制の再編」,『占領と性—政策·実態·表象』, インパクト出版会, 2007.

阿部安成·加藤聖文,「『引揚げ』という歴史の問い方(上)(下)」,『彦根論叢』348·349, 2004.

中島真一郎,「マスコミ等に『混血児』を差別表現として認めさせ, 替わりに国際 児などを使用すること求める行動の経過報告」, コムスタカホーム ページ http://www.geocities.jp/kumustaka85/jp.kokusaiji.html 검색 일:2022.12.02., 2002.

森広正,「日本における外国人労働者問題の研究動向 —文献を中心にして」,『大原社 会問題研究所雑誌』528, 法政大学大原社会問題研究所, 2002.

福田友子,「国家による成員の選別過程-1990年入管法改定と「日系人」を事例とし て」,『社会学論考』23, 2002.

マーフィー·重松 外/坂井純子 訳,『アメラジアンの子供たち：知られざるマイノリ ティの問題』, 集英社新書, 2002.

吉野耕作,『文化ナショナリズムの社会学 —現代日本のアイデンティティの行方』, 名古屋大学出版会, 1997.

Reggie Life,『Doubles: Japan & America's Intercultural Children』, Global Film Network, 총83분, 1995.

ノーマ·フィールド·リービ英雄,「混血文学の可能性」,『中央公論』109(12), 1994.

能仲文夫,『南洋紀行—赤道を背にして』, 南洋群島協会(1934), 1990.

稲村博,『日本人の海外不適応』, 日本放送出版協会, 1980.

上坪隆,『昭和史の記録水子の譜—引揚孤児と犯された女たちの記録』現代史出版会, 1979.

李定次,「「朝·日」混血として」,『思想の科学』, 1974.

太田典禮,『堕胎禁止と優生保護法』, 経営者科学協会, 1967.

立原正秋,『剣ヶ崎·白い罌粟』, 小学館 P+D BOOKS(2015), 1967.

若い広場社,「特集·人生記録 混血児」,『若い広場』若い広場社, 1963.

小学館,「特集, 人種差別の谷間に生きる青春—悩み多いある日鮮混血少女の記録」, 『女学生の友』小学館, 1963.

全國社會福祉協議會連合會,「混血兒對策に関する答申」,『社会事業』1953.

家庭社,『夫婦生活』14号, 家庭社, 1953.

沢田美喜, 『混血児の母』, 毎日新聞社, 1953.

高崎節子, 『混血児』, 同光社磯部書房, 1952.

佐世保引揚援護局編, 『佐世保引揚援護局局史(上)(下)』, 『海外引揚関係史料集成10 局
　　　　史(佐世保引揚援護局)』(2001), ゆまに書房, 1949, 1951.

仙崎引揚援護局編, 『仙崎引揚援護局史』, 『海外引揚関係史料集成8 仙崎引揚援護局
　　　　史』(2001), ゆまに書房, 1946.

西村二三子, 『問診日誌』個人蔵, 1946.

Donna Seto(), *No Place for a War Baby*: *The Global Politics of Children Born of
　　　　Wartime Sexual Violence*, Ashgate(Michigan War Studies Review 14 March
　　　　2014~021), 2013.

BBC NEWS(2023.01.22.), 「日本は未来だった, しかし今では過去にとらわれている
　　　　BBC東京特派員が振り返る」https://www.bbc.com/japanese/features-
　　　　and-analysis-64357046 검색일: 2023.2.09.

gachinnko(2022.06.07.), 「実はハーフで父親が謎！」https://gachinnko.net/
　　　　irabuhideki-ha-fu/ 검색일: 2022.12.02.

厚生労働省, 人口動態調査人口動態統計確定数婚姻「夫妻の国籍別にみた年次別婚
　　　　姻件数・百分率」https://www.e-stat.go.jp/dbview?sid=0003411850검색
　　　　일: 2023.2.13., 2020.

연합뉴스(2021.07.02.), 「미 국무부 "日기능실습제도, 외국인노동자 착취에 악용"」
　　　　https://www.yna.co.kr/view/AKR20210702120700073 검색일: 2023.1.25.

BBC NEWS(2020.08.30.), 「日本の人種差別問題, 「Black Lives Matter」で浮き彫りに」
　　　　https://www.bbc.com/japanese/features-and-analysis-53942352 검색일:
　　　　2022.12.06.

文春オンライン(2020.05.16.), 「ハーフの子供たち」より https://bunshun.jp/
　　　　articles/-/37846 검색일: 2022.12.06.

THE SANKEI NEWS(2017.10.22.) 「『ハーフの子供たち』より」https://bunshun.jp/
　　　　articles/-/37847 검색일: 2023.01.15.

朝日新聞デジタル(2016.11.5.) 「『ハーフ』新生児の五〇人に一人　外国人扱いに戸惑
　　　　い」

LivedoorNews(2015.03.17.), 「中1殺害事件で露呈したフィリピン人ハーフへの差
　　　　別意識」, https://news.livedoor.com/article/detail/9897745/ 검색일:
　　　　2022.12.02.

junglecity(2014.04.), 「「『日本はこんなに多様だよ』と伝えたい」ドキュメンタリー映
　　　　画『HAFU(ハーフ)』共同監督・西倉めぐみさん」https://www.junglecity.

com/jcommunity/jc-news/interview-hafu-megumi-nishikura/ 검색일: 2023.1.20.

山下真弥(2013.04.11.),「30人に1人がハーフの時代」https://wedge.ismedia.jp/ articles/-/2702 검색일: 2023.1.20.

内閣官房ホームページ,「「生活者としての外国人」に関する総合的対応策」」https:// www.cas.go.jp/jp/seisaku/gaikokujin/index.html 검색일: 2022.12.02.

朝日新聞, 1996.01.11. / 1995.10.26.

毎日新聞 1987.8.17.

『サンデー毎日』1953.3.29.

장무후이(張暮輝, Zhang Muhui)

성균관대학교 동아시아학술원 교수. 동아시아 국제정치 및 국제관계 전공. 주요 연구 분야는 한·중·일 관계, 일본과 한국의 경제 안보 정책, 중·일 '제3국' 시장 협력, 중·한 산업 협력과 경쟁, 동북아 환경 외교 등 이다. 최근 발표한 논문으로는 「Transboundary fine dust pollution in China and Korea: How has international politics impeded environmental negotiations」, 「Sino-Japanese third-party market cooperation: asymmetries of economic diplomacy and politico-economic gaps」, 「Revisiting the Civil Examinations in the Qing Dynasty: Popularization and Social Transitions」 등이 있다.

중국 신질생산력의
제안 배경과 정책적 요인 해석

2024년 이후 신질생산력(新質生產力)이라는 용어가 중국 당국 및 학계에서 널리 알려졌으며 빈번히 사용되고 있다. 신질생산력에 대한 연구와 분석에 대해서는 중국뿐만 아니라 해외의 중국 연구 학계에서도 큰 관심을 보인다. 중국 경제의 전반적으로 둔화된 성장 속도, 심화된 미·중 글로벌 경쟁, 미국의'인도·태평양 전략'을 통한 중국 경제와의 디커플링(decoupling) 시도 등의 배경 속에서, 신질생산력 개념의 등장은 미래 중국 경제 산업 발전에 있어서 중요한 전환점이 될 것이다. 따라서, 본문에서는 한국 학계에 중국 신질생산력 개념이 등장한 배경 및 원인을 소개하고, 중국의 현재 신흥 산업 정책 동향을 분석하고자 한다.

1. 신질생산력의 등장 배경 및 연구 현황

2023년 9월, 중국공산당 시진핑 총서기는 헤이룽장성(黑龍江省) 시찰 당시 처음으로 신질생산력이라는 용어를 제기하였다. 2024년에 들어서면서 시진핑 주석은 여러 차례 신질생산력에 관한 발전을 언급하였다. 이는 곧장 중국에서 주목받게 되었고, 최근의 중국 정부 관료, 언론 및 학계에서 널리 논의되는 주제가 되었다. 동시에 국제 정세를 보면, 미·중 양국이 무역, 산업사슬(industry chain), 과학기술 등 분야에서 전방위적으로 경쟁하는 것도 중국 정부가 신질생산력을 적극적으로 제창하는 외적 요인이다. 이로 인해 2024년 이후 중국 정부가 제시한 실질생산력 개념은 해외에 있는 국제정치 및 경제 분야 학자들의 광범위한 관심을 불러일으켰다.

중국 국내에서 시진핑 주석이 제기한 신질생산력에 대한 보도와 연구는 주로 세 가지 차원으로 요약할 수 있다. 첫째, 중국 관영 매체의 보도 및 해석을 들 수 있다. 「인민일보(人民日報)」, 「구시(求是)」, 「학습시보(學習時報)」 등 관영 매체는 2024년 3월부터 대량의 기사를 발표하여 신질생산력 개념을 해석하기 시작했다. 우선 「인민일보」는 중국 공산당 중앙 위원회의 기관지이며, 「구시」는 중국공산당 중앙에서 발간하는 기관지다. 또한, 「학습시보」는 중국공산당 중앙당교에서 발행하는 신문이다. 따라서 위에 언급한 매체들에 게재한 글은 시진핑 주석이 신질생산력에 대한 발언을 공개적으로 드러냈다는 성격을 띠고 있으며 학자들의 연구에 중요한 소재를 제공해 주었다. 동시에 신질생산력에 관한 글들은 전반적인 특징, 이론적 혁신, 중국 현실 상황에 대한 시사점, '고품질 발전' 및 '중국식 현대화'와의 관계 등 여러 차원에서 권위 있는 해석을 제시하였다. 이는 학자들이 심도 있는 연구를 진행하는 데 기초를 마련했다.

둘째, 2024년 3월부터 신질생산력에 관련 논문들이 잇달아 발표되었고, 현재 폭발적인 증가세를 보인다. 이러한 학술 연구 성과들의 내용과 관점이 대동소이하지만, 연구의 초점에 따라서 다소 차이가 있다. 이론과 실천 두 가지 측면에서 신질생산력의 내포와 실현 경로를 연구하고, 중국 경제 발전 모델과 중국식 현대화 등을 둘러싼 문제까지 확

장되었다.[1]

셋째, 신질생산력 개념이 제기된 이후 이를 연구한 전문 서적이 계속하여 출판되었다는 점이다. 그중 대표적인 두 저서 중 하나는 중국사회과학원 경제연구소 소장 황준후이(黃群慧)가 저술한『신질생산력을 이해하다(讀懂新質生産力)』라는 책이다. 이 책은 필자가 살펴본 것 중에서 신질생산력에 관한 첫 번째 연구 전문 서적이다. 이 책은 '요소-구조-기능' 세 가지 요소를 들어간 시각으로 신질생산력의 본질적 특성과 운영 규범을 전면적으로 검토하고, 새로운 발전 이념을 지침으로 삼아 신질생산력 시스템 내부의 각 요소 간 상호작용과 기능을 심층적으로 분석하고 있다.[2] 또 다른 책은 린이푸(林毅夫) 등이 저술한『신질생산력: 중국 혁신 발전의 중점과 내재적 논리(新質生産力: 中國創新發展的著力點與內在邏輯)』이다. 이 책은 여러 경제학자의 관련 논술을 수록하여 금융 지원, 산업 지원, 전략적 지원 등 다양한 관점을 다루고 있으며, 독자들이 현재 중국 경제 상황과 신질생산력 간의 관계를 이해하는 데 중요한 의미를 갖고 있다.[3]

한국에서 권위 있는 중국 전문가들은 이미 중국의 신질생산력 개념의 출현과 관련 논의를 주목하고 있다. 성균관대학교 성균중국연구소 이희옥 소장은 해당 문제를 가장 먼저 주목한 한국의 중국 문제 전

---

1 蔣永穆·喬張媛, "新質生産力: 邏輯﹑內涵及路徑",『社會科學研究』第1期(2024), 10~18쪽. 참조;趙峰﹑季雷, "新質生産力的科學內涵和制度保障機制",『學習與探索』第1期(2024), 92~101쪽.; 李政·廖曉東, "發展新質生産力的理論﹑歷史和現實'三重'邏輯",『政治經濟學評論』第6期(2023), 146~159쪽.; 張新寧, "科技創新是發展新質生産力的核心要素論析",『思想理論教育』第4期(2024), 20~26쪽.; 劉偉, "科學認識與切實發展新質生産力",『經濟研究』第3期(2024), 4~11쪽.

2 黃群慧,『讀懂新質生産力』(北京:中信出版社, 2024)

3 林毅夫等著·王賢青主編,『新質生産力:中國創新發展的著力點與內在邏輯』(北京:中信出版社, 2024)

문가 중 한 명으로, 이에 대해 정확한 평가를 내렸다. 그는 신질생산력이 2006년에 제기된 '자주혁신' 및 최근의 '고품질 발전, 쌍순환 전략'과 같은 맥락이라고 보았다. 특히 미·중 간의 글로벌 충돌과 경쟁 속에서, 단순히 선진국의 기술을 도입하여 노동력과 결합시키는 발전 방식은 중국에서 더 이상 효과적이지 않다고 평가했다. 따라서 중국은 과학기술 산업 혁신을 중심으로 발전하는 새로운 생산 방식의 전환을 추진하고 있다고 언급했다.[4]

2. 신질생산력이 지향하는 전략적 신흥 산업과 미래 산업

신질생산력 개념이 제기된 이후, 중국 당국은 관련 정책 수립과 산업 배치에 착수하였다. 예를 들어, 2023년 12월에 개최된 중앙경제공작회의에서는 수치 기술(數智技術)과 녹색 기술을 광범위하게 응용하고, 전통 산업의 전환과 업그레이드를 가속화하며, 바이오 제조, 상업 우주항공, 저공 경제 등 여러 전략적 신흥 산업을 집중적으로 육성하고, 양자 및 생명 과학 등의 미래 산업을 개척할 것을 강조했다. 2024년 중국 정부의 업무 보고서에서는 "현대화 산업 체계 구축을 대폭 추진하고, 신질생산력 발전을 가속화하는 것"을 정부의 첫 번째 업무 과제로 제시했다. 구체적으로 산업 정책 측면에서는 전략적 신흥 산업을 적극적으로 발전시키고, 미래 산업을 사전 배치하며, 전통 산업의 심층적 전환과 업그레이드를 추진하고 낙후 산업을 폐지하여 현대화 산업 체계를 완비하고, 새로운 발전 분야를 개척하고 발전 우위를 확보하는 것이다.

---

4   "新質生産力為韓中貿易合作提供新機遇——專訪成均中國研究所所長李熙玉"『亞洲日報』. 2024.03.27.

소위 말하는 전략적 신흥 산업은 20세기 70~80년대에 일어났고, 21세기 초에 성행한 산업을 말한다. 일부 국가에서 '신흥 산업'이라고 지칭하기도 한다. 이는 국민 경제 발전과 산업 구조 최적화 업그레이드와 관련이 있으며, 전체적이고 장기적이며 지향적이고 동적인 특성을 가진 사업이다. 전통 산업과 비교할 때, 높은 기술 함량, 높은 부가 가치, 자원 집약성 등의 특징을 갖고 있다. 중국 국가통계국은 2018년에『전략성신흥산업분류(2018)』를 제정했지만, 현재 중국 정부는 명확히 전략적 신흥 산업 목록을 제시하지 않았다. 그러나 2023년 8월, 공업정보화부, 과학기술부, 국가 에너지국 및 국가 표준 위원회는 공동으로『신산업 표준화 시범사업 실시방안(2023~2035)』(이하,『실시방안』)를 공동 발표하며, 8대 신흥 산업과 9대 미래산업의 표준화 작업을 제안하였고, 이를 '8+9' 산업이라고 명명하였다. 중국 정부의 전략적 신흥 산업 정책 지향의 참고로 활용될 수 있는 자료이며 총 8대 신흥산업은 다음과 같다: 차세대 정보 기술 (5G·IoT·클라우드 컴퓨팅·빅데이터 등), 신에너지 (태양광·풍력·원자력 등), 신소재 (첨단 석유화학 소재·첨단 철강 소재 등 혁신적이고 실용적인 제품), 고급 장비 (로봇·CNC 기계·고속철도·원자력 등 분야), 신에너지차 (구동 전기 모터 시스템·동력 저장 배터리 시스템 등), 친환경 환경보호 (폐기물 처리·하수 처리·공기 정화 등 분야), 민간 항공 (상용 항공기·수륙 양용 비행기·헬리콥터·드론 등 자주 개발 및 혁신 강화), 조선해양공학장비 (선형 총괄 설계 등)가 있다.

최근 몇 년간, 중국은 전략적 신흥 산업의 고품질 발전을 지속적으로 추진하고 있으며,『중국 전략적 신흥 산업 선도 기업 100대 순위』에 따르면, 2023년 중국 전략적 신흥 산업 100대 기업은 총 8348.25억 위안을 연구 개발 비용에 투자하였으며, 이는 전년 대비 5.10% 증가하였고, 평균 연구 개발 강도는 3.07%에 달했다.[5] 연구 개발 투자, 클러스터 육성, 기반 시설 구축, 전문 인재 집결 등의 조치를 통해 일부 분야에서 이미 일정한 우위를 형성하였다.

　소위 미래 산업은 첨단 기술에 기반한 선견지명을 가진 산업을 의미한다. 특히 주목해야 할 점은, 미래 산업의 발전과 대규모 보급은 일정한 불확실성과 예측 불가능성을 동반한다는 것이다. 따라서 미래 산업의 발전은 단기적인 시장과 이익을 완전히 지향할 수 없으며, 정부는 장기적인 전략적 관점에서 종합적인 배치를 하고 대규모 정책 및 재정 지원을 제공해야 한다.[6] 앞서 언급한 『실시방안』에서 열거된 9대 미래 산업은 다음과 같다: 메타버스(가상과 현실이 융합된 분야), 뇌-기계 인터페이스(BRI)(인간의 뇌와 컴퓨터 간의 직접적인 상호작용), 양자 정보(양자 통신·양자 계산 등 기술), 휴머노이드 로봇(로봇 기술의 중요한 분과), 생성형 인공지능(인간의 창의력과 상상력을 모방하는 기술), 바이오 제조(생물체 또는 생물 시스템을 이용한 물질 전환 및 제조), 미래 디스플레이(더 높은 해상도, 더 넓은 색역, 더 낮은 전력 소모의 디스플레이 기술), 미래 네트워크(더 효율적이고 더 안전하며 더 지능적인 데이터 전송 및 처리 기술)와 신형 에너지저장시스템(에너지 공급과 수요의 불균형을 해결하고 에너지 지속 가능한 이용을 실현하는 저장 기술)이다. 또한, 이 『실시방안』은 세 단계로 나누어진 발전 목표와 로드맵을 설정하였다. 2025년까지 신흥 산업 발전을 뒷받침하는 표준 체계 정비를 구비되고, 미래 산업의 혁신 발전을 이끄는 표준이 마련해야 한다; 2030년까지 신산업의 고품질로 발전하는 요구를 충족하는 표준 체계 속에서 지속적으로 정비를 개선하고, 표준화 작업 체계가 더욱 건전

5　崔冰·何穎·馬濤, "新質生産力發展要求下我國戰略性新興産業亟須築牢'四梁八柱'", 『中國經濟時報』 2024. 04. 16.

6　王勇, "深刻把握新質生産力的內涵·特徵及理論意蘊", 『人民論壇』 第6期(2024), 8~10쪽.

해진다; 2035년까지 신산업의 고품질 요구를 충족하는 표준적인 공급이 더욱 풍부해지며, 기업 주체, 정부의 유도, 개방적 융합의 신산업 표준화 작업 체계가 전면적으로 형성된다.

또한, 2024년 1월 18일, 중국 정부의 6개 부처가 중국 과학원과 공동으로『미래 산업 혁신 발전 촉진에 관한 실시 의견』(이하『실시의견』)을 발표하며, 휴머노이드 로봇, 양자 컴퓨터, 6G 장비, 제3세대 인터넷 등 10가지 혁신적 상징 제품을 집중적으로 개발하겠다고 밝혔다. 2027년까지 미래 산업의 핵심 기술에서 중요한 돌파구를 확보할 것을 요구했다. 특히 주목할 점은, 신흥 산업과 미래 산업의 발전을 지원하기 위해 중국 정부는 기관 개편 및 추가 설계를 진행했다. 예를 들어, 첨단기술사(高新技術司)는 원래 중국 과학기술부(中國科學技術部)에 소속되어 있었으나, 2023년 중앙의 배치에 따라 과학기술부에서 공업정보화부(工業和信息化部)로 이전하였다. 2024년 초 첨단기술사는 미래 산업 처(未來産業處)를 새로 설립하여 기존의 종합처(綜合處), 주요프로젝트 조정처(重大項目協調處), 산업혁신능력처(産業創新能力處), 핵심 기술일처(關鍵技術一處), 핵심 기술이처(關鍵技術二處) 총 5개 조직과 함께 중국 첨단기술 발전의 관리 및 배치를 책임지고 있다.

결론적으로,『실시방안』과『실시의견』은 중국의 전략적 신흥 산업과 미래 산업에 대한 포괄적인 배치를 진행하였다. 두 문건은 파괴적 기술과 첨단 기술의 방향을 명확하게 제시하여 중국 국가 발전 전략의 요구를 향해 우선 돌파해야 할 방향을 설정했다. 특히 미래 산업은 명확한 전략적, 선도적, 혁신적이며 불확실한 전망을 가지고 있어, 발전이 성숙하고 산업 전환이 이루어진 후에는 국민 경제에 중요한 지원과 큰 동력 역할을 할 수 있다. 물론, 신질생산력을 발전시키는 것은 전통 산업을 무시하거나 포기하는 것이 아니라, 첨단기술을 이용해 전통 산업을 변환하고 업그레이드하는 것이다. 생산 방식이 낙후하고 에너지 소모가 높으며 오염이 심한 등의 기술적 선천적 결함 때문에, 전통 산업의 생산 효율은 높지 않지만, 경제 사회 발전에서의 중요성으로 인해 완전히 폐기할 수는 없으며, 새로운 기술을 통해 변환 및 업그레이드를 진행해야 한다. 전통 산업의 고급화, 스마트화, 친환경화를 적극적으로 촉진하는 동시에, 낙후 산업을 제거해야 한다.

3. 신질생산력 및 경제 체제의 조정 및 완비

우선, 신질생산력의 발전은 이에 적합한 시장 경제 환경이 필요하다. 현재의 경제 형태에서는 토지, 노동, 자본이 더 이상 경제 활동의 주요 요소가 아니며, 지식, 관리, 기술, 데이터, 혁신, 창의성 등이 경제의 고품질 발전과 고차원 경제 형태를 결정짓는 중요한 생산 요소로 자리 잡았다.[7] 신질생산력은 보다 완전한 거시 경제 거버넌스 체계와 더욱 체계화된 시장 경제 기초 제도를 요구한다. 따라서 정치적 민주화, 경제적 시장화, 사회적 법치화는 생산력의 해방과 발전을 동반하는 필수 조건이다. 이러한 조건이 없이는 신질생산력을 배양하고 성장시킬 수 없다. 이론적으로 신질생산력을 발전시키기 위해 중국 정부는 정치 체제와 경제 체제, 과학 기술 체제 개혁을 계속 심화하고, 고기준 시장 체계를 구축하며, 생산 요소의 배치 방식을 혁신해야 한다. 이와 관련하여 중국 정부는 수많은 노력을 기울였다. 예를 들어, 2022년 중국은 포괄적이고 진보적인 환태평양 경제 동반자 협정(Comprehensive and Progressive Agreement for Trans-Pacific Partnership ,이하CPTPP)에 가입을 신

---

[7]   羅來軍·張迎新, "加快培育新質生産力的關鍵抓手", 『前綫』第4期(2024), 27~31쪽.

청했지만, 정치 체제, 시장 자유도, 법치 환경, 노동 보호 등 분야에서 CPTPP의 접근 요건에 미치지 못해 결국 신청이 통과되지 못했다. 이는 신질생산력의 향상에 따라 중국 내부의 경제, 사회, 법 제도가 대대적인 개혁을 통해 과학 기술 산업 혁신의 심화 발전에 점차 적합한 것을 뜻한다.

다음으로, 신질생산력의 발전이 좋은 기술 개발 체계를 구축해야 한다. 이를 통해 악성 경쟁, 무질서한 경쟁, 중복 건설을 방지하고, 각자 따로 행동하거나 단독으로 임무를 수행하며 무효 투자의 현상을 없애야 한다. 중국은 이 점에서 깊은 교훈을 가지고 있다고 할 수 있다. 주목할 점은, "국가 주도 체제"라는 개념이 최근 몇 년 동안 중국의 스포츠 제도를 설명하는 데 자주 사용되었으며, 이제는 미래 과학 기술 산업 발전을 안내하는 데 사용되고 있다는 것이다. 2022년 9월, 중공중앙의 전면적인 개혁위원회는 "사회주의 시장 경제 조건 하에 핵심 기술 공격을 위한 새로운 국가 주도의 체계 구축에 관한 의견"을 통과시켰다. 새로운 국가 주도의 체계는 국가 발전과 국가 안전을 최고의 목표로 하며, 국가의 권력으로 전반적인 거시 자원의 배치 기능을 더 잘 발휘하도록 하여 인력, 재원, 물자, 과학 기술 등 긍정적인 요소를 통합하고 조정하여, 통합된 계획 지침에 따라 전략적 주요 프로젝트에 집중하는 것을 목표로 하고 있다.[8] 이로 인해, 중국 정부는 새로운 국가 주도의 체계를 강화하고 완비하여 국가의 힘을 통해 정해진 목표를 달성하기를 기대하고 있다.

더 중요한 것은, 신질생산력의 발전을 위해 대외 개방을 확대하고 국제 협력과 교류를 강화해야 한다는 점이다. 기술이 선진국들과 비교

---

[8] 張新寧, "科技創新是發展新質生産力的核心要素論析", 『思想理論教育』第4期(2024), 20~26쪽.

할 때, 중국은 일부 기술 분야에서 여전히 상대적으로 뒤처져 있다. 현재, 미·중 전략 경쟁이 심화되고 있으며, 특히 두 나라 간의 첨단 기술 산업에 대한 대립과 경쟁이 두드러진다. 미국과 그 동맹국들은 중국에 대한 기술 압박과 봉쇄를 시행하고 있으며, 고급 기술 제품의 중국 수출을 제한하고 있다. 따라서 중국의 대외 관계, 특히 미국 및 서방과 같은 선진국과의 관계는 더욱 조정이 필요하며, 개방적이고 포용적이며 상호 이익이 되는 국제 과학 기술 협력 전략을 시행하고, 글로벌 혁신 네트워크에 적극적으로 통합하여 세계적인 혁신 요소를 모아야 한다.

2022년 10월, 중국공산당 제20차 전국대표대회에서는 '중국식 현대화'로 전면적으로 '중화민족의 위대한 부흥을 추진'하는 것을 향후 중국 정치 건설 및 경제 사회 발전의 주요 방향으로 명확히 설정했다. 이후 시진핑 주석은 '중국식 현대화'의 다섯 가지 방향을 더 자세히 설명했다. 즉, '인구 규모가 큰 현대화', '모든 국민의 공동 부유를 위한 현대화', '물질문명과 정신문명의 조화로운 현대화', '인간과 자연의 조화로운 공존을 위한 현대화', '평화로운 발전의 길을 걷는 현대화'이다. 최근 몇 년 동안, 중국 정부는 '경제 신상태', '공급 측 구조적 개혁'에서 '고품질 발전 추진', '신발전 구조 구축', 그리고 '현대화된 경제 시스템 수립', '사회주의 현대화 국가 건설'에 이르기까지 경제 관리를 위한 다양한 전략을 지속적으로 제시해 왔다. 이러한 새로운 이념과 전략의 제안은 모두 일관되며, 궁극적으로 고품질 발전을 통해 중국식 현대화를 실현하는 것을 목표로 하고 있다. 이러한 배경 속에서 신질생산력 개념의 제안은 '중국식 현대화' 이론이 경제 건설 분야에서 구체화된 것으로 볼 수 있다.

중국 경제가 새로운 정상 상태에 접어들면서 노동 비용 상승, 자원 및 환경 제약 증가, 경제적 유동성 장애 등 여러 가지 도전에 직면하고 있다. 중국공산당 제18차 전국대표대회에서는 중국 경제가 고속 성장에서 고품질 발전으로 전환하는 중대한 전략을 제시하고, 새로운 발전 이념을 명확히 했다. 세계적인 팬데믹의 충격을 겪으면서, 중국의 거시경제 발전 속도는 팬데믹 이후 시대에 들어서면서 둔화되었고, '중국 경제 정점론(China Peak)'이 전 세계에서 확산되었으며, 많은 해외 전문가들은 중국 경제의 지속 가능한 성장 잠재력에 대해 신중한 관망 태도를 보이고 있다. 이러한 배경 속에서 중국 정부는 고품질 발전을 추진하는 것이 중국식 현대화의 최우선 과제임을 인식하게 되었으며, 기존의 발전 방식을 유지하는 것만으로는 중국식 현대화를 실현하기 어려움을 깨달았다.[9]

4. 결론

신질생산력이라는 개념은 중국의 '고품질 발전'을 기반으로 제안된 용어라 생산력의 일반적인 특성을 갖고 있을 뿐만 아니라, 중국 경제의 '고품질 발전'을 촉진하는 중요한 초점으로서 뚜렷한 '중국 특색'을 반영한다. 이를 통해 중국 경제가 '양'의 축적에서 '질'의 돌파와 전환으로 나아가고 있음을 파악할 수 있다. 현재, 신질생산력 발전은 중국 정부의 최우선 과제로 명시되어 있으며, 정부 각 부처는 신질생산력 발전을 위한 명확한 정책 방향을 설정하였다. 디지털화, 네트워크화, 지능화는 신질생산력의 주요 특성이다. 예를 들어, 2024년이 시작되면서 전기차, 리튬 배터리, 태양광 패널 이 3대 품목이 중국 경제의 '신싼양(新三樣)'으로 통칭되어 세계적으로 기술적 우위를 점하는 대표 산업이 되었

---

9   劉偉, "科學認識與切實發展新質生産力", 『經濟研究』第3期(2024), 4~11쪽.

다. 지난 몇 년 동안, 중국 정부는 이러한 산업에 대해 산학 협력, 기술 개발, 정부 보조금, 시장 개발, 해외 확장 등 여러 측면에서 대규모 정책 및 재정 지원을 제공하였으며, 이는 신질생산력 이론을 실천한 구체적인 산업 사례이다.

현재 중국의 현실 상황에 비추어 볼 때, 신질생산력 발전에 대한 중국 정부의 동기는 국내외 두 가지 측면에서 비롯된다. 내부적으로는 첫째, 발전 불충분 문제를 해결하는 데 중점을 두고 있다. 현재 중국 경제 발전은 여전히 전통적인 요소에 의존하고 혁신 동력이 부족한 문제를 상당히 안고 있다. 신질생산력은 생산 요소의 혁신적 배치를 강조하여 경제 발전 동력의 구조적 전환을 촉진하고, 풍부하고 질 높은 신제품을 창출하여 국민의 요구를 충족하는 데 기여한다. 둘째, 발전 불균형 문제를 해결하는 데 집중하고 있다. 지역 특성과 자원 조건에 맞추어 신질생산력을 발전시키는 것은 각 지역과 산업이 자체 산업 발전 기초에 따라 정책을 수립하고 경제 사회 발전을 가속화하는 데 도움이 되어 불균형 발전 문제를 해결할 수 있다. 외부적으로는, 서방 국가들이 중국의 첨단기술 산업에 대한 압박과 봉쇄를 가함으로써 중국 경제와 산업 발전의 위기감이 고조되고 있다. 미국이 주도하는 '인도·태평양 전략'의 예를 들면, 미국은 동맹국들을 결집하여 Chip-4를 추진하고, 고기술 산업 제품의 수출에서 중국에 대한 공급 차단을 시도하고 있다. 동시에, 미국은 '인도-태평양 경제 프레임워크(Indo-Pacific Economic Framework, 이하IPEF)'를 주도하여 일본, 한국 등을 비롯한 선진국들이 중국 시장에 대한 의존도를 줄이도록 하고, 인도, 베트남 등 개발도상국들이 중국 제조업의 '대체국'으로 성장하도록 지원하고자 한다. 이러한 배경에서, 중국의 대응 전략은 '신형 국가 체제'의 장점을 발휘하고, 신질생산력 이론을 지침으로 하여 '신싼양'과 같은 전략적 신흥 산업과 미래 산업을 대규모로 발전시켜 중국 제조업의 기술 산업 우위와 '대체

불가능성'을 강화하여 국제 경쟁의 주도권을 확보하는 것이다.

마지막으로, 신질생산력과 '중국식 현대화'는 포스트 팬데믹 시대에 시진핑 주석이 직접 제시한 두 가지 발전 이론이다. 오랫동안 중국 공산당의 집권 이념은 '경제 건설을 중심으로' 하라는 것이다. 현재의 상황에서 신질생산력과 중국식 현대화는 '경제 건설을 중심으로' 하는 강령(綱領)의 연속성과 심화를 나타내며, 두 개념은 서로 보완하고 상호 촉진한다. 앞서 언급했듯이, 현재 중국 사회의 주요 모순은 국민의 날로 증가하는 아름다운 삶에 대한 요구와 불균형하고 불충분한 발전 간의 모순이다. 중국식 현대화에서 가장 중요하고 기본적인 내용은 경제의 현대화이다. 이는 필연적으로 중국 경제가 고속 성장에서 고품질 발전으로 전환해야 함을 요구하며, 고품질 발전은 필연적으로 신질생산력의 출현을 촉구한다. 따라서 신질생산력의 발전은 중국식 현대화를 실현하기 위한 전제 조건이며, 동시에 중국식 현대화의 과정을 촉진하는 데 필수적이다.

참고문헌

"新質生産力為韓中貿易合作提供新機遇——專訪成均中國研究所所長李熙玉"『亞洲
　　　　日報』. 2024.03.27.

崔冰·何穎·馬濤, "新質生産力發展要求下我國戰略性新興産業亟須築牢'四梁八柱'",
　　　　『中國經濟時報』. 2024.04.16.

黃群慧,『讀懂新質生産力』(北京 : 中信出版社, 2024)

李政·廖曉東, "發展新質生産力的理論, 歷史和現實'三重'邏輯",『政治經濟學評論』第
　　　　6期(2023).

林毅夫等著, 王賢靑主編,『新質生産力: 中國創新發展的著力點與內在邏輯』(北京: 中信
　　　　出版社, 2024)

劉偉, "科學認識與切實發展新質生産力",『經濟研究』第3期(2024).

羅來軍·張迎新, "加快培育新質生産力的關鍵抓手",『前綫』第4期(2024).

蔣永穆·喬張媛, "新質生産力: 邏輯, 內涵及路徑",『社會科學研究』第1期(2024).

王勇, "深刻把握新質生産力的內涵, 特徵及理論意蘊",『人民論壇』第6期(2024).

張新寧, "科技創新是發展新質生産力的核心要素論析",『思想理論敎育』第4期(2024).

趙峰·季雷, "新質生産力的科學內涵和制度保障機制",『學習與探索』第1期.

III

난과 민주주의

이평수(李平秀, Lee Pyong-soo)

성균관대학교 문과대학 사학과 교수. 중국명청사, 중국근대사 전공. 중국의 대표적인 회당 비밀결사인 천지회(홍문)와 이를 매개로 한 근대중국의 정치사와 사회사를 연구해왔다. 주요 논문으로 「淸代至民初 洪門創建"五祖"之形塑」(2024), 「淸末民初 洪門史를 보는 시각과 전망」(2023) 등이 있다.

삽화와 반란
― 남경득승도(南京得勝圖)를 통해 본 태평천국의 모습

1. 머리말

몇 해 전 고등학교 학생들에게 실시된 동아시아사 과목의 한 모의고사에서 태평천국(太平天國)과 관련된 문제가 출제되었다. 성벽 위의 사람들은 "증국번(曾国藩)의 군대가 몰려온다!"라고 외치고 있고, 이들을 공격하는 사람들은 "청조 타도를 외치는 반란을 진압하러 우리가 왔다!"라고 하면서, "홍수전(洪秀全) 무리가 차지한 난징(南京)을 되찾자!"라고 말하고 있다. 그리고 학생들에게 제시된 질문은 대화 속에 언급된 반란에 대한 설명으로 옳은 지문을 찾는 것이었고, 정답은 바로 "남녀평등과 토지 균분을 내세웠다."로 쉽게 찾을 수 있는 평이한 문제였다.[1]

이 문제의 대화 속에서 증국번, 청조 타도, 홍수전, 난징 등과 같은 중요한 키워드를 제시하고 있기 때문에 여기에서 말하는 반란은 태평

---

1   https://www.suneung.re.kr/main.do?s=suneung→자료마당→기출문제, 2022학년도
    대학수학능력시험 6월 모의고사 문제지, 사회탐구 영역, 동아시아사 제17번 문항(검색일:
    2023. 10. 9 / 2024. 10. 14)

〈자료 1〉 EBSi 방송에서 제시한 이전의 직접 그린 삽화(좌측)와 모의고사 문제의 삽화(우측)

천국 운동임에 의심의 여지가 없다. 동아시아 국가의 근대화 과정과 관련해서 중국사 부분의 경우, 제1차 아편전쟁 이후에 홍수전이 청조 타도, 남녀평등, 토지 균분 등을 주장하면서 태평천국 운동을 일으켰는데, 이에 대내외적으로 위기에 몰린 청 정부가 양무운동(洋務運動)을 전개한 배경이 되었다고 현행 동아시아사 교과서에 모두 기술되어 있다.[2]

　　이 문제에 대하여 EBSi 방송의 선생님은 "17번입니다. 태평천국과 관련된 문제이구요, 네, 힌트 확실합니다. 홍수전, 청조 타도, 반란, 증국번, 난징까지 다 주었는데요, 이전에 태평천국 운동은 사료나 혹은 직접 그린 삽화로 많이 나왔었는데, 실제로 요렇게, 와~~ 생생하지 않나요. 음~~ 한번 보도록 하겠습니다."라고 언급하면서 본격적인 해설 강의를 시작하였다.[3] 여기에서 선생님이 감탄한 부분은 바로 이번 문제에 캡쳐된 삽화에 관한 것인데, 이전의 직접 그린 삽화(〈자료 1〉의 좌측)를 화면으로 보여주면서 이번 문제가 태평천국 운동 당시의 삽화(〈자료

2　최현삼 외 6인, 『고등학교 동아시아사』, 서울: 금성출판사, 2018, 133쪽; 김태웅 외 7인, 『고등학교 동아시아사』, 서울: 미래엔, 2018, 130쪽; 이병인 외 7인, 『고등학교 동아시아사』, 서울: 비상교육, 2018, 128쪽; 안병우 외 9인, 『고등학교 동아시아사』, 서울: 천재교육, 2018, 132쪽.

3　https://www.youtube.com/watch?v=MQr5dZ_3IJc&t=4108s(검색일: 2023. 10. 9. / 2024. 10. 14.)

1)의 우측)를 사용했기 때문에 저절로 "실제로 요렇게, 와~~ 생생하지 않나요."라고 언급했던 것으로 보인다. 확실히 모의고사 문제의 삽화는 한눈에 보아도 매우 생동감이 넘치는 태평천국 운동 당시에 그려진 것으로 추정되는 것에 반해서, EBSi 방송에 제시한 이전의 직접 그린 삽화는 사실상 오늘날 만화책에서나 볼 수 있는 태평천국 운동의 모습에 가깝다고 말할 수 있다.[4]

관견인 한, 지금까지 모의고사 문제의 삽화 원본에 대하여 그것의 분석을 시도한 학술적인 논문은 국내외적으로 찾아 볼 수 없다. 아마도 그 원인은 태평천국의 연구와 관련하여 이러한 삽화를 사료로서 인정하지 않거나 혹은 이러한 한 장의 삽화를 통해서 태평천국의 '무엇'을 분석해야 하는지에 대한 충분한 이유를 찾지 못했기 때문일 것으로 생각된다. 물론 삽화는 역사적 사실을 그대로 반영한 사료가 아니다. 허구, 과장, 풍자, 편견 및 국가적 공공 사건의 선전, 극화된 이야기의 구조, 관찰자의 해석 등[5]으로 점철되어 있는 삽화는 화가의 손을 통해 재현되기 때문에 그 안에 체현하고 있는 '어떤 특정한 시각'을 밝혀내는 것이야말로 삽화를 역사적 사실로 해석할 수 있도록 만드는 첩경일 것이다.

이 글에서는 앞서 언급한 모의고사 문제의 삽화 원본을 추적해 보

---

4 근년에 세계 석학들이 뽑은 세계 대역사 50사건이 재미있는 만화로 출판되었다. 이 시리즈 책에는 만화야말로 정보와 지식을 가장 효율적으로 전달할 수 있는 매체, 명실상부한 국민 교양 만화, 어린이와 청소년 및 제3세계를 공부해야 하는 성인들에게도 추천하는 진짜 역사 등의 추천 글이 달려 있는데, 이 중에 31번째 책의 서명이 바로『태평천국운동과 신해혁명』(김면수 글, 이한영 그림, 파주: 김영사, 2018)이다.

5 이주은, 「삽화저널『그래픽』작품을 중심으로 본 영국미술에서의 리얼리즘」, 『美術史論壇』28, 2009, 169쪽. 삽화저널『그래픽』을 통해 영국 리얼리즘 미술의 특성을 규명하기 위해서 이 논문에서 제기한 주요한 키워드가 바로 허구, 과장, 풍자, 편견 및 국가적 공공 사건의 선전, 극화된 이야기의 구조, 관찰자의 해석이다.

고, 그 과정에서 확인할 수 있는 역사적 사실에 대한 단순한 왜곡 문제
를 지적해 보고자 한다. 나아가 사실상 '어떤 의도'를 가지고 화가의 손
을 통해 삽화로 재현된 태평천국 운동의 한 단면을 삽화 속의 새겨진
문자들의 분석을 통해 접근해 보고, 아울러 이 삽화를 본 당시 사람들
의 '특정한 인식과 반응' 등을 분석해 보고자 한다.

2. 국내에 소개된 남경득승도

태평천국이나 그 지도자였던 홍수전을 전문적으로 연구한 국내 연구
자의 저서는 그리 많지 않다. 일찍이 1980년대에 태평천국과 중국의 농
민운동을 탐색하거나, 태평천국 운동을 동학과 비교한 저서가 출판되
었다.[6] 이후 2000년대에 이르러 태평천국의 종교사상과 태평천국사의
신연구 등의 서명으로 저서가 출판되었고,[7] 태평천국에 대한 조선왕조
의 반응을 탐색한 흥미로운 연구도 등장하였다.[8] 태평천국이나 홍수전
과 관련된 외국 서적을 국내에 번역 소개한 것도 일부 출판되었다.[9] 이
러한 연구들은 대개 전문적인 학술연구 성과이기 때문에 이들 저서나
번역서 안에 태평천국과 관련된 삽화, 그림, 사진 등은 좀처럼 실려 있
지 않다. 다만 이중에는 사진, 그림, 지도, 사료 원본 등을 일부 실은 번

---

6 조병한, 『太平天國과 중국의 農民運動』, 서울: 인간사, 1981; 노태구, 『韓國 民族主義의
政治理念: 東學과 太平天國 革命의 比較』, 서울: 새밭, 1981.

7 최진규, 『太平天國의 宗敎思想』, 광주: 조선대학교 출판부, 2002; 김성찬, 『太平天國史의
新研究』, 김해: 인제대학교 출판부, 2009.

8 하정식, 『태평천국과 조선왕조』, 서울: 지식산업사, 2008.

9 小島晉治 지음, 최진규 옮김, 『홍수전』, 서울: 고려원, 1995; Jonathan Spence 지음, 양휘
웅 옮김, 『신의 아들: 洪秀全과 太平天國』, 서울: 이산, 2006.

역서가 눈에 뜨이긴 하지만,[10] 앞서 언급한 모의고사 문제의 그 생생한 삽화는 보이지 않는다.

하나의 가능성은 근래에 아시아사나 세계사를 삽화, 그림, 사진 등을 매개로 한 역사 서술을 한 저서나 번역서에서 찾을 수 있다. 예컨대 『그림으로 읽는 숨겨진 아시아의 역사』는 "시대를 증언한 국보급 그림을 통해 보는 아시아 10개국 근현대사의 진면모"를 갖춘 "파란만장한 근현대를 응시한 43명의 국민 화가들이 들려주는 역사의 현장"이라는 타이틀을 내세운 저서이다.[11] 연대 미상의 작품을 제외하면 여기에서 가장 이른 시기의 작품은 인도네시아 라덴 살레(Raden Saleh)의 1871년 「푼착 고개」[12]이기 때문에 아쉽게도 태평천국 운동의 시기를 포함하고 있지 않다.

또 다른 책을 보면, "프랑스 화보가 본 중국 그리고 아시아"라는 부제가 붙은 『주르날 제국주의』라는 서명으로 출판된 번역서이다. 이 책의 원제목은 『서양에 남겨진 중국사: 프랑스 컬러 화보에 기록된 중국 1850~1937』로, 책의 출판 설명에는 "『르 프티 파리지앵』(Le Petit Parisien)의 삽화 부록에서 게재된 컬러 석인화(石印畵)를 중심으로 프랑스·영국·독일 등의 칼러 삽화를 일부 추가하여 총 400여 점의 삽화를 선정하였다."고 언급하였다.[13] 다만 이 번역서의 경우에도 태평천국 시

---

10 小島晉治 지음, 최진규 옮김, 『홍수전』에는 책의 도입부와 각 장의 첫 페이지에 걸쳐서 주로 답사한 사진을 중심으로 일부 그림, 지도, 사료 원본 등이 수록되어 있다.

11 박소울 지음, 국립현대미술관 학예실 감수, 『그림으로 읽는 숨겨진 아시아의 역사』, 서울: 알에이치코리아, 2014.

12 박소울 지음, 국립현대미술관 학예실 감수, 『그림으로 읽는 숨겨진 아시아의 역사』, 24~25쪽.

13 趙省偉·李小玉 編譯, 『遺失在西方的中國史: 法國彩色畫報記錄的中國1850~1937』, 北京: 中國計劃出版社, 2015 → 자오성웨이·리샤오위 엮음, 이성현 옮김, 『주르날 제국주의: 프랑스 화보가 본 중국 그리고 아시아』, 서울: 현실문화, 2019.

〈자료 2〉『주르날 제국주의: 프랑스 화보가 본 중국 그리고 아시아』. [원서 캡션 설명] 중국의 황제 함풍제(咸豐帝, 재위: 1850~1861): 현임 중국 황제인 함풍제의 초상으로 밀라노 선교사의 볼론트리 씨의 크로키에 근거해 제작했다(좌). 중국의 황후: 함풍제의 황후(우).

기에 있는 삽화는 〈자료 2〉의 1861년 2월 2일자에 수록된 함풍제와 그 황후의 초상 뿐이다.[14]

　　"화보와 사진으로 읽는 중국 근대의 기원"이라는 부제를 단 『중국 근대의 풍경』이란 저서는 다수의 저자들이 총 8장에 걸쳐서 저술한 책이다. 책의 머리말에서 근사재(近思齋)라는 중국학 연구실에서 "서로 다른 관심과 전공을 가진 사람들이 모여 『점석재화보(點石齋畵報)』[15]라는 지난날의 재미있는 '그림책'을 함께 보기 시작"한 데에서 이 책이 비

14　자오성웨이·리샤오위 엮음, 이성현 옮김, 『주르날 제국주의: 프랑스 화보가 본 중국 그리고 아시아』, 26~27쪽.

15　민정기, 「그림으로 '읽는' 근대 중국의 사회와 문화: 『점석재화보(點石齋畵報)』 연구를 위한 서설」, 『중국현대문학』 28, 2004.

롯되었다고 한다.[16] 이 책에는 총 406장의 화보와 사진 등이 실려 있는데, 일부는 『점석재화보』에 실려 있는 화보에 대한 설명이고, 일부는 적절한 설명을 위해서 다른 자료에서 가지고 온 것이다. 이 책에서 주목되는 점은 '제1장 타자의 시선과 근대 중국'의 '제국의 자기 전환' 부분이 태평천국과 직접적으로 관련된 부분이고, 게다가 태평천국과 관련해 4개의 자료를 싣고 있다는 것이다. 즉 〈자료 3〉의 태평천국의 천왕(天王) 홍수전, 태평천국의 예배당, 서양인 지휘관이 이끄는 상승군(常勝軍), 증국번이 이끄는 의용군과 태평천국군이 전투를 벌이는 모습이다.[17] 다만 이들 4개의 자료는 한눈에 보아도 『점석재화보』에 실려 있는 것이 아니라 다른 자료에서 가져온 것이다.

그런데 〈자료 3〉의 하단 삽화의 원서 캡션 설명을 보면, 이 삽화의 제목을 「광서토비토벌전」(光緒土匪討伐戰)"이라고 언급하고 있지만, 여기에서 광서(光緒)는 광서(廣西)의 오자가 분명하므로 「광서토비토벌전」(廣西土匪討伐戰)으로 수정해야 하고, 아울러 이 삽화에 "초멸월비도(剿滅粤匪圖)"라는 제목이 있으므로 그 제목을 그대로 초멸월비도로 붙이는 편이 더 좋을 듯해 보인다. 여기에서 〈자료 3〉의 초멸월비도를 앞서 제시한 모의고사 문제에 나온 〈자료 1〉의 삽화(우측)와 비교해 보면, 〈자료 1〉의 삽화가 전체 모습이 아니라 일부분임을 짐작할 수 있다. 그러나 아쉽게도 『중국 근대의 풍경』에서는 〈자료 1〉의 삽화(우측)는 실려 있지 않다.

세계사의 경우 근년에 사진을 매개로 출판된 대표적인 번역서는 총 4권의 시리즈로 구성된 『사진으로 읽는 세계사』이다. 1권 공산주의 편,

---

16 문정진 등 지음, 『중국 근대의 풍경: 화보와 사진으로 읽는 중국 근대의 기원』, 서울: 그린비, 2008.

17 문정진 등 지음, 『중국 근대의 풍경: 화보와 사진으로 읽는 중국 근대의 기원』, 42~47쪽.

〈자료 3〉『근대 중국의 풍경』. [원서 캡션 설명] 태평천국의 천왕 홍수전(상단 좌). 태평천국의 예배당, 남녀가 같이 예배당에 모여 정치적이고 종교적인 설교를 듣고 있다(상단 중). 서양인 지휘관이 이끄는 상승군(상단 우). 증국번이 이끄는 의용군과 태평천국군이 전투를 벌이는 모습, 제목은 「광서토비토벌전」(光緒土匪討伐戰)으로 청 제국의 입장에서 전투 장면을 그렸다(하단).

2권 나치즘 편, 3권 파시즘 편, 4권 식민주의 편으로 구성된 이 책서는 마치 전 세계의 희귀한 사진을 전시해 놓은 것처럼 각각의 주제를 설명하기 위해서 수많은 삽화, 그림, 사진 등을 수록해 놓고 있다.[18] 이 중에

---

18 마르첼로 플로레스 저, 김선아 역,『사진으로 읽는 세계사』1(공산주의), 서울: 플래닛, 2008; 알렉산드라 미네르비 저, 조행복 역,『사진으로 읽는 세계사』2(나치즘), 서울: 플래닛, 2008; 프란체스카 타키 저, 이경일 역,『사진으로 읽는 세계사』3(파시즘), 서울: 플래닛, 2009; 플라비오 피오라니·마르첼로 플로레스, 김운찬 역,『사진으로 읽는 세계사』4(식민주

서도『사진으로 읽는 세계사』4(식민주의)에는 중국과 관련된 희귀한 삽화와 사진을 일부 수록하고 있다. 예컨대 제2장 동양의 제국들에는 〈자료 4〉의 '칭기즈 칸으로 알려진 테무진', '티무르', '위대한 칸의 땅으로 여행하는 유럽 상인들' 등이 있고,[19] 제5장 식민주의의 정점에는 〈자료 4〉의 '태평천국의 난 동안 난징을 포위한 청나라 황제의 군대'[20]가 있다.

여기에서 '태평천국의 난 동안 난징을 포위한 청나라 황제의 군대'의 삽화를 수록한 이유는 이 부분이『사진으로 읽는 세계사』4(식민주의)의 제5장 식민주의의 정점 중에서도 '서양의 아시아 진출'에 해당하기 때문이다. 이 책에서는 "19세기 중엽 유럽의 식민 제국들은(인도에 이미 확고한 위치를 차지한 영국을 제외하면) 아시아에서 단지 이전에 산발적으로 도달했던 지역들에서만 팽창했다."고 하면서, 당시 "중국에서는 태평천국의 난(1850~1864)과 함께 국가의 제도적·경제적·군사적 체제가 뒤흔들리면서 청 왕조의 오랜 위기가 시작되었다. 또한 태평천국의 난을 전후하여 중국은 제1·2차 아편전쟁에 휩싸였다."고 서술하고 있다.[21] 이처럼 이 책에서 태평천국을 언급했기 때문에 이와 관련된 삽화인 '태평천국의 난 동안 난징을 포위한 청나라 황제의 군대'을 수록한 것으로 여겨진다. 그리고 〈자료 4〉의 원서 캡션 설명을 보면, 이 삽화에 대하여 "1864년의 목판화"[22]라는 부연 설명까지 덧붙여 놓았다.

의), 서울: 플래닛, 2008.

19 플라비오 피오라니·마르첼로 플로레스, 김운찬 역,『사진으로 읽는 세계사』4(식민주의), 46~48쪽.

20 플라비오 피오라니·마르첼로 플로레스, 김운찬 역,『사진으로 읽는 세계사』4(식민주의), 160쪽.

21 플라비오 피오라니·마르첼로 플로레스, 김운찬 역,『사진으로 읽는 세계사』4(식민주의), 158쪽.

22 플라비오 피오라니·마르첼로 플로레스, 김운찬 역,『사진으로 읽는 세계사』4(식민주의), 160쪽.

〈자료 4〉『사진으로 읽는 세계사』4(식민주의). [원서 캡션 설명] 칭기즈 칸으로 알려진 테무진, 17세기 페르시아의 세밀화, 파리, 국립도서관(상단 좌). 티무르, 17세기 페르시아의 세밀화, 파리, 국립도서관, 동맹을 조직하는 데 능했던 티무르는 중앙아시아의 방대한 지역을 통치할 수 있었다.(상단 중), 위대한 칸의 땅으로 여행하는 유럽 상인들, 1365년 카탈루냐의 지도에 실린 삽화, 파리, 국립도서관, 몽골 사람들은 명나라에 심각한 위협이 되지 않았다. 만리장성은 몽골 사람들의 침입을 막기 위한 것으로 두 문명을 갈라놓았다.(상단 우). 태평천국의 난 동안 난징을 포위한 청나라 황제의 군대: 1864년 목판화(하단).

바로 이 '태평천국의 난 동안 난징을 포위한 청나라 황제의 군대'라는 삽화가 앞서 언급한 모의고사 문제의 그 생생한 삽화의 전체 모습인 것이다. 다만『사진으로 읽는 세계사』4(식민주의)에서는 '태평천국의 난

동안 난징을 포위한 청나라 황제의 군대'라는 제목을 붙이고 있지만, 그 제목은 삽화에 적혀있는 그대로 "남경득승도(南京得勝圖)"라고 불러야 할 것이다. 재미있는 사실은 이 남경득승도를 앞서 소개한 〈자료 3〉의 초멸월비도와 비교해 보면, 삽화의 전반적인 구도를 비롯하여 삽화에 등장하는 인물들의 생김새, 전투 장면의 모습, 삽화 안에 새겨진 시구·글자의 형태 등이 매우 유사하다는 점을 발견할 수 있다. 이를 통해 태평천국 운동 당시에 이러한 종류의 삽화가 그려지고 있었음을 짐작할 수 있다.

3. 남경득승도 속의 문자들과 태평천국

남경득승도의 전반적인 구도를 보자. 우선 좌측에 남경성의 성문이 2개 보이는데, 좌측 북쪽에 저 멀리 외성의 관음문(觀音門)이 보이고, 그 아래 큼지막하게 내성의 의봉문(儀鳳門)[봉의문(鳳儀門)]이 보인다. 이 의봉문 주변에 태평군이 성벽 위 아래로 포진하고 있다. 중앙과 우측에는 청군이 포진하고 있는데, 중앙에는 청군이 태평군을 몰아세우며 공격하고 있고, 우측 상단에는 청군의 지휘자가 여유 있는 모습으로 전투를 관망하고 있다. 중앙 북쪽에는 장강이 흐르고 있는데 그 위에 선박들도 보이며, 건륭제(乾隆帝)가 여섯 차례 남순했을 때 다섯 번이나 올랐다고 하는 저 유명한 연자기(燕子磯)[燕子幾][23]도 보인다. 이 연자기 근처에 관음문이 위치한다. 장강의 남단에 위치하고 있는 남경 외성 북쪽의 관음문과 내성 북쪽의 의봉문은 직선 거리로 대략 $10km$ 정도 떨어져 있기 때문에 사실상 한 폭의 그림에 넣을 수 없음에도 불구하고, 이 삽화를

---

23 연자기의 자세한 내용은 呂佐兵 主編, 『燕子磯』, 北京: 中國文史出版社, 2015 참조.

그린 화가는 아마도 이곳이 남경이라는 것을 좀 더 강조하기 위해서 함께 그려 넣은 것으로 추측된다.

〈표 1〉 남경득승도 속에 보이는 문자들

구분	문자	
	단어	기타
남경	觀音門, 儀鳳門[鳳儀門], 燕子磯[燕子幾]	雄黃山
태평천국	洪秀全, 楊秀淸[楊秀青]	馮飛, 王勉, 奸道
청군 지휘자	周大人, 琦大人, 陳大人, 向大人	直隸提督陳大人, 向大人活擒賊, 向大人將營寨扎在淳化鎮
청군	天將, 天兵, 總兵, 副將, 參將, 千總, 抬槍, 火牛陣	京兵, 苗兵, 士會, 天兵天將掃蕩賊, 士會槍扤賊匪黃白虎, 賊匪死其無等
시구	粵匪鼠竄退金陵, 飛報前來稟大人, 欽差大人重重恕, 神機妙算鬼神驚, 火牛排陣沖城進, 殺賊除奸定太平, 一統萬年淸, 粵匪淨除根, 百姓感皇恩.	

삽화에서 남경성의 성문과 관련하여 재미있는 사실은 화가가 남경 내성 북쪽의 의봉문(儀鳳門)을 "봉의문(鳳儀門)"으로 기록하는 실수를 저질렀음을 볼 수 있다. 여기에서 의봉라는 말은 역대로 봉황(鳳凰)의 별칭, 당대(唐代) 고종(高宗)의 연호(年號), 진대(晉代) 진궁(晉宮)의 누명(樓名), 원대(元代) 악공(樂工)을 관리하는 관서명, 명청대(明淸代) 남경성(南京城)의 성문명(城門名) 등으로 쓰인 말이다.[24] 또한 봉의라는 말은 봉황의 모습, 영준한 용모, 길상의 조짐을 뜻하는 봉황래의(鳳凰來儀)의

---

24 漢語大詞典編纂委員會 等編纂, 『漢語大詞典』1, "儀鳳", 上海: 漢語大詞典出版社, 1990, 1705쪽.

준말 등으로 썼었다.[25] 결국 의봉은 역대 왕조와 관련된 말이고, 봉의는 민간에서 쓰인 용어임을 알 수 있으니, 삽화의 화가가 의봉과 봉의를 헷갈린 상황을 짐작할 수 있다.[26]

중요한 사실은 삽화의 전체 구도상 의봉문이 남경득승도의 핵심 장소로 그려졌다는 것이다. 삽화의 화가가 남경성의 외성과 내성 수십 개의 성문 중에서 왜 의봉문을 클로우즈업을 해서 화폭에 담아냈는가 라는 질문을 던져 본다면, 그 가능성을 찾을 수 있다. 즉 그것은 바로 태평군이 남경성을 점령할 때에 처음으로 진입한 문이 바로 의봉문이었기 때문이다. 『태평천국사사일지(太平天國史事日誌)』에 의하면, 1853년 3월 의봉문은 청의 장군 상후(祥厚)가 지키고 있었는데, 3월 18일(음2.9) 태평군의 간첩이 성안으로 잠입하여 태평군이 곧 성을 점령할 것이라는 말을 퍼뜨리면서 집의 담장마다 붉은 색의 천(天)·태평(太平) 등과 같은 글자를 그려 넣기 시작하였고, 그 다음날인 19일(음2.10) 동틀 무렵 태평군이 의봉문의 성벽에 폭약을 터뜨려 2장 정도 무너뜨린 후에 수백 명의 태평군이 마침내 성안으로 들어갔던 것이다.[27] 충왕(忠王) 이수성(李秀成)의 자술(自述)에서도 의봉문을 격파하여 그곳으로부터 길을 열어 남경성으로 진격했다고 언급하였다.[28] 이처럼 의봉문은 태평군이 남경성을 점령하는 과정에서 상징적인 의미를 갖는 성문이라고 할 수 있으니, 화가는 이점을 놓치지 않고 남경득승도에 그대로 옮겨 놓았을 것으로 짐작된다.

---

25 漢語大詞典編纂委員會 等編纂, 『漢語大詞典』 12, "鳳凰來儀", "鳳儀", 1061쪽, 1066쪽.

26 오늘날에도 의봉과 봉의를 헷갈린 정황을 쉽게 볼 수 있다. 중국 포털 싸이트 중의 하나인 百度에 "鳳儀門"으로 검색을 해 보면, 寧波의 봉의문과 台灣의 鳳山縣 옛 성의 東門이었던 봉의문 이외에도 여전히 남경성의 의봉문을 지칭하는 것으로 검색된다. https://www.baidu.com(검색어: 鳳儀門, 검색일: 2023.10.9 / 2024.10.14)

27 郭廷以, 『太平天國史事日誌』 上, 上海: 上海書店, 1986, 228~229쪽.

28 羅爾綱, 『李秀成自述原稿注』(增補本), 北京: 中國社會科學出版社, 1995, 131쪽.

이 의봉문의 성벽 위에 삽화의 화가는 태평군의 지도자들을 위치시켰다. 삽화에는 의봉문 위에 몇몇 사람들의 성명을 써 놓았는데, 저유명한 홍수전(洪秀全)·양수청(楊秀淸)[楊秀靑]을 비롯하여 풍비(馮飛)·왕면(王勉) 등의 글자가 쓰여져 있다.『태평천국대사전(太平天國大辭典)』에서 아쉽게도 풍비와 왕면이라는 성명은 확인할 수 없지만,[29] 홍수전과 양수청은 당시 일반 사람들에게도 잘 알려질 정도로 태평천국 운동의 지도자였다. 당시 천왕(天王) 홍수전이 태평천국의 창건자이자 정신적 지도자였다고 한다면, 동왕(東王) 양수청은 군권과 재능을 하나로 결집한 천상의 지도자였으니, 적어도 1856년 9월 이른바 천경사변(天京事變)이 발생하기 이전까지 이들은 태평천국 내에서 서로 단결하고 신뢰하며 태평천국을 전성기로 이끌었던 인물들이었다.[30]

의봉문의 반대편인 삽화의 우측 상단에는 태평천국을 진압하려는 청군 지휘자들이 커다란 파라솔 아래 느긋하게 앉아 있는 모습을 볼 수 있는데, 주대인(周大人)·기대인(琦大人)·진대인(陳大人)·향대인(向大人) 등의 글자가 보인다. 이 중에서도 특히, 진대인의 경우 한 병사가 "직예제독진대인(直隸提督陳大人)"이라고 적힌 깃발을 들고 있고, 향대인의 경우 중앙 부근에 "향대인활금적(向大人活擒賊)"이라는 문구를 비롯하여 중앙 상단에 "향대인장영채찰재순화진(向大人將營寨扎在淳化鎭)"이라는 문구가 적혀져 있다.

여기에서 우선, 주대인은 주천작(周天爵: 1775~1853)을 가리킨다. 1853년 2~3월 태평군이 무한(武漢)에서 동쪽으로 진출하여 남경(南京)을 점령한 후 천경(天京)으로 정도했을 때, 함풍제(咸豐帝)는 기층사회의 무장세력들을 통제하고 장악하기 위해서 58명에 이르는 이른바 단

29 郭毅生·史式 主編,『太平天國大辭典』, 北京: 中國社會科學出版社, 1995.

30 張振國·周彦,「淺析洪秀全與楊秀淸的利益關系」,『理論觀察』2014-2, 82쪽.

런대신(團練大臣)을 각 지역에 임명했는데, 그 중의 한 명이 바로 전 조운총독(前漕運總督) 주천작이었다. 함풍제는 그에게 병부시랑(兵部侍郎)의 직함을 주고 안휘순무(安徽巡撫) 장문경(蔣文慶)과 공부좌시랑(工部左侍郎) 연현기(呂賢基)와 함께 안휘성의 군무를 책임지는 단련대신에 임명하였다.[31] 이해 장문경이 사망하자 주천작은 안휘순무에 임명되었고, 숙주(宿州)·회원(懷遠)·몽성(蒙城)·영벽(靈壁) 지역에서 반란군의 토벌 작전을 수행하다가 병사하였다.[32] 이들 지역은 남경에서 서북 방향에 위치한 안휘성의 북부 지역에 위치하고 있기 때문에 사실상 주천작은 남경을 주된 공격 대상으로 삼은 것이 아니었으니, 남경 서북 방향의 먼 외곽에서의 반란군 토벌 작전에 투입되었던 것이다. 따라서 주천착은 남경의 태평군에 대한 토벌과는 직접적인 관련이 없는 인물이지만, 삽화의 화가는 남경득승도에 주작천을 주대인으로 등장시켰던 것이다.

다음으로 기대인은 기선(琦善: 1786~1854)을, 진대인은 진금수(陳金綬: 1793~1856)를 가리킨다. 아편전쟁 초기인 1841년 1월 영국의 기습 공격을 당한 양광총독(兩廣總督) 기선은 전권대표인 찰스 엘리어트(Charles Elliot)와 홍콩섬의 할양과 아편 가격의 배상 등을 내용으로 한 강화조약인 이른바 천비초약(穿鼻草約)을 제멋대로 체결하여 도광제(道光帝)로부터 파면된 인물로 알려져 있다.[33] 이로부터 약 10여 년 후에 기선은 하남(河南)과 호북(湖北)의 경계 지역에서 태평군의 북상을 방어하는 임무로 흠차대신(欽差大臣)으로 임명되었다. 이후 1853년 2월 초 기

31　張研·牛貫傑,「試論團練大臣與雙重統治格局」,『安徽史學』, 2004-1, 63쪽.

32　郭毅生·史式 主編,「周天爵」,『太平天國大辭典』, 475쪽.

33　胡繩 저, 박승일 옮김,『아편전쟁에서 오사운동까지』, 고양: 인간사랑, 2018, 61~64쪽. 다만 일부 연구에서는 기선이 천비초약에 서명을 하지 않았고, 영국이 일방적으로 홍콩섬을 점령했다는 연구도 일찍이 나왔다. 이에 대한 논쟁은 莊建平,「琦善從未簽訂"穿鼻草約"」,『歷史檔案』1986-3; 劉存寬,「英國强占香港島與所謂"穿鼻條約"」,『文博』1997-4; 莊建平,「琦善·義律·穿鼻草約」,『安徽史學』2000-1 등을 참조.

선은 태평군이 남창(武昌)에서 남경으로 남하하자 당시 직예제독이었던 진금수와 함께 약 3~4천의 청군을 거느리고 태평군을 추격하기 시작하였다. 합비(合肥)에서 태평군이 남경을 점령했다는 소식을 들은 기선과 진금수는 3월 말 남경성 북쪽에서 위치한 포구(浦口) 지방에 이르렀고, 다시 강포(江浦) 지방으로 나아갔다.[34] 4월 초 태평군에게 점령된 양주성(揚州城) 외곽에서 황제의 명령을 받은 기선은 청군을 결집하여 강북대영(江北大營)을 구축하였다.[35] 강북대영을 구축한 목적은 일차적으로 양주성을 탈환하고 그 동쪽에 위치한 경항대운하(京杭大運河)를 장악하여 남경에 있는 태평군의 북상을 저지하는 데 있었다. 이듬해인 1854년 기선은 군중에서 병사하였고, 진금수는 1856년 양주성 탈환 작전의 실패로 자살하였다.[36] 결국 기선과 진금수 역시 이 무렵 남경의 태평군에 대한 토벌과는 직접적인 관련이 없는 인물이지만, 삽화의 화가는 앞서의 주천작과 마찬가지로 남경득승도에 기선과 진금수를 각각 기대인과 진대인으로 등장시켰던 것이다.

향대인의 경우, 향영(向榮: 1792~1856)을 가리킨다. 삽화에는 향영과 관련된 두 구절이 있는데, "향대인이 적들을 생포하였다(向大人活擒賊)"는 것과 "향대인이 군영을 淳化鎮에 구축하였다(向大人將營寨扎在淳化鎮)"는 것이다. 여기에서 후자의 순화전은 남경 동남쪽으로 15km 정도, 진회하(秦淮河) 동쪽으로 7.5km 정도 떨어진 곳에 위치하고 있는데, 구릉 사이로 남경과 소주(蘇州)·상주(常州)를 연결하는 요도가 펼쳐져 있

---

34 「琦善奏報江寧失守現設法抄出敵前攻剿摺」(咸豊3年2月19日), 中國第一歷史檔案館 編, 『淸政府鎭壓太平天國檔案史料』5, 北京: 社會科學文獻出版社, 1992, 285~286쪽.

35 「寄諭琦善等著卽統帶大兵迅赴揚州攻剿以防北竄」(咸豊3年3月初2日), 『淸政府鎭壓太平天國檔案史料』5, 447쪽.

36 劉劍, 「從檔案史料看太平天國時期琦善在揚州的作爲」『蘭臺世界』2016-10 增刊號, 167쪽; 郭毅生·史式 主編, 「琦善」·「陳金綬」『太平天國大辭典』457쪽, 527쪽.

다.[37] 1852년 태평군이 무창을 점령했을 때 함풍제는 향영을 호북제독 겸 흠차대신으로 임명하여 태평군의 북상을 저지하게 하였다. 1853년 2월 초 태평군이 무창에서 남경으로 남하하자 함풍제는 향영에게 태평군의 추격을 명령하였다. 3월 말 태평군이 남경에 정도를 했을 때, 향영은 남경성 남쪽의 판교진(板橋鎭)에 이르렀지만 태평군이 이미 점령한 것을 보고 남경성 동쪽으로 이동하여 효릉위(孝陵衛)와 순화진(淳化鎭) 일대에 군영을 만들었고, 함풍제의 명령으로 이곳을 태평군 진압을 위한 강남대영(江南大營)으로 삼았다.[38] 결국 삽화의 화가는 남경성 동쪽 외곽에 있던 청군의 강남대영이 향영의 지휘 아래 남경성 부근에서 태평군을 진압하는 모습을 화폭에 담아 넣은 것으로 여겨진다.

그 결과 삽화에는 청군과 관련된 단어와 문구들이 많이 보인다. 예컨대 천장(天將)과 천병(天兵)은 황제의 장군과 병사를 뜻하는 일반적인 단어이지만, 총병(總兵)·부장(副將)·참장(參將)·천총(千總)은 청조가 명조의 군사 조직을 참고하여 만든 영(營)을 기본단위로 하는 녹영(綠營)이라는 군사 조직에 속한 명칭이다. 즉 총병은 진수총병관(鎭守總兵官)의 약칭으로 청군 녹영의 고급 장군으로 전국 66개의 진(鎭)마다 총병 1명을 설치하였다. 부장 역시 녹영의 장군으로 협진(協鎭)이라고도 불렀는데, 총병의 통제를 받았다. 참장은 부장 아래에 있는 녹영의 장군이다. 그리고 녹영의 하급 군관으로 수비(守備)와 천총(千總) 등이 있었다.[39] 청군의 무기와 관련된 것으로는 대창(擡槍)을 볼 수 있는데, 대포(擡炮)라고도 부른다. 대창은 길이가 약 4~6척(尺)이고 무게는 약 20근(斤) 정도로 구조상 오창(鳥槍)과 거의 비슷하지만, 장약의 양을 비롯하

37   郭毅生·史式 主編,「淳化鎭」,『太平天國大辭典』, 788쪽.
38   郭毅生·史式 主編,「向榮」·「淳化鎭」,『太平天國大辭典』, 44쪽, 788쪽.
39   郭毅生·史式 主編,「總兵」·「副將」·「參將」·「千總」,『太平天國大辭典』, 588쪽, 692쪽, 704쪽, 715쪽.

여 발사 거리와 살상력이 조창보다 모두 크다.[40] 중앙 하단의 삽화에도 보이는 것처럼 대창을 발사할 때에는 한 두 사람이 어깨에 대창을 올려놓는다. 이 대창이 바로 청군이 태평군을 진압할 때에 사용한 주요한 경화기였다. 그리고 삽화의 좌측 하단에는 일군의 소 무리를 볼 수 있는데, 삽화의 화가는 이것을 화우진(火牛陣)[41]이라고 하였다.

마지막으로 언급해야 할 부분은 삽화의 좌측 상단에 있는 시구인데, 그것을 해석해 보면 다음과 같다.

> 월비(粤匪)가 허둥지둥 도망쳐 남경[金陵]으로 퇴각하니
> 속보가 날라와 흠차대인(欽差大人)에게 보고되네.
> 흠차대인은 거듭 적군의 마음을 헤아리고,
> (그의) 신묘한 지략과 기묘한 계책은 귀신도 놀랄 지경이네.
> 화우진을 펼쳐 (남경)성으로 진격하니,
> 적들을 죽이고 간사한 자들을 제거하여 태평을 이루었네.
> 만년을 지배하는 청나라여,
> 월비를 깨끗하게 없애고 (반란의) 근원을 제거하니,

---

40 郭毅生·史式 主編,「擡槍」,『太平天國大辭典』, 682~683쪽.

41 화우진(火牛陣)의 기록은『사기(史記)』의「전단열전(田單列傳)」에 보인다. 전단이 1,000여 마리의 소를 모아 쇠뿔에는 칼날을 붙여 매고 소꼬리에는 갈대를 매달아 기름을 붓고 그 끝에 불을 붙였다. 그러고는 성벽에 수십 개의 구멍을 뚫어 그 구멍으로 소를 내보내고, 5,000명의 장사를 따르게 하였다. 꼬리가 뜨거워지자 성난 소가 연나라 군대의 진영으로 뛰어드니, 연나라 군사들이 모두 죽거나 부상을 당했다. 이후 승리의 기세를 탄 전단의 병사는 연나라 70여 개의 성을 모두 다시 제나라의 것으로 돌려놓았다는 것이다. 이후의 사례로 남송(南宋) 소흥연간(紹興年間) 소청(邵青)의 반란군과 청(淸) 옹정연간(雍正年間) 나복장단진(羅卜藏丹津)의 반란군이 화우진을 사용했지만 오히려 대패했다고 한다. 한편 1930년 9월 모택동(毛澤東)과 주덕(朱德)의 홍군총부(紅軍總部)가 장사(長沙)로 진공할 때 홍오군(紅五軍) 삼사(三師)에서 화우진을 사용했다고도 한다. (김원중 옮김,『史記列傳』1, 서울: 민음사, 553쪽; 張德禮,「"火牛陣"爲什麼不靈驗了」,『現代班組』2019-3, 37쪽; 裴周玉,「攻打長沙的"火牛"陣」,『黨史縱橫』1994-1, 47쪽)

백성들은 황제의 은혜에 감사한다네.

시구의 내용은 적어도 이 삽화를 그린 화가가 청조의 입장에서 이
삽화를 그렸다는 것을 분명히 드러내고 있다. 태평군을 월비로 묘사한
것, 흠차대인의 활약을 극찬한 것, 반란군인 태평군을 무찌르고 청나라
가 오히려 다시 태평을 이루었다는 것, 청나라는 영원하니 월비를 제거
한 황제의 은혜를 칭송한다는 것 등등 시구 전체를 통해서 태평군의 반
란이 반드시 곧 진압될 것이라는 어조로 가득 차 있다.

4. 남경득승도의 원본 삽화와 기사 내용

전장에서 분석한 내용을 토대로 한다면, 이 삽화는 남경에서 홍수전·
양수청 등을 지도자로 하는 태평천국과 주천작·기선·진금수·향영 등
을 대표로 하는 청군의 지휘자가 서로 격렬하게 전투하는 장면을 묘
사한 것이다. 시점적으로 말한다면, 의봉문을 통해서 태평군이 남경성
에 진입한 것은 1853년인데, 의봉문 위에 서 있는 홍수전은 태평천국
이 멸망한 1864년에 사망했고, 양수청은 1856년 천경사변에서 사망했
으며, 주천작과 기선은 각각 1853년과 1854년에 사망하였고, 진금수와
향영은 모두 1856년에 사망하였다. 따라서 이 남경득승도가 다소 왜곡
·과장된 측면이 있긴 하지만 당시 태평군과 청군의 상황을 반영한 '생
생한' 소식이라고 한다면, 적어도 이 삽화의 주인공인들이 모두 살아
있을 때 제작된 것이라야 그 의미가 있을 것이다. 그런데 앞서 소개한
것처럼 『사진으로 읽는 세계사』 4(식민주의)를 통해 국내에 소개된 남
경득승도는 "태평천국의 난 동안 난징을 포위한 청나라 황제의 군대:
1864년 목판화"라고 소개되어 있다. 남경득승도가 1864년에 제작된 것

이라고 한다면, 홍수전을 제외하고는 이미 삽화의 주인공들이 사망한 지 대략 10년 정도가 지나간 시점이기 때문에 사실상 '생생한' 소식과 거리가 멀다. 따라서 이러한 의문을 해결하기 위해서는 남경득승도의 원본 삽화를 확인해 볼 필요가 있다.

　세계 최초로 삽화를 실은 정기간행물은 1832년 영국에서 창간된 『페니 메거진』(The Penny Magazine)으로 알려져 있다. 그리고 약 10년 후에 영국에서 본격적으로 삽화(이미지)와 기사(뉴스)를 결합한『펀치』(Punch)와『일러스트레이티드 런던 뉴스』(The Illustrated London news)가 각각 1841년과 1842년에 창간되었는데, 특히『일러스트레이티드 런던 뉴스』의 경우 5월 14일 창간호가 발간된 이후로 독자들로부터 대대적인 호응을 거두었다고 한다. 그러자 이를 모방하여 이듬해인 1843년 프랑스에서는『일뤼스트라시옹, 주르날 유니베르셀』(L'illustration, journal universel)이, 독일에서는『일루스트리르테 차이퉁』(Illustrirte Zeitung)이 각각 창간되었다.[42] 1840년대 초에 창간된 이들 잡지는 삽화 신문(그림저널)이라고 하는 새로운 표준을 제시하였고, 삽화를 제공하는 것이 이러한 신문에 있어 일종의 규범으로 정착되었다.[43] 그런데 공교롭게도 1840년대 초라는 시기는 제1차 아편전쟁 기간으로 영국을 필두로 한 유럽의 열강들이 중국을 본격적으로 침략한 시기였기 때문에 이들 삽화 신문들은 당시 중국에서 벌어지고 있는 '생생한' 소식도 점차 필요로 하는 시기로 진입하고 있었던 것이다.

　바로 이들 삽화 신문 중에서 프랑스의『일뤼스트라시옹, 주르날 유니베르셀』에 남경득승도(南京得勝圖)가 실려 있다.[44] 자료 6에서 1853년

42　자오성웨이·리샤오위 엮음, 이성현 옮김, 『주르날 제국주의: 프랑스 화보가 본 중국 그리고 아시아』, "옮긴이 후기", 617~618쪽.

43　이주은, 「삽화저널『그래픽』작품을 중심으로 본 영국미술에서의 리얼리즘」, 170~71쪽.

44　L'insurrection de Chine, illustrée: Attaque de nankin par les troupes impériales,

9월 17일자 『일뤼스트라시옹, 주르날 유니베르셀』의 7면(p.183) 2단 아래 부분에 진한 큰 제목의 "중국에서의 반란, 삽화(L'insurrenction de Chine, illustrée)", 중간 제목의 "제국 군대의 남경 공격(Attaque de Nankin par les troupes impériales)"을 시작해서 3단 끝까지가 남경득승도에 대한 기사이고, 이후 8~9면(pp.184~185) 두 면에 걸쳐서 남경득승도를 싣고 있다. 기사 내용은 크게 다섯 개의 단락으로 구성되어 있는데, 그 전문은 다음과 같다.

상해에 거주하는 우리 신문의 독자 중의 한 분이 친절하게도 우리에게 이 반란과 관련된 중국 그림을 보내주었다. 우리가 아주 충실하게 재현한 이 그림은 청군이 남경을 공격하는 것으로 보이는 장면을 묘사한 것이다.(인구와 중요도 면에서 중국 제2의 도시인 남경은 지난 3월에 반란군에 의해 점령되었다.) 전투의 주요 사건들을 설명하면서 원본 그림을 꾸며주고 있는 한자를 번역하여 제공하지 못하는 점을 우리는 매우 유감스럽게 생각한다. 우선 우리는 양측 병사들이 보여준 용기에 아무 말 없이 감탄할 수밖에 없다. 그림의 왼쪽(성문 아래)에는 천왕(天王)의 지지자들, 즉 반란군이 있다. 긴 머리카락과 헤어스타일로 그들을 구분할 수 있다. 그림 속 나머지 사람들은 청군에 속한 사람들로, 도시를 향해 걷거나 말을 타고 전진하고 있다. 다섯 마리의 물소들로 구성된 부대가 길을 열고 있고, 그 뒤를 이어 세 줄의 병사들이 성문을 향해 거대한 총을 겨누고 있는데, 이는 긴 나무 조각과 굉장히 비슷해 보인다. 전투에서 우리는 활·창·미늘창·단검·양날검으로 무장한 병사들을 볼 수 있다. 어떤 병사들은 방패로 몸을 가리고 있는데, 엄청나게 생긴 이 방패는 괴물과 같은 형상

L'illustration, journal universel, 1853.9.17., pp.184~185. (8~9면)

으로, 그 모습만으로도 적들을 도망치게 한다. 영광스러운 글귀를 새겨 놓은 삼각형 모양의 깃발들이 바람에 펄럭이고 있다. 그림의 오른쪽 위 에는 두 명의 고급 관료들이 보인다. 그들은 두 개의 접이식 의자에 앉 아 있고, 지휘부의 커다란 파라솔이 그들을 보호해주고 있다. 그들은 의 심의 여지 없이 청군의 장군과 그의 참모로, 군대의 기량을 숙고하며 생 각을 공유한다. 그림의 배경에는 파도 한 가운데 솟아있는 바위가 보이 고, 그 뒤에는 중국 범선의 돛대 위로 깃발이 펄럭인다. 남경은 장강 유 역에 위치해 있으며, 아마도 전투는 수륙 양면에서 벌어졌을 것이다. 그 림의 훌륭한 원근법의 배열을 지적하는 것은 불필요하며, 이 점에서 중 국인의 명성은 오래전부터 확립되어 왔다.[45]

---

45 "Un de nos abonnés de Shanghai a bien volulu nous envoyer des dessins chinois qui se rapportent à l'insrrection. Le dessin que nous reproduisons ave la plus scrupuleuse fidélité représente, à ce qu'il paraît, une attaque de Nankin par les troupes impériales. (On sait que Nankin, la seconde ville de la Chine en population et en importance, a été prise par les rebelles dans le courant du mots de mars dernier.) Nous regrettons très vivement de ne pouvior donner le traducion des caractères chinois qui ornent le dessin original et qui fournissent l'explcation des principaux incidents du combat. Nous en sommes réduits à admirer, sans commentaire, le courage déployé par les guerriers des deux camps. — A gauche, sous la porte de la ville, on reconnaît les partisans de Tien-Te, c'est-à-dire les rebelles, à leurs longs cheveux et à leur coiffure: le reste du tableau appartient à l'armée impériale, qui s'avance à pied et à cheval contre la ville. Un escadron de cinq buffles ouvre la marche ; puis viennent trois rangs de soldats, pointant contre la porte d'immenses fusils, qui ressemblent beaucoup plus, if faut le dire, à de longues pièces de bois. — Dans la mêlée, on distingue les guerriers armés de l'arc, de la lance, de la hallebarde, du sabre simple et du sabre à deux lames ; quelques-uns se couvrent de leur bouclier, et quel bouclier! une figure de monstre dont la vue seule met l'ennemi en fuite. — Les drapeaux de forme triangulaire, couverts d'inscriptions glorieuses, flottent au vent. — À la droite du dessin, sur une hauteur, on apercoit deux grands mandarins, accroupis sur deux pliants et abrités par le parasol du conmmandement. Ce sont, à n'en pas douter, le général de l'armée impériale et son chef d'etat-major qui contemplent les prouesses de leurs troupes et qui se communiquent leurs réflexions. — Dans le fond vous distinguez un rocher qui se dresse au milieu des vagues, et derrière lequel s'élevent les mats d'une flotte de jonques. Nankin est située sur les rives

〈자료 5〉 *L'illustration, journal universel*, 1853.9.17. 1면(p.177), 7면(p.183), 8면
(p.184), 9면(p.185)

du fleuve Yang-Tse-Kiang, et l'attaque a lieu probablement par terre et par eau. — Il
est superflu de faire remarquer les merveilleuses dispositions de la perspective ; sous

이 그림은 3~4개월 전에 중국의 마을 전역에 퍼졌다. 그림은 (1센트의 절반 값밖에 되지 않는) 몇 개의 동전에 팔렸고, 틀림없이 상해 경찰청의 경매인들에 의해 운반되었을 것이다. 왜냐하면 함풍제의 군대에게 이득이기 때문이다. 그림에서 병사들은 용감하게 공격에 나서고, 이윽고 남경의 성문이 강제로 열려 장발의 반란군을 성벽 너머로 내던져질 듯 보인다. 그러나 당시 일어난 사건들을 검토해 보면, 정확성과 관련해서 우리가 보고 있는 이 공식적인 그림은 확인이 안 된 사실이라는 점을 알아야한다. 물론 확신할 수는 없다. 청군은 그때까지 남경을 되찾지 못했고, 모든 공격에 실패하였다. 그러나 황제를 섬기는 일에 있어서 더 이상 양심의 가책을 느끼지 못하는 중국 관료들은 청군의 병사들과 말, 황제의표식이 얼마나 우월한지 보여줌으로써 자신들의 사기를 복돋아 주는 것이 무의미하지 않을 것이라고 생각한다. 문제의 소문은 아마 반역자들이 남경에서 쫓겨났다는 것을 믿게 하기 위해서 상해 총독이 만들어 퍼뜨린 거짓 정보에 기초했을 것이다.[46]

---

ce rapport, la réputation des Chinois est depuis longtemps établie." [L'insurrenction de Chine, illustrée: Attaque de nankin par les troupes impériales, *L'illustration, journal universel*, 1853.9.17., p.183. (7면)]

46 "Ce dessin circulait il y a trois ou quatre mois dans les yilles de Chine. Il se vendait quelques sapequex (monnie de cuivre qui vaut à peine à demi-centime), et il etait évidemment colporté par les crieurs de la préfecture de police de Shanghai: car il est tout à l'avantage des troupes de l'empereur Ilien-Foung. Les soldats vont si braveinent à l'assaut, qu'on s'attend d'un moment à l'autre à voir la porte de Nankin forcée, et les rebelles aux longues chevelures lancés par-dessus les murailles. Or, si on se reporte aux evénements, on découvre avec peine que, sous le rapport de l'exactitude, le dessin que nous avons sous les yeux, dessin officiel probablement, n'est autre clhose qu'un canard. Les impériaux n'ont pas encore pu reprendre Nankin ; ils ont échoué dans toutes leurs attaques ; mais les mandarins chinois, dont le dévouement ne connaît plus de scrupules dès qu'il s'agit du service de l'empereur, ont pensé qu'il ne serait pas inutile de relever le moral de leurs administrés en leur montrant avec quelle supériorité les soldats, les chevaux et les builles de l'armée impériale se comportent

우리의 친절한 독자께서 보내주신 물품에는 청군의 양주성(揚州城) 공격을 묘사한 그림도 포함되어 있다. 그러나 이 그림은 우리가 받은 다른 전투 그림과 비슷해 굳이 신문에 다시 게재할 필요가 없다고 판단했다. 중국 화가들이 그린 그림을 주의 깊게 살펴보면, 군인들은 남경의 공격에서와 같은 패기를 보여주고, 관료들은 파라솔 그늘에 조용히 앉아 모든 전선에서 그들의 군대가 승리하는 것을 지켜보고 있다.[47]

양 진영의 군인들이 끔찍한 용도로 사용한 무기들 중에서 소총의 사용이 극히 적다는 점을 주목할 필요가 있다. 중국인들이 화약을 발명했고, 화약을 사용하는 방법을 모를 리 없다는 사실을 고려하면, 정말로 의외라고 할 수 있다. 그들의 무기고에는 커다란 돌덩이를 발사하는 엄청난 크기의 대포가 있다. 그들은 또한 사냥하러 갈 때 도화선이 있는 긴 화승총을 사용한다. 심지어 일부 부대는 화승총으로 무장하고 있다. 따라서 우리는 우리가 받은 그림에서 총포를 전혀 찾아볼 수 없어서 놀랐다. 중국의 화가들은 중국을 대표하는 무기인 활·창·칼만을 주어 병사들의 덕목을 강조하고자 했던 것일까? 모르겠다. 어쨌든 이 그림은 영국 해군 장교가 작성한 중국에 관한 책에 실려 있는 흥미로운 일화를 우리에게 떠올리게 한다. 1840년 전쟁이 일어나기 전, 주산(舟山)에서 군대를

---

devant l'ennemi, et le canard en question venait peut-être à l'appui d'une nouvelle fabriquée par Son Excellence Ou (gouverneur de Sanghai) pour faire croire que les rebelles avaient été expulsés de Nankin."[L'insurrenction de Chine, illustrée: Attaque de nankin par les troupes impériales, *L'illustration, journal universel*, 1853.9.17., p.183. (7면)]

[47] "L'envoi de notre obligeant abonné comprenait également un dessin représentant l'attaque de Yang-Tchem-Fou par l'armée impériale. Mais on sait que tous les tableaux de bataille se ressemblent ; aussi n'avons-nous pas jugé nécessaire de reproduire ce second dessin. Bornons-nous à constater que, d'après l'artiste chinois, les soldats déploient le même courage qu'à l'attaque de Nankin, et que les mandarins, tranquillement assis à l'ombre de leur parasol, voient leurs troupes triompher sur toute la ligne."[L'insurrenction de Chine, illustrée: Attaque de nankin par les troupes impériales, *L'illustration, journal universel*, 1853.9.17., p.183. (7면)]

지휘하던 타타르인 장군이 황제에게 청원서를 보내 활의 사용을 폐지하고 군대에서 소총의 사용을 보편화할 것을 제안했다. 그의 폐지 제안에 대한 황제의 답변은 북경의 신문을 통해 알려졌다. "참으로 무지하구나! 200년 동안 우리의 중국 군대가 가장 견고한 기반 위에 조직되어 온 것을 모르고 있구나! 네가 그것을 바꾸겠다는 것이냐? 만약 네가 언급한 제안이 중국인으로부터 나왔다면 나는 그 제안을 무시했을 것이다. 그러나 너는 타타르인이므로 나는 너의 지위를 박탈할 것을 명한다." 그 이후로 중국 황제는 영국에게도 패배하고 반란군들에게도 패배하여 쓰라린 수치를 겪었다. 혹시 황제의 자존심이 상처를 입었을지 모르겠지만, 그의 군대가 훨씬 잘 무장되었다는 사실은 어디에서도 확인할 수 없다.[48]

---

[48] "Parmi les armes dont les guerriers des deux partis font un si terrible usage, on ne distingue qu'un petit nombre de fusils. Les Chinois ont cependant inventé la poudre, et ils n'ignorent pas la manière de s'en servir. Ils possedent dans leurs arsenaux des canons, d'enorms canons, qui lancent des boulets de pierre ; ils se servent aussi, quand ils vont à la chasse, de longs fusils à mèche ; il est même certain qu'une partie des troupes est armée de mousquets. Nous pouvons donc être surpris de ne pas voir plus d'armes à feu dans les dessins qui nous ont été commumiqués. L'artiste aurait-il voulu rehausser le mérite des combattants en ne leur donnant que les armes nationales, l'arc, la lance et le sabre? Nous ne savons: en tous cas, cela nous remet en mémoire une anecdote assez curieuse, qui a été rapportée par un officier de la marine anglaise dans un ouvrage sur la Chine. —Avant la guerre de 1840, un général tartare, qui commandait à Chusan, adressa à l'empereur une petition par laquelle il proposait de supprimer les arcs, et de généraliser dans l'armée l'emploi des fusils. La réponse de Sa Majesté lui fut notifiée en ces termes par la gazette de Pekin: «Ignorant que tu es ! ne sais-tu pas que, depuis deux cents ans, notre armée est organisée sur les bases les plus solides, et tu voudrais la réformer ! Si la proposition dont tu parles m'etait venue d'un Chinois, je l'aurais traitée avec le mépris qu'elle mérite ; mais toi, un Tartare ! J'ordonne que tu sois dégradé !» Depuis cette époque, l'empereur de Chine, vaincu par les Anglais, vaincu par les rebelles, a subi de cruelles humiliations ; il est peut-être un peu moins fier ; mais il ne paraît pas que ses troupes soient beaucoup mieux armées. "[L'insurrenction de Chine, illustrée: Attaque de nankin par les troupes impériales,

우리는 중국인과 그들의 그림을 아주 즐겁게 감상했다. 사람들이 우리에게 황제 제국의 주민들에 대해 말할 때면, 우리는 즉시 삐뚤어진 눈을 가진 원숭이를 상상한다. 그들의 눈은 삐뚤어져 있으며, 발바닥까지 늘어져 있는 빛나는 머리카락과 멋진 변발이 특징이다. 유머러스한 이런 상상에 악의가 있는 것은 아니다. 하지만 거기에 담긴 심각한 측면을 완전히 무시해서는 안 된다. 사실 지금 중국에서 벌어지고 있는 비극적인 사건보다 더 심각한 것은 없다. 중국은 3억 명의 사람들이 살고 있는 제국이며, 현재 혁명이 진행되고 있다. 이 싸움은 어떻게 결말이 날까? 지난 두 세기 동안 북경에서 중국을 통치한 타타르인 왕조가 무너지게 될까? 그들을 대체할 왕조는 해외 무역과 기독교 문명에 더 호의적일까? 중국에서 상당한 발전을 이룬 유럽은 이 모든 사건에서 이익을 얻을 수 있을까? 이는 깊이 생각하고 심사숙고할 필요가 있는 꽤 중요한 질문이다. 우리는 독자들에게 이러한 문제들에 주의를 집중시키면서, 장강에서 우리에게 직접 보내온 이 매혹적인 중국 그림의 매력에 독자들을 푹 빠지도록 할 것이다.[49]

L'illustration, journal universel, 1853. 9. 17., p. 183. (7면)]

49 "On s'amuse assez volontiers des Chinois et de leurs dessins. Quand on nous parle des habitants du Céleste Empire, nous nous imaginons immédiatement voir apparaître des figures de magots, avec les yeux en coulisse et une superbe queue qui se déroule en nattes luisantes jusqu'à la plante des pieds. Cette gaieté est à coup sur fort innocente ; mais il ne faudrait pas qn'elle nous fit négliger complètement le côté sérieux des choses: or rien n'est plus sérieux que le drame sanglant dont la Chine est aujourd'hui le théâtre. Voilà un empire peuplé de trois cents millions d'âmes, qui est en pleine révolution. Quel sera le dénoument de la lutte? La dynastie tartare qui règne à Pekin depuis deux siècles serat-elle renversée? La dynastie qui la remplacera se montrera-t-elle plus favorable au commerce étranger, à la civilisation chrétienne? L'Europe, dont les intérêts ont pris en Chine un développement si considérable, retirera-t-elle quelque profit de tous ces événements? — Ce sont là de bien graves questions, qui méritent d'etre approfondies et meditées. Bornons-nous à les signaler à l'attention de nos lecteurs, que nous laisserons, pour cette fois, sous le charme de l'illutrution chinoise

첫 번째 단락에서는 본 신문의 독자가 남경득승도를 보내주었는데, 아쉽게도 이 삽화 속에 보이는 중국어 글자를 알지 못하기 때문에 그 내용은 제공할 수 없다고 하였다. 그리고 머리카락의 모양을 통해 구분되는 태평군과 청군의 모습을, 특히 청군이 태평군을 공격하는 모습을 매우 장황하게 설명하면서 아마도 청군이 육로와 수로를 통해 협공했을 것이라고 설명하고 있다. 여기에서 이 단락의 전체 기사 중에서 그 절반 이상을 태평군과 대비되는 청군의 여유로운 공격 모습으로 할애한 점이나, 청군이 지니고 있는 괴물과 같은 방패를 보기만 해도 태평군은 도망갈 것이라고 기술한 점 등으로 미루어 보아 다분히 청군이 남경을 점령한 태평군을 곧 토벌할 것이라는 기자의 입장을 엿볼 수 있다.

두 번째 단락에서는 남경득승도가 이미 3~4개월 전부터 몇 개의 동전을 주고 살 수 있을 정도로 널리 배포되었다고 하면서, 이러한 그림은 아마도 관방(官方) 측의 조작에 의해서 그려진 것이라고 추정된다고 하였다. 그리고 이 그림의 의도는 청군이 아직 남경성을 되찾지는 못한 상황에서 황제의 비호 아래 청군의 장군과 병사들이 용감하게 전투하여 곧 남경의 성문을 열게 될 것이라는 기대를 담고 있다는 것이다. 따라서 반란군이 남경에서 쫓겨났다는 것을 믿게 하기 위해서 아마도 상해 총독과 같은 인물이 거짓 정보를 흘리면서 이러한 조작에 가담하지 않았겠느냐고 언급하였다. 여기에서 남경득승도가 『일뤼스트라시옹, 주르날 유니베르셀』에 1853년 9월 17일자로 실려 있고, 이로부터 3~4개월 전에 중국에서 남경득승도가 널리 배포되었다고 했으니, 1853년 3월 19일 태평군이 남경성을 점령한 이후의 머지않은 시점에

---

qui nous est expediée en droite ligne des rives du Yang-Tse-Kiang."[L'insurrenction de Chine, illustrée: Attaque de nankin par les troupes impériales, *L'illustration, journal universel*, 1853.9.17., p.183. (7면)]

서 남경득승도가 제작되어 널리 배포되었던 것으로 생각된다.

세 번째 단락에서는 신문의 독자가 청군이 양주성(揚州城)을 공격하는 또 다른 그림도 보내주었다고 하면서, 이러한 전투 그림이 남경득승도와 거의 비슷하기 때문에 그것을 중복해서 신문에 다시 게재할 필요가 없다고 언급하였다. 그리고 이러한 그림은 대개 청군의 병사들이 용감히 공격하고, 만주족 대신들은 파라솔 그늘에 앉자 자신들의 군대가 승리하는 것을 여유롭게 지켜보고 있는 모습이라는 것이다. 여기에서 남경득승도와 유사한 그림은 바로 전장에서 언급한 초멸월비도를 가리키는 것으로 봐도 무방할 것이다.

네 번째 단락에서는 남경득승도에 소총과 대포와 같은 무기가 거의 없음을 의아해하며, 중국의 화가가 병사들의 덕목을 강조하기 위해 중국을 대표하는 무기인 활·창·칼만을 그려놓은 것은 아닐까라고 반문하면서, 아편전쟁이 발발하기 이전의 한 일화를 소개하고 있다. 즉 만주족 장군이 황제에게 군대에서 이제 활을 없애고 소총을 사용하자고 제안하자, 황제는 200년 전에 우리의 군대가 가장 견고한 기반 위에서 조직되었음을 잊은 이 무지한 만주족 장군을 질타하면서 그의 지위를 박탈했다는 것이다. 그 결과 이후 청나라는 영국과 태평군에게 모두 패배하여 중국의 황제가 쓰라린 수치를 겪었다는 것이다.

마지막 다섯 번째 단락에서는 당시 유럽인들이 청나라의 중국인을 말할 때 삐뚤어진 눈과 변발을 한 원숭이 정도로 생각한다고 하면서, 현재 중국은 혁명이 한창 진행 중에 있다고 언급하였다. 그리고 지난 두 세기 동안 북경을 통치해 온 만주족의 청 왕조가 전복될 것인가? 그것을 대체할 왕조는 우리와의 대외 무역에 호의적인 모습을 보일 것인가? 우리의 기독교 문명을 지지할 것인가? 이러한 상황에서 유럽은 어떤 이익을 얻을 수 있을 것인가? 등등의 질문을 던지면서, 이는 자신들에게 매우 중요한 문제라고 지적하였다.

5. 맺음말

국내에 소개된 남경득승도는 중국사를 전문적으로 다루는 논문이나 연구서에 소개된 것이 아니라 삽화·그림·사진 등을 매개로 세계사를 흥미롭게 서술한 한 번역서를 통해 대중들에게 소개되었다. 세계사의 한 축에 태평천국 운동이 서술되어 있다는 점은 어쩌면 반가우면서도 당연한 일이겠지만, 사실상 그 번역서에 소개된 남경득승도에 대한 설명은 매우 간략하여 "태평천국의 난 동안 난징을 포위한 청나라 황제의 군대: 1864년 목판화"라는 제목이 전부이다. 따라서 태평천국은 1864년에 멸망했기 때문에, 이 번역서대로라면 남경득승도는 태평천국이 멸망하기 직전의 모습을 삽화 특유의 모습으로 재현해 놓은 것으로 읽혀질 수밖에 없다는 것인데, 가장 큰 함정이 바로 여기에 있었던 것이다.

역설적이게도 남경득승도는 태평천국이 멸망한 1864년에 제작된 것이 아니라 태평천국이 매우 강성하여 남경성을 점령하고 그곳을 천경으로 정도한 1853년에 제작되었다는 것이다. 왜냐하면 그 직접적인 증거로 남경득승도가 프랑스의 삽화 저널인 『일뤼스트라시옹, 주르날 유니베르셀』의 1853년 9월 17일 자의 8~9면에 실려 있기 때문이다. 그뿐만 아니라 이로부터 이미 3~4개월 이전에 남경득승도는 상해 주변에 널리 퍼져 있었고, 몇 개의 동전만 주면 쉽게 구입할 수 있었을 정도였다. 따라서 남경득승도는 1864년의 시점이 아닌 1853년의 시점에서 화가의 손으로 재현된 삽화 특유의 모습을 읽어내야만 이 삽화의 진정한 역사적 의미를 음미해 낼 수 있었던 것이다. 그러한 예는 다음과 같은 내용이 해당한다.

우선 남경득승도의 전체 구도는 남경성의 외성과 내성 수십 개의 성문 중에서도 유독 의봉문을 핵심 장소로 클로우즈업을 하고 있는데, 그 이유는 태평군이 남경성으로 처음 진입한 성문이 바로 의봉문이었고, 그 시점은 1853년 3월 19일이었다는 점이다. 다음으로 남경득승도의 주인공은 태평천국의 홍수전과 양수청을 비롯하여 이들의 태평천국을 진압하는 주대인(주천작)·기대인(기선)·진대인(진금수)·향대인(향영)이었는데, 1853년이라는 시점으로 말하자면 이들 삽화의 주인공은 이 당시 모두 살아 있었다. 이는 삽화로서의 남경득승도가 태평군과 청군의 상황을 반영한 '생생한' 소식을 담보하고 있었던 것이라고 말할 수 있겠다. 셋째로 삽화의 허구와 과장이라는 측면에서 1853년이라는 시점에서는 청군이 남경성의 태평군을 저렇게 공격할 수 없다는 것이다. 이는 남경득승도를 제작한 의도와 관련된 것으로, 남경득승도는 1853년 남경성을 태평군에게 점령당한 청군의 입장에서 황제의 비호아래 청군의 장군과 병사들이 용감하게 전투하여 곧 남경의 성문을 열게 될 것이라는 기대를 담고 있는 것이다. 남경득승도 좌측 상단의 시구가 이러한 상황을 잘 대변해 주고 있으니, 상해 총독의 허위 선전 아래서 진행된 남경득승도의 제작이야말로 국가적 공공 사건의 선전을 극대화한 작품이라고 말할 수 있겠다. 마지막으로 유럽 사람들의 남경득승도에 대한 인식과 반응은 당시의 중국인들을 삐뚤어진 눈과 멋진 변발을 가진 원숭이 정도로 간주하는 인종차별적인 시각을 바탕으로 사실상 만주족의 청 정부이든 홍수전의 태평천국이든 간에 어느 쪽이 승리하는 것에는 관심이 없었다. 이들에게 중요한 것은 중국과의 대외 무역을 확장하고 기독교 문명을 중국에 전파하여 궁극적으로 자신들이 어떤 이익을 얻을 수 있을 것인가에만 촉각을 곤두세우고 있었다. 이는 1853년, 즉 태평천국 운동 초기라는 시점에서 당시 유럽 등의 서구 국가들이 청 정부와 태평천국에 모두 중립적인 태도를 보였던 이유를 잘 설명해 주고 있는 것이다.

요컨대 남경득승도는 태평군이 의봉문을 통해 처음으로 남경성으로 진입한 상황과 그러한 상황으로 점령당한 남경성을 다시 수복해야 한다는 청 정부의 기대감을 잘 반영한 1853년에 제작된 목판화 작품이다. 따라서 이미 벌어진 상황과 앞으로 일어날 기대감이 남경득승도 속에서 인물들의 생김새, 전투 장면의 모습, 문자의 형태 등으로 화가의 손에 의해서 적절히 재현되었다고 평가해도 좋을 것이다. 중국 상해에서 목판화로 제작된 남경득승도는 불과 몇 개월 뒤에 프랑스로 건너가 삽화 신문인 『일뤼스트라시옹, 주르날 유니베르셀』에 기사와 함께 게재됨으로써 프랑스를 비롯한 유럽인들에게 일종의 '생생한' 소식을 제공하는 삽화로서 기능한 반면에, 정작 삽화 신문이 아직 발달하지 않은 중국에서 이 작품은 당시 삽화로서의 기능을 전혀 하지 못한 채 역사의 뒤안길로 사라져 버렸던 것이다.

참고문헌

자료

L'illustration, journal universel, 1853.9.17. L'insurrenction de Chine, illustrée: Attaque de nankin par les troupes impériales.

中國第一歷史檔案館 編,『淸政府鎭壓太平天國檔案史料』5, 北京: 社會科學文獻出版社, 1992.

郭毅生·史式 主編,『太平天國大辭典』, 北京: 中國社會科學出版社, 1995.

漢語大詞典編纂委員會 等編纂,『漢語大詞典』1·12, 上海: 漢語大詞典出版社, 1990.

郭廷以,『太平天國史事日誌』上, 上海: 上海書店, 1986.

羅爾綱,『李秀成自述原稿注』(增補本), 北京: 中國社會科學出版社, 1995.

김원중 역,『史記列傳』1, 서울: 민음사, 2007.

최현삼 외 6인,『고등학교 동아시아사』, 서울: 금성출판사, 2018.

김태웅 외 7인,『고등학교 동아시아사』, 서울: 미래엔, 2018.

이병인 외 7인,『고등학교 동아시아사』, 서울: 비상교육, 2018.

안병우 외 9인,『고등학교 동아시아사』, 서울: 천재교육, 2018.

https://www.baidu.com (검색어: 鳳儀門, 검색일: 2023.10.9 / 2024.10.14)

https://www.suneung.re.kr/main.do?s=suneung→자료마당→기출문제(2022학년도 대학수학능력시험 6월 모의고사 문제지, 사회탐구 영역, 동아시아사 제17번 문항, 검색일: 2023.10.9 / 2024.10.14)

https://www.youtube.com/watch?v=MQr5dZ_3IJc&t=4108s(검색일: 2023.10.9 / 2024.10.14)

연구서

김면수 글, 이한영 그림,『태평천국운동과 신해혁명』, 파주: 김영사, 2018.

김성찬,『太平天國史의 新研究』, 김해: 인제대학교 출판부, 2009.

노태구,『韓國 民族主義의 政治理念: 東學과 太平天國 革命의 比較』, 서울: 새밭, 1981.

문정진 등,『중국 근대의 풍경: 화보와 사진으로 읽는 중국 근대의 기원』, 서울: 그린비, 2008.

박소울 저, 국립현대미술관 학예실 감수,『그림으로 읽는 숨겨진 아시아의 역사』, 서울: 알에이치코리아, 2014.

자오성웨이·리샤오위 엮음, 이성현 역,『주르날 제국주의: 프랑스 화보가 본 중국 그리고 아시아』, 서울: 현실문화, 2019.

조병한,『太平天國과 중국의 農民運動』, 서울: 인간사, 1981.

최진규,『太平天國의 宗敎思想』, 광주: 조선대학교 출판부, 2002.

하정식,『태평천국과 조선왕조』, 서울: 지식산업사, 2008.

마르첼로 플로레스 저, 김선아 역,『사진으로 읽는 세계사』1(공산주의), 서울: 플래닛, 2008.

알렉산드라 미네르비 저, 조행복 역,『사진으로 읽는 세계사』2(나치즘), 서울: 플래닛, 2008.

프란체스카 타키 저, 이경일 역,『사진으로 읽는 세계사』3(파시즘), 서울: 플래닛, 2009.

플라비오 피오라니·마르첼로 플로레스 저, 김운찬 역,『사진으로 읽는 세계사』4(식민주의), 서울: 플래닛, 2008.

呂佐兵 主編,『燕子磯』, 北京: 中國文史出版社, 2015.

趙省偉·李小玉 編譯,『遺失在西方的中國史: 法國彩色畫報記錄的中國1850~1937』, 北京: 中國計劃出版社, 2015.

胡繩 저, 박승일 역,『아편전쟁에서 오사운동까지』, 고양: 인간사랑, 2018.

小島晉治 저, 최진규 역,『홍수전』, 서울: 고려원, 1995.

Jonathan Spence 저, 양휘웅 역,『신의 아들: 洪秀全과 太平天國』, 서울: 이산, 2006.

논문

민정기,「그림으로 '읽는' 근대 중국의 사회와 문화:『점석재화보(點石齋畵報)』연구를 위한 서설」,『중국현대문학』28, 2004.

이주은,「삽화저널『그래픽』작품을 중심으로 본 영국미술에서의 리얼리즘」,『美術史論壇』28, 2009.

劉劍,「從檔案史料看太平天國時期琦善在揚州的作爲」,『蘭臺世界』2016-10 增刊號.

劉存寬,「英國強占香港島與所謂"穿鼻條約"」,『文博』1997-4.

裴周玉,「攻打長沙的"火牛"陣」,『黨史縱橫』1994-1.

莊建平,「琦善·義律·穿鼻草約」,『安徽史學』2000-1.

莊建平,「琦善從未簽訂"穿鼻草約"」,『歷史檔案』1986-3.

張德禮,「"火牛陣"爲什麼不靈驗了」,『現代班組』2019-3.

張研·牛貫傑,「試論團練大臣與雙重統治格局」,『安徽史學』2004-1.

張振國·周彦,「淺析洪秀全與楊秀清的利益關系」,『理論觀察』2014-2.

박은영(朴銀瑛, Park Eun-young)
성균관대학교 동아시아학술원 연구교수. 일본 근대사 및 일본 기독교
사 전공. 근대국가와 전쟁, 종교 문제에 관심이 있으며, 최근에는 일본
여성사의 관점에서 근대 일본 여성의 사상 형성 문제를 분석하고 있
다. 주요 연구로 「JAPANESE TRANSFORMATION OF AMERICAN
RELIGIOUS DISCOURSE: Uoki Tadakazu's Political Theology」
(2022), 「근대 일본의 사회주의 운동과 여성 -평민사(平民社)를 중심으
로」(2024) 등이 있다.

근대전환기 일본 여성의
정치참여와 자기인식
— 니지마 야에(新島八重)를 중심으로

1. 머리말

1853년 페리의 내항으로 본격화된 막부 말기의 정치 변동은 1858년 막
부의 미일수호통상조약 체결을 둘러싸고 국내의 정치적 갈등을 전면
에 드러냈다. 막부 최고직인 다이로(大老)에 취임한 이이 나오스케(井伊
直弼)는 통상조약의 조인을 강행하고, 이른바 안세이대옥(安政大獄)을
통해 반막부 세력에 탄압을 가했다. 그러나 이이 나오스케의 암살과 친
막부파 인사는 물론 서양인들에 대한 테러가 확산되는 가운데 막부 권
력은 더욱 약화되었고, 1866년 조슈, 사쓰마 간의 동맹이 체결되면서
도막 운동은 한층 강화되었다. 1867년 10월 마지막 쇼군 도쿠가와 요시
노부(德川慶喜)는 쇼군의 권력을 천황에게 되돌리는 대정봉환(大政奉還)
을 단행하는 것으로 반막부 세력의 요구를 부분 수용하고 추후 정치적
재기를 꾀하고자 했다. 이러한 막부의 조치에 대해 삿초(薩長) 연합군은
조정을 장악, 1868년 1월 '왕정복고의 대호령(王政復古の大号令)'을 선포
하고 막부의 폐지와 쇼군의 관직 사임, 영지 몰수 등을 결정하였다. 이
로써 270여 년간 계속된 도쿠가와 막부는 막을 내리게 되었다.

그러나 삿초 연합군이 주도한 메이지 신정부는 곧장 막부 지지 세력의 저항에 직면했다. 주지하듯이 보신(戊辰)전쟁은 교토 남쪽의 도바(鳥羽)·후시미(伏見) 전투에서 시작되어 이듬해 1869년 5월까지 이어졌던 일본 역사상 최대 규모의 신정부군과 막부군과의 내전이었다. 특히 아이즈번(会津藩)은 1868년 11월 아이즈 와카마쓰(若松) 전투에서 패배하여 항복하기까지 매우 격렬하게 신정부군에 대항해 싸웠던 막부 측 번의 하나로, 신정부군의 토벌 과정에서 수많은 잔학 행위가 자행되었던 지역으로도 잘 알려져 있다.[1] 본고에서 검토하는 니지마 야에(新島八重, 1845~1932)는 이러한 아이즈번 출신으로 보신전쟁에서 직접 총을 들고 전투에 참여했던 여성이다. 흥미로운 점은 이처럼 독특한 이력을 지닌 야에가 여성사에서 그다지 주목을 받지 않았다는 점이다.

실제로 야에가 대중적으로 알려지게 된 계기는 2013년 NHK에서 '야에의 벚꽃(八重の桜)'이라는 대하드라마가 방영되면서였는데, 이것은 잘 알려진 것처럼 2011년 발생한 동일본대지진의 피해가 극심했던 도호쿠(東北) 지역에 응원을 보낸다는 취지에서 후쿠시마 지역 출신이었던 야에가 주인공으로 선정된 데에 따른 것이었다. 그 이전까지 야에의 이름은 메이지를 대표하는 교육자이자 종교인으로 교토의 도시샤(同志社)를 설립한 니지마 조(新島襄)의 아내로 등장하는 정도에 불과했다.[2] 물론 드라마 방영 소식이 전해지고 야에에 대한 관심이 고조되면

---

1   보신전쟁에서의 신정부군의 잔학 행위는 아이즈번과의 전투 외에도, 도호쿠(東北) 지방의 여러 번을 진압하는 과정에서 각지에서 자행되었다. 이원우 「일본 대중출판물에 나타난 메이지유신의 재인식 문제」, 『일본역사연구』 48, 2018, 120~121쪽.

2   2011년 3월 11일 동일본대지진 발생으로부터 약 2개월 후, NHK는 2013년 방송 예정인 대하드라마의 주인공을 야에로 하는 '야에의 벚꽃'의 방영을 공식적으로 발표했다. 그러나 'NHK, 13년 대하드라마는 후쿠시마가 무대, 니지마 조의 처가 주인공(NHK, 13年の大河は福島が舞台　新島襄の妻が主人公)'이라는 당시 언론 보도의 표제를 통해서도 알 수 있듯이(https://web.archive.org/web/20110614132611/http://www.asahi.com/culture/update/0611/

서 여러 단행본이 출판되기도 했지만 대부분 야에의 생애에 대한 일대기적 소개에 머물렀다.

　기존의 일본 여성사 연구에서 근세 시기를 암흑시대로 보고 엄격한 가부장적 '이에(家)'제도 아래에서 여성이 경시되었다고 강조하거나 여성의 지위가 낮은 시대로서 평가하는 것은, 근대가 근세의 차별과 억압으로부터 해방된 시기라는 인식이 전제되어 있음을 부정하기 어렵다. 많은 여성사 연구가 근대성의 유입을 통해 변화된 여성과 그들의 해방에 초점을 맞추는 운동사를 중심으로 수행된 것도 그 때문일 것이다.[3] 이러한 여성사의 연구는 역사적 존재로서 여성에 대한 연구를 환기했다는 점에서 의미 있는 연구 성과를 축적한 것이 사실이나, 근세와 근대라는 강한 이분법적 질서를 고착화하는 가운데 근대성 자체가 지닌 차별적 속성은 물론 이러한 구도 밖의 여성에 대한 관심을 간과하게

TKY201106110568.html), 야에 자체로는 대중들에게 생소한 인물이었다. 실제로 드라마 방영 이전 야에에 대한 연구는 니지마 조 연구의 일환으로 행해진 2~3편의 논문이 나온 것에 불과했고(吉海直人「資料紹介『新島八重子刀自懷古談』の紹介-全文翻刻」,『同志社談叢』20, 2000 ; 高久嶺之介, 竹内くみ子「資料紹介 河原林家文書中の新島襄と新島八重子書簡」,『同志社談叢』26, 2006 ; 吉海直人「新島八重の『懷古談』補遺」,『總合文化研究所紀要』24, 2007), 이후로도 드라마 방영과 관련한 소개적 성격의 글이나 강연록 게재 등을 제외하고 학술적으로 이루어진 연구는 다음의 수 편에 불과하다. 山下智子「新島八重の信仰」,『新島学園短期大学紀要』33, 2013 ; 大越哲仁「新島八重と茶の湯」,『新島研究』104, 2013 ; 吉海直人「新島八重の和歌について」,『同志社女子大学学術研究年報』65, 2014 ; 山下智子「新島八重と賛美歌」,『新島学園短期大学紀要』35, 2015.

3　따라서 근세 여성에 대한 연구의 경우, 이 시기 여성이 얼마나 억압된 존재였는지를 밝히거나, 또는 돌출한 여성들을 발굴하여 시대적 한계를 초월한 여성으로 평가하는 경우가 일반적이다(柴桂子『江戸時代の女たち』, 評論新社, 1969 ; 関民子『江戸後期の女性たち』, 亜紀書房, 1980 ; 門玲子「只野真葛その文学と思想-孤独な挑戦者」,『江戸期おんな考』7, 1996 등). 예컨대 다다노 마쿠즈(只野真葛)와 같은 여성이 대표적인데, 그는 많은 여성사 연구자들에게 근세 여성으로서 '근대적 여성론의 선구자' 등의 적극적인 평가를 받고 있다. 이러한 여성사 연구에서의 이분법적 구조에 대한 문제제기를 포함하여 마쿠즈에 대한 더 자세한 사항은, 박은영「근세 일본 여성 지식인의 대외관과 자기인식-다다노 마쿠즈를 중심으로」,『일본사상』36, 2019를 참고할 것.

만드는 결과를 초래하였다. 더불어 보신전쟁을 승자인 메이지 신정부의 입장에서 막부체제를 완전히 무너뜨리고 일본이 근대국가의 길로 가기 위한 사건으로서 파악해 온, 이른바 '삿초사관'의 영향 또한 메이지유신과 근대화의 걸림돌로서 구체제를 대표하는 패자인 아이즈 여성에 대한 무관심으로 이어지도록 했다고 여겨진다.

이에 따라 본고는 막말유신이라는 전환기를 살았던 야에의 정체성 형성과 자기인식의 양상을 살펴보려고 한다. 전술했듯이 야에는 여성이면서 동시에 보신전쟁에 직접 총을 들고 참여한 아이즈인이었다. 그러므로 야에의 정체성 형성에 있어 아이즈는 어떠한 의미를 갖는지, 또 그의 개인적 정체성이 아이즈인이라는 집단적 차원과 어떤 관계를 가지는지에 주의를 기울이는 것은 중요하다. 이를 바탕으로 보신전쟁이라는 절체절명의 전쟁에 적극적으로 참여한 야에의 정치적 행위는 어떠한 토대 위에서 가능했던 것인지, 어떤 의미를 갖는지 확인할 수 있을 것이다. 그리고 젠더사적 관점에서 한 인간, 한 여성에게 있어 어떻게 기존 젠더 질서가 균열 또는 봉합되는지의 모습을 구체적으로 파악하는 계기도 될 수 있을 것이다.

2. 아이즈번과 '가훈 15조'

1668년 번조(藩祖) 호시나 마사유키(保科正之)는 아이즈번의 헌법이라고도 할 수 있는 15개 항목으로 이루어진 가훈(家訓)을 제정했다. 이후 '가훈 15개조(家訓十五カ条)'[4]는 200여 년에 걸쳐 아이즈번의 정신적 지

---

4   아래의 원문은 『日本教育文庫　家訓篇』(同文館編輯局編纂, 同文館, 1910, 417~418쪽)에 수록된 것이며, 현대 일본어 버전은 https://www.aizuwakamatu.info/html/kakun/kakun.

주로서 굳게 지켜졌다. 무엇보다 제1조 "대군(大君)의 뜻은 한마음으로 소중하게 충실히 따라야 하고, 열국의 예를 따라 판단해서는 안 된다. 만약 두 마음을 품으면, (그 번주는 – 인용자) 나의 자손이 아니다. (그런 번주를 – 인용자) 결코 따를 필요가 없다"는 마사유키가 가훈을 제정한 이유를 잘 보여준다. 여기서 '대군'은 도쿠가와 쇼군을 가리키며, 쇼군가에 대한 절대복종과 충성을 내걸고 있었다. 이를 통해 아이즈번의 입장과 위상을 명확히 이해할 수 있다.

호시나 마사유키는 2대 쇼군 도쿠가와 히데타다(德川秀忠)의 서자로 태어났다. 히데타다는 서자로 태어난 마사유키를 호시나가(保科家)의 양자로 보냈는데, 나중에 이복동생의 존재를 알게 된 3대 쇼군 이에미쓰(家光)는 그를 아이즈의 번주로 발탁하였고, 마사유키는 이를 평생고마워했다. 더욱이 마사유키는 이에미쓰의 유언에 따라 4대 쇼군이

---

html 을 참고할 것.
一、大君之義一心大切可存忠勤不可以列國之例自處焉若懷二心則非我子孫面々決而不可從
一、武備不可怠選士可爲本上下之分不可亂
一、可敬兄愛弟
一、婦人女子之言一切不可聞
一、可重主畏法
一、家中可勵風儀
一、不可行賄求媚
一、面々不可依怙贔屓
一、選士不可取便辟便佞者
一、賞罰家老之外不可參知之若有出位者可嚴格之
一、不可使近侍者告人之善惡
一、政事不可以利害枉道理僉議不可挾私意拒人言不藏所思可以爭之雖甚相爭不可介于我意
一、犯法者不可宥
一、社倉爲民置之爲永利者也歲饑則可發出濟之不可他用之
一、若失其志好遊樂致驕奢使士民失其所則何面目戴封印領土地哉必上表可蟄居
右十五件之旨堅相守之以往可以申傳同職者也

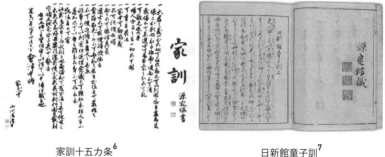

家訓十五力条[6]   日新館童子訓[7]

되는 어린 조카 이에쓰나(家綱)의 보좌역으로 막정에 참가하면서 쇼군가 및 막부를 위한 여러 정책을 실시했는데, 자신의 업적을 드러내기보다는 어디까지나 이에쓰나를 후견하는 역할로 일관하는 등 도쿠가와 종가의 직계로서 본가를 지탱한다는 강한 사명감을 가지고 있었다.[5] 즉 '가훈 15개조'는 만년의 마사유키가 아이즈 번정의 기본적인 방향성을 직접적으로 제시한 것으로, 막부에 충성을 다하는 아이즈번 가훈의 정신은 역대 번주들에게 계승되었다. 그리고 이와 같은 아이즈번의 사명감은 번의 교육제도를 통해 뒷받침되었다.

특히 아이즈번 중흥의 번주로도 불리는 5대 마쓰다이라 가타노부(松平容頌)는 긴 재임기간 동안 가로(家老) 다나카 하루나카(田中玄宰)와 더불어 번정 전반에 걸친 다양한 개혁을 마사유키의 '가훈'의 정신에 입각하여 실시한 것으로 유명하다. 그 중 교육 개혁의 일환으로 창설된 번교 '일신관(日新館)'은 10세 이상의 번사의 자제를 입학시켜 문무(文武) 양쪽에서의 교육을 목표로 한 당시로서도 독특한 교육기관이었다.

---

5   野口信一『会津藩』現代書館, 2005, 34~57쪽.

6   会津松平家奉賛会(http://www.aizu-matsudaira.com/kakin.html).

7   國立公文書館, 國立公文書館所藏資料特別展, "大名(著書と文化)"(http://www.archives. go.jp/exhibition/digital/daimyou/contents/photo.html?m=21&pt=4&pm=1).

나아가 가타노부는 『일신관동자훈(日新館童子訓)』이라는 상하 2권으로 된 수신교과서를 편찬해 일신관에서 가르치도록 했다. 이 책은 주희의 『소학』에서 인용한 내용이 많았는데, 부모와 주군 등을 섬기는 마음가 짐과 예절을 50여 항에 걸쳐 유소년들이 이해하기 쉽도록 와분(和文)으로 서술한 후에 그 근거가 되는 유교 경전의 원문을 싣고 있으며, 아이즈번과 관계가 깊은 내용을 예로 보여주는 형태를 취하고 있었다.[8] 곧 『일신관동자훈』은 아이즈번의 공식적인 무사도로서 아이즈의 정신성이 확립되는데 지대한 영향을 주었다고 할 수 있을 것이다.

한편 일신관에서의 교육이 10세부터라면, 입학 이전인 6세에서 9세 사이의 무가의 아이들을 대상으로 '주(什)'라는 조직을 통해 집단적 교육이 행해지고 있었던 점도 주목해야 할 것이다. 아이즈번의 남자아이들은 여섯 살이 되면 반드시 열 명 내외의 '주' 조직에 편성되어 '주의 규칙(什の掟)'[9]이라는 일종의 사회규범을 학습하게 된다. 아이들은 매일 오후 당번의 집에 모여 7개 항목으로 이루어진 주의 규칙을 주장(什長, 보통 9세의 최연장자)의 선창으로 낭독하고, 마지막으로 '아닌 것은 아닌 것입니다(ならぬことはならぬものです)'라는 말로 끝을 맺었다. 이후 주장이 해산을 선언할 때까지 밖에서 다 같이 놀이를 하면서 연장자에 대

---

8   高瀬武志「武士道思想における死生観に関する比較考察:『日新館童子訓』を中心に」,『桐蔭論叢』44, 2021, 36쪽.
9   一.年長者の言うことに背いてはなりませぬ
     一.年長者には御辞儀をしなければなりませぬ
     一.虚言をいふ事はなりませぬ
     一.卑怯な振舞をしてはなりませぬ
     一.弱い者をいぢめてはなりませぬ
     一.戸外で物を食べてはなりませぬ
     一.戸外で婦人と言葉を交えてはなりませぬ
         ならぬことはならぬものです
     (https://www.aizuwakamatu.info/html/kakun/juokite.html).

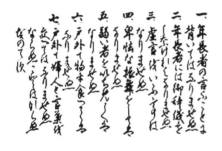

한 예의, 동년배와의 우정 등을 자연스럽게 익히게 된다.[10] 일신관 입학 전 어린아이들에 대한 집단교육으로서 '주' 조직을 통한 '주의 규칙'의 학습은 매우 감화력이 강했을 것이라고 짐작할 수 있다.

什の掟[11]

또한 아이즈번은 일신관 설립 2년여 후 17개조로 된 '유년자심득지염서(幼年者心得之廉書)'를 제작하여 모든 번사의 가정에 배포하였다. 이것은 『일신관동자훈』의 일부를 어린아이들의 훈육을 위해 좀 더 평이하게 한 것으로, 매일 매일의 일상생활에서의 구체적인 실천 지침을 가르치고 있다. 예컨대 "부모님이나 윗사람이 일을 시킨다면 삼가 승낙하고 실행에 게을러서는 안 됩니다", "남의 험담을 하거나 사람을 비웃어서는 안 됩니다", "선생님이나 부모님과 아는 사람을 만났을 때는 길가에 서서 삼가 예를 갖추세요" 등 부모나 연장자, 스승에 대한 공경, 몸과 마음을 단정하게 유지하는 방법 등 아침에 일어나서 잠자리에 들 때까지 하루 생활 지침을 상세하게 설명한다.[12] 이것이 각 가정에 배포되었다는 것은 한편으로 일

---

10 주장은 규칙을 낭독한 후 누군가 이를 위반한 자가 없는지 묻고, 만약 위반한 사람이 있다면 그에게는 벌이 주어졌다. 간단한 구두 사과로부터 가장 무거운 벌은 주 조직에서의 방출이었고, 이럴 경우 방출된 아이의 부모가 9살인 주장에게 정식으로 사과를 한 다음에야 용서를 받을 수 있었다. 또한 주 조직 내에서는 집안의 규모, 신분 등은 고려되지 않았고, 어디까지나 연령순으로 서열이 결정되었다는 점도 인상적이다. 野口信一「公開講演会-山本八重子と会津の精神風土」『同志社談叢』30, 2010, 187~188쪽.

11 会津松平家奉賛会(http://www.aizu-matsudaira.com/kakin.html).

12 野口信一『会津えりすぐりの歴史』, 歴史春秋社, 2010(http://www.aizu-cci.or.jp/a-cci-inC1/02-topics/yae_shien_m.htm).

신관에 입학할 수 없었던 여성에 대한 가정교육의 맥락에서도 파악할 수 있다. 비록 여성에 대한 공식적인 교육제도는 없었지만 '유년자심득지염서'를 바탕으로 조부모나 부모로부터 엄격한 예의범절과 행동, 무가 여성으로서의 생활 방식 등을 배운 다음, 이들이 다시 어머니가 되어 자식들을 동일하게 훈육하여 훌륭한 번사로 키워낼 수 있게 된다. 곧 '유년자심득지염서'에 대한 교육은 비단 남자아이들에만 해당되는 것은 아니었다고 할 수 있다. 이처럼 아이즈의 가정교육은 남녀를 불문하여 가르치고 실천함으로써 자신도 모르는 사이에 충효의 마음과 예의범절의 중요성을 자각하게 하는 기능을 했던 것이다.

이와 같이 아이즈번의 교육은 호시나 마사유키로부터 이어진 '가훈 15개조'를 바탕으로 아이즈번의 정신을 흔들림 없이 지탱하는데 있어 체계적인 조직과 교육 내용을 가지고 있었다고 말할 수 있을 것이다. 그렇다면 이상과 같은 아이즈번의 정신적 풍토와 기풍이 구체적으로 아이즈인으로 태어난 야에의 정체성 형성에 어떻게 관계하는지 살펴보자.

3. 야에의 성장과정

야에는 1845년 아이즈번의 포술사범(砲術指南役)이었던 야마모토 곤파치(山本權八)와 사쿠(佐久) 사이에서 태어났다. 원래 야마모토가는 야에의 조부 때부터 포술사범이 되었는데, 딸만 있던 야마모토가는 데릴사위를 들여 가문을 계승하게 하였고 그가 바로 야에의 아버지 곤파치였다. 원래 야에를 포함하여 3남 3녀의 형제가 있었으나 그 중 절반이 어려서 죽었고, 성인이 된 것은 장남 가쿠마(覚馬)와 야에, 그리고 남동생 사부로(三郎) 뿐이었다. 오빠 가쿠마와는 17살 차이로 야에에게는 스승과 같은 존재였다.

전술했듯이 여성에 대한 공식적인 교육은 없었지만 아이즈번의 가정교육은 무가의 딸로 태어난 야에에게도 큰 영향을 미치고 있었다. 야에는 이미 7살 무렵에 '일신관동자훈'과 '주의 규칙'을 완전히 암기하고 있었던 것으로 보인다. 야에는 다음과 같이 회상했다.

동자훈은 아이를 재울 때 자장가처럼 흥얼거리면서 재웠던 것입니다. 그 때문에 아이들이라도 주군의 은혜라는 것은 어릴 적부터 머릿속에 깊이 스며들어, 결코 잊지 못하는 것입니다. 그래서 나도 아버지로부터 동자훈을 배웠고, 7살 때 암송이 가능해졌을 때는 아주 학자가 된 것 같은 마음이었습니다.[13]

이처럼 아이즈번에서 '일신관동자훈'은 자장가를 대신할 정도로 들려졌던 가르침이었고, 야에는 만년이 되어서도 여전히 '일신관동자훈'의 서문을 기억하고 있었다. 80대 중반의 야에는 "오직 '정신'이라는 것만은 항상 가지고 있습니다. 내가 가지고 있는 정신은 나의 구번(旧藩)의 선조들이 대대로 자손을 위해 '동자훈'이라는 것을 남겼고, 나도 그것을 어머니로부터 익히고 아버지로부터 배웠던 것이 애초부터 근본이 되었습니다"[14] 라고 말하고 있다. 야에가 만년이 되도록 정확하게 암기하고 있던 서문은 다음과 같은 것이다.

무릇 사람은 세 가지 큰 은혜를 입고 생을 살아간다. 부모는 나를 낳고,

13　「新島八重子刀自懐古談」, 吉海直人『新島八重 : 愛と闘いの生涯』, 角川学芸出版, 2012, 205쪽.

14　櫻楓會『家庭週報』956, 日本女子大学, 1928.

주군을 나를 기르고, 스승은 나를 가르친다. 부모가 없으면 태어날 수 없고, 주군이 없으면 성장할 수 없고, 스승이 없으면 알 수 없다. 부모의 은혜가 한이 없음은 천지와 같고, 부모가 없다면 어찌 내가 있겠는가. 태육(胎育)의 시작부터 수개월 동안 천신만고를 겪고, 출생한 후에는 어머니는 젖은 이불에 눕고 아이는 말린 요에 눕히며 아이가 잠들면 어머니의 몸도 움직이지 않는다. 여름은 시원하고 겨울은 따뜻하게 아버지는 태아의 안온을 빌고 의복과 의약이 부족함이 없게 하며, 음식을 먹을 때부터 젓가락질을 비롯한 예의범절을 가르치고, 각각의 스승을 뽑아 도(道)를 배우고 재주를 익히게 하여 재능과 덕이 뛰어나기를 바라며, 나이가 차면 아내를 얻도록 하여 가정을 가지고 선조를 부끄럽게 하지 않도록 얼마나 애쓰는가.[15]

야에에게 있어 어려서부터 길러진 아이즈번의 정신은 일생 그의 삶을 통해 관철되고 있었다. 곧 부모와 주군, 스승을 섬기는 마음가짐과 예의를 중시하는 아이즈 무사의 정신이었다.

한편 야에의 성장과정에서 오빠 가쿠마로부터 받은 영향을 살펴보는 것도 중요하다. 야에는 무가의 자녀로서의 일반적인 가정교육 외에도 오빠 가쿠마로부터 다양한 지식을 습득할 수 있었다. 가쿠마는 일신관에 입학한 후 문무 양쪽에서 일찍부터 두각을 나타냈다. 성적우수자로서 에도에 나갈 기회를 얻었던 가쿠마는 당시 페리의 내항으로 촉발된 막말의 위기를 직접 목격한 한편 난학과 서양식 포술의 중요성을 통감하고 연구에 몰두한다. 1856년 아이즈에 돌아온 가쿠마는 일신관의 교수가 되어 난학소를 설치하고 서양식 포술과 병학 등을 가르쳤다. 당

15　「新島八重子刀自懷古談」, 吉海直人, 前揭書, 204~205쪽.

시 가쿠마는 강력한 병제(兵制) 개혁의 필요성을 호소하기도 했으나 급격한 개혁론에 대한 반발을 초래하여 이루어지지 않았다. 이 무렵 11살에 불과했던 야에는 오빠 가쿠마로부터 최신식 총기 사용법, 병법, 난학, 수학, 공학적 지식 등 다양한 지식을 배우고 있었다.[16] 일신관에서 가쿠마가 훈련을 시작하면 옆에 와서 그것을 자랑스럽게 지켜보는 것이 야에의 일상이었고, 가쿠마가 시험 삼아 야에에게 게베르총의 조종법을 가르치면 놀랄 만큼 빠르게 그 방법을 습득하여 주위를 놀라게 했다. 어려서부터 무예에 흥미를 가지고 있던 야에는 주변 무가 저택의 남자아이들과 섞여 활발한 유년기를 보냈다. 또 11살에 이미 60킬로 정도의 쌀가마를 어깨에 네 번 올리고 내릴 수 있었다는 야에의 회상에서 그가 상당한 체력을 가지고 있었다는 것을 짐작할 수 있다.[17] 물론 어머니 사쿠의 염려도 있어 야에 역시 그 시대 여자아이들처럼 재봉을 배우러 다니기도 했다. 다만 바느질 연습이 끝난 후 다른 아이들은 떠들고 이야기하면서 놀았던 데 비해 야에는 무리에 끼지 않고 곧장 집에 돌아와 포술 연습에 몰두했다. 그 결과 18세 무렵에는 최신 총기의 사용법을 완전히 익힐 수 있었고, 본인보다 어린 남자에게 게베르총의 조작법을 가르칠 수 있는 정도의 실력을 가질 수 있었다.[18]

이와 같이 야에는 어려서부터 아이즈번 무사의 정신과 기풍을 익히는 한편, 건강한 신체 능력을 바탕으로 최신 포술 기술을 습득하는 시간을 보내고 있었다. 이것은 물론 무가 포술사범의 집안에서 태어난 환경을 최대한 살린 것이기도 했지만 무엇보다 야에 그 자신의 관심이

---

16 佐藤弘子『会津藩士の娘たち』月刊會津人社, 2006, 14~15쪽.

17 山下智子『新島八重ものがたり』日本キリスト教団出版局, 2012, 18~19쪽.

18 야에는 전쟁의 와중에 이이모리산(飯盛山)에서 자결한 백호대(白虎隊)의 한 사람이었던 이토 데이지로(伊東悌次郎)에게 게베르총의 조작을 가르치기도 했다. 安藤優一郎『新島八重の維新』青春出版社, 2012, 16~18쪽.

뒷받침되어야만 가능한 일이었고, 특히 오빠 가쿠마로부터 배운 여러 지식은 이후 야에의 적극적인 행동원이 되었다고 볼 수 있다.

4. 보신전쟁과 야에

1862년 9대 번주 마쓰다이라 가타모리(松平容保)는 막부의 교토슈고직(京都守護職) 취임 요청을 승낙했다. 교토슈고직은 막부가 당시 과격파 존왕양이론자들이 집결하여 반막부의 거점이 된 교토의 치안을 위해 신설한 직책이다. 애당초 가타모리는 여러 차례 이 직(職)을 고사했고, 가로들 역시 정국의 불안정함을 들며 사퇴를 강력히 요청했다. 그러나 정사총재직(政事總裁職)에 있던 마쓰다이라 슌가쿠(松平春嶽)를 비롯한 막신들이 아이즈번 가훈을 들며 거듭 설득하자 사양할 명분이 없어진 가타모리는 교토슈고직을 승낙했던 것이다.[19] 이후 잘 알려진 대로 사쓰마, 조슈를 필두로 한 도막 세력의 주도로 '왕정복고의 대호령'이 내려져 막부가 폐지되었고, 막부 측 지지 세력을 무력으로 굴복시키는 방침을 고수한 신정부에 의해 아이즈번은 '조적(朝敵)'의 위치로 전락하고 말았다. 번조 호시나 마사유키로부터 이어진 가훈이 결국 아이즈번을 막말 혼란한 정세의 한복판으로 인도했다고도 볼 수 있다.

　1868년 1월 도바·후시미에서 시작된 보신전쟁에 관한 소식은 야에에게도 빠르게 전해졌다. 야에의 남동생 사부로가 도바·후시미 전투에서 총격을 받아 부상을 당했고, 이송된 에도(江戸) 번저에서 사망했다는 소식과 함께 사부로의 머리카락 일부와 사망 당시 입고 있던 의복이

19　山川浩『京都守護職始末』(国立国会図書館デジタルコレクション), 郷土研究社, 1930, 23~27쪽 ; 安藤優一郎 , 前揭書, 26~29쪽.

유품으로 도착한 것이다.[20] 이후 전장이 점차 북쪽으로 옮겨가는 가운데 10월 아이즈 와카마쓰성(若松城)에도 밀어닥쳤다. 이른바 '아이즈농성전쟁'이라고도 부르는 '쓰루가성(鶴ヶ城)[21] 농성전'의 시작이다.

이틀 전 아이즈번경 보나리토게(母成峠)를 지키는 800여 명의 막부군은 7000여 명의 신정부군과 전투를 벌이지만 병력과 병기의 차이로 패주하였고, 신정부군은 와카마쓰성 인근까지 순식간에 진군할 수 있었다. 아이즈번에게 있어서 번경 수비가 단시간에 무너진 것은 예상외의 일이었다. 신정부군이 와카마쓰성 근방까지 돌입하면서 가로 사이고 다노모(西郷頼母) 일가의 자해와 백호대(白虎隊)의 자결 등의 사건도 야기했음은 주지의 사실이다.[22] 아이즈번 입장에서는 농성전을 피할 수 없게 되었던 것이다.

10월 8일 이른 아침 야에의 어머니 사쿠와 가쿠마의 아내 우라의 피난 권유에도 야에는 입성하여 농성전을 준비할 것을 강력히 주장한다. 야에는 이후 다음과 같이 회상했다.

> 저의 친정은 아이즈의 포술사범이었으므로, 잘 아시는 8월 23일(양력 10월 8일 – 인용자) 드디어 성안에서 농성하게 되었을 때, 저는 기모노도 하카마도 모두 남장을 하였고 삼베로 만든 짚신를 신고 두 개의 칼을 허리에 차고 후장(後裝) 7연발총을 어깨에 메고 갔습니다. 다른 부인들은 나기나타(薙刀)[23]를 가지고 있었지만, 집이 포술사범이고 거기에 대한 소양도 적었으므로 철포로 하였던 것입니다. …… 나는 동생의 원수를 갚지 않으면 안 된다, 내가 곧 사부라는 기분으로 그 유품인 옷을 입

---

20 安藤優一郎, 前揭書, 57~59쪽.
21 아이즈에서 와카마쓰성을 부르는 별칭이다.
22 星亮一『会津落城 戊辰戦争最大の悲劇』, 中央公論新社, 2003, 93~118쪽.
23 긴 막대 끝에 칼을 붙인 무기로 에도시대 무가의 여인들이 사용하였다.

고, 하나는 주군을 위해, 하나는 동생을 위해 목숨을 다해 싸울 결심으로 성에 들어갔던 것입니다.[24]

이처럼 야에가 입성을 결심한 것은 '주군을 위해', 또 '동생을 위해'서였다. 그리고 이러한 야에의 결의에는 무엇보다 아이즈번 무사의 정신이 전제되어 있었다. 야에 스스로도 "주군에게 충성을 다해야 한다는 것은 아주 어려서부터 배워왔기 때문에, 모두 싸움에 가면 자신의 목숨을 버리고 싸워야한다고 단지 그것만 생각한 것입니다. 세 살 버릇 여든까지인데, 어려서부터 배운 정신은 견고한 것입니다. …… 우리들은 번이라는 작은 나라를 위해 그렇게 가르침을 받았습니다만"[25] 이라고 말하고 있듯이, 농성전에 임하는 야에의 자세는 명확한 목표와 신념에 따른 것이었다. 따라서 입성 후에도 야에의 행보는 거침없었다. 야에는 성안의 여성들처럼 부상자의 간호를 하고 밥을 짓기도 하였지만, 한 상자만으로도 무거운 탄환 백발이 들어있는 상자를 남성들처럼 두세 상자씩 어깨에 지고 나르기도 했고, 번사들과 섞여 야간 총격전에 참가하기도 했다. 또한 번주 가타모리의 앞에서 신정부군이 쏘았지만 터지지 않았던 4근포(斤砲)의 포탄을 직접 분해하여, 그 안의 다수의 철편을 꺼내며 포탄이 터질 경우 철편들이 사방에 튀어 주위에 많은 부상을 입힐 수 있다고 유창하게 설명하여 주위를 놀라게 했다.[26]

1개월 동안 지속된 농성전은 아이즈번의 항복으로 종료한다. 신정

---

24 新島八重 「男装して会津城に入りたる当時の苦心」, 『婦人世界』4~13, 1909. 11. 한편 당시 『부인세계(婦人世界)』는 아이즈 여성의 '보신회고담'을 연속으로 게재하고 있었다. 山川操 「十七歳にて會津籠城中に實驗せし苦心」, 『婦人世界』4~8, 1909. 7 ; 長谷川みと子 「幼兒を連れて會津戰爭を逃れし當時」, 『婦人世界』4~12, 1909. 10.

25 「新島八重子刀自懷古談」, 吉海直人, 前揭書, 205~206쪽.

26 新島八重子, 永沢嘉巳男編 『新島八重子回想録』, 大空社, 1996, 70쪽.

부군의 대규모 집중 공격은 쓰루가성 안팎을 아수라장으로 만들었고, 야에의 아버지 역시 이 과정에서 전사하고 말았다. 농성전 동안 전투에 직접 참가하고, 대포대를 지휘하며 밤낮없이 분전했던 야에는 성문이 열린 그날 밤 산노마루(三の丸) 잡물고(雑物庫) 벽에 다음과 같은 단가를 새겼다.

> 내일 밤부터는 어느 나라의 누가 바라볼 것인가. 익숙한 이 성에 남겨진 월광(月影)을.[27]

항복식이 조인된 다음 날 부녀자의 경우는 죄를 묻지 않았으나 야에는 사부로의 이름으로 남장을 한 채 다른 번사들과 함께 이나와시로(猪苗代) 근신의 길에 올랐다. 도중 신정부군에 의해 여자로 불리기도 하지만 야에는 자리를 바꾸면서 끝까지 아이즈 번사의 일원으로 걸었다.[28] 야에는 마지막까지 필사적으로 아이즈 무사의 정신을 가진 인간이고자 했던 것이고, 당시 고정적 젠더관을 넘은 여성의 모습을 보여줬다고 볼 수 있다.

전술했듯이 야에가 '주군'을 위해 싸울 각오를 다지고 총을 들었을 때 그는 여성으로서가 아닌 아이즈 번사로서 자기를 인식하고 있었다. 그런데 야에를 다룬 서적들이 단지 그를 '남성처럼(男性と同じように) 싸운 여성'이라고 소개하는 것은, 어쩌면 근세 사회에서 여성은 원칙적으로 공적 영역에서 제외된 존재였다는 인식 위에서 야에와 같은 돌출 여성을 자리매김하는 방식에 다름 아니며, 오히려 야에와 같은 여성의 역사적, 사회적 의미를 축소하게 만든다. 야에에게 보신전쟁은 그 자신

---

27 "明日の夜は何国の誰かながむらん なれし御城に残す月影". 山下智子, 前掲書, 32쪽.
28 이나와시로에서 여자인 것이 드러나 다시 돌려보내졌다. 山下智子, 前掲書, 32~33쪽.

을 강하게 아이즈에 귀속시키고, 아이즈인이라는 강한 의식을 통해 자발적 전쟁 참여라는 정치적 행위로 나가게 한 계기였다. 즉 야에가 쓰루가성 농성전에 뛰어들 수 있었던 것은 단지 그의 포술 지식과 강인한 체력 때문만이 아니라, 오히려 아이즈번의 정신성을 바탕으로 그 자신을 정치적 주체로서 직접적으로 자각했기 때문에 전쟁터라는 정치적 공간으로 기꺼이 들어갈 수 있도록 했던 것이다. 이런 점에서 정치적 주체가 된 여성의 '자기해방'이라는 측면으로도 읽을 수 있지 않을까.

5. 맺음말

최근 메이지유신 150주년을 맞아 메이지유신에 대한 비판적 검토도 다양한 각도에서 이루어졌다.[29] 특히 보신전쟁과 관련해서는, 삿초사관에 입각하여 아이즈번을 비롯한 도호쿠 여러 번의 토벌에 대해 정당성이 주장되었던 종래의 구도에 대한 허구성을 비판하고, 각지에서 자행되었던 잔악한 행위에 대한 환기도 이루어졌다. 그럼에도 불구하고 이러한 상황 속에서의 여성의 존재에 대해서는 정당하게 주목되고 있지 않은 것으로 보인다. 물론 이것은 여성사 연구의 한계 때문이기도 하다. 지금까지 여성사 연구에서 근세=억압, 근대=해방이라는 이분법적 이해를 전제로 한 이른바 '신여성'에 대한 주목은 많았지만, 패자의 공간에 있던 여성에게 근대는 오히려 차별과 억압의 시작이기도 했다는 점에서 이중의 그물이 드리워져 있었기 때문이다.

---

29 이와 관련해서는, 이원우 「일본 대중출판물에 나타난 메이지유신의 재인식 문제」, 『일본역사연구』 48, 2018 ; 민덕기 「일본 도호쿠(東北)지방에선 왜 아베정권의 '메이지유신 150주년'을 '보신(戊辰)전쟁 150주년'으로 기념하고 있을까?」, 『한일관계사연구』 66, 2019 등을 참고할 것.

이에 따라 본고는 막말유신의 전환기를 살았던 야에에 주목하여 보신전쟁의 참여를 정치적 행위로서 보고, 그 토대가 된 아이즈번의 정치와 교육을 통한 정신적 풍토와 이를 바탕으로 야에의 정체성 형성과 자기인식 문제를 살펴보았다. 야에에게 아이즈인이라는 정체성은 그의 삶에 직접적이고 적극적으로 개입하고 있었다. 특히 막부가 완전히 붕괴되고 메이지 국가 확립의 길을 마련한 보신전쟁은 야에에게 정치적 주체로서 스스로 각성하는 결정적인 계기가 되었다. 아이즈인 야에에게 전쟁터는 곧 정치적 공간이었고, 이 전장에 스스로 나아가는 행위는 적극적인 정치적 행위에 다름 아니었다. 따라서 야에는 젠더사적으로도 흥미로운 단서를 제공한다. 승자 측 남성군인과 대치한 정치 주체화한 패자 여성이라는 구도는 기존의 젠더화된 문법과 다른 해석을 필요로 하기 때문이다.

일반적으로 야에의 생애는 세 시기로 구분하는 경우가 많다. 우선 나고 자라 젊은 시절을 보낸 아이즈 시대, 보신전쟁 이후 교토로 옮겨 니지마 조와 함께 생활했던 시대, 마지막으로 남편 조의 사후 독지간호부와 다도사범 등의 삶을 영위했던 시대로 나눌 수 있다. 그리고 여성으로서 야에의 전모를 상세히 이해하기 위해서는 위의 세 시기에 대한 면밀한 검토가 필요할 것이다. 예컨대 아이즈 시대 이후의 야에는 패자로서 승자의 공간에서 새로운 사상적 과제를 마주하게 된다. 메이지유신 이후로도 오랫동안 아이즈번은 반란군으로 묘사되었던 것에서도 알 수 있듯이, 아이즈 출신의 야에에게 패자인 아이즈번 출신이라는 점과 여성이라는 이중의 마이너리티는 이중의 속박이 되었기 때문이다. 더욱이 야에에게 메이지유신은 보신전쟁 최대의 희생자였던 아이즈의 희생 위에 이룩된 것으로 비쳤다. 야에가 패자로서의 정체성을 극복하기까지는 많은 시간이 소요되었지만 아이즈인으로서의 자기인식은 잃어버리지 않았다. 특히 이 시기 야에에게 끼친 종교의 영향은 큰 것이었는데, 이와 관련하여 새로운 정치적 공간에서 활동한 야에에 대해서는 별도의 지면에서 논하고자 한다.

참고문헌

민덕기, 「일본 도호쿠(東北)지방에선 왜 아베정권의 '메이지유신 150주년'을 '보신(戊
辰)전쟁 150주년'으로 기념하고 있을까?」, 『한일관계사연구』 66, 2019

박은영, 「근세 일본 여성 지식인의 대외관과 자기인식-다다노 마쿠즈를 중심으로」,
『일본사상』 36, 2019

이원우, 「일본 대중출판물에 나타난 메이지유신의 재인식 문제」, 『일본역사연구』 48,
2018

安藤優一郎, 『新島八重の維新』, 青春出版社, 2012

大越哲仁, 「新島八重と茶の湯」, 『新島研究』 104, 2013

佐藤弘子, 『会津藩士の娘たち』, 月刊會津人社, 2006

櫻楓會, 『家庭週報』 956, 日本女子大学, 1928

柴桂子, 『江戸時代の女たち』, 評論新社, 1969

関民子, 『江戸後期の女性たち』, 亜紀書房, 1980

門玲子, 「只野真葛その文学と思想-孤独な挑戦者」, 『江戸期おんな考』 7, 1996

高瀬武志, 「武士道思想における死生観に関する比較考察:『日新館童子訓』を中心
に」, 『桐蔭論叢』 44, 2021

高久嶺之介, 竹内くみ子 「資料紹介 河原林家文書中の新島襄と新島八重子書簡」,
『同志社談叢』 26, 2006

同文館編輯局編纂, 『日本教育文庫　家訓篇』, 同文館, 1910

新島八重, 「男装して会津城に入りたる当時の苦心」, 『婦人世界』 4~13, 1909.11

新島八重子, 永沢嘉巳男編 『新島八重子回想録』, 大空社, 1996

野口信一, 『会津藩』, 現代書館, 2005

＿＿＿＿＿, 「公開講演会-山本八重子と会津の精神風土」, 『同志社談叢』 30, 2010

＿＿＿＿＿, 『会津えりすぐりの歴史』, 歴史春秋社, 2010

星亮一, 『会津落城 戊辰戦争最大の悲劇』, 中央公論新社, 2003

吉海直人, 「新島八重の和歌について」, 『同志社女子大学学術研究年報』 65, 2014

＿＿＿＿＿, 『新島八重 : 愛と闘いの生涯』, 角川学芸出版, 2012

_____,「新島八重の「懐古談」補遺」,『総合文化研究所紀要』24, 2007

_____,「資料紹介『新島八重子刀自懐古談』の紹介-全文翻刻」,『同志社談叢』20, 2000

山川浩,『京都守護職始末』(国立国会図書館デジタルコレクション), 郷土研究社, 1930

山下智子,「新島八重と賛美歌」,『新島学園短期大学紀要』35, 2015

_____,「新島八重の信仰」,『新島学園短期大学紀要』33, 2013

_____,『新島八重ものがたり』, 日本キリスト教団出版局, 2012

https://web.archive.org/web/20110614132611/http://www.asahi.com/culture/update/0611/TKY201106110568.html(검색일 : 2021.10.30)

https://www.aizuwakamatu.info/html/kakun/juokite.html(검색일 : 2021.10.30)

https://www.aizuwakamatu.info/html/kakun/kakun.html(검색일 : 2021.10.30)

http://www.aizu-cci.or.jp/a-cci-inC1/02-topics/yae_shien_m.htm(검색일 : 2021.10.30)

http://www.aizu-matsudaira.com/kakin.html(검색일 : 2021.10.30)

http://www.archives.go.jp/exhibition/digital/daimyou/contents/photo.html?m=21&pt=4&pm=1(검색일 : 2021.10.30)

김예진(金禮珍, Kim Ye-jin)

성균관대학교 동아시아학술원 연구교수. 해방기 문화사 및 번역학 전공. 해방기 및 정부수립기 미국의 대한(對韓) 문화정책, 문화 및 정치 이데올로기 형성의 상관관계 등을 연구하고 있다. 주요 논문으로는 「정부수립기 제도번역 사례연구: The Struggle behind the Iron Curtain」(2021), 「Gatekeeping of translations in Shinchunji in South Korea during the Cold War(1946-1954) from the text mining approach」(2023) 등이 있다.

정부 수립기 잡지『월간 아메리카』의
번역 속 소년 표상과 미국의 문화외교

1. 서론

1948년 미국이 한국 문제를 국제 연합에 이관한 후 남한 단독 정부가 수립되고 이후 미군의 한반도 철수가 예정되면서 미국으로서는 한국에 민주주의를 정착시켜 동아시아에서의 자유진영을 확고히 하는 것이 중요해졌다(이철순, 2000, p. 29). 이를 위해서는 한반도 남부 점령 당시 나빠진 미국의 평판을 회복시키고 한국인들에게 미국식 민주주의의 긍정적인 면을 홍보해야 했다. 미군 철수와 함께 설치된 주한 미국 공보원(United States Information Service in Korea)은 당시 이러한 홍보 업무를 맡은 대표적 기관으로, 출판, 영화, 라디오 등 다양한 문화 프로그램을 전개하였다.

주한 미국 공보원이 진행하였던 프로그램 중 본고에서는 잡지『월간 아메리카』에서 소개된 *The Adventures of Tom Sawyer*와 "Two Soldiers" 번역에 초점을 맞추고자 한다. 당시 한국인들이 미국 문학을 미국에 대해 알아갈 수 있는 한 방편으로 인식하였고(편집부, 1950b, p. 84), 미국 공보원 역시 당시에 미국 문학을 선전의 한 도구로 인식하여 특정한 기준을 갖고 번역 대상 작품을 선택하였다는 관점을(권보드래, 2021, p. 216) 전제로 본고에서는 이 두 소설을 사회적 내러티브(socio-narrative) 이론을 중심으로 분석해보고자 한다. 이 두 작품이 선택된 이유는 무엇인지, 그 번역 전략은 어떠한지를 선택적 전유와 레이블링 방식을 기초로 살펴보고 이러한 전략이 한국에 민주주의 이식을 확고히 하고자 하였던 미국의 목표와 어떠한 방식으로 조응하는지 논하고자 한다.

2. 이론적 배경 및 연구 대상 분석

1) 문화외교와 번역

문화외교(cultural diplomacy)란 공공외교(public diplomacy)의 일환으로, 문화 상품과 문화 활동을 수출함으로써 해외에서 선의 및 무역 기회를 창출하고자 하는 행위를 의미한다(von Flotow, 2018, p. 194). 문화외교는 제2차 세계대전 종전 이후 미국과 소련의 냉전체제가 굳어지면서 그 역할이 커지기 시작하였다. 미국 역시 냉전의 긴장 속에서 자유진영의 결속을 견고히 하고자 전략적 요충지에서 문화의 힘을 빌리곤 했다. CIA가 서독에서 비밀스레 진행한 문화 활동 지원 사업(Stonor, 1999), *Der Monat, Encounter, Amerika* 등과 같은 잡지 발간 사업, 소련, 동유럽, 아시아에서 진행한 책 번역 사업(von Flotow 2018, p. 197; 차재영, 2016), 헐리우드 영화 상영(Falk, 2011) 등의 사업은 미국이 문화 상품을 통해 민주주의라는 정치 이데올로기를 확산시키고자 하였던 대표적 문화외교의 예다.

　미국이 직접 점령하고 있던 한반도 남부 역시 1940년대 중, 후반부터 미국의 문화 선전 프로그램이 본격적으로 전개된 지역이었다. 특히 미국은 주한 미국 공보원을 설치하면서 한국에서 행해지는 공보 활동이 "공산주의자들의 정치적, 경제적 속임수"로부터 한국인들이 벗어나게 하며 한국인들에게 "새로이 탄생한 정부가 민주적 정신 아래 살아남아 발전할 수 있다는 믿음을 심어주는 것"을 목표로 해야 한다고 밝히며(National Archives and Records Administration (이하 NARA) United States Information Service in Korea, p. 2) 문화 프로그램을 통한 선전전을 도모하였다.

이러한 배경을 바탕으로 하여 이 글에서는 문화외교와 번역이 서로 밀접한 관계가 있다는 점에 주목한다. 문화외교는 주로 언어가 다른 국가를 대상으로 하기에 번역의 개입이 거의 필수적이다. 문화외교를 위한 번역 활동이 선전을 목적으로 하고 있었다면 당연히 그 번역 과정에는 선전 기관이 깊이 관여할 수밖에 없었다. 무엇을 선택하여 번역하고, 그 선택된 텍스트를 어떻게 번역하느냐에 따라 선전 대상국에 비치는 미국의 이미지가 달라질 수 있기(von Flotow, 2018, p. 197) 때문이다.

2) 『월간 아메리카』 발행과 제도번역

『월간 아메리카』는 주한 미국 공보원이 1949년 3월부터 한국전쟁 발발 직후인 1950년 12월까지 한국에서 발간한 잡지로[1], 미국 국무성이 미국식 민주주의 홍보를 위해 소련을 비롯한 몇몇 국가에서 발행하던 *Amerika* 지의 자매지다. 이 잡지에 있어 주목할 만한 사실은 미국 국무성이 잡지 발간 과정에 주도적으로 참여하였다는 점이다. 우선 미국국립문서기록관리청(NARA)의 Boyce Report에 따르면 국무성은 한국인들이 "삶에 필수적인 민주주의적 요소들을 이해하게 하는 것"을 선전 도구로서 『월간 아메리카』가 수행해야 할 목표로 삼았다(p. 27). 국무성은 잡지의 장, 단기 목표 역시 설정하였다. 단기 목표는 미국을 "한국의

---

[1] 1950년 7월호는 현재 판본이 존재하지 않으며, 잡지는 7월 이후 휴간되었다가 1950년 12월호를 마지막으로 발간된 것으로 보인다.

정치적, 경제적, 문화적 독립에 관심이 있는 자유롭고 책임감 있는 국가"로 그리는 것, 그리고 "미국과, 미국 안에서 살고 일하는 개별 미국인들의 진짜 모습을 보여줌으로써 공산주의 선전에 대항"하는 것 등이었다(p. 28). 잡지의 장기 목표는 한국의 정치 및 정부 관련 "피상적 발전상"에 집중하기 보다는 "민주적 사고"를 자극하여 한국의 정치적 문제들을 다루어야 함은 물론, 민주주의 철학, 즉 "인간의 선천적 존엄성, 개인의 권리, 인류의 평등, 자유와 책임이라는 지각"을 드러내는 것이었다 (p. 29). 이에 따라 국무성은 한국의 정치, 경제, 사회적 사정에 적합한 글과 사진을 골라 주한 미국 공보원으로 보냈고 그 중 번역할 기사를 고를 최우선권이『월간 아메리카』에 주어졌다(p. 9). 주한 미국 공보원은 1949년 기준 전 세계 미국 공보원 중 유일하게 편집권을 갖고 있었다(편집부, 1950a, p. 17). 하지만 공보원 자체가 국무성의 지휘를 받고 있었기에 잡지의 구성은 한국인들이 쓴 기사 역시 다른 기사와 그 논조 차이가 크지 않았으며 이는 곧 주한 미국 공보원 역시 잡지에 관해 국무성과 거의 동일한 태도를 갖고 있었다는 반증으로 볼 수 있다(Kim, 2017).

국무성이 잡지에 실릴 기사를 직접 선택하여 보낸 만큼 이 잡지 기사의 상당수는 번역이었다. 제도번역 이론에 따르면 번역의 모든 과정이 번역을 수행하는 기관의 목적과 같은 요소에 의해 영향을 받는다 (Mossop, 1990, p. 351). 다시 말해, 번역자 개인의 해석, 관점, 신념 등도 번역 과정에 있어서 큰 역할을 하지만 "번역 대상 텍스트 선정 문제부터 번역수행, 편집, 최종 번역텍스트의 제작 및 출판"의 제반 과정에 번역자, 편집자, 감수자 등 번역 기관 내 다양한 역할을 맡은 사람들의 상호 작용이 수반(강지혜, 2005, pp. 8~9) 된다. "텍스트 해석과 재표현"의 과정이 "기관의 담론의 영향"(강지혜, 2012, p. 17)을 받을 수밖에 없다는 의미다.『월간 아메리카』에 실린 대부분의 기사가 번역이며,『월간 아메리카』는 미국의 문화외교를 위해 창간되었고 미국 국무성과 주한 미국 공보원이 잡지의 제작 과정에 깊이 관여하였다는 사실로 미루어 기관의 목적이 잡지의 출판 및 번역의 전 과정에 반영될 수밖에 없었음을 짐작할 수 있다. 즉, 이 잡지가 국무성과 공보원의 적극적 개입을 통해 발간되었던 만큼 잡지 발간에는 미국의 대한문화정책이 고스란히 반영될 수밖에 없었다는 의미다(Kim, 2019). 따라서 문화외교의 예이자 제도번역의 전형적 예로서『월간 아메리카』에 실린 번역을 연구한다면 실제 미국 국무성과 주한 미국 공보원이 번역을 통해 달성하고자 하였던 문화외교의 목표는 무엇이었으며, 그 목표가 실제 번역 과정에 어떻게 반영되었는지 살펴볼 수 있을 것이다.

3)『월간 아메리카』와 소설

『월간 아메리카』에는 약 400편의 기사가 수록되어 있는데 그 중 번역 소설의 수는 17편에 지나지 않는다. 총 기사들 중 번역 소설이 차지하는 비중이 작긴 하지만『월간 아메리카』는 정부 수립기 당시 미국 소설이 한국으로 번역 소개되는 주요 통로 중 하나였음이 분명하다. 김병철(1975)과 김용권(1979)의 기록에 따르면 1945년에서 1950년까지 한국에서 번역된 미국 소설 중 약 3분의 1이 이 잡지를 통해 번역되었기 때문이다(pp. 829~831, p. 114).

아래〈표 1〉에는『월간 아메리카』에 실린 번역 소설의 제목과 작가의 이름이 잡지에 기재된 그대로 나열되어 있다. 이 목록에 대해 김용권(1979)은 수록된 "작품들의 수준은 고르지 않으며 代表的인 것도 아니다"라고 말한다(p. 114). 그는 "쥬에트, 캐더 같은 地方作家(regionalist)와 스타인벡, 포오크너와 같은 20세기의 대표적 작가가 소개"되어 있다 밝히면서 "나머지 작가들은 스턱튼처럼 O.헨리(Henry)식의 奇拔한 技法을 보여준 작가도 있으나, 대부분 群小作家"라고 언급하고 "개중에는 당대의 잡지 등에 발표되어 주목을 모으기는 했으나 지금은 文學人

名辭典에서도 찾아볼 수 없는 작가들도 있다"고 첨언한다(pp. 114~115). 이러한 언급은 얼핏 이 잡지가 중구난방 식으로 작품을 골라 소개했다는 인상을 줄 수도 있으나, 오히려 유명한 작가의 작품이기 때문에, 지금은 잊혔을지언정 당시에는 주목을 끌었던 작가였기 때문에, 혹은 새로운 문학 기법을 보여준 작가였기 때문에 위의 작품들이 번역되었다는 의미로도 해석될 수 있다.

실제로 1948년 이후부터 한국에서 도서 번역 프로그램을 전개하며 주한 미국 공보원은 번역 도서 선정에 상당히 까다로운 기준을 적용한 바 있다(차재영, 2016, p. 213)는 점을 상기한다면, 또한 이 잡지에 실린 기사들이 미국의 대한 문화정책의 성격을 그대로 반영하고 있다는 점을 감안한다면(Kim, 2019) 이 잡지에 실린 소설들 역시 무작위로 선택되었다고 가정하기는 어렵다. 이 잡지의 주요 대상 독자층이 중, 고, 대학생들이었는데(NARA Boyce Report, p. 19) 실제 이 잡지에서 선택된 문학 작품 중 소년, 소녀가 주인공인 소설이 전체의 약 절반을 차지하고 있다는 점, 당시 거의 모든 해외 주재 미국 공보원에서 선전을 위해 번역하였던 윌라 카더(Willa Cather)(Turner and Barnihisel, 2010, p. 12)의 작품과 "개인의 자유를 상징하는 민주적 영웅(democratic heroes)의 현재적 모델(present model)로 간주되"어 자주 번역되었던 마크 트웨인의 작품(Ochi, 2010, p. 106) 역시『월간 아메리카』에 어김없이 수록되었다는 사실은 이러한 가정을 뒷받침한다.

〈표 1〉『월간 아메리카』에 실린 미국 번역 소설 (김용권, 1975, p. 114)

권호	제목(번역)	저자
1~2	잃은 땅	죠-지 프레이타그
1~3	노새	루씨 앰버뤼

권호	제목(번역)	저자
1~4	톰 쏘-여	마-크 트와인(Mark Twain)
1~5	호각	벤자민 프랭클린(Benjamin Franklin)
1~5	카루소를 기다리는 밤	네이탄 브롯취
1~6	少年	다니엘 도-ㄴ(Daniel Doan)
1~7	魔人이냐 범이냐	프랭크 R. 스탁턴
1~8	白鷺	쌔라 오-ㄴ 쥬웰(Sarah Orne Jewette)
1~9	돌담	죠-ㄴ D. 위-뷔
1~10	이웃 롸 키	윌라 캩허 (Willa Cather)
2~1	집	죠-ㄴ 스타인벡(John Steinbeck)
2~2	폭풍	죠-지 R. 스튜워-트(George Stewart)
2~3	미시시피江의 독깨비	마-크 트웨인(Mark Twain)
2~4	하라버지의 주검	재새민 웨슽
2~5	어린 作曲家	앨벝 하-퍼(Albert Harper)
2~6	두 병사(I)	윌엄 포크너(William Faulkner)
2~7	두 병사(II)	윌엄 포크너(William Faulkner)

4) 선행 연구 및 연구 목적

해방기 및 정부 수립기 미국의 소설 번역에 대한 연구는 한정되어 있다. 김병철(1975)은 1945년 이후와 1950년 초기에 번역된 미국 문학 작품을 정리해 두었지만 미국 문학 번역의 주체와 그 함의에 대해서는 언급한 바가 없다. 차재영(2018, 2016)은 미군정기와 1950년대 미국이 한국에서 시행하였던 도서 번역 사업에 주목하였다. 차재영(2018)은 미국이 "선전"의 한 방편으로 도서 번역 사업을 전개하였다고 설명하면서 군정청 부서와 관리들 및 공보 관련 부서들이 출간한 번역 도서들이 전체주의를 비판하거나 당시 단독 선거를 승인하였던 유엔의 결정을 정당화하기 위한 선택이었음을 논하였다. 또한 차재영(2016)은 미국이 1950년대 초부터 한국에서 진행하기 시작한 도서 번역 사업에 대해 분석하면서 미국이 번역서의 선택에 깊숙이 관여하여 미국 내에서 발생한 사회 문제들을 고발하는 작품들은 선택에서 배재하는 등, 치열한 "검열"을 통해 자국 이미지 제고에 도움이 되는 작품들을 주로 선택하여 번역하였다는 사실을 밝혔다.

구체적으로 국무성이 주한 미국 공보원을 통해 발간한『월간 아메리카』에서 소개한 소설에 대한 연구로는 김용권(1979)이 있다. 그는『월간 아메리카』의 전반적 목적과 의의를 설명하는 것은 물론, 잡지에 실린 기사를 장르별 혹은 주제별로 분류하여 그 기사들이 잡지의 전체적 경향을 어떻게 반영하는지 설명하였다. 문학에 대한 설명은 간략하게 등장하고 있는데, 이 잡지에서 번역된 기사들이 대체로 미국의 우월성을 홍보하는 내용에 초점이 맞춰져 있다고 논하면서도 번역 소설의 경우는 그 선정 기준이 일정치 않다고 설명한다.

언급한 연구들은 대체로 단행본 번역의 예(차재영, 2018, 2016)를 주로 다루거나 번역 텍스트의 성격을 피상적으로 다루고 있다. 미국 문학이 소개되던 주요 창구였고, 또 미 국무성이 선전을 하는 주요 방편 중 하나의 역할을 하였던『월간 아메리카』에서 소개된 작품은 어떤 작품이었는지, 이러한 소설은 문화외교의 관점에서 어떤 의미가 있는지에 대해서는 주목한 바가 없다. 따라서 본고에서는『월간 아메리카』에 실린 번역 소설을 분석하되 번역 텍스트 선정 기준은 물론 번역 텍스트 분석을 통해 번역 전략 역시 유추하여 이 번역 전략이 당시 미국 국무성과 주한 미국 공보원의 냉전기 공공외교 목표와 공명하고 있다는 점을 밝히고자 한다. 이를 위해『월간 아메리카』를 통해 번역된 미국 소설 중, "소년"을 주인공으로 삼은 마크 트웨인과 윌리엄 포크너의 소설,

The Adventures of Tom Sawyer (이하 *Tom Saywer*)와 "Two Soldiers"를 분석 대상으로 삼는다. 이 두 작품을 선택한 첫 번째 이유는 이 두 작가가 당시 미국을 대표할 만한 작가로 꼽히고 있기 때문인 것은 물론(김용권, 1979, p. 114) 이 두 사람이 냉전기 미국의 번역 서적 사업에 있어 상반된 평을 받았던 작가들이기 때문이다. 앞으로 더 자세히 논하겠지만 마크 트웨인은 미국의 대외 번역 사업에서 늘 빠지지 않는 이름이었던 반면 윌리엄 포크너의 작품은 번역 프로젝트에서 아예 제외되거나 선별적으로 번역된 바 있다(권보드래, 2021, p. 216). 따라서 두 작품의 번역본 분석을 통해 이 작품들이 번역을 위해 선택된 이유와 번역 전략을 가늠한다면 미국 공보원과 국무성이 이 두 작품과 관련하여 기대하였던 문화 선전의 목표를 예상해 볼 수 있을 것으로 기대된다.

이 두 작품을 선택한 또 다른 이유는 이 두 작품의 주인공이 잡지의 목표 독자였던 소년이기 때문이다. 앞서 언급하였듯이 이 잡지에 실린 17편의 소설 중 잡지의 대상 독자층인 소년, 소녀를 다루고 있는 작품의 수는 총 8편으로 전체 번역 소설 편수의 약 절반에 해당한다.『월간 아메리카』의 대상 독자층은 학생들과 청년들이며 이들은 미국에 가장 관심이 많은 계층이었다(NARA Boyce Report, p. 19). 또한 이들은 조선의 미래를 짊어질 다음 세대기도 했다. 따라서 이들이 주인공으로 등장하는 소설의 번역본을 분석하면 미국 국무성과 공보원이 동년배의 이야기를 통해 한국의 차세대 계층에게 전하고자 하였던 메시지를 유추해 볼 수 있을 것이다.

3. 방법론: 사회적 내러티브

미군정 및 미국 공보원이 한국에서 문화 프로그램을 진행할 때 주요 목표로 삼은 것은 한국인들의 "민주적 사고"를 자극하는 것(NARA Boyce Report, p. 29), 그리하여 미국식 민주주의가 한반도에 확고히 자리 잡게 하는 것이었다. 즉, 미국은 문화 프로그램을 통해 미국에 관한 이야기를 전하고 이를 기반으로 한국의 정체(政體)에 대한 한국인들의 인식 변화를 유도하고자 하였다.

사회적 내러티브 이론은 이야기와 인식 변화의 상관관계에 대해 유의미한 통찰을 제공한다. 마거릿 소머스(Margaret Somers)에 따르면 이야기, 곧 내러티브는 독자들의 세계 이해에 영향을 미친다(1992, p. 600). 독자들은 내러티브를 읽으며 내러티브를 그대로 받아들이기도 하지만 자신들의 세계관과 이성(good reasoning)에 비추어 내러티브를 재해석하고, 재해석한 내러티브를 다시 배포시키기도 하는데(Fisher, 1985, p. 85) 이렇게 "다시 이야기"하는 과정에서 내러티브가 재구성되는 것을 "프레이밍"이라고 부른다. 베이커(Baker)에 따르면 내러티브가 재구성, 혹은 프레이밍 되는 것은 내러티브에 노출된 화자들이 "자신들이 매개하는(mediate) 내러티브의 특정 측면을 강화하거나 혹은 약화시키는 다양한 전략을 사용"하기 때문이다(2006, p. 105). 따라서 화자로서의 번역가들 역시 번역을 위한 텍스트 선정은 물론, 거시/미시단계 텍스트 번역의 과정에서 자신의 "재해석"을 투영하여 새로운 내러티브를 프레이밍할 수 있다(ibid., p. 105). 이러한 관점을 제도 번역으로서의 『월간 아메리카』 번역에 대입해 보면 이는 곧 번역 주체들을 통해 원문과는 다른 내러티브가 프레이밍 될 수 있다는 의미기도 하다. 따라서 번역을 통해 프레이밍 된 새로운 내러티브는 국무성과 공보원이라는 번역 주체의 의도를 반영했을 수 있다.

소머스(1992)는 내러티브를 네 가지 종류로 구분하였다. 바로 자신에 대한 이야기를 의미하는 존재론적(ontological) 내러티브, 개인보다 더 큰 단위, 즉 가정, 종교 등을 포함한 공공 분야에 대한 이야기를 의미하는 공적(public) 내러티브, 연구 분야의 개념을 설명하기 위해 사용하는 개념적(conceptual) 내러티브, 그리고 "냉전"과 같은 거대(meta) 내러티브다(pp. 28~48).

본고에서는 『월간 아메리카』를 통해 번역된 두 소설에서 프레이밍된 존재론적 내러티브와 공적 내러티브에 초점을 맞춘다. 두 소설 속 주인공들을 통해 프레이밍 된 존재론적 내러티브가 어떠한 방식으로 공적 내러티브로 발전하는지 살펴 볼 것이다. 이를 위해 베이커(2006)가 제시한 번역가의 내러티브 프레이밍 방식 중 선택적 전유(selective appropriation)와 레이블링(labelling) 전략을 활용하고자 한다. 선택적 전유는 내러티브에 노출된 자들이 내러티브의 일부분을 생략하거나 첨가하는 방식으로 내러티브의 일부를 강조하거나 감추는 방식을 의미한다. 선택적 전유 방식에는 한 문장 내에서 일부 변화를 야기하는 방법이나 특정 작가나 장르를 배제하는 방법, 텍스트에서 특정 문단 등 특정한 부분을 제외하는 방법 등이 포함된다(pp. 114~5). 한편 레이블링 전략은 특정 대상에 이름을 붙이는 전략이라 할 수 있다. 즉, 특정 인물, 장소 등에 특정한 이름을 붙임으로서 그 대상을 다시 정의하는 방식(p. 122)을 의미한다.

4. 사례 분석

1) 마크 트웨인과 「톰 쏘-여」: 미국의 프론티어 정신과 민주주의

지금부터는 『월간 아메리카』에서 번역 소개된 마크 트웨인의 작품, 「톰 쏘-여」를 분석하되 서문과 번역 전략 분석, 그리고 텍스트 선택 기준 분석을 중심으로 논하면서 번역을 통해 어떠한 내러티브가 프레이밍 되었는지 살펴보고자 한다.

1)-1. 서문 분석

編輯者의 말

『偉大한 美國의 유모어리스트 마-크 트와인에 依』하여 紀錄된 바와같이 두少年 卽 톰 쏘-여와 허클베리의 冒險은 美國사람과 많은 다른 사람에게 잊을수없는 것이 되어있다. 이 두少年은 想像的 人物이다. 그러나 이 두少年들의 이야기는 約百年前 미시싶피江岸 조그만 都市에서 少年時代를 보낸 마-크 트와인 自身의 追憶에 立脚하여 쓴 것이다. 이 짧은 이야기는 트와인의 두 冊의 첫券 一八七五年에 初版이 나온 「톰 쏘-여의 冒險」에서 引用한 것이다. 이 續篇 「허클베리의 冒險」은 一八八四年에 出版되었다.』(미국공보원, 1949, p. 81)

위의 인용문은 「톰 쏘-여」라는 번역본에 소개된 편집자 서문이다. 원문에도 저자 서문이 있기는 하지만 편집자는 원천텍스트의 서문을 보충하면서도 다른 내용이 담긴 서문을 실었다. 우선 원문의 서문에서는 저자가 톰 소여와 허클베리 핀이라는 주인공들이 가상의 인물들이긴 하지만 저자 본인의 경험은 물론 현실에 실제 존재했던 지인들의 경험을 조합하여 탄생시킨 인물들이라 언급한다(Twain, 1986, p. 5). 한편 편집자 서문은 크게 작품의 영향력과 작품의 내용 소개로 구성되어 있다. 우선 서문 작성자인 편집자는 이 작품의 작가가 "위대"한 작가로 널리 알려져 있다는 사실과, 이 작품이 미국인뿐만 아니라 세계 많은 사람들에게 "잊을 수 없는" 작품으로 평가 받고 있다고 설명한다. 즉, 편집자는 톰 소여와 허클베리 핀의 이야기가 이미 전 세계적으로 잘 알려진 이야기며, 많은 독자들에게 (긍정적으로) 깊은 인상을 주었다는 내러티브를 프레이밍 함으로써 이 작품이 번역되지 않을 수 없는 작품임을 암시하면서 작품의 어떠한 내용이 "잊을 수 없는" 것인지 궁금해 하게 만든다. 한편 작품에 등장하는 인물과 관련하여서 편집자는 원문의 서문과 유사한 설명을 하고 있다. 소설 속 두 소년은 상상의 인물이지만 이들이 소설 속에서 겪는 경험은 마크 트웨인의 추억에서 말미암았다 말하면서 편집자는 이 소설 속 주인공들의 경험이 마크 트웨인 생존 당시 미국에서 벌어진 일이기에 실제와 동떨어진 일이 아니라는 원문의 내러티브를 그대로 옮기고 있다.

요약하자면, 서문을 통해 편집자는 *Tom Sawyer*라는 작품이 위대한 작가가 쓴 유명한 작품이기 때문에 번역할 가치가 있다는 내러티브를 새로이 프레이밍 하고 이 이야기가 허구가 아닌 실제로 있었던 이야기라는 내러티브를 그대로 옮겨 오면서 소설 속 이야기를 실제 현실과 접목시키고 있다. 이로써 번역될 수밖에 없는 인상적인 이야기, 즉 미국에서 실제로 일어난 "잊을 수 없는" 사건은 무엇인지 독자들의 궁금증을 유발하는 것이다. 따라서 이 "잊을 수 없는" 이야기는 어떤 이야기인지, 왜 이를 현실과 접목시키고 있는지 주목할 필요가 있다.

1)-2. 본문 분석: 거시 수준 텍스트 분석

1949년 6월호에 실린 「톰 쏘-여」라는 번역본은 *Tom Sawyer*를 초역(抄譯)한 작품으로, 원문을 구성하고 있는 35장 중 두 번째 장인 톰 소여의 담장 페인트칠 장면만을 번역하고 있다. 『월간 아메리카』가 80~90쪽 정도 되는 잡지였음을 생각해 볼 때 이러한 초역 방식은 불가피한 선택이었을 것이다. 초역이 필요했다는 사실은 번역 주체가 35장에 달하는 본문 중 번역할 특정 본문을 선택해야 했다는 의미며, 이는 곧 편집 및 번역에 참가했던 번역 주체들이 35개 장 중 가장 번역에 적합하다고 판단하는 장을 택했다는 의미기도 하다.

2장은 주인공인 장난꾸러기 톰이 긴 담장을 하얀색 페인트로 칠해야 하는 어느 하루를 담고 있다. 톰을 키워준 이모 폴리는 톰에게 높이 3미터, 길이 30미터의 담장에 하얀색 페인트를 칠하라는 벌을 준다. 마침 그 날은 온 세상이 아름다워 보이는 맑고 밝은 토요일이다. 페인트 칠을 하는 대신 놀고만 싶은 톰은 꾀를 낸다. 페인트칠이 굉장히 재미있고 대단한 일인 척 한 것이다. 그 모습을 본 동네 아이들은 자신들이 가진 보물이나 사과 등을 바치면서까지 담장을 칠하게 해달라고 톰에게 애원한다. 톰은 결국 큰 수고를 하지 않고도 주어진 임무를 마친다. 화창한 미국 서부의 어느 날 펼쳐진 톰의 영악한 계획과 기지가 드러나는 이 장면은 이 작품에서 가장 유명하면서도 대중들에게 "가장 인상 깊은 장면 중의 하나"(정녹인, 2006, p. 14)로, 이 장면에서 볼 수 있는 톰의 자유롭고 진취적인 정신은 작품의 배경에 해당되는 개척시기 미국 서부에서 만들어진 "자유, 야성, 모험심, 광활함"이라는 "낭만적 이미지"와 상응하며(황혜성, 2004, p. 135), 이는 앞으로 더 자세히 논하겠지만 미국의 민주주의 정신과 상통한다.

1)-3. 본문 분석: 미시 수준 텍스트 번역 분석

다음은 문장 수준의 번역 분석이다. 역자는 대체로 원문에 충실하게 번역하였기 때문에 문장 단위에서 일어난 변화는 많지 않은 편이다. 하지만 충실한 번역 기조에서 벗어난 예들은 오히려 번역 주체가 이 작품을 통해 어떤 내러티브를 다시 프레이밍하고자 하였는지를 보여주는 반증이 될 것이다.

ST: [······] and all the summer world was bright and fresh, and brimming with life (Twain, 1986, p. 19)

TT: [······] 여름을 마지한 삼라만상은 찬란하고 신선하며 생명이 가득 찼다 (미국공보원, 1949, p. 81)

위의 예문은 2장을 시작하는 첫 문장으로, 톰 소여가 살고 있는 마을의 풍경을 묘사하고 있다. 이 문장에서 "bright"는 "찬란"이라는 단어로 번역되면서 실제보다 톰이 살아가고 있는 곳인 서부 개척지를 좀 더 아름답고 긍정적인 이미지로 프레이밍하고 있다.

ST: "Can't, Mars Tom. Ole missis, she tole me I got to go an' git dis water [……] (Twain, 1986, p. 20)
TT: 안돼 톰 아저씨 주인할머니는 내가 물을 떠 오잖으면 안된다고 [……] (미국공보원, 1949, p. 81)

위의 예문은 톰과 흑인 노예 사이의 대화다. 원천텍스트에서 노예인 짐은 아직 어린 소년일 뿐인 톰에게 "Mars", 즉 "Mr."라는 칭호를 붙이고, 자신의 주인에게는 "Old mrs"라는 호칭을 붙인다. 하지만 목표텍스트에서는 짐이 톰에게 반말을 하는 것은 물론이고, 실제 주인을 "주인 할머니"로, 톰은 "톰 아저씨"로 부르고 있다. 이러한 번역 경향은 장전체에서 반복된다. 최근의 번역에서는 이 어휘들을 계층의 위계 의식을 살려 "톰 도련님"과 "주인 마나님" 혹은 "마님"으로 번역하는 것에 반해(김욱동 역, 2009, p. 29; 강미경 역, 2010, p. 26), 위의 예문에서는 톰과 이모가 흑인 소년에 대해 가진 위계질서를 희석시키는 "아저씨", "주인 할머니"로 부르는 것은 물론, "can't" 역시 "안돼"라고 번역하였다. 톰이 살아가고 있는 이 마을은 "위계와 서열을 강조하는 전형적인 미국 남부 사회의 축소판"으로 어른과 아동, 백인과 유색인, 주인과 노예 사이의 위계질서라는 이데올로기가 "보편 내재화"된 사회였다(구은혜, 2014, p. 11). 이러한 사회적 배경을 생각해 볼 때 이러한 선택적 전유 전략은 당시 보편화 되었던 계급의식을 희석시키는 것은 물론, 당시 미국인들에게는 모험적이고 "계급이 없는" 사회로 형상화 되어 있었던(Coulombe, 2003, p. 5) 서부의 이미지를 동일하게 한국 사회에서도 프레이밍 하기 위한 선택일 수 있다.

1)-4. 논의

마크 트웨인의 대표작 *Tom Sawyer*는 "19세기 미국의 개척정신을 담은 작품", "개척정신과 소년의 두려울 것 없는 모험정신으로 가득"한 "오염되지 않은 미 서부 대륙에서 탄생된, 아메리칸 드림을 담은 저서"로 평가되었다(정녹인, 2006, p. 12). 이에 더해 주인공 톰은 앞서 묘사하였듯이 굴복하지 않는 용기와 모험 정신을 가진 것은 물론, 제도와 관습에 얽매이지 않는 프론티어 정신으로 무장한 "미국의 영웅"이자 미국인의 전형으로 받아들여진다(Kim, 2005, pp. 43~44). 이러한 점이 가장 두드러지게 나타난 장이 바로 2장, 담장 페인트칠 장면이라 할 수 있다.

이에 더해 소설의 배경이 되는 "미국 서부"는 "프런티어 정신" 등과 밀접하게 관련되어 있다(강지헌, 2018, p. 64). 터너(Turner)는 미국 동부에서부터 서부로 "프런티어"가 확장되면서 미국인들이 유럽의 문화에서 벗어나 "미국다움"을 이룩했다고 말하는데 이때 미국다움은 "타협하지 않는 억센 성격과 창조적이고, 자신만만하고 낙관적이고 열정적인 자세"(ibid., p. 65)는 물론, 유럽과 차별화되는 "실용적이고, 활기 넘치며, 개인주의적이고 민주적인" 성격을 의미한다(윤희수, 2020, p. 81). 다시 말해 *Tom Sawyer*라는 작품에서 드러난 톰의 활달함과 진취성, 기민함이라는 내러티브는 서부 개척 당시의 모험 정신, 그리고 유럽과 구별되는 활기 넘치고 민주적 국가의 기반이 되는 미국의 자유스러움이라는 내러티브와 조응한다.

국무성과 공보원은 서부 개척 당시를 그린 작품들 중 대표격인 *Tom Sawyer*라는 작품 중에서도 가장 자유분방하고 기지 넘치는 서부 개척지 속 소년의 모습을 그린 장을 선택 번역하였다. 게다가 역자와 편집자는 개척 시기 서부에 가득했던 황량함과 척박함(이창신, 2005, pp.

159~165)을 선택적 전유를 통해 완화하였다. 해방기 당시 프론티어 및 서부 개척, 그리고 미국이라는 국가에 대해 갖고 있었던 부정적 인식 중 큰 부분을 차지하였던 미국의 인종 차별 및 계급 문제(장규식, 2006, pp. 166~167) 역시 동일한 전략을 통해 그 부정적 면모가 완화되었다. 또한 서문을 통해 톰 소여의 재기발랄한 이야기가 실제 일어날 수 있는 일임이 암시되었다.

　이러한 "잊을 수 없는" 이야기가 번역되었던 당시는 한국에서 프론티어 정신이 미국이 유럽과 달리 봉건적이지 않는 자유로운 자본주의 국가를 급속하게 발전시킨 원동력 중 하나로 설명되던 시기였다(장세진, 2012, p. 118). 또한 이 시기는 미군이 철수하고 더불어 미·소 사이의 긴장이 악화되는 것은 물론 여수순천사건과 같은 국내 문제가 대두되면서 민주주의 체제를 선택한 신생 정부의 생존이 의문시되었던 시기기도 하였다. 자유와 같은 대표적 미국적 가치와, 미국의 민주주의 발전과 동시에 경제적 성장을 가능하게 했던 프론티어 정신을 긍정적으로 묘사하는 작품의 번역과 그 전략은 이제 막 정부를 수립한 한국이 미국과 미국식 민주주의를 국가 발전의 거울로 삼기를 바랐던 미국의 희망을 반영한 결과라고 볼 수 있다.

2) 윌리엄 포크너와 「두 병사」: 위기 속 빛을 발하는 애국심

『월간 아메리카』에서 주목해야 할 또 다른 소설은 바로 윌리엄 포크너의 단편인 「두 병사」다. 이 작품은 1942년 작이자 한국에서 최초로 번역된 포크너의 소설이다(권보드래, 2021, p. 209). 이 작품의 줄거리를 간략히 설명하자면 다음과 같다. 피트(Peet)라는 이름의 19세 형은 이름이 특정되지 않은 여덟 살 동생과 함께 이웃집에서 흘러나오는 라디오 뉴스를 자주 듣는다. 어느 날 형제는 라디오에서 전해지는 일본의 진주만 공격 소식을 접한다. 이 소식을 들은 형은 며칠 잠도 못자며 고민하다 입대를 결심하고, 이 결심을 들은 여덟 살 동생 역시 형을 따라 군대에 가겠다는 뜻을 밝힌다. 형은 동생에게 나이가 어려 같이 갈 수 없다 말하고는 혼자 길을 떠나지만 동생도 식구들 몰래 새벽에 길을 나선다. 긴 여행 끝에 형을 만나지만 나이가 어려 동생은 결국 집으로 돌아오고 형만이 전쟁에 참가한다.

『월간 아메리카』는 이 소설을 1950년 6월호와 7월호에 걸쳐 모두 번역하였으나(김용권, 1979, p. 114) 1950년 7월호는 소실되어 존재하지 않으므로 6월호에 실린 번역본만 서문과 미시단계 텍스트를 중심으로 분석하고자 한다.

2)-1. 서문 분석

번역본에는 원문에 존재하지 않는 서문이 작성되어 있다. 신원이 알려지지 않은 서문 작성자는 상당한 분량을 할애하여 포크너와 「두 병사」에 대해 다음과 같이 설명하고 있다. 서문 속 포크너의 이름표기는 "f" 발음을 ㅎㅍ으로 붙여 표기하는 공보원의 방식을 반영하였다.

> 『두 병사』는 가장 흥미있고 특징있는 작가라고 할 수 있는 一九二五년 이후 미국에 나타난 유명한 신진작가 윌염 ㅎ폴크너(William Faulkner)가 쓴 전시소설이다.
> [……] 맛시씹피주는 남부지방 평야에있는 면화를 주로 재배하는 주의 하나인데 一八六一년부터 一八六五년에 걸친 남북전쟁으로 말미암아 큰 피해를 입어 그것을 회복하는데 오랜 시일이 걸렸지만 ㅎ폴크너는 지나간 부귀와 영화의 얘기를 들으면서 자라났다. 그러므로 그는 그주(州)의 역사를 배울 필요가 없었다. 그 역사는 그의 뼈나 살의 일부분과도 같았기 때문이다.
> [……] ㅎ폴크너는 때로 뉴-욕과 시카고의 깽들의 생활이나 변사(變死)

등을 그리는『거칠고 비꼬는』소설가들과 혼동되기 쉬우나 그는 어디까지나 흙의 소설가다.『두 병사』는 옛날의 상처가 나아가는것처럼 조용하고도 자극있는 소설이다. 이 이야기는 一八六一년 정부에 대항하여 싸운 남부동맹참가자(南部同盟參加者)의 자손이 八十년후에 미국이 외국의 위협을 받게됐을때에 나라를 방위하기 위하여 병사가 된다는 골자인데 실마리는 여덟살된 아이가 말하는 것이다. (미국공보원, 1950, p. 78)

위의 서문을 들여다보면 우선 윌리엄 포크너 개인에 대한 설명이 상당 부분을 차지하고 있다. 서문 작성자는 포크너를 미국의 "유명한 신진작가", "가장 흥미 있고 특징 있는" 작가로 레이블링 하고 있다. 이는 이 작품이 유명하고 능력 있는 작가의 작품이자 읽을 가치가 있는 작품이라는 내러티브를 프레이밍한 전략이라 할 수 있다. 포크너는 당시 미국에서는 유명한 작가였지만 한국에서는 이 잡지를 통해 그의 작품이 처음으로 번역 소개되고 있다는 점을 상기해 본다면 이러한 서문이 제시된 것은 어쩌면 당연한 일이다.

이 서문에서 눈여겨보아야 할 사실은 포크너를 "남부" 및 "전쟁"과 연결 짓고 있다는 점이다. 서문 작성자는 포크너의 개인사적 배경을 조명하면서 그가 남부 출신이기 때문에 미국 남부가 누렸던 부귀영화의 역사는 물론 남북전쟁으로 큰 피해를 입은 후 회복하는 과정을 "자신의 뼈와 살처럼" 잘 알고 있다고 밝힌다. 서문작성자는 이렇게 남부에 대해 잘 아는 저자가 쓴 소설이 바로 "Two Soldiers"로, 이 소설이 남북전쟁 당시 남부동맹에 참여하였다가 패배한 자들의 후손인 주인공들이 미국이 일본의 진주만 공격을 받고 위기에 처했을 때에 주저 없이 전쟁에 참여하는 이야기를 그린 작품이라는 사실을 미리 설명한다. 즉, 북부와의 전쟁으로 인해 부귀와 영화를 잃었던 남부인들이 실제 전쟁이 일어났을 때에는 남과 북이라는 이념에 상관없이 나라를 위해 전쟁에 뛰어든다는 내용을 서문에서 미리 설명하는 것이다. 이러한 전략은 실제 독자들이 이러한 작품 배경을 미리 알고 작품 속 애국적 내러티브에 집중할 수 있도록 지도하는 역할을 할 수 있다(Genett, 1997, p. 2).

　마지막으로 서문 작성자는 포크너를 "흙의 작가"라 칭하면서 이 작품이 "옛날의 상처가 나아가는 것처럼 조용"한 소설이라 레이블링 한다. 잘 알려진 대로 포크너는 미국 사회와 시민의 폭력성, 당시 암울한 미국의 사회적 상황을 그린 작품을 많이 발표하였다. 하지만 서문 작성자는 이 작품과 포크너의 주된 작품 경향을 분리시키며 작품의 애국적 색채를 강조한다.

2)-2. 이미지 분석

　이 번역본에는 다음과 같이 원본 소설에는 없는 삽화가 세 점이 첨가되어 있다.

　〈삽화 1〉은 늠름히 서 있는 아이의 모습을, 〈삽화 2〉는 형과 함께 아이가 이웃의 집에서 흘러나오는 라디오 뉴스를 듣고 있는 모습을, 〈삽화 3〉은 형을 따라 전쟁터에 가기 위해 부모 몰래 집을 빠져 나오는 아이의 모습을 그린 듯하다. 이 소설에서는 전쟁에 나가야할 지를 오랜

「두 병사」에 담긴 삽화 1, 2, 3

시간 밤잠을 설치면서까지 고민하는 형의 모습, 그 모습을 지켜보며 전쟁의 의미를 묻는 동생, 결국 전쟁에 나가겠다고 결심하는 형의 모습과 그를 따라 가겠다는 동생의 결심, 형의 참전을 반대하는 부모님의 눈물 어린 호소, 결국 집을 떠나는 형의 모습 등, 진주만 공습과 큰 아들(혹은 큰 형)의 참전 결심을 접하는 가족들의 모습이 골고루 그려지고 있다. 다시 말해 형이 참전을 결심하기까지의 과정, 그리고 동생인 화자와 가족들이 형의 결심에 어떻게 반응하는지가 원문의 상당 부분을 차지하고 있는 것이다. 이러한 원문의 내용과 달리 삽화는 주로 동생의 행동에 초점을 맞추고 있다. 이 단편소설을 구성하고 있는 이야기 중 아이의 결심 및 실행과 관련된 장면만 골라 삽화로 삽입하는 선택적 전유를 통해 여덟 살 밖에 되지 않은 어린 아이가 전쟁에 참여하는 "애국주의적 성장담"(권보드래, 2021, p. 211)이라는 내러티브를 더욱 강화하고 있다.

2)–3. 미시 수준 텍스트 분석

앞서 언급한 것처럼 이 잡지의 번역 경향이 대체로 원문에 충실한 편이고 또한 번역본의 길이가 짧아 원문과 크게 차이나는 번역은 많지 않은 편이다.

ST: [……] about them Japanese dropping bombs on Pearl Harbor [……] (Falkner, 1942, p. 63)

TT: 일본놈이 진주만에다 폭탄을 떨어뜨렸다는 것 [……] (미국공보원, 1950, p. 79)

일본은 미국 진주만을 공격한 "외부의 적"이다. 번역 주체는 원문에 나타나는 "Japanese"를 모두 "일본놈"으로 레이블링함으로써 국가의 적을 더욱 부정적으로 프레이밍하였다.

ST: "You'll whup the big uns and I'll whup the little uns," (Falkner 1942, p. 65)

TT: 언니가 큰 놈들을 처넘기고 나는 작은 놈들을 처넘기지 (미국공보원, 1950, p. 79)

"채찍으로 사람을 때리다"라는 의미가 있는 "whip"이라는 단어를 "처넘기다"라고 선택적 전유함으로써 미국인으로서 주인공 소년이 미국을 침략한 적에 대해 갖고 있는 감정은 물론 그에 대한 적대감, 애국심을 더욱 강하게 프레이밍 하였다.

2)-4. 함의

이 작품을 이해하기 위해서는 우선 서문에서도 강조된 "미국 남부"의 의미에 대해 먼저 생각해 볼 필요가 있다. 소설 속 남부는 더 이상 북부와 적대적 관계를 유지하고 있는 곳이 아니라 오히려 "미국"이라는 더 큰 공동체를 위해 과거를 극복하는 공간으로 묘사된다. 서문작성자가 이 작품이 "옛날의 상처가 나아가는 것처럼 조용하고 자극 있는 소설"이라 언급한 것과 "정부에 대항하여 싸운 남부동맹참가자의 자손이 (중략) 나라를 방위하기 위하여 병사가 된다"라고 요약한 내용은 이러한 상황과 일맥상통한다. 소설 속에서 프레이밍 된 이러한 통합의 내러티브는 포크너가 "Two Soldiers"를 비롯하여 1940년대에 발표한 소설들을 통해 더 이상 남부를 북부에 적대적인 공간으로 보지 않고, 오히려 "자긍과 통합과 계승의 서사"를 통해 "남부 역사를 미국이라는 일체화된 통합성 속에서 보기 시작"했다는 사실을 반영한다(권보드래, 2021, p. 211).

다시 말해 이 작품은 1940년대를 기점으로 "하나 된 미국을 옹호하고 세계 자유의 지주로서 미국을 지지"하는 "애국주의적 색채"(ibid., pp.

211~235)를 드러내기 시작한 작가의 변화를 반영하고 있는 작품이라 할 수 있다. 국가 내부의 갈등보다 국가 보안이 우선한다는 주장, 개인의 자유를 희생하여 국가를 지킨다는 관념, 그리고 미국으로 대변되는 "자유세계"를 지켜내기 위해 어린 소년들마저도 분연히 일어난다는 애국주의 내러티브가 이 작품을 지배하는 것이다. 포크너는 이 작품에서 "존경하는 유형", 즉 "진정한 미국인"을 그렸다 말한 바 있는데(Miller, 2012, p. 39에서 재인용), 바로 그 "존경하는 유형", "진정한 미국인"은 자유를 지키기 위해 자신을 희생하는 인간 유형이라 할 수 있다.

　　작품의 이러한 특성은 포크너가 미국 공보원의 선택을 받은 이유를 가늠해 보는 실마리가 될 수 있다. 포크너는 1920년대부터 약 20년 동안 "북부 중심 미국"에 "대항"하여 "남부의 어두운 이면"을 밝히고 "미국 내부의 모순과 부조리를 너무나 생생하게 폭로"하는데 집중하였다. 이로 인해 그의 작품은 1940년대 후반부터 본격적으로 진행된 미국의 문화선전전 및 도서 번역 사업에서 환영 받지 못했다(권보드래, 2021, pp. 215~217). 이러한 배경을 감안할 때, 주한 미국 공보원과 미국무성이 『월간 아메리카』라는 잡지를 위해 「두 병사」라는 작품을 선택하여 번역한 것은 바로 이 작품이 미국을 비판하는 작품이 아니라는 사실과 소설 속에 담긴 자유세계 수호를 향한 집념과 헌신 때문이었을 가능성이 높다. "폭력"이 없는, "옛날의 상처가 나아가는 것처럼 조용한" 소설이라고 언급하면서 남부와 북부가 갈라서서 서로 전쟁을 벌였던 시절에서 벗어나 국가적 위기 앞에서 목숨을 걸고 나서는 애국심과 "정부에 대항하여 싸운 남부동맹참가자"의 자손이 "미국이 외국의 위협을 받게 되었을 때에 나라를 방위하기 위해" 나섰다는 이야기의 골자를 강조한 서문, 여덟 살 소년의 모습에 초점을 맞추는 이미지 번역 전략, 적을 더욱 부정적으로 강조하고 주인공의 결연함이라는 내러티브를 프레이밍함으로써 국가를 위협하는 적에 대한 적개심을 더욱 강조하는 번역 전략 등이 그러한 추측을 뒷받침한다.

이러한 번역 대상 텍스트 선정과 번역 방식 선택은 당시의 사회, 정치적 상황과 분리하여 생각할 수 없다. 이 작품이 연재되었던 시기는 한국전쟁이 일어나기 직전인 1950년 6월과 7월로, "극단적 좌우, 남북 대립과 냉전이데올로기"가 한반도를 지배했던 때였다(서중석, 2000, p. 97). 남북의 긴장이 증가하여 38선 근처에서는 군사 도발이 수시로 일어나고 있었으며, 국제적으로는 중국의 공산화로 충격에 빠진 미국이 군비 증강을 골자로 하는 NSC68을 승인하고 미소 냉전의 긴장 역시 고조된 가운데 미군의 한반도 철수가 마무리 된 시기였다. 국내적으로는 국가의 적이 일본에서 공산주의 북한으로 전환되는 시점이었으며 미국으로서는 한반도 남부에서 미국식 민주주의를 확고하게 지켜 동아시아에서의 미국 및 민주주의의 패권을 유지해야 했던 시기였다. 이러한 정치적 상황 속에서 "하나된 '미국'을 옹호하고 세계 자유의 지주로서의 '미국'을 지지"하는 것은 물론 민주주의의 수호자인 내 나라를 침입한 적에 대항하여 여덟 살 어린이도 분연히 나서는 이 작품을 번역한 전략은 냉전, 즉 민주주의와 공산주의가 대립하는 사상전 속에서도 『월간 아메리카』가 주장해 온, 미국으로 대변되는 "우월한 민주주의"와 "자유세계"를 지켜내는데 적극 나서야 한다는 내러티브를 어린 독자들에게 전달하기 위함이었을 것이다.

5. 결론

지금까지 주한 미국 공보원 발행 『월간 아메리카』에 실린 미국 번역 소설 중 소년을 다룬 작품 두 편, 「톰 쏘-여」와 「두 병사」를 분석하였다. 이 두 작품은 동일하게 성장 중인 소년을 다루고 있지만 그 주제에서 차이를 보였다. 「톰 쏘-여」의 경우 미국의 프론티어 정신, 즉 자유로움과 도전 정신을 강조하지만 「두 병사」는 나라를 위해 헌신하고자 하는 소년의 애국심을 다루고 있다. 두 작품이 서로 다른 주제를 다루고 있긴 하지만 이 주제들은 넓은 측면에서 민주주의 수호라는 한 내러티브에 수렴한다. 톰의 자유분방함과 기지라는 존재론적 내러티브는 미국의 프론티어 정신과 연계된 미국식 민주주의 매력이라는 공적 내러티브로 발전된다. 「두 병사」의 화자인 소년이 전쟁을 치르러 떠나는 존재론적 내러티브를 통해서는 미국의 민주주의가 침해당할 수 있는 상황에서 민주 국가 수호를 위해 싸우는 애국심이라는 공적 내러티브가 프레이밍 된다.

『월간 아메리카』의 독자들이 미국을 배우고자 하는 한 방편으로 미국 문학에 대한 관심을 표현하긴 하였지만(편집부, 1950b, p. 84) 독자들에게 소개할 작품 선택은 전적으로 공보원과 국무성에게 달린 일이었다. 앞서 언급하였듯이 도서 번역 사업에서 도서가 특정한 목표를 가지고 선택되었고『월간 아메리카』에 실리는 기사들 역시 주한 미국 공보원의 목표를 달성하여야 했다는 점을 감안한다면, 지금까지 분석한 두 작품의 선택 및 번역 전략은 단순히 잡지의 판매를 증진시키기 위한 전략이 아니었다고 짐작해 볼 수 있다.

이 잡지는 발간 6개월도 되지 않아 "독서계에 광범한 계층을 포섭하였고 계속하여 탁절한 풍모로서 우리나라 문화계에 독보적 이채를 과시"(편집부, 1949, p. 84)했으며 발간 1년 만에는 발행 부수가 6만 부에 달하는 등 큰 인기를 누렸다. 미국 국무성과 주한 미국 공보원은 앞서 언급하였던 "공산주의 선전"에 대한 대항, "민주적 사고 자극"과 같은 목적 달성을 위해『월간 아메리카』를 통해 이 두 소설을 번역하였고, 잡지의 인기에 힘입어 미래를 열어 갈 한국의 어린 세대들이 미국식 민주주의를 긍정적으로 여기고 현재의 적, 즉 북한과 공산주의를 적대시하여 어떠한 어려움 속에서도 민주주의를 채택한 한국 정부를 위험으로부터 지켜내겠다는 마음을 먹게 한다는 기대로 번역을 수행하였을 것이다. 따라서 이 두 작품의 번역은 궁극적으로는 한국인들의 민주주의 의식을 북돋고 한국에서의 민주주의 확산을 도모하여 공산주의와의 냉전에서 승리하고자 하였던 미국의 문화외교의 일환이었음을 알 수 있다.

참고문헌

강미경 역, 『톰 소여의 모험』. 파주: 문학동네, 2010.

강지헌, 「미국서부와 프런티어 신화: 코맥 매카시의 핏빛 자오선과 노인을 위한 나라는 없다」, 『외국문학연구』 70, 2018.

강지혜, 「번역텍스트 제작의 사회적 조건과 제도적 번역자의 역할」, 『번역학연구』 6(2), 2005.

_____, 「번역에 대한 제도적 관점의 중요성 고찰: 제도번역 개념을 중심으로」, 『번역학연구』 13(5), 2012.

구은혜, 「아동의 정치학: 마크 트웨인의 톰 소여의 모험과 허클베리 핀의 모험에 나타난 아동, 문화, 이데올로기」, 『미국소설』 21(2), 2014.

권보드래, 「냉전의 포크너, 냉전 너머의 포크너: 1950년대 한국에서의 수용 양상과 문학적 가능성」, 『한국문학연구』 65, 2021.

김병철, 『한국근대 번역문학사 연구』. 서울: 을유문화사, 1975.

김용권, 「월간 아메리카 - 미국문화 수용의 한 연구」, 김학동 (편저). 『한미문화의 교류: 해방후 미국문화의 수용과 전통문화의 변용』. 서울: 서강대학교출판부, 1979.

김욱동 역, 『톰 소여의 모험』. 파주: 민음사, 2009.

서중석, 「냉전체제와 한국 민족주의의 위상」, 『한국독립운동사연구』 15, 2000.

윤희수, 「미국 서부 신화 다시 쓰기 - 캐시 박 홍의 「우리 집의 발라드」에 관한 연구」, 『현대영미시연구』 26(2), 2020.

이창신, 「미국 서부개척 시기의 프론티어 여성들에 관한 연구」, 『미국학논집』 37(2), 2005.

이철순, 「이승만정권기 미국의 대한정책 연구(1948~1960)」, 서울대학교 박사학위논문, 2000.

장규식, 「일제하 미국유학생의 서구 근대체험과 미국문명 인식」, 『한국사연구』 133, 2006.

장세진, 『상상된 아메리카: 1945년 8월 이후 한국의 네이션 서사는 어떻게 만들어졌는가』. 서울: 푸른역사, 2012.

정녹인, 「노만 로크웰의 아메리칸 드림: 『톰 소여의 모험』 삽화를 중심으로」, 『미술사
　　　와 시각문화』 5, 2006.

차재영, 「1950년대 한국에서의 미국 도서번역 사업의 전개와 의미」, 『한국언론정보학
　　　보』 78, 2016.

_____, 「선전으로서의 도서 번역: 미군정기 미국 도서 번역 활동의 전개와 의미」, 『한
　　　국언론학보』 62(3), 2018.

편집부, 독자란. 『월간 아메리카』 12월호, 1949.

편집부, 세계 각지에 분포된 미국 공보원. 『월간 아메리카』 4월호, 1950a.

편집부, 독자란. 『월간 아메리카』 5월호, 1950b.

황혜성, 미국 서부의 정체성: "프론티어"에서 문화상품으로. 『한성사학』 18, 2004.

M. Baker, *Translation and Conflict: A Narrative Account*. Oxford & New York:
　　　Routledge, 2006.

J. Coulombe, *Mark Twain and the American West*. University of Missouri Press,
　　　2003.

A. Falk, *Upstaging the Cold War: American Dissent and Cultural Diplomacy,
　　　1940~1960*. Amherst and Boston: University of Massachusetts Press,
　　　2011.

G. Genette, *Paratexts: Thresholds of Interpretation*. Jane E Lewin (Trans.). Cambridge
　　　and Melbourne: Cambridge University Press, 1997.

W. Fisher, The Narrative Paradigm. *Journal of Communication* 35(4), 1985.

S. Kim, Tom Sawyer as an American Hero in *the Adventures of Tom Sawyer. Ameri-
　　　can Fiction Studies* 7, 2005.

Y. Kim, 'Translation, National Ideology and the Cold War in the Republic of Korea
　　　(1949~1950)'. PhD dissertation, SOAS, University of London, 2017.

Y. Kim, Building Democratic South Korea. In Ji-Hae Kang and Judy Wakabayashi
　　　(Eds.). *Translating and Interpreting in Korean Contexts: Engaging with
　　　Asian and Western Others*. London and New York: Routledge, 2019.

S. Miller, Returning to Faulkner's "Two Soldiers". *The Southern Literary Journal*
　　　44(2), 2012.

B. Mossop, Translating Institutions and "Idiomatic" Translation. *Meta* 35(2), 1990.

H. Ochi, Democratic Bookshelf: American Libraries in Occupied Japan. In Cath-
　　　erine Turner and Greg Barnhisel (Eds.). *Pressing the Fight: Print, Propa-
　　　ganda, and the Cold War*. Massachusettes: University of Massachusettes

Press, 2010.

M. Somers, Narrativity, Narrative Identity, and Social Action: Rethinking English Working-Class Formation. *Social Science History* 16(4), 1992

F. Stonor, *Who Paid the Piper*: *The CIA and the Cultural Cold War*. London: Granta Books, 1999.

G. Turner, C and Barnhisel, Introduction. In Catherine Turner and Greg Barnhisel (Eds.). *Pressing the Fight*: *Print, Propaganda, and the Cold War*. Massachusetts: University of Massachusettes Press, 2010.

L. von Flotow, Translation and Cultural Diplomacy. In Fruela Fernández and Jonathan Evans (Eds.). *Routledge Handbook of Translation and Politics*. London and New York: Routledge, 2018.

National Archives and Records Administration (NARA) Documents

Boyce Report, RG (Record Group) 59, Records Relating to International Information Activities 1938~53 series, Box 152.

History of the Department of Public Information, RG 554, XXIV Corps, G-2 Historical Section, Box 41.

United States Information Service in Korea, RG 59, Information Notes 81~90, Box 6.

분석 대상 텍스트

M. Twain, *The Adventures of Tom Sawyer*, New York: Penguin books, 1986.

W. Faulkner, Two Soldiers. In *The Collected Short Stories of William Faulkner Vol. 1*, Retrieved November 3, 2023 from Internet Archive (American Digital Library) website: *https://ia600908.us.archive.org/1/items/in.ernet.dli.2015.149851/2015. 149851.*The-Collected-Short-Stories-Of-William-Faulkner-Vol-1.pdf, 1942.

미국공보원, 톰 쏘-여.『월간 아메리카』 6월호, 1949.

미국공보원, 두 병사.『월간 아메리카』 6월호, 1950.

이혜령(李惠鈴, Lee Hye-ryoung)

성균관대학교 동아시아학술원 교수. 한국근현대소설 전공. 젠더 · 섹슈얼리티 · 검열의 문제 등을 연구해왔다. 주요 저서로 『한국 근대소설과 섹슈얼리티의 서사학』(2007), 『'위안부', 더 많은 논쟁을 할 책임』(공저, 2024), 『문학을 부수는 문학들』(2018, 공저), 『검열의 제국』(공저, 2016) 등이 있다.

1975년 세계여성대회와 분단 체험
— 이효재, 목격과 침묵 그리고 증언 사이에서

그 70년대는 그 참 지옥이야.[1]

1. 1975년 6월 20일 멕시코 세계여성대회에서 마주친 허정숙

북한 여성들은 그때 한 30명 허······허정숙 씨가 단장이 돼서 참 박순천 할머니처럼 한복을 하고 머리 요렇게 하고 왔다구. 그런데 멕시코가 그때만 해도 굉장히 혁명의 열기가 있고 반미에 가깝잖아. 이북에선 일찍이 이미 그기에 와가지고서 국회도 가고 정부에 가고 하면서 아주 매스컴을 많이 타는 거야. 그러니까는 이북에 대한 것이 그기 지방 신문에 멕시코 신문에도 막 나고 하니깐 막 우리 대사관이 마 긴장을 잔뜩 했지. 그런데 허정숙 씨 나와가지고 우리말로 그 국제회의서 기조연설을 그이는 했거든. 마 그거만 해도 참 나는 그냥, 그냥 감동 감동이었

---

1 이효재 구술, 지은희 면담, 〈이효재 구술아카이브 녹취록〉, 민주화운동기념사업회 제공사료, 2002.9.4. (구술일시) (민주화운동기념사업회에 직접 방문해야 접근할 수 있는 디지털 사료로서, 제공될 때마다 편집 형식이 변경이 있을 수 있으므로 쪽수는 쓸 수 없음)

지.……[2]

1975년 6월 19일부터 7월 2일까지 유엔의 첫 세계여성대회(International Women's Year World Conference)가 멕시코에서 개최되었다. 인용문은 2002년 9월 4일에 이루어진 이효재의 구술 중 일부이다. 이효재가 본 것은 이 대회의 개막식이 있던 다음 날인 6월 20일, 북한 대표단의 단장으로서 연단에 선 허정숙이 우리말로 연설을 한 장면이었다.[3] 1946년 6월 21일 유엔 경제사회이사회(ECOSOC) 결의안에 의거하여 발족한 여성지위위원회는 창설 20주년을 맞아 1975년을 세계여성의 해로 지정하자는 제안을 하고 1972년 12월 18일 제27차 유엔 총회에서 통과된다. 1967년 여성의 차별 철폐선언이 있은 지 5년 만의 의미 있는 결의였다. 멕시코시티 세계여성대회는 '평등', '개발(발전)', '평화'를 주제로 열린 첫 행사였다.[4]

프란시스카 드 한에 따르면, 이 구상과 제안을 한 조직은 국제민주여성연맹(Women's International Democratic Federation, 국제여맹)이었다. 1945년 파리에서 결성된 국제여맹은 1947년 유엔 여성지위위원회에서 자문할 수 있는 지위가 인정된 카테고리 B를 획득한 여러 국제여성단체 중 하나였지만, 1954년에 유엔에서의 지위를 상실한다. 반미국적인 조직과 인물을 적발해내는 비미활동위원회(HUAC)가 1949년 보고서에 국제여맹과 미국 내의 소속 단체를 공산주의화를 목적으로 한 소련의 전위조직으로 낙인찍었으며, 더욱이 한국전쟁 당시 북한의 요청에

---

2 위와 같음.

3 연설하는 허정숙 사진은 다음을 참조. UN Photo Digital Asset Management System *https://dam.media.un.org/CS.aspx?VP3=DamView&VBID=2AM94S6WMCO N&PN= 1&WS=SearchResults&FR =1&W=1873&H=969* (최종검색일: 2023. 4. 23)

4 UN, *REPORT OF THE WORDL CONFERENCE OF THE INTERNATIONAL WOMEN"S YEAR*, New York, 1976, pp. 116~117

국제여맹이 파견한 21명의 조사위원들이 북한 방문 후 간행한 보고서 『우리들은 고발한다』가 미국을 분노하게 만들었기 때문이다. 1967년 6월에서야 옛 식민지이던 신생 독립국들의 지지 덕분에 유엔에서 이전의 지위를 재승인받고, 1969년에는 자문뿐만 아니라 의결권도 갖는 카테고리 A로 지위가 격상되었으며 1972년에는 세계여성의 해 개최를 제안한다.[5] 미국 등은 이 제안에 비판적이었다가 소련과 동유럽이 적극 지지했기에 이 대회의 조직에 나서게 된다.

한편 멕시코 대통령 루이스 에체베리아는 콜롬비아가 재정상의 이유로 주최국의 지위를 포기한 이 대회를 멕시코시티에서 유치하기로 한다. 이 대회에 대한 단행본 연구서를 출간한 조슬린 올콧에 따르면, 그에게는 두 가지 목적이 있었다고 한다. 하나는, 멕시코 올림픽을 코앞에 두고 자행된 1968년 틀라텔톨고 학살 등 폭력적인 국가 탄압에 있어 당시 내무장관이던 그의 개입을 희석시킬 수 있는 기회로 삼고자 했다. 그는 서방의 시각을 의식하여 여성차별을 금지 조항을 넣은 헌법 개정안을 1974년 말 통과시킨다. 두 번째 목적은 더 야심 있는 것이었다. 1974년 5월 유엔특별총회에서는 선진국 중심의 기존 경제 질서를 비판하고 개발도상국의 경제적 주권 확립 등을 명시한 NIEO(New International Economic Order)가 의결되고, 12월 유엔총회에서는 여기에 근거하여 "국가의 경제적 권리와 의무 헌장"(Chater of Economic Rights and Duties of States, CERDS)이 채택된다. 이 헌장을 제안한 에베체리아는 이를 발판으로 제3세계 그룹의 지도적 위치를 얻고자 했으며, 세계여

---

5 Francisca de Haan, "The Women's International Democratic Federation (WIDF): History, Main Agenda, and Contributions, 1945~1991", *In: Women and Social Movements (WASI) Online Archive, edited by Thomas Dublin and Kathryn Kish Sklar (essay online from October 2012)*, 최근 국제여맹의 북한 방문조사단에 대해서는 김태우의 다음 연구 참조할 것. 『냉전의 마녀들』, 창비, 2021 참조.

성대회는 그것을 보여줄 수 있는 가장 빠른 국제무대였던 것이다.[6]

당시 한반도 문제를 둘러싸고 광폭의 비동맹, 제3세계 외교를 추진하던 북한의 김일성에게도 이 대회는 중요한 국제무대였다. 1975년 7월 26일『로동신문』3면 전면기사「메히꼬 "국제여성의 해 세계대회" 진행 대회참가자들 위대한 수령님에 대한 다함 없는 흠모의 정을 표시, 조선인민의 정의의 위업을 적극지지」는 거기에 참여한 북한 대표단의 성과를 보도하였다.[7] 전면기사는 세 꼭지의 기사로 구성되었는데 첫 번째는「김일성 주석님께서는 참으로 위대한 분이시다. 제3세계를 위한 모범은 모두 조선에서 창조되고 있다」이다. 이 기사는 대회의장과 토론장, 멕시코시티의 거리와 호텔에서, 아슈라프 팔레비 이란 공주, 세네갈국회 부의장, 스리랑카 총리, 일본 중의원 의원 다나카 미치코 등 과거 북한을 방문하여 김일성을 만난 적이 있는 인물들, 그리고 김일성이 방문한 나라인 루마니아와 유고슬라비아 대표들에게서 환대를 받았는지를 보도했다. 김일성은 1975년 4월 캄보디아 프놈펜이 크메르 루주에 의해 함락될 즈음 중국을 열흘 가까이 방문한 데 이어 5월 동유

---

6 이하는 다음의 논의를 정리한 것이다. Jocelyn Olcott, "Getting to Mexico City", *International Women's Year*, Oxford University Press, 2017, 53~67쪽. 한편 NIEO와 헌장은 유엔에서의 제3세계주의의 승리를 극적으로 보여주는 것이었지만, 과연 그것이 담고 있는 이상적 언어들이 진정 이상적인 것인지에 대한 비판은 다음을 참조. 질베르 리스트, 신해경 옮김,『발전은 영원할 것이라는 환상』, 봄날의 책, 2013 ; 한편 이 대회에서 여성 인권과 페미니즘의 주장들이 NIEO라는 글로벌 차원의 경제적 분배 이후로 빨려 들어가 버리게 되거나, 미국 중심적인 여성 인권의 의제가 보편적인 것이 아닌 것으로 놓이게 되는 맥락 등에 대한 논의로는 Roland Burke, "Competing for the Last Utopia? The NIEO, Human Rights, and the World Conference for the International Women's Year, Mexico City, June 1975", *Humanity: An International Journal of Human Rights, Humanitarianism & Development*; Spring2015, Vol. 6 Issue 1, p47~61

7 『로동신문』,「메히꼬 "국제여성의 해 세계대회" 진행 대회참가자들 위대한 수령님에 대한 다함 없는 흠모의 정을 표시, 조선인민의 정의의 위업을 적극지지」, 1975.7.26.

럽과 북아프리카를 순방하고 6월 10일에 평양에 돌아왔다.[8] 6월 19일 개막된 멕시코에서의 이 행사는 그러한 외교의 성과를 느낄 수 있었던 자리로 의미화되었다. 『로동신문』은 그들에게서 "제3세계를 위한 모범을 창조"한 이었으며, 주체사상은 "제3세계 나라 인민들이 나아갈 길을 밝혀주는 사상"이었다. 김일성전기가 프랑스어와 영어로 번역 출간되어 140여개 국에 소개되었을 뿐만 아니라 멕시코에서 에스파냐어로 번역, 출간되었으며, 김일성의 저작집 또한 에스파냐어로 번역되어 라틴아메리카에 영향을 끼쳤음을 『로동신문』은 이미 보도한 바 있다.[9] 두 번째 꼭지인, 세계여성대회의 구성과 성격을 요약한 부분인 기사인 「녀성문제 해결에서 훌륭한 성과를 이룩한 조선의 모범을 배우자」에서는 이 대회가 뚜렷한 대결구도를 띠었음을 보여주었다. "미제와 유태복고주의자" 그리고 "남조선괴뢰도당을 포함한 극소수의 반동세력" 그리고 그들에 의한 "악랄한 도발 책동"을 부수고 이 대회에서 관철하고자 한 결의를 이뤄낸 일군의 나라들인 제3세계였다. 그들은 "여성들의 평등한 경제적 및 정치적 권리를 위한 투쟁을 식민주의, 제국주의, 외국의 지배, 인종차별을 반대하며 민족적 독립과 해방, 평화와 진보를 이룩하기 위한 투쟁과 밀접히 연결되어 있다고 하면서 세계여성들이 굳게 단결하여 제국주의와 식민주의를 반대하며 녀성들의 완전한 해방과 평등을 이룩하기 위하여 일떠서 싸울 것을 한결같이 결의하였다." 대표단 단장인 최고인민회의 상설회의 부의장 허정숙의 연설은 6월 20일 대회

---

8 「중공·북괴 공동성명내용」, 『경향신문』, 1975.4.28., 3면 ; 「김일성 평양 귀환」, 『동아일보』, 1975.6.11., 1면.

9 『로동신문』, 「혁명의 위대한 수령 김일성 동지의 영광찬란한 전기 『김일성전』 제 1부를 메히꼬에서 에스빠냐어로 출판 라틴아메리카의 사회활동가들이 이를 열렬히 환영」, 1972.3.24. ; 「혁명의 위대한 수령 김일성 동지의 고전적 로작들을 묶은 문헌집 『조선에서의 혁명과 사회주의 건설』을 메히꼬에서 에스빠냐어로 출판」, 1973.6.9.

전원회의 회의에서 이루어졌으며 "사회주의 나라들 가운데서 첫 연설"이었다. 그는 북한이 "모든 녀성들이 일하며 모든 녀성들이 공부하는 문명하고 살기 좋은 나라임을 힘주어 말하였"으며, "수레의 한쪽 바퀴만 몰아서는 수레가 제대로 굴러갈 수 없듯이 사회에서 남자들만 역할하여서는 사회가 건전하게 발전할 수 없습니다"라는 김일성의 교시를 인용하여 "장내가 떠나갈듯한 폭풍과 같은 박수"를 받았다. 허정숙은 여러 나라 대표들, 그리고 멕시코 대통령 부인 마리아 에체베리아, 이 대회의 총서기이자 유엔 부사무총장 헬비 시필라(Helvi Sipilä), 다른 나라 대표들의 환영과 축하 인사를 받느라 연단을 내려와 제자리로 돌아갈 때까지 20분이나 걸렸다.

이날 북한 대표단을 감싸고 있던 환호의 분위기로 더욱 위축되고 긴장된 가운데 허정숙의 연설을 지켜보고 들을 수밖에 없었던 이들이 있었다. 대한민국의 대표단이었다. 그 일원이었던 이효재는 남북 화해 무드가 절정에 이르렀던 2002년에서야, 민주화기념사업회가 추진해온 민주화운동원로 구술녹취 사업차 구술을 채록하러 온 제자에게 그 모습을 증언하였다. 허정숙의 모습을 그린 듯이 전달하기 위해 제자가 알 만한 인물인, 5선 국회의원이었던 쪽진 듯한 머리와 한복을 입은 모습으로 각인된 박순천에 비유하고, 허정숙의 우리말 연설이 막 귓가로 들리던 그 시간으로 돌아간 것처럼 "마 그거만 해도 참 나는 그냥, 그냥 감동 감동이었지"라며 그 감격이 형언하기 힘든 것이었음을 드러내었다. 나중에 다시 언급하겠지만, 박 정권의 대표단장 이매리는 영어로 연설을 하였기 때문에, 허정숙의 우리말 연설은 그 대회에서 연단에서 스피커를 타고 흘러나온 처음이자 마지막인 조선말이었다.

식민지 시대를 함께 산, 어느 정도 교육을 받았던 사람들이라면 유명한 변호사 허헌의 딸, 최초의 여성 기자, 사회주의 여성 조직이었던 근우회의 리더로서 광주학생운동의 전개 과정에서 1930년 1월 여학생들의 운동을 조직한 허정숙을 모르지 않았을 것이다. 또한 허정숙은 남한의 저널리즘에서 숙청과 배반의 잔혹한 드라마로 쓰인 김일성 정권 수립사에서 아버지 허헌과 남편 최창익의 숙청 속에서도 살아남아 권력을 누리게 된 여성 요인으로 등장하였다. 1972년 7.4 남북공동성명 이후 제1차 남북적십자 본회의가 그해 8월 29일 평양에서 개최되었을 때, 김일성의 외조부로 알려진 강양욱 조국통일민주주의전선 의장이 개최한 오찬장에 등장한 허정숙의 사진과 인터뷰가 국내 언론에 크게 보도되었다. 허정숙은 조국통일민주주의전선(조통) 사인의장단 중 한 명이자 서기국장이었다.[10] 허정숙은 신문의 보도대로 "비교적 잘 알려진 북한 여성"이었다.

멕시코시티 세계여성대회가 개최된 시기는 데탕트와 닉슨 독트린의 직접적 압력으로 성사된 7.4 남북공동성명 무렵과는 국내외적 정치 상황이 달라졌기는 하지만[11] 이효재의 감격은 이렇게 남한에 잘 알려진 인물일 뿐 아니라 그 자신이 여성운동사 연구[12] 속에서 발견할 수밖에 없었던 인물이고 동시대를 살아가고 있던 인물이지만 분단으로 가로막혀 있다 이역만리의 먼 타국에 이루어진 만남에서 오는 감격이라고도 할 수 있다. 만남이라기보다 그만이 알아볼 수 있는 마주침, 목격

---

10 「허정숙 문화상 지낸 허헌 딸」,『경향신문』, 1972.9.1 ;「"교회는 없어졌고……여성은 일에 동원"」,『동알보』, 1972.9.1.;「평양회담서 드러난 북의 요인들」,『동아일보』, 1972.9.5. ; 「북한 101시간 6 진철수 본사편집부국장」,『동아일보』, 1972.9.9.

11 특히 남북 긴장과 위기 고조를 국내와 미국과의 협상에서 정치적 전략으로 삼았던 박정희 정권의 한미 관계를 중심으로 살펴보자면, 다음을 참조. 박태균,『우방과 제국, 한미관계의 두 신화』, 창비, 2016, 326~363쪽.

12 정충량 ·이효재,「일제 하 한국여성노동자 취업실태와 노동운동에 관한 연구」,『한국문화 연구원 논총』22, 이화여대 한국문화연구원, 1973. 당시 이화여대에 재직 중인 신문학자 정중량과 공저한 논문으로, 여성노동운동을 뒷받침한 여성단체로, 조선여자동우회, 경성 여자청년동맹의 발기 멤버로 허정숙의 이름이 등장한다. 근우회도 언급된다. 340~341쪽 참조. 1976년 발표된 다음 글도 참조. 이효재,「일제하의 한국여성문제연구」,『한국학보』 2권3호, 일지사, 1976, 185~186쪽.

에 가까운 일이었다. 그 자체가 분단 체험이었지만, 분단 체험은 그가 보고 듣고 느낀 것을 오랫동안 말할 수 없다는 것에서 결정적인 것이 된다. 따라서 이효재의 구술은 개인적 기억의 소회를 말하는 회고가 아닌, 정치적 폭압에 의해 드러낼 수 없었던 역사의 진실을 드러낸 증언이었다. 이에 이 글은 이효재의 구술기록을 구성적인 텍스트로 삼는다.

최근 글로벌 페미니즘의 형성적 기원으로서 멕시코시티 세계여성대회가 지닌 성격에 아울러, 그 구상과 제안, 실행의 과정에서 수반된 냉전적 갈등과 긴장이 제3세계를 통해 반향되면서 각국의 페미니스트들이나 조직이 자신들의 페미니즘 사상을 시험하거나 도전받아야 했던 현장이자 시간으로서 연구되고 있다. 이 대회는 기왕의 연구들에서 대개 그가 기능주의 사회학에서 비판사회학으로 전환하게 된 결정적 계기로 서술되고 있다.[13] 나중에 자세히 논하겠지만 「분단시대의 사회학」(1979)은 멕시코 경험을 직간접적으로 담아내고 있으며, 그것을 분단 체험으로 의미화한 글이었다. 이에 필자는 1975년을 전후한 시대에 대한 두텁고도 치밀한 묘사를 시도하고 그 속에서 이효재를 위치시키고자 한다. 그가 왜 대표단에 발탁되었는지의 경위, 대표단은 그 대회에서 어떤 활동을 했는지 등을 당대 세계 질서의 변동, 한국의 정치사회적 상황을 결부시켜 논하는 과정에서. 박정희 정권이 왜 멕시코로 대표단을 파견하면서도 대표단의 기능과 활동상을 은폐했는지, 거기서 왜 이효재가 감격과 충격을 동시에 느꼈는지에 대해서 서술하도록 하겠다. 이 사건은 드러나

---

13 강남식, 오장미경, 「한국 여성학의 발달과 서구(미국) 페미니즘」, 『우리학문 속의 미국: 미국적 학문 패러다임 이식에 대한 비판적 성찰』 한울아카데미』, 2002 ; 이재경, 「한국 사회학에서 '여성'연구의 성장과 도전: 1964~2002」, 『한국사회과학연구논총』, 2017 ; 김영선, 「1970년대 한국여성학 학술운동의 계보와 장소성」, 『현상과인식』 125, 한국인문사회과학회, 2015 ; 김영선, 「1970년대 페미니즘 이론의 번역/실천과 여성학」, 『여성문학연구』 36, 한국여성문학학회, 2016 ; 정수복, 「이효재의 분단시대의 여성사회학」, 『비판사회학의 계보』, 푸른역사, 2022.

지 않는 사건이었기에 사건으로도 취급되지 않은 것이었지만, 이효재에게는 사건이었다. 이 글은 이 사건을 1975년 4월 인도차이나의 공산화를 기화로 박 정권의 안보 위협에 따라 5월 12일 취해진 긴급조치 9호 시대에 속한 사건으로 보고자 하며, 멕시코시티에서 돌아온 후 이효재의 논단들은 그 침묵의 빗장을 다른 방식으로 풀어낸 증언으로 보고자 한다.

2. 총력안보로 물들어가는 "한국여성의 해"

이효재: 다 모르지. 유엔 관련 회의라는 거는 완전히 정부 앞잽이 사람들이 정부지시대로 모두 씨아이에이(KCIA, 중앙정보부를 지칭)가 따라가서 앉아가지고서 지시대로 하는 회의잖아. 여성대회 정부대표단이라고 인제 구성을 하는데, 보사부에 여성국장〈김영자〉이 있었지, 그때? 박정희 정권 때니까. 나를 불러. 그때는 뭐 다른 단체 없으니 내가 여협에도 참여하고 하니까 마 그이를 인제 아는 사이지. 아 그래 불러서 '거기 가겠느냐'고 그래. 이 정부에서 하는 게 나는 별로 마땅치 않고 해서, 그냥 뭐 '내가 대학에 있는 사람이기 때문에, 대학 총장 하고도 의논을 해야 되고 내가 대답 못하겠다'고 그러고 인제 나왔지. 나와서 내가 김옥경(김옥길) 선생을 만났어. 근데 이미 그쪽에서 김옥경(김옥길) 선생한테 내 얘기를 한 모양이야. 응.아, 그래서 가서 아마 그 선생님한테 그랬어. '사실, 선생님 내가 가고 싶지 않다'고 내가 그런 말을 한 것 같애. 그랬는데 마 그 선생님도 스-읏 웃으면서, 가라고 그러시드라고. 그런데 구성을 5명을 한 거야. 조직단장이 바로 그 이매리 여사야. 그이는 철저하게 박정희 참 찬양하는, 사람이지. 그이가 하와이 출신이니까 영어한다고 해갖고 그 당시 국제회의 뭐 한다면 모두 영어하는 사람 뭐 이런 사람들이 모두 국제회의 모두 많이 갔잖아. 하다가 그 다음에 내가 여성

전문가라 해갖고, 교수로서 내가 부단장이야.…… [14]

이효재는 자신과 함께 정부 대표로 갔던 인물로 김정태(가족계획연구원 연구실장), 박혜경(숙명여대 교수)을 언급했다. 보건사회부의『부녀행정 40년사』에 따르면 공식대표에는 이윤숙(동덕여대교수)도 포함되어 있었다.[15] 멕시코 세계여성대회는 정부 대표가 참여하는 공식회의 외에도 트리뷴(Tribune)이라 불려진 비정부기구 및 개인이 참여하는 민간회의도 개최되었다. 트리뷴 참석을 한 민간대표는 김자림(극작가), 김봉희(여성문제연구회장), 이연숙(미국공보원 고문), 문용주(범태평양여성협회) 홍숙자(동국대교수)였다.[16]

대표단 단장이던 이매리에 대해서는 설명해둘 필요가 있다. 이매리는 황해도 출신으로 1929년 하와이대학을 졸업한 뒤 그곳에서 시각장애인을 위한 사회사업 등을 하다가 해방 후 귀국하여 1947년 미군정청 보건부 고문을 역임하고, 이화여대 사회사업학과를 창과한 후 정부 수립 후 하와이로 돌아갔다가 한국전쟁 이후 남편 이원순과 영구 귀국한다. 1954년-58년까지는 고려대, 숙명여대, 이화여대 등에서 교편을 잡는다. 그 후 각종 사회사업단체에 관여한다. 제7대 총선에서 민주공화당의 비례대표 국회의원으로, 신민당 비례대표 국회의원 박순천과 함께 여성의원으로 이름을 올렸다.[17]

이매리는 멕시코 세계여성대회의 단장이자 범태평양 동남아시아 여성협회의 회장으로 참여한 것이기도 했다. 멕시코 세계여성대

---

14 이효재 구술·지은희 면담, 앞과 같음.
15 그러나 실제 회의장에 입장할 수 있었던 인원에 제한이 있었다고 하며, 이효재의 구술에 따르면 실제 회의에 참석했던 이는 이매리, 이효재, 김정태, 그리고 멕시코대사관의 참사관 4인이었던 것으로 보인다.
16 보건사회부,『부녀행정 40년사』, 1987, 168쪽.
17 http://encykorea.aks.ac.kr/Contents/Item/E0044181 (검색일: 2022.12.31.) 이매리는 이회호의 외숙모이기도 하다.

회가 폐막하고 보름 남짓 후인 7월 16일부터 22일까지 서울에서 개최되는 13회 범태평양 동남아시아 여성협회 주최 국제회의의 주관자였으며 김옥길 등과 함께 한국 대표로 참여한다.[18] 이 조직은 1928년 하와이 호놀룰루에서 창립된 환태평양 여성협회(the Pan Pacific Women's Association)에서 출발하여, 1955년에 범태평양동남아시아여성협회(The Pan-Pacific & Southeast Asia Women's Association)로 이름을 변경한다.[19] 이 조직의 한국지부는 1967년 김활란이 한국지회의 회장으로 선임되며 그 명맥이 40년 만에 부활한 것으로 알려졌는데,[20] 40년 전의 명맥에는 이매리가 1928년 조직의 창립 발기인이라는 사실이 놓여 있다. 1968년 하와이에서 개최된 이 조직의 40주년 기념식을 겸한, 그리고 유엔이 참석한 회의에서 이매리는 김옥길, 이희호 등과 함께 한국 대표단으로 참석하고 이매리는 1967년, 부회장에 선출된다.[21·22]

위 인용문은 이효재 자신이 어떻게 멕시코에 가게 되었는지에 대한 것이다. 구술기록에 따르면, 그는 당시 보건사회부 부녀 아동국장인 김영자에게 세계여성대회의 공식 대표단으로 참가할 것을 제안받았음을 이야기한다. 김영자는 여협 (한국여성단체협회)을 통해서 알고 있던 사이였고, 즉답을 피하고 당시 이화여대 총장인 김옥길과 상의한 후 결정했다. 그리 길지 않은 진술 속에서 그의 발탁이 당시 최고위층 여성 엘

---

18 「범태평양 동남아 여성협 국제대회 16일부터 「여성 • 환경」 주제」, 『경향신문』, 1975. 7. 5.

19 한편 범태평양 동남아시아 여성협회는 유엔 창설 이후 경제사회이사회(ECOSOC)의 카타고리 II에 속하는 자문기구의 지위를 부여받았으며, 이후 유엔 여성지위위원회의 구성원이었다. *https://www.ppseawa.org/ppseawa-and-united-nations*(검색일: 2022. 12. 31.)

20 「포스트」, 『경향신문』, 1967, 12. 11., 5면

21 「이매리 여사 부회장 피선」, 『경향신문』, 1968. 8. 28., 5면

22 「旅程에서 만난 女情」, 『조선일보』, 1970. 6. 7., 5면 ; 「여성단체 순방」, 『조선일보』, 1972. 2. 18., 5면.

리트들에 의한 것이었음이 드러난다. 우선 여협은 핵심적이었다.[23] 여협에 대해서 이효재는 "그때는 뭐 다른 단체 없으니 내가 여협에도 참여하고 하니까"라고 말했는데, 이효재는 1972년 유엔 환경문제대회에 국제여성단체협의회 대표로 참석하고[24]. 여협에서 강연을 하기도 한다.[25] 여협의 회장이자 유신헌법에 따라 처음 구성된 제9대 국회에서 박정희의 지명으로 유신정우회(유정회)[26] 소속의 국회의원인 이숙종, 그리고 여협의 회장이기도 한 김활란의 정년퇴임 이후 1961년부터 이대 총장에 재직 중이던 김옥길, 그리고 이매리라는, 해방 이후의 남한에서 긴밀한 네트워크를 이루었던 여성 엘리트들에 의해, 이효재는 신원과 역량을 보증받은 인물로서 추천, 박탈된 것이라고 할 수 있다. 정부 대표의 공식회의 대회장에 단장을 포함 세 명으로 국한하는 조건[27]에서 그는 부단장의 자격으로 참여했다. 이효재를 진보적 여성운동의 대모로 간주하는 오늘날의 시각으로 보자면 의아할 수도 있지만, 그는 미국에서 교육을 받은, 영어가 가능한 엘리트 여성이자 정부와도 긴밀한 관계에 있었던 여성 지도자들 사이에서 인정을 받았던 인물이었다.

---

23 여협의 국제회의 참여 및 유치를 통한 국제네트워크의 형성 기원과 활동과 관련하여서는 다음을 참조. 김영선, 「1960~70년대 여성운동의 국제화와 한국여성단체협의회의 활동」, 『현상과 인식』 118, 한국인문사회과학회, 2012, 174~178쪽.

24 「여성단체협의회 「유엔」 환경문제대회 보고회」, 『동아일보』, 1972. 9. 12.

25 이효재 구술, 지은희 면담, 앞과 같음.

26 유신헌법에 따라 대통령 추천으로 국회의원 정원 219명 중 1/3 (73명)을 지명하고 통일주체국민회의의 추인을 통해 등원하게 된 국회의원들이 구성한 원내교섭단체이다. 전재호는 유신정우회를 대의제를 무력화시키기 위해 만들어진 박정희의 의회 장악 기구이자 친위부대로 통일주체국민회의, 대통령 긴급조치와 함께 유신 체제를 지탱시킨 '한국적 민주주의'의 기제라고 규정하였다. 전재호, 「유신체제의 구조와 작동 기제」, 안병욱 외, 『유신과 반유신』, 민주화운동기념사업회, 도서출판 선인, 2005, 127~134쪽 참조.

27 1975년 9월 1일 9대 국회 본회의에서 북한보다 대표단을 현격히 적게 파견한 것에 대한 이범준 (유정회 소속) 의원의 질의에 대한 외무장관 김동조의 발언 중에 나온 내용이다. 「미봉 외교 사상누각」, 『동아일보』, 1975. 7. 2.

상론할 수는 없지만, 이효재는 여성 문제와 관련된 사회적 활동이 가시화될 수 있는 조직과도 연관이 있었다. 그의 여성문제 전문가로서의 이력은 비단 대학 교수의 경력에 국한된 것은 아니었다. 특히 이효재는 김활란, 김옥길 등이 몸담았던 곳이기도 한 기독교 여성운동의 핵심적인 조직이라 할 수 있는 YWCA의 1973년 제25차 전국대회에서 꾸려진 연합위원 중 선출된 실행위원 중 한 명이었다.[28] 크리스천 아카데미 또한 1974년부터 세계여성의 해를 한국 여성운동을 진전시킬 수 있는 모멘트로 삼기 위해 프로그램을 추진한 핵심적인 단체였다. 이효재는 크리스챤 아카데미의 조직적 일원은 아니었지만 세계여성의 해 준비 프로그램의 발제자로 나선다.[29]

세계여성의 해가 밝아올 무렵 전후의 정국은 어수선했지만, 1975년 2월 12일 유신헌법과 박정희 자신에 대한 신임을 묻는 국민투표에서 승리한 후였다. 정부는 세계여성의 해를 맞아 짐짓 여협을 필두로 한 여성계의 기대에 부응하는 태도를 보였다. 대통령 박정희는 보건사회부 연두순시에서 "여성의 해라고 하여 헛구호만 외칠 것이 아니라 직장여성 지위 향상이 되도록 해야 할 것"이라고 말했다.[30] 보사부장관 고재필은 국회 유정회 원내총무실을 방문한 자리에서 '여성의 해'를 맞아 여성의 지위향상을 위한 몇 가지 아이디어를 제시, 가정부들의 지위를 향상시킬 수 있는 방안을 모색하는 데 중점을 두겠다고 말했다. "소위 식모라는 기존관념에 사로잡혀 있어 이들의 결혼 등 장래 문제에도

---

28 유성희, 「한국 YWCA운동의 실천적 기독교 여성주의에 관한 연구: 정체성·조직·리더십을 중심으로」, 서울대 사회학과 박사학위논문, 2013, 193~194쪽 〈표19〉 1973~1976년도 연합위원 명단 참조.

29 이효재, 「흑인문제연구보고 미국 FISK 대학」, 〈여성지도자 협회 모임 보고서 주제: 75년 세계여성의 해를 맞이하는 한국여성의 과제 연구〉 (일시: 1974년 8월 31일~9월 4일, 장소: 내일을 위한 집), 재단법인 크리스찬 아카데미, 1974, 8~9쪽.

30 「실질적 지위향상되도록 해야」, 『경향신문』, 1975. 2. 18.

지장이 많다"고 지적, "가사 종사원 훈련소 같은 것을 만들어 훈련을 받은 사람에게 면허증을 주면 사회적 신분도 보장되고 앞날에도 지장이 없을 것." "여공들의 최저임금제를 실시하려고 했으나 이 경우 기업이 받는 타격이 너무 커 실시를 못하고 있다"라며 고충을 털어놨다고 보도되었다.[31]

'여성의 지위 향상'이라는 유엔이 제시한 용어를 사용한 박정희의 연두순시나 보사부 장관의 말이나 공허하기 마찬가지지만, 그럼에도 보사부 장관이 유정회 원내총무실을 찾아 "여성의 해"에 대해 말한 데에는 사정이 있었다. 고재필 자신 또한 당시 총리인 김종필 등과 마찬가지로 유신정우회 국회의원으로, 국무에 임하고 있기 때문만은 아니었다. 제9대 국회의원 중 12명이 여성이었는데, 두 명이 신민당 소속이고 나머지 10명이 유정회 소속이었다. 이는 유례없는 숫자였다. 박정희의 지명에 의한 것이나 다름없는 유정회 의원 구성에 있어 여성의원 비중을 눈에 띄게 함으로써, 박정희는 유신 철권통치에 유화적인 색채를 덧입히고자 했으며 여협의 회장이기도 했던 이숙종 유정회 의원을 매개로 여성들의 조직을 유신체제 유지를 위해 동원하고자 하였다.

1975년 3월 5일 이루어진 한국여성의 해 선포식에는, 보사부 장관 고재필과 함께 이숙종이 참여했으며, 전국 14개 단체 회원 500명이 참여했다.[32] 다양한 여성대중조직의 통합체인 여협의 요구에 응해서 박정희의 이름으로 제시된 「한국여성의 해 선언문」[33]은 가부장적 권력 모델을 구현한 박정희 정권이 내건 과제에 여성을 호명하였다. 적화통일의 기회를 노리는 북한의 야욕, 세계적 경제불황과 지원난의 위기에 여성

---

31 「가정부 지위 향상 중점 두겠다」『경향신문』, 1975. 2. 22.

32 "평등-개발-평화 달성" 「한국여성의 해」 선포」『조선일보』, 1975. 3. 6.

33 「한국여성의 해 선언문」, 사단법인 한국여성단체협의회 여성지위향상위원회, 『세계여성의 해 기념자료집-1975년도 세미나를 중심으로』, 서울신문사출판국, 1975.

의 인적 자원을 개발하여 "국민총화로 유신체제를 확고히 하여 제3차 경제개발 5개년계획을 성공적으로 이룩하여야 하며 민족중흥의 역사적 과업"을 달성하는 데 쏟아야 한다고 주장했다. 단란한 가정의 영위를 위한 부덕 함양, 새마을 역군으로서의 긍지, 국가 발전에 가장 큰 저해요인인 인구 급증을 막아내야 할 출산 담당자로서의 사명을 강조하였다.[34] "1천 7백만 여성을 조직"해야만 할 긴급한 사태는 대표단이 멕시코로 떠나기 전에 닥친다.

1975년 4월 8일 고려대에 휴교령과 병력투입을 지시한 긴급조치 7호가 선포되었지만, 4월 11일 서울대 김상진이 할복자살을 하여 대학가의 반유신 운동은 꺾이지 않았다. 1975년 4월 8일 대법원에서 인혁당 재건위 사건 피의자 8명에 대한 사형선고가 확정되고 다음 날 새벽 사형이 집행된다. 여기에 이르기까지 많은 일이 있었다. 1973년 유신헌법 선포 1년을 맞은 10월부터 반유신 시위 및 집회가 고개를 숙이지 않자 1974년 1월 8일 긴급조치1호를 선포한다. 그럼에도 개학을 한 후 학생들의 움직임이 심상치 않자 1974년 4월 3일 긴급조치 4호를 발동하여 민청학련 사건과 그 배후로 인혁당 재건위를 지목하는 등 전국적인 규모의 용공 조직사건을 조작한다. 이 과정에서 박정희 정권의 인권 탄압은 국내외 저항과 여론의 주목을 불러일으켰다. 민청학련 사건에 2명의 일본인 기자가 피의자가 되어, 도쿄에서의 김대중 납치사건에 이어 일본 내 여론과 외교 관계의 경색을 낳았다.[35] 이러한 세계 여론과 한국문제가 논의될 유엔총회를 의식하여 1974년 8월 23일 긴급조치 5호를 통해 긴급조치 1호와 4호를 해제한다. 미국 의회에서 인권위반과 대

---

34 위의 글, 30~31쪽.

35 민청학련 사건에 대한 전체적 과정에 대해서는 다음을 참조. 『민청학련』, 민청학련계승사업회, 메디치미디어, 2018.

외원조규정을 이유로, 그리스와의 전쟁 중 키프로스를 점령한 터키와 피노체트 쿠데타 이후 사상 초유의 사형집행을 한 칠레에 대한 군사원조를 중단하기로 하는 조치가 논의되자. 외무부 장관은 미 의회를 방문하고[36], 로마에서 교황청과 면담하고, 미 의회에서 한국 인권문제로 청문회를 연 것이 국무성에서도 중요한 사안으로 취급하는지를 타진하는 등의 점검을 해야 했다.[37] 교황청과의 면담은 지학순 주교의 구속에 반유신 운동의 한 축으로 나서게 될 정의구현전국사제단의 결성과 관련해서였다.[38] 11월 22일, 23일 이루어진 포드의 방한 시 인권문제는 직접적 의제가 되지는 않았으며, 북한의 침략 시 즉각 지원한다는 결의를 재확인하고 한국군현대화에 대한 지원에 합의한 것으로 국내 언론에는 보도되었다. 한미정상의 공동성명에는 한미대방위조약재확인, 주한미군의 불감축 내용이 담긴다.[39] 그러나 미국 의회에서는 12월 말 미 행정부가 요구한 금액보다 삭감된 대한군사원조액이 통과되고, 그중 일부 금액은 한국 인권문제의 개선 정도에 따라 지급되는 조건부의 것이었다.[40] 신민당의 개헌 요구, 민주회복선언 서명을 한 백낙청 교수의 파면 조지, 인혁당 사건의 군사재판에서 사형을 선고받은 이들이 있다는 폭로를 한 조지 오글 목사의 추방[41]이 세밑을 물들이고, 1975년 연초 국

---

36 「김 외무, 터어키·칠레 斷援에 충격, 대한국원 회복 교섭」,『동아일보』,1974.10.3.

37 「한국의 인권 문제 미와 논의 없었다」,『조선일보』, 1974.10.15., 1면.

38 민청학련사건으로 수감된 김지하와 관련하여 지학순 주교가 구속된 경위, 그후 천주교의 대응에서 정의구현전국사제단 결성과정에 대해서는 다음을 참조. 서중석, 「천주교정희구현전국사제단의 출범 배경과 활동」,『사림』27, 수선사학회, 2006, 224~227쪽.

39 「한국피침 땐 즉각 지원」,『매일경제』, 1974.11.23., 1면.

40 「「인권」 조건부 대한국원 미 의회서 의결되기까지」(상,하)『동아일보』, 1974.12.18., 19 3면.

41 1974년 10월 구속자 석방을 위한 기도회에서 인혁당 사형수 8인의 존재를 폭로한 도시산업선교회의 조지 오글 목사가 그해 12월 14일 본국인 미국으로 추방되어 미국 내에서 폭로를 이어갔다. 관련해서는 다음을 참조. 이수갑,「약자들의 편에 서서-조지 오글 목사」, 민주화운동기념사업회 오픈 아카이브 기사, 2016.12.6. https://archives.kdemo.or.kr/

내언론은 "국내의 인권문제와 관련하여 우리 동맹국과 우방들 내에의 여론이 분분한 가운데서 먼저 우리나라는 이 나라 국민들의 지지를 받는 일을 소홀히 해서는 안 된다. 외교는 곧 내정의 연장이라는 점을 재인식할 때가 바로 지금이라는 것을 유동하는 국제정세 속에서 새삼 절감하지 않을 수 없다"는 의견을 내놓기도 했다.[42] 박정희는 1월 22일 인권 파동이라 불린 상황과 개헌주장 등을 일축하기 유신헌법 지지와 대통령 재신임을 국민투표에 부치는 안을 공고하고, 2월 12일 국민 투표를 실시하여 승리한 후, 관용을 베푼다는 차원에서 민청학련 구속자를 석방하는 조치를 취한다.[43] 미 의회에서 남한 인권문제 청문회는 1974년에 이어, 1975년에도 오글 목사를 초청해 미국 하원 외교위원회에서 열었다.[44] 1975년도 대(對)한 군사원조는 삭감된 것이긴 하지만 미국의 군사원조 중 크메르 이외에 가장 많은 액수였으며, 다음 해는 의회가 더 증액시킬 것이라고 전망되었다.[45]

4월 17일 프놈펜이, 4월 30일 사이공이 공산군에 의해 함락되어 인도차이나반도가 공산화되었기 때문이다. 한 신문은 미국 뉴스위크지의 보도를 인용하면서, "서울의 탄압 정권"을 미국내에서 달가워하는 사람은 없지만 한미방위조약에 의해 미국의 보호를 받고 있는 이상 김일성이 다시 남침할 시 나서지 않을 수 없다고 보도했다.[46] 첫 장에서 언급한 바 4월 16일, 17일 북한과 외신을 통해 타전된 김일성의 북경 방

contents/view/142 ; 이상록, 「1960~70년대 조지 오글 목사의 도시산업선교 활동과 산업민주주의 구상」, 『사이間SAI』 19, 국제한국문학문화학회, 2015. 91~94쪽.

42 「국제관계의 유동과 외교」, 『조선일보』, 1975.1.1.

43 「「긴급」 발동서 구속인사 석방까지」, 『동아일보』, 1975.2.15.

44 고지수, 「포드정부기 미 의회 한국 인권문제 논쟁과 냉전 자유주의」, 『한국학논총』 55, 국민대 한국학연구소, 2021, 431~471쪽.

45 「대한 군원 2억달러 돼야」, 『동아일보』, 1975.5.14., 4면.

46 「한국은 다음의 목표인가」, 『동아일보』, 1975.5.10., 5면.

문[47]이 알려지자 곧장 박정희는 이 방문이 1950년 6.25 남침을 위한 모스크바 방문과 같은 성격으로 것으로 규정하고,[48] 한국은 어느 때보다 긴급한 안보 위기에 직면해 있음이 연일 이야기되었다. 일본 특파원의 일본 신문 분석 기사를 통해서는 중국이 북한의 남침을 지원하지 않을 것이라는 분석도 보도되었지만[49], 박정희 정권은 북경에서 남침 토의가 확실히 이루어졌으며, 무력남침전략이 현실화될 것이라는 분석에 귀착한다.[50] 4월 29일 박정희는 안보강화를 위한 특별담화를 발표하여 북한이 전쟁을 도발해온다면, "전시민이 남아 사수해야 한다. 정부도 6백 50만 시민과 끝까지 수도에 남아 사수하고 대통령도 시민과 같이 사수할 것이다."[51]라고 했다. 4월 30일 베트남이 공산화되자 5월 들어 하루도 끊임없이 학교, 직장, 기업, 도시, 도, 종교계, 각종 단체 등을 단위로 한 안보, 궐기대회 연일 계속되었으며 휴교령이 내려진 대학가의 궐기대회에서는 김일성 화형식이 치러지기도 했다.[52] 5월 13일 긴급조치 9호가 공포된다. 긴급조치 9호는 헌법에 대한 어떠한 형태의 비방과 반대를 금지하고 이를 어길 시 영장 없는 체포와 1년 이상의 징역을 명했을 뿐만 아니라 재산의 국외 반출과 도피이민을 금지하는 조치를 담았다.[53] 안보를 명분으로 한 야당 신민당의 타협으로, 5월 20일 국회는 폐회를 앞두고 「국가안보에 관한 결의문」을 만장일치로 채택하고, 군사

---

47 「김일성 내일 북경에」, 『동아일보』, 1975.4.17.

48 「박대통령, 경북 순시서 강조, 인지 적화 땐 남침가능성 미 공약도 자체 방위전제」, 『동아일보』, 1875.4.17.

49 「중공, 남침 지원 안할 듯 朝日 印支 급변에 따른 자위책 讀買」, 『동아일보』, 1975.4.20., 4면.

50 「무력남침전략 현실화」, 『동아일보』, 1975.4.21., 1면.

51 「북괴 남침해 오면 그들은 자멸 박대통령, 안보 강화 특별담화 발표」, 『조선일보』, 1975.4.30., 1면.

52 「8개대 4만학생 안보 궐기」, 『조선일보』, 1975.5.10.,7면.

53 「국가안전·공공질서를 위한 긴급조치 9호 선포」, 『동아일보』, 1975.5.13., 1면.

원조 증액을 통해 포드가 약속한 한국 군현대화 5개년 계획의 조속한 이행을 촉구한다. 5월 21일에는 긴급조치 9호에 따른 후속 조치로, 보사부 장관은 40개 여성단체 대표들을 통해 범여성총력안보협의회를 구성한다.[54] 그러면서 "여성들도 일익을 맡게 하고 정부 고위 관리를 지낸 자들의 이민을 금하겠다고 밝혔다."[55] 고위층 이민 금지와 관련한 긴급조치 9호의 성격과 관련해서는 이효재의 「분단시대의 사회학」을 분석할 때 논하고자 하는데, 이 조항이 여성들을 청중으로 삼은 자리에서 특별히 이야기되었다는 것을 눈여겨보아야 할 것이다.[56] 여하튼, 5월 31일에 이화여고 유관순기념관에서 범여성 안보대회가 열린다. 대회사는 여협 회장 이숙종이 맡았으며, 북한의 적화야욕에서 "가정과 직장, 나라"를 지킬 것을 강조했다.[57]

인도차이나 공산화 후 "냉전의 마지막 잎새"[58]라 일컬어진 한반도, 남한은 곧 터지기라도 할 듯한 열기를 빨아들이고 있었다. "한국 여성의 해"는 총력안보로 물들어가고 있었다. "세계여성의 해"는 어떻게 되어가는 것인지, 멕시코시티 세계여성대회에 대표단은 파견되는 것인지 오리무중에 있었다. 1975년 6월 1일 발행된 『한국YWCA』의 한 글은 여성의 해에 대한 중간 점검을 하면서, 이 대회가 구호만 요란할 뿐 특히 정부의 대응은 「한국 여성의 해 선포」와 같은 추상적인 말들만 오간 요식행사에 머물렀다고 비판하였다. 또한 여협을 비판했다. 위에서 언급한 크리스찬 아카데미가 두 차례에 걸친 여성지도자협의회 등을 통

---

54 「여성단체 안보태세 지원 고 보사, 전국여성조직화 추진」, 『동아일보』, 1975. 5. 21. 7면.

55 「전직 고관 이민 불허」, 『조선일보』, 1975. 5. 22. 7면.

56 한편, 1974년 1월 14일 선포된 긴급조치3호는 국민생활안정을 목표로 삼고 있다. 저소득층에 대한 과세 경감과 고소득층에 대한 중과세를 골자로 한 법안이다.

57 「범여성 안보대회 전국 54개단체 2천명 참가」, 『경향신문』, 1975. 5. 31. 7면 .

58 「다극화의 열기……유엔 속의 한국」, 『경향신문』, 1973. 9. 12. 3면.

해 그 초안을 마련한 「여성 인간선언」을 독자적으로 할 것이 아니라 여협이 이어받아 선포하기로 했지만 여협은 선포할 움직임이 없다는 것이다. 글쓴이는 여성의 지위 향상이 곧 여성 인간화가 아닌 이유를 "작년부터 한국에서의 인권문제가 세계적으로 논의의 초점이 되었던 만큼 「여성의 해」이기 전에 「인권회복」문제가 더 시급한 과제였다"고 쓰고 있다.[59] 무엇보다도 6월 19일에 개최되는 멕시코 세계여성대회를 앞두고 유엔본부의 "자문위원회에서 「세계행동계획 초안」을 다듬어 각국에 보내어 검토케 하고 이를 회의에서 채택할 방침"이라고 알려져 있는데 여전히 "우리나라 대표"가 누구인지 모른다고 토로한다.

> 아직까지 우리나라 대표는 누구인지 어떤 전략을 갖고 회의에 참석하게 되는지 전혀 알려져 있지 않다. 이 회의에 파견되기로 된 한 대표는 "나도 같이 갈 다른 대표들이 누구인지 아직 모른다. 지난 5월 대구에서 유네스코한국위원회의 여성 세미나가 이 유엔 여성회의를 대비한 예행연습이라는 이야기가 있었는데 참석해보니 전혀 그런 얘기가 없었다. 이번엔 북한에서도 대표단을 파견할 모양인데 정부의 방침이 아직 결정되지 않은 것 같다."고 말하고 있다.[60] (밑줄-인용자)

1975년 5월 9일에서 11일까지 대구에서의 유네스코 한국위원회의 여성 지위 세미나에 참석자 중[61] 이효재도 포함되어 있으며, 그는 YWCA의 주요 멤버였다. 따라서 인용문의 밑줄 친 한 대표는 이효재라고 볼 수 있다. 글쓴이가 누구인지는 밝혀져 있지 않지만 이효재와

---

59 「요란한 구호 「여성의 해」 프로그램」, 『한국YWCA』 제23권 6호, 1975, 3~4쪽.

60 「요란한 구호 「여성의 해」 프로그램」, 『한국YWCA』 제23권 6호, 1975, 7~8쪽.

61 「유네스코 한위 「여성지위」 세미나」, 『경향신문』, 1975. 5. 6.

교감 속에서 쓰인 것이라고 할 수 있다. 이효재가 대표단 구성 인물을 모르는 상황이 꽤 지속되었던 것 같다. 당연히 멕시코시티로 보내질 대표단이 누구인지는 6월 초에도 언론에 보도되지 않았다. 이효재는 대표단의 일원으로서 이 대회에 북한이 참여할 것이라는 소식을 알고 있었다. 짐작되듯이, 미리 주어진 〈세계행동계획〉을 검토하고 한국 여성 대표들의 입장을 정리하여 멕시코 세계여성대회에서 말하고 반영하는 것이 한국 대표단의 주목적은 아니었다. 한국시간으로 6월 19일에서야 멕시코로 간 한국 대표단으로, 이매리, 이효재 등의 이름이 언론에 등장한다.[62] 그러나 그들이 어떤 말을 하고 활동을 했는지는 증발된다. 대표단은 그곳에서 말을 할 수 없었으며, 왜 말을 할 수 없었는지를 말할 수 없었다.

3. 멕시코시티에서 생긴 일: 여성 목소리의 강탈

그런데 분과 회의장에서 그거……하는데 꼭 이놈의 참사관이 뒤에 앉아가지구서는 여성문제가 이슈가 나오면 가정문제 이슈가 나오면 우리 정도 좀 토론에도 참여하고 문제제기도 할만한 문제가 있는데도 못하게 해 일체 못하게. 그냥 가만히 있으라는 거야. 으 그것도 기분 나쁘지. 이매리 씨도 내가 뭐라고 좀 하면은, 응 퀘스천(question) 하면은, '가만 있어, 가만 있어" 나를 갖고 굉장히 이런 식으로 그렇게 야단도 치고 통제도 하고 그러드라구. 그이 아주 그때 도도했다구. 도도했다구. 마지막에, 마지막 플래너리 총회에서 일반성명 (레절루션?) 응……문제가 마

62 「사상 최초 「국제여성대회」」, 『조선일보』, 1975. 6. 19. 5면; 「국제여성대회 개막」, 『동아일보』, 1975. 6. 19

……그렇게 큰 문제가 없는데 세븐티세븐(77)그룹(비동맹그룹)에서 별도로 자기들 그 입장을 내세워가지구서 마지막 성명을 내면서 이거를 통과를 시키는데 이게 문제에 걸린 거야. 문제에 걸린 거야. 참사관은 뒤에 앉아가지구서 우리를 지휘하지 내가 참 그것도 너무너무 기분 바빠. 근데 이 안을 결의하는데 우리 대표단입장표시하는 고 마지막 고 부분 가니까 이매리가 싹 빠져나가 버려. 내가 부단장이니까 내가 우리측 입장표시 해야지. 그러니까 이거를 통과하는데 예스를 하게 되면 우리는 인제 세븐티세븐(77) 비동맹 그룹에 가담하게 되니까. 백인들은 인제 반대히게 되는 거지. 또 이거 노를 해도 안돼. 노하면 이거는 인제 비동맹 그룹에 잘못 보이는 입장이니까. 근데 그 어……중립지킨다는 게 앉아가지고도 엡스테인을 하라고 하드라고. 난 그때 참 그거……유엔회의가 그래. 앉아가지고도 어느 한쪽을 지지할 입장이 못되니까 엡스테인(abstain)을 하드라구. [63]

이제 서론에서 빼놓은 『로동신문』의 멕시코 세계여성대회를 다룬 전면기사의 세 번째 꼭지를 언급해야 할 때다. 「조선의 통일은 김일성 주석님께서 제시하신 방침에 따라 이룩되어야 한다」라는 제하의 내용이었다. 이 기사는 당시 한국문제에 대한 북한 측 입장에 대한 지지와 연대를 확인하고 멕시코시티에서 보인 남한 대표단의 궁지에 몰린 동정을 폭로하는 내용으로 이루어져 있다. "사회주의 나라들과 특히 제3세계 나라 대표들은 대회연단을 통하여 남조선에서 외국군대의 철거를 강력히 요구하였으며 나라의 자주적 평화통일을 위해 우리 인민의 정당한 위업에 적극적인 지지와 연대성을 표시하였다"는 것이다. 유엔

---

63 위와 같음.

상주 자이르 대표는 "우리 자이르 인민은 국제무대에서 특히 유엔 총회 무대에서 조선 인민의 정의의 위업을 적극 지지하여 활동하고 있다."고 말했다고 보도했다. 유엔 주재 세네갈 상임대표부는 남한이 '뿔럭불가담 대열'(비동맹)에 끼어들려고 활동하고 있으며 "다가오는 리마회의에서 자기네들을 성원국으로 받아들일 것을 요구하는 제안을 내놓는 등 온갖 책동을 다하고 있다. 그러나 미제의 남조선 강점 그 자체가 남조선이 뿔럭불가담국가대열에 들어갈 수 없다는 것을 뚜렷이 증명해준다. …… 우리는 이번 리마회의에서도 조국의 평화적 통일을 위한 조선 인민의 투쟁을 적극 지지할 것이다."라고 말했다고 전한다.

비동맹 외상회의가 1975년 8월 25일부터 29일까지 페루의 리마에서 열릴 예정이었다. 남한과 북한이 각각 가입신청을 상정해 둔 리마회의 그리고 한국문제기 또 다시 상정될지도 모르는 제30차 유엔총회를 코앞에 두고 있었다. 133개국이 참여한 멕시코시티 세계여성대회는 두 회의에서 다수의 득표를 얻기 위해 총력을 기울여야 하는, 좋은 조건의 사전 무대였다고 할 수 있다. 멕시코에서의 무대는 회원국들의 표결에 맡겨져야 하는 리마와 유엔총회보다 더 가시적인 활약을 보여줄 수 있는 무대였다. 그 대회의 기조를 좌우한 제3세계 국가들의 환영을 받으며 대표단 단장이 나가 연설을 할 수 있었으며, 그 그룹과 입장을 함께하는 연대의 표시로 표결에 참여할 수 있는 회의였다는 점에서 그러했다. 더욱이 여성의 평등과 개발, 평화를 위한 전제조건으로 제국주의, 신식민주의, 외국군의 점령, 인종주의의 철폐를 내세운 세계여성대회에 반영된 제3세계의 입장들은 유엔사의 해체, 주간 미군의 철수, 평화협정을 제시한 한국 문제에 대한 북한 측 입장에 입을 실어주는 정치적 신조들이었다.

제3세계 국가들이 다수의 위력을 과시하고 있는 유엔 외교에 대해 한국 정부의 전망은 낙관적일 수 없었다. 제3세계가 유엔의 새로운 제

3세력으로 등장하고 있으며, 이것이 한반도 문제를 유엔에 표결로까지 밀어붙이게 하고 있음이 진단되었다. 1974년 12월 8일 유엔 정치위에서 찬반 48대 48 동수로 부결되었지만 "유엔의 깃발 하의 외국군을 철수시켜야 한다는 공산측 주장이 이제 동수의 비율로까지 치달아 올라오고 있다는 점은 공산 측에서 이 결과는 만족스러운 것은 아니지만 실망적인 결과도 아니다"며, 여기에는 미국에 반감을 지닌 제3세계의 움직임이 작용하고 있다는 진단이 있었다.[64] 1974년 12월 17일 29차 유엔총회에서 한국문제에 관한 서방측 결의안이 통과되었다고 하더라도 안심할 수 있는 상황이 아니었던 것이다. 결정적으로는 1975년 4, 5월 인도차이나의 공산화는 주한 유엔군의 철수안을 담은 공산 측의 한국문제 결의안이 상정될 것이라는 예측을 낳았다.[65] 긴급조치 9호가 발포된 이후 국회의장은 유엔총회에 한국문제 상정을 피하는 것이 상책이라는 견해를 밝혔고 비동맹 다수국가들의 횡포가 있어 유엔을 믿고 외교 정책을 수립하는 것의 어려움을 피력한 이래[66] 유엔이 한반도의 평화를 보장해줄 수 없다는 전망은 국회 본회의에서 국무총리의 입에 올릴 만큼 공공연한 것[67]이 되었고, 결과적으로는 실패했지만[68] 곧 다가올 비동맹 외상회의도, 유엔총회도 대비해야 했다.

이런 상황 하에서 한국 정부는 유엔 세계여성의 해를 기념하여 열

---

64 「냉전시대의 "마지막 잎새" 열띤 유엔 「한국토의」, 『경향신문』, 1974.12.5 ;「유엔의 위기 제3세력」, 『조선일보』, 1974.12.12.

65 「「한국」조기 제출할 듯 공산측, 유엔총회 앞서 주도권 노려」, 『경향신문』, 1975.5.14.

66 「" 한국상정" 회피해야」, 『조선일보』, 1975.5.21.

67 「"유엔서 한국평화 보장 못해"」, 『조선일보』, 1975.7.2.

68 리마 비동맹 외상회의에서 북한의 회원가입은 가결되나, 남한은 좌절을 맞게 된다. 한편 북한은 30차 유엔총회에서 한국문제에 있어 유엔사 해체, 주한미군 철수, 평화협정 입장이 반영된 제안서가 한국측 제안서와 함께 채택된다. 최익제, 「제30차 유엔총회 북한의 한국문제(Question of Korea) 결의안 통과에 관한 연구」, 서울대학교 석사학위논문, 2022, 101~102쪽, 109쪽, 114쪽.

리는 멕시코시티 세계여성대회에 임하면서, 미국도 거스르지 않고, 제 3세계 그룹도 거스르지 않음을, 잠재적 표들인 누구에게도 거슬리지 않는다는 제스처를 드러내야 했다. 위의 이효재의 구술은 바로 그러한 상황을 보여준다. 이효재는 여성문제를 다루는 토의에서 질문 등을 하지 못하도록 외교관과 단장 이매리에 의해 제지당했을 뿐만 아니라, 총회에 참석한 각국 대표에 대한 호명 이루어지는 여러 결의안(resolutions), 그리고 제3세계 그룹들이 제안한 〈멕시코 선언〉(Declaration of Mexico, 1975 in equality of women and their contribution to development and peace)에 대한 표결에서 찬성도, 반대도, 기권도 할 수 없는 입장이었다고 말한다. 〈멕시코 선언〉은 멕시코 등 46개국이 제안하여, 찬성 89, 반대3, 기권 18로 통과된다. 반대는 미국, 이스라엘, 덴마크였다. 이 선언문은 남녀불평등은 "불공평한 세계경제체제"로 인한 세계 대다수국가들의 빈곤 때문이라고 지적하고 빈국에 유리한 방향으로 세계경제체제가 개혁되는 것이 시급하고도 긴요하다고 역설했다. 이 선언문은 또한 지상에서 시오니즘과 식민주의, 인종차별주의 등을 제거하도록 촉구하고 있다.[69] 〈멕시코 선언문〉과 각종 결의문은 신국제경제질서선언에서(NIEO)에서 천명된 것과 1970년대 전반기 미국의 패권이 개입되어 있던 지정학적 상황의 척결을 요하는 이스라엘, 남아프리카공화국, 베트남 등의 문제해결이 여성의 발전, 평등, 평등을 위한 조건임을 강조하고 있다.

여기에 대해 대한민국의 입장을 묻는 호명이 이루어지기 직전 자리를 나가버린 이매리 대신 이효재는 자신이 부단장으로서 입장 표시를 해야 했던 때의 곤혹스러움을 말한다. 그것은 자리에 앉아있으면

---

[69] 『동아일보』, 「세계경제개혁요구 UN 국제여성 회의」, 1975.7.4., 2면.

서 자리에 없다고 말하는 것이었다. 면담자 지은희가 그게 기권인 거라고 말하자 "기권도 그거는 안 된다고 그랬든거 같애. 그거를 나한테 코치를 하는 거야. 그렇게 하라는 거야. 그렇게 해서 내가 그랬잖아."라고 답한다. 이 회의에 대한 유엔 보고서를 보자면, 찬성(In favor), 반대(Against), 기권(Abstaining)으로 이루어진 어떤 표결행위에도 대한민국(Republic of Korea)을 찾을 수 없다.[70] 『로동신문』은 그 상황을 극적으로 서술하였다. "남조선 괴뢰놈의 고립상은 대회 기본문건들에 대한 투표 시에도 뚜렷이 나타났다. 괴뢰《대표》놈은 기본문건들에 대한 호명 투표 시에 제자리에 앉아 있었음에도 불구하고《결석》이요 하면서 저들의 궁지를 모면해 보고자 발광하였다"[71] 단장 이매리가 나가버리고, "결석이요"라고 말한 사람은 이효재였다.

또 한편 『로동신문』은 남한 대표가 연설하기 위해 연단 앞으로 나오자 "제3세계 나라 대표들과 사회주의 나라 대표들이 약속이나 한 듯이 대회장 밖으로 물밀 듯이 밀려나갔다. 미제와 이스라엘 대표 등 한 줌도 못되는 반동무리들만이 남아 대회장은 한산한 분위기에 휩싸여 있었다"고 전한다. 한국의 언론에 보도되지 않았던 이매리의 연설은 6월 26일에 있었다.[72] 이효재의 구술에 따르면, 이매리가 읽은 연설문은 이효재가 쓴 것이다. 멕시코로 떠나기 전에 자신더러 기조연설을 쓰라는 지시를 받은 이효재는 여성이 참여한 "항일운동"의 역사와 "분단시대"에서 여성의 "사회참여" 등에 대해 썼으나 일본과의 관계를 고려

70 UN, *REPORT OF THE WORLD CONFERENCE OF THE INTERNATIONAL WOMEN"S YEAR*, New York, 1976, pp.120~150.
71 『로동신문』, 앞과 같음.
72 https://dam.media.un.org/CS.aspx?VP3=DamView&VBID=2AM94S6WMCO_N&PN=1&WS=SearchResults&FR_=1&W=1825&H=969#/DamView&VBID=2AM94S6MCGW9Z&PN=1&WS=SearchResults

한 정부에 의해 채택되지 않는다. 어디선가에서 마련한 기조연설문의 카피본을 들고 갔으나, 멕시코 대사관의 판단으로 다시 쓰도록 요청받아 이효재는 회의도 나가지 않고 숙소에서 그 이전에 썼던 내용을 참조하여 영어로 썼다고 한다. 그것을 단장 이매리가 읽었다.[73]

『로동신문』은 이매리가 연단에 오르려고 하자 대회장 밖으로 나와버린 제3세계 나라의 대표들이 텔레비전으로 그 장면을 지켜보면서 성토를 한 내용을 전한다. 라틴 아메리카의 신생국인 가이아나의 대표는 "남조선에서 청년학생들과 인민들에 대한 탄압이 우심하고 있는 데 대하여서는 누구나 다 알고 있는데 거기에 무슨 녀성들의 자유가 있겠는가. 남조선 〈대표〉의 연설은 완전히 위선적인 것이다"[74]라고 말하였다. 애석하게도 그것은 이효재가 쓴 것이었다. 박정희 정권의 인권 탄압상은 세계적인 뉴스였다.『로동신문』은 "미제와 박정희괴뢰도당, 유태복고주의, 칠레반동분자들"을 한통속으로 비난했는데, 박정희 정권의 남한과 이스라엘, 칠레의 피노체트 정권은 냉전 하 미국의 지정학적 이해전략이 첨예하게 관철된 나라들이었다.

1973년 11월 아옌데 정권을 쿠데타로 무너뜨린 피노체트 정권의 인권 탄압 문제는 1974년 11월 7일 유엔총회에서 상정되어, 칠레 정치범 석방 촉구 결의안이 채택되었다. 1975년 2월 멕시코시티에서 칠레 군사정권의 범죄를 조사하기 위한 국제범죄조사위원회 제3차 회의가 개막되는데, 멕시코 대통령 루이스 에체베리아는 이 회의에서 개막을 선포하는 역할을 한다.[75] "당시 멕시코는 더 남쪽에 있는 독재 정권으로

---

73 이효재 구술, 지은희 면담, 〈이효재 구술아카이브 녹취록〉, 민주화운동기념사업회 제공사료, 2002. 9. 4.

74 『로동신문』,「메히꼬 "국제여성의 해 세계대회" 진행」, 1975. 7. 26.

75 「세계에 대 칠레 단교 호소」, 『동아일보』, 1975. 2. 24. 3면.

부터 피신한 사람들을 위한 피난처"[76]로, 세계여성대회의 트리뷴에서는 라틴 아메리카의 군사 정권의 탄압을 겪은 여성들이 자신들의 국가의 폭압과 민중들의 고통을 이야기하는 장이 마련되었다. 세계여성대회에서 칠레 정부 공식대표가 군부정권이 아옌데의 사회주의 리더십에 대한 필요하고도 충분한 대안을 제공할 것이라고 찬양하여 청중을 경악시켰지만, 트리뷴에서 칠레의 다른 참여자들은 정부 대표들에 의한 거짓 진술을 폭로하고 피노체트 군사정권이 저지른 인권침해를 강력히 비난했다. 피노체트에 의해 살해된 아옌데의 가족들 등 칠레의 망명자들은 볼리비아, 브라질, 우루과이에서 군사 독재 하에서 고통받고 있던 동료들과 함께 모여, 해당 정권이 가하는 학대를 규탄하는 공동성명서를 발표한다.[77] 여기에 함께한 도미틸라 바리오스 데 충가라는 언론의 스포트라이트를 받은 참여자로, 그녀는 미국의 지원을 받은 볼리비아 정부군이 시위를 벌이던 광부 가족을 학살할 때 살아남았지만 투옥과 고문, 그에 따른 유산을 겪었다.[78] 그녀는 이 트리뷴을 주도하고자 했던 『여성의 신비』의 저자이자 셀럽인 베티 프리단, 그리고 남미의 중상류층 출신인 다른 여성들과 자신들의 처지를 날카롭게 대조하면 비판하면서 중남미 여성들의 입장이 〈세계행동계획〉의 수정안 작성에 반

76 수전 왓킨스, 김진영 역, 「어느 페미니즘인가?2」, 『사회진보연대』 169, 사회진보연대, 2019, 192~193쪽.

77 Jadawiga E. Pieper Mooney, "Forging Feminism under Dictatorship: women's international ties and national feminist empowerment in Chile, 1973~1990", *WOMEN'S HISTORY REVIEW Volume 19*, 2010, pp.619~620

78 수전 왓킨스, 위와 같음. 도미틸라 바리오스 데 충가라, 모에마 비처, 정순이 역, 『어머니들』한마당, 1986, 참조. 이 책의 원제는 『내가 말을 할 수 있다면 Si me permiten hablar』 (1977)이다. 허윤은 이 책의 제목이 바뀐 데서 상징해주듯이 그 책의 번역과 수용 맥락에 대해서 비판적으로 접근한 바 있다. 허윤, 「1980년대 여성해방운동과 '제2의 물결'의 번역」, 박지영 외, 『젠더와 번역』, 소명출판, 2013.

영되도록 요구하였다.[79]

트리뷴에 참석한 미국의 페미니스트 베티 프리단은 남성 중심적인 공식회의와 트리뷴의 격리를 강하게 비판하며, 트리뷴에 참석한 여성들을 조직하여 〈세계행동계획〉에 대한 검토와 수정한 작성을 주도한다. 자신들의 나라에서 벌어지는 독재 정권의 실태를 성토하고 무엇이 중요하게 다뤄져야 하는지를 주장한 남미의 여성들을 트리뷴에서 봤을 법한 대한민국의 참석자가 있었을 법하다. 유엔 외교관 출신인 홍숙자[80]는 베티 프리단, 나이지리아의 모제큐 함께 트리뷴에서 〈세계행

---

79 베티 프리단은 그녀와 그 지지자들이 검토한 〈세계행동계획〉의 수정안을 중남미 여성들의 입장이 반영되지 않았다고 거부한 도미틸라의 발언과 그녀를 동조하는 중남미 여성들에게, "호전적인 행동"을 그만 두고, '정치만 생각하는' 것을 그만 두라고 권고했다고 한다. 도미틸라 바리오스 데 충가라, 위의 책, 218~219쪽 참조, 베티 프리단은 멕시코시티에서 돌아온 후 즉각 후일담을 남긴다. "Scary Doings in Mexico City"(1975), in *It Changed My Life: writings on the women's movement*, Havard University Press, 1998, pp. 344~362. 베티 프리단은 제3세계와 공산주의 나라들에서 온 사람들 때문에 멕시코 시티에서 하루하루 겪어야 했던 끔찍스럽고 혼란스러운 좌절감이 〈멕시코 선언〉의 채택에서 절정에 이르렀다고 토로한다. 베티 프리단에게 있어 〈멕시코 선언〉의 채택은 "1975년 12월 유엔 총회에서 여성을 위한 세계 행동계획을 시오니즘의 제거와 결부시킨 책략이 유엔을 전면적으로 이용하여 유태인에 대한 새로운 박해를 승인"한 것이기 때문이다. 올콧이 성 정치에 주목하여 바리오스 데 충가라와 프리단의 공통점을 지적한 것도 흥미롭니다. 바리오스 데 충가라는 독재 정권으로부터 탄압 속에 있던 라틴 아메리카 여성들의 이야기를 할 수 있는 공간을 찾기 위한 트리뷴에서의 여정이 성판매 여성들과 레즈비언들의 포럼을 서구적인 것으로 배제하는 과정으로 서술되었으며, 베티 프리단 또한 반제국주의만이 아니라 성 정치에 대한 논제가 초점을 흩뜨린다고 생각했다. Jocelyn Olcott "Cold War Conflicts and Cheap Cabaret: Sexual Politics at the 1975 United Nations International Women's Year Conference Gender & History Sexual Politics at the 1975 United Nations International Women's Year Conference", *Gender & History* Nov2010, Vol. 22 Issue3

80 홍숙자는 1933년 서울 출생으로 경기여고, 동국대 정치학과, 이화여대 대학원, 보스턴대 대학원 졸업, 뉴스쿨 등을 수료하고 유엔 외교관 경력을 지닌 인물이었다. 이는 1975년 4월에 발행된 다음 그녀의 논설집의 저자 약력, wikidipia 페이지를 통해 확인했다. 홍숙자, 『또 하나의 地平線을 넘어서』, 우일문화사, 1975. 홍숙자는 1987년 사회민주당의 대선에 후보로 등록했다가 사퇴한 후 김영삼을 지지하는 선거운동에 뛰어든다. https://en.wikipedia.org/wiki/Hong_Sook-ja

동계획〉을 검토하고 그 수정안을 공식회의에 넘겨주는 일을 함께 했기 때문이다. 베티 프리단과의 활약은 당시 홍숙자의 신문 인터뷰 기사에서 확인할 수 있는데,[81] 공식 대표단에게 대한 인터뷰 기사는 단 한건도 없는 반면 그에게 제법 지면이 주어졌다. 홍숙자는 "회의 진행은 일체의 정치성을 허용하지 않고 남녀차별의 공통분모를 찾아 토의했다"고 전하고 다른 한편 "트리뷴에 가장 참가자가 많았던 나라 중의 하나가 일본으로 2백명이 참가했으며 질서있고 침착하게 행동했던 여성들은 미국인들"이라고 견해를 피력했다.[82] 그는 트리뷴의 경험을 토대로 뉴욕에 설치될 월드트리뷴이 여성운동을 국제적으로 펼쳐가기 위한 기구이지만, "북괴측에서도 허정숙 등 정부대표가 참가했으나 민간대표가 없어 민간 트리뷴에는 참석하지 못했다"고 말했다.[83]

정치성을 띠고 무질서하고 감정적으로 행동했던 여성들이나 나라들이 있었다. 제3세계 나라들과 거기서 온 여성들이었다. 멕시코시티 세계여성대회 전체 기조에 대한 비판이 국내 언론의 사설로도 제시되다. "개발도상국 여성대표들이 부의 편재와 신식민주의 등의 문제를 논의대상으로 삼았다는 것은 인도주의적 회의에 정치적 대결과 갈등을 유발할 가연성의 문제를 개입시킨다는 것은 결코 이로울 것이 되지 못한다."[84]라고 말이다. 나중에 짚고 넘어가겠지만, 홍숙자는 〈세계행동계획〉을 한국에서 실천하기 위한 조직결성을 주도하고 여협에서 이숙종과 함께 이후 국내외 여성의제의 이벤트를 주도하게 된다.

멕시코에 대표단이 한국으로 돌아온 며칠 후 국회는 안보 삼법이

---

81 「차별 사라질 때까지 단합 강조」, 『동아일보』, 1975.7.7, 5면.

82 위와 같음.

83 "여성문제 다룰 상설기구 뉴욕설치 만장일치 합의" 홍숙자 씨 민간트리뷴 마치고」, 『경향신문』, 1975.7.1., 5면.

84 『동아일보』, 「국제여성회의와 여권신장」(사설), 1975.7.9., 2면.

라는 사회안전법, 민방위기본법안, 방위세법을 신설, 통과시켰다.[85] 대한민국 정부 공식 대표단의 일원으로서 멕시코 세계여성대회를 다녀온 후 이효재는 자신이 거기서 무엇을 하고 무엇을 봤는지, 가령 허정숙의 우리말 연설에 감동을 받았다는 말은 결코 할 수 없었다. 홍숙자가 시필라에게 수정안을 제출하기 위해 공식회의장에 갔을 때 지나가던 북한 여성들을 보았다고 말할 수 있었지만, 이효재는 말할 수 없었다. 물론 허정숙이 연설을 하고 표결에 참여할 수 있었다고 해서 자유롭게 말할 수 있었던 것은 아니라는 지적 또한 가능할 것이다. 그도 그럴 것이, 북한 대표단이든, 남한 대표단이든 정권의 이익을 위해 활동했다는 점에서 하등의 차이가 없을 것이다. 그러나 이러한 진단은 곧바로 냉전적이고 현상유지적인 사고로 이어질 수 있을 테지만, 이효재는 분단을 이용한 독재 정권에 의해 자신이 이용당했음을 처절하게 느끼는 방향으로 나아간다. 그것이 뚜렷해질수록 이효재는 다르게 생각하고 다르게 행동할 수밖에 없었다.

4. 침묵에서 증언으로: 긴급조치 9호 시대의 여성 체험

나는 우리가 통일을 하기 전에는 이런 유엔회의는 절대 안 나간다. 내가 그때 그 마음을 먹었지.그때 멕시코에서 그렇게 경험을 하고 나 혼자 먼저 미국으로 떠난 거지. 비행장을 왔잖아? 비행장을 와서 내가 패스포트하고 거기 뭔가 에아티켇, 항공권을 내놨거든. 그 멕시코 사람이 "프롬 사우스 코리아? (From South Korea?) 칼라니 오브 유에스? (Colony of US?)

---

85 「국회 본회의 사회안전법 등 4대법안 통과」, 『동아일보』, 1975.7.9., 1면.

아 ……멕시코 분위기가 그때 그랬다고. 내가 그냥 그런 소리들으면서 70년대 해외로 여행하면서 한국사람끼리 서로 그렇게 경계한. 응 옆에 앉아서도 저 사람이 북쪽에서 온 사람인가 하고 경계하고 뭐. 그때가 동베를린사건에다가 뭐다 뭐 70년대가 얼-마나 사건이 많았냐?(그럼요. 네) 우리 가는 데마다 당하는 것이 민족끼리의 그 불신과 적대감과 이 뭐 정치적으로 이렇게 그냥. 우리 인간을 그렇게 이용하고. 참 그래서 70년대 말 창비에 "분단 시대의 사회학"이라고 하는 거를 글을 내 나름으로 써면서 어-떻게 진통, 진통을 겪었는지. 그러나 가부장제 분단국가로서 여성문제가 구조적으로 체계적으로 이렇게 참 발생한다는 게 뭐 훤히 보이는 거지." (밑줄-인용자)

범태평양 동남아시아여성협회 주최의 세계여성대회 보고 세미나를 위해 전국 12도에서 이루어진다. 세미나의 첫날인 1975년 9월 2일에는 이매리가 개회사를, 이효재, 김정태가 보고 연사로 참여했다고 한다.[86] 여기에는 주한 미국 국제개발처(AID) 교육담당관 네빌이 치사를 하기 위해 참여했다.[87] 그 구체적인 내용이 어떤 것이었는지에 대해서는 보도되지 않았으나, 그해 연말 동 협회 발행의 보고서를 보면 이 보고 세미나의 내용도 대강 짐작할 수 있다. 한국 정부대표단은 거기 가서 무엇을 했고, 앞으로 무엇을 할 것인가의 내용은 찾을 수 없다.

하지만 "세계여성의 해"는 끝나지 않았다. 1975년 9월 정기 국회를 앞두고 〈세계여성의 해〉가 지나가기 전 여성계는 가족법개정에 대한 기대를 접지 않았다. 이미 1975년 4월 여협의 회장이자 유정회 의원인 이숙종은 세계여성의 해를 맞아 파리에서 개최된 국제여성단체협의회

---

86   「세계회의 보고 세미나 범아태여성협, 전국12도시서」, 『경향신문』, 1975.9.1., 14면
87   「지방순회 세미나르」, 『조선일보』, 1975.9.2., 5면.

실행위원회에 참석하고 돌아와, 이 회의에서 선언서는 많지만 현실화되지 않은 여성의 법적 지위 문제가 집중적으로 논의되었으며, 한국의 경우 여성들이 자신의 법적 지위문제에 대해 보다 많은 관심과 참여가 있어야 한다고 강조한 바 있다.[88] 그가 1973년 3월 제9대 유정회 소속 국회의원이 된 직후였다. 이태영의 가정법률상담소와 YWCA가 공동으로 주최하고 한국여성단체협의회와 대한가족협회가 후원한 여성국회의원 간담회에서 가족법 개정운동의 일환으로 강연회를 연다는 협의가 이루어졌고, 4월 가족법 개정촉구강연회를 개최했으며, 6월 6일 범여성가족법개정촉진회를 결성하여 그가 회장이 된다.[89] 1974년에 이숙종은 여성단체들에 의해 합의된 가족법개정안을 완고한 남성의원과 지방 유림에 반대를 고려하여 호주법과 상속법에 관해 수정하여 제출한다. 그러나 YWCA의 강렬한 항의에 직면하고 촉진위 자체의 해체가 우려되자 다시 원안을 제출하겠다고 천명하여 조직 해체의 위기는 막았으나 회기 내에 다시 원안을 상정하지 못한 채 1975년 세계여성의 해를 맞이했던 것이다. "연내가족법개정"은 여협과 이숙종, 범여성계의 숙원과제였다. 파리에 다녀온 이숙종은 75년 4월 9일 국회에 원안대로 제출한다. 9월 정기국회 개최 때 가족법개정안 통과를 촉구하기 위해, 촉진위는 이숙종, 이태영, YWCA 대표 손인실 등 여성단체회장단으로 구성된 9인위원회에 모든 여성단체의 활동을 일임하기로 결의한다.[90] YWCA 사회위원으로서 이효재도 이 무렵 YWCA 손인실 회장을 위시한 회장단과 함께 국회 법사위를 찾아가 개정을 촉구한다. 여기서 YWCA 회장의 발언과 국회의원의 발언에 큰 충격을 받는다.

---

88 「여권현실화의 행동단계」, 『조선일보』, 1975.4.29., 5면.

89 안경희, 「가족법개정사와 여성운동」, 『이화젠더법학』 제6권 제2호, 이화여자대학 젠더법학회, 2014, 73~128쪽.

90 「범여성 촉진회의 가족법 개정 활동에 박차」, 『경향신문』, 1975.7.25., 5면 참조.

…… (손인실은인용자) "우리야, 웅, 우리 집안에서 어 문제가 있는 것은 아니지만, 문제가 될 것은 없지만은 우리 사회 저 가난한 여성들을 위해서 이 법이 통과가 돼야 된다" 이런 식으로 얘기해 하드라구. 내가 그때 너무 놀랬어. 그러니까 우리 여성문제로 보는 게 아니라 웅. 가난한 여성 문제로 이이들이 보드라고. 웅. 근데 이태영 선생님만 해도 그렇지는 않았는데, Y(YWCA)회장단이나 이사들은 그런 맨탈리티(mentality)데, 그때 그 법사위원 남자 한 사람이, 누군지 내가 이름도 몰라 아주 그냥 정색을 하면서, 웅, 이른 거는 빨갱이 노름이라 하는 식이지. 공산주의사회에서나 그냥말로 평등 여성.인제 평등을 논하는 건 빨갱이 사회나 하는 소리 이런 식으로 나가니깐. 나도 참 그게 대해서 어떻게 답변을 해야지 준비도 안된 상태고 다른 사람들도 준비도 안된 상태에서 말도 몇 마디 못하고 그러고 밀려나온거야. 그러구는 정말로, 참 생각을 하니까 너무 웅……분하고 마……너무그래. 그래 사회위원회를 가니깐, 분위기도 안 맞고 그래서 내가 와이(YWCA) 그때부터 안 나갔잖아. 웅. 안나가고 한 국의 인제 그 잘 사는 계급. 소위 말하자면 가진 자 계급이 우리 가부장제에 대한 이런 보수. 보수성 웅? 이게 문제

……근데 뭐 유림을 위시해서 가족법 개정을 반대하는 이름을 보니까 뭐뭐한 대학에, 학계 인사를 위시해서, 뭐 정치인이나인제 기업인 등 바로 그 가진 자 계급의 웅, 가진 자 계급의 편, 세력이다 느껴지데. 웅 그래서 아마 내가 그 분단시대 사회구조 연구하면서 인제 그런거 저런거 아마 인제 계급론과 가부, 가부장제 정치권력과 우리 지배계급이 이……분단을 이용하면서, 노동자는 노동자대로, 빨갱이라고 몰아붙이면서 여성 노동자를 그렇게 착취하고 이용하고 가족법은 가족법대로 웅, 이제 자기들에게 유리하게 한국적 민주주의라 하면서 가부장제 가족법 개정을 시켜주지 않고 웅 이렇게 자기들 그기에 이용하는, 이게 마눈에 확 들어오는 거지. 웅 그런 게 인제 들어오면서 한편 , 그때가 인제

70년대에 …… 모두 문인들이 소설이 그때 김원……김원일 씨. 자기 집안 을 얘기를 해가지고서 모두 분단가족의 아픔, 가족, 엄마, 여성, 부인들이 ..에 인제 빨갱이 집안이라고 그 경찰이니 에.. 겁탈당하고 그 집안 당하는 거 자식들 당하는 거 소설에서 그때 얼마나 처절한 분단시대에 분단시대 사회학이라는 말을 했지. 응. 그게 흑인의 해방사회학과 더불어 분단의 문제에 관심을 갖게 되었지. 강만길 선생님이 에……분단시대 역사의식인지 뭐 하는 그런 논……문을 일본 갔다오서 갔고 그때고 무렵에 쓰시기 시작해 하고 그래서 내가 자청해서 백낙청 씨한테 분단시대 사회학이라고 내가 자청을 했다고. 그래 갖구는 쓴다고 해놓고는, 세상에 이거를 쓰는데 딱 1년이 걸렸어. 쓰다가 *끙끙* 앓고, 쓰다가 *끙끙* 앓고. 그 ……참……마 ……내 몸과 내 감정과 모든 게 다 솟구치는 거야. 솟구치는 거야. 분단시대 사회학이라는 그 글을 논문도 아니고 마 에세이식으로 그때 썼잖아. 내가 멕시코 또 다녀온 얘기니 뭐이니 그런 경험이 있어가지구서는 써서 그때 창비에 냈더니, 그게 연대 앞에서 하루에 50부가 팔렸다는 거야. 백낙청 씨가 나한테 그 소리를 하더라고. 그러면서 안기부에서 뭐 아무 기별이 없느냐 하는식으로. 내가 혹시 그 글 썼다고 해서 안기부에서 무슨 당하나 해갖고. 응. 그러니까 모두가 젊은 아이들도 뭐언가 좀 이 분단문제 모두 관심을 갖게 되고 하는데 뭐 그런 비슷한 글이 없었지. 이거를 그냥 뭐. 사회평론식으로 이거저거 모두 있어가지구서 그렇게 평이하게 에 …… 시대적인 상황을 쓴 게, 그래서 인제 "분단시대 사회학" 때문에 내가 또 자연히 안기부 주목도 받게 되었지.[91]

---

91 이효재 구술, 지은희 면담, 〈이효재 구술아카이브 녹취록〉, 민주화운동기념사업회 제공자료, 2002.9.4.

이효재는 가족법개정운동 과정에서 반대하는 집단이나 개정 운동에 적극적으로 나섰던 YWCA의 상층부를 이루는 엘리트 여성들에게서조차 드러난 의식의 한계를 계급의 문제로 인식하게 된다. 여성 노동자들에 대한 착취와 탄압, 가족법개정의 저지 등은 지배계급과 정치권력의 이해관계가 구조화는 방식으로 분단이 사회 전체에 관철되고 있는 사례였던 것이다. 평등에의 요구를 단번에 용공으로 모는 것이 반공주의의 작동 방식이었다. 분단은 여기에 '이용'된다. 또한 당시 김원일 등의 가족 이야기로 쓰여진 분단 소설 등을 통해 반공주의가 연좌제로 가족 전체를 끌어들이고 있음을 보게 된다.

이는 이효재가 학문적으로나 직간접적으로 접하게 된 흑인 가족의 상태와 원인은 다르지만 비슷한 양상이라고도 할 수 있다. 이효재가 민족해방이라는 관념과 제3세계에 대한 이해를 얻었다고 의미화한 1974년 미국 흑인학교인 피스크대학(Fisk University)에 한 학기 방문 교수 자격으로 가 있으면서, 인종해방을 목표로 천명한 흑인 사회학을 연구하게 된다.[92] 또한 1978년 한국에서도 방영된 드라마 〈뿌리〉 등을 보

---

92 이효재, 이승희 (대담), 「이효재-한국여성학·여성운동의 선구」, 『역사비평』 26, 역사비평사, 1994, 246~248쪽. 이효재는 1966년 3개월 간의 이스라엘 키부츠 탐방을 통해서는 여성의 참여를 통해 남녀가 함께 하는 사회의 구성과 사회경제의 민주적 재생산에 대한 구상을 얻고 1970년에 화곡동 중산층 문화주택 지역을 중심으로 여성들의 사회적 참여에 대한 사회실험을 해 보지만 유신으로 중단되고 만다. 여기까지가 "재생산적인 측면에서 사회의 민주화를 위한 여성의 역할과 공동체적인 사회개혁을 구상하고 있었던" 것이라면, "흑인사회학을 알고나서부터 민족해방, 민족통일에 기여하는 사회학이라는 사상을 갖게 되었고 분단과 사회학을 연결지어 생각하게 된 것은 여기에 연유한다고 봅니다. 계급론적인 입장에서가 아니라 여성의 입장에서 분단가족의 문제를 보게 된 것이지요."라고 이승희와의 대담에서 말한다. 한편, 미국 테네시주 내슈빌에 있는 피스크대학은 흑인을 위한 리버럴 아트 컬리지로, 1866년 미국 선교사 협회의 선교사들에 의해 설립된 Fisk Free Clored School에서 출발, 1867년 고등교육에 중점을 두기 위해 Fisk Universit로 개편된다. 1960년 이 대학 학생들은 민권 운동에 합류. 네슈빌은 식당에서의 흑백차별을 항의하는 연좌 시위를 벌인 남부 최초의 도시가 되었다. 다음을 참조. https://en.wikipedia.org/wiki/Fisk_University (최종검색일: 2023.6.21.) 이효재에게 피스크대학 방문 교수 경험은

면서 역사적으로 구조화되어 있는 흑인 가족의 상태를 이해하게 되는데, 흑인 남성들은 인종차별로 노예 시절에는 노예주로부터 가족과의 삶을 박탈당하고, 자유민이 되었어도 사회적 배제의 결과 상당수가 일자리를 찾아 방랑하거나, 범죄자로 구속되어 가장으로서, 사회적 구성원으로서 역할을 제대로 하지 못하고 있는 상황에서, 남은 가족들이 겪는 빈곤의 굴레, 그리고 가족의 삶을 지탱해 나가야 하는 여성들 중심의 가계와 사회적 삶은 역사적이고도 구조적인 것이었다.[93] 이는 '빨갱이' 가족으로 정치적, 사회적 박해를 겪고 있는 가족과 여성들의 삶과도 비슷했다. 빨갱이로 낙인찍힌 남편이나 자식을 이북이나 감옥에 둔 여성들과 가족들이 처한 곤경은 해방 이후의 좌우익 대립의 시기나 한국전쟁 전후의 특정한 시기에 국한된 것이 아니었다. 청년 학생들, 문인들, 종교인조차 검거, 구속되고 심지어 사형을 면치 못했던 긴급조치 시대의 것이기도 했다.

자신이 『창작과 비평』의 백낙청에게 쓰기를 자청하여 1여 년간에 걸쳐 쓴 「분단시대의 사회학」(『창작과비평』, 1979 봄호)은 멕시코시티에서의 경험과 그 경험을 통해 보게 된 여성운동의 현장에서 느낀 바의 에세이자 그리고 분단을 사람들의 삶과 사회현상 속에 현현되는 역동적인 구조로 보게 된 사회비평이었던 것이다. 「분단시대의 사회학」에는 1975년 멕시코에서의 경험이 직간접적인 방식으로 산포되어 있음을 알아챌 수 있다.

「분단시대의 사회학」에서는 외국을 다녀본 사람들 사이에서 흔히

1960년대 흑인 민권 운동의 열기와 긴장이 남아 있던 때로 그곳 교수들과 학생들은 이효재와의 교류를 회피했다고 한다. 혹시나 이효재가 미 수사기관과 관련된 감시자가 아닐까 하는 의혹을 지니고 있었다고 한다. 이효재 구술, 앞과 같음.

93 위와 같음. 그 밖에도 다음을 참조. 이효재, 「흑인사회학의 대두」, 『한국사회학』 9, 한국사회학회, 1974, 71~75쪽 ; 이효재, 「흑인문제연구보고 미국 FISK 대학」, 앞과 같음.

경험하는 남에서 왔느냐, 북에서 왔느냐 "이러한 질문은 우리에게 저항 감을 일으킨다. 내 자신을 마치 두 쪽으로 나누어 보는 것 같기 느껴지 기 때문이다"라고 적는다. 그리고 멕시코에서 귀국할 때 항공사 직원에 게 자신의 여권과 항공권을 제시했을 때 그 젊은 남자가 "흥, 사우스 코 리아. 미국의 속국"이라고 하는 비웃음을 들었다. 이 장의 첫 번째 인용 문에서 제시된 이효재의 구술을 보면 그 질문을 자신이 받은 것이기도 했다. 독립된 국가가 아니라 "미국의 속국"으로 외국인들이 남한을 인 식하고 있다는 것이 충격이었던 것이다. 이어서 이효재는 다음과 같이 적는다.

미국과의 관계에서 언제나 석연찮은 막연한 느낌을 지녔으나 대한민국 은 엄연히 유엔에 의해 독립을 인정받은 합법적인 국가임을 자타가 공 인하는 줄로만 알고 있었던 것이다. '사실상 유엔이 왜 대한민국만을 정 식회원국으로 가입시켜주시 않았던 것인가' 하여 나에겐 충격적이었다. 이 충격적인 발언으로 화가 치밀어오른 나머지 그의 뺨을 한 대 갈기로 싶을 정도이었으나 그럴 만한 용기조차 없고 보니 한국인으로서의 한만 더할 뿐이다.
키신저가 미 국무성장관에 재임시 미국 극동정책에 관련하여 서슴없이 뇌까린 말이 있다. 한국은 미국의 일본방위를 위해 필요한 전초기지이 며 일본방위를 위해 한국방위가 필요하다는 입장이었다. 일본방위를 위 해서는 필요하다면 한국에 대한 전쟁도 그들에게는 가능한 것이 아니겠 는가. 이것이 거듭 발표되었음에도 이에 대하여 우리 정부의 공식적 항 의나 언론들의 비판적 여론이 있기는커녕 미국의 한국방위 결의에 안 도감과 만족감만을 표시할 뿐이었다. 우리가 미국과 혈맹이라면 그들 의 방위는 마땅이 한국의 안보만을 위한 것이어야 하지 않겠는가? 분단 으로 인해 우리의 민족적 정체감이 얼마나 병들었으면 민족적 자존심이 이렇게 둔감하거나 무감각할 수 있단 말인가?[94]

이효재는 멕시코 세계여성대회 전후의 상황 속에서야 비로소 알게 된 한국과 미국과의 석연치 않은 관계의 실체가 무엇이었는지를 서술하고 있다. 인용문에서 이효재는 한국이 유엔에 의해 합법적으로 인정받은 독립국이 아니며, 미국이 한반도의 분단을 지정학적 전략 속에서 미일 안보를 위한 방파제로 이용하고 있다는 사실을 확인한다. 키신저 미 국무장관의 발언은 인도차이나반도의 공산화 직후, 제2의 남침설로 위기감을 고조하며 미국의 대한군사원조 증강을 요구했던 상황 속에서 이루어진 것이다. 키신저는 1975년 5월 6일 국회의장 정일권과의 단독 회담을 통해, 주한미군 감축 불가와 한국군현대화를 위한 대한군원 증액을 확약하였으며,[95] TV회견으로도 이를 공표한다.[96] 5월 16일 크메르 루즈군에 나포된 미국 상선 마야구에즈호 구출 작전 후에 기자회견에서 "한국 방위와 안보는 동북 아시아 및 동북태평양의 안전, 특히 일본과 미국과의 관계유지에 중요하다"는 사실을 강조한다.[97] 나아가 그해 4월에 있었던 일본 외상 미야자와 기이치와 헨리 키신저와의 회담에서 일본방위를 위해 핵무기를 사용할 가능성을 시사했음이 외신 인용을 통해 국내 언론에 보도되어 전술핵의 존재가 알려졌다.[98] 이효재는 "앞으로의 무력충돌이 이 좁은 한반도에 핵전쟁을 초래할 것이므로

94 　이효재, 「분단시대의 사회학」, 『창작과비평』 51, 1979, 258~259쪽.
95 　「주한 미국 감축 있을 수 없어」, 『경향신문』 1975. 5. 6.
96 　「키신저, TV회견 대한방위공약 포기하면 아주서 급격한 변화 초래」, 『경향신문』, 1979. 5. 6.
97 　「한국안보 미·알에 중요」, 『동아일보』, 1975. 5. 17. ; 「한국안보. 동북아서 기장 중요 키선저 대일관계 위해 더욱」, 『경향신문』, 1975. 5. 17., 1면 ; 「"한국방어 동북아 위해 중요" 키신저 회견」, 『조선일보』 1975. 5. 17. ; 「미국의 대한공약」, 『조선일보』, 1975. 5. 23.
98 　「일 방위에도 핵사용 키신저·궁택 회담서」, 1975. 6. 23.

다 함께 자멸의 위기에 직면할 것이기에 승패가 있을 수도 없다. 이러한 자멸의 전쟁을 예방하기 위해 남북은 또한 치열한 군사 경쟁을 한다는 것이다. 세계평화를 위한다는 명분에서 미·소 간의 경쟁의 연장이기도 하다. 그런 데서 외세에 좌우된 경쟁적 입장을 초월할 수 있는 민족 통일이 절실히 요구된다."[99]라고 주장한다. 이러한 맥락에서 이효재는 키신저의 발언이 군사 경쟁과 전쟁 위협을 고조시키는 언사이자 한국을 미일 안보의 방파제로 삼는 굴욕적인 언사임에도 불구하고 안도감과 만족감을 드러내는 국내 여론을 분단으로 인한 민족 정체성과 자존심의 훼손으로 진단한다.

다시 환기해보자면, 멕시코시티에서의 이효재의 분단 체험은 세계적 이목이 쏟아지는 현장 속에서 남북 적대와 대립의 경험이었을 뿐만 아니라, 세계여성대회에서 여성으로서 말하고자 하는 자신의 목소리를 분단을 이용하여 연장되던 독재 정권에 의해 강탈당한 경험이라고도 할 수 있다. 이효재는 멕시코시티에서 그 현장에서 이매리, 대사관 참사관 등에 의해 자신의 언행을 제지하려는 상황을 경험하고 또 방을 함께 쓴 대표단 일원의 역할이 자신을 감시하는 것임을 느낀다. 이 장의 첫 번째 구술 인용에서 "우리 가는 데마다 당하는 것이 민족끼리의 그 불신과 적대감과 이 뭐 정치적으로 이렇게 그냥. 우리 인간을 그렇게 이용하고"라는 말은 그 자신이 멕시코시티에서 정부 대표로서 수행하게끔 한 일을 두고 한 말이기도 하다.

허용된 말과 행동만을 하도록 하는 통제는 감정에 대한 통제를 완수함으로써 내면화를 달성한다고 할 수 있다. 적대와 긴장은 조장되고 표현되어야 하고 정당화될 수 있는 감정이었다. 궁극적인 통제는 친근

---

99   이효재, 앞의 글, 262쪽.

함과 동질감, 감격스러움 같은 감정을 말과 몸짓, 표정으로 표현할 수 없게 만든다는 데서 온다. 이효재는「분단시대의 사회학」을 1년에 걸쳐 쓰면서 끙끙 앓을 정도로, "내 몸과 내 감정과 모든 게 솟구치는 거야"라고 말했다. 그가 글을 쓰기 위해 다시금 환기해야 했던 분단의 체험이란 온몸을 관통하는 긴장과 불안, 공포와 그리움, 분노가 결합된 정동적 체험이었다. 그의「분단시대의 사회학」과 구술을 나란히 읽어보자.

우리는 더욱이 외국서 홀연히 만난 교포를 자연스럽게 반가이 대하고 싶은 감정을 억눌러야 한다. 그가 북에서 왔을까 남에서 왔을까? 북에서 왔다면 두려움과 그리움이 엇갈린다. 그가 만일 북에서 왔다면 혹시 내 아버지의 고향 사람이 아닐까? 내가 어려서 다니던 학교를 아는 사람이 아닐까? 궁금하게 묻고 싶은 것이, 얘기하고 싶은 것이 한두 가지가 아니다. 그러나 그 그리움과 그 기억들을 억눌러야 한다. 같은 동포에 대한 자연스러운 표현,, 그리운 표현이 저쪽 사람들에게 정치적으로 이용당하지나 않을까? '북괴찬양'으로 이쪽 사람들에게서 오인당하지 않을까? 공포증에 사로잡힌다.[100]

······ 북한 여성들 그때 그이들이 입은 한복을 여러 가지 색깔을 입고 나왔는데 내 기대보다 이북에 옷감이 참 괜찮다 싶어 그래서 "아, 옷감이 참 좋으시군요." 그렇고 색깔이 참 이쁘다고 내가 칭찬을 하고 말았지. 근데 그 이후로 그쪽 사람들이 또 나를 경계해. 그걸 또 느꼈다구. 응. 그쪽은 그쪽대로 남쪽 사람들에 대한 경계가 있지. 이쪽은 이쪽대로 또 뭐 정치적인 시위지. 그 70년대는 그 참 지옥이야.[101]

---

100 위와 같음, 259쪽.
101 이 단락의 인용은 모두 다음을 참조. 이효재 구술, 지은희 면담, 앞과 같음.

앞에서 보았듯이, 이효재는 허정숙이 우리말 연설을 하는 것을 목격하고 형언하기 힘든 감동을 느꼈다. 다른 이들은 그런 자신과 다르고 자신을 경계하고 있음을 느낀다. "근데 우리는 이 대사관의 참사라는 것이 그 인구보건 의사 여의사하고 이매리니 모두 이런 사람들. 그 남자들하고 짓꺼리하는 데 다르드라고."라고 말한다. 이효재는 뭐라 말할 수 없는 착잡하고도 슬픈 마음에 만찬장에서 통로가 아닌 곳에 자리를 잡자고 했지만, 이매리가 화를 내면서 통로가 난 곳에 자리를 잡고 "꼬리고 앉아" "이북 사람들"이 그곳으로 지나가면 적대감을 표현했다고 한다. "내가 그때를 생각하면 너무 기분이 나빠." 경계심은 상호적인 것이었다. 이효재가 회의장을 오가다 마주친 북한 여성들이 입은 한복이 옷감과 색깔이 좋아 "내가 칭찬을 하고 말았지"라고 말할 때, 칭찬은 하지 말아야 할 언행이자 감정 표현이다. 바로 그때 그들이 자신을 경계했다고 증언한다.

이효재가 1967년 동베를린사건을 70년대 일어난 사건으로 착각했지만, 1960~70년대 간첩사건 조작이 남과 북의 사람들이 마주칠 수 있는 해외에서 빈번하게 이루어졌다는 것은 굳이 상론하지 않겠다. 그러나 그 사건들은 인권과 외교와 관련된 스캔들을 낳았음에도 불구하고 남한 주민들에게 우연찮은 북한 사람들과의 접촉의 공포를 환기시키면서 정치적 안정화와 반공주의의 신체화에 기여했다. 낯선 이를 처음 만났을 때, 만약 그가 북한 사람임에도 부지불식중에 느껴질 수 있는 친근함이 자신이 속한 체제에 반한 것으로 오인될 수 있기 때문에 생기는 공포인 것이다. 그리움, 친근함 그리고 공포라는 보통은 병존할 수 없는 감정의 병존을, "내 자신을 두 쪽으로 나누어 보는 것" 같은 분열증을 겪게 만든 분단이란, 남북 적대의 구조화이자 일상화, 신체화라고 할 수 있었다.

이효재는 「분단시대의 사회학」에서 이러한 감정적 병존 상태의 분열중을 처절하게 일상적으로 체험하고 있는 이들을 월남민들, 가족분단을 겪은 사람들이라고 말한다. 북에 있는 가족과 친지에 대한 그리움과 사모함으로 잠을 못 이루면서도 "그들이 홀연 나타나는 것을 가상했을 때 거기에는 자연스러운 눈물의 상봉을 연상하기보다 만나는 두려움이 또한 앞설 것이다. 그들이 나타날 가능성에 대한 공포와 불안이 도사리고 있다. 현실적으로는 내 자신을 과거의 기억에서 단절시켜야 한다.그러나 단절이 되어질 수 없으며 이것이 한으로 우리의 마음을 사로잡는다."[102]

월남민이 아니라 하더라도, 이효재는 1945년 8.15로부터 치면 채 35년이 안 된, 한국전쟁으로 치면 채 30년이 안 된 1970년대 청소년기나 청년기에 한반도 어디든 같은 생활권에서 함께 지냈던 친구나 지인들이 어디라도 생존해 있을 가능성이 높았던 시대의 분단 체험을 쓴 것이다. 그들은 연락을 주고받지 못하던 사이 어디서 어떻게 살고 있었던 것일까? 이북에서 살고 있을까, 이남에서 살고 있을까? 이남에서 살아있던 것이라면 언제 내려온 것일까? 인신-영토-사상의 삼위일체를 요구하는 사상지리적인 규율 장치와 표상체계[103]가 폭력적으로 관철되는 분단시대에서는 공유된 과거와 기억, 지식이 자신과 가족의 안위를 위해 철저하게 침묵으로 은폐해야 하거나 부인되어야 했던 시대의 경험인 것이다.

다른 한편, 「분단시대의 사회학」은 분단의 여성 체험에 기초해 있으며 거기에 주목한 글이다. 산업화에 희생을 강요당한 여성 노동자를 주목했고, 당대의 분단 소설을 통해서는 월북을 하거나 정치범이 된 남

---

102 이효재, 앞의 글, 259쪽.

103 여기에 대해서는 이혜령, 「사상지리의 형성으로서의 냉전과 검열」, 『상허학보』 34, 상허학회, 2012 참조.

편을 둔 아내를 보았다. 직접적으로는 쓸 수 없었거나 쓰지 않았지만 멕시코 세계여성대회에서 여성으로서 자신의 목소리를 강탈당하고, 가족법개정운동을 하다가 국회의원에게 빨갱이라고 욕을 먹은 대학교수인 자신도 분단이 구조화된 삶을 살고 있었음을 간파한 데에 기초한 글이다. 이효재가 가장 주목한 이들은 따로 있었다. 분단시대의 최대 수혜자이면서도 분단의 상태를 가장 두려워하는 집단은 상류층과 지식층, 그리고 그들 가족 속의 가정주부들이다.

이효재에 따르면, 분단이란 체제경쟁 속에서 한국은 급속한 산업화와 도시화를 이룩했다. 이는 가족부양자가 될 남성들로 하여금 자신들 삶 자체를 경쟁에서 승리하여 경제적인 부의 획득을 통한 사회이동이라는 성공의 거머쥘 수 있도록 조직하도록 만드는 과정을 포함하고 있었다. "학교에서 경쟁적 인간으로 사회화된 젊은 세대들은 취직과 직업전선에서 그들의 경쟁적 능력을 최대한으로 발휘하도록 채찍질당한다. 여기에는 유능한 가족부양자로서의 남성적 책임의 압력과 사회계급적 상승이동의 야망이 집념으로서 그들을 압박한다."[104] 이들이 성취한 가정은 "경쟁에 승리한 남성의 생활력을 과시하며 사회적 위광을 실증하는 데 필요한 수단이며 부속물이다. 이러한 남성을 내조하는 '현모양처'의 여성들은 만족과 행복을 느끼지 않을 수 없는 것으로 자타가 기대하며 그들의 인간적 고민은 있을 수 없는 것이어서 '여가선용'으로 해소시키려고 노력할 뿐이다."[105] 이효재는 사회계급적 상승이동을 위한 경쟁에 뒤늦게 참여하는 이농민들을 저임금의 생산 경쟁으로 빨아들일 뿐 계급적 이동의 기회가 구조적으로 제한된 사회에서, 과연 "경쟁적 사회이동 속에서 승리하여 상류사회의 정상을 점령한 개인과 가

---

104 이효재, 앞의 글, 264쪽.
105 위와 같음, 264~265쪽.

족들은 이로써 삶의 안정과 보람을 획득했다고 만족하는 것일까?"[106]라는 물음을 던진다. 그가 보았을 때, "정상을 차지한 그들의 불안은 더 깊고 절실한 것이기에 가난한 노동자들이 외국으로 이민 가기에 앞서 부유층·지식층이 앞을 다투어 떠나는 이 시대 한국적 현상이 나타나고 있"기 때문이다.

> '돈만 있으면 한국이 살기 좋은 나라'라는 것을 그들은 체험으로 알고 있다. 그러나 언제까지나 자손대대로 그 돈을 지니고 잘 살 수 없는 듯한 불안, 그리고 자녀들이 계속 경쟁에서 앞서야만 하는 2중의 불안이 있다. <u>분단상태의 정치경제구조는 부유층을 위한 사회적 안정을 보장할 수 없는 것이다.</u> 도피이민의 가족들 중에서는 태평양을 가운데 두고 두 집 살림을 경영하는 경우가 점점 늘어나고 있다. 2중 국적, 2중 살림 등으로 부부간에 교대로 왕래하며 국제적인 가계(家計)를 경영하고 있다.[107] (밑줄 및 강조-인용자)

여기서 긴급조치 9호를 "헌법에 대한 비방 또는 반대 등을 못하도록 금지"했을 뿐만 아니라, 3항과 4항을 통해서는 "대한민국 또는 국민의 재산을 국외에 은닉 또는 처분하는 행위와 관계서류의 허위기재 기타 부정한 방법으로 해외이주 허가를 받거나 국외에 도피하는 행위를 금하고 있다."[108] 는 것을 다시 언급하고자 한다. 앞에서 언급했듯이, 1975년 5월 21일 보사부 장관은 범여성총력안보협의회를 구성하는 자리에서 "고위층의 이민을 금지할 것"이라고 밝힌 바 있다.

---

106 위와 같음, 265쪽.
107 위와 같음, 265~265쪽.
108 「국가안전 공공질서 위한 긴급조치 9호 선포」, 『동아일보』, 1975. 5. 13., 1면.

이민정책사 연구에 있어 인도차이나 공산화를 계기로 취해진 긴급조치 9호를 드물게 주목한 강의선의 연구에 따르면, 데탕트에 따라 한국은 1973년 이민 절차를 간소화하고 잠재적 수용국들에 대한 제한을 완화하기 위해 비적대적 공산주의 국가들까지 포함하는 이민정책을 수립하지만, 1975년 긴급조치 9호에 따라 해외 이주 불허대상 범위를 확대하는 등 제한적인 이민 정책을 제도화했다고 지적한다. 이는 불확실한 국제 환경으로 한국 정부는 엘리트와 상류층의 대거 이주할 경우 민심이 동요할 수 있다는 데 대한 대응이었다는 것이다.[109]

그런데 강의선의 글에서 미처 추적되지 않은 것은 긴급조치 9호 선포 이후 주무부서인 보사부의 해외이주심사기준이 내규로 확정, 명문화되어 실시된 것은 수개월이 지난 10월 17일 국무회의에서 통과되고 난 후라는 사실이다. 이민 금지는 완화되었던 것인데, "해외이주 심사기준 가운데 종전과 달라진 것은 종합소득 6백만원인 이상인 사람은 이주를 금지시키고 4천만원 이상 재산소유자를 이주대상에서 재외하던 것을 1억원으로 완화한 점등이다. 이밖에 지금까지 차관급 이상 공무원 군장성 국회의원 등을 지낸 사람과 현직 국민회의 대의원도 이주 금지대상자로 해왔으나 이번에는 차관급 이상 공무원 군장성 국회의원 등 현직을 떠난 지 8년이 경과하면 심사케이스로 처리할 수 있도록 했으며 국민회의 대의원도 임기 종료와 함께 역시 심사 케이스로 처리할 수 있도록 했다."[110] 요컨대, 고위관료를 포함한 지배계급의 사회경제적, 계급적 기득권은 오히려 강화되었다고 할 수 있다.

캄보디아와 베트남에서의 탈출이 하루하루 타전되던 때, 박정희가

---

109 강의선,"Changes in South Korean Emigration Policy in the 1970s – Focusing on Emigration to North America", 서울대학교 국제대학원 석사학위논문, 2015 참조.
110 「「이민금지」 완화 보사부내규로 확정실시」, 『동아일보』, 1975. 10. 25., 7면; 「해외이주 심사기준 완화」, 『조선일보』, 1975. 10. 23., 7면.

담화문을 통해 전시민의 서울의 사수를 요청한 것은 이미 보았다. 이러한 담화는 6.25 발발 직후 서울을 뜨면서 시민에게 거짓 방송을 하고 한강 다리를 폭파해버린 이승만 정부와의 차별성을 연상시키고 있지만, 긴급조치 9호는 비상시에 한국 사회에서 동요와 이반이 어느 계급, 계층에서부터 시작될 것인지를 드러낸 것이라고 할 수 있다. 긴급조치 9호는 학생, 지식인, 종교인 등의 저항세력뿐만 아니라 상류층조차 유신체제와 이해가 상충될 수 있는 집단들이었음을 드러낸다.

이효재는 그 점을 날카롭게 포착한다. 분단이라는 정치경제구조가 중상층의 계급 재생산에 불안을 가중시켜 도피이민 현상을 만들어내고 있다고 본 것이다. 국제적 가계(家計) 경영으로 나타나고 있는 이중적 가계는 애초에 지방과 서울의 격차 속에서 시작된 것이라고 지적한다. 지방의 여유 있는 가족들이 자녀들의 교육을 위해 서울에 따로 살림을 차려왔고, 가정주부들이 지방과 서울을 오가던 현상이 "이제는 태평양 건너 미국으로 연장된 셈이다. 한 가족이 지역적으로 확대된 두 가정의 살림살이를 경영하기 위하여는 어느 정도의 월수입인들 충족하게 느껴지겠는가?"라고 반문하고, 자녀들을 위한 경제적 투자는 자녀들의 경쟁의 목표와 대상을 미국 사회로까지 확대시키고 있으며, "이것이 진정코 인간다운 삶을 위한 인격을 기르기 위한 부모들의 노력이며 경쟁이라고 할 수 있을 것인가?"라고 묻는다.

이효재가 보기에 미국으로의 이민은 현재의 질서를 전복시키거나 가치관의 변경을 기도하는 것이 아닌 채의 이동이라는 점에서 도피이며, 도피처인 미국에의 추종과 의존을 정치경제적으로만 아니라 사회문화적으로 심화시킨다는 점에서 분단을 강화하는 효과를 지닌 중상층 가족집단의 사회이동 실천이었다. 더욱이 가정주부의 적극성을 요구하는 실천이라는 점에서 여성들을 더욱 모순적인 위치에 처하게 만든다. 도피이민이 가정주부들이 주도하는 자녀들의 사교육에서부터 계획되고, 엘리트 여성들의 결혼 상대의 선택에서도 드러난다고 보는 등, 중상층 주부와 고등교육을 받은 여성들의 세태를 「분단시대의 여성문제」[111]에서 더 뚜렷하게 그려낸다. 여성들의 이러한 중상층 가정주부 역할에의 부응은 그들이 부계 중심의 가부장제와 민주적 역량의 성장을 가로막아온 남성 중심적인 분단의 정치 경제적 구조에의 종속적이고도 불안한 위치 때문인 것이라고 주장한다.[112] 그들의 반대편에 두 집단이 있다. 하나는 경제발전을 자신의 노동으로 일구고도 그 성과를 돌려받지 못한 집단인 여성 노동자들이며[113], "분단으로 인해 발생한 전쟁과 정치 및 사상적 대립의 희생물로서 실종되거나 소식이 단절된 아들과의 만남을 애타게 기원하는 어머니들"[114]이었다.

---

111 이효재, 「분단시대의 여성문제」, 이효재 엮음, 『여성해방의 이론과 현실』, 창작과비평, 1979,

112 "이 시대의 민족적 사명에 역기능하는 여성들의 모성적 역할의 책임을 우리 여성들의 잘못된 의식상태나 개별가정에 돌리기에 앞서 나라 살림을 지배해온 남성들에게 먼저 물어야 할 것이 아니겠는가? 이 시대 정치·경제·교육 및 모든 문화분야의 발전을 위해 정책수립을 독점해온 남성지배층에게 그 일차적 책임이 있는 것 아닌가? 국제사회가 인정하는 경제발전에도 불구하고 민족역사 발전에 자발적으로 참여할 수 있는 적극적 자녀세대를 길러내지 못한 여성들이라면 이들 역시 분단으로 조장된 불안 속에서 위축된 피해자의 입장을 탈피하지 못했기 때문이다." 위의 글, 345~346쪽.

113 이효재는 1960년대 말부터 도시산업선교의 조화순 목사와 만나면서 동일방직의 민주노조의 탄생과 탄압을 지켜보게 되었으며, 전태일의 분신 후 윤정옥 교수와 함께 그의 어머니 이소선을 만나기 위해 법정을 참관하거나 기도회에 나간다. 어린 자식들을 데리고 노동운동을 하던 이소선이 법정이나 기도회에서 청중을 향해 한 말은 그에게 깊은 감명을 남긴다. 이효재는 조화순 목사와의 만남을 통해서 여성노동자문제에 대한 관심을 갖게 되고, 이소선과의 접촉을 통해서는 "그 시절의 노동자계급의 문제, 노동운동이 그렇게 어렵게 태동하는 그 과정을 내가 참 경험을 한" 것이라고 말한다. 이효재 구술, 지은희 면담, 앞과 같음.

114 이효재, 「분단시대의 여성문제」, 348쪽. 이 초상은 "분단민족의 비애를 분단가족"의 현실로 그려낸 소설들에서 발견한 것인데, 김문수의 「눈물 먹는 사마귀」, 윤흥길의 「장마」, 김원일의 『노을』을 언급한다. 한편, 1945년 해방 후부터 한국전쟁 전후까지 발생한 이산가족 문제를 1974년 1월 18일부터 76년 3월 12일까지 벌인 한국일보사의 '1,000만 이산가족 친지를 서로 찾자' 캠페인을 통해 수집된 자료에 기초하여 분석한 글 「민족분단과 가족문제: 한국소설의 분단인식」에서 이효재는 공개적인 캠페인을 통해서는 드러날 수 없거나 이야

5. 진보적 좌파 페미니스트의 시작

이효재는 〈멕시코 선언〉을 의미 있게 언급하고 자신의 사상적 자원으로 끌어들인 유일한 참가자였다. 이효재는 1978년 「세계여성의식의 동향」이란 글에서 〈세계행동계획〉은 미리 계획, 준비된 서방측의 입장이었던 반면, 서방측의 완강한 반대에도 불구하고 제안 통과시킨 〈멕시코 선언〉을 강조한다. 〈멕시코 선언〉은 이 대회를 중심적으로 준비한 서방측이 제3세계의 입장을 충분히 반영하지 않은 채 마련한 〈세계행동계획〉에 대응한 제3세계의 입장이라는 것이다. "남녀평등은 그들의 권리, 기회 및 책임에 있어서의 평등과 함께 인간으로서의 존엄과 가치에 있어서의 평등을 의미하는 것"을 첫 번째 원칙으로 삼은 이 선언은 "평등한 지위를 누리는 데 저해되는 모든 장해 요인을 제거함으로써 국가 발전에의 완전한 참여와 세계평화를 확보하고 유지하는 데의 참여를 보장할 수 있다는 것을 강조했다."[115]고 평가한다. 〈세계행동계획〉에 대해서는 "어디까지나 기존사회 체제 내에서 부분적으로 그리고 점진적으로 평등을 달성할 수 있다는 입장에 입각한 것이다"라고 논평한다.[116] 아마도, 여성계 상층의 말 그대로 박정희의 국회와 청와대에 건의하는 여성운동 방식을 염두에 두고 한 발언일 것이다.

1976년 상반기에 멕시코에서 채택한 행동강령을 국내에서 실현하기 위해 세계여성의 해 행동강령 추진위원가 결성되어, 트리뷴 참가자

기될 수 없는 이산가족의 문제를 한국소설이 담고 있어 사회학적 연구의 대상으로도 의미가 있다고 강조한다. 여기서는 김원일의 「미망」, 이호철의 「월남한 사람들」, 이정환의 「부리는 소리」, 박완서의 「겨울 나들이」, 「세상에서 제일 무거운 틀니」, 유재용의 「그림자」, 조정래의 「불놀이」 등을 다루고 있다. 이효재, 위의 글, 『분단시대의 사회학』, 한길사, 1985

115 이효재, 「세계여성의식의 동향」, 『여성의 사회의식』, 평민사, 1978, 116쪽.

116 위의 글, 119쪽.

홍숙자, 전 미공보원 외교관 이연숙, YWCA 김현자가 위원으로 참여하고, 유정회 소속 여성 의원인 이숙종, 이범준이 참여한 여성지도자 간담회에서는 여성 문제 전담 기구 신설을 박정희 대통령에게 건의하기로 결의하는 등[117]의 활동을 벌였다. 여협 회장 이숙종, 그리고 여협의 국제관계위원회위원장의 자격으로 홍숙자가 여협이 소속된 상위 조직인 국제여성단체협의회 총회에 참석한다.[118] 1976년 8월 24일부터 서울에서 개최된 아시아여성연합회와 여협이 공동으로 주최한 제7차 아시아 지역 국제 여성대회가 멕시코 여성대회의 행동강령에 기초하여 아시아 여성의 행동계획을 세워보자는 취지로 열린다.[119] "대통령 영애" 박근혜가 여는 리셉션이 경복궁 경회루에서 열리고, 이를 안내한 것은 이숙종, 이매리, 홍숙자였다.[120] 이 대회에서는 특별성명을 발표해 8월 18일 일어난 판문점 도끼만행사건을 규탄하였다.[121]

1979년 이효재가 엮은 『여성해방의 이론과 현실』은 내지에 비둘기와 여성상징(♀)을 결합한 엠블럼으로 장식되어 있다. 1975년 세계여성의 해를 기념한 것으로, 그해 멕시코시티의 세계여성대회장을 장식했던 엠블럼이다. 이효재가 여성으로서 의견을 표할 수 없었던, '결석'이요라고 외칠 수밖에 없었던 〈멕시코 선언〉의 전문이 신혜수의 번역으로 완역되어 수록되었다.[122] 이효재는 「분단시대의 여성문제」에서 일제

117 「여성부 신설건의」, 『조선일보』, 1975. 4. 22.
118 「경제발전에 미친 여성의 역할」, 『조선일보』, 1976. 7. 1., 5면.
119 「24일부터 서울서 아주여성 대회 여성과 사회발전」, 『매일경제』, 1976. 8. 21., 8면.
120 「근혜양 아주어성련 대표에 리셉션 베풀고 환담」, 『매일경제』, 1976. 8. 27., 7면.
121 「숱한 화제와 결실을 남긴 아주 지역 여성대회 이모저모」, 『매일경제』, 1976. 8. 30., 6면.
122 1975년 이매리가 엮은 보고서 〈평등·발전·평화-세계여성대회보고서〉(1975)에도 〈멕시코 선언〉이 수록되어 있지만, 전문(前文)이 축약되어 있으며 다소 의미를 완곡하게 전달하려는 의도가 있다. 발행 주체는 범태평양 동남아시아 여성협회, 주한 미 국제개발처 후원은 명기하고 있다. 이 보고서의 소재로는 고려대도서관이 유일하다.

시대 여성들의 다방면 항일운동-3.1운동, 무장투쟁에의 참여, 노동운동, 여성문인들의 여성해방의식을 고취한 문학활동에 이르기까지-을 서술한 후 "민족독립운동에 참여하는 과정에서 자각된 주권의식이 여성들로 하여금 자신들이 삶의 주인이라는 자아의식으로 발전하게 한 것이다."라고 쓴 후 분단 "일제치하의 이러한 여성의식에 비추어 분단시대를 살아가는 우리 여성들의 민족의식은 어떠한 상태에 있는 것일까?"라고 묻는다. 이효재는 1975년 멕시코로 떠나기 전 단장의 기조연설을 쓰라는 정부의 요구로, "우리 여성이 항일운동한 거 뭐 등등 내 나름으로 그때 분단시대 와서 우리 여성이 사회참여를 어떻게 하기 시작하는가 이런 걸로 해가지고서 써서 냈던" 원고를 거부당한 적이 있었다. 「분단시대의 여성문제」는 앞에서 논의한 다른 글들도 마찬가지겠지만 어쩌면 이효재가 지시를 받고 썼지만 거부당한 최초의 기조발표, 또는 멕시코에서 다시 지시를 받아 영어로 쓴 원고의 뒤늦게 쓰인 '은닉대본'[123]인지도 모른다. 이효재는 "분단시대가 어언 30여 년을 경과하는 동안 우리를 둘러싼 주변국가는 이데올로기적 대립에서 실리추구의 다각적 국제관계로 변한 한편 제삼세계권의 국제세력으로의 등장이 한반도 정세에 예측할 수 없는 영향을 미치게 될 것 같다. 더욱이 한 약소국가로 강대국의 군사적 및 정치적 침략에 오랫동안 시달려온 우리 민족으로서는 더욱 자유스럽고 평화롭게 살 수 있는 민족통일국가를 갈구하는 인간적 연원이 깊숙이 깔려 있어 변하는 국제정세에 따라 통일을 성취할 수 있는 주체성을 확립해야 할 것이다."라고 말한다. 이효재의 은닉대본은 당장에 신문기사에서 확인되는 당대의 언어들로, 박정희 정권도 사용하지 않을 수 없는 언어들로 기록되어 있었다. 그러

---

123 제임스 스콧, 전상인 옮김, 『저항의 예술: 은닉 대본』, 후마니타스, 2021 참조.

나 당시 그런 언어들을 사용하여 여성의 체계적 억압의 철폐를 가로막는, 복합적인 정치사회적 구조-분단-의 제거하는 데 참여함으로써 형성될 수 있는 여성의 자아의식과 주체성의 탄생을 희구한 여성주의의 언어였다.

이러한 일련의 논단은 1975년 세계여성대회에서 대한민국의 대표단의 일원으로 여성으로서의 목소리를 강탈당해야 했던, 침묵당해야 했던 이효재의 증언, 투쟁이었다. 이 과정에서 나는 이효재가 진보적 좌파 페미니스트가 되었으며 적어도 진보적 여성운동의 서막을 열었다고 생각한다. 이에 대한 정의는 국제민주여성연맹의 지향을 진보적 좌파 페미니스트 우산 조직으로 규정한 여성사가인 프란시스카 드한을 따르고자 한다. 미국의 여성사가 엘렌 뒤부아(Eellen DuBois)가 내린 좌파 페미니스트(left-feminist)에 대한 정의를 인용하면서 드 한은 좌파 페미니즘이란 "여성의 체계적 억압을 인식하면서도, 사회의 기저에 있는 다른 권력 구조들 [현재 우리가 '인종, 계급, 젠더의 교차점들이라고 부르는 것]에 대한 인식을 융합하는 관점이다. 따라서 좌파 페미니즘은 모든 여성을 위한 진정한 평등을 얻기 위해서는 사회에 대한 급진적인 도전, 인민 대중의 동원, 근본적인 사회변화가 요구된다는 것을 이해하는 것을 의미하며", "사회적 불평등에 대한 더 큰 이해와 함께 여성의 체계적 억압에 대한 감각"으로 압축된다.[124] 이러한 정의는 공산주의자나 마르크스주의자가 아니라 하더라도 2차세계대전의 경험 속에서 반전 평화, 여성 인권, 반파시즘, 반식민주의, 반인종주의적 지향을 지닌 페미니즘을 포괄하고 있다. 긴급조치 9호의 시대에 이효재는 해방 이후부터 구

---

124 Francisca de Haan, 앞의 글, note no. 1 참조. 드 한의 글에서 인용된 뒤부아의 글은 다음과 같다. Ellen C. DuBois, "Eleanor Flexner and the History of American Feminism," Gender & History, 3:1 (1991): 81~90,

조화된 분단의 체험을 역사적 사상적 성찰의 근거로 삼음으로써 상류층이 리드하는 주류 여성운동과 기꺼이 단절하고, 민주노조운동 속에서 '빨갱이'라 낙인찍힌 여성 노동자와 '빨갱이' 가족인 여성들 편에 서서 한국 여성운동의 전혀 다른 시작을 예고했음을 기록해둔다.

참고문헌

강남식, 오장미경, 「한국 여성학의 발달과 서구(미국) 페미니즘」, 『우리학문 속의 미국: 미국적 학문 패러다임 이식에 대한 비판적 성찰』, 한울아카데미, 2002.

고지수, 「포드정부기 미 의회 한국 인권문제 논쟁과 냉전 자유주의」, 『한국학논총』 55, 국민대 한국학연구소, 2021.

김영선, 「1960~70년대 여성운동의 국제화와 한국여성단체협의회」, 『현상과 인식』 36권 4호, 통권 118호, 2012.

도미틸라 바리오스 데 충가라·모에마 비처, 정순이 역, 『어머니들』, 한마당, 1986.

보건사회부, 『부녀행정 40년사』, 1987.

사단법인 한국여성단체협의회 여성지위향상위원회, 『세계여성의 해 기념자료집 — 1975년도 세미나를 중심으로』, 서울신문사출판국, 1975.

서중석, 「천주교정의구현전국사제단의 출범 배경과 활동」, 『사림』 27, 수선사학회, 2006.

수잔 왓킨스 저, 김진영 역, 「어느 페미니즘인가? 2」, 『사회진보연대』 169, 2019.

안경희, 「가족법개정사와 여성운동」, 『이화젠더법학』 제6권 제2호, 이화여자대학 젠더법학회, 2014.

유성희, 「한국 YWCA운동의 실천적 기독교 여성주의에 관한 연구: 정체성·조직·리더십을 중심으로」, 서울대 사회학과 박사학위논문, 2013.

이선미, 「여성의 사회적 해석과 1976년의 박완서 소설-『휘청거리는 오후』」, 『현대문학의 연구』 51, 한국문학연구학회, 2013.

이상록, 「1960~70년대 조지 오글 목사의 도시산업선교 활동과 산업 민주주의 구상」, 『사이間SAI』 19, 국제한국문학문화학회, 2015.

이재경, 「한국 사회학에서 '여성'연구의 성장과 도전: 1964~2002」, 『한국사회과학연구논총』, 2017.

이행선·양아름, 「루이제 린저의 수용과 한국사회의 '생이 한가운데' — 신여성, 인생론, 세계여성의 해(1975), 북한바로알기운동(1988)」, 『민족문화연구』 73, 고려대 민족문화연구원, 2016.

이효재, 「흑인사회학의 대두」, 『한국사회학』 9, 한국사회학회, 1974.

_____, 「세계여성의식의 동향」, 『여성의 사회의식』, 평민사, 1978.

_____, 「분단시대의 사회학」, 『창작과비평』 51, 1979.

_____, 「민족분단과 가족문제: 한국소설의 분단인식」, 『분단시대의 사회학』, 한길사, 1985.

이효재 엮음, 『여성해방의 이론과 현실』, 창작과비평, 1979.

이효재 구술, 지은희 면담, 〈이효재 구술아카이브 녹취록〉, 민주화운동기념사업회 제공사료. 2002.9.4.

이혜령, 「사상지리의 형성으로서의 냉전과 검열」, 『상허학보』 34, 상허학회, 2012.

전재호, 「유신체제의 구조와 작동 기제」, 안병욱 외, 『유신과 반유신』, 민주화운동기념사업회, 도서출판 선인, 2005.

정충량·이효재, 「일제 하 한국여성노동자 취업실태와 노동운동에 관한 연구」, 『한국문화연구원 논총』 22, 이화여대 한국문화연구원, 1973.

제임스 스콧 저, 전상인 역, 『저항의 예술: 은닉 대본』, 후마니타스, 2021.

질베르 리스트 저, 신해경 역, 『발전은 영원할 것이라는 환상』, 봄날의 책, 2013.

최익제, 「제30차 유엔총회 북한의 한국문제(Question of Korea) 결의안 통과에 관한 연구」, 서울대학교 정치외교학부 외교학전공 석사학위논문, 2022.

허윤, 「1980년대 여성해방운동과 '제2의 물결'의 번역」, 박지영 외, 『젠더와 번역』, 소명출판, 2013.

Betty Friedan, "Scary Doings in Mexico City"(1975), in *It Changed My Life: writings on the women's movement*, Havard University Press, 1998.

Francisca de Haan, "The Women's International Democratic Federation (WIDF): History, Main Agenda, and Contributions, 1945~1991", *In: Women and Social Movements (WASI) Online Archive, edited by Thomas Dublin and Kathryn Kish Sklar (essay online from October 2012)*

Jocelyn Olcott, *International Women's Year*, Oxford University Press, 2017.

Jocelyn Olcott, "Cold War Conflicts and Cheap Cabaret: Sexual Politics at the 1975 United Nations International Women's Year Conference Gender & History Sexual Politics at the 1975 United Nations International Women's Year Conference", *Gender & History* Nov2010, Vol. 22 Issue3.

Roland Burke, "Competing for the Last Utopia? The NIEO, Human Rights, and the World Conference for the International Women's Year, Mexico City, June 1975", *Humanity: An International Journal of Human Rights,*

Humanitarianism & Development, Spring2015, Vol. 6 Issue 1.

Jadawiga E. Pieper Mooney, "Forging Feminism under Dictatorship: women's international ties and national feminist empowerment in Chile, 1973~1990", *WOMEN'S HISTORY REVIEW Volume 19*, 2010.

UN, *REPORT OF THE WORDL CONFERENCE OF THE INTERNATIONAL WOMEN"S YEAR*, New York, 1976.

IV

열린 지식과 표상

이영호(李昤昊, Lee Young-ho)

성균관대학교 동아시아학술원 교수. 한국경학 및 동아시아 사상 전공. 한국 및 중국 주자학파·양명좌파의 경학을 연구해왔다. 최근에는 유교와 불교의 회통적 사유가 『논어』에서 구현된 양상에 관심을 갖고 있다. 주요 저서로 『조선중기경학사상연구』(2004), 『동아시아의 논어학』(2019), 주요 역서로 『이탁오의 논어평』(2009), 『논어, 천년의 만남』(2023) 등이 있다.

재난에 처한 인간 생명과
유학의 대처

1. 무엇이 우리를 괴롭게 하는가?

세상을 살아가다 재난을 만나면 우리는 괴로움을 느낀다. 그 괴로움으로 인하여 좌절하기도 하고 극복하고 다시 살아가기도 한다. 전자든 후자든 결과는 다르지만 그 과정에서 느끼는 감정은 우리를 괴롭힌다. 그 괴로움의 상태를 가리켜 흔히 불행이라고 한다. 그러면 이런 불행은 우리의 밖에서 오는 것인가? 얼핏 생각하면 그렇다. 나를 괴롭히는 환경, 타인, 상황 등등이 있어서 나는 괴로우며 종래 불행하다.

　　그러나 조금만 더 생각해보면, 그 괴로움의 연원, 불행의 근원은 단순하게 외재하는 어떤 것으로만 한정할 수 없다. 나는 나를 괴롭히는 그것 때문에 괴롭기도 하지만, 괴롭다는 그 생각 때문에 괴로워하기도 한다. 즉 아무리 나를 괴롭히는 외적 재난이 닥친다고 하더라도 이를 괴롭게 여기는 생각이 없다면 괴로울 수 없다. 그러면 인간을 불행으로 몰아넣는 이 괴로움의 발생지는 두 방면에 있게 되는 것이다. 하나는 그 괴로움을 발생시키는 외적 조건이고 또 하나는 그 괴로움을 느끼는 내적 생각 혹은 감정이다. 이는 외적 재난에 대비되는 내적 재난이라 할 만하다.

인간이 처한 재난적 상황은 이렇게 안팎으로 있은 것이다. 여기서 전자(외적 재난)에 초점을 맞추어서 해결하고자 하는 시도는 사회철학으로, 후자(내적 재난)에 초점을 두고 해결하고자 하는 시도는 심성철학으로 나타났다. 조선에서는 주로 실학이 전자에 주자학이 후자에 해당할 것이다.

우리에게 닥친 내적, 외적 재난에서 어느 것이 더 중요한지는 시대와 사람에 따라 그 무게 중심이 달랐다. 그러면 오늘날의 우리에게 더 영향을 끼치고 있는 것은 무엇일까? 이 또한 오늘날을 어떻게 분석하고 바라보느냐에 따라서 달리 판단이 가능할 것이다. 그러나 적어도 이 지점은 동의할 수 있을 것이다. 그 옛날 우리를 괴롭혔던 대표적인 외적 재난은, 전쟁, 기아, 질병, 폭력 등등이었다. 현재 우리의 삶을 바라보면 지구적 관점에서는 아직도 이런 것들이 완전 소멸한 것은 아니다. 그러나 후술하겠지만 현재 한국에서 살아가는 우리에게는, 위에 열거한 괴로움의 외적 조건들은 상당 부분 없어졌다. 전쟁의 위협은 있지만 평화 상태이고, 배고픔을 겪는 이는 있지만 대부분은 비만을 걱정해야 하고, 질병은 있지만 우리의 생존 연령은 100년 전에 비하여 배나 늘어났고, 폭력은 있지만 독재에 의한 국가적 단위의 폭력은 많이 사라졌다.

그런데도 다양한 지표에서 알 수 있듯이, 현재 한국을 살아가는 이들의 불행감은 역대 그 어느 때보다도 최고조이다. 이 불행을 더는 겪기 싫다고 하여 목숨을 자발적으로 끊는 이가 무수하며, 혹여 살아 있다 하더라도 이 삶을 후대로 물려주기 싫다고 하여 결혼을 안 하거나 결혼을 하더라도 자녀를 가지지 않는 이들의 비율 또한 세계 최고이다. 사정이 이렇다면 우리 삶의 외적 조건을 더 좋은 쪽으로 변화시키는 노력도 필요하지만, 이 모든 것을 느끼는 생각이나 감정의 혼합체인 마음 또한 어떤 형태의 조정을 거쳐야만 할 것이다. 즉 외적 재난에 해당하는 사회적 조건의 변화를 위한 노력과 더불어 내적 재난이라 할 수 있는 마음의 괴로움을 다스릴 필요가 강력하게 대두하는 것이다.

2. 한 마음속의 두 마음

괴롭다는 그 생각은 우리의 어떤 마음일까? 일찍이 동아시아의 유학적 전통에서는 이것을 가리켜 인심(人心)이라고 하였다. 이 인심은 인간이 육체를 가지고서 하는 온갖 활동에 의하여 생성되는 마음이다. 즉 인심은 육체를 가지고서 타인과 만나거나 일을 하거나 혹은 다양한 현실과 부딪치는 가운데 솟아나는 것이다. 『대학』「정심장」을 보면, 이러한 인심의 대표적 모습을 '분노', '두려움', '좋아함', '근심'에서 찾고 있다. 비록 이 인심에는 '좋아함'이라는 인간들이 희망하는 감정 상태가 있지만 절대적 열세이고, 이마저도 따져보면 불안을 함유하고 있다. 그러니 나머지 세 가지 감정이 야기하는 괴로움은 말할 것도 없다. 우리의 내적 재난은 바로 이런 감정 상태에서 야기되는 것이다.

동아시아의 대유학자였던 주희(朱熹, 1130~1200)는 인심을 가리켜 '위태하고도 불안[危殆不安]'하다고 표현하였다.(『중용장구』「서문」) 대부분의 인간은 육신에 의해 촉발된 인심 속에서 살아온 시간이 너무 오래되었기에, 이것들에 의해 형성된 마음의 상태를 곧장 '나'로 치환한다. 이렇게 되면 나는 '분노', '두려움', '근심'과 같은 인심과 동일시되어 곧바로 위태하고도 불안한 존재가 된다. 인간은 이러한 외적 재난에 봉착하면 줄곧 괴로운 상태에 놓여 있게 된다. 주희를 위시한 유학자들이 발견한 우리가 삶을 불행하다고 느끼는 구조는 이러하다.

그런데 여기서 반전이 있다. 유학자들은 그 유학의 형성 초기부터 인간 마음에 대해 탐색을 하였으며, 주희와 왕양명, 그리고 이를 계승한 동아시아 유학자들에 의하여 이 탐색은 최고조에 달한다. 그들은 인간의 마음이 우리가 앞서 언급한 '인심'으로만 이루어져 있지 않음을 발견하였다. 위태하고도 불안한 인심의 이면에 미묘하여 인지하기 어려운 도심(道心)이 있음을 자각하였다. 이 도심은 육체를 가지고서 세상과 부딪치면서 생성되는 인심과 달리, 타고난 어떤 본질(본성)이다. 때문에 육체에서 생성되는 '분노', '두려움', '좋아함', '근심' 같은 감정 상태가 없이 그 자체로 존재하는 순수한 그 무엇이다. 여기서 난점은 이것의 존재를 파지하기가 쉽지 않다는 데 있다. 오묘하지만 희미해서 보기 어려운, '미묘난견[微妙難見]'의 존재이기 때문이다.(『중용장구』「서문」)

발생론적으로는 '미묘난견'한 도심이 우선이고, '위태불안'한 인심이 그 뒤를 이어서 생성된다. 그러나 육체가 생기고 나서 접촉하는 가운데 생성 축적된 인심의 힘이 워낙 막강하여 도심은 어느새 그 윗길의 자리를 빼앗기고 희미하여 파악하기 어려운 존재가 되어 뒷전으로 물러난다. 이렇게 되면 인간의 삶은 온통 인심의 종횡무진에 의해 휘둘리게 된다. 분노할 때는 그 분노를 나로 알고, 두려워할 때는 그 두려움의 감정을 나로 알며, 근심에 잠길 때는 그 근심하는 자신을 본인으로 오인하고서 살아간다. 이는 현재의 시간과 공간에서도 작용하지만, 이런 감정들은 축적을 통해 과거에 사로잡힌 인간을 만들고 동시에 미래의 걱정을 당겨서 하는 인간으로도 살아가게 한다. 한마디로 인심은 인간의 과거, 현재, 미래를 동시에 점유하는 것이다. 그 점유가 행복이라면 그나마 용인할 수 있지만, 불행으로 이끄는 여지가 너무 많다. 이렇게 되면 인간의 내적 재난은 우리의 육신에 직접적 위해를 끼치는 외적 재난에 비해 결코 작다고 할 수 없다.

한편 유학자들이 자각한 도심은 어찌 보면 인심과 대립하는 듯하지만, 반드시 그런 것도 아니다. 주희는 인심과 도심이 한마음, 즉 일심(一心)에 공존한다고 파악한다.(『중용장구』「서문」) 두 마음이 한마음 안에 있는데, 한쪽은 그 존재감이 지나치게 생생하고 또 다른 한쪽은 희미하다 못해 언제 있었는지 기억도 못 하고 있다. 때문에 여기서 대두되는 문제는 존재감이 생생한 인심은 그 무게를 덜어주고 희미한 도심은 활성화를 시키는 것이다. 그렇게 하자면 먼저 인심과 도심이 도대체 어떤 양상으로 존재하는지부터 살펴보아야 할 것이다.

3. 보여지는 마음과 보는 마음

인심과 도심은 한마음으로 수렴된다. 이 한 마음속에 있는 두 마음은
존재론적으로 엄연하게 그 실체성을 지닌다. 그러나 실제 삶에서 구현
은 동일하지 않다. 위태불안한 인심은 비교적 쉽사리 인식되지만, 미묘
난견한 도심은 삶의 역정에서 어떤 상황을 통해서 만이 자각이 가능하
다. 즉 존재함에 있어 그 있음은 동일하지만, 인식에 있어 감지는 확연
하게 갈린다.

　도심은 희미하고 오묘해서 보기 어렵다는 주희의 정의처럼, 선천
적으로 타고났음에도 불구하고 구체적 실체화는 물론이고 추상적 수
준에서의 개념화 자체도 지난하다. 한편 인심은 도심에 비해 비교적 인
식이 수월할 뿐, 이 또한 따져 들어가면 그 인식에 난관이 있다. 인심은
감정이나 생각을 자아와 동일시하는 강력한 몰입감으로 인하여 그 실
체화가 뚜렷하지만, 그 감정이나 생각의 농도가 진하면 온통 그것만으
로 내면이 구성된다. 이렇게 되면 마음 전체가 인심으로 채색되기에 그
것의 인식이 어렵게 된다. 통상적으로 인식이란, 인식되는 존재와 인식
하는 존재가 서로 마주할 때 가능한데, 여기서는 이 양자가 온통 하나
로 섞이기에 감지가 어려운 것이다.

　그러면 인심과 도심을 우리가 이해 가능한 언어로 치환하면 무엇
이라 이름 붙일 수 있을까? 나는 인심을 보여지는 마음, 도심을 보는 마
음이라고 부르고자 한다. 물론 이것은 나의 창견이 아니다. 이런 독해
는 다분히 주희의 주장에 의거하고 있다.

　보여지는 마음으로서의 인심의 전형적 양상은 앞서 언급한 '분노',

'두려움', '좋아함', '근심'이다. 이러한 인심을 보는 그것이 바로 도심이다. 그런데 여기서 보는 마음으로서의 도심은 그 존재의 본체적 형상보다는 작용적 측면이라 할 것이다. 이 도심 본체의 형상은 언어로 표현하기 어렵다. 이를 천리(天理), 본성(本性), 미발지중(未發之中), 명덕(明德) 등으로 표현하여도 마찬가지이다. 그런데 이런 도심의 뚜렷한 작용이 있으니, 그것이 바로 보는 기능이다. 무엇을 보느냐? 한마음 내에서 인심을 본다. 주희는 『중용장구』 「서문」에서 이 기능을 가리켜 '정찰(精察)'이라고 하였는데, 조선의 유학자 노수신(盧守愼)은 이를 가리켜 '도심이 인심을 정밀하게 보는 것이다'라고 풀이하였다.(『穌齋先生內集』 下篇, 「人心道心辨」)

　여기서 일단 보기만 하면, 위태로운 인심은 어느 정도 편안한 상태로 접어들게 된다. 보는 것만으로 왜 편안해지는가? 그 생각이나 감정의 덩어리인 인심을 도심으로 보는 순간, 그 감정들과 일정한 거리를 확보할 수 있기 때문이다. 이는 자신의 감정이나 생각을 영화의 화면을 보는 것과 흡사하다. 이렇게 보게 되면 일단은 그 감정이나 생각과 떨어져서 그것을 객관화할 수 있고, 객관화가 되면 그것에 휩쓸려 가지 않게 된다.

　이는 마치 『논어』에 나오는 안연(顏淵)의 '불천노(不遷怒: 분노를 옮겨가지 않음)'의 경지와 유사하다. 분노가 일어나지만 그 분노에 잠식되지 않기 때문에 분노의 불길은 그 분노를 일으킨 대상과 환경이 바뀌면 사그라진다. 우리를 고통스럽게 하는 인심인 '분노', '두려움', '좋아함', '근심'은 이런 상황에 도달할 때, 일단 힘을 잃게 되는 것이다. 이런 인심이 힘을 잃으면, 마음은 어느 정도 안정기로 접어든다. 고통스러운 마음과 분리되면서 나타나는 효과이다.

　보여지는 마음으로서의 인심은 보는 마음으로서의 도심과 한 마음속에 있으면서, 또한 도심을 확인하는 유일한 소재이다. 때문에 일견 인심은 도심으로 가는 과정에서만 필요한 듯 보이지만, 실재는 이것이 있으므로 인해서 저것이 있는 구조이기에 그 중요성은 도심에 필적한다고 할 수 있다. 이는 우리의 불안한 마음이 그대로 평화로 전이될 수 있다는, 혹은 인심이 바로 도심이 될 수 있다는 강력한 메시지라고 할 것이다. 이렇게 보면, 한마음의 두 축인 인심과 도심은 우리 삶에 있어서 어느 하나도 소홀히 해서는 안 됨을 알 수 있다. 인심을 볼 수 없다면 도심도 현현하지 않기 때문이다.

4. 인심에서 도심으로의 전환은 어떻게 가능한가?

보이는 마음에서 보는 마음으로의 전환, 즉 인심에서 도심으로의 전환은 어떻게 가능한가? 이것이 쉬웠다면, 인류가 그 오랜 시간 동안 짊어졌던 삶의 고뇌는 일찍이 해결되었을 것이다. 그런데 매우 간단할 듯한 이 문제는 인간의 실제 삶에서 쉽사리 성취되지 않는다. 그 가장 큰 이유는 인심이 가지고 있는 강력한 몰입성과 한 번도 도심을 체득하지 못한 데서 오는 낯섬 때문이라고 할 것이다.

먼저 인심의 몰입성에 대한 이야기를 해 보자. 사실 도심을 체득하기 전의 우리의 삶은 온통 인심으로 이루어져 있다고 해도 과언이 아니다. 인지가 활동하는 어느 한순간도 생각과 감정에서 벗어난 적이 없기 때문이다. 그런데 이런 인심의 가장 특징적 작용 중의 하나는 이른바 '스노우볼 효과(Snowball effect)'이다. 경제적 관점에서 종잣돈을 장기적으로 잘 불릴 때 돈이 눈덩이처럼 불어나듯이, 인심의 양상인 생각과 감정도 그 초기에 농도가 짙은 경우 일단 활동을 시작하면 시간이 길어질수록 눈덩이처럼 커지면서 덩치를 불리기 때문이다. 이렇게 커지고 깊어진 인심은 현재에만 작동하는 것이 아니고 부정적 의미에서 과거를 간직하게 하고 미래를 추측하게 한다.

즉 인심에 의한 과거의 부정적 생각이나 감정은 트라우마로 자리하여 평생을 괴롭히면서 따라다니고, 오지 않은 미래에 대한 생각은 걱정이나 불안으로 내면에 자리 잡는다. 이렇게 되면 지금 이 순간을 살아가지도 못하고 지나간 과거와 오지 않은 미래에 사로잡힌다. 지금 이 순간을 벗어나는 순간, 인심은 더 강력한 힘으로 우리를 끌어당긴다. 그 인력에 사로잡힐수록 인간의 삶은 현재성을 망각하고, 지난 과거의 기억에 '분노'하고, 다가올 미래에 대하여 '두려움'과 '근심'으로 살아간다. 이것이 바로 인간의 삶을 불안으로 몰아넣는 주범이라 할 것이다. 그러면 어떻게 하여야만, 이러한 인심을 바라보는 도심을 확보할 수 있는가?

주희는 『대학장구』「격물치지보망장」에서 '삶에서 어떤 촉발되는 지점이 있으면, 이것을 기점으로 삼아 밝혀나가야 한다'라고 하였다. 여기서 '촉발되는 지점'이란, 맹자에 의하면 삶의 여정에서 겪게 되는 고난이다. 흔히 도심으로 살아가는 인간을 가리켜, 유가에서는 '성현(聖賢)', '인자(仁者)', '군자(君子)', '대장부(大丈夫)' 등등으로 칭하였다. 각각의 인간형상에 다소 차별적 층위가 있지만, 도심으로 살아간다는 점에서는 공통적이라 할 수 있다. 그런데 맹자는 하늘이 평범한 인간(인심으로 살아가는 인간)을 도심으로 살아갈 수 있는 인간으로 만들 때 행하는 것이 있으니, 바로 육체적 고난과 심리적 번뇌를 먼저 내려준다고 하였다.(『맹자』「고자」하) 이 고난과 번뇌가 바로 내적 재난으로, 고통과 불안의 다른 이름이다. 이런 고통과 불안이 닥치고 이로 인하여 인심이 강력하게 생성될 때, 이것을 발판으로 삼아야만 도심으로 나아가는 길이 확보된다.

앞서 주희가 언급한 삶의 촉발되는 지점은, 바로 맹자가 말한 인간의 삶에서 고통과 불안이 강력하게 작동되는 시점이라 할 수 있다. 인간은 육체적 상해가 다가오면 회피하듯이, 마음에 닥쳐오는 번뇌도 본능적으로 회피하려는 속성이 있다. 그 회피의 양상이 어떠하냐에 따라 삶이 불행으로 떨어질 수도 있고 평화로 고양될 수도 있다. 고난을 발판으로 삼아 거기에서 형성된 고통스러운 마음을 들여다보는 노력을 하면 도심으로 가는 길이 확보되고, 이 노력을 포기하면 인심으로 함몰된다.

이 경우, 고난이 클수록 도심으로 가는 길과 인심으로 함몰되는 길목에 서게 될 확률이 높다. 그것이 육체에 닥치는 외적 재난이든 마음에 형성되는 내적 재난이든 어느 순간 그 임계점에 다다를 때, 이로 인해 생성되는 인심에서 벗어나고자 하는 본능적인 회피 동작이 내면에서 이루어진다. 그 회피 동작의 전형적인 양상은 '도대체 왜 이렇게 괴로운가?'에서 '누가 이렇게 괴로워하는가?'라는 질문으로 이어지는 것이다. 일단 '누가 이렇게 괴로워하는가?'라는 질문이 절실하게 형성되면, 이어서 괴로움의 대상으로서의 인심이 자각되기 시작하고, 그 자각이 일어나면 인심이 한 마음속에서 형체를 드러낸다. 그 이전까지는 감정과 생각에 온통 사로잡혀 이를 볼 수 있는 공간이 없었다면, 이제는 이것들과 분리되면서 인심이 마음에서 생성됨을 보게 것이다.

이때 인심이 보이기만 하면, 일단 그 첫걸음을 옮기는 것이다. 이렇게 첫걸음을 걷게 되면, 도심으로 가는 노정에 들어서게 된다. 이 첫걸음을 가리켜 불가에서는 '초견성(初見性)'이라 하기도 한다. 처음으로 자신의 마음을 본다는 의미이다. 이렇게 첫걸음을 내딛게 되면, 이후 한 마음에서 인심이 발현되는 매 순간 그것을 보는 작용도 동시에 저절로 이루어진다.

한편 인심의 관찰을 지속하다 보면, 인식의 초점이 점점 보여지는 마음에서 보는 마음으로 이동하게 된다. 즉 한 마음 내에서 인심을 보는 순간, 도심도 그 모습을 드러내는 것이다. 이는 곧 위태롭고 불안한 인심이 있어야만, 미묘하여 보기 어려운 도심이 생성되는 구조이다. 다시 말하여 한 마음속에 존재하는 인심과 도심은, 보는 것과 보이는 것의 상호 작용을 통해 의존적 형태로 생성되는 것이다. 이 과정은 비유하자면 마음의 공간에 대한 어떤 자각이라고도 할 수 있다. 텅 빈 마음의 공간(허공)에 영활한 알아차림이 그 안에서 생성되는 온갖 생각과 감정을 지켜보는 구조이다. 주희는 이를 가리켜 '텅 비어 있는 공간에서의 영활한 인식 작용'[虛靈]이라고 하였다.(『대학장구』「경일장」)

　　일단 이 과정에 접어들게 되면, 의식의 초점은 점차 보여지는 마음에서 보는 마음으로 옮겨간다. 이 과정은 점차적으로 진행되는 것 같지만, 보여지는 마음에서 보는 마음으로의 의식의 전환은 순식간에 일어난다. 보는 노력이 축적된다고 해서 그 결과로 보는 마음이 각성되는지에 대해서는 확언할 수 없다. 그 노력이 어느 정도 도움은 될지언정, 그 전환은 어찌 보면 순식간에 일어나면서 확연하게 다른 내면을 구성하게 된다. 이에 주희는 이런 의식의 전환이 일어나는 시점을 가리켜, '어느 날 아침[一旦]'이라고 표현하기도 하였다.(『대학장구』「격물치지보망장」) 이는 오기는 하되 언제 올지는 확언할 수 없는 상황의 표현이다.

　　한편 이러한 의식의 초점 전환은 이제까지 보여지는 마음으로서의 인심 속에서 살아가던 삶의 양상을 일거에 바꾼다. 비유하면 어두운 방에 불이 켜지는 것처럼, 인심을 보는 도심의 보는 기능이 환하게 내면에서 빛난다. 주희는 이를 가리켜, '어둡지 않음[不昧]'이라고 하였다.(『대학장구』「경일장」) 다만 방에 켜진 불은 꺼질 때가 있지만, 이 도심의 보는 작용으로서의 켜진 의식의 빛은 한 번 켜지면 다시는 꺼지지 않는다. 이렇게 한 번 바뀌면, 다시는 예전으로 돌아가지 않고 어느 상황에서나 보여지는 마음의 삶에서 보는 마음의 삶으로 살아가게 된다. 이를 가리켜 '한결같이 도심으로 살아간다[惟一]'라고 하는 것이다.(『중용장구』「서문」)

5. 도심은 왜 평화인가?

위태불안(危殆不安)한 인심에 비하여 미묘난견(微妙難見)한 도심은 그 자체로 규정지을 만한 속성을 찾기가 어렵다. 감정이나 생각이 아니라, 그것을 보는 마음이기에 여기에는 어떤 감정이나 생각이 없다. 만약 도심에 어떤 감정이나 생각이 있다면 이는 인심의 다른 이름이지 결코 도심이라 할 수 없을 것이다. 도심을 어떤 생각이나 감정으로 규정할 수 없다면, 이것은 과연 있다고 할 수 있는가? 만약 있다고 한다면 곧바로 인심의 영역으로 추락하고, 없다고 한다면 없는 데 무엇이 본다는 말인가? 즉 실체성을 부여하면 그 자격이 박탈되고, 실체성을 없애면 존재가 부정된다.

일반적으로 보고 듣고 만지는 감각을 통해서 생각과 감정이 생성된다. 도심이 감정과 생각이 아니라면, 이는 보이지도 않고 들리지도 않고 만져지지도 않는다는 의미이다. 이렇게 보면 도심은 그 실체성의 규정에서부터 감각적인 인지가 불가능하다는 점에서, 참으로 주희가 말한 미묘난견이라 할 수 있다. 그야말로 있는 듯 없는 듯 희미하여 인지하기 어려운 것이다.

사정이 이러하다 보니, 이것을 굳이 도심이라 이름 붙일 필요가 있을까에 대해 의문이 든다. 실제 유학에서는 다양한 논의가 있지만, 명덕(明德), 성(性), 중(中), 본체(本體) 등등으로 부르기도 한다. 애초 감각을 통해 인지할 수 없고 그 감각에 의해 형성된 생각이나 감정이 아니기에, 어떤 이름을 붙이든 실체와 정확하게 부합하는 것은 불가능하다. 때문에 지식의 축적이 도심을 자각하는 데 일조를 할 수 있을지언정, 이 도심을 확인하는데 결정적 요소는 아니다. 지식조차도 인간의 감각에 의해서 생성된 생각이나 감정의 부산물이기 때문이다.

때문에 이 도심을 자각하기 위해서는 전인미답의 길을 가야 한다. 일단 선결조건은 삶에서 겪는 다양한 고난을 통해 인심을 들여다보려는 마음을 생성시키는 것이다. 그러고 나면 그 인심을 보는 마음으로서의 도심으로 초점의 전환이 이루어진다. 이때 우리는 도심의 모습에 대하여 너무나 낯설다. 이제까지 한 번도 접해 보지 못하였기 때문이다. 이에 그 길라잡이로서 중요한 것이 이 도심을 묘사한 문헌(文獻)이다. 여기서 '문(文)'은 도심을 생생하게 묘사해 놓은 전적이며, '헌(獻)'은 그 도심을 자각한 분이다.

일찍이 도심을 자각한 분들은 다양한 방식으로 이것을 묘사하였다. 대표적으로 주희는 이것의 형상을 가리켜, '텅 비어 있는 공간에서[虛], 영활한 인식작용[靈]을 한다'고 하였으며,(『대학장구』「경일장」) 퇴계는 '마음의 완전한 본체는 지극히 비어 있고 지극히 고요하되[靜], 마치 밝은 거울이 사물을 비추는 것과 같이 사물이 나타나면 거기에 응하지만 머무르지 않고, 사물이 가버리면 전과 같이 비고 깨끗해진다'라고 좀 더 부가설명을 하였다.(『계산기선록(溪山記善錄)』)

두 분의 설명은 공통된 지점을 함유하고 있다. 보는 것으로서의 도심의 본체는 텅 빈 공간이고, 그 작용은 인심을 보는 영활한 인식(퇴계의 비유적 표현으로는 거울에 사물이 비추는 것)이다. 텅 비어 있기에 생각이나 감정 혹은 어떤 인식 작용으로 이를 파지(把持)하기가 어렵다. 앞서 언급하였듯이 오로지 유일한 파지의 방법은 인심을 바라보는 작용을 통해서만 가능하다.

그러면 위태불안한 인심에 비하여 미묘난견한 도심은 왜 평화로운가? 사실 도심은 그 자체의 속성이 텅 비어 있기에 여기에 불안도 없지만, 평화도 없다고 할 수 있다. 그렇다면 도심이 평화로운 상태라서 이를 자각하면 평화로운 마음이 생성되는 것이 아니다. 인심으로 살아온 시간 속에서 느끼는 고통이 도심으로 살아가면 감지가 되지 않기에 이를 평화롭게 여기는 것일 뿐이다. 비유하자면 감기몸살에 심하게 걸린 사람이 감기가 나으면 몸이 상쾌해졌다고 느낄 것이다. 그러나 이는 몸이 상쾌해진 것이 아니라, 다만 감기몸살의 기운이 몸에서 물러나가면서 본래의 상태를 회복했을 뿐이다. 그 상쾌함은 애초 몸을 괴롭혔던 기운이 빠져나간 데서 오는 일종의 착각이다.

도심이 인심을 바라보게 되면 이와 비슷한 효과가 있다. 인심에서 느끼는 고통의 감정이 물러나가면서 우리는 안정 내지 평화로움을 느낀다.

텅 비어 있는 도심에 이런 것이 있어서가 아니라, 도심으로 존재할 때 감각적으로는 이런 상태에 놓이게 되는 것이다. 인간의 내적 재난이라 할 수 있는 고통스러운 감정이나 마음에서 드디어 벗어나게 되는 것이다.

6. 외재적 현실과 내재적 도심

『맹자』를 읽어 보면, 인류의 오랜 비원(悲願)이 들어있다. 이른바 왕도정치(王道政治)라고 일컬어지는 맹자 정치론에 들어있는 그 비원은 너무나 단순하다. 따뜻하게 옷 입고 배 불리 밥 먹는 데 필요한 항산(恒産)의 마련이다. 군주가 백성에게 이것을 제공할 때 왕도정치의 이상이 구현되는 첫걸음을 내딛는 것이다. 이른바 인간다움으로서의 항심(恒心) 같은 것은 그 다음의 문제이다.

왕도정치에 구현되어 있는 맹자의 소망은 작게는 동아시아 역사, 크게는 인류 역사에서 인간이 다가가고자 했던 오랜 이상이었다. 이러한 이상은 인간의 역사에서 비교적 근대에 이르러서야 성취되었다. 산업혁명이 이를 가능케 하였다. 산업혁명 이래 생산성이 증가하면서, 추위와 기아에서 해방되는 인구가 급격하게 증가하였기 때문이다. 다소 이견이 있을 수도 있지만, 나는 맹자가 주장했던 왕도정치의 최소한은 현세에 구현되었다고 본다. 그러면 이런 왕도정치가 구현된 세상에서 살아가는데, 평화롭고 행복한가?

이는 본질적으로 우리 삶을 최종적으로 규정하는 것이 무엇인가? 라는 질문과 연계된다. 우리 삶은 외재하는 현실에 달렸는가? 아니면 이를 수용하는 내면의 마음에 달렸는가? 관견으로는 오늘날의 세상, 특히 우리가 살아가는 이 공간에서는 후자에 해당하는 인간 내면의 마음이 더욱 문제라고 생각한다. 왜냐하면 맹자가 바라던 이상사회가 현재 우리가 살아가는 이 공간에서 어느 정도 실현되었는데, 기대만큼 우리들은 행복하고 평화롭지 않기 때문이다.

배불리 먹고 등 따시게 사는데도 우리 삶은 불안하다. 현재 한국의 삶의 지표는 자살률과 미혼율은 그 어느 때 보다 높고 출산율은 역대 최저이다. 삶이 불안하니 중도에 포기하고 이런 삶을 세대를 이어 지속시키고 싶지 않기에 결혼을 안 하고, 결혼을 해도 출산을 포기하는 것이다. 사정이 이러하다면 외재적 현실에서 내재적 마음으로 시선을 돌릴 필요가 있다. 도대체 무엇이 우리를 그렇게 불안하게 하는지를 탐색해야만 할 것이다.

육신에 영양분이 충분히 공급되고, 잠을 잘 수 있는 거처가 있으며, 일정한 삶을 가능케 하는 직업도 가졌다. 여기에 더하여 처자식이 있거나 홀로 있어도 괜찮은 삶이 있다. 그런데도 삶은 온통 갈증이다. 내가 가진 먹거리와 거처, 그리고 직업은 상대와 비교했을 때 왠지 한참 모자라는 듯하다. 실상은 이런 삶을 지구상의 비슷한 연령대에서 비교해 보면 상위에 속함에도 그러하다.

다시 한번 말하지만 상황이 이러하다면 이 불안과 불행의 원인을 외재적 요인에서 찾기보다는 오히려 내재하는 마음에서 찾는 것이 더 타당할 듯하다. 그렇다면 이 불안은 온전히 마음의 문제이다. 유학은 이 마음을 어떻게 파악하여야만 불안에서 평화로 옮겨갈 수 있는지에 대한 나름의 답을 제시하였다. 그것은 앞서 언급한 도심의 자각이다. 도심에 평화가 있는 것은 아니지만, 도심을 자각할 때 인심에서 생성된 불안에서 멀어질 수 있기 때문이다.

또한 도심의 각성은 오롯이 인심을 바라보는 데서 가능하기에, 현재 우리가 느끼는 이 불안한 마음이 그대로 도심으로 가는 사다리이다. 즉 불안한 이 마음이 곧 평화로 가는 핵심키인 것이다. 이는 공맹 이래 주희, 퇴계에 이르기까지의 현인들의 외침이었으며, 그들은 이것을 숨기지 않고 모두 이야기해 놓았다. 남은 것은 우리가 얼마만큼 진정으로 귀를 열고 이 말을 듣는가에 달려 있을 것이다. 이렇게 보면 선현들이 제시한 도심으로 가는 길은 믿음과 각성을 중시한다는 점에서 학문과 종교를 회통하는 영역이라 할 수도 있다.

덧붙이는 글　어느 대학생의 경험담

스무 살의 내가 바라본 삶은 온통 의문투성이였다. 세상이 나를 비롯한 사람들에게 왜 이리 크고 작은 시련을 주는가? 이것을 견뎌내는 사람은 무엇이고 견디지 못한 사람은 또 무엇인가에 대해 생각하며 자주 울곤 했다. 그러던 어느 날, 이 슬픔을 객관적으로 바라보고 싶다는 생각이 들었다. 참 신기한 게, 그런 생각이 들자마자 슬퍼하는 나의 등 뒤에서 나를 바라볼 수 있었고, 대체 이 슬픔은 어디에서 시작된 건가, 슬픔이란 무엇이며 왜 슬퍼하며 그 크기는 어떠한가에 대해 관조하게 되었다. 나는 슬픔이라는 '감정'과 이러한 감정을 드러내도록 돕는 어떠한 '표면' 각각을 인지한 셈이다. 그 이후에는 놀랍도록 초연해졌을 뿐 더러, 사람을 대함에 유연함이 생겼고 삶을 대함에 여유가 생겼다.

　　그리고 전공 강의를 수강하며 무언가 탁 트인 기분과 함께 스스로 잘하고 있다는 생각이 들었다.

　　밀려오는 피곤한 일들에 스트레스를 받는 동기 친구에게 나의 경험을 이야기하면서 감정이 아닌 감정이 지탱하는 어떠한 바를 직관할 필요가 있다고 말한 적이 있다. 주관적으로 이리저리 치이는 감정을 볼 것이 아니라 그것의 밑바탕, 기저를 바라볼 때 정말 초연해질 수 있다고 이야기하였다. (임도윤, 「대학장구 경일장에 대한 논의」(2024년 1학기 사서강독 I 수업 과제)에서 발췌함)

임태승(林泰勝, Lim Tae-seung)
성균관대학교 동아시아학술원 교수, 동아시아 미학/예술사회학, 중국
고대철학 전공. 주요 저서로 『유가사유의 기원』(2004), 『아이콘과 코드』
(2006), 『孫過庭 書譜 譯解』(2008), 『논어의 형식미학』(2017), 『동양미학
개념사전』(2020), 『중국미학 원전자료 역주(전5권)』(2022) 등이 있다.

오래된 학교의 깊은 비밀
― '성균(成均)'의 신화철학적 의미 분석

1. 서(緒): 오래된 교명(校名), 성균관

『고려사(高麗史)』의 기록[1]에 의하면, "고려 성종(成宗) 때에 국자감(國子監)이 설치[2]되었고, …… 충렬왕(忠烈王) 원년(元年)에 국자감을 국학(國學)으로 고쳤으며, …… 충렬왕 24년에 충선왕(忠宣王)이 이를 성균감(成均監)으로 바꾸었고, …… 충렬왕 34년에 충선왕이 다시 이를 성균관(成均館)으로 고쳤으며, …… 공민왕(恭愍王) 5년에 다시 국자감으로 바꾸었고, …… 공민왕 11년에 다시 성균관이라 부르게 하였다."[3] 공민왕 11년

---

1 『高麗史』(여강출판사, 1991. 이하 『高麗史』의 원문 출전은 같은 책)에서의 성균관에 대한 기록은 권74의 「志28·選擧2·學校·國學」에도 나오나, 여기에는 國學·國子監·太學·成均館 등에 대한 기사가 혼란스럽게 섞여 있어 성균관의 연혁에 대한 정확한 정황을 파악하기 어렵다.

2 『高麗史』 권74, 「志28·選擧2·學校·國學」, "成宗 …… 十一年十二月, 敎, 有司相得勝地, 廣營書齋學舍, 量給田莊, 以充學粮, 又創國子監." 한편 成宗 11년인 992년에 국자감을 창건하라는 成宗의 지시가 이처럼 기록으로 전하고 있지만, 이를 근거로 992년에 국자감이 처음 설립되었다고 단정하기는 어렵다.

3 『高麗史』 권76, 「志30·百官1·成均館」, "成宗置國子監, …… 忠烈王元年, 改國學, …… 二十四年, 忠宣改成均監, …… 三十四年, 忠宣改成均館, …… 恭愍王五年, 復稱國子監, …… 十一年 復稱成均館."

이래 성균관이란 명칭은 조선시대까지 계속 이어졌다. 위 기록에 의하면 한국 최고의 학부기관으로서 '성균(成均)'이란 명칭이 처음 사용된 것은 고려 충렬왕 24년 때인 1298년이다. '성균관(成均館)'이란 명칭이 처음 사용된 것은 충렬왕 34년이자 충선왕 원년인 1308년이다. 또한 조선시대까지의 연장선상에서 '성균관'이란 명칭이 확실히 굳혀진 것은 공민왕 11년인 1362년부터이다. 그리고 조선시대 이후로 교명(校名)과 학교의 위치를 함께 감안하여 성균관을 고려할 땐 태조 7년인 1398년이 원년이 된다.[4] 1398년에 성균관이 한양의 동부 숭교방(崇敎坊)에 설치되었고, 고종 24년인 1887년에 경학원(經學院)으로 개칭되었다가 고종 31년인 1894년에 폐지되었다. 1894년에 갑오개혁이 단행되면서 과거제도가 폐지되고, 나아가 근대적인 교육개혁이 추진되는 개화의 흐름 속에서 성균관은 한국의 전통적인 유학과 도덕을 지켜나가는 방향으로 전환되었으며, 1946년 성균관대학교의 설립으로 그 전통이 계승되었다.

고려말에서 조선시대에 이르기까지의 성균관의 맥을 이은 성균관대학교는 이제 600여 년의 역사를 가지게 되었다. 이처럼 오래된 학교명으로서의 성균의 유래와 의미를 살펴보는 것은 자못 의미심장한 일이다. 한국이나 중국의 경우 국학(國學)으로서의 성균은 태학(太學)·국자감·성균관 등으로 불렸는데, 이러한 학교로서의 국학에 대한 성격과 연혁을 논하는 것은 실로 방대한 범위의 연구이다. 이글에서는 다만 성균의 정체성을 국학의 범주에서 조명하고, 나아가 그 교명의 유래를 신화철학적 각도에서 고찰함으로써, 성균의 함의와 현대적 의의를 규명해 보고자 한다.

---

4   참고로 성균관대학교에서는 성균관이라는 교명과 현 학교 위치를 고려하여 건학 원년을 서기 1398년으로 잡고 있다. 즉 조선조 개국 후 태조 이성계가 한양에 도읍을 정하고 중앙의 국립최고학부의 개설을 서둘러 동북방 숭교방(현 명륜캠퍼스 위치)에 성균관을 설립한 것을 본 대학교의 개교로 설정하고 있다.

2. 국학으로서의 성균

성균관 및 그 원형으로서의 성균은 국학이자 태학으로서의 국가 최고 학부였다. 먼저 국학이란 말은 『주례(周禮)』[5]에 나오는 말로, 원래 주대 (周代)에 도성(都城)에 설치한 국가고등교육기관이었다. 우대(虞代)에 상 (庠)을 설치했고, 하대(夏代) 서(序)를 설치했으며, 은대(殷代)에 고종(瞽 宗)을 설치했고, 주대(周代)에 벽옹(辟雍)을 설치했으며, 한무제(漢武帝) 때 태학을 설치했고, 수양제(隋煬帝) 때 국자감으로 명칭을 바꿔 청말(淸 末)까지 지속됐다.[6] 따라서 국학이란 말은 역대의 국가 최고학부를 총 칭하는 개념으로 이해할 수 있다.

한편 태학이란 명칭의 본의는 대학(大學)이다. '태(太)'는 '대(大)'의 뜻이다. 원시 유가경전에서는 이 두 글자가 서로 통했다. 지금으로부터 2,800여 년 전 서주(西周)시기에 이미 대학과 소학(小學)의 구분이 있었 다. 다만 이들은 모두 귀족 자제의 학교였다. 상(商)·주(周) 시기의 최고 학부를 대학, 혹은 벽옹이라 불렀다. 천자(天子)가 설치한 대학은 규모 가 비교적 크고 '오학(五學)', 즉 벽옹·성균·상상(上庠)·동서(東序)·고 종(瞽宗)의 구분이 있었다. 벽옹은 그 가운데 위치했다. 제후가 설치한 대학은 규모가 비교적 간단하고 단지 한 개의 학교, 즉 반궁(泮宮)만 있 었다.[7] 다른 한편, 『문헌통고(文獻通考)』에 나오는 여러 전거를 종합하 여 검토할 때, '영대(靈臺)·벽옹·태학·성균'은 같은 학교로 볼 수 있다.

---

5   李學勤 主編, 『十三經注疏(標點本)·周禮注疏』, 「春官宗伯」, 北京, 北京大學出版社, 1999, 596면, "樂師掌國學之政, 以敎國子小舞."(이하 『周禮』의 원문 출전은 같은 책)

6   湯用彤, 「論成周學禮」, 『中國哲學史』 2010年 4期, 12쪽, 주3 참조. 국학에 상응하는 지방학 교는 郊遂之學 혹은 鄕遂之學으로, 지방행정구획인 鄕·遂에 위치하였다.(湯用彤, 같은 곳)

7   李永康 등 編著, 『北京孔廟國子監史話』, 北京, 北京燕山出版社, 2010, 18쪽 참조.

『예기(禮記)·문왕세자(文王世子)』에 나오는 "천자가 학교를 시찰했다."[8]
라는 대목이 『대대례기(大戴禮記)·보부(保傅)』의 "황제(皇帝)가 태학에
들어서서, 선생이 되어 질문했다."[9]라는 대목과 의미상 같은 내용이고,
또 "시학(視學)"(『예기·문왕세자』)이나 "입태학, 승사이문도(入太學, 承師而
問道)"(『대대례기·보부』)는 같은 형식을 모두 후세에 '臨雍(임옹)'이라 부
르는 천자의 교학(教學)·토론 내지 학교점검의 방식이라는 점에서, 태
학과 벽옹은 동일한 학교라 볼 수 있다.[10] 또한 『시경(詩經)·대아(大雅)
·영대(靈臺)』[11]는 더욱 분명하게 '영대·벽옹·태학·성균'이 하나의 학
교임을 보여준다. 시(詩)에 보이는 '영대'는, 고대(高臺)를 옹(雍)이라 하
는 것을 감안하면 영대가 곧 벽옹임을 알 수 있다. '어악벽옹(於樂辟廱)'
의 구절에서는, 벽옹에서 악(樂)을 했다면 이는 곧 악(樂)을 익히는 곳이
라는 성균의 내용과 일치하니 벽옹이 곧 성균이라는 얘기이다. 또 '몽
수주공(矇瞍奏公)'의 구절에서는, 맹인이 교육행정을 담당했다는 것을
알 수 있으니 그는 곧 성균의 교육 담당자인 맹인 樂師임을 알 수 있다.
이로부터 '영대·벽옹·태학·성균'은, 물론 시기적인 격차[12]는 있을지라

8　李學勤 主編,『十三經注疏(標點本)·禮記正義』,「文王世子」, 北京, 北京大學出版社, 1999,
　　649면, "天子視學."(이하 『禮記』의 원문 출전은 같은 책)

9　王聘珍,『大戴禮記解詁』권3,「保傅」, 北京, 中華書局, 1983, 52면, "帝入太學, 承師問道."

10　蔡邕 역시 같은 내용의 글을 남긴 바 있다. 蔡邕,「明堂論」, 嚴可均,『全上古三代秦漢三
　　國六朝文』(二), 上海, 上海古籍出版社, 2009, 200면, "取其四門之學, 則曰太學. 取其四
　　面周水圓如璧, 則曰辟雍. 異名而同事."(이하 蔡邕,「明堂論」의 원문 출전은 같은 책)

11　李學勤 主編,『十三經注疏(標點本)·毛詩正義』, 北京, 北京大學出版社, 1999,
　　1038~1044면, "靈臺, 民始附也. 文王受命, 而民樂其有靈德, 以及鳥獸昆蟲焉. 經始靈
　　臺, 經之營之. 庶民攻之, 不日成之. 經始勿亟, 庶民子來. 王在靈囿, 麀鹿攸伏. 麀鹿濯
　　濯, 白鳥翯翯. 王在靈沼, 於牣魚躍. 虡業維樅, 賁鼓維鏞. 於論鼓鍾, 於樂辟廱. 於論鼓
　　鍾, 於樂辟廱. 鼉鼓逢逢, 矇瞍奏公."

12　馬端臨,『文獻通考』卷40「學校考一·太學」, 北京, 中華書局, 1986, 381면, "張氏曰, 靈臺
　　辟雍, 文王之學也. 辟雍之在鎬京者, 武王之學也. 辟雍至此始爲天子之學."(이하 『文獻通
　　考』의 원문 출전은 같은 책)

도, 내용상 하나의 학교를 의미하는 것으로 이해할 수 있다.

성균의 연원은 사실 더 앞으로 거슬러 올라간다. 옛 대학으로서의 '성균'이란 어휘는 십삼경(十三經) 중에서 『주례(周禮)』와 『예기(禮記)』의 두 군데에 보인다.

"대사악(大司樂)은 성균(成均)〈국학(國學)〉의 교육법을 관장하고, 나라의 교학정책을 관리하며, 왕족·귀족의 자제를 모아 교육한다."[13]

"대개 향촌(鄕村)의 학교에서는 반드시 시험을 통해 현자(賢者)와 재능이 있는 자를 선발하였다. 이러한 사람들 가운데, 어떤 이는 덕행이 방정하여 선발되었고, 어떤 이는 율법(律法)에 통달하여 선발되었으며, 어떤 이는 언어에 뛰어나 선발되었다. 〈축(祝)·사(史)·의(醫)·복(卜)·사(射)·어(御)와 같은〉 기예를 하는 이는 또한 열심히 익혀 다른 날의 시험에 대비하였다. 덕행과 정사(政事)와 언어의 셋 가운데 하나를 잘하면 선발이 되었고, 그 성적에 따라 진학하게 되었다. 이들을 일러 '교인(郊人)'이라 함으로써 성균에 입학하는 대학생과 구별하였으며, 향음주례(鄕飮酒禮)에서 술잔을 올려 주인과 응대하는 직위를 담당케 하였다."[14]

여기서 특기할 만한 것은, 위 『주례·춘관종백(春官宗伯)』에 나오는 구절인 '성균지법(成均之法)'에 대한 주석의 내용이다. 여기서 정현(鄭玄)은 성균에 대한 동중서(董仲舒)의 해석을 인용하고 있다.

---

13 『十三經注疏(標點本)·周禮注疏』, 573면, 「春官宗伯」, "大司樂掌成均之法, 以治建國之學政, 而合國之子弟焉."

14 『十三經注疏(標點本)·禮記正義』, 632면, 「文王世子」, "凡語於郊者, 必取賢斂才焉. 或以德進, 或以事擧, 或以言揚. 曲藝皆誓之, 以待又語. 三而一有焉, 乃進其等, 以其序, 謂之郊人, 遠之. 於成均, 以及取爵於上尊也."

"동중서는 말하였다. '오제(五帝) 때의 대학 이름을 일러 성균이라 한다.'"[15]

동중서의 말에 의하면, 성균은 가장 이른 시기의 국학임을 알 수 있다.[16] 고대 중국에서 생산력 향상이란 경제적 조건과 전문적인 국가관리의 필요에 의한 정치적 조건 및 문자의 탄생과 지식의 축적이란 문화적 조건 등이 조성됨으로써 원시사회 말기에 '성균'이란 학교가 있게 되었다.[17] 나아가 성균은 오제지학(五帝之學)의 유례(遺禮)가 되어 주대(周代)에 전국의 교육을 관장하는 학궁(學宮)의 명칭이 되었고, 나중에는 널리 국가의 최고학부를 가리키게 되었다.[18]

한국에서의 성균관은 태학으로도 불리었으며, 주대 제후의 도읍에 설치한 학교의 명칭인 반궁(泮宮)[19]으로 지칭되기도 하였다. 국자감 혹은 성균관은 원래 국립학교를 관리하는 관청을 말한다. 조선시대의 성균관

---

15 『十三經注疏(標點本)·周禮注疏』, 573면, "董仲舒云, 成均, 五帝之學"(鄭玄의 注);『十三經注疏(標點本)·周禮注疏』, 573면, "董仲舒曰五帝名大學曰成均."(賈公彦의 疏) 또『文獻通考』에서도 같은 맥락의 대목을 볼 수 있다. 예를 들어 江陵項氏의『松滋縣學記』에 나오는 다음 내용이다.『文獻通考』권40,「學校考一·太學」, 379면, "學制之可見於書者自五帝始, 其名曰成均"

16 참고로 중국의 浙江大學은 최근 "國有成均, 在浙之濱"("이 나라에 成均館이 있는데, 바로 浙江의 강가에 있다.")라는 표어를 내걸고 있는데, 한 중국의 대학이 이제야 성균관의 후예를 자처하고 나선 것이다.

17 孫培靑 主編,『中國敎育史』, 上海, 華東師範大學出版社, 2000, 9쪽 참조.

18 湯用彤, 앞의 논문, 10쪽.

19 天子의 대학은 辟雍이라 했고, 諸侯의 대학은 泮宮이라 했다.(『十三經注疏(標點本)·禮記正義』, 370면,「王制」, "天子曰辟雍, 諸侯曰頖宮") 辟雍에는 四面에 물이 둘러섰는데, 고리 형태로 둘러친 물의 공간이 마침 옛 玉璧(둥근 옥)과 같았다. 또 雍은 물 가운데 지어진, 방이 있는 高臺를 말한다. 天子의 학교인 辟雍은 이처럼 형상에 의해 지어진 이름이다. 한편 제후가 설치한 대학은 半面에만 물이 있었기에 泮宮이라 불렸던 것이다.(『毛詩·大雅·靈臺』의 '辟雍' 해석 참조)

역시 유학(儒學)의 교육에 관한 일을 관장[20]했던 정삼품(正三品)급 관청을 말한다. 성균관에는 최고의 책임자로 정삼품 직인 대사성(大司成)을 두었고, 그 아래에 제주(祭酒)·악정(樂正)·직강(直講)·박사(博士)·학정(學正)·학록(學錄)·학유(學諭) 등의 관직을 두었는데, 대사성은 곧 아문(衙門)의 일을 총괄한 이고, 실질적인 학사업무는 좨주가 담당하였다.[21]

한편 성균관의 건축양식은 학례일체(學禮一體) 혹은 학제일체(學祭一體)[22]의 전통을 보여준다. 학교와 공묘(孔廟)를 한 공간 안에 구성하는 방식은 주대 때 학교에서 선성(先聖)·선현(先賢)에 대해 제사지내던 전통에 기원한다.[23] 성균관은 남북축을 중심으로 하여 대칭으로 구성되어 있다. 한편 정면성(正面性)의 원리[24]에 입각한 이러한 건축양식은 유교적 질서의 정면존중주의(正面尊重主義)[25]를 보여주는데, 이러한 효과는

---

20 『高麗史』 권76, 「志30·百官1·成均館」, "成均館, 掌儒學敎誨之任";『太祖實錄』1卷, 元年〈1392〉7月 28日〈丁未〉, 『朝鮮王朝實錄』, 韓國古典飜譯院, 韓國古典綜合DB, "成均館, 掌學校肄業等事."

21 관청으로서의 기능과 官員 職制 등은 대체로 중국 국자감의 경우와 일치한다. 중국의 제도를 따른 결과일 것이다. 예컨대, 조선시기 성균관이 지어진 崇敎坊이란 지명도 明代의 국자감이 위치한 지명이다.

22 蔡邕, 「明堂論」, 『全上古三代秦漢三國六朝文』(二), 200면, "取其宗祀之淸貌, 則曰淸廟. 取其正室之貌, 則曰太廟. 取其尊崇, 則曰太室. 取其向明, 則曰明堂. 取其四門之學, 則曰太學. 取其四面周水圓如璧, 則曰辟雍. 異名而同事."

23 『十三經注疏(標點本)·周禮注疏』, 「春官宗伯」, 574면, "大司樂, …… 凡有道者有德者, 使敎焉, 死則以爲樂祖, 祭於瞽宗";『十三經注疏(標點本)·禮記正義』, 「祭義」, 1340면, "祀先賢於西學, 所以敎諸侯之德也." 瞽宗은 商代에 樂師에게 제사를 지내던 종묘인데, 이 때문에 禮樂를 익히는 장소가 되었다는 것이다. 瞽宗은 周代에 五學의 하나가 되었다. 여기서 西學은 곧 瞽宗이다. (湯用彤, 앞의 논문, 12쪽, 주1 참조)

24 정면성의 원리는 고대 이집트 예술에 보이는 인체묘사의 법칙이다. 이 법칙에 따르면, 이집트 예술에서의 인체는 그것이 어떠한 자세를 취하고 있든 간에 가슴의 평면만은 그 전부가 감상자 쪽, 즉 정면으로 향하도록 묘사된다. 따라서 상체는 한 줄의 수직선에 의하여 서로 똑같은 두 개의 부분으로 대칭 분할된다. (Arnold Hauser 저, *Sozialgeschichte der Kunst und Literatur*, München, C. H. Beck'sche Verlagsbuchhandlung(Oscar Beck), 1953; 白樂晴 역, 『文學과 藝術의 社會史 ― 古代·中世篇』, 창작과 비평사, 1995, 49쪽 참조.)

25 미학적인 견지에서 정면성의 원리는 정면존중주의를 야기한다. 핵심 요소들이 중심선상

문묘와 학교를 동일 공간에 조성한 묘학합일(廟學合一)[26]의 구성에 의해 더욱 고양되고 있다.

3. '성균'의 석명해의(釋名解義)

성균이란 명칭을 정확히 이해하는 데에는『주례(周禮)·춘관종백(春官宗伯)』에 나오는 '성균지법'이 무엇을 의미하는지 밝히는 것이 중요한 단서가 될 수 있다. 고래로 '성균지법'의 해석에 대해서는 두 가지 견해가 있어왔다. 하나는 학교〈국학〉의 교육법을 말한다는 것이고, 다른 하나는 음(音)의 조율을 말한다는 것이다. '성(成)'은 다만 '만든다.' 혹은 '기른다.' 내지 '이룬다.'의 의미이기에, 사실 여기서는 '균(均)'이란 글자가 관건이다.

우선『주례·춘관종백』의 "大司樂掌成均之法"이란 구절 아래 정현의 주(注)를 보면, 정사농(鄭司農)〈즉, 정중(鄭衆)〉이 "'균(均)'은 '조(調)'〈조율〉의 의미이다."[27]라고 해석한 내용이 소개되어 있다. 정중이 '균'을

에 배열되고 다시 그 중 가장 핵심부분은 그러한 배열의 중심에 위치한다는 것은, 결국 한 치의 흐트러짐도 허용하지 않는 敬畏의 숭고미, 즉 정면존중주의를 야기한다. 이러한 정 면존중주의가 의도하는 바는 바로 심미대상에 내재되어 있는 것으로 미리 전제되어진 功과 德을, 감상자가 존경과 예의로써 享受하게끔 의도하는 것이다. (임태승, 「亞'形의 正面尊重主義: 유가미학의 原型 패러다임 분석」, 성균관대학교 유교문화연구소, 『유교문화연구』18, 2011 참조)

26 학교와 文廟를 가까이 해서 짓는 '廟學合一'의 학교건축방식은 중국 고대의 전통으로, 이를 '廟學規制'라 불렀다. (李永康 등 編著, 앞의 책, 3면) 그런데 중국 北京의 國子監의 경우 문묘가 동쪽에 위치하고 학교가 서쪽에 위치하는 '東廟西學'의 배치이나, 한국 서울의 成均館의 경우 앞에 대성전이 있고 뒤에 명륜당이 있는 '前廟後學'의 구조를 갖는다. 이것이 諸侯의 規制인지는 확인해 보지 못했다. 한편 서울의 성균관은 '前廟後學'의 구조이나, 개성의 성균관은 이와 달리 앞에 명륜당이 있고 뒤에 대성전이 있는 '前學後廟'의 구조이다.

27 『十三經注疏(標點本)·周禮注疏』, 573면, "鄭司農云, 均, 調也."

'조'로 해석한 것은,『주례』나『예기』등 다른 대목에서 '균'이 모두 '조
〈조율하다.〉'나 '평(平)〈고르게 하다.〉'의 의미로 쓰였기에 그렇게 추단
했을 것이다. 사실 균은 중국어에서 다음다의자(多音多義字)이며, 그 발
음은 'jun'과 'yun'의 두 가지이다. 전자의 경우는 조율의 의미이고 후
자의 경우는 운(韻)[28], 즉 '칠음(七音)의 율고(律高) 위치'[29]를 가리킨다.
그렇다면 균은 어느 경우든 모두 음악과 관련이 있는 셈이다. 한편 정
현은 앞서 살펴본 동중서의 견해를 근거로 하여 성균을 학교명으로 파
악하고 있다.[30] 가공언(賈公彦) 역시 소(疏)에서 정중(鄭衆)의 견해를 비
판하며 정현의 견해에 찬동한다.[31] 대사악이란 직책이, "大司樂掌成均
之法, 以治建國之學政, 而合國之子弟焉."이란 구절에서도 보듯이, 실
제 교육을 담당한 교수가 아니라 국학을 관리한 최고 지위의 관원이었
다는 점을 생각하면, "大司樂掌成均之法"을 "대사악이 음악 조율의 법
〈악률이론〉을 관장했다."고 보기보다는 "대사악이 성균〈국학〉의 교법
(敎法)을 관장했다."고 보는 것이 타당할 것이다. 더군다나 당(唐) 고종
(高宗)이 한때 비록 짧은 시기이나마 국자감의 명칭을 성균감으로 바꾼

---

28 『說文·先訓』,『康熙字典』, 上海, 上海古籍出版社, 1996, 170면, "古無韻字, 均卽韻也"(이
하『康熙字典』의 원문 출전은 같은 책);『新唐書·列傳第一百九』, 北京, 中華書局, 1975,
5393면, "夫旋宮以七聲爲均, 均言韻也. 古無韻字, 猶言一韻聲也."(이하『新唐書』의 원문 출
전은 같은 책)

29 이는 黃翔鵬이 '均'을 'yun'으로 읽고 樂律學 이론의 입장에서 해석한 내용으로, 곧 古音階
의 律高 위치를 말하는 것이다. (劉勇,「"成均之法"辯」,『天津音樂學院學報』, 2000年 4期 참조)

30 『十三經注疏(標點本)·周禮注疏』, 573면, "玄謂, 董仲舒云, 成均, 五帝之學. 成均之法者,
其遺禮可法者."("大司樂掌成均之法"에 대한 鄭玄의 注)

31 『十三經注疏(標點本)·周禮注疏』, 573~574면, "先鄭云, 均, 調也. 樂師主調其音, 大司樂主
受此成事已調之樂者, 案樂師惟敎國子小舞, 大司樂敎國子大舞, 其職有異, 彼樂師又無
調樂音之事. 而先鄭云樂師主調其音, 大司樂主受其成事, 義理不可, 且董仲舒以成均爲
五帝學, 故依而用之. …… 彼鄭注云, 董仲舒曰五帝名大學曰成均, 則虞庠近是也. 天子
飮酒於虞庠, 則郊人亦得酌於上尊以相旅. 鄭引之者, 證成均是學意. 若如先鄭以義解之,
何得於中飮酒, 故知先鄭之義非也. 云然則周人立此學之宮者, 即虞庠之學是也."("大司樂
掌成均之法"에 대한 賈公彦의 疏)

적이 있는데[32], 성균이 황제의 명에 의해 국가 최고학부의 명칭으로 사용되었다는 점은 곧 성균이 악률과 연관된 어휘가 아닌 학교명임을 확실히 알 수 있다. 이러한 전거와 정황들에 의하면, '성균'은 학교명임에 틀림없다 할 것이다.

그럼에도 불구하고 오랜 시간 성균이 학교명이자 악률의 의미로써 혼용되었던 점[33]은 무슨 연고일까? 오제 시기 이후부터 주대 오학(五學)의 하나로 성균이 설립되기까지, 성균이란 두 글자 안에 학교와 악률이 밀접하게 연관되어 있다는데 그 해답이 있다. 간단히 말하자면, '균'이란 글자가 '조율(調律)'의 뜻이든 '운(韻)'의 뜻이든 모두 음악과 관계가 있고, 그 음악과 연관된 악사(樂師)를 양성하는 혹은 악사에 의해 교육이 이루어지는 학교가 바로 성균이라는 것이다. 실제 주대 오학의 하나로서의 성균은 악(樂)을 익히는 학교였다.[34] 그렇다면 음악 혹은 악사와 교육은 어떠한 관계가 있는 것일까? 이에 대한 실마리는 신화철학적 고찰에서 찾을 수 있다.

균(均)이란 글자가 발음에 따라 악기조율(樂器調律)과 음운(音韻)(압운)의 뜻을 갖는다는 것은, 다시 말해서 조율과 음운의 두 의미가 한 글자에 속한다는 것은, 곧 이 두 가지 일이 한 사람에게서 나왔다는 것을 암시한다. 그 사람은 악사일 것인데, 원시문화의 전형적인 역사전수방

---

32 『新唐書·志第三十八』, 1266면, "垂拱元年, 改國子監曰成均監." 垂拱元年(685년)에 성균 감으로 바뀐 명칭은 神龍元年(705년)에 다시 국자감으로 환원되었다. 우리나라에선 高麗 忠烈王 24年(1298년)에 國子監이 成均監으로 바뀐 적이 있다.

33 成均이 國學의 개념으로써 오랫동안 학교로 인식되었던 한편, 樂律과 관련된 의미로도 많이 쓰였다. 예컨대, 唐代 武則天이 만들게 한 『樂書要錄』에서는 '成均之法'을 악률이론에서의 '均'자와 연계한 바 있다. 또 근대시기 章炳麟도 古音學 연구의 결과물로, 韻轉에 관한 사항을 도식으로 정리한 「成均圖」를 만든 바 있다. 『악서요록』과 「성균도」에서의 '均'자는 공히 'yun'으로 발음되며, '韻'의 의미이다.

34 "成均則習樂之地"(湯用彤, 앞의 논문, 10쪽)

식을 상정했을 때 그는 곧 맹인이자 지식인이라 할 수 있다. 오제 시기
와 같은 원시시대에서는 아직 문자가 없었기 때문에 역사전수는 구전
(口傳)을 통해 이루어졌다. 이 일을 담당했던 이는 통상 시각이 차단됨
으로써 비상한 기억력을 갖춘 맹인 지식인이 담당하였는데, 그는 스스
로의 암기를 위해서, 그리고 암기한 내용을 다른 사람에게 용이하게 전
달하기 위해 압운(押韻)[35]을 사용했다.[36] 구두로 언어를 전달하는 방식
에서 가장 중요한 것은 압운이다. 압운이 있어야 읊는 것이 입에 순하
게 붙어, 기계적인 내용의 기억을 반사적으로 창(唱)하거나 송(誦)할 수
있다. 이러한 정황이 '악사·맹인·지식인'이 모두 한 사람에 귀속되었
던 연고이다. 그 누구보다도 많은 역사적 사실과 교훈을 암기로 파악하
고 있었던 이 맹인 악사는 또한 그 지식의 양과 질이란 측면에서 가장
지혜가 뛰어난 이[37]었기에 예지자(叡智者), 즉 무사(巫師)의 신분으로써
권력까지 확보하게 된다.[38] 이로써 소위 무정일치(巫政一致)[39]라는 정치

---

35 고대 시가에서 시 구절의 일정한 위치에 같은 韻을 규칙적으로 집어넣는 것을 말한다. 좁
은 의미에서의 押韻은, 행의 첫 음에서 반복되는 것이 頭韻, 끝 음에서 반복되는 것이 脚
韻이다.

36 C. H. Ammons의 '補償假說'에 의하면, 맹인은 뛰어난 청각 인지 능력을 갖추고 있어서
그 청각 능력이 시각 상실의 몫을 보상해준다고 한다. (C. H. Ammons, 「面部視覺: 盲人的障
碍感知」, 『美國心理學雜誌』, 1953년 제66권, 519~553면; 寧群賢, 「瞽矇文化與隆回民俗」, 『民俗學刊』
2003年 第5輯에서 재인용) 이점은 왜 암송과 압운이 연계되었는지를 잘 설명해준다.

37 이러한 사람은 필시 연장자였을 것이기에, 成均에서는 그들을 특별한 예우로 존중하였을
것이다. (唐·楊炯, 『楊炯集』 卷三 「崇文館宴集詩序」, 北京, 中華書局, 1980, 42면, "齒於成均, 所以明
其長幼") 이 사람은 아마 '瞽矇'이었을 것이다. 『周禮·春官宗伯』에서는 瞽矇의 직무에 대해
다음과 같이 규정하고 있다. 『十三經注疏(標點本)·周禮注疏』, 616~617면, "瞽矇, 掌播鼗
柷敔塤簫管弦歌. 諷誦詩, 世奠繫, 鼓琴瑟. 掌九德六詩之歌, 以役大師."

38 '맹인·巫師·권력'의 관계에 대해선, 寧群賢의 앞의 논문 참조. 寧群賢은 이 글에서 현대 중
국의 민간에는 여전히 이러한 瞽矇(맹인·巫師·권력의 合體)문화가 존재함을 밝히고 있다. 그
의 임무는 本族의 역사와 조상의 창업 및 전승되어온 族規 등을 암송하는 것이며, 나아가
부락 사람들과 先人들을 연계시켜 사람들로 하여금 뿌리를 환기시켜 주는 소통자의 역할
도 겸하고 있다. 이러한 활약에 의해 그는 부족장 바로 다음 가는 권력을 갖고 있다는 것
이다.

형태의 근간이 무엇인지 알 수 있다. 따라서 '맹인〈암기(暗記)〉·악사〈음운(音韻)〉·지식인〈구술(口述)〉·무사〈예지(叡智)〉'의 합일체(合一體)는 사실상 후대 유가에서 말하는 성인(聖人)의 전신(前身)인 셈이다.

『주례』에 보이는바, 대사악이 성균의 교육을 관장[40]했다는 점이나 아래와 같이 그 교육이 악덕(樂德)·악어(樂語)·악무(樂舞)로써 이루어졌다는 점 역시 성균과 악(樂)의 연관을 잘 말해준다.

> "악덕(樂德)으로써 국자(國子)에게 중(中)·화(和)·지(祗)·용(庸)·효(孝)·우(友)를 가르치고, 악어(樂語)로써 국자에게 흥(興)·도(道)·풍(諷)·송(誦)·언(言)·어(語)를 가르치며, 악무(樂舞)로써 국자에게 운문대권(雲門大卷)·대함(大咸)·대소(大韶)·대하(大夏)·대호(大濩)·대무(大武)를 가르쳤다."[41]

다시 말해서 성균에서는 도덕교육·역사교육·악무교육이 악사에 의해 이루어졌음을 알 수 있다. 그런데 '도덕·역사·악무'가 한 공간에서 교육된 것은 무슨 까닭일까? 그리고 이것이 '성균'이란 글자와 무슨 연관이 있는 것일까?

---

39 舜의 아버지인 瞽瞍가 그러한 경우이다. 그는 이름에서 알 수 있듯이 맹인이며, 당시 대대로 내려오던 부족장의 신분이었다고 한다. 어떠한 이유로 舜과 瞽瞍가 갈등관계에 있었는지는 역사학적으로 완전히 규명되지 않았지만, 어쨌든 우리는 고수로부터 '맹인·樂師·지식인·巫師'의 합일체를 발견할 수 있다.(『漢語大詞典』瞽瞍條에는 瞽瞍가 점쟁이 맹인이라는 뜻도 있다. 『漢語大詞典』(권7), 上海, 漢語大詞典出版社, 1991, 1259면 참조) 같은 경우를 서구에서도 찾을 수 있는데, 유럽 문학 最古의 서사시 『일리아스』와 『오디세이아』의 작자인 호메로스(Homeros, BC 800?~BC 750) 역시 맹인 口述家였다.

40 『十三經注疏(標點本)·周禮注疏』, 「春官宗伯」, 573면, "大司樂掌成均之法."

41 『十三經注疏(標點本)·周禮注疏』, 「春官宗伯」, 574~575면, "以樂德敎國子中和祗庸孝友. 以樂語敎國子興道諷誦言語. 以樂舞敎國子舞雲門大卷大咸 大韶大夏大濩大武."

'균'이란 글자에는 또한 악기를 조율하는 기구[42]라는 뜻도 있다. 이 점에 빗대어 보자면, 균은 또한 세상을 고르게 조율하는 사람을 가리키며, 따라서 성균은 그러한 군자를 양성하는 학교를 말하는 것이 된다. 왜냐하면『주례·악기(樂記)』에서 누누이 말하고 있듯이, 음악의 목적은 곧 정치교화에 있는 것이자[43] 음악을 조절하는 것과 세상을 고르게 하는 것은 같은 맥락이기 때문이다.[44] 여기서 우리는 '균'이란 다음다의자에서 고대 전통 특유의 의상사유(意象思惟)[45] 표현법을 읽을 수 있다. 예컨대, '절(節)'이 대나무의 마디이면서 동시에 군자(君子)의 곧은 절의(節義)를 함축하는 것과 같은 의상(意象)의 구조가, 음(音)을 조율하는 도구이자 세상을 조화롭게 하는 군자[46]를 동시에 함축하는 구조에도 그대로 적용된다는 것이다. 구상(具象)〈음악/대나무〉과 추상(抽象)〈정치/군자상(君子像)〉의 일치, 혹은 구상을 통한 추상의 표현이라는 의상구조에 의해 '균'이라는 단일 아이콘에는 이중 코드가 함축되어 있는 것이다.

성균은 악(樂)을 익히는 곳으로서 악과 밀접하게 연관되어 있는 동시에, 또한 예(禮)와도 관계를 맺고 있다.

---

42 『康熙字典』, 170면, "均, 長七尺, 繫以絲, 以節樂音."

43 『十三經注疏(標點本)·禮記正義』,「樂記」, 1081면, "先王之制禮樂也, 非以極口腹耳目之欲也, 將以教民平好惡, 而反人道之正也."

44 『十三經注疏(標點本)·禮記正義』,「樂記」, 1119~1120면, "魏文侯問於子夏曰, 吾端冕而聽古樂, 則唯恐臥. 聽鄭衛之音, 則不知倦. 敢問古樂之如彼, 何也. 新樂之如此, 何也. 子夏對曰, 今夫古樂, 進旅退旅, 和正以廣, 弦匏笙簧, 會守拊鼓, 始奏以文, 復亂以武. 治亂以相, 訊疾以雅. 君子於是語, 於是道古. 修身及家, 平均天下. 此古樂之發也."

45 意象思惟는 감각형상을 지닌 구체적 물상을 통해 추상적 의미를 표현해 내는 일종의 체계적인 사유활동 혹은 심미체험을 말한다. 이 사유체계는 '言 — 象 — 意'의 연결 관계로 이루어져 있다. 즉 말과 의미의 관계에서 언어가 그 의미를 다 드러내지 못할 경우, 象이 개입됨으로써 그 '言意'관계가 소통된다는 것이다. (임태승,『소나무와 나비』, 심산, 2004, 4장 4절 참조)

46 『大學』八條目에서의 "平天下"는 사실 "平均天下"의 의미이다. '平'은 '均', 즉 "고르게 조율한다."는 뜻이다. (『說文』,『康熙字典』, 170면, "均, 平也")

"도리에 조예가 깊고 품행이 고결한 이를 청하여 교육을 담당케 하였다. 그리고 사후에는 악조(樂祖)로 삼아 고종(瞽宗)에서 제사지냈다."[47]

"서학(西學)에서 〈국자를 교육한 그러한 품행이 고상하고 조예가 깊은〉 선현을 제사한 까닭은 제후(諸侯)들에게 덕을 열심히 닦게 만들고자 함 이다."[48]

　여기서 서학(西學)은 곧 고종(瞽宗)이며, 고종은 '습례지지(習禮之 地)', 즉 예를 익히는 곳이다.[49] 그런데 교육을 담당한 이를 사후에 악조 (樂祖)로 삼았다면, 그는 곧 성균에서 교육을 행했을 것이다. 왜냐하면 성균이 '습악지지(習樂之地)', 즉 악(樂)을 익히는 곳이었기 때문이다. 위 기사에 의하면, 성균에서 악을 담당한 이가 예를 교육하는 고종에서 제 사지내졌다는 얘기가 된다. 여기서『예기·악기』에 이르는바, "악(樂)은 큰 근본을 드러내는 것이고, 예는 만물을 이루게 한다."[50]는 예악(禮樂) 의 상호 관련성을 읽을 수 있다. 즉 예악이 함께 연결되는 것은 본디 서 로 얻는 바가 있고 서로를 더 잘 드러낼 수 있기 때문인 것이다.『주례』 에서 보듯, 대사악이 예관(禮官)에 속하는 것도 이러한 연고이다. 따라 서 성균이든 고종이든 포괄적인 의미에서 모두 예악을 교육했던 학교 라 볼 수 있다.

47　『十三經注疏(標點本)·周禮注疏』,「春官宗伯」, 574면, "凡有道者有德者, 使敎焉, 死則以爲 樂祖, 祭於瞽宗."
48　『十三經注疏(標點本)·禮記正義』, 1340면,「祭義」, "祀先賢於西學, 所以敎諸侯之德也."
49　湯用彤, 앞의 논문, 10쪽. 瞽宗은 원래 商代에 樂師를 제사지내던 宗廟였다. 이 때문에 禮樂을 익히는 장소가 되었고, 周代에 五學 가운데 하나가 되었다. (湯用彤, 앞의 논문, 12면 의 주1)
50　『十三經注疏(標點本)·禮記正義』,「樂記」, 1097면, "樂著大始, 而禮居成物."

4. 결(結): '시가무(詩歌舞)—악(樂)'과 구술문화

상대(商代)로부터 주대에 걸쳐 학교로 존재했던 고종(瞽宗)의 명칭에서 구술문화의 단면을 읽을 수 있다. 또한 구전의 전통에서 '기억과 전달'이라는 가장 중요한 역할을 맡았던 맹인(盲人)이 초기 서사(書寫)문명의 궁정교육에서도 여전히 존재했음을 확인할 수 있다.[51] '고(瞽)'라는 글자는 맹인과 악인(樂人)을 함께 뜻한다.[52] 고대에는 맹인을 악관(樂官)으로 삼았기 때문에 고(瞽)가 악관의 대명사가 되었다.[53] 동중서의 견해로부터 성균이란 명칭이 한자 발생 이전의 옛 시대로 거슬러 올라감을 알 수 있는데, 그 때 만약 대학이 있었다면 분명 고와 같은 맹인 교사와 악사가 핵심이었을 것이다.[54] 문자 발명 이후 서사문명이 일찍이 식자(識字)와 독경(讀經)으로 선사시기의 암송가영(暗誦歌詠)의 학(學)을 대체했지만, 여전히 원형의 명칭이 지금껏 사용되고 있다. 압운(押韻)을 붙여 기계적인 내용의 기억을 반사적으로 창(唱)하거나 송(誦)했던 구두(口頭) 훈련의 노력이 바로 반복을 기본적인 특색으로 하는 '습(習)'의 의미이다.[55] 『논어(論語)』의 첫 구절에 나오는 "학이시습지(學而時習之)"에서의 '학'과 '습'은 모두 이러한 구전 교육의 전통과 관련이 있다. 설령 문자가 있던 시절이라 해도 교육적 효과와 인습(因習)의 측면에서 '암송'

---

51 葉舒憲, 「"學而時習之"新釋 —〈論語〉口傳語境的知識考古學發掘」, 『文藝爭鳴』, 2006年 2期, 68쪽 참조.

52 『漢語大詞典』(권7) 1258면, '瞽'條 참조.

53 『十三經注疏(標點本)·尙書正義』, 「胤征」, 北京, 北京大學出版社, 1999, 183면, "瞽奏鼓." 또한 춘추시기 유명한 樂官인 師曠 역시 瞽曠이라고도 불린 맹인 樂師였다.

54 『新唐書·列傳第九十二』, 5112면, "古者, 瞽誦箴諫." 聞一多도 고대의 盲官제도를 다음과 말한 바 있다. "詩는 반드시 암송해야 했는데, 맹인의 기억력이 특히 발달되었기에 그들을 전문적인 暗誦官으로 삼았다. 이들을 矇이라 하고, 瞍라 하며, 瞽라 한다."(聞一多, 『歌與 詩』, 『聞一多全集』제1권, 北京, 三聯書店, 1982, 192쪽)

55 葉舒憲, 앞의 논문, 68쪽 참조.

은 여전히 중요한 교육법이었던 것이다. 따라서 상대의 관학(官學)인 고종 및 주대의 관학인 성균으로부터 춘추시기의 공문사학(孔門私學)에 이르기까지, 상고(上古)의 교학(教學)체제는 서사문학이 아닌 구두전통으로 이루어졌음을 알 수 있다.[56] 예컨대, 공자가 시를 읽을 것을 강조[57]한 것도 암송을 통해 고대를 이해할 것을 주문한 것이라 할 수 있다. 시는 '운(韻)'과 '시언지(詩言志)'의 두 가지 의미를 내포한다. 따라서 시는 '고(古)'의 사(史)를 내용으로 담고, 암기가 쉽게 형식으로 운을 달은 구전문학의 교과서인 것이다.

『주례·춘관종백』에서 육덕(六德)으로 근본을 삼고 육율(六律)로써 음률을 삼아 시를 가르쳤다는 내용이 나오는데[58], 이로부터 "시언지"와 음악(압운)의 상관성을 읽을 수 있다. 육율은 시언지에서의 '언'에, 그리고 육덕은 시언지에서의 '지'에 각각 해당하는 것이다. 시는 음악적 형식(압운)을 통해 표현될 때 가장 효과적인 기억과 전달이 이루어진다. 사실상 '시·가·무'는 모두 '언지(言志)'를 위한 형식이라 할 수 있다.[59] 이러한 내용은 곧 고대 전통에서의 시가무일치(詩歌舞一致)라는 특성을 잘 보여준다. 여기서 '시가무'는 궁극적으로 '악'이라 총칭된다. '시'는 내용이고, '가'는 암송이 용이하게 음운을 붙인 것이며, '무'는 음운이 붙은 내용을 신체로 표현한 것이다. 또한 이 무는 예의 시각적 현시

56　葉舒憲, 앞의 논문, 69쪽 참조.

57　程樹德 撰, 『論語集釋』(四),「陽貨」, 北京, 中華書局, 2006, 1212면, "子曰, 小子何莫學夫詩. 詩可以興, 可以觀, 可以群, 可以怨. 邇之事父, 遠之事君, 多識於鳥獸草木之名"(이하 『論語』의 원문 출전은 같은 책), "嘗獨立, 鯉趨而過庭. 曰, 學詩乎. 對曰, 未也. 不學詩, 無以言. 鯉退而學詩."(『論語集釋』(四),「季氏」, 1168면)

58　『十三經注疏(標點本)·周禮注疏』,「春官宗伯」, 610~611면, "大師, …… 教六詩. 曰風, 曰賦, 曰比, 曰興, 曰雅, 曰頌. 以六德爲之本, 以六律爲之音."

59　『十三經注疏(標點本)·周禮注疏』,「春官宗伯」, 575면, "大司樂, …… 以樂語教國子興道諷誦言語, 以樂舞教國子舞雲門大卷大咸大韶大夏大濩大武."

이기에 사실상 악의 종결자이며, 따라서 유가예악문화에서 극히 중요한 요소라 할 수 있다. 『논어』에서 "시에서 일어나고, 예에 서며, 악에서 완성한다."[60]라고 했는데, 여기서 왜 '악에서의 완성'이 종점인지를 잘 알 수 있다. '시(詩)·예(禮)·악(樂)'의 세 가지는 고대 교육과 연관되는 것이다. 모두 맹인 악사와 관련이 있으며, 이는 결국 성균으로 귀결된다. 따라서 "성어악(成於樂)"이 궁극적으로 성균이란 학교의 최종 목표가 되었던 것이다.

결론적으로 학교 명칭으로서의 성균은 애초 음률(압운)과 연관된 구술문화와 관련이 있다. 시〈악〉와 예를 맹인 스승이 구술로 강습했던 장소였던 것이다. 공자가 당신의 아들에게 시와 예를 익힐 것을 강조했던 것[61]도 사실은 이러한 구술문화의 전통을 여전히 중요하게 여겼기 때문이다. '성균지법'이 악률이론이냐 아니면 학교의 교육법이냐의 갈래도 사실 전해져 내려온 악과 예의 법도가 옛날에는 압운에 의해 시의 형식을 통한 구술로써 전해졌기에 나중에 의미가 혼동되었던 것이다. 그렇다면 설령 '성균지법'을 '성운지법(成韻之法)'이라 해도 "장성균지법(掌成均之法)"과 이어 나오는 "이치건국지학정(以治建國之學政)"의 연결은 의미상 어긋나지 않는다. 왜냐하면 고대의 정치와 악은 "시언지"의 구조로 연결되어 있기 때문이다.

일어났던 일, 즉 역사를 후세에 전하고자 하는 것은 인간의 본능이다. 문자 이전의 대학은 구술이란 전통 방식에 의해 그 역사가 '학(學)·습(習)'되었다. 여기에 도덕적 목표와 정치적 효용성이 가미되면서 구술은 음률〈압운〉에 맞추어 체계적이고 효율적으로 수행되었다. 구술

---

60 『論語集釋』(二), 「泰伯」, 529~530면, "興於詩, 立於禮, 成於樂"
61 『論語集釋』(四), 「季氏」, 1168~1169면, "嘗獨立, 鯉趨而過庭. 曰, 學詩乎. 對曰, 未也. 不學詩, 無以言. 鯉退而學詩. 他日又獨立, 鯉趨而過庭. 曰, 學禮乎. 對曰, 未也. 不學禮, 無以立. 鯉退而學禮."

의 내용을 압운에 의해 효과적으로, 그리고 많은 양을 축약해서 전달하기 위해서는 시의 형식이 적절하였는데, 이것이 서사시의 탄생이다. 따라서 서사시의 본령은 "시언지"의 구조를 가질 수밖에 없었다. 시와 음률이 결합하면서 '시가(詩歌)'라는 말이 성립되었고, 역사적 내용으로서의 시와 '압운/음률'로서의 가(歌)는 그래서 동일체였다. 여기에 기호학적인 표현체계로서의 무(舞)까지 자연스레 더해지면서 '시가무'의 종합체가 형성되었는데, 이것의 총칭이 바로 악(樂)인 것이다. 따라서 악이라 하는 것은 근본적으로 시언지〈혹은 가언지(歌言志), 혹은 무언지(舞言志)〉의 형식으로써, 수직으로는 천인합일(天人合一)과 수평으로는 고금합일(古今合一)을 성립시켜주는 요체이다. 이 때문에 구술문화와 서사문화의 교체기에 존재했던 공자가 악(樂)을 그렇게 중요시했던 것이다.

이러한 견지에서 볼 때, 악은 그저 예에 수반하는 것이 아니라 사실상 악이 예까지 함축하는 것이므로, '예악(禮樂)'에서는 본질적으로 악이 예보다 더 중요하다. 형식미학의 체계에서 형식 자체는 본질의 현현일 뿐만 아니라 본질까지도 변화시킬 수 있는 것이다.[62] 예컨대 이러한 형식미학의 견지에서는, 유학(儒學)을 알고 예를 알기 위해 팔일무(八佾舞)를 하는 것이 아니라, 팔일무를 통해서 유학과 예악문화를 아는 구도가 된다. 이것이 또한 육예(六藝)를 익히는 근본적인 취지이다. 최초의 대학으로서의 성균 및 포괄적인 의미의 대학으로서의 국학이 존재하게 된 유래와 견지했던 교육목표는 바로 이러한 내용과 연관이 있다. 작금의 대학교육에서도 원전이해와 이론탐구뿐 아니라 육예교육이 병행되어야만, 진정한 유가의 "시언지(詩言志)" 전통을 체득하고 유가의

---

[62] "예술은 자연과 인생의 단순한 재현이 아니라 그것들의 變化와 變質을 드러내는 것이다. 이러한 변질은 미적 형식의 역량이 만들어낸다."(E. Cassirer 저, *Symbol, Myth, and Culture*; 于曉 等 譯, 『語言與神話』, 北京, 三聯書店, 1992, 189~194쪽 참조)

진면목을 터득할 수 있다. 유가의 진면목이란 바로 천인합일과 고금합일을 아우르고, 나아가 감수성의 미학을 유념한 전인(全人)교육이다. 이러한 전인교육의 실현은 또한 최초대학으로서의 성균의 가장 원초적이고 근본적인 교육목표이기도 하다.

참고문헌

『康熙字典』, 上海, 上海古籍出版社, 1996.

『高麗史』, 서울, 여강출판사, 1991.

『新唐書』, 北京, 中華書局, 1975.

『太祖實錄』,『朝鮮王朝實錄』, 韓國古典飜譯院, 韓國古典綜合DB.

『漢語大詞典』, 上海, 漢語大詞典出版社, 1991.

馬端臨,『文獻通考』, 北京, 中華書局, 1986.

孫培靑 主編,『中國敎育史』, 上海, 華東師範大學出版社, 2000.

楊炯,『楊炯集』, 北京, 中華書局, 1980.

王聘珍,『大戴禮記解詁』, 北京, 中華書局, 1983.

李永康 등 編著,『北京孔廟國子監史話』, 北京, 北京燕山出版社, 2010.

李學勤 主編,『十三經注疏·毛詩正義』, 北京, 北京大學出版社, 1999.

_____,『十三經注疏·尙書正義』, 北京, 北京大學出版社, 1999.

_____,『十三經注疏·禮記正義』, 北京, 北京大學出版社, 1999.

_____,『十三經注疏·周禮注疏』, 北京, 北京大學出版社, 1999.

임태승,『소나무와 나비』, 서울, 심산, 2004.

程樹德,『論語集釋』, 北京, 中華書局, 2006.

Arnold Hauser 저, *Sozialgeschichte der Kunst und Literatur*, München, C. H. Beck'sche Verlagsbuchhandlung(Oscar Beck), 1953; 白樂晴 역,『文學과 藝術의 社會史 ―古代·中世篇』, 서울, 창작과 비평사, 1995.

E. Cassirer 저, *Symbol, Myth, and Culture*; 于曉 等 譯,『語言與神話』, 北京, 三聯書店, 1992.

寧群賢,「瞽矇文化與隆回民俗」,『民俗學刊』2003年 5輯.

聞一多,「歌與詩」,『聞一多全集』제1권, 北京, 三聯書店, 1982.

葉舒憲,「"學而時習之"新釋 ―〈論語〉口傳語境的知識考古學發掘」,『文藝爭鳴』, 2006年 2期.

劉勇,「"成均之法"辯」,『天津音樂學院學報』, 2000年 4期.

임태승, 「'亞'形의 正面尊重主義: 유가미학의 原型 패러다임 분석」, 성균관대학교 유교문화연구소, 『유교문화연구』18, 2011.

蔡邕, 「明堂論」, 『全上古三代秦漢三國六朝文』, 上海, 上海古籍出版社, 2009.

湯用彤, 「論成周學禮」, 『中國哲學史』2010年 4期.

고연희(高蓮姬, Kho, Youen-hee)

성균관대학교 동아시아학술원 교수. 동양회화사 전공. 한국문학과 회화를 함께 연구해왔으며 동아시아적 시야로 한국회화사를 다시 보는 작업을 진행 중이다. 주요 저서로 『조선시대 산수화』(2009), 『고전과 경영』(2020), 『예술의 주체 −한국 회화사의 에이전시(agency)를 찾다』(2022, 공저), 『동아시아 미술, 젠더Gender로 읽다』(2023, 공저) 등이 있다.

'피리 부는 목동[牧笛]'의 풍경 속에 굴절된 소(牛)의 생태와 그 의미

1. 들어가는 말

듬직한 소 등에 올라앉아 피리[笛]를 불고 가는 목동의 풍경은 한국과 중국의 전근대기 문학과 그림 속에 빈번하게 등장한다. 이 풍경은 목동의 천진함과 소의 우직함이 어울리면서 평화로운 농촌의 모습을 담아내어 주기에, 근현대의 동아시아 회화작품에서도 향수를 일으키는 화면으로 끊임없이 그려지고 있다. 이 글에서 이러한 목동의 풍경을 '피리 부는 목동'이라 칭하고자 한다. 이는 전근대기 문헌에서 '牧笛'으로 가장 널리 표기되었다. 그런데 이러한 '피리 부는 목동'의 도상과 그 풍경의 역사와 의미에 대한 한국 학계의 이해에는 오랜 치우침이 있었다. 한국의 수능시험용 국어교육에서 원천석(元天錫, 1330~?)의 시조로 전해지는 "흥망(興亡)이 유수(有數)ᄒ니 만월대(滿月臺)도 추초(秋草) ᅵ로다. 오백년 왕업(王業)이 목적(牧笛)에 부쳐시니"을 중시하며, 목동의 피리 소리와 가을 풀은 망국(亡國)의 쓸쓸함을 상징하는 시청각 요소로 거듭 해석하고 있으며, 불교문화 연구자들은 회화에 종종 등장하는 '피리 부는 목동'의 도상이 이른바 선불교의 '십우도(十牛圖)'에 근본을 둔다고 주장하고 있기 때문이다.

　이 글은 '피리 부는 목동'의 풍경이 조선시대 유학자들이 즐겨 짓고 차운했던 지역의 팔경시(八景詩)에서[1] 하나의 경[景]으로 자리잡혀 있었으며 따라서 피리 부는 목동을 그린 회화작품들도 이러한 팔경시 유통의 문예 문화와 관련이 깊었음을 밝히고, 나아가 문학과 회화로 재현된 '피리 부는 목동'과 이의 절대조건이었던 듬직하고 건강한 소의 생태사(生態史)적 실상이 거꾸로 반영된 양상에 대하여 논하려고 한다. 이로써 우리는 노래와 그림 속에 깊숙하게 잠겨있었던 생태환경사적 소망과 그 의미에 대하여 헤아릴 수 있게 된다.

　국문학계의 팔경시 연구 및 미술사학계의 소그림[牛圖] 연구가 상당히 진행되었지만, 오랜 역사를 간직하면서 한국 문학사에서 특이한 양상을 보여준 '피리 부는 목동'에 대한 논의는 이루어지지 않았다. 한편 조선시대 소의 무역(貿易) 및 우역(牛疫)을 조사한 연구들은 본 연구의 출발과 진행에 실로 큰 도움이 되었다.[2] 필자는 이미 중국과 한국에

1　'八景詩'라는 用語는 심경호, 「국토산하를 노래한 한국한시의 미학적 전통에 대하여」, 『한국한문학연구』18(1995) 78~80쪽; 안장리, 『한국의 팔경문학』(집문당, 2002) 36~37쪽 참조. 여기서의 '팔경시'는 ○○八景, ○○十(二)景 類의 集景詩를 포괄적으로 칭한다.

2　국문학계의 '팔경시' 연구는 '瀟湘八景' 연구, 한국 팔경시의 설정과 전개에 대한 다각적 연구, 특정 地域의 팔경시 연구가 있다. '피리 부는 목동(牧笛)'의 주제에 관련이 깊은 연구는, 안장리 위책(2002)에서 한국팔경시의 내용을 '山水'와 '人文'으로 나누고 '牧笛'은 역사적 風俗, 人名, 특정 事件의 연관성에 들지 않기에 '山水'로 분류하였다. 최은주, 「朝鮮前期 八景詩의 창작 경향」, 『大東漢文學』15(2001) 299~331쪽; 안세현, 「麗末鮮初 八景詩의 창작양상과 三陟 竹西樓 八詠」, 『강원문화연구』34 (2015), 1~29쪽에서 牧笛이 포함되는 려말선초의 팔경시를 다루었다. 안세현은 牧笛을 별도로 다루지 않았지만, 牧笛을 백성의 삶을 표현한 영역으로 분류하였다. 미술사학계는 김예진, 「朝鮮中期 牛圖 연구」(한국정신문화연구원 석사논문, 2003)와 김영헌, 「조선후기 소 그림 연구」(고려대학교 석사논문, 2017)가 있다. 이들 연구는 소그림의 풍성한 사례를 역사적으로 정리하여 본 연구에 도움이 된다. 조선시대 소의 생태상황을 조사한 연구로는, 김동진·유한상, 「병자호란 전후(1636~1638) 소의 역병(牛疫) 발생과 확산의 국제성」, 『의사학』22-1(통권 43호), 2013, 41~88쪽; 김동진, 「병자호란 전후 우역 발생과 농우 재분배 정책」, 『역사와 담론』65, 2013; 김창호, 「조선후

서 '피리 부는 목동[牧笛]'이 주제가 된 '경(景)'의 전개 양상을 논한 바 있기에,[3] 여기서는 그 내용을 간추리면서 '피리 부는 목동'의 문학적·회화적 도상에 반사(反射)되어 잠겨있었던 환경생태사의 의미를 밝혀 보는 데 중점을 두고자 한다.

2. 소의 가축화(家畜化)와 '피리 부는 목동' 경(景)의 형성

인류문명사에서 농경사회의 가축화(家畜化)는 『총,균,쇠』에서 주목된 바와 같이 문명진화의 결정적 요소이고 특히 소는 농경에 큰 도움이 된 동물이었다.[4] 게다가 소는 성품이 유순하고 인간에게 충직하여 농경민에게 친밀감과 존중감을 느끼게 하였기에 소에 관련된 서사, 은유, 알레고리, 상징화와 종교화가 다양하게 이루어졌다.[5] 그 가운데 목동이 소를 먹이고 피리를 불며 가는 시각적 청각적 풍경, '피리 부는 목동'이 시가와 그림에서 공통적 주제로 정착된 때는 적어도 중국의 당나라로 거슬러 올라갈 수 있다. 당나라 여암(呂巖, 796~?)의 「목동(牧童)」은 "풀이 펼쳐진 들 오륙리에 울리는, 피리 소리 저녁 바람 따라 서너 차례 퍼

기 한시에 나타난 '소[牛]'의 형상과 그 의미」, 『漢文敎育硏究』 51, 2018.12, 249~286면; 황만기, 「우역(牛疫)에 대한 지식인의 인식과 고뇌양상」, 『漢文學論集』 45, 근역한문학회, 2016. 참조.

3   고연희, 「한국 팔경시와 회화에 나타나는 '牧笛' 景 고찰」 『한국시가연구』 58, 179~217쪽.

4   제레드 다이아몬드 저, 김진준 역, 『총,균,쇠』, (문학사상사, 1997); 徐吉軍·方建新·方健·呂鳳棠 『中國風俗通史 宋代卷』 (上海文艺出版社, 2001); 배영동, 『농경생활의 문화읽기』 (민속원, 2002) 참조.

5   김창호, 「한국 한시에 나타난 '소[牛]'의 형상」, 『동방한문학』 62 (동방한문학회, 2015); 「고려~조선 전기 한시에 나타난 '소[牛]' 形象의 변화와 그 의미」, 『대동한문학』 48(2016) 23~56쪽; 김영민, 「소의 상징성 고찰」, 『문학연구』 4, (한국문화학회, 2000); 조태성, 「한국 선시에 나타난 소[牛]의 상징성」, 『배달말』 40, 2007 참조.

지네. 배부르게 먹이고 돌아오노라니 황혼이 지나고 (목동은) 도롱이를 벗지 않고 밝은 달 아래 누었구나"라 하여,[6] 소의 포만감과 목동의 안도 감을 느끼게 해주고, 최도융(崔道融, 880~907)의 「목수(牧竪)」는 "목동이 도롱이 사립을 가지고, 사람을 만나면 기세가 늠름하네. 소등에서 짧은 피리 부는데, 밭갈 때는 개울가 밭에 있었지."[7]라 읊어 목동의 기상을 강조하였다. 현전하는 원나라 그림에 최도융의 시가 적혀 있기도 하고,[8] 뒤에서 다루겠지만 명나라 화보(畫譜)에 최도융의 시가 '피리 부는 목동'의 도상과 함께 제시된다. 당나라에서 형성된 '피리 부는 목동'의 표상은 후대에 기본적 정서와 형상의 틀로 활용되었다고 할 수 있다. 당나라의 위무첨(韋無忝)이 그린 〈목적귀우도(牧笛歸牛圖)〉가 『선화화보(宣和畫譜)』에 기록되어 있는 것으로 보아[9] '피리 부는 목동'을 주제로 한 당나라 회화작품이 북송대 황실로 전해지고 있었음을 알 수 있다.

송나라의 시문과 회화에서는 소를 치는 목동의 주제가 현저하게 증가하였다. 그 배경은 도시의 발달, 관료생활 변화, 신유학(新儒學)의 도덕성이 추구하는 은둔관(隱遁觀) 및 선종(禪宗)의 수양법 등으로 해석되고 있다.[10] 그 내용을 보면, 황정견(黃庭堅, 1045~1105)의 「목동(牧童)」은 명리를 초월한 경지로 환로(宦路)의 어려움을 반영하였고,[11] 나대경

---

6 呂巖, 「牧童」, "草鋪橫野六七里, 笛弄晚風三四聲. 歸來飽飯黃昏後, 不脫蓑衣臥月明." 『全唐詩』卷858.

7 崔道融, 「牧竪」, "牧竪持養笠, 逢人氣傲然. 臥牛吹短篴, 耕却傍溪田." 『全唐詩』卷714.

8 화가(元代) 미정, 〈牧牛圖〉(지본수묵, 99.2×37.7cm, Metropolitan Museum of Art 소장) https://www.metmuseum.org/art/collection/search/53210

9 『宣和畫譜』卷14, 畜獸2, 唐 韋無忝 조.

10 徐吉军·方建新·方健·呂凤棠, 앞책(2001); Scarlett Ju-Yu Jang, "Ox-Herbing painting in the Sung Danasty," *Artibus Asiae* Vol.52 (1992) pp.54~93; 余永红, 「宋代"牧牛风俗画" 中的理学美」, 『艺术研究』, (2010.03), 58~59쪽 참조.

11 黃庭堅, 「牧童」, "소를 타고 멀리서 앞마을 지나니, 피리 소리 바람에 비껴 언덕 너머 들리 네. 장안에 명리를 좇는 많은 사람들이 기관을 다 쓰는 것이 그대만 못하리. (騎牛遠遠過前村 吹笛風斜隔岸聞 多少長安名利客 機關用盡不如君)"

(羅大經, 1196~1252)의 「산거(山居)」는 "소 등에서 피리 불어 소리 내며 짝지어 돌아오는데, 달이 앞개울에 비춰고 있구나(牛背篆聲兩兩來歸, 而月印前溪矣)"와 뇌진(雷震,1265년 진사)의 「촌만(村晩)」은 "목동이 돌아가며 소등에 엎드려, 구멍도 없는 조그만 피리로 제멋대로 불어대네(牧童歸去橫牛背, 短笛無腔信口吹)"등으로[12] 관료들이 구한 목가적 즐거움의 이상을 보여준다. 육유(陸游, 1125~1210)가 도시의 번다함과 목동을 대조시킨 「추사절수(秋思絶句)」에서도 유사한 내용을 확인할 수 있다.[13] 한편 불승 정각(正覺,1091~1157), 문례(文禮), 조진(祖珍), 여정(如淨) 등이 남긴 시 속의 피리 부는 목동은[14] 이 도상을 종교적 수행의 표상으로 확대시키는 데 기여하는 역할을 한 것으로 해석된다. 아울러, 범성대(范成大,1126~1193)가 소주 창문(閶門) 밖 장사왕묘(長沙王墓, 孫策의 묘)에서 읊은 영웅의 묘지 너머로 울리는 목동의 피리 소리에서는[15] 한반도에서 고려에의 상념을 노래한 경우와 연관성을 찾아볼 수 있겠다.

주목되는 바는 매요신(梅堯臣, 1002~1060)의 「손단(孫端) 노인 시승에 화운한 농기구 15수」 중[16] 제15수 '목동의 피리[牧笛]'가 이를 정치적 태평의 상징으로 규정한 점이다.

---

12 뒤에서 다루겠지만, 羅大經의 「山居」는 조선후기 '山靜日長圖'로 거듭 그려졌고, 雷震의 「村晩」 3~4句는 『唐六如畫譜』에 실리고 그림의 화제로 널리 사용되었다.

13 陸游, 「秋思絶句」, "안개 긴 풀 망망한 초택의 가을, 목동이 피리 불며 소에게 돌아가자 소리치네. 도성의 큰 거리는 풍진이 적지 않지만 한 점도 이 곳으로 올 수 없겠지.(煙草茫茫楚澤秋, 牧童吹笛喚歸牛. 九衢不是風塵少, 一點能來此地不.)"

14 正覺, 「禪人并化主寫眞求賛」, "落日烟村牧笛", 「偈頌一百零四首」 "牧笛聲聲送暮霞, 故家深入千峰杳"; 紹曇, 「偈頌一百一十七首」, "聲聲牧笛响烟村"; 文禮, 「頌古五十三首」 "牧童橫笛遠山斜", 祖珍 "牧童岭上一聲笛," 如淨, 「偈三十五首」, "牧童疎笛入雲來."

15 范成大, 「長沙王墓在閶門外」, "영웅이 눈을 돌려 동으로 흐르는 물을 보네, 백번 전투 공부가 흙 한 줌이로다. 망망한 메밀 보리에 꽃이 눈과 같은데, 목동이 피리 불며 높은 언덕으로 올라가네.(英雄轉眼逐東流, 百戰工夫土一抔. 蕎麥茫茫花似雪, 牧童吹笛上高丘.)" 『范石湖集』(上海古籍出版社, 2006.4), 131면

16 余永红, 위글 참조.

"목동이 소 치는 것을 즐기고 소 등에 올라타 피리를 부는구나.

그 소리가 오 땅의 구름 밑을 뚫고 그 노래 가락이 초나라의 매실로 들어.

누가 신음소리 급하게 탄식하는가, 절로 그윽한 뜻이 고요하구나.

응당 요(堯)나라 백성이 격양가(擊壤歌)를 부르는 것 같구나"[17]

'격양가'의 내용은 "해 뜨면 나가고 해지면 쉰다네. 우물 파서 물마시고 밭을 갈아 먹으니, 황제의 힘이 나에게 어디 있는가(日出而作, 日入而息, 鑿井而飲, 耕田而食, 帝力於我何有哉)"로, 선정(善政)이 이루어지는 태평시절을 의미한다. 매요신은 이를 목동의 피리 소리에 등가시킴으로써 피리 부는 목동의 표상을 왕도가 실천되는 정치적 이상으로 명시하였다.

송나라에서 성행한 목우도(牧牛圖)를 살피면, 전석(田錫, 940~1003)이 「목우도」에, 원호문(元好問, 1190~1257)이 「바람 부는 버드나무와 피리 부는 목동 [風柳牧笛]」에 부친 제화시에서 그 의미를 볼 수 있다. 이들 모두가 피리 부는 목동의 이미지가 승평시절을 꿈꾸는 주제였음을 보여준다.

어느 날이 그림 속 승평(承平)시절일까,	何日承平如畫裏,
짧은 도롱이에 긴 피리 소리 개울 가득한 가을이구나.	短蓑長笛一川秋.[18]
목동의 피리 소리가 없지만 화의(畫意)로 공묘하고,	牧笛無聲畫意工,
수촌(水村) 풍경 속 푸른 버드나무에 바람이 분다.	水村烟景綠楊風.
시를 부치노라니 저헌옹(화가)이 기억나고,	題詩憶得樗軒老,
승평(昇平)이 꿈 속에 있음을 다시 깨닫게 되는구나.	更覺升平是夢中.[19]

17 梅堯臣, 『梅堯臣集』 卷50, 「和孫端叟寺丞農具十五首」 其十五 '牧笛', "牧人樂下牧, 背騎吹短笛. 聲穿吳雲低, 韻入楚梅的. 誰嗟苦調急, 自與幽意寂. 應同堯時民, 歌將土壤擊."

18 『御定歷代題畫詩類』 卷70, 田錫, 「牧牛圖」.

19 元好問, 『遺山集』 卷14, 「祖唐臣所藏樗軒畫冊 二首」 '風柳牧牛'

또한 화악(華岳, 13세기초 활동)의 「전가십절(田家十絶)」 중 제1수에서는 화가에게 '피리 부는 목동'을 그려달라는 다음의 요청을 하였다. 이 구절은 '목동이 피리를 가로 불며 돌아감(牧童橫笛歸)'으로 소통되는 화면이 전가십경 중 하나의 풍경으로 정해져서 그려지고 있었던 상황을 전달해준다.

열폭 비단 먹그림, 모두 좋은 경치가 병풍에 들었구나.
모름지기 화가의 붓을 더하여 '목동이 피리를 가로 불며 돌아감'을 청하노라.[20]

원명대의 문학에서는 '피리 부는 목동'이 'ㅇ景', 'ㅇ詠'과 같은 '팔경시'류에서 하나의 풍경으로 설정되는 전개양상이 나타난다.[21] 황원실(黃元實, 宋末元初 활동)의 「춘강십영(春江十詠)」에 수록된 6개의 소제목('午窓山色', '晚橈鳴月', '晚渡撑烟', '沙晴睡鴨', '夾堤楊柳', '斜陽牧笛') 중,[22] '저녁해에 피리 부는 목동[斜陽牧笛]'을 제외한 다섯 개의 풍경은 모두 자연경인데 '피리 부는 목동'만이 유일하게 인사(人事)를 반영한다. 장기엄(張起巖, 1285~1353)이 읊은 「유현팔경(濰縣八景)」에는 '고봉석조(孤峰夕照)'란 소제목 속에 "목동은 피리를 비껴 불며 집으로 돌아가네(牧童橫笛歸家去)"라는 구절이 한가로운 저녁 풍경을 제공하고 있다.[23] 또 다른 예로

---

20 華岳, 『翠微南征錄』卷10, 「田家十絶」, "十幅生綃一墨池, 盡收好景入屏幃. 會須少綴丹青筆, 更倩牧童橫笛歸."

21 中國詩史에서의 八景詩類의 전개상에 관하여, 필자는 편의상 四庫全書를 검색하여 그 대략의 양상을 살핀 바, 元代에 牧笛의 景을 포함하는 集景詩의 양상이 등장하여 明代에 성행하는 것을 확인할 수 있었다. 여기서 그 예들을 모두 다루지 못하고 간단히 줄여서 보이고자 한다.

22 黃元實, 「春江十詠」 錄六. 『元詩選』 3集, 卷9.

23 張起巖, 「濰縣八景」(四首) 中 第2首, 『御選元詩』卷77.

진일(陳鎰, 1389~1456)의 '호산십경(湖山十景)' 제9경이 '서산의 피리 부는 목동[西山牧笛]'으로 설정되어 있다.[24] 요컨대 원대에 팔경시가 제작되면서 '피리 부는 목동'의 모습이 해당 장소를 보여주는 하나의 요소로 설정되고 있었다.

명나라의 팔경시에서도 '피리 부는 목동'의 설정이 지속되었다. 진헌장(陳獻章, 1428~1500)이 읊은 동강팔경(界江八景)은 중 제8경이 '대교의 피리 부는 목동[大橋牧笛]'이며,[25] 장녕(張寧,1592년 진사)의 당안팔경(唐安八景)에 '앞 마을의 피리 부는 목동[前村牧笛]'을, 임계육경(林溪六景)에도 동일제목인 '앞 마을의 피리 부는 목동[前村牧笛]'을 포함시켰다.[26] 또한 이동양(李東陽, 1447~1516)이 쓴 「당호십경영(當湖十景詠)」 중 제8경에 '북원의 피리 부는 목동[北原牧笛]'이 있다. 이동양의 이 시는 후대의 심무가(沈懋嘉, 17세기), 풍민교(馮敏効, 明代) 등에 의해 다시 차운되었다. 명대 팔경시 속 '피리 부는 목동'에서는 승평의 의미가 더욱 강조되는 경향이 보인다. 임계육경의 '전촌목적'을 예로 보면, '아침 오고 저녁이 가는 것이 해마다 같고 (목동이 피리) 불어 번영함을 퍼뜨린다(吹散榮華)'고 하였다.[27]

원명대에 정착된 태평 경관으로서의 '피리 부는 목동'의 상징은 회화작품으로도 구현되었다. '피리 부는 목동'의 그림을 읊은 명대 문인의 제화시가 적지 않은데, 그 가운데 〈백우도(百牛圖)〉에 부친 서적(舒頔, 1304~1377)의 시는 소의 덕으로 누리는 경제적 안정을 노래하였다.

"때때로 등 위에 거꾸로 타고, 가랑비 내리는 석양에 작은 피리를 비껴 분다. …… 지금의 농부들이 호미와 쟁기로 농사짓고 곳곳에서 떡을 만

---

24   陳鎰, 『午溪集』 卷10, 「題湖山十景」.

25   陳獻章, 『陳白沙集』 卷5, 「界江八景」.

26   張寧, 『方洲集』 卷6, 「唐安八景為尹朴之賦」; 『方洲集』 卷10, 「林溪六景」

27   張寧, 위 글 "草綠平原春雨歇, 花殘曲徑夕陽明, 朝來暮去年年似, <u>吹散榮華是此聲.</u>"

드는 것은 모두 너의 힘이구나. 한 말의 쌀이 삼전이라 대문을 잠그지 않고 모든 곳의 백성들에게 굶주린 기색이 없구나."²⁸

이동양도 〈목우도〉를 보고 "비가 평편한 밭에 족히 내려 물이 홍건히 흘러가는데, 다만 소 등위는 배와 같이 평온하구나. 돌아오며 앞선 마을의 꿈을 기억하노라니, 달이 온 산에 가득한데 한 줄기 피리 소리 울리는 가을이로다."라 하여 목동이 돌아오는 길에 농사가 잘 되고 있고 목동이 탄 소등 위는 배에 탄 듯 평온하다고 하여 태평함을 만끽하도록 해주었다.²⁹

전해지는 명대의 회화작품 중에서 '피리 부는 목동'의 도상에 부여된 승평의 의미를 잘 보여주는 예를 들자면, 구영(仇英, 1494~1552)작 〈청명상하도(淸明上河圖)〉의 도입부가 될 것이다.³⁰ 도시의 상업적 번화함으로 태평성세의 이미지를 담아내는 청명상하도 제작의 전통 속에서, 이 도입부의 한적한 들판에 또렷하게 배치된 '피리 부는 목동'은 도시의 번화함이 태평성세를 배경으로 이루어진다는 주제를 선명하게 일러주는 역할을 한다(〈표-3〉). 또한 명청대 화보를 살피면, 명대 『당시화보(唐詩畫譜)』에 당나라 최도융의 「목수(牧豎)」와 함께 소등에 엎드려 피리를 부는 목동이 화면 중앙에 배치되어 있고(〈표-2〉), 『당해원방고금화보(唐解元仿古今畫譜, 혹은 唐六如畫譜)』에도 피리 부는 목동이 등장하며 남송 뇌진(雷震)의 「촌만(村晚)」 중 3~4구가 적혀있다.³¹ 청대 초기에 출간된 『개

---

28 舒頔,『貞素齋集』卷5,「百牛圖歌」, "有時背上顚倒騎, 細雨斜陽橫短笛. (……) 只今農父 把鋤犁, 處處開餠皆爾力. 斗米三錢戶不扃, 四海眷生無菜色." 김예진 위글과 김영헌 위 글 참조.

29 李東陽,『懷麓堂集』卷20,「牧牛圖」, "…… 雨足平田水亂流, 秪應牛背穩如舟. 歸來記得 前村夢, 月滿千山一笛秋."

30 구영 작 〈청명상하도〉(요녕성박물관) 도입부의 '牧笛'은 기존 연구에서 주목된 바 없다.

31 이 화보의 색은 후대의 덧칠이다 (사진 출처는 규장각한국학연구소 가람古 759. 952. D2.12h.Vol.3)

자원화전(芥子園畫傳)』의 '점철인물(點綴人物)' 중에 목우도 중 '피리 부는 목동'이 비교적 크게 배치되었고 '花間吹笛牧童過'(꽃 사이로 피리 불며 목동이 지나가네)의 시구로 평온한 봄날의 정서를 곁들이고 있다(〈표 3〉).

3. 조선시대 팔경(八景)의 하나로 전개된 '피리 부는 목동'

한국에서는 고려시대로부터 팔경시에 '피리 부는 목동'이 등장하기 시작하였다. 중국의 13세기 팔경시에 '피리 부는 목동'이 드는 구성 방식을 고려의 문인들이 수용하고 있었던 것으로 보인다. 안축(安軸, 1282~1348)의 「삼척죽서팔영(三陟西樓八詠)」은 산수의 풍경과 백성의 인사를 조합하여 팔경으로 구성하였는데, '소 등에서 피리 부는 목동[牛背牧童]'을 하나의 경(景)으로 포함시켰다 (이로부터, 〈표 1〉을 기반으로 표의 일련번호로 출처를 보이는 방식으로 서술하겠다.)[32] 안축의 '소 등에서 피리 부는 목동'(표 1-1)은 정강이를 가리지 못하는 목동의 모습을 애처롭게 읊음으로써[33] 백성의 고락을 품고자 했던 그의 특성을 보여주었다.[34] 이를 반영하여 차운시를 쓴 이곡(李穀)도 '소 등에서 피리 부는 목동'의 제목 아래(표 1-2) 촌마을의 구조상 위험한 다리를 건너야 했던 목동의 생활

---

32 '牧笛(목동의 피리)'외에도 '橫笛(피리를 비껴들다)', '吹笛(피리를 불다)' 등이 이 글에서 다루는 牧笛景을 보여주는데, 이 표는 팔경시의 주제어로 주로 사용된 牧笛(혹은 牧篴) 및 牧童 등이 선명한 경우를 정리하였다. 〈표1〉의 도표화는 고전번역원이 제공하는 DB자료에 의거한다.

33 安軸, "소 등에 탄 몸에는 정강이 가릴 옷이 없네(牛背身無掩脛衣)"

34 안세현, 위글, 안축의 팔경시에 백성의 삶이 표현된 특성과 고려말기 사대부의 팔경시에 담긴 백성의 어려움을 밝히고 조선초기 팔경시에서 국가의 태평상으로 주제가 바뀐 차이를 논하였다.

을 포착하였다.[35]

<표 1> '피리 부는 목동'의 풍경을 포함하는 팔경시(고려~조선)

	작자 (생몰년)	시 제목·牧牛景의 소제목·시구(필요시)	출전
1	安 軸 1287~1348	「三陟西樓八詠」'牛背牧童'	『謹齋集』卷1
2	李 穀 1298~1351	「次三陟西樓八詠詩韻」'牛背牧童'	『稼亭集』卷20
3	李達衷 1309~1385	「三陟八景」'牛背牧童'	『霽亭集』卷
4	徐居正 1420~1488	「三陟竹西樓八詠,稼亭韻」'牛背牧童'	『四佳集』卷2
5	成 俔 1439~1504	「三陟竹西樓八詠」'牛背牧童'	『虛白堂集』卷9
6	李宜茂 1449~1507	「河山八詠」'西郊牧笛'	『蓮軒雜稿』卷2
7	魚得江 1470~1550	「泛槎亭」'豆川牧笛'	『灌圃詩集』
8	金安國 1478~1543	「書梨湖十六景後」'豆川牧笛'	『慕齋集』卷12
9	申光漢 1484~1555	「竹西樓八詠韻」'牛背牧童'	『企齋別集』卷2
10	〃	「梨湖十六詠」'豆川牧笛'	『企齋別集』卷5
11	〃	「盧處士樴 慶莊十詠」'原頭牧笛'	〃
12	〃	「詠歸堂十詠」'春洞牧籦'	『企齋別集』卷7
13	宋 純 1493~1583	「奉和息影亭林石川二十詠」'平郊牧笛'	『俛仰集』卷3
14	林億齡 1496~1568	「息影亭」12首, '平郊牧笛'	『石川集』卷4
15	李 滉 1501~1570	「次韻集勝亭十絶」'蘆浦牧笛'	『退溪文集續內集』卷5
16	崔 演 1503~1549	「題集勝亭十詠」'蘆浦牧笛'	『艮齋集』卷2
17	〃	「次安謹齋軸三陟八詠韻」'牛背牧童'	『艮齋集』卷4
18	朴承任 1517~1586	「集勝亭十詠」'蘆浦牧笛'	『嘯皐集』續集券1

---

35 李穀, "십 리의 인가가 하나의 여울을 끼고 있으니 횡목으로 왕래하느라 광란의 물결을 건너야지.(十里人家挾一 , 往來橫木渡狂瀾)."

	작자 (생몰년)	시 제목·牧牛景의 소제목·시구(필요시)	출전
19	黃俊良 1517~1563	「集勝亭十詠」**'蘆浦牧笛'**	『錦溪集』外集卷2
20	權 擘 1520~1593	「玄石江亭十詠, 爲鄭希聖題」**'巴陵牧笛'**	『習齋集』卷3
21	丁 熠 1524~1609	「東浦十六景」**'渡頭牧笛'**	『晩軒集』卷1
22	鄭 琢 1526~1605	「次東浦十六景題韻」**'渡頭牧笛'**	『藥圃集』卷1
23	具鳳齡 1526~1586	「次集勝亭十詠」**'蘆浦牧笛'**	『栢潭集續集』卷2
24	具思孟 1531~1604	「次東浦十六景韻金參判玏」**'渡口牧笛'**	『八谷集』卷2
25	權好文 1532~1587	「金生員竹淵精舍八景」**'牧童騎牛'**	『松巖集』續集券5
26		「朴習讀孝昌山亭十景」**'長林牧笛'**	『松巖集』續集卷4
27	高敬命 1533~1592	「息影亭二十詠」**'平郊牧笛'**	『霽峯集』卷3
28	鄭 澈 1536~1593	「息影亭雜詠十首」**'平郊牧笛'**	『松江原集』卷1
29	〃	「滌襟軒雜詠三首」**'平郊牧篴'**	〃
30	李濟臣 1536~1583	「滌襟軒八詠」**'平郊牧篴'**	『淸江集』卷1
31	白光勳 1537 1582	「望浦亭八景卽盧相公稙江舍」**'香村牧笛'**	『玉峯集』上
32	吳 澐 1540~1617	「摘鮮于樞所寫前後赤壁賦字, 模作夏寒亭十絶」'夏寒亭十絶' **'前郊牧笛'**	『竹牖文集』卷1
33	金 玏 1540~1616	「東浦十六景」**'渡頭牧笛'**	『乖隱遺稿』卷1
34	鄭 逑 1543~1620	「次三陟東軒八詠韻」**'牛背牧童'**	『乖隱遺稿』卷1
35	黃 暹 1544~1616	「栢巖(金玏)東浦別墅十景次韻」**'渡頭牧笛'**	『息庵集』卷1
36	裵應褧 1544~1602	「東浦十六景」**'渡頭牧笛'**	『安村集』卷1
37	成汝信 1546~1632	「養直堂八詠」**'東郊牧笛'**	『浮査集』卷1
38	張經世 1547~1615	「月波亭十景」**'平郊牧篴'**	『沙村集』卷1
39	呂大老 1552~1619	「次金兵使(太虛)博淵亭十四景韻」**'玉野牧篴'**	『鑑湖集』卷1
40	河受一 1553~1612	「東浦十六景」**'渡頭牧笛'**	『松亭集』卷2
41	金大賢 1553~1602	「東浦十六景」**'渡頭牧笛'**	『悠然堂集』卷1

	작자 (생몰년)	시 제목·牧牛景의 소제목·시구(필요시)	출전
42	高尚顔 1553~1623	「南石亭八景」‘**江浦牧笛**’	『泰村集』卷1
43	宋英耈 1556~1620	「東浦十六景」‘**渡頭牧笛**’	『瓢翁遺稿』卷2
44	李恒福 1556~1618	「漾碧亭八詠」‘**前郊牧笛**’	『白沙集』卷1
45	金 涌 1557~1620	「松石精舍八景」‘**斷橋牧笛**’	『雲川集』卷1
46	〃	「白雲亭,敬次叔父鶴峯先生 十二詠」‘**牧笛**’	『雲川集』卷2
47	孫起陽 1559~1617	「道淵亭十詠」‘**長堤牧笛**’	『螯漢集』卷2
48	柳夢寅 1559~1623	「金亨卿(泰國)保寧草堂八景」‘**鵲橋牧笛**’	『於于集後集』卷1
49	高仁繼 1564~1647	「江邨八景」‘**坪堤牧篴**’	『月峯集』卷1
50	金命胤 1565~1609	「東山亭八景」‘**平郊牧笛**’	『東山公實記』卷1
51	姜 沆 1567~1618	「水月亭三十詠,亭主鄭漢官至牧使」‘**長郊牧笛**’	『睡隱集』卷1
52	李慶全 1567~1644	「知足軒八詠」‘**棠郊牧笛**’	『石樓遺稿』卷2
53	權 韠 1569~1612	「湖亭八景」‘**東郊牧笛**’	『石洲集』卷7
54	〃	「安樂堂八詠」‘**煙郊牧笛**’	〃
55	李民宬 1570~1629	「村居四景」‘**南堤牧笛**’	『敬亭集』卷9
56	鄭允穆 1571 1629	「墨溪八詠,次曺汝益」‘**洛浦牧笛**’	『淸風子集』卷1
57	金奉祖 1572~1630	「鄭慶輔(榮邦) 江舍八景」‘**長郊牧篴**’	『鶴湖集』卷1
58	申 活 1576~1643	「次白悝軒見龍 攬勝亭十景韻」‘**平郊牧笛**’	『竹老集』
59	高用厚 1577~1648	「櫟庵八詠」‘**巨坪牧篴**’	『晴沙集』卷1
60	鄭榮邦 1577~1650	「次李器成(元圭)屛間10絶」‘**牛背牧篴**’	『石門集』卷2
61	〃	「芝圃八景」‘**長郊牧篴**’ 商謳不必在齊門。穎水有淸源。	『石門集』卷3
62	李 植 1584~1647	「望浦亭八景」‘**香郊牧笛**’	『澤堂續集』卷1
63	柳 楫 1585~1651	「題人家八景」‘**牛川牧笛**’	『白石遺稿』卷1
64	張 維 1587~1638	「晩休堂十六詠,爲林東野賦」‘**江口牧笛**’	『谿谷集』卷33

	작자 (생몰년)	시 제목· 牧牛景의 소제목· 시구(필요시)	출전
65	金應祖 1587~1667	「金次野(雲章)野軒八詠」'鄆郊牧笛'	『鶴沙集』卷2
66	李弘有 1588~1671	「鳳凰臺八景」'馬坪牧笛'	『遯軒集』卷3
67	李敏求 1589~1670	「樊川草堂八詠」'九萬牧笛'	『東州集』卷17
68	曹文秀 1590~1647	「暎波亭八景」'金坪牧笛'	『雪汀詩集』卷6
69	朴 潣 1592~1645	「兩忘窩八詠」'丫郊牧笛'	『汾西集』卷8
70	金 烋 1597~1638	「次松石亭八景韻」'斷岸牧笛'	『敬窩集』卷3
71	〃	「心遠堂八景爲朴明述丈作」'荒浦牧笛'	〃
72	李昭漢 1598~1645	「……奉次白沙相公八詠韻」'前郊牧笛'	『玄洲集』卷4
73	李海昌 1599~1655	「姜公望(汝載)賞心堂八詠」'砂村牧笛'	『松坡集』卷2
74	柳 稷 1602~1662	「次鄭石門芝圃八景韻」'長郊牧篴'	『百拙庵集』卷1
75	金弘郁 1602~1654	「次朴慶州睡隱(弘美)丹丘八景韻」'城郊牧笛'	『鶴洲集』卷5
76	姜柏年 1603~1681	「追和李通川(大純)十景韻」'孤村牧笛'	『雪峯遺稿』卷16
77	金得臣 1604~1684	「南仲遵草堂八詠」'沙村牧笛'	『柏谷先祖詩集』冊1
78	黃 㬎 1605~1654	「自在窩序」'前郊牧笛'	『塘村集』卷4
79	鄭必達 1611~1693	「龍湖十二詠」'馬灘牧笛'	『八松集』卷1
80	朴長遠 1612~1671	「姜巖壽海亭十詠」'磻川牧笛'	『久堂集』卷2
81	具 棻 1614~1683	「養閒堂八景」'烟朝牧笛'	『明谷集』卷1
82	南夢賚 1620~1681	「伊溪八詠」'沙村牧笛'	『伊溪集』卷1
83	李惟樟 1625~1701	「新安八景次韻」'長堤牧篴'	『孤山集』卷1
84	姜錫圭 1628~1695	「鄭奉事孟謙盆醉墨堂十八詠」'前郊牧笛'	『鼇齗齋集』卷4
85	南龍翼 1628~1692	「水雲亭八詠」'平郊牧篴'	『壺谷集』卷8
86	姜錫圭 1628~1695	「李生厚遠梅月堂八景韻」'金郊牧笛'	『鼇齗齋集』卷4
87	金萬基 1633~1687	「遠明歸近堂八詠」'天明牧笛'	『瑞石集』卷4

	작자 (생몰년)	시 제목· 牧牛景의 소제목· 시구(필요시)	출전
88	李瑞雨 1633~1709	「申上舍齋居八景」'沙郊牧篴'	『松坡集』卷10
89	〃	「鄭堤川驪江別業八景」'桐洲牧篴'	『松坡集』卷9
90	〃	「寄題申道源新安謫居, 晩晦堂八景」'牛郊牧篴'	『松坡集』卷8
91	趙顯期 1634~1685	「霽月堂十詠」'長堤牧笛'	『一峯集』卷1
92	任弘亮 1634~1706	「次野逸堂八咏韻」'鶴峯牧笛'	『敝帚遺稿』卷1
93	柳尙運 1636~1707	「栗里八景」'平郊晩雨'	『約齋集』冊3
94	柳世鳴 1636~1690	「野軒八詠次主翁(金雲章韻)」'鷗皐牧笛'	『寓軒集』卷1
95	金兌一 1637~1702	「次金谷八詠韻。寄朴正言 希閔」'東郊牧笛'	『蘆洲集』卷2
96	〃	「剡溪十二詠」'咸浦牧笛'	〃
97	任埅 1640~1724	「如愚溪八景,爲李景略賦」'牛背牧篴'	『水村集』卷2
98	〃	「浣花堂八詠(選五)」'蘇洞牧篴'	『水村集』卷5
99	權斗寅 1643~1719	「次李以時蝸舍八詠」'馬坪牧笛'	『荷塘集』卷1
100	李健命 1663~1722	「寄題兪君(栩)草堂八詠」'牛坪牧笛'	『寒圃齋集』卷1
101	趙裕壽 1663~1741	「邊君致道驪江泛湖亭六景」'桐島牧笛'	『后溪集』卷2
102	李萬敷 1664~1732	「魯東書堂八景」'柳浦牧笛'	『息山集』卷1
103	〃	「曠如亭八詠」'平堤牧笛'	『息山集』卷2
104	洪重聖 1668~1735	「茅山八景,爲宋仲文作」'前山牧笛'	『芸窩集』卷3
105	蔡彭胤 1669 1731	「晩晦堂八景,爲申承旨作」'牛郊牧篴'	『希菴集』卷5
106	〃	「是閑亭八景,爲伯起賦」'烟郊牧笛'	『希菴集』卷11
107	〃	「珠村八景,爲舍季仲賁作」'牛坡牧篴'	『希菴集』卷13
108	〃	「思樂堂八景」'牛郊牧篴'	『希菴集』卷19
109	〃	「得閑亭十詠。爲邦瑞作」'羊島牧笛'	『希菴集』卷20
110	權榘 1672~1749	「敬次季父長隱八景韻」'東郊牧篴'	『屛谷集』卷1

	작자 (생몰년)	시 제목·牧牛景의 소제목·시구(필요시)	출전
111	〃	「又次八景韻」'長堤牧篴'	『屛谷集』卷2
112	金命錫 1675~1762	「漁郞八景」'莎堤牧篴'	『雨溪集』卷1
113	〃	「次石皐八詠」'長皐牧篴'	〃
114	李秉成 1675~1735	「吾家八景」'棠林牧笛'	『順菴集』卷1
115	權相一 1679~1759	「石村八景」'江浦牧笛'	『淸臺集』卷1
116	柳升鉉 1680~1746	「瓢溪八景」'西岑牧笛'	『慵窩集』卷1
117	李 縡 1680 1746	(茅爲屋八詠), '西村牧笛'	『陶菴集』卷1
118	李喜之 1681~1722	「芝村十詠」'長郊牧笛'	『凝齋集』卷1
119	鄭來僑 1681~1759	「銀川李氏庄八景」'沙村牧笛'	『浣巖集』卷1
120	權 萬 1688-?	「耕巖亭十二詠」'鵝坰牧笛'	『江左集』卷1
121	吳光運 1689~1745	「汎湖八景」'桐島牧笛'	『藥山漫稿』卷3
122	趙觀彬 1691~1757	「爲庶從天彬題道谷八景」'砧橋牧笛'	『悔軒集』卷3
123	沈師周 1691 1757	「淸河縣,次海月樓韻」'上坪牧笛'	『寒松齋集』卷2
124	鄭 幹 1692 1757	「次酒仙菴八景韻」'井浦牧笛'	『鳴皐集』卷2
125	吳 瑗 1700 1740	「漁郞村八詠」'莎堤牧笛'	『月谷集』卷1
126	黃後榦 1700~1773	「幽居十景」'長郊牧笛'	『夷峯集』卷1
127	〃	「次朴紫皐八景」'牛巖牧笛'	〃
128	吳達運 1700~1747	「講學堂韻」12首 '平郊牧笛'	『海錦集』卷1
129	南龍萬 1709~1784	「次蔣君琴湖十景韻」'土橋牧篴'	『活山集』卷2
130	姜世晃 1713~1791	「某人八咏次韵」'花山牧笛'	『豹菴稿』卷1
131	朴來吾 1713~1785	「次睡軒南沙十景韻」'靑山牧笛'	『尼溪集』卷1
132	姜世晉 1717~1786	「不換亭十詠」'東郊牧笛'	『警弦齋集』卷1
133	李獻慶 1719~1791	「詠坡溪十景」'牛浦牧笛'	『艮翁集』卷1
134	丁範祖 1723~1801	「許士鴻(漸)杏洲幽居八景」'山谿牧篴'	『海左集』卷10

	작자 (생몰년)	시 제목·牧牛景의 소제목·시구(필요시)	출전
135	鄭宗魯 1738~1816	「社倉八景」‘賢坪牧笛’	『立齋集』卷4
136	朴齊家 1750~1805	「夢賚亭十詠」‘天壼牧篴’	『貞蕤閣』3集
137	李若烈 1765~1836	「新安書社十詠」‘南山牧笛’	『訥窩集』卷4
138	金宗烋 1783 1866	「又次權蒼雪十詠韻」‘東原牧篴’	『書巢集』卷1
139	姜獻奎 1797~1860	「淸潤堂十景,次蒼雪權公(斗經)韻」‘東原牧笛’	『農廬集』卷2
140	奇正鎭 1798~1879	「鄭氏溪堂八詠」‘牧笛’	『蘆沙集』卷2
141	姜命奎 1801~1867	「柳溪八詠」‘前郊牧笛’	『柳溪集』卷1
142	李在永 1804~1892	「敬次仲兄深隱公雪亭諸詠十首」‘長郊牧笛’	『耐軒集』卷1
143	李震相 1818~1886	「七山齋十二景」‘楮島牧笛’	『寒洲集』卷3
144	張錫龍 1823 1908	「涵月亭八詠」,‘竹街牧笛’	『遊軒集』卷1
145	柳致德 1823~1881	「次李稗肅(在穆)琴谷八景韻」‘蓮浦牧笛’	『近菴集』卷1
146	趙性家 1824~1904	「涵月亭八詠」‘竹街牧笛’	『月皐集』卷3
147	金道和 1825~1912	「謹次枕流亭八景韻」‘長堤牧笛’	『拓菴續集』卷1
148	禹成圭 1830~1905	「龍田八景」‘馬嶺樵歌’“閒隨牧笛入雲遙’	『景齋集』卷1
149	許 愈 1833~1904	「次沈應章(鶴煥)樂山亭十詠韻」‘霧峯牧笛’	『后山集』卷2
150	吳宖默 1834-?	「步前人玉流亭八景韻」,‘雙池牧笛’	『叢瑣』冊11
151	金允植 1835~1922	「次富春亭原韻,富春八景」‘烟洲牧笛’	『雲養集』卷1
152	許 薰 1836~1907	「金官十六詠」幷序,‘梅亭牧笛’	『舫山集』 卷2
153	鄭載圭 1843~1911	「次竹林精舍八詠」‘鷹峯牧笛’	『老柏軒集』卷1
154	張錫英 1851~1926	「樂山亭十詠」‘霧峰牧篴’	『晦堂集』卷1

그러나 15세기 새 왕조의 문인들은 각 지역의 번영과 풍성함의 상징으로 ‘피리 부는 목동’을 의미화시키고자 하였다. 이원(李原,1368~1429)은 풍성한 밥상과 함께 ‘피리 부는 목동’을 떠올렸고, 김극

기(金克己,1379~1463)도「전가의 사계절[田家四時]」에서 가을 농가의 풍경으로 피리 부는 목동을 노래했다.[36] 서거정(徐居正)과 성현(成俔)이 고려조 안축의「삼척서루팔영」에 차운할 때에도 새 왕조의 번영을 담고자 하였다. 그들이 읊은 '소 등에서 피리 부는 목동'들은 배를 탄 듯 편안한 소등에서 편평하고 너른 공간을 누비는 목동이고(표 1-5, 6)[37] 고려조 문인들이 읊었던 애처로운 목동이 아니다.

　16세기로 접어들면 '피리 부는 목동'을 하나의 '경'으로 포함시킨 팔경시가 점차 증가하였다. 신유학에 심취한 문인들은 피리 부는 목동의 천진함을 통하여 덕치에 기반한 태평을 추구하거나 무욕의 도덕성을 읊고자 하였다.[38] 신광한(申光漢), 최연(崔演), 정구(鄭球) 등이 안축의 죽서루팔경시에 차운하면서 읊은 '우배목동'을 보면(표 1-9, 17, 23, 34), 모두 천진한 목동의 모습이 부각되어 있다. 또한 김안국(金安國)이 여주(驪州)의 이호(梨湖)에 범사정(泛槎亭)를 짓고 만든 '이호십육영(梨湖十六詠)' 중 제13경이 '두천의 피리 부는 목동[豆川牧笛]'(표 1-8)인데, 이에 어득강(魚得江)과 신광한이 차운하면서(표 1-7, 8) 태평시절의 의미를 구하였다. 어득강의 '두천목적'이 다음과 같다.

　　　어부의 노래, 나뭇꾼의 노래, 목동의 피리는　　　　漁歌樵唱牧兒篴,

36　李原,『容軒集』卷2,「次陽川亭上詩」"坐看流水共長天, 十里奇觀几案前. <u>牧笛聲飄村樹外,</u> 歸帆影落夕陽邊. 舟人夜語聞明月, 野店晨炊見白煙. <u>待得秋風魚稻美, 須將詩酒更開筵.</u>";金克己,『東文選』卷4,「田家四時」.

37　徐居正, "<u>牛背牧童,</u> 소 등을 배처럼 평온하게 타고 돌아오네(<u>牛背如船穩跨歸</u>);成俔, "<u>牛背牧童,</u> 편평한 숲 아득하고 굽이지는 오솔길로(<u>平林迢遞路逶迤</u>)"

38　이는, 안장리,「16세기 팔경시에 나타난 미의식의 양상」,『열상고전연구』25 (2007), 5~31쪽에서 논의한 특성으로서의 '志操'와 '盛代'의 정치적인 태도 현실보다 '理致'를 중시한 16세기 팔경시 성격에 부합하는데, 여기서는 牧笛에 관련된 특정적 비유방식 등을 면밀하게 포착할 수 있다.

세상살이 십년 묵은 뱃 속의 먼지를 씻어주지.　洗盡十年塵土腸.

태평시절이 이에서 울리고 있음을 누가 알리.　誰識太平聲在此.

정자 주인에게 모두 보내 시 짓는 걸 도와주네.　都輸亭主助詩章.

　송익필(宋翼弼,1534~1599)도 "목동 피리에 태평 시절의 가락이 때때로 들려오네 (牧笛時聞弄太平)"[39]라 하였고, 권호문(權好文)도 '장림의 피리 부는 목동[長林牧笛]'(표 1-26)에서 "태평한 봄빛이 강 언덕에 가득하네(太平春色滿江皐)"라 읊었으며, 고상안(高尙顏)도 '강포의 피리 부는 목동[江浦牧笛]'(표 1-42)에서 "승평한 시절을 얻어 마음대로 즐긴다(帶得昇平任意樂)"고 하였다.

　무욕의 도덕성으로의 의미화는 집승정십경(集勝亭十景)의 팔경시에 이황(李滉)이 참여하면서 선명하게 진행되었다. 집승정은 안승종(安承宗, 1484-?)이 경상북도 예천군에 마련한 정자를 최연(崔演,1503~1549)이 '집승정'이라 명명하고[40] 십경을 정한 곳인데 십경 중 하나가 '노포의 피리 부는 목동[蘆浦牧笛]'이다. 이황이 읊은 '노포의 피리 부는 목동'(표 1-15)은 다음과 같다.

　한 가닥 피리소리 석양에 불어 쉬지 않으니,　　一笛斜陽咽未休,

　평무를 가로 질러 들머리를 비껴 지나네.　　平蕪橫過斷原頭.

　모름지기 알지라 더벅머리 목동이 지금까지 즐긴 것은,須知牧豎生平樂,

　상가(商歌)의 반우(飯牛)에 있지 않음을.　　不在商歌寓飯牛.

39　宋翼弼,『龜峯集』卷1,「龜山道中」

40　崔演,『艮齋集』卷11,「集勝亭記」참조.

이황은 한가로운 목동의 피리를 영척에 비유하여[41] 무욕(無欲)의 즐거움[樂]이라는 유가적 경지를 표현하였다. 이후 박승임(朴承任), 황준량(黃俊良), 구봉령(具鳳齡)이 이에 차운하면서(표 1-18, 19, 20), 각각 "짧은 도롱이의 신세가 빈 배와 같구나(短簑身世等虛舟)", "손에는 한 가닥 푸른 갈대라(手中一片靑蘆葉)", "그대가 산수에서 늙는 것을 즐기노라(樂子老林丘)"라 읊으면서 목동의 피리를 무욕의 즐거움으로 표현하고자 하였다.

남포십육경(東浦十六景)의 '나루 앞을 지나는 피리 부는 목동[渡頭牧笛]'에 참여한 9명 학자들도 유사한 의미화를 보여주었다(표 1-21, 22, 24, 33, 35, 36, 40, 41, 43). 동포십육경을 만든 김륵(金玏)이 "일생에 어찌 상가(商歌)를 배우겠는가(一生那解學商歌)"라 하며 영척을 비교하고, 정엽(丁焰)(표 1-21)은 "너 목동은 장물(長物)이 없고 어깨에는 도롱이요 허리에는 피리로다(爾牧無長物, 簑肩笛在腰)", 하수일(河受一)(표 1-40)은 "흰 돌과 남산을 어찌 해석하여 불겠는가(白石南山肎解吹)"라고 하여[42] 영척보다 나은 경지로 목동의 피리에 의미를 더하였다. 16세기말 17세기초의 학자 신흠(申欽, 1566~1628)이 목동을 영척에 비교한 「목동사」에서도[43] 16세기를 지배한 유학자의 도덕적 의지를 읽을 수 있다. '피리 부는 목동'의 주제는 16세기 팔경시를 구성하는 하나의 풍경으로 꾸준히 선정되었다. 〈표 1〉을 보면 16세기 팔경시 약 30여점에서 '피리 부는 목동'이 선정되었다.

---

41 『孟子』萬章 上;『淮南子』「道應訓」, 商歌의 飯牛란 춘추시대 衛나라 甯戚이 소뿔을 두드리며 堯舜時代를 구가하는 노래이다.

42 흰 돌과 남산은 甯戚이 부른 노래를 뜻한다. 그 노래는 "남산은 깨끗하고, 흰 돌은 눈부시네. 요순이 선양하던 시절을 못 만나니, 단포 단의가 정강이뼈까지 이르렀네. 저물녘부터 한밤중까지 소에게 꼴 먹이니, 길고 긴 밤 언제 가고 아침이 오려나.(南山矸 白石爛 生不遭 堯與舜禪 短布單衣適至骭 從昏飯牛薄夜半 長夜曼曼何時旦)"이다

43 申欽, 『象村集』卷8,「牧童詞」"목동아 목동아 네가 진정 목인이로다. 백리해와 영척은 공연히 분분했을 뿐이지(牧童牧童爾眞牧 秦奚齊戚空紛紛)"

이러한 경향은 17세기에 더욱 증가하였다. 팔경시에서 '피리 부는 목동'의 풍경이 선정된 예는 50여수를 헤아릴 수 있다. 실제로 그 수량은 〈표 1〉의 조사결과를 넘어선다.[44] 16세기로부터 17세기의 팔경시에서 '피리 부는 목동'에 해당하는 소제목을 보면 '○郊牧笛', '○堤牧笛' 등이 반복되는 현상도 볼 수 있다. 이러한 현상은 소제목의 틀에 그치지 않고 이미지의 틀이 고착되는 현상과도 조응하는 것으로 보인다.

이렇게 풍성하게 노래된 17세기의 팔경시 속 '피리 부는 목동'의 풍경에서 부각되는 현상은 승평(昇平)시절로의 의미화가 뚜렷해진다는 점이다. 장유(張維)의 만휴당(晩休堂)16경 중 '강 어귀의 피리 부는 목동 [江口牧笛]'(표 1-64)에서의 "(피리의) 소리마다 승평 시대를 알려주네(一聲聲是報昇平)"가 그러하고, 김득신(金得臣)이 읊은 '사촌의 피리 부는 목동[沙村牧笛]'(표 1-77)에서 "초원의 풀에 누런 소를 풀어놓으니, 파릇파릇 소의 식성에 잘 맞는다 (沙草放黃牛 靑靑厥性適)"라 하는 배부른 소의 모습도 그러하다. 또한, 목동의 피리와 나뭇꾼의 노래[樵歌]가 짝을 이루거나(표 1-80, 82, 83, 84 등), 목동의 피리와 어부의 노래[漁歌]가 짝을 이루면서(표 1-81, 85 등) 해당 장소의 풍요로움을 구성하는 틀이 나타나는 현상도 찾아볼 수 있다. 그 가운데 어부의 짝으로 목동을 읊은 남용익(南龍翼)의 '평교의 피리 부는 목동[平郊牧笛]'(표 1-85)을 예로 들면,

너른 교외에 향그러운 풀에 석양이 질 때,	平郊芳草夕陽時,
더벅머리 목동은 소에 타고 피리 하나 가졌구나.	牧竪騎牛一笛隨.
버드나무 매화꽃이 다투어 눈에 가득하니,	楊柳梅花爭滿眼,

---

[44] 왜냐면 朴長遠(1612~1671) 喚月堂八景의 하나인 '장파의 향기로운 풀[長坡芳草],' 李瑞雨 (1633~1709)와 趙泰億(1675~1728)이 읊은 秋灘八景의 '목교의 향그로운 풀[牧郊芳草]', 申翼相(1634~1697)의 靜林八詠 속 '평교의 저녁 비[平郊晚雨]'와 같이 소제목 아래 읊어진 시의 내용을 보면 '피리 부는 목동'이 등장한다.

곡조로 들고나는 것을 알지 못하는구나.　　　　　不知移入曲中吹.

라 하여, 향그러운 들꽃 속으로 제멋대로 피리 불며 가는 목동의 이미
지를 보여주었다.

'피리 부는 목동'의 풍경이 회화작품으로도 제작되었음을 16세기
의 기록으로부터 찾아볼 수 있다. 성현(成俔,1439~1504)은 〈목우도(牧牛
圖)〉를 보며 "일찌감치 벼슬을 벗어나 궁궐에서 물러나, 안개 낀 물결과
목동의 피리소리를 이웃하노라"라 하였고, 소세겸(蘇世讓, 1486~1562)은
「소그림」이란 제화시를 지어 "해 저무는데 갈대피리 불며 험한 산 깊은
곳의 집으로 돌아가네"라고 하였다.[45] 나세찬(羅世纘, 1498~1551)은 신묘
한 솜씨의 화공이 그린 〈피리 부는 목동〉을 보면서, "피리(소리)는 절로
무심하여 소는 절로 살지고, 초원의 기상은 어찌나 맑고 여위었는지."[46]
라고 하여, 살진 소의 풍요를 도덕적 무욕의 맑고 여윈[淸癯] 초원의 아
름다움에 배치하였다.

16세기 후반의 김귀영(金貴榮,1520~1593)은 양송당(養松堂) 김시(金
禔, 1524~1593)가 그린 〈목우아도(牧牛兒圖)〉에, 백광훈(白光勳, 1537~1582)
은 김시가 그린 '팔경도(八景圖)'에 시를 부쳤는데, 이들의 제화시를 통
하여 그림 속 '피리 부는 목동'을 찾아볼 수 있다.

침상처럼 편안한 소의 등에서,　　　牛背穩於床,
한 줄기 대나무를 비껴 들었네.　　　橫擎一枝竹.
곡조는 모르는 채 불고 있지만,　　　竟吹不知腔,

45 　成俔, 『虛白堂集』卷1, 「題金子固牧牛圖」, "早投簪紱謝楓宸, 煙波牧笛相爲隣."; 蘇世讓,
　　　『陽谷集』卷10, 「畫牛」, "蘆管吹殘日欲斜, 亂山深處却還家."
46 　羅世纘, 『松齋遺稿』卷1, 「牧篴圖」, "篴自無心牛自肥, 草野氣象何淸癯."

소리마다 산수가 푸르러진다.　　聲聲山水綠.[47]

풀이 많은 곳에서 소를 먹이느라,　放牛草深處,

피리가 있어도 불지 못하더니.　　有笛不知吹.

문득 앞산에 비가 뿌리니,　　　　忽值前山雨,

돌아오면서 거꾸로 앉았구나.　　歸來却倒騎.[48]

　오늘날 전해지는 그림에서 16세기 김시(1524~1593)의 작품과 17세기 초까지 활동한 이경윤(李慶胤, 1545~1611)의 전칭작 〈기우취적(騎牛吹笛)〉을 볼 수 있다. 문인들에게 명성을 누린 김시와 이경성이 그린 피리 부는 목동의 이미지는 상기한 시적 이미지를 반영하면서 감상되었을 것이다. 그 당시의 신흠(1566~1628)이 읊은 「목동도」를 보면, "잘 자란 숲 우거진 풀, 목동과 소, 바람에 울리는 목적 소리에, 산이 높고 물이 흐른다"고 하였다.[49] 푸르고 너른 공간을 누비는 목동을 응축적으로 묘사한 이 시는 17세기 문인들에게 정착된 목적의 도상과 그것의 의미를 선명하게 보여주고 있다.

　18세기에도 팔경시가 지속되었으나 그 활발한 정도는 17세기에 미치지 못한다. 또한 '피리 부는 목동'의 시화는 마치 그림을 보는 듯이 묘사되는 방식을 보여준다. 또한 팔경도가 제작되면서 그 중 하나로 '피리 부는 목동'이 그려진 예의 기록도 찾아볼 있다. 김명석(金命錫)과 오원(吳瑗)의 시로 전하는 '어랑팔경(漁郞八景)'(표1-112, 125)에서, 유관현(柳觀鉉,1692~1764)의 자제들이 어랑사를 노닐고 그려온 《팔경도(八景圖)》는

47　金貴榮,『東園集』卷1,「題金養松牧牛兒圖」

48　白光勳,『玉峯詩集』上,「題金季綏畫八幅(名禔)」

49　申欽,『象村稿』卷4,「牧童圖 前稿」"長林豊草, 爾牧爾牛. 一聲風笛, 山高水流."

팔경시를 짓는 자료가 되었다고 하였고,[50] 이 어랑팔경 중에는 '사제의 피리 부는 목동[莎堤牧篴]'의 주제가 있었다. 그 내용을 보면, 이 주제의 의미는 물색(物色)이 지극히 번화[太繁華]한 풍요로운 승경(勝景)이며, 혹은 무릉도원(武陵桃源)의 꿈과 같은 곳이라 하였다.[51] 팔경도 속 그림이 비현실적 평화로움을 담아내는 주제로 명시되고 있음을 보여준다.

18세기 초반 홍중성(洪重聖)이 쓴 모산팔경(茅山八景) 중 '앞산의 피리 부는 목동[前山牧笛]'(표 1-104)에서는[52] 이 장면을 '화중시(畵中詩)'라 하여 그림을 보는 시인의 마음을 표현하였다.

누가 뿔피리 소리를 거칠다고 하나.　誰解角聲穢.
소를 탄 소년이 피리를 부네.　　　騎牛吹笛兒.
바람 타고 세 번 불다 그치니,　　臨風三弄罷,
이가 곧 그림 속의 시[畵中詩]구나　別是畵中詩.

이러한 표현은 시적 경지의 '피리 부는 목동'을 그린 그림 혹은 판화에 대한 감상 경험을 말하거나, 적어도 시인의 기억을 지배하는 그림 도상이 존재함을 알려준다. 정래교(鄭來僑)의 은천이씨장팔경(銀川李氏庄八景) 중 '사천의 피리 부는 목동[沙村牧笛]'(표 1-119)에서 풀과 꽃이 풍성한 이슬비 속 '단적황우배(短笛横牛背)'의 환영을 읊은 것이나,[53] 조관

50　金命錫, 『雨溪集』卷1, 「漁郎八景 幷序」, "鏡城屬縣, 有所謂漁郎社. ……吾友柳用(觀鉉) 實作宰鏡城, 其子通源叔亨陪往, 與邑中諸賢遊, 歷累日而歸, 作八景圖來示. 余見而樂 之, 作漁郎八景, 以寓卧遊之懷云."

51　金命錫, 위글, "八景臺前十里花, 秋來物色太繁華. 沙堤晚篴風吹過, 絶勝蓮歌聽若耶. 右 莎堤牧篴."; 吳瑗, 『月谷集』卷1, 「漁郎村八詠」, "水南芳草水北煙, 一曲悠揚響高原. 青牛 自踏東風路, 日午桃花不見村. 右莎堤牧笛."

52　洪重聖, 『芸窩集』卷3, 「茅山八景, 爲宋仲文作」'前山牧笛,'

53　鄭來僑, 『浣巖集』卷1, 「銀川李氏庄八景」, "郊原多細草, 村逕翳深花. 短笛横牛背, 蕭蕭

삼(趙觀彬)이 읊은 도곡팔경(道谷八景) 중 '침교의 피리 부는 목동[砧橋牧笛]'(표 1-122)이 아래와 같이 마치 한 폭의 그림을 읊은 것과 같은 것은 18세기 팔경시 속 '피리 부는 목동' 경치의 특징적 양상이다.

비 그친 뒤 향그러운 풀이 녹색이 들어,	雨餘芳草綠,
두둑 개울의 끊어진 다리를 가로 지르네.	溪畔斷橋橫.
소는 크고, 아이는 어찌나 작은지,	牛大兒何小,
거꾸로 올라타 부는 한 가닥 피리 소리 맑구나.	倒騎一笛清.

19세기의 문인들도 피리 부는 목동의 이미지로 태평시절을 노래하였지만, 그 수량은 크게 줄었다. 그 가운데 목동의 피리 소리로 세속의 먼지(塵)를 씻노라는 의미화의 변화를 보여주었다. 예컨대 허훈(許薰)은 피리 소리가 "십년 묵은 뱃 속의 먼지를 씻어주는구나(洗却十年塵土肚)"(표 1-152)라 하였고, 오횡묵(吳宖默)은 "산야를 따라 가며 세속 먼지 깨끗이 씻어냄이 귀하다(貴從山野滌塵心)"(표 1-150)고 칭송하였다. 탈속(脫俗)에의 추구가 19세기만의 특성은 아니지만 속(俗)을 몹시 경계한 19세기 미학적 양상이 반영된 것으로 보인다.

회화작품의 현전작을 보면, 18세기 이후 피리 부는 목동을 다룬 회화작품은 상당량이 남아있다. 이들에 대한 이해는 지금까지 살핀 문학적 의미화 위에서 가능할 것이다. 김두벽(金斗璧, 1658~1724)의 간찰에 사용된 시전지(詩箋紙)의 문양은(〈표 2〉). 버드나무 늘어진 데 목동이 소 등에 엎드려 피리를 불고 있는 장면으로 "인간 세상 폐하고 흥함을 알지 못한다(不識人間有廢興)"는 문구로 세상 명리에 초연함을 구가하고

雨滿簑. 右沙村牧笛."

있으며, 이 장면은 앞서 소개한 『당시화보』 최도융의 시상을 옮기고 있다. 이 한 장의 시전지는 17세기말 18세기초 문인들의 시각적 기억을 지배했던 '피리 부는 목동'의 이미지 하나를 알려준다.

〈표 2〉 18세기 조선시대 시전지와 명대 『당시화보』의 '피리 부는 목동'의 圖像 비교

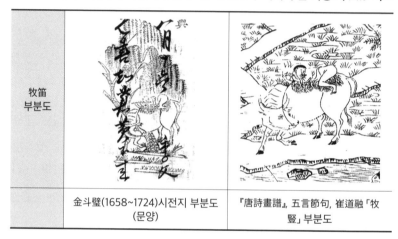

牧笛 부분도		
	金斗璧(1658~1724)시전지 부분도 (문양)	『唐詩畫譜』, 五言絶句, 崔道融 「牧豎」 부분도

18세기 정선(鄭敾, 1579~1676)의 〈기우취적도騎牛吹笛圖〉와 沈師正 (1707~1769)의 〈기우취적도〉를 들 수 있다.[54] (〈표 3〉 참조). '낙조의 빛이 버드나무에 감추어졌다(落照藏柳)'라는 구절 아래 목동이 물소 위에 피리를 비껴든 도상은 이미 북송대의 화면 및 구영 작 〈청명상하도〉와 흡사하다. 심사정의 〈기우취적도〉는 앞에서 살핀 『고씨화보』 및 『당해원

---

54 정선의 그림이 실린 화첩에는 한국 명소 6점(금강내산총도, 만폭동도, 구룡폭도, 연광정도, 함흥본궁송도, 압구정도) 중국성현 및 인물고사 관련 10점(孔子 2점, 老子, 丁令威, 張良, 諸葛亮, 정이, 張橫渠, 司馬光, 林逋), 일출송학 1점, 기려도 2점, 선유도 1점, 그리고 기우취적도 1점의 총21점으로 구성되어 있다. 『왜관수도원으로 돌아온 《겸재 정선화첩》』(사회평론 아카데미, 2013) 참조. 그런데 이 책의 22면에서 이 그림에 대하여 설명하기를 "十牛圖의 한 장면과 유사하지만 정선이 불교관련 그림을 그린 것은 매우 드물다"고 하여, 정선의 이 그림을 불교회화로 보아야 한다는 기존의 치우친 해석을 반영하였다.

<표 3> 조선후기 18세기 회화 「기우취적도」와 중국 회화·화보의 비교

牧笛 부분도			
	祁序,「江山放牧圖」 부분도 絹本淡彩, 47.3x115.6cm, 北京故宮博物院	傳 金禔,「騎牛吹笛」, 개인소장	仇英,「淸明上河圖」 부분도, 絹本淡彩, 30.5x987.5cm, 遼寧省博物館
牧笛 부분도			
	『唐解元仿古今畫譜』 雷震「村晚」부분도	『芥子園畵傳』, '花間吹笛牧童過' 부분도	鄭敾,「騎牛吹笛」 부분도, 紙本淡彩, 29.7x22.3cm, 倭館修道院
牧笛圖			
	『顧氏畫譜』 夏珪「山村牧牛帖」	『唐解元仿古今畫譜』 雷震「村晚」	沈師正,「騎牛吹 笛」,紙本淡彩, 102.6x60.3cm. 澗松美術館

방고금화보』로 이어진 도상과 유사하다. 삿갓과 도롱이를 입고 커다란 '물소' 위에 앉아 피리를 불고 있는 모습과 그 배경의 수목 배치에서 명대 화보와의 영향관계는 뚜렷하다(〈표 3〉 참조). 17~18세기를 중심으로 매우 많이 읊어진 한반도 곳곳의 팔경시 속 목적 경의 상상 이미지는 만들어진 화보를 흡수하였고 이는 그림 속 이미지로 공고하게 정착되었던 것으로 보인다.

이후, 18세기 후반기의 회화에서는 피리 부는 목동이 타고가는 소가 물소에서 한국의 황소로 바뀌는 커다란 변화가 목도된다. 말하자면 문학작품으로서의 팔경시에서의 피리 부는 목동의 주제를 다루는 예는 현격하게 줄어들면서 회화작품 속 목동의 소는 물소가 아닌 한국의 소로 바뀐 것이다. 박제가(朴齊家, 1750~1805)의 화제가 실린 〈목우도〉, 경남대학교 데라우치문고에 소장된 『홍운당첩(烘雲堂帖)』에 수록된 김홍도(金弘道, 1745~?)의 〈기우취적도(騎牛吹笛圖)〉 등이 그 예이다.

4. '피리 부는 목동'에 굴절된 우역(牛疫)의 고통

이상에서 살핀 바와 같이, '피리 부는 목동'이 한반도 곳곳의 팔경의 하나로 지정되어 그 장소의 풍요와 노래하는 시인 자신의 도덕성을 반영하는 화면으로 노래되고 그림으로 그려지는 현상이 조선시대 내내 이어지며 전개되었다. 그런데, '피리 부는 목동'이 지역 팔경의 하나로 가장 많이 읊어지던 17세기에 한반도에는 우역(牛疫)이 가장 심각하여 사실은 피리 부는 목동을 싣고 다닐 건장한 소가 별로 없었다고 할 수 있다.

앞에서 소개한 장유의 '만휴당16경' 중 '강어귀의 피리 부는 목동[江口牧笛]'(표 1-64)을 펼쳐서 그 전편을 보면 그 내용이 풍요롭고 평화롭기 그지없다.

강 언덕 안개 풀에 저녁 햇빛 아직 밝고,	江皐煙草夕陽明,
소 등에서 때때로 맑은 목동의 피리 소리 들린다.	牛背時聞牧笛淸.
다행히 풍년 들어 기뻐하는 농민들에게,	年事幸登民樂業,
한 가닥의 소리마다 승평 시대 알려 주지.	一聲聲是報昇平.

이후의 관료 문인 남용익이 노래한 '평교의 피리 부는 목동[平郊牧笛]'(표1-85)에 등장하는 피리 하나 들고 가는 더벅머리 목동의 느긋함도 이러한 평화로운 정황 속에서 가능하다. 그런데 장유(1588~1638)와 남용익(1628~1692)의 생몰년을 보면, 이들이 마을의 피리 부는 목동을 이렇게 여유롭고 즐거운 시선으로 바라볼 수 기회는 거의 없었을 것 같다.

1636년의 심각의 우역이 발생하자 식자층은 이가 "61년만의 재발이라 하였고,[55] 이 우역이 1637년까지 지속되는 참담한 상황 속에서 다시 "50년전의 우역"을 거론한 것으로 미루어[56] 1570년-1580년대의 우역이 심각하여 오래 기억되고 있었던 사정을 알 수 있다. 잘 알려진 바와 같이, 1587년부터의 기근 속에서 온 백성이 전염병에 시달리기 시작하여 굶주린 백성들이 유리걸식하다가 죽음의 구렁에 빠지기를 수없이 하였다는 『선조실록』의 기록이 말해주고 있듯이, 임진왜란 이전부터 기근과 전염병의 고통이 극심하였다. 이어서 벌어진 임진왜란(1592~1598)으로 한반도의 국토가 초토화된 뒤 "지난 번 임진년의 왜변 이후에 소가 거의 다 죽어 아녀자들이 직접 밭을 가는 데 배의 힘이 든다"는 현상이 기록되었다.[57] 1627년 봄 정묘호란 직후의 우역도 기록으로 남아있다. 당시 기록에 따르면 전염병에 걸려 소가 죽기 시작하자

---

55 『續雜錄』四, 丁丑[上] 六月. 김동진·유한상, 앞의 논문(2013) 59쪽 재인용.

56 『承政院日記』인조 15년(1637), 10월 9일 기사. 김창호, 앞의 논문(2018) 참조.

57 李睟光, 『芝峯類說』권16, 언어부, 잡설, "頃歲壬辰倭變後, 牛畜殆盡, 婦子力耕, 其功倍苦." 김동진·유한상, 앞의 논문(2013) 60쪽 재인용.

살아있는 소를 옮겨 기를 것을 논의하고 있었다.[58] 더욱 심각한 현상은 1636년의 병자호란 직전 중국의 심양(瀋陽)에서 발생하여 한반도 북방을 경유하여 국토 전체로 번졌던 우역이었다. 이는 전례 없이 치명적인 결과를 초래하여 1636년 8월 평양에는 살아남은 소가 한 마리도 없다고 기록되었고, 이어서 9월에는 한양에서 죽은 소가 줄을 잇게 되었다고 하였으며, 이 우역은 그 다음 해(1637년)를 거쳐 1638년 봄이 되어야 다소 수그러졌지만, 이 과정에서 죽은 소들이 줄을 이었고 살아있는 소도 도살(屠殺)시켜야 했기에 열 마을에 한 마리의 소도 볼 수 없게된 상황이 수반되었다.[59] "점차 멸종에 이르게 될 것이다"라는 개체수 멸종에 대한 우려의 기사까지 등장한 것은[60] 소가 실로 거의 사라지는 두려운 상황이었음을 알려준다. 병자호란 전후 참담했던 우역의 고통을 겪었던 민간의 심정은 당시의 사실을 묘사한 문학작품에서 더욱 신랄하여 묘사되어 전하고 있다.[61] 이러한 일련의 기록들을 통하여 볼 때, 적어도 1570년대 후반에서 17세기 전반기에 이르는 기간 한반도의 우역이 지속적으로 발생하고 있었음을 알 수 있다. 또한 다량의 소가 폐사되는 상황들은 18세기까지 이어졌다.[62]

이를 보면, 공교롭게도, 우역의 상황이 가장 심각할 때 한반도 곳곳에서는 그 지역의 특성 중 하나로 '피리 부는 목동'을 선정하여 노래하는 팔경시가 가장 많이 제작되었다는 사실을 알 수 있다. 이렇게 팔경시의 하나로 선정된 배부른 소와 목동의 천진한 피리 소리는 당시의 현실과는 완전하게 괴리된 모습이었다. 게다가, 앞에서 살핀 바와 같이,

---

58 『承政院日記』인조 5년 10월 9일자 기사. 김동진·유한상, 앞의 논문(2013) 59쪽 재인용.

59 김동진·유한상, 앞의 논문(2013)에 병자호란 전후한 우역의 극심했던 상황 전개가 상세하다.

60 『承政院日記』인조 14년(1636) 을축 기사, 김동진·유한상, 앞의 논문(2013) 62쪽 재인용.

61 황만기, 앞의 논문(2016); 김창호, 앞의 논문(2018) 참조

62 김창호, 앞의 논문(2018) 현종~숙종대의 소 폐사 기록을 정리한 표(282~284쪽) 참조.

그림으로 그려진 '피리 부는 목동'은 중국에서 판화로 전달된 이미지와 흡사한 현상을 보여주고 있었다. 이는 한국 지역 팔경의 한 풍경으로 지목되며 시각화하였던 풍경의 이미지를 지배한 '피리 부는 목동'은 사실 모종의 현실적 체험적 기억과 연결되기도 어려웠던 것으로 보인다. 그것은 오로지 소가 건강하여 농사를 돕고 소가 먹을 풀이 무성한 상태, 소와 자연이 어울린 농촌 생태환경에 대한 절실한 갈망을 표현한 상상의 내용이었다고 할 수 있겠다.

한반도의 경제가 안정을 찾고 우역의 고통이 수그러드는 18세기 중반기 이후로 '피리 부는 목동'이 반영된 팔경시 제작은 현저하게 줄어들었다. 게다가 18세기 후반기의 회화작품들에 그려진 피리 부는 목동은 중국식 물소가 아닌 한국식 황소를 타고 가는 흥미로운 변화를 보여주었다. 이러한 변화가 실경산수(實景山水)를 그리는 회화 문화의 진행과 한국의 소가 농가에서 육성되는 현실 속에서 나타났다는 사실은, '피리 부는 목동'에의 동경(憧憬)적 상상이 소를 잃고 고통 속에 있던 상황에서 거듭 풍성하게 제작되었던 상황을 거울같이 반영하는 역전현상이었다고 설명할 수 있을 것이다.

5. 나오는 말

이 글은 '피리 부는 목동'의 도상을 포함하는 풍경의 이미지가 조선시대 팔경시(八景詩) 속에 정착되고 전개된 현상을 조사하고 그 유래로서의 중국 문학과 중국 회화사를 살폈다. 또한 조선시대 팔경시에서 하나의 경[一景]으로 노래된 '피리 부는 목동'의 의미 전개를 살핀 뒤, 그 여파로서의 조선시대 회화 속 '피리 부는 목동' 도상의 양상과 의미를 파악하고자 하였다.

중국에서 '피리 부는 목동'의 이미지는 당나라 때 시와 회화의 주제로 등장하였고, 송나라 때에는 도시민과 관료에게 이상적 전원경이자 정치적 승평(昇平)의 상징으로 정착하였으며 한편으로 선승의 수양적 의미로도 확장되었다. 원나라에 들면서 '피리 부는 목동'은 팔경시 중 나라의 경(景)로 종종 읊어지면서 태평시절의 의미를 지속하였고 이러한 팔경시 양상은 명나라로 이어졌다. 또한 명나라 그림에서 '피리 부는 목동'은 선명한 승평(昇平)의 상징으로 적용되었고, 명대 제작된 화보(畫譜)는 당송대 시의 구절을 취하여 도상의 전파에 기여하였다.

한국에서도 고려말기부터 국내의 지역을 노래하는 팔경시가 지어지면서 '피리 부는 목동'이 해당 장소의 팔경 중 하나로 선정되는 전통이 마련되었다. 조선시대 초기부터 관료문인들이 팔경시로 새 왕조의 정치적 태평을 읊고자 하였고, '피리 부는 목동'을 태평성세의 표상으로 삼았다. 16세기에는 '피리 부는 목동'에 유가적 덕치(德治)의 태평과 도덕적 무욕(無欲)의 상징이 부여되었으며 승평(昇平)의 이미지로도 정착하였다. 태평시절 속 한가하고 천진한 '피리 부는 목동'의 풍경은 17세기에서 18세기에 걸쳐 상당히 많은 양으로 읊어졌고, 소제목의 형식화와 회화적 이미지로의 형상화가 정착되었다. 18세기 초까지 그것은 중국에서 전달되고 있던 느긋하게 걸어가는 물소 위에 앉은 목동의 모습이었다. 정선과 심사정의 그림이 보여주듯이 명대 화보 속 '피리 부는 목동' 상의 활용은 공고하게 그 이미지를 이어갔다. 그러다가 18세기 경제적 발달과 우역으로부터도 벗어나면서, 팔경시로 목적을 노래하는 문학작품의 수가 줄어들었고, 그림 속 피리 부는 목동이 탄소는 중국의 물소가 아닌 한국의 황소로 바뀌는 커다란 변화도 나타났다. 이상의 논의는 조선시대 회화작품 들 속 '피리 부는 목동'의 내용이 널리 읊어진 팔경시의 '피리 부는 목동'이 전달하던 의미로 이해되어야 함을 보여주었다.

나아가 이 글은 '피리 부는 목동'의 이미지가 당시의 현실과 괴리된 이상(理想)의 표상이었다는 점을 포착하였다. 15세기에 '피리 부는 목동'은 새 왕조의 번영을 노래하기 위한 하나의 요소로 채택되었고 16세기 신유학의 강화 속에서 도덕적 무욕으로 의미화된 이상의 표상이 되었다고 할 수 있지만, 16세기 말에서 17세기에 걸쳐 우역(牛疫)의 고통이 심각하게 지속되는 상황을 목도하고 고통으로 체험한 문인들이 스스로 한반도의 각 곳 팔경의 한 요소로 '피리 부는 목동'을 가장 많이 읊고 그 의미를 태평과 풍요의 상징으로 노래하였던 사실은 '피리 부는 목동'의 노래와 우역이라는 생태환경적 문제적 현상이 깊숙한 곳에서 서로 굴절적 연관을 맺고 있음을 알려준다. '피리 부는 목동'의 행복한 표상으로 소의 실제 생태 현상을 거꾸로 노래했던 시와 그림들은, 결국 현실 속 소와 사람이 함께 겪고 있던 고통을 굴절시켜 반영하고 있는 상황이었기 때문이다. 현실에서 이루지 못하지만 이루고 싶은 현상으로 표상된 이미지는, 현실의 상황을 그대로 묘사하고자 하는 문예작품과 달리, 현실의 고통과 문제를 견디어가는 사람들 내면의 소망과 가치관을 오히려 곡진하게 드러내고 있었다는 점에서 유의하여 살펴져야 한다.

참고문헌

고전번역원DB, 한국고전번역원.
文淵閣 四庫全書 電子版, 상해도서관.

김동진·유한상,「병자호란 전후(1636~1638) 소의 역병(牛疫) 발생과 확산의 국제성」의
　　　　　사학 22~1(통권 43), 2013.
김동진,「병자호란 전후 우역 발생과 농우 재분배 정책」,『역사와 담론』65, 2013.
김세호,「심악산의 문화사」,『문헌과 해석』80, 2017.
김영민,「소의 상징성 고찰」,『문학연구』4, 한국문화학회, 2000.
김영헌,「조선후기 소 그림 연구」, 고려대학교 석사논문, 2017.
김예진,「朝鮮中期 牛圖 연구」, 한국정신문화연구원 석사논문, 2003.
김창호,「조선후기 한시에 나타난 '소[牛]'의 형상과 그 의미」,『漢文敎育硏究』51,
　　　　　2018.
_____,「한국 한시에 나타난 '소[牛]'의 형상」,『동방한문학』62, 동방한문학회, 2015.
_____,「고려~조선 전기 한시에 나타난 '소[牛]' 刑象의 변화와 그 의미」,『대동한문
　　　　　학』48, 2016.
조태성,「한국 선시에 나타난 소[牛]의 상징성」,『배달말』40, 2007.
황만기,「우역(牛疫)에 대한 지식인의 인식과 고뇌양상」,『漢文學論集』45, 근역한문학
　　　　　회, 2016.
안세현,「麗末鮮初 八景詩의 창작양상과 삼척 竹西樓 八詠」,『강원문화연구』34,
　　　　　2015.
안장리,『한국의 팔경문학』, 집문당, 2003.
_____,「16세기 팔경시에 나타난 미의식의 양상」,『열상고전연구』25.
유순영,「조선시대 '江南春'의 문학적 이미지와〈江南春圖〉」,『韓國漢文學硏究』66,
　　　　　2017.
유윤빈,「尋牛圖 연구」홍익대학교 석사논문, 2002.
임노직,「順興地域 八景詩의 樣相」,『퇴계학』, 2010.

조인희,「조선 후기 詩意圖 연구」, 동국대학교 박사논문, 2013.

진재교,「瀟湘八景의 轉變과 서울의 八景詩」,『고전문학연구』56, 2019.

최은주,「조선전기 팔경시의 창작경향」,『大東漢文學』15, 2001.

홍혜림,「조선 후기 山靜日長圖 연구」고려대학교 석사논문, 2014

황만기,「우역(牛疫)에 대한 지식인의 인식과 고뇌양상」,『漢文學論集』45, 근역한문학
　　　회, 2016.

徐吉军, 方建新, 方健, 吕凤棠『中国风俗通史 宋代卷』上海文艺出版社, 2001.

Scarlett Ju-Yu Jang, "Ox-Herbing painting in the Sung Danasty," *Artibus Asiae* Vol
　　　52, 1992.

진재교(陳在敎, Jin Jae-kyo)

성균관대학교 한문교육과 · 동아시아학술원 교수. 조선후기 한문학 전공. 동아시아 고전학과 한국 고전학을 연구해왔으며, 한국 고전 번역에도 관심이 많다. 주요 저서로는 『동아시아 고전학의 안과 밖』(공저, 2023)이 있으며, 역서로는 역주 『금화경독기』(공역, 2019) 등이 있다.

왕세정(王世貞)과
조선조 후기 문예장(文藝場)

1. 왕세정(王世貞) 독법(讀法)의 방향

조선조 후기 문인은 전후칠자(前後七子)가 주장한 '文必秦漢, 詩必盛唐'
의 슬로건을 의고(擬古)로 보거나 진한고문(秦漢古文)을 주창한 것으로
인식한다. 전후칠자가 의고와 깊은 관련을 지닌 것은 알려진 사실이다.
후칠자(後七子)의 리더인 이반룡(李攀龍, 1514~1570)과 왕세정(1526~1590)
의 주장이나 그들이 문예로 결사하고, 의고를 제기한 것을 고려하면, 후
칠자는 의고를 넘어 확실한 유파 또는 '주의(主義)'로도 규정할 수 있다.
전후칠자 중에서도 가장 오랫동안 조선조 후기 문인들의 주목을 받은
인물은 후칠자의 왕세정이다. 이정귀(李廷龜)가 왕세정을 만난 사실[1] 등
이 야담에 실릴 정도로 조선조 후기 문인의 주 관심 대상 인물이 왕세
정이다.

　17세기에서 19세기까지 조선조 지식인은 왕세정의 문예를 두고 다

---

[1]　『東稗洛誦』등 여러 야담집에 이정귀가 왕세정을 만난 내용을 싣고 있다. 그 사실 여부와
　　달리 어쨌거나 야담에 실릴 정도로 왕세정의 관심이 폭넓었음을 보여주는 사례다.

종 다기한 논쟁을 한 바 있다. 문예 공론장(公論場)에서 이반룡과 왕세정의 문예를 일러 '이왕(李王)'으로 조어하며 문예의 전범으로 인식하는가 하면, 왕세정의 문예적 성과를 진한과 성당의 의고로 바라보기도 하고, 모의(模擬)와 모방 또는 표절로 이해하는 등 서로 다른 평가를 했다. 200여 년 동안, 조선조 지식인이 왕세정을 두고 상반된 평가를 하는 것 자체가 그를 향한 관심 정도를 보여주는 사건이다. 이처럼 한 인물의 문예적 성취를 수용과 창신의 시선, 부정과 긍정의 시선 등으로 논란한 자체가 문예상 하나의 큰 특징이다. 특히 시간이 지나면서 왕세정의 문예가 비평의 대상을 넘어 담론의 성격을 보이고있어 흥미롭다.

이 글은 왕세정의 영향 관계나 진한고문파의 성립, 왕세정과 전후 칠자를 둘러싼 법고(法古)와 창신(創新)의 문예 이론, 혹은 법고와 창신의 상호 관련성을 탐색하려는 것은 아니다. 문예 공론장에서 왕세정의 다양한 흔적을 탐색하고 그것이 일국을 넘어서는 문예 이슈라는 점을 확인하는 데 있다. 이어서 이를 통해 조선조 후기 왕세정 열풍이 보여주는 문예 장에서의 의미를 밝히고자 한다.[2] 또한, 왕세정의 '의고'가 하나의 주의나 유파에 그치지 않고 문예 공간에서 담론으로 나아가며, 이것은 일국 너머 지식인이 상상의 문예 공화국[3]에서 특정 문예로 상호 소통하고 있다는 사실과 그 의미를 주목해 보고자 한다.

---

[2] 왕세정 연구는 먼저 중국 문학에서 주목하여 성과를 보여주었고, 얼마 전부터 한국한문학 연구자도 집중적 관심을 보여준 바 있다. 중문학계의 경우, 원종례 교수가 지속해서 성과를 낸 바 있으며, 한문학계는 강명관 교수를 비롯하여 박경남과 송혁기 교수도 다양한 성과를 확인한 바 있다. 이 외에도 김우정, 김동준, 노경희 교수 등도 문장론과 왕세정 저작과 관련한 서지학 방면에서 일정한 성과를 내고 있다. 여기서는 그 성과를 일일이 거론하지 않고 논지 전개상 필요한 부분에서 그 성과를 인용하기로 한다.

[3] '상상의 문예 공화국'은 실제 문인이나 문예물을 공분모로 동아시아 각국의 문인들이 직접 만나 소통한 것은 아니다. 비록 만나지 않았지만, 일국 넘어 가상의 문예공론 장에서 교감하는 것을 말한다. 이는 뒤에서 다시 언급할 것이다.

2. 왕세정 저술의 열독(熱讀)과 유통

조선조 후기 문인들은 전후칠자를 접한 이후 누구보다 왕세정과 그 저술에 많은 관심을 보인다. 조선조 후기 문예 장에서 왕세정의 관심 정도는 다양한 방식으로 파악할 수 있지만, 왕세정 저작의 애호가 상당했음을 주목할 필요가 있다. 당대 문인의 왕세정 열독 양상과 문예 장에서 왕세정 저술의 유통 상황, 그리고 왕세정 저술이 다양한 형태로 간행되었기 때문이다. 왕세정 관련 저작의 간행과 국내 유통 상황을 제시하면 다음과 같다.

〈표 1〉 조선조 후기 왕세정 관련 저술의 간행과 유통 상황[4]

서명	편저자/ 연대	서지사항	내용	기타
① 황명오대가율 시초(皇明五大 家律詩抄)	김석주가 (金錫冑家) 17세기 중 엽	4권 3책 한구자 (韓構字)	이몽양, 하경명, 이반룡, 왕세 정, 오국륜 등 전후칠자 시인 5명의 금체시를 모아, 시체 별 로 분류해서 모은 책.	전후칠자 5인 중 에 왕세정의 시를 가장 많이 뽑고 있음.
② 황명모녹문왕 엄주이대가문 초(皇明茅鹿門 王弇州二大家 文抄)[5]	신최(申最) 1653년경	2책 한구자	서(敍), 전(傳), 기(記), 론(論), 서(書), 조(詔), 설(說), 발(跋) 등 모곤과 왕세정의 산문을 문 체별로 뽑아 놓음. 왕세정은 진한파의 대표로 모곤은 당송 파의 대표로 선발.	왕세정은 57편, 모곤은 31편 수 록.

---

4 여기서 인용하는 문헌의 소장 처나 판본 등은 필자가 직접 확인한 것도 있지만, 한국역사
   정보통합시스템의 검색과 각 도서관의 고서 해제를 참고하여 보완하였다. 일부 내용은 규
   장각 해제를 참고하였다.

5 신최의 이 편찬서를 매개로 왕세정과 모곤의 교유, 그리고 그 공통적 지향점을 확인할
   수 있는데, 여기에 대해서는 박경남, 「茅坤과 王世貞의 교유와 그 공통적 지향점 – 申最
   의 『皇明二大家文抄』를 통해 본 茅坤과 王世貞」, 『한문학논집』31, 근역한문학회, 2010,
   9~47쪽.

서명	편저자/연대	서지사항	내용	기타
③ 예원치언(藝苑巵言)[6]	16세기 말	8권 2책 (현종실록자, 목판본, 목활자 등 다수)	서창곡의 『담예록』과 엄우의 『창랑시화』에서 불비한 것을 보완하고, 고대부터 명대까지의 시문, 그리고 시문평 등을 수록하고 자신의 의견을 개진한 비평서.	『예원치언』은 원래 12권인데, 8권은 시문평이며 뒤 4권은 사곡과 서화평이다. 이 본은 시문평 만 수록하여 간행.

---

6 현재 『예원치언』은 여러 곳에 소장되어 있다. 고려대 본은 (만송 D3-A17) 8권 2책으로 금속활자본(현종실록자본)며 간행연대는 미상이다. 이것은 본래 이건명(李健命, 1663~1722)이 소장하였다. 권1과 권5에 각각 장서인이 찍혀 있다. 규장각 본은(奎중 2026)은 8권 2책의 목판본(복각본?)으로 보인다. 간행연대는 미상이며 8권만 남아 있다. 인기(印記)에 시강원, 제실도서지장(帝室圖書之章)이 찍혀 있다. 계명대학교 본[동산 도서관 고서 (이) 812.8 왕세정ㅇ-2]는 목활자본인데, 간행연대는 미상이며 권5~권8만 남아 있고 나머지는 낙질이다. 편자 미상의 『침중비(枕中秘)』(규장각 2374)는 모두 26책 필사본인데, 그 중 『예원치언』이 6~7책으로 남아 있는데, 간행연대는 미상. 인기(印記)에 가림(嘉林)이라는 기록으로 보아 개인 소장이었던 것으로 보인다. 가림은 이강(李矼)·이광(李磺) 형제의 시문을 모아 『가림이고(嘉林二稿)』로 엮은 바 있다. 이들은 모두 지봉 이수광의 6대손이다. 이 외에도 임천조씨(林川趙氏)인 조원(趙瑗)·조희일(趙希逸)·조석형(趙錫馨) 등, 三世 시문집에 여류시인 옥봉(玉峯) 이씨(李氏)의 시를 부록으로 함께 엮은 『가림세고(嘉林世稿)』도 있다. 이 『가림세고』는 필사본으로 1704년에 간행되었다. 따라서 '가림'이 어느 가문을 지칭하는지 명확하지 않으나, 이수광 자신이 『예원치언』을 소장한 적이 있었던 것으로 보아, 『침중비』 역시 이강(李矼)·이광(李磺)의 집에서 수집한 것으로 볼 수 있다. 또한, 성암 고서박물관 자료실(성암 4~276)은 4卷 1冊(落帙)으로 금속활자본(현종실록자)이다. 현종실록자는 숙종대에서 영조대(1684~1776) 사용한 바 있으므로, 이 책은 이 시기에 간행한 것으로 보인다. 서울대 중앙도서관 본(3440~40~1~4)은 일본에서 간행한 필사본 8卷 4책으로 임권병위(林權兵衛)가 필사한 본이다. 연향(延享) 병인(1746년)에 평안서사(平安書肆)의 임권병위가 간행하였으며, 원문(元文) 4년(1739년)에 낭화뢰환(浪華賴煥)의 서문을 싣고 있다. 그리고 국립중앙도서관 본(古朝42~2)은 고활자본(현종실록자)으로 4卷 1책이며, 숙종년간(1674~1720)에 간행한 것으로 보인다. 끝으로 충남대 도서관 본(集. 詩文評類-442)은 목활자 8卷 2책인데, 권두(卷頭)에 『예원치언보』(사본)를 부기하고 있다.

서명	편저자/연대	서지사항	내용	기타
④ 세설신어보(世說新語補)[7]	1708년	20권 7책 (현종실록자)	유의경의 『세설신어』와 하량준(何良俊)의 『하씨어림(何氏語林)』을 산정하여 재편집하고 분류한 필기류 저술. 1424조의 고사로 이루어짐. 이 중 『세설신어』에서 채록한 것은 849조, 『하씨어림』에서 채록한 것은 575조.	6권, 7권, 8권은 필사본.
⑤ 세설신어보〔世說新語補(世說補)〕[8]	18세기 초 이후	9권 2책 (목활자)	현종실록자를 저본으로 하여 목활자로 다시 찍은 것.	1책은 권1~권5이며, 2책은 권6~권9임.

---

7 현재 간행연대를 추정할 수 있는 판본은 대체로 권수(卷首)에 왕세정의 서(1556), 왕세무(王世懋)의 서(1580)·「재지(再識)」(1585), 진문촉(陳文燭)의 서(1586), 유응등(劉應登)의 구서(舊序, 1227)를 비롯하여 문징명(文徵明)의 「하씨어림서」(1611)와 육사도(陸師道)의 「하씨어림서」 및 「세설신어보목록」을 차례로 싣고, 이어서 '권지일(卷之一)'로 이어지고, 그 아래에 "宋 劉義慶 撰, 梁 劉孝標 注, 宋 劉辰翁 批, 明 何良俊 增, 王世貞 刪定, 王世懋 批釋, 鍾惺 批點, 張文柱 校注"라는 제(題)를 붙이고 있다. 『세설신어보』와 관련한 전반적인 상황과 현종실록자본의 저본이 된 『세설신어보』 등은 노경희가 구체적으로 정리하여 논한 바 있다. 특히 『세설신어』와 『세설신어보』의 분책 상황과 그 소장 처, 그리고 둘의 통합본의 서지사항과 소장 처 등의 서지사항과 그 문화사적 의미를 거론한 바 있다. 이에 대한 것은 노경희, 「현종실록자본 『世說新語補』 간행과 流傳의 문화사적 의미」, 『한국한문학연구』 52, 한국한문학회, 2013, 497~530쪽. 또한, 『세설신어』의 선행 연구로는 김장환, 「世說新語의 한국 전래시기에 대하여」, 『중국어문학논집』 9, 중국어문학연구회, 1997. ;김장환, 「世說新語의 국내 流轉狀況과 研究槪況」, 『동방학지』 104집, 연세대학교 국학연구원 1999; 김장환, 「한국 고활자본 世說新語姓彙韻分 연구」, 『중국어문학논집』 13, 중국어문학연구회, 2000 ; 김장환, 「世說新語續書 연구: 世說新語補」, 『중국어문학논집』 16, 중국어문학연구회, 2001, 77~96쪽. 그리고 『세설신어보』의 판본과 해외유입에 관해서는 王能憲, 『世說新語補研究』 南京 江蘇古籍出版社, 1992, 75~253쪽. 그런데 허균은 「世說刪補注解序」(『성소부부고』 권4, 문부)를 짓는데, 그 내용은 왕세정의 『세설신어보』에 주해한 것을 언급한 내용인데, 구체적으로 어떤 책을 말하는지 명확하지 않다. 허균은 여기서 주지번으로부터 「세설신어보」를 구한 것으로 기록하고 있다.

8 이화여대 소장. (812.3 유78ㅅ)의 목활자본 『세설신어』의 구체적인 서지사항과 소장 처와 관련한 언급은 노경희, 「현종실록자본 『세설신어보』 간행과 유통의 문화사적 의미」, 『한국한문학연구』 52, 한국한문학회, 2013 참조.

서명	편저자/연대	서지사항	내용	기타
⑥ 세설신어성휘운분(世說新語姓彙韻分)	미상	현종실록자훈련도감자목판본, 필사본 등	『세설신어보』의 내용을 인물별로 기사를 모아 같은 성(姓)을 갖는 사람들끼리 모으고 다시 같은 운(韻)을 갖는 성끼리 모아 편집한 것.	『세설신어성휘운분』는 여러 곳에 소장.[9]
⑦ 세설신어성휘운분초(世說新語姓彙韻分抄)	미상	1책 필사본	『세설신어성휘운분』을 요약한 것.	건국대학교 상허기념도서관 소장.
⑧ 엄주시고(弇州詩稿)	미상	13책 필사본	왕세정의 『엄주산인속고』에서 시를 뽑아 필사한 것.	모두 2,119수가 실려 있음.
⑨ 사찬(史纂)	이항복	12권 10책 훈련도감자	왕세정이 17권으로 편찬한 『사기찬』에서 뽑아 4책으로 재구성한 것.	모두 73편이 실려 있음.
⑩ 사기찬초(史記纂抄)	미상	1책 (무신자)	왕세정이 17권으로 만든 『사기찬』을 1책으로 편찬.	고려대 소장.
⑪ 명사가시선(明四家詩選)[10]	허균 17세기 초	26권 (미상)	전후칠자의 대표적 인물인 하경명, 이몽양, 이반룡, 왕세정의 시를 뽑아 편집한 것.	모두 1,300편을 뽑음. 현존 여부 미상.
⑫ 길광영우(吉光零羽)[11]	김상헌 17세기	4책 (미상)	왕세정의 글을 뽑아 편찬한 것	현존 여부 미상.

---

9 『세설신어성휘운분』에 관해서는 김장환(2000) 403~424쪽 참조. 『세설신어성휘운분』는 국립중앙도서관에 현종실록자로 12권 4책, 건국대 상허기념도서관에 목활자 훈련도감자로 8권 4책, 영남대에 목활자 3책〔전영본(全零本)〕, 충남대에 목활자 9권 4책, 고려대에 필사본 12권 2책과 목활자 12권 4책 및 12권 6책 그리고 11책〔영본(零本)〕, 연세대에 필사본 12권 6책, 한국학중앙연구원에 필사본 4책(영본), 규장각에 목활자 3책과 목활자 12권 6책, 경기대학교에 목활자 4책(영본)이 있다.

10 이에 대한 저간의 사정은 『성소부부고』 권4, '文部'의 「明四家詩選序」에 잘 나와 있다.

11 金壽增(1624~1701), 『谷雲集』 卷3, 家記 「雜錄」. "時王考春秋已至大耋, 而精力尚強, 手不釋卷. 或披讀或諷詠, 又重抄文稿雪窖集, 又手錄弇州文, 作爲四冊, 名之曰吉光零羽. 又

서명	편저자/연대	서지사항	내용	기타
⑬ 명문각선(明文各選)	소북가문 18세기	2책 (필사본)	명초의 대각파, 명 중엽의 전후칠자, 당송파, 명말 소품 작가 등 명나라 전체를 망라하여 문인들의 글 수록.	모두 85편에서 왕세정의 글 11편 수록. 강세황과 임희양(任希養)의 소장인이 있음.
⑭ 명문선(明文選)	홍석주 19세기	20권	이반룡·왕세정을 비롯 명나라 문장가들의 산문을 엮은 것	현재 존재 여부는 미상. 왕세정은 병집(丙集)에 있음.[12]

도표에서 확인하듯이 ①, ②와 ⑪, ⑫, ⑬, ⑭처럼 왕세정 시문과 함께 다른 인물을 합쳐서 뽑은 경우가 있는가 하면, ③과 ⑧, ⑭처럼 왕세정의 문예 비평집과 시문집을 재간행하여 유통한 사례도 있다. 그리고 ④, ⑤, ⑥, ⑦처럼 왕세정이 편찬한 것을 증보하거나 왕세정 저술의 재간행도 있다. 여기에 왕세정의 저술을 활용하여 새로운 분류방식을 동원하여 편찬한 소사전도 있으며, ⑨와 ⑩처럼 왕세정의 안목을 빌려 『사기(史記)』 요약본을 만든 경우도 있다.

특히 ①은 명대 전후칠자의 대표적 인물의 시를 시체별로 선발한 것인 데, 왕세정의 시를 가장 많이 뽑았다. 이를테면 후칠자의 리더인 왕세정과 이반룡의 시를 349수와 184수나 싣고 있다. 이반룡에 비해 거의 2배가량의 시를 싣고 있거니와, 이는 왕세정에 남다른 관심을 보여주는 사례다.

여기서 주목할 것은 18세기에 소북(小北) 문인이 의고나 진한고문

錄古文一冊, 名曰狐千白, 此則不肖兄弟所寫也."

12 洪吉周(1786~1841)의 『峴首甲藁』 卷3, 「明文選目錄序」에 "明文選二十卷, 目錄一卷, 淵泉先生之所篇也. 其書有五集……自正德嘉靖以來, 王李以下若干家爲丙集."이라는 말이 나온다.

논란이 한풀 꺾인 시점에서 『명문각선(明文各選)』(2책)을 간행한 사실이다. 이 책에는 강세황(姜世晃, 1712~1791)과 임희양(任希養, 1737~1813) 등의 장서인과 함께 책 앞장에 박의회(朴義會)의 장서인도 찍혀 있다. 장서인 관련 인물은 모두 소북 출신이다. 이는 18세기 후반 소북 선후배 문인들이 이 책을 함께 편집·필사하여 독서하고 있음을 보여준다. 『명문각선』은 각 작품의 주요 구절에 비점(批點)을 찍고, 제목 아래에 작자를 적어 놓고 있는데, 원굉도(袁宏道, 1568~1610), 왕세정, 모곤(茅坤, 1512~1601)의 작품이 가장 많다.[13] 수록 작자를 보면 의고파, 공안파, 당송고문을 주장한 인물 작품을 함께 수록하고, 왕세정 작품을 명대 문학의 중요한 성과로 제시한 것은 흥미롭다. 18세기에도 왕세정 작품의 독서를 위해 간행한 것도 흥미롭지만, 18세기 문인이 왕세정의 다양한 저술을 재간행하여 유통한 것은 왕세정 열독의 중요한 사례로 이해할 수 있다.

이러한 열독 현상에 값하는 것은 『세설신어보』다. 『세설신어보』는 18세기 초에 이미 청조에서 수입되어 유통되었다.[14] 이를 국내에서 재간행하고 재편집하여 유통한 것은 단순한 왕세정 열독의 차원을 넘어, 왕세정 저술을 토대로 한 새로운 문예 지식을 생성한 사례로 이해할 수 있다. 실록자(實錄字)를 사용하여 『세설신어보』를 재간행한 것은 이러한 정황을 알려준다. 실록자는 본디 관의 필요와 수요에 따라 관찬서에 주로 사용되는 경우가 일반적인데, 관각 외에 민간에서 사적인 목적으로 사용되는 사례는 드물다. 관찬서에나 사용하는 실록자를 사용하여 『세설신어보』를 간행한 것은 이례적이다. 이는 왕세정의 문예 관련 지식 자체를 주목한 사례지만, 자세히 살펴보면 왕세정의 박학과 함께 『세설신어보』의 분류체계와 편찬방식을 주목한 것이기도 하다. 조선조

---

13 규장각 사이트(http://e-kyujanggak.snu.ac.kr/)의 김영진의 해제 참조.
14 여기에 대해서는 김장환의 앞의 논문 참조.

후기 일부 문인들은『세설신어보』의 분류체계와 편찬방식에서도 문예
지식의 새로운 방식을 읽어 낸 것이다.

실록자로 간행한『예원치언』역시 같은 맥락으로 이해할 수 있다.
사실 조선조 후기 문인이 왕세정 저술에서 가장 오랜 기간 열독한 것은
『예원치언』이다. 표에서 보듯이 이들은 장기간에 걸쳐 다양한 형태로
『예원치언』을 간행한 데서 알 수 있다. 거의 200여 년 동안 문예의 필독
서로『예원치언』을 읽고, 이를 통해 문예 비평의 안목을 높이거나 문예
감식안의 기준으로 활용하였다.

사실 왕세정 열독의 가장 중요한 지표는 왕세정이 남긴 저술의 국
내 유통 상황이다. 과연 조선조 후기에 왕세정의 어떠한 저술이 유입되
어 유통되는지, 그 상황을 살펴보기로 하자.

〈표 2〉 왕세정 저술의 조선조 후기 유입 상황

서명	시기	서지사항	내용	기타
엄주산인사부고	1577년 이후 17세기 초 이전	40책, 58책, 60책, 62책 (목판본)	왕세정의 시문을 처음 모은 시문집.	규장각 소장. 판본마다 책 수는 다르지만 모두 174권임.
엄주산인속고	17세기 중엽이전	207권 (목판본)	『엄주산인사부고』에 수록한 이후의 작품들을 왕세정 자신이 직접 정리해서 이루어진 시문집.	규장각에는 179卷 70冊과, 181卷 62冊(零本) 두 질이 있음.
엄산당별집	1615년	100권 (목판본)	시문집 이외의 역사와 제도와 관련된 주제를 논의한 것.	1615년 동지겸 진주사로 명나라에 간 민형남(閔馨男)이 사 가지고 옴.[15]

---

15 이에 대한 것은 한치윤(韓致奫, 1765~1814)의『海東繹史』卷42,「藝文志」'經籍'의 總論을
보면 잘 나와 있다.

서명	시기	서지사항	내용	기타
엄주사료 (弇州史料)[16]	미상	70책 (목판본)	사후(死後) 왕세정의 문인인 동복표(董復表)가 왕세정이 저술한 문집, 설부 가운데 조정 정사와 기피(忌避)되던 이유로 사장(私藏)된 전록(傳錄) 및 기타 비록(秘錄) 등을 수집하여 편찬한 사료(史料)임.	규장각 소장.
세설신어보[17]	1606년	20책 (목판본)[18]	유의경의 『세설신어』와 하양준의 『하씨어림』를 산정하여 재편집하고 분류한 필기류 저술.	명의 사신으로 온 주지번(朱之蕃)이 유근(柳根)에게 줌.
예원치언	미상	12권 (목판본)	서창곡(徐昌穀)의 『담예록(談藝錄)』과 엄우(嚴羽)의 『창랑시화(滄浪詩話)』를 보완하고, 고대부터 명대까지의 詩文, 그리고 시문평 등을 수록하고 왕세정의 의견을 개진한 비평서.	『엄주산인사부고』에 포함되어 있음.
예원치언	미상	12권 (목판본)	서창곡의 『담예록』과 엄우의 『창랑시화』를 보완하고, 고대부터 명대까지의 시문, 그리고 시문평 등을 수록하고 왕세정의 의견을 개진한 비평서.	『弇州山人四部稿』에 포함되어 있음.

---

16 『엄주사료』의 조선 유입은 『일성록』 1793년 2월 11일조에 보면 "王越事, 見國朝野乘, 弇州史料, 芝峯類說等書"라는 구절을 보면 알 수 있다. 아마도 그 이전에 조선으로 유입되었던 것 같다.

17 조선에 유입된 『세설신어(보)』의 구체적 정황이나 『세설신어보』의 조선본 간행과 관련한 구체적인 정보는 노경희가 상세하게 논한 바 있다. 또한, 민관동 교수팀은 『세설신어』와 『세설신어보』를 비롯하여 『세설신어성휘운분』 등 국내 소장 처와 출판사항 등을 정리한 바 있다. 민관동, 『韓國所藏 中國文言小說의 版本』, 2013, 학고방.

18 주지번이 건네준 책이 목판본인지는 확실하지 않지만, 당시 중국에서 처음 목판으로 간행된 『세설신어보』가 20책이라는 사실과 현재 국내에서 간행한 본이 책 수가 같다는 점을 고려하면 목판본일 가능성이 있다.

서명	시기	서지사항	내용	기타
사기찬	1615년	17권 (목판본)	사마천의 『사기』 중에서 왕세정이 중요하다고 인식한 작품을 중심으로 보완하여 다시 편찬한 것.	계명대, 한국학중앙연구원 소장.
황명오선생문준(皇明五先生文雋)	1624년	43책 (목판본)	이몽양, 이반룡, 왕세정, 왕도곤, 도륭 등의 시문 일부를 모아 편찬한 것.	규장각 소장.
왕엄주집	미상	20권	왕세정의 시문을 모은 것.	『晚翠文集』 권3에 '구했다'는 말이 나옴[19]
엄주산인시집	미상	52권	왕세정의 시를 모은 것.	『下枝遺集』 卷3에 이 책의 유입이 나옴.[20]
유상열선전전(有象列仙全傳)	미상	9권 6책 (목판본)	고대에서 명대까지의 선인(仙人), 고사(高士), 은인(隱人)의 전기.	규장각 소장의 明板本.
자치통감정사대전(資治通鑑正史大典)	미상	77권 40책 (목판본)	『자치통감』과 『자치통감』과 관련된 저술들을 편집한 것.	규장각 소장의 淸板本.
신간교정증보원기시운활법전서(新刊校正增補圓機詩韻活法全書)	미상	14권 3책 (목판본)	왕세정이 편찬한 시운서(詩韻書).	규장각 소장. 하지만 기증 도서인 '一蓑古'로 보아 유입 추정은 미상.

---

19 吳億齡(1552~1618)의 『晚翠文集』卷3의 '七言律詩'에 있는 「求王弇州集贈聖節使」를 보면, "歷數空同以後才, 鳳洲詞藻最稱魁. 極知文壓先秦倒, 可但詩追正始廻. 隻字堪爲天下寶, 全編尙少海東來. 願携一帙相傳閱, 鋤得心田舊草萊."라 언급하고 있거니와, 여기서 『왕엄주집』의 유입을 알 수 있다.

20 이상진(李象辰, 1710~1772)의 『下枝遺集』卷3, '書', 「與洪稚龍」에 "偶讀弇州詩集, 至仙字嚼完還作齉, 古文雕盡僅名虫之句, 輒爲之撫卷自笑耳."이라는 구절에서 『弇州山人詩集』의 유입을 알 수 있다.

서명	시기	서지사항	내용	기타
중정왕봉주선회찬강감(重訂王鳳州先生會纂綱鑑)	1739년경	69권 40책 (목판본)	중국 고대로부터 송·원·명에 이르기까지 통사(通史)를 다룬 역사 입문서.	규장각 소장.
봉주강감회찬(鳳州綱鑑會纂)	1887년경	69권 14책 (석판본)	『중정왕봉주선생회찬강감(重訂王鳳州先生會纂綱鑑)』와 동일한 내용.	규장각 소장인데, 상해의 대동서국(大同書局) 출판.
독서후(讀書後)	미상	8권 2책 (목판본)	왕세정이 말년에 독서한 후 남긴 제발을 모은 글.	규장각 소장. 하지만 기증 도서인 '一蓑古'로 보아 유입 추정은 미상.

　　왕세정의 저술은 문집과 편찬 서를 비롯하여 역사서와 필기류에 이르기까지 매우 다양하다. 조선조 후기 문인들은 17세기 전반에 왕세정 문예를 이해하는 데 가장 기본이 되는『엄주산인사부고(弇州山人四部稿)』를 비롯하여『엄주산인속고(弇州山人續稿)』와『엄산당별집(弇山堂別集)』등을 국내에 유입하여 읽은 바 있다. 그들은 왕세정이 편찬한 나머지 저술도 200여 년의 시차를 두고 점진적으로 국내로 들여온바, 거의 200여 년 동안 왕세정 열독 현상을 확인할 수 있다. 이처럼 문예 공간에서 200여 년 동안 왕세정에 관심을 보인 것은 이례적이다. 흔히 문학사의 거론처럼 왕세정과 그의 문예를 '의고'나 '후칠자'라는 틀로 가두거나, 반드시 문학 유파의 차원에서만 설명할 수 없다는 점을 보여준다.[21] 오랜 기간 왕세정의 열독 현상 자체가 중요한 문예적 현상이며, 문예장

---

[21]　왕세정과 왕세정 관련 저술이 조선으로 유입되는 사정과 조선에서 다시 간행되고, 가공을 통한 새로운 저술로 유통되는 문제는 여기서는 개략을 제시하는 데 그치고자 한다. 이 문제는 별고를 통해 논의할 예정이다.

에서 당대 문예의 실상을 설명하는 중요한 언표로 기능할 수 있기 때문이다. 요컨대 왕세정과 왕세정의 문예는 200여 년을 거치면서 점차 문예 비평이나 문학 유파에서부터 담론화로 나아간 것이다.

여기서 잠시 17세기 조선조 문인들이 왕세정의 『사기찬(史記纂)』을 어떻게 이해하고 수용하는지 살펴볼 필요가 있다. 조선조 후기에 오면 사마천의 『사기』가 산문 창작의 중요한 지침서 역할을 하듯이, 왕세정이 사마천의 『사기』에서 산문 창작에 필요한 작품을 뽑아 17권으로 편찬한 『사기찬』 역시 산문사와 문예 장에서 중요한 의미를 지닌다. 특히 17세기 조선조 문인들은 왕세정이 편찬한 『사기찬』을 가공하여 새로운 형태의 『사찬』을 편찬하고 있는바, 그 과정이 자못 흥미롭다.[22]

또 왕엄주의 『사기찬』 17권을 모해(模楷)하게 하고, 편지를 서로 왕래하면서 그 버리고 취할 것을 논정하였다. 왕엄주가 초한 것은 전선(全選)과 초선(抄選)의 구별이 있으므로, 지금 전선에서는 53편을 취하고, 초선에서는 20편을 취하여 모두 73편으로 만들었다. 그러자 혹자가 초선은 너무 쇄잡하지 않을까 의심하므로, 내가 말하기를, "소와 양의 고기를 썰어서 접시에 놓는 것이 비록 통째로 놓는 것만은 못하나, 금을 가려내는 데는 반드시 모래를 일어야만 하는 것이다. 이 또한 문원(文苑)의 한 예인데 무엇이 해롭겠는가."하였다. 그리고 고금의 주소(注疏)에 대한 산정(刪定)의 책임은 일체 선비 차천로(車天輅)에게 맡기어 모두 10개월을 걸려서 책을 이루었으니, 비록 완벽한 작품은 될 수 없을지라도 또한 학해(學海) 가운데 일구(一鉤)는 될 것이다.[23]

---

22 선조와 광해 연간에 전후 칠자의 수용 논의의 양상을 비롯하여 『사기찬』의 편찬에 관해서는 김우정, 「선조, 광해 연간 文風의 변화와 그 의미 - 前後七子) 수용 논의의 반성적 고찰을 겸하여-」, 『한국한문학연구』 39, 한국한문학회, 2007, 187~222쪽.

23 『白沙先生集』 卷2, 「史纂後跋」 "又以王弇州史記纂十七卷, 使爲模楷, 移書往復, 論定其

이 서책의 간행과 관련한 내용은 인용문 앞에 보인다. "조위한(趙緯韓)이 나를 찾아왔으므로, 내가 그와 함께 『한창려집(韓昌黎集)』을 이어서 또 다른 서책을 간행해야 한다는 문제로 걱정을 하였다. 그러자 조원외가 『사기(史記)』를 간행할 것을 권하고 인하여 평소에 스스로 초록해 놓은 열전을 가지고 와서 나에게 보여 주었다. 그러자 정승 이덕형(李德馨)이 그 소식을 듣고 즐거워하면서 자기 집에 소장되어 있는 한본(本)을 내주었고, 해평(海平) 윤근수(尹根壽)도 따라서 이 일을 찬성하였다."[24]라 하여, 『사기』를 새롭게 재편찬하기 위한 준비과정을 요약 정리해 두고 있음을 밝히고 있다. 인용문은 왕세정이 편찬한 『사기찬』이 새로운 편찬방식을 통해 『사찬(史纂)』으로 성립하는 저간의 과정을 생생하게 기술하고 있다.

당시 『사찬』의 탄생에 간여한 인사들은 조위한, 이덕형, 윤근수 등과 같이 당대의 쟁쟁한 산문가들이다. 이들은 모두 전후칠자의 의고와 관련을 지닌 인물들이다. 무엇보다 『사찬』 간행에 결정적 역할을 한 인물은 바로 차천로와 이항복이다. 차천로는 고금의 주소과 산정의 책임을 맡았고, 훈련도감의 제조였던 이항복은 이 책의 간행에 직접 후원하였다. 차천로와 이항복의 안목과 후원에 힘입어 『사찬』은 빛을 본 것이다.[25] 17세기 조선조 문단을 주도했던 인물들은 이 『사기찬』을 토대로

去就, 弇州所抄, 有全選抄選之別. 今於全選得五十三, 抄選得二十, 通共七十有三, 或疑抄選太碎, 余曰, 折俎雖不及體薦, 揀金必待淘沙, 是亦文苑一例, 何害焉? 其古今註疏刪定之責, 一委之車斯文天輅, 凡十閱月而書克成. 雖不能備全大成, 亦學海中一鉤." 번역은 한국고전번역원 사이트를 참고하였고, 필요에 따라 일부 문장은 윤문하였다.

24 『白沙先生集』卷2, 「史纂後跋」 "韓集之印旣已, 時有事于太廟, 余受戒坐齋房, 趙貟外緯韓來見余, 余與之虞繼韓之宜, 趙勸印史記, 因以平日所自抄傳來示余. 李相國德馨, 聞而樂之, 出捐家藏一本以畀之, 尹海平根壽, 從而贊成之."

25 현재 규장각에는 여러 판본이 남아 있는데, 완질은 없고 대부분 낙질이다. 명대의 왕세정이 사마천의 『사기』 중에서 세가(世家)·열전(列傳)·서(書)의 일부를 뽑아 편찬했던 『사기찬』을 저본으로 1612년에 훈련도감(당시 도제조는 이항복)에서 간행하였다.

새로운 형태의 『사기』의 선집을 간행함으로써 왕세정의 산문비평과 감식안을 비판적으로 수용할 수 있었다.

위에서 알 수 있듯이 조선조 후기 문인들은 문예 장에서 왕세정의 저술을 지속해서 유통하였다. 이들은 왕세정의 저술을 열독하거나 다시 간행하고, 때로는 새롭게 편찬하는 방식으로 수용한 것이다. 여기서 『세설신어성휘운분(世說新語姓彙韻分)』이나 『사기찬』과 같이 왕세정의 저작을 기반으로 새로운 형태로 간행한 것은 특기할 만하다. 이는 조선조 후기 문예 공간에서 왕세정을 둘러싼 문인의 인식과 그 저변의 튼실함을 보여주는 하나의 사례지만, 한편으로는 왕세정의 유작을 다양하게 독법하고 이를 기반으로 문예 장에서 문예 지식을 창신한 것으로도 이해할 수 있기 때문이다.

3. 조선조 후기 문예장에서 왕세정의 담론화(談論化)[26]

① 동회(同淮) 신익성(申翊聖)이 엄주 왕세정의 시문을 매우 좋아해 누워서도 몸에 지녀 한 번도 곁에서 내려놓은 적이 없었다. 그 부친인 신흠이 일찍이 말하였다. "이 아이가 태어날 때 내 꿈에 붉은 보자기에 싸인 책이 하늘에서 내려왔는데, 이는 문장을 잘 지을 징조로다!"라여겼지요. 그러자 손이 "보자기 속의 책은 틀림없이 『왕엄주집』이겠지요."라고 하자 동시에 웃었다.[27]

---

26 여기서 말하는 담론화는 문예 공간에서 왕세정과 그의 문예를 대상으로 새롭고 다양한 문예 지식을 생성시켜 당대 현실의 문예를 설명하는 다양한 언표들의 집합을 말한다. 특히 17세기 초 이후 19세기까지 약 200여 년 동안 왕세정을 두고 생성된 다양한 문예 지식의 언표와 그 언표들의 변화는 당대 문예의 구체적인 모습이기도 하다.

27 沈魯崇, 『自著實記』. "申同淮翊聖, 酷喜王弇洲詩文, 臥己自隨, 未嘗或捨. 其大人象村嘗

② 내가 일찍이 생각하기를, 왕세정과 이반룡의 화는 중국에서는 매우 컸다 할 것이지만 우리나라에서는 파천황의 공이 있다고 보아야 할 것이다.[28]

③ 이반룡과 왕세정은 표절을 고(古)로 여겼으니, 나 또한 일찍이 깊이 질시하고 힘써 배척하였다.[29]

①은 심노숭(沈魯崇, 1762~1837)이 선배들이 왕세정을 향유한 일화를 제시한 글이다. 신익성(1588~1644)은 선조의 부마로 17세기 초의 문예를 주도한 인물이다. 신익성이 왕세정의 시문을 탐닉한 정도가 어떠한지 여실히 보여주는 일화다. 아들의 문재(文才)를 간접 제시한 신흠(1566~1628) 역시 신익성 못지않은 왕세정의 열렬한 독자였다. 신흠은 당대 문단의 맹주로 주목받은 바 있다. 이처럼 17세기 초 조선조 문단의 일부 문인들은 열풍에 가까울 정도로 왕세정 시문에 심취하였음을 알 수 있다.

②는 남극관(南克寬, 1689~1714)의 언급이다. 중국과 우리나라가 후칠자의 맹주인 이반룡과 왕세정을 다르게 평가한 내용이다. 남극관은 왕세정과 이반룡을 부정적으로 평가한 중국과 달리 두 사람은 파천황(破天荒)의 공이 있음을 적시하고 있다. 남극관의 평가는 극찬에 가깝다. 파천황은 새로운 문학을 연 인물을 거론할 때 자주 언급되는 용어

日, '此兒始生, 吾夢紅袱裏書自天降下, 是其善爲文耶!' 客曰, '裏中書必是王弇洲集.' 一時笑之."

28 南克寬,『夢囈集』乾, '雜著十首',「端居日記」"余嘗謂王李之禍, 中國大矣, 而在我國, 則有破荒之功."

29 崔昌大,『昆侖集』卷11,「答李仁老德壽」"李攀龍王世貞, 剽剟以爲古, 僕亦嘗深疾而力排之."

다.[30] 평가가 다소 과장된 측면이 없지 않지만, 이는 왕세정이 조선조 문예 장에 남긴 충격과 파장을 강조한 것으로 이해할 수도 있다.

③은 최창대(崔昌大, 1669~1720)의 언급이다. 이반룡과 왕세정이 주창한 의고를 표절로 인식하고 강하게 배척하고 있다. ①, ②, ③의 사례에서도 알 수 있듯이, 조선조 후기 문인들은 왕세정의 시문을 열독하고 그의 문예를 거론하지만, 왕세정과 그의 문예를 평가한 시각은 단일하지 않다. 실제 문예의 공론장에서 왕세정을 둘러싼 논의는 미친년 키질하듯 그 편차가 크다. 이를테면 왕세정을 바라보는 시각만 하더라도 비판과 반 비판이 있는가 하면, 긍정과 부정에 이르기까지 극단적으로 차이가 난다. 왕세정이 남긴 유작의 편집방식을 적극적으로 수용하여 자신 문집의 편찬에 활용하기도 하고,, 왕세정을 의고[진한고문]에 연결해 긍정적 시선을 표출하거나 일부에서는 법고와 창신의 잣대로 그 성과와 한계를 함께 논란하기도 한다.

이는 조선조 후기 문인의 왕세정 독법의 층위와 그의 문예적 성취를 둘러싼 시각이 단일하지 않음을 보여주는 구체적 예다. 기왕의 연구에서도 이처럼 다양한 시선으로 왕세정에 접근한 바 있다. 하지만 긍정과 부정의 극단적 평가와 관계없이 왕세정을 바라보는 다양한 시선을 주목해야 한다. 왕세정을 이렇게 바라보는 것 자체가 조선조 후기 문인들이 왕세정을 통해 말하고자 하는 당대 문예의 속살을 보여준다는 사실과 문예 공론장에서의 왕세정의 위상도 함께 보여준다. 이 점이 흥미롭다.

이제 조선조 후기 문예 공간에서 생성된 다양한 왕세정 독법을 들여다보기로 하자. 우선 허균의 왕세정 읽기를 거론할 수 있다. 허균은

---

30 이규보(李奎報)는 『백운소설(白雲小說)』에서 "李奎報白雲小說, 崔致遠入唐登第, 有破荒之功, 故東方學者, 皆以爲宗."이라 평한 바 있다. 이규보는 한국한문학을 본격적으로 개척한 최치원의 문학사적 위상을 거론할 때 이 단어를 사용하였다.

왕세정 문집의 '사부(四部)' 체제를 본받아 자신의 문집을 편집한 것은 익히 알려진 사실이다. 그가 남긴 글 중에 왕세정 관련 내용이 많은 것 역시 왕세정과의 관련성을 보여주는 대목이다. 이는 그간의 연구 성과 에서 누차 지적된 바 있다. 19세기의 홍길주(洪吉周, 1786~1841)도 왕세정의 '사부' 체제의 『엄주사부고(弇州四部稿)』를 본받고 있다. 그는 자신이 저술인 『현수갑고(峴首甲藁)』를 시(詩)·부(賦)·문(文)·설(說)의 4부로 나누었음을 고백한 바 있다.[31] 왕세정이 자기 문집을 새로운 방식으로 분류하고 배치한 것은 독창적인 발상이다. 이는 자신의 저술을 개성적으로 드러내고자 하는 의지의 표출일 터, 이 점에서 허균과 홍길주의 문집 편찬은 같은 의식으로 간주해도 좋겠다.

한편, 조선조 후기 문인들은 창작과정에서 왕세정 문장의 개성을 재인식하고, 그의 문장을 법고창신한 바 있다. 왕세정의 생인입전(生人立傳)이 하나의 사례이다. 왕세정은 살아있는 사람을 위해 입전(立傳)하는 전례를 남김으로써 서사문학에 새로운 기준을 제시한바, 그의 생전(生傳) 창작은 조선조 후기에 적지 않은 영향을 주기도 한다. 여기서 조선조 후기에 생인입전의 성립과 실제 창작의 사례를 보기로 하자.

① 신유년(1741) 8월에 내가 누구를 탄핵하다 견제를 받아 빈양(濱陽)의 상촌(觴村)으로 돌아갔다. 상고당(尙古堂)이 배를 타고 물결을 거슬러 올라와 내 거처인 언송암(偃松菴)을 방문하였다. 하룻밤을 머물며 밤

---

31 洪吉周,『峴首甲藁』編次. "古人之集, 或有分部者. 其分詩與文爲二集者, 陸務觀『劍南』·『渭南集』是也. 其分詩賦文說爲四部者, 王元美『弇州四部稿』是也. 余之是集 亦有四紀之分焉. 曰『雜文紀』者五卷, 曰『雜詩紀』者一卷, 曰『藏書紀』者 三卷 曰『雜文別紀者』一卷云." 하지만 홍길주는 다른 글에서 왕세정의 문장을 두고 군자는 문장으로 여기지 않을 것이라거나, 군자는 읽지 않을 것이라는 등 혹평한 바 있다. 홍길주는 왕세정의 문장과 그의 문집체제의 참신성을 구분해서 그 의미를 이해하고 있다. 이에 대해서는 『峴首甲藁』卷4,「與李元祥論齋義書」참조.

에 촛불을 켜놓고 놀다가 맞장구를 치며 삼교(三敎)에 대해 담소를 나누던 중에 말이 명나라 문인들의 글에 미쳤다. 조금 있다가 나에게 말하기를, "내 나이가 당신에 비해 적으니 반드시 당신보다 뒤에 죽게 될 것이고 그대의 글을 얻을 수 없을 것입니다. 다행히 당신이 나를 위해 미리 전(傳)을 지어주신다면 후세 사람에게 '나'라는 사람이 있었음을 알게 할 것입니다." 상고당이 명나라 문인들을 좋아함은 여기에서 더욱 독실하다. 산 사람을 위해 전을 짓는 것은 옛날에는 대체로 있지 않았거니와 있더라도 또한 드문 일이었다. 그런데 왕세등 등을 비롯한 문인들에 이르러서야 비로소 성대하게 그것을 하였다. 상고당의 뜻은 아마도 그것을 조종(祖宗)으로 삼은 듯하다. 이에 글을 써서 상고당 김씨의 전으로 삼는다.[32]

② 근사록강설(近思錄講說) 일부를 적었다. 회보(晦甫) 이언근(李彦根)과 함께 『반계수록(磻溪隨錄)』일부를 베낀 것과 대조하였다. 저녁에 도사(都事) 이의철(李宜哲)이 지은 「이처사엽전(處士李曄傳)」을 나의 벗 이언근의 처소에 전달해왔다. 나는 웃으면서 나의 벗에게 "산 사람을 위해 입전하는 일이 옛날에도 있었는가?"라고 묻자 나의 벗은 선현이 일찍이 김처안(金處安)을 위해 입전한 예가 있었네."라고 하였다.[33]

---

32 李德壽,『西堂私載』卷4, 雜著,「尙古堂金氏傳」"辛酉八月, 余見擠於白簡, 歸濱陽之觴村. 尙古駕片舸, 逆浪而至, 見訪於偃松菴. 留一宿, 夜秉燭, 抵掌而談三敎, 以及乎明人之文. 旣已謂余曰, "吾年比子爲少, 其必後子而死, 不得子之文也, 幸子預爲我立傳, 使後世知有我也." 尙古之喜明人, 於是乎爲尤篤矣. 爲生人立傳, 古盖未嘗有, 雖有而亦罕, 至王弇州諸人, 始盛爲之. 尙古之意, 殆其祖, 於是乎乃書, 以爲尙古堂金氏傳." 이 글은 김동준,「王世貞 코드로 읽는 生誌銘과 意園-18세기 安山圈 文人들의 불우와 위안의 예술적 형상화-」,『한국한문학연구』52, 한국한문학회, 2013, 125~162쪽.

33 楊應秀,『白水先生文集』卷17,「築場日記」丁卯, 11월 12日. "書近思講說若干, 與李晦甫, 考準磻溪隨錄若干. 夕, 李都事宜哲, 作處士李曄傳, 傳來于李友所. 余笑謂李友曰, 爲生人立傳, 古亦有之乎? 李友答曰, 先師嘗爲金處安立傳云."

①은 이덕수(李德壽, 1673~1744)가 상고당(尙古堂) 김광수(金光遂, 1699~1770)의 요청으로 그를 위해 입전한 정황을 적고 있다. ②는 양응수(楊應秀, 1700~1767)가 회보 이언근(1697~1764)과 함께 『반계수록』을 필사한 후에 이의철(1703~1778)이 보내온 「처사이엽전」을 두고 나눈 대화 내용의 일부다. 모두 산 사람을 위한 입전이 흔하지 않다고 언급하고 있다. 특히 ①에서 왕세정과 후칠자가 '생인입전'한 선례를 언급하고 있는바, 실제 왕세정의 문집을 보면, 그가 산 사람을 위해 입전한 생전을 적지 않게 발견할 수 있다. 예컨대 왕세정의 작품 중에 「구문의공전(瞿文懿公傳)」·「위순보전(魏順甫傳)」[34]·「육숙평선생전(陸叔平先生傳)」[35]은 물론, 「주방헌전(朱邦憲傳)」·「전곡선생소전(錢穀先生小傳)」[36]·「허본중전(許本中傳)」[37] 등이 그러하다. 앞서 상고당 김광수의 생전 창작 배경이 왕세정과 관련 있음을 밝혔는데, 조선조 후기 '생인입전'은 왕세정 열풍과 함께 그가 남긴 생전을 견문한 것을 계기로 생전 창작이 확산된 것으로 보인다.

실제 왕세정을 17세기 이후 조선조 문인들의 창작에서 이 점을 확인할 수 있다. 유몽인(柳夢寅, 1559~1623)의 경우가 대표적이다. 유몽인은 왕세정을 명나라의 문장지사(文章之士)로 높이 평하면서, 송(宋)과 원(元)의 퇴란(頹瀾)한 문장을 바로 잡은 그의 공을 높이 평가한 바 있다. 왕세정의 저술을 열독한 유몽인이 「청풍이기설전(淸風李基卨傳)」[38]과 「유희경전(劉希慶傳)」이라는 생전을 창작한 것은 왕세정 생전 창작 사례와 친연성을 보여준다. 입전 대상인 유희경은 유몽인과 동시대 인

---

34 欽定四庫全書, 『弇州四部稿』 卷82 참조.

35 欽定四庫全書, 『弇州四部稿』 卷83 참조.

36 欽定四庫全書, 『弇州四部稿』 卷84 참조.

37 欽定四庫全書, 『續稿』 卷72 참조.

38 이 작품은 행실이 바르고 효성이 지극한 한 처사의 강직한 성품을 입전하였다.

물로 시재가 뛰어났고, 평생 학문에 전념한 포의 시인으로 이름을 떨친 인물이다. 유몽인은 재능이 있지만 불우하게 살던 동시대 인물을 주목하고, 그들의 삶에 남다른 애정을 가지고 그의 삶을 입전하고 있다. 유몽인의 이러한 입전 의식은 왕세정의 그것과 상동성을 지닌다.

허균(許筠, 1569~1618) 역시 왕세정을 중시하고 그의 문예적 성취를 적극적으로 인정한다. 그는 왕세정의 문장을 활용하여 창작할 정도로 왕세정의 중요한 독자였다.[39] 허균의 왕세정 독법은 왕세정 문장의 높은 관심과 체득의 정도를 보여주는 징표다.[40] 허균은 자신의 시사(詩師)이던 이달(李達)을 위해 「손곡산인전(蓀谷山人傳)」을 짓고, 이인(異人)을 입전한 「남궁선생전(南宮先生傳)」을 창작한 바 있다. 이들 작품은 모두 생전이다. 이 작품은 기왕의 입전 의식과 사뭇 다른 양상을 보여준다.

신흠(申欽) 역시 왕세정의 주요한 독자 중 한 사람인데,[41] 그가 남긴

---

39 허균이 이춘영(李春英)의 뇌문(誄文)(『惺所覆瓿藁』 卷15, 「李實之誄」)을 지으면서 그의 사람됨과 문학을 평한 바 있는데, "아 슬프다! 장자(莊子)는 침몰하고, 양웅(揚雄)은 적막하네. 부귀하고 삭는 것은 그대 소원 아니었네. 무한한 그대의 지혜 맺혀 영원하리. 천고에 빛나며 해와 달같이 항상 밝으리라.(嗚呼哀哉! <u>漆園沈冥, 玄亭寂寞</u>. 富貴而朽, 非君所樂. <u>無涯之智, 結爲大年</u>. 炳烺千古, <u>日月常鮮</u>.)"라 언급한 바 있다. 줄친 부분은 王世貞이 李攀龍 死後에 그를 위해 입전한 「李于麟先生傳」의 마지막 논찬부분과 겹친다. 왕세정은 "<u>無涯之智, 結爲大年. 日月經天, 光彩常鮮. 嗚呼何恨哉!</u>"(欽定四庫全書, 『弇州四部稿』 卷83, 「李于麟先生傳」)라 기술한 바 있거니와, 표현수법이 거의 비슷하다.

40 柳夢寅, 『於于集』 後集 卷4의 「題汪道昆遊城陽山記後」에서 "余觀大明文章之士, 有懲宋儒專尙韓文, 而不能得其奇簡虛, 徒學弛緩支離之末, 資之以助箋註文字, 使人易曉也. 故或主左氏史記, 餘力先秦諸氏, 寸寸尺尺, 剽掠句讀, 王弇州爲上, 李空同次之. 空同之文, 益古於弇州, 又能先 倡秦漢古文, 而但語辭追蠢, 近於小家, 故當讓弇州之浩大."라 언급한 것과 「答崔評事有海書」에서 "大明文士, 有徵於宋文之弛緩, 空同先倡於左國, 弇州繼武於兩漢, 意欲一振宋元之頹瀾, 惟其長於文短於理, 果如足下之所云也."라 언급한 것을 보면 알 수 있다.

41 신흠의 『象村集』을 훑어보면 왕세정의 저술을 읽고 심취한 흔적을 여러 곳에서 볼 수 있는데, 시의 경우 차운한 「次月汀山海關次李滄溟答元美韻」(卷12)와 산문의 경우, 「鐵網餘枝序」(卷22), 「書王弇州三忠祠歌跋後」(卷37), 「晴窓軟談」(卷59, 卷60) 등에서 확인할 수 있다.

「이양녀전(李良女傳)」 역시 생전이다.[42] 신흠과 허균은 모두 왕세정 문집을 탐독했을 뿐만 아니라, 왕세정의 문예적 성과를 비교적 정확하게 이해한 인물들이다. 이들 외에도 왕세정의 문예적 성취와 한계를 언급한 문인으로 허목(許穆, 1595~1682)을 들 수 있다.

허목은 왕세정의 문장은 부정적으로 보고 있는 데 반해, 문예 비평은 긍정적으로 보았다.[43] 그가 창작한 「삭낭자전(索囊子傳)」도 생전이다. 허목이 왕세정 저술을 열독한 사실을 고려하면, 이 역시 왕세정과의 관련성을 거론할 수 있다.[44] 박태보(朴泰輔, 1654~1689) 역시 예외가 아니다. 그는 왕세정의 창화시(唱和詩)를 주목하여 관심을 표명하고, 생전을 창작하고 있다.[45] 박태보는 왕세정의 독자였던 최석정(崔錫鼎)·조지겸(趙持謙)·임영(林泳)·남학명(南鶴鳴) 등과 교유하고,[46] 전후칠자의 시를 높이 평하는가 하면, 창화시의 모범 사례로 왕세정을 꼽았다. 이러한

---

42 이 작품은 임진왜란 당시 동래부사 송상현(宋象賢)의 첩으로 포로로 잡혀 돌아 온 후 끝내 다른 남자에게 가지 않은 첩의 절개를 포착하였다. 신최(1619~1658)의 「청양의부전(靑陽義婦傳)」도 생전의 하나이다.

43 그의 문집인 『記言』 卷1의 「學·談評」에서 왕세정의 비평적 안목을 긍정적으로 보지만, 권5의 「문학(文學)」에서는 왕세정의 문장을 "혼후함은 한유만 못하고 변화의 묘는 소식만 못하면서 다만 말을 돌려 궤변을 늘어놓을 뿐이었다."라 하여 부정적으로 평가하고 있다. 허목이 왕세정의 문예를 두고 긍정과 부정의 두 면을 평한 것은 왕세정의 저술을 구체적으로 열독한 결과로 이해할 수 있다.

44 이 작품은 정처 없이 떠도는 한 거지의 특이한 삶을 포착하였다.

45 박태보가 남긴 「이생전」은 생전으로 효자전이다. 이 작품은 이웃 사람들로 부터 죽은 어머니를 위해 지극정성을 다하는 이생의 효성을 듣고 입전하였다. 박태보는 『定齋集』 卷4의 「창화집서(唱和集序)」에서 왕세정과 이반룡의 창화시를 뛰어난 사례로 주목한 바 있거니와, "세상에서 창화를 칭하는 자 당나라의 원진(元稹)과 백거이(白居易), 송나라의 소식과 황정견, 명나라의 왕세정과 이반룡을 뛰어나다고 한다. 저 여섯 문사의 창화는 또한 지금과 무엇이 달라서 사람들이 곧 저들을 떠들며 칭찬하면서 다시 미칠 수 없다고 생각하는가?(世之稱唱和者, 唐之元白, 宋之蘇黃, 明之王李, 其傑然者也. 彼六子者之唱和, 亦奚以異於今日, 而人乃嘖嘖稱彼而不已, 以爲不可復及?)"라 하였다.

46 그는 남구만의 조카인데, 남구만을 비롯하여 그가 교유한 최석정·조지겸·임영·남학명 등은 왕세정의 저술을 읽은 독자들이다.

관심은 왕세정 저술의 독서와 이해가 없으면 불가능할 터, 박태보의 생전 창작 역시 왕세정과 무관하지 않음을 추측할 수 있다.

이뿐만 아니라 이수광(李睟光, 1563~1628)의 「조완벽전(趙完璧傳)」[47]과 「연풍전(年豐傳)」도 생전이다.[48] 이수광은 『지봉유설』 문장부에서 『예원치언』을 비롯하여 왕세정이 남긴 저술을 토대로 비평 기준을 제시하고, 전대 문인들의 작품을 평한 바 있다. 이는 왕세정의 비평안과 감식안을 긍정적으로 인식한 사례인데, 그의 생전 창작도 왕세정을 긍정적으로 열독한 것과 무관하지 않다. 요컨대 왕세정 저술의 유통과 17세기 문인들이 그것을 열독한 것은 생전 산생의 동인으로 작동한 것으로 보인다. 17세기 문인들의 생전 창작이 왕세정의 생전을 배경으로 산생된 것은 아니겠으나, 17세기 문인들이 왕세정 저술의 열독이 생전 창작의 한 계기를 준 것은 분명한 사실이다.

18세기 문예 장에서도 왕세정 열독은 이어졌다. 개성적인 문장가로 손꼽히는 조귀명(趙龜命, 1693~1737) 역시 왕세정의 주요 독자다.[49] 그가 남긴 「매분구옥낭전(賣粉嫗玉娘傳)」[50]과 「김유련전(金流連傳)」[51] 역시 생전이다. 조귀명이 왕세정의 생전을 염두에 두고 창작한 것인지 알 수 없지만, 17세기 이후 생전 창작의 확산과 무관하지 않아 보인다. 더욱

---

47 조완벽은 정유재란에 피로인(被擄人)으로 일본에 잡혀갔다가 일본의 상선을 타고 安南(지금의 베트남)을 기행하고 조선으로 귀환한 특이한 인물이다.

48 「연풍전」의 인물은 임진왜란 당시 이수광이 영남에 방어종사관(防禦從事官)으로 있으면서 고립이 되자, 김천(金泉)의 역노(驛奴)가 목숨을 무릅 쓰고 적중에서 탈출하면서 고락을 함께한 연풍이라는 인물의 의로운 행실을 주목하고 있다.

49 그는 「증나생침서(贈羅生沉序)」, 「화곡집서(華谷集序)」, 「증정생석유서(贈鄭生錫儒序)」 등에서 왕세정의 저술을 읽고, 비판하거나 더러 그의 저술을 인용한 바 있는데, 그 역시 왕세정의 독자였다.

50 이 작품은 서울에서 분(粉)을 파는 비(婢)의 삶과 정절을 지킨 종성(鍾城) 내시비(內寺婢)인 옥랑(玉娘)의 삶을 그렸다.

51 이 작품은 자신의 재산을 흩어 거지에게 주면서도 명성을 구하지 않는 인물의 품성을 그렸다.

이 18세기 이후 생전 창작 성향은 더욱 확산하는데, 이 시기 문인들은 주로 자신의 주변에서 입전 대상을 찾거나, 자신이 주위에서 견문한 특이한 개성을 지닌 인물을 주목하였다. 예인을 비롯하여 당대의 일상에서 발견할 수 있는 인물을 포착해 입전하고 있다. 18세기 생전 창작의 확산을 왕세정과 직접 연결할 수는 없지만 생전 창작의 확산은 왕세정의 창작 경험을 인지한 이후 확산한 사실은 명백해 보인다. 이처럼 생전 창작은 한문 서사문에서 인물전의 새로운 변화를 촉발한 사실은 역시 기억할 필요가 있다.

조선조 후기 문인들은 생전 창작 외에도 문예 비평과 학술 공간에서도 왕세정과 그의 문예적 성과를 두고 다양한 논란을 벌이기도 한다. 각각의 사례를 통해 그 양상을 확인해보자. 우선 정조는 왕세정을 두고 상반된 시각을 보여준다. 정로 "왕세정은 저작이 많은데 재주는 뛰어나고 기상은 고고하여 일세를 경동(驚動)시켰다."[52]라고 극찬하는가 하면, "왕세정은 문장이 이미 보잘 것도 없고, 인물을 평론하는 데에서도 신기하고 기이한 짓을 힘썼다."[53]라 하여 혹평하는 등 상반된 평가도 주저하지 않는다. 사실 정조뿐만 아니라, 17세기 이후 왕세정을 두고 상반된 평가를 하는 문인은 적지 않다. 이는 비평의 주안점을 어디 두느냐에 따라 그 평가가 달라지는 것을 고려하더라도, 동일한 대상을 두고 상반된 평가를 하는 것은 매우 이례적이다.

이어지는 왕세정 독법은 앞의 상반된 평가와는 사뭇 다르다.

① 왕세정은 "태강(太康) 이후로 외색(外色)을 전용했다."라 하였으니, 외색이란 용양(龍陽)의 총행(寵幸)을 가리킨 것이다. 당나라 의도내인(宜

---

52   한국고전번역원, 국역, 『홍재전서』 卷9, 「序引·詩觀序」.
53   한국고전번역원, 국역, 『홍재전서』 卷172, 「日得錄」 12, 人物 참조.

都內人)은 측천무후의 여자 시종이었는데, 무후에게 "황후께선 남첩 (男妾)을 물리쳐버리고 홀로 천하에 서도록 하소서." 하고 간하였으 니, 남첩과 외색은 적절한 대라 하겠다.[54]

② 주자(朱子)는 대현(大賢)이요, 소식(蘇軾)·귀유광(歸有光)·왕세정 등은 모두 대유(大儒)인 데다가 중국에 태어났어도 오히려 일치된 의론이 있지 않은데, 하물며 우리나라 선비들이겠습니까. 그러므로 신은 감 히 개인의 억측으로써 밝으신 질문에 누를 끼치지 않겠습니다.[55]

①에서 성호(星湖) 이익(李瀷)은 왕세정이 하나라의 세 번째 왕 태강 이 동성애를 좋아했다는 것을 언급한 다음, 외색의 어원과 칙천무후의 사례로 들고 있다. 특히 왕세정의 언급을 거론하며 이를 보완하여 설명 하고 있다. 이익은 왕세정의 문예 이론보다 그의 박학과 고증을 주목하 고, 그 성과를 자신의 필기 저술에 활용한 것이다.

반면에 ②에서 다산(茶山) 정약용(丁若鏞)은 주자를 대현으로 추켜세 운 다음, 소식과 모곤을 비롯하여 함께 당송파의 일원이던 귀유광과 진한 고문을 주장한 왕세정을 특기하여 대유로 평가하고 있다. 이처럼 경세치 용의 실학을 중시한 성호와 다산도 왕세정을 보는 시각은 달랐다.

위의 언급 외에도 유몽인은 왕세정이 만년에 소식의 문장을 좋아 하고, 진한고문의 문체를 버려 결국 문장의 품격이 떨어지게 된 사실을 비판적으로 바라보기도 한다.[56] 실제로 왕세정은 만년에 소식의 문예를

---

54 한국고전번역원, 국역, 『성호사설』 卷30, 「詩文門」, '外色' 참조.

55 한국고전번역원, 국역, 『茶山詩文集』 卷8, 對策, 「地理策」.

56 柳夢寅, 『於于集』 卷4, 「答崔評事有海書」 "世稱歐陽文高於東坡文, 余以爲大不然. 坡文 非古文也. 初 非有心於文字者, 自立論議, 見古人所未見, 隨口快辨之, 等閒之說, 皆人所 不及, 如雲烟出山, 隨風卷舒, 不可以手攬之, 攬之則爲空虛, 未有其才而欲學其文, 文體

탐독했다. 소동파에 심취한 이후 왕세정은 문장을 하나의 소기로 보는
등, 이전과 사뭇 다른 문예 지향을 보여주기도 한다.[57] 왕세정 만년의
문예 지향과 그 성과는 논외로 하더라도, 조선조 후기 문인들이 왕세정
만년의 문예 성취와 변화양상을 구체적으로 인식하는 것은 음미할 만
한 대목이다. 이는 왕세정의 저술을 두루 섭렵하거나 그 성취를 독실하
게 이해하지 않으면 나올 수 없는 발언이기 때문이다.

　여기서 눈여겨보아야 할 사안은 조선조 후기 문인들이 왕세정 시
문을 잣대로 타자의 시문을 평하는 데 그치지 않고, 시문 평가의 잣대
로 삼은 왕세정 자체를 대상으로 삼아 비평한다는 사실이다. 이는 문예
장에서 왕세정을 둘러싼 이러저러한 비평을 넘어 왕세정과 그의 문예
적 성취를 담론화하는 것을 의미한다. 조선조 후기 문인들이 왕세정을
기준으로 자신의 문예적 사유를 드러내거나 당대 문예를 비평할 때, 그
논거로 왕세정을 끄집어내어 활용하는 것에서도 알 수 있다.

　남극관의 언급은 이러한 사례를 잘 보여준다. 그는 선배들의 시문을
논하는 자리에서 왕세정을 시문 비평의 준거로 들면서 자신의 문예적 사
유를 드러낸 바 있다. 나아가 그는 왕세정을 준거로 김창협(金昌協)을 평

卑弱而止. <u>王弇州, 晚好其文, 盡棄其學而學焉. 自是, 文體趨下, 殊不及舊作, 是不過陳
相之學墨, 可哀也.</u>" 더욱이 유몽인은 한 걸음 나아가 왕세정의 만년 시문이 예전만 못한
것은 왕세정이 소식의 문장을 탐독하여 자신이 추구한 진한고문의 문체를 버린 결과로 이
해하였다.

57 왕세정이 세상을 떠나고 10년이 지난 후에 말년의 주요 작품을 수록한 『엄주산인속고』와
『엄주산인속고부』가 간행되었다. 이것은 인쇄한 양이 적은데다 왕세정 사후 공안파(公安
派)가 득세하여 전후칠자를 공격하였기 때문에 왕세정 말년 작품은 널리 알려지지 못하였
다. 또한, 청대 학자들을 비롯하여 이후의 조선조 학자들 역시 명의 전후칠자에 적지 않은
편견을 가지고 있었을 뿐만 아니라, 명의 '반복고(反復古)', '반모의(反模擬)'를 과도하게 받
아들였기 때문에 명나라 사람의 '의고'와 '모의표절(模擬剽竊)'의 폐단을 특기하고 있다. 이
는 왕세정의 모든 작품을 제대로 이해하지 못한 결과이기도 하다. 왕세정 만년의 사상과
저작의 성과에 대해서는 魏宏远, 「王世貞晚年文學思想研究」 復旦大學 博士學位論文,
2008, 120~196쪽.

하기도 한다. 남극관은 왕세정의 먼 후예로 김창협을 지목하는가 하면, 왕세정을 비평의 대상으로 삼아 재비평하였다. 예컨대 그는 왕세정의 시에는 아름다운 곳이 있는 듯하지만, 세밀하게 보면 구성이 공교롭고 아름답기만 하고 신채(神采)가 관통하지 못한다고 언급하고있다. 이는 왕세정 자체를 비평의 대상으로 삼고, 그 시문의 장단점을 구체적으로 제시한 것을 의미한다. 특히 남극관은 왕세정과 이반룡의 시문을 다 배운 인물로 허균·이민구(李敏求)·김만기(金萬基)·김만중(金萬重)·김창협(金昌協)·김창흡(金昌翕)을 들고, 왕세정과 이반룡의 문장을 배운 자로 윤근수(尹根壽)·신흠·김상헌(金尙憲)·박미(朴瀰)·신익성(申翊聖)·신최(申最)·김석주(金錫胄)를 꼽는 한편, 후칠자에 물든 자로 장유(張維)를 지목하고 있다.

여기서 흥미로운 사실은 남극관이 김창협과 김창흡의 문장이 왕세정과 경릉파(竟陵派)에 연원을 두고 있는 데도 그 사실을 숨겼을 뿐만 아니라, 그들 문장은 결국 왕세정의 아류에서 벗어나지 못한 것으로 비판한 점이다. 이어서 그는 김창협 형제의 문장은 왕세정을 은밀하게 이용하여 자기화하고 있지만, 그것은 표절에 가깝고 그들의 문장 역시 왕세정의 문장에서 벗어나지 않고 있다는 점을 부각하고 있다. 남극관의 이러한 비평이 자신의 정치적 입장이 김창협 형제와 다른 점, 비평한 내용이 적실한지는 논외로 하더라도, 김창협 형제의 문장이 왕세정과 관련이 있다는 것은 사실에 가깝다는 것을 보여준다. 위에서 남극관이 표절 운운한 것은 그 사실 여부와 관계없이 어찌 보면 김창협 형제의 시문이 왕세정과 깊은 관련성을 지녔음을 보여주는 언표의 하나다.[58]

---

58 南克寬, 『夢囈集』 乾, 「端居日記」 "十一日, 見嶺南新刻農巖集序文, 刊去詆訾韓歐語. 蓋亦自知其無倫也. 許筠·李敏求, 始學嘉隆詩, 而未備, 瑞石兄弟文之以騷選, 金昌協輩, 又參之以唐人古詩, 遞變極矣.. 末流漸浮怪, 衰相已見矣. 金詩視其弟筋力不如, 亦頗雅靚, 即其所就而篤論之, 大金婁江之苗裔, 而小金竟陵之流亞也. 婁江非無佳處, 細看只是結撰工美, 不見神采流注, 竟陵境僻音哀, 虞山之掊擊雖過, 檗自取也. 王李之波東漸, 學詩

당대 문단을 주도했던 김창협이 왕세정과 깊은 관련성을 지닌다는 사실은 뒤집어 생각하면, 왕세정 열독의 한 국면을 보여주는 것이라는 점에서 주목할 만하다.

여기서 남극관의 비평 방법이 무엇보다 흥미롭다. 남극관은 이반룡과 왕세정의 문예적 성취를 비평의 기준으로 삼아 타인을 비평하는 데 그치지 않고, 이반룡과 왕세정 역시 비평의 대상으로 삼고 다시 비평한 점이다. 이는 왕세정을 문예의 중요한 흐름으로 인식한 것이자, 왕세정을 담론의 대상으로 삼았음을 의미한다.

왕세정의 사례에서 알 수 있듯이 조선조 후기 일부 문인들은 명·청조와 조선조 문단을 영향 관계로 보기도 하지만, 일부 문인은 수평적 시선에서 연결한 예도 적지 않다. 이럴 경우, 모두 비평의 기준을 전후칠자나 의고로 상정한 경우가 많고, 그 정점에 왕세정을 위치시킨다. 또한, 그들은 전후칠자 그 자체보다 왕세정과 그의 시문 창작, 왕세정을 둘러싼 문예 지식을 기준으로 문예 비평의 잣대로 삼거나, 왕세정을 둘러싼 다양한 논의 자체를 당대 문예의 중요한 흐름으로 인식하고 있다. 이 역시 담론화의 한 모습이기도 하다.

이러한 왕세정의 담론화는 그와 그의 문예를 두고 논란하는 차원을 넘어 당대의 문예 흐름을 언표하는 상징이며, 한편으로는 문예를 둘러싼 문예사의 이면을 이해하는 것이기도 하다. 이를 고려하면 조선조 후기 문예 공론장에 등장하는 왕세정은 '칠자(七子)'로 표출되는 유파나 의고, 그리고 법고와 창신의 틀 안에 가둘 수만은 없다. 예컨대 왕세정의 담론화는 조선조 후기에 일국 너머, 동아시아 문예 장에서 문예적 상상력을 생성하는 화두로도 기능할 수 있기 때문이다.

而兼文者, 上數子, 專學文者, 月汀玄軒淸陰汾西東淮春沼息菴也. 谿谷亦略有染焉. 兩金輩後出轉黠, 稍聞中土之論, 頗諱淵源, 要不出其圈襆也."

4. 왕세정 독법의 한 방향

앞서 왕세정은 조선조 후기 문예의 공론장에서 다양한 층위에서 향유되고 있음을 보았다. 그렇다면 우리는 조선조 후기 문인들의 왕세정 저작의 열독과 왕세정을 바라보는 상반된 시선을 어떻게 이해해야 할 것인가? 조선조 후기 문인들은 왕세정이나 칠자의 문예와 그 성취를 두고 다양한 공론을 형성하며 왕세정의 수용과 비판, 그리고 변주와 창신을 통하여 끊임없이 담론을 형성해 갔다. 자신들의 문예적 지향과 취향을 드러내기 위하여 혹은 명대의 시문의 사적(史的) 문제를 비평하고, 때로는 문예론을 논하는 자리에서 권위와 문예 지식을 표출하기 위하여 왕세정을 거론하였다. 이 외에도 의고를 논란하는 자리에 전후칠자나 왕세정을 끄집어내어 취사선택하는 등 다양한 방식으로 왕세정을 호출하였다. 이러한 사정은 19세기까지 이어졌다.

또한, 조선조 후기 문인들의 왕세정 열독은 결국 문예장에서 특정 문예적 경향이나 유파를 넘어 당대 문예 현실을 가늠하고 언표하는 담론화의 길로 나아갔다. 조선조 후기 문인들이 전후칠자나 왕세정을 두고 200여 년 동안이나 다양한 논란을 벌인 것은 '전후칠자'나 개인 인물의 관심 차원을 넘어 왕세정과 '전후칠자'를 문예사의 중요한 사건으로 인식하고, 그것을 당대 문예 공간 안으로 끌어들여 담론화한 것을 의미한다. 이 점에서 조선조 후기 문인들의 왕세정 열독은 수용론이나 전파론과 그 성격을 달리한다. 동아시아 문예 공론장에서 왕세정과 그의 문예적 성과는 일국 너머 타자와 문예 지식을 소통할 때 가교가 되는데, 이는 문예 공동체의 한 사례다. 동아시아 문인들이 문예 공간에서 왕세정을 공분모로 직접 만나 소통하거나 만나지 않더라도 이를 가교로 문예 지식을 주고받은 것은 상상의 문예 공화국의 한 모습이다.[59]

그런데 17세기 이후 상상의 문예 공화국은 문예적 결사와도 상관성을 지닌다. 주지하듯이, 전후칠자는 이러한 문학적 결사를 상징한다.

---

59 문예 공화국은 동아시아 문인들이 직접 만나 문예 지식을 두고 상호 소통하는 것을 말한
다. 이를테면 사행(使行)을 계기로 직접 만나 문예를 대상으로 토론하기도 하고, 이후 사
행에서 견문한 문예 지식을 국내로 유통하여 다른 문인들과 간접 소통의 계기를 주고도
하였다. 특히 동아시아 시공간에서 특정한 문인과 문예 문제를 두고, 다양한 방식으로 의
견을 주고받은 것 자체가 주목할 만하다. 하지만 특정한 인물과 그의 문예물을 두고 소통
할 경우, 동아시아 지식인들이 직접 만나 의견을 주고받는 경우는 예외적이다. 보통의 경
우 특정 인물이 남긴 글이나 타인이 전해 준 특정 인물 관련 문예지식을 토대로 서로의 의
견을 개진할 경우가 많다. 이처럼 동아시아 한자문화권에서 일국 너머 인적 교류 방식이
나 그러한 인적 교류 없이 가상의 지적 공간에서 특정 문인이나 문예를 두고 상호 소통하
는 것을 상상의 문예 공화국이라 할 수 있다. 17세기 이후 동아시아 문예 공간에서 문인들
은 직접 만나거나 간접 방식으로 왕세정과 왕세정의 문예적 성취를 두고 소통한 바 있다.
명과 청조는 말할 것도 없고, 조선조와 에도막부에서도 오랜 기간 왕세정의 문예적 성취
를 두고 실제 만남을 계기로 혹은 가상의 지적 공간에서 상호 소통하였다. 특히 17세기 중
반 이후 동아시아 삼국에서 왕세정과 그의 저술은 상상의 문예 공화국에서 중요한 논란의
대상이 된 것이다. 조선조는 17세기 동아시아 국제질서의 재편과 함께 청조와 에도막부
와 정식 외교 관계를 통해 가교 역할을 한 바 있다. 이때 조선조 문인들은 사행(使行)의 제
도를 이용해 청조와 에도막부 지식인과 문예와 학술을 주제로 논란을 벌이거나 가상의 문
예장에서 소통하였다. 이러한 구체적인 소통의 대상이 바로 왕세정과 그의 문예다. 이 점
에서 조선조 후기 왕세정은 상상의 문예 공화국의 한 사례다. 사실 여기서 언급하는 문예
공화국은 서구에서 지식인의 만남의 공간이던 살롱을 재해석한 '지식의 공화국'을 원용한
것이다. 십 수 년 전 중촌진일항(中村真一郎)은 에도 시기 겸가당(兼葭堂)을 중심으로 한 문
예 그룹을 문화공화국(文化共和國) 혹은 지식공화국(知識共和國)이라 이름 붙인 바 있는데,
이 개념은 이 글에서 제시한 문예 공화국과 상통한다. 본디 문예공화국은 서구의 지적 전
통에서 산생한 '지식 공화국' 혹은 '학식 공화국[Republica litteraria]'을 원용한 개념이다.
'지식 공화국' 개념은 15세기에서 18세기 서구 학자들이 자신을 '학식 공화국[Republica
litteraria]'으로 지칭한 것과 관련이 있다. 그들은 국경을 초월하는 어떤 공동체로 자신들
의 소속감을 표현하기 위해 이렇게 불렸던 것이다. 이때 그들은 자신들의 소속감을 표현
하는 공동체를 '학식 공화국'으로 주목하고 있는바, 이 '학식 공화국'은 본질에서 문예 공동
체를 토대로 하는데, 이는 문예 공론장에서 확인할 수 있는 공동체적 소속감을 의미한다.
근대 초기 유럽에서 편지나 책을 서로 교환하고, 서로를 방문하던 고유한 관습이 있었으
며, 학자로서 길을 열어줄 수 있는 선배 학자들에게 젊은 학자들이 존경을 표시하는 방식
들은 의식화(儀式化)되어 있을 정도였다고 한다. 요컨대 '학식의 공화국'은 이러한 문예 공
동체의 지적 공간에서 탄생하였다. 이처럼 근대 초기 유럽의 지식인들은 '지식의 공화국'
혹은 '학식 공화국'이라는 가상의 공동체를 이루어 소통하였거니와, 이 국경 없는 공화국
은 오로지 지식과 문예를 공분모로 경계 없이 만나고 흩어졌던 것이다. 근대 초 유럽의 지
식인들은 '지식 공화국' 혹은 '학식 공화국'의 성립에 관해서는 피터 버크 지음, 박광식 옮
김(2006), 101~141면 참조. 이 책은 Burke, Peter의 원제 *A Social History of Knowledge*:

조선조 후기 문인들 전후칠자를 상상할 때, 더러 '칠자'의 문예적 결사 그 자체를 받아들인 경우도 있었다. 일부 문인들은 '칠자'의 문예 그룹을 배후로 두고 가상의 문예공동체를 상상하거나, '칠자'를 하나의 유파로 인식하였다. 조선조 후기에 집중적으로 나타나는 시사(詩社)와 아회(雅會) 등의 결성 역시 같은 맥락으로 이해할 수 있다. 시사와 아회에 참여한 문인들은 시사와 아회의 문예 공론장에서 취향을 상호 공유하면서 한편으로는 동인적 결속을 다졌다. 하지만 이들은 현실비판이나 정치적 목적을 배후로 두고 이 공론장에 참여한 것은 아니다.

왕세정의 경우, 이러한 양상과 사뭇 다르다. 왕세정의 일부 작품은 현실적 맥락에서 정치와 깊은 관련성을 지닌다. 왕세정은 현실 정치와의 관련 속에서 비판의식을 드러낸 바 있다. 자신이 직접 겪은 환관 정치의 문란과 관각의 부패 등을 의식하고 현실 문제를 포착한 작품을 적지 않게 창작하였다. 이는 왕세정이 환관과 정치적으로 대립하고 그 과정에서 부친의 죽음을 직접 목도하고, 스스로 그들과 적지 않은 기간 동안 정치적 대립각을 세운 것과도 관련이 깊다.[60] 그런데도 조선조 후기 문인들은 왕세정은 물론 '七子'가 지닌 문예 공동체의 결속력과 그것이 지니는 정치적 맥락을 수용하기보다 오직 문예의 범주로 이해하거나, 오직 문예의 시선으로만 바라보는 경향이 강했다.

요컨대 17세기 이후 왕세정 열독은 일국을 넘어서는 사안이다. 이언진(李彦瑱, 1740~1766)과 일본 문사들과의 필담도 하나의 사례일 것이

From Gutenberg to Diderot, Based on the First Series of Vonhoff Lectu(Polity Press, 2000) 을 번역한 것이다.

60 왕세정의 정치적 입장과 그의 경국지대업(經國之大業)의 문장관을 비롯하여 문학을 현실 정치문제와 민의 고통을 다룬 문학적 성과에 대해서는 원종례, 「王世貞의 宗唐主義에 담긴 近代的 自覺」, 2004, 『중국문학』 42, 한국중국어문학회, 57~104쪽 ; 魏宏远, 「王世貞晚年文學思想研究」, 復旦大學 博士學位論文, 2008, 120~196쪽.

다. 1763년 일본 통신사의 일원이었던 이언진은 고문사학(古文辭學)의 영향에 있던 일본 문사들과 만나 필담을 나누고, 일본 문사들은 그 필담을 기록으로 남겼다.[61] 이때 나눈 필담의 주제가 바로 왕세정이다. 에도막부 시기 고문사학의 성립은 이반룡과 왕세정의 절대적인 영향으로 성립된 것임은 알려진 사실이다. 이언진과 일본 문사들의 왕세정 인식이나 평가는 달랐지만, 두 나라 문인들은 왕세정을 가교로 지적 역량을 발휘하며 문예 지식과 사유를 소통하였다. 더욱이 필담 기록과 유통은 일국 너머의 지적 공간에서 만나는 장을 제공하였거니와, 이때 왕세정은 가상의 문예 공동체의 가교역할을 했다. 동아시아 문인은 특정 문예로 상상의 문예 공화국[62]을 종종 형성한 바 있다. 여기서는 동아시아 문인이 왕세정을 공분모로 일국을 넘어 서로 경계 없이 문예로 만나고 상호 소통한 것이다.

---

61 일본 문사들이 남긴 필담집은 구정남명의 『앙앙여향』, 오전상재의 『양호여화』, 궁뢰용문의 『동사여담』, 금정송암의 『송암필담』, 내산속재의 『속재탐승초』, 남천금계의 『금계잡화』 등이 그것인데, 모두 왕세정이 필담의 주요 화제로 등장한다. 여기에 대해서는 정민, 「이언진과 일본문사의 왕세정 관련 필담」, 『동아시아문화연구』 49, 한양대학교 동아시아문화연구소, 2011, 7~41쪽.

62 이미 언급하였지만, 통신사에 참여한 이언진의 경우 고학파의 인사들과 이반룡과 왕세정을 두고 우열 논쟁을 벌인 것도 그 예다. 또한, 1763 계미 통신사 일원이 겸가당에서 아회를 하고 이것을 그림으로 남긴 것도 문예공화국의 한 예로 읽을 수 있다. 그때 나온 그림이 바로 국립중앙박물관에 있는 「겸가아집도(兼葭雅集圖)」이다. 「겸가아집도」의 탄생과 그 모임의 참여 인물 등에 관한 것은 『평우록』에 자세하게 나와 있다. 이는 다이텐 지음, 진재교·김문경 외 옮김, 『18세기 일본 지식인 조선을 엿보다-萍遇錄』, 성균관대학교 출판부, 2013, 140~207쪽.

참고문헌

『海東繹史』卷42.

『崑首甲藁』卷4.

『白沙先生集』卷2.

『白水先生文集』卷17.

『定齋集』卷4.

『谷雲集』卷3, 家記「雜錄」.

『記言』卷1.

『昆侖集』.

『夢囈集』.

『晩翠文集』卷3.

『西堂私載』卷4.

『下枝遺集』卷3, '書'.

『崑首甲藁』卷3.

『於于集』卷4.

『於于集』, 後集 卷4.

『自著實記』.

欽定四庫全書,『續稿』卷72.

欽定四庫全書,『弇州四部稿』卷82.

欽定四庫全書,『弇州四部稿』卷83.

欽定四庫全書,『弇州四部稿』卷84.

『성소부부고』권4.

한국고전번역원, 국역,『茶山詩文集』卷8.

한국고전번역원, 국역,『성호사설』卷30.

한국고전번역원, 국역,『홍재전서』卷172.

한국고전번역원, 국역,『홍재전서』卷9.

『세설신어』의 선행 연구로는 김장환, 「世說新語의 한국 전래시기에 대하여」, 『중국어
　　문학논집』 9집, 중국어문학연구회, 1997.

「王世貞의 宗唐主義에 담긴 近代的 自覺」, 2004, 『중국문학』 42집, 한국중국어문학회

김동준, 「王世貞 코드로 읽는 生誌銘과 意園 ─ 18세기 安山圈 文人들의 불우와 위안
　　의 예술적 형상화 ─」, 『한국한문학연구』 52집, 한국한문학회, 2013.

김우정, 「선조, 광해 연간 文風의 변화와 그 의미 ─ 前後七子 수용 논의의 반성적 고
　　찰을 겸하여 ─」, 『한국한문학연구』 39집, 한국한문학회, 2007.

_____, 「世說新語의 국내 流轉狀況과 研究概況」, 『동방학지』 104집, 연세대학교 국
　　학연구원 1999.

_____, 「한국 고활자본 世說新語姓彙韻分 연구」, 『중국어문학논집』 13집, 중국어문
　　학연구회, 2000.

김장환, 「世說新語續書 연구: 世說新語補」, 『중국어문학논집』 16집, 중국어문학연구
　　회, 2001.

노경희, 「현종실록자본 『世說新語補』 간행과 流傳의 문화사적 의미」, 『한국한문학연
　　구』 52집, 한국한문학회, 2013.

다이텐 저, 진재교·김문경 외 역, 『18세기 일본 지식인 조선을 엿보다 ─ 萍遇錄』 성균
　　관대학교 출판부, 2013.

王能憲, 『世說新語補研究』 南京 江蘇古籍出版社, 1992.

魏宏远, 「王世貞晩年文學思想研究」 復旦大學 博士學位論文, 2008.

민관동, 『韓國所藏 中國文言小說의 版本』, 학고방, 2013.

박경남, 「茅坤과 王世貞의 교유와 그 공통적 지향점 ─ 申最의 『皇明二大家文抄』를
　　통해 본 茅坤과 王世貞) ─」, 『한문학논집』 31집, 2010.

정민, 「이언진과 일본문사의 왕세정 관련 필담」, 『동아시아문화연구』 49집, 한양대학
　　교 동아시아문화연구소, 2011.

Burke, Peter, *A Social History of Knowledge: From Gutenberg to Diderot, Based on the
　　First Series of Vonhoff Lectu*, Polity Press, 2000.

http://e-kyujanggak.snu.ac.kr/

정우택(鄭雨澤, Jeong, Woo Taek)

성균관대학교 국어국문학과 교수. 한국근현대시 전공. 한국 근대 자유
시 형성 연구를 시작으로 한국의 근대 시인과 시문학 연구를 통해 한
국의 시문학장을 탐색해왔다. 주요 저서로 『한국 근대 자유시의 이념
과 형성』(2004), 『한국 근대 시인의 영혼과 형식』(2004), 『황석우 연
구』(2008), 『시인의 발견 윤동주』(2021) 등이 있다.

전쟁과 문학장 그리고 '비국민-되기'
— 이용악을 중심으로

1. 머리말

한식(韓植)은 이용악 시집 『분수령』(동경 삼문사, 1937.5.30.)에 대한 신간 평을 써서 그를 조선 문단에 소개하였다. 3개월 뒤 최재서는 이용악을 프로문학을 대체할 '뉴 제너레이션의 기수'라고 고평하였다. 두 비평가 는 공통적으로 이용악을 '생활의 시인'이라고 하였다. 한식은 『분수령』 을 "심절한 줄육체(신경뿐이 아니라)를 거쳐 나오는 인간생활의 노래에 무한한 애수"가 깃들인 "통절한 흉회(胸懷)의 노래"라고 평가하였다.[1] 최재서는 이용악을 "생활을 생활대로 생활에서 우러나는 말로 노래한" "생활의 시인"으로서 "센티멘탈리즘이나 히스테리에 빠짐없이 비통을 웃어버리려는 굴강(屈强)한 정신을 혹은 무감동한 표정 밑에 매장하여 버리려는 '스토이시즘'을 보여준다."며 체험으로 단련한 냉철한 정신을 평가하였다.[2] 특히 아카데미의 비평가 최재서가 이용악에 주목한 것은

---

[1] 한식, 「신간평—이용악 시집 『분수령』을 읽고」, 『조선일보』, 1937.6.25.

[2] 최재서, 「시와 도덕과 생활」, 『조선일보』, 1937.9.15~19; 『문학과 지성』, 인문사, 1938,

당대 문학장에서 화제가 되었다.[3] 이용악의 시가 '과장과 감상'에 대한 단단한 방비를 하고 '만주 표랑민'의 생활을 표현하고 있는 점에 주목하고 그에게 "만주 표랑민의 서사시에 말할 수 없는 기대"를 표하면서 최재서는 '전도유망한 시인의 출현'에 흥분했다.

이용악은 스스로 시의 위의(威儀)를 '감상에의 결별'에 두었다. "과장과 감상을 일삼는 시", "눈물을 청하"는 시를 경계하고 "굳세인 생활의 노래"를 시의 가장 큰 덕목으로 삼았다.[4] 실제로 시집 『분수령』과 『낡은집』을 창작·발간하던 동경 유학 시절, 이용악은 노동운동 조직 속에서 노동과 고학의 생을 단련시켜 나갔다. 동경에서 그의 시집들을 출간한 곳은 삼문사(三文社)였다. 삼문사인쇄소 대표는 최낙종(崔洛種, 1864~1945)으로, 그는 재일조선인 아나키스트로서 동경에서 조선동흥노동동맹(朝鮮東興勞動同盟)을 설립하여 주도하고 있었다.[5] 이용악은 "상지대학의 소재지인 일본 동경의 해군도시 시바우라에서 공사판의 품팔이꾼(모군꾼)으로, 군부대에서 반출되는 음식찌꺼기 등으로 목숨을 부지하면서도, 『이인(二人)』이라는 동인지를 발간하는 문학적 정열을 불태우기도 하였"[6]다. 해방기 '전위시인' 김광현은 이용악에 대해 "부두 선박 노동 빼놓고는 온갖 가지의 품팔이 노동꾼으로 피땀을 흘려 이역

196~205쪽.

3 박용철은 "이용악 씨의 시집은 <u>최재서 씨의 평론을 통해</u> 거기 포함된 생활의 표시에 흥미를 가졌으나 구해 읽을 길이 없어 그 시풍에 접하지 못함이 유감이다."(박용철, 「출판물을 통해 본 시인들의 업적(하)」, 『동아일보』1937.12.23)라고 하였다.

4 이용악, 「감상에의 결별 ―『만주시인집』을 읽고」, 『춘추』, 1943.3.

5 조선동흥노동동맹은 조선노동자들의 권익을 수호하기 위해 임금차별 철폐, 노동쟁의, 거주권 확보 등의 노동운동을 펼치고 있었는데, 조선 노동자들이 많이 모여 있던 동경만의 시바우라[芝浦]를 중심으로 활약했다. 위 최낙종은 운동 기관지 『흑색신문』을 비롯해 『시바우라 노동자 뉴우스』, 『조선동흥노동뉴스』, 『조선노동자합동조합뉴스』 등을 발행하는 데 관여하였고, 인쇄·출판사 삼문사도 그 연장에서 운영하였다. 한아진, 「이용악 시의 서사성과 장소 체험」, 동국대학교 석사학위 논문, 2014, 71~75쪽 참조.

6 윤영천, 「민족시의 전진과 좌절」, 『이용악시전집』(2쇄), 창작과비평사, 1994, 197쪽.

의 최하층 생활권 내를 유전(流轉)해 가면서 학비를 조달하여 일본 상지대학을 다닌 이용악 씨는 확실히 의지가 강한 시인이다."[7]라고 기술하였다.

시바우라 시절 험난한 노동의 기억과 심정을 표현한 시가 「나를 만나거든」이다.

땀 마른 얼굴에
소금이 싸락싸락 돋친 나를
공사장 가까운 숲속에서 만나거든
내 손을 쥐지 말라
만약 내 손을 쥐더라도
옛처럼 네 손처럼 부드럽지 못한 이유를
그 이유를 묻지 말아다오
　―「나를 만나거든」[8] 부분

최재서는 이 시를 인용하면서 "생활을 시에까지 끌어올리려는 인생과 시의 의미에 있어서가 아니라 생활을 생활대로 생활에서 우러나는 말로 노래한다는 의미에 있어서의 인생과 시인이다"[9]라고 설명하였다. 또한 그의 시세계가 "비통하면서도 매력 있는 민중의 생활이다. 무

7　김광현, 「내가 본 시인 ― 정지용·이용악 편」, 『민성』, 1948. 10, 70쪽.

8　이용악, 「나를 만나거던」, 『분수령』, 삼문사, 1937, 12~13쪽. 이하 시 인용할 때 현대어 표기하였음. 곽효환·이경수·이현승 편, 『이용악 전집』, 소명출판, 2015를 참고하여 현대어 표기하였음. 본고는 시의성을 중시하여 신문이나 잡지에 처음 발표된 시를 인용하였기 때문에, 시집의 시를 수록한 『이용악 전집』의 것과는 다소 차이가 있다.

9　최재서, 「시와 도덕과 생활」, 『조선일보』, 1937. 9. 15~19; 『문학과 지성』, 인문사, 1938, 200쪽.

엇보다도 여기선 행동을 가질 수 있다"[10]는 가능성을 읽어 냈다. 당시 이용악은 생활과 체험으로 단련한 언어, 굳강한 정신으로 궁핍과 암담한 현실을 표현하였다. 그는 "눈포래 휘감아치는 벌판에 우줄우줄 나"서는 "무쇠다리" "함경도 사내"였다(「전라도 가시내」). 유종호가 지적했던 것처럼 그는 "당대 현실을 거부하고 부정하는 건강하고 강렬한 기백으로 충전"되어 "깨어있는 의식과 의혈청년의 기개"[11]로 현실과 시를 흔들림 없이 장악하고 있었다.

그런데 귀국 후 이용악의 시세계는 중심을 잃고 절망으로 빠져들고 퇴폐의 경계에서 방황했다. 본고는 귀국 후 이용악의 시세계가 변화하게 된 원인과 양상을 살펴보고자 한다. 전시체제기의 조선문단 상황과 이용악의 위치를 파악하고, 그의 대표작 「오랑캐꽃」을 해석해 보고자 한다.

「오랑캐꽃」은 해석이 간단치 않아 연구자들 간에 논란이 되어 왔다. 그래서 「이용악의 「오랑캐꽃」 텍스트의 해석방법 연구」[12]라는 논문이 제출되기도 했다. 그동안 '오랑캐꽃'은 "식민통치 아래 신음하는 그 시기 조선민중의 객관적 상관물"[13], "약소민족이나 소외계층, 사회적 문화적 소수파의 표상"[14], 쫓겨난 여진족의 후예처럼 살고 있는 함경도 사람들의 '변방 의식'의 표상[15]으로 해석되어 왔다. 이에 따르면 시 「오랑캐꽃」은 "오랑캐꽃의 심상을 통해 박해받으면서 살 터전을 잃은 우리

10 최재서, 위의 글, 205쪽.
11 유종호, 『다시 읽는 한국시인』, 문학동네, 2002, 182~183쪽.
12 윤여탁, 「이용악의 「오랑캐꽃」 텍스트의 해석방법 연구」, 『한국시학연구』 27, 한국시학회, 2010. 4.
13 윤영천, 앞의 책, 238쪽.
14 유종호, 앞의 책, 202쪽.
15 이명찬, 『1930년대 한국시의 근대성』, 소명출판, 2000, 227쪽.

민족의 감정을 노래"[16]하거나 "'우리 안의 타자'로서 소외되고 억압받는 사람들의 모습과 당대 식민 모두"[17], 또는 '조선 민중을 포함한 북방민 전체의 오래된 고난'[18]을 표현했다고 설명된다. 윤여탁은 이 연구들을 검토한 결과, 「오랑캐꽃」은 "여진족의 운명에 빗대어 우리 민족사를 표현한 시"[19]라고 결론지었다. 한편, 이경수는 삶의 터전에서 쫓겨났다는 점에서 오랑캐와 같은 처지에 있으면서 오랑캐꽃을 바라보는 조선 민중의 착란된 시선과 역사적 아이러니[20]를 읽어 내고, 조은주는 오랑캐 꽃을 여성이라는 소수자, 특히 '팔려온 여성'의 메타포로 해석했다.[21]

이 연구들은 오랑캐 혹은 오랑캐꽃의 정체를 밝히는 데 초점을 두고, 하나의 동일 화자의 목소리가 관철되는 소실점에 집중하는 방법에 입각해 있다. 선험적이고 메타적인, 크게는 민족이라는 소실점의 자리를 마련하고 원근법적으로 시를 분석·해석하는 방법이다. 이 방법은 민족 – 친일, 수탈 – 착취, 지배 – 피지배, 정주 – 유랑, 저항 – 협력, 식민 – 탈식민, 주류 – 주변, 메이저리티 – 마이너리티, 생활 – 내면, 리얼리즘 – 모더니즘 등의 이분법적 사유체계에 의거해 있다. 이렇게만 읽으면 시 해석에서 꽤 큰 잉여와 공백이 생긴다. 분명 「오랑캐꽃」에는 시적 화자에 의해 일원적으로 동일시되지 않는 부분이 있다. 시적 주체의 위치 (position)가 모순적으로 유동하고 있기 때문이다. 본고는 「오랑캐꽃」에

16 김용직, 『한국현대시인연구』, 서울대학교 출판사, 2000, 681쪽.

17 이경희, 『북방의 시인 이용악』, 국학자료원, 2007, 159쪽.

18 곽효환, 「이용악의 북방시편과 북방의식」, 『어문학』 88집, 한국어문학회, 2005, 290쪽.

19 윤여탁, 「이용악의 「오랑캐꽃」 텍스트의 해석방법 연구」, 『한국시학연구』 27, 한국시학회, 2010. 4, 169쪽.

20 이경수, 『한국 현대시의 반복 기법과 언술 구조: 1930년대 후반기의 백석·이용악·서정주 시를 중심으로』, 고려대학교 박사학위 논문, 2002, 126~127쪽.

21 조은주, 『디아스포라 정체성과 탈식민주의적 계보학 연구 — 일제 말기 만주 관련 시를 중심으로』, 서울대학교 박사학위 논문, 2010, 115쪽.

서 동일화되지 않는 시적 주체의 위치와 그 배치의 의미를 전시체제기 이용악의 위치(position)[22]와 관련해서 살펴볼 것이다.

2. 전시체제기의 시적 변환

이용악은 두 번째 시집 『낡은집』(동경 삼문사, 1938.11)을 상재하면서 시인으로 굳건한 자리를 잡게 되었다. 그는 졸업 전부터 최재서와의 인연으로 동경과 서울을 왕래하며 최재서의 개인적인 일을 돕기도 했다.[23] 이용악이 죠오지대학[上智大學] 신문학과 3학년을 졸업하자, 최재서는 그를 인문사로 불러들여 『인문평론』(1939.10~1941.4, 통권 16호)을 발간하는 데 참여시켰다.[24] 이즈음 최재서는 『인문평론』의 창간을 준비[25]하

---

22 지역, 계급, 젠더, 인종, 민족, 국적, 종교 등등의 위치(position)에 따라 글쓰기 방식, 세계의 해석, 문제 접근 방법, 해결방법, 가치 체계 등이 달라진다.

23 "안녕하십니까 전 수일 전에 왔습니다. ……(중략)…… 이 글 받으시오면 인문사에 전화 한 번 걸어주십소서. 최 씨가 번역하고 있는 원고 정리에 2,3일 전부터 부접해서 꼴이 이 모양이니 몇을 동안은 인문사에 출입할 것 같습니다. ― 6월 29일 이용악 배"(이용악의 편지, 「이활 사형에게」; 박현수, 『원전주해 이육사 시전집』, 예옥, 2008) 이 책에서는 이 엽서가 1936년 6월 29일자로 보낸 편지라고 고증하였는데, 날짜 고증에 착오가 있는 듯하다. 이 편지의 원고지가 인문사 것이고 주소도 인문사로 되어 있는데, "評論家 崔載瑞 씨는 몇몇 동지와 같이 圖書出版社인 '人文社'를 창립했다고 한다."(「동서남북」, 『동아일보』, 1937.12.25)는 기사, 최재서 스스로 「출판 1년생의 변」(『비판』, 1938.9)에 의하면 인문사 창립은 1937년 12월 이후가 된다. 때문에 위 이용악의 편지는 1937년 12월 이후에 쓴 것으로 봐야 할 것이다.

24 이용악의 서울 귀환 날짜는 3월 대학 졸업 이후라고만 추측하고 있을 뿐, 구체적인 시점은 밝혀져 있지 않았다. 『시학』 1집에서 "이용악 씨 ―『낡은집』의 정다운 기억을 남겨두고 다시 도동(渡東)"(「시단풍문」, 『시학』 1집, 1939.3, 38쪽)이라는 소식을 전하고, 『시학』 2집의 〈시인주소록〉에는 이용악의 주소가 "東京市 牛込區 喜久井町 三四"(「시인주소록」, 『시학』 2집, 1939.5.20, 63쪽)로 적혀 있는 것을 보면, 1939년 5월 전후에 서울로 온 것 같다.

25 "부내 광화문 빌딩 2층에 사무소를 둔 도서출판사 '인문사'는 그동안 『문학과 지성』 외 근 10종의 서적을 간행하고 이제 다시 문예종합 월간잡지 『인문평론』을 발간키로 했다고 한다. 창간은 10월부터라 하며 편집책임자는 최재서 씨가 되리라고."(「동서남북 ― 인문사의 신잡지」, 『동아일보』, 1939.5.21)

고 있었는데, 그에 맞추어 일본에 있는 이용악을 초빙했고, 이용악이 1939년 5월 전후하여 귀국한 것 같다. 이용악은 죠오치대학 신문학과에서 인쇄술, 광고학, 시사문제, 속기, 신문학개론 등 신문 잡지 편집 인쇄 출판에 대한 과목을 수강하며 편집 전문인으로서의 지식과 기술을 습득했다.[26]

그런데 이용악이 조국으로 돌아와서 쓴 시들에는 주목할 만한 변화가 나타났다. 귀국 몇 달 후 『인문평론』에 발표한 시 「등을 동구리고」를 보면 그는 기괴한 좌절감에 시달리고 있었다.

한 방 건너 관 덮는 모다귀소리 바삐 그친다
목 메인 울음 땅에 땅에 슬피 내린다.

흰 그림자 바람벽을 거닐어
니어니어 사라지는 흰 그림자 등을 묻어 무거운데
아모 은혜도 받들지 못한 여러 밤이 오늘밤도
유리창은 어두워

무너진 하늘을 헤치며 별빛 흘러가고
마음의 도랑을
시들은 풀잎이 저어가고

나의 병실엔 초라한 돌문이 높게 솟으라선다.

---

26 이정애, 「이용악 시 연구」, 서울대학교 석사학위 논문, 1990, 144~145쪽.

어느 나라이고 새야

외로운 새야 벙어리야 나를 기다려 길이 울라

너의 사람은 눈을 가리고 미웁다

　　　—「등을 동구리고」(『인문평론』, 1940.1) 전문

　　이 시의 주체는 어둡고 폐쇄된 "병실"에 존재하며 '관에 못질을 하
는 소리'와 "목 메인" 곡(哭)소리를 듣고, 바람벽에 넘실거리는 귀신 같
은 "흰 그림자"를 본다. 병실의 바람벽에 어른거리는 흰 그림자는 나타
났다 사라지기를 반복하며 괴기스러운 분위기를 조성한다. 이 분열적
이고 그로테스크한 상황이 '지금, 여기' 이용악이 발 딛고 있는, 5년 만
에 돌아온 조선의 현실이자 그의 존재상황이다. 시인으로 금의환향하
였건만, 그의 포부는 실현되지 못하고 도리어 "하늘은 무너지고" "사람
이 미웁고" 무섭다. 불안과 공포, 분노와 절망에 휩싸인 그가 할 수 있는
것은 "병실"에서 "등을 동구리고" "벙어리"처럼 "우는" 것뿐이다. 공포
와 같은 절망감과 자기 환멸의 무게를 "등을 동구리"는 것으로 감각하
는 점이 특이하다. 이용악은 고통과 좌절과 고난을 '등'에 가해지는 무
게로 감각한다.

　　그는 1945년 8·15 해방을 맞이하는 감각을 '둥그렸던 등을' 일으켜
세우는 것으로 표상하고 있다.[27]

27　해방을 맞이하는 감각은 시인마다 개성적인데, 시인 이병철은 목을 뽑아 추켜드는 것으
　　로 감지하였다. '네/ 닭아//가만 가만/숨쉬면서/오래 밤을 숨쉬면서 ……(중략)…… 얼마
　　나 이 아침을 기대렸느냐.//삿사치/어둠을 떨고 나려와//벼슬/그윽히 목을 뽑아 울어라/
　　하늘까지 울어라"(이병철, 「새벽」(1945.8) 부분; 김광현 등 합동시집, 『전위시인집』, 노농사,
　　1946.12, 31쪽) "목소리를 가즈런히 萬歲를 부르면서,/우리 모두다 함께 간다."(이병철, 「대
　　열 ― 1946.6월 데모 속에서」, 『전위시인집』 33~34쪽)

"숨소리 숨겨가며 그늘에서만 살아온 사람들이다. <u>등을 일으키면</u> 어깨를 내리누르는 무거운 발굽이 있었다. ……(중략)…… 전쟁이 조금만 늦은 속도로 해결되었더라도 우리는 오늘을 보지 못했을 것이다. 틀림없는 죽음에서 돌아온 사람들이다"(이용악, 「전국문학자대회 인상기」에서)[28]

이 글에서 이용악은 식민지 시대의 수난과 고통을 "등을 일으키면 어깨를 내리누르는 무거운 발굽"으로 표현하였다. 시 「등을 동구리고」는 그가 겪었던 중압과 고통을 극명하게 표상한다.

『인문평론』의 '陽春詩集(양춘시집)' 특집에 발표한 시 「술에 잠긴 쎈트헤레나」는 그가 더 깊은 절망에 빠져들고 있음을 보여 준다.

타올라 빛빛 타올라
내사 흩어진다
서글피 흔들리는 흔들리며 꺼지는 등불과 등불

……(중략)……

멀리 가차히 사람은 사람마다 비틀거리고
나의 쎈트헤레나는 술에 잠겨
나어린 병정이
머리 숙이고 쑥스러이 옆을 스친다
—「술에 잠긴 쎈트헤레나」 부분[29]

28 이용악, 「전국문학자대회 인상기」, 『대조』 1권 2호, 1946.7, 171쪽.
29 이용악, 「술에 잠긴 쎈트헤레나」, 『인문평론』, 1940.4, 60~61쪽.

센트 헤레나[Saint Helena]는 워털루 전투에서 패배한 나폴레옹 보나파르트가 유폐·감금당했던 남대서양 가운데 있는 섬이다. 나폴레옹은 1815년 10월에 감금되어 센트 헤레나에서 1821년 5월에 사망했다. 그렇다면 이 시에서 이용악을 죄수처럼 몰아서 감금시킨 "나의 센트헤레나"는 어디인가? 그곳은 '1940년 조선'이었다. 그 센트 헤레나는 술에 잠겨있고, 그도 사람들도 모두 취해서 비틀거린다.

뒷날 서정주는 이용악이 호주가였다고 회고했다.[30] 김광현도, 이용악이 술을 악착같이 마시고 술에 취해서 삶을 견디며 싸우고 때리고 맞고 하는 생활을 했으며, 그러한 생활상태가 그의 시에도 영향을 미쳐 자칫 데카당에 흐를 뻔했다고 설명하였다.

> 야수적 폭압 밑에 놓이지 않을 수 없었다. 여기서 이용악 씨는 눈물을 머금은 듯이 술을 배웠다. 술은 이 시인의 체질에 꼭 들어맞았다. '술 취한 이용악이가 누구를 때렸다. 누구한테 맞았다' 하는 가십의 재료를 제공하였을 뿐만 아니라 알콜 성분이 가득 찬 생활상태는 시에도 영향이 미쳐 자칫하면 데카당에 흐를 뻔하였던 것이다. 이용악 씨의 시가 난해한 것은 사실이나 데카당은 아니다.[31] (밑줄 강조 – 인용자)

이 회고에서 김광현은 이용악의 시가 난해하지만 데카당은 아니라고 옹호하지만, '뉴 제너레이션의 기수'로 주목받던 생활의 시인 이용악의 급격한 변화는 당대 평론가들을 당황시켰다. 임화는 월평에서 「술에 잠긴 쎈트헤레나」를 언급하면서, 『분수령』의 소박한 생명력 있는

---

30 "서울에서 집도 없이 살면서 이집저집 옮겨다니며 잠을 잤다. 어느 때는 파고다공원 벤치에서 밤을 지새기도 했다. (중략) 그는 술을 무척 좋아했다. 20전짜리 소주를 주로 마셨다."(서정주, 「광복직후의문단」(7), 『조선일보』, 1985.8.24)

31 김광현, 「내가 본 시인 — 정지용·이용악 편」, 『민성』, 1948.10, 71쪽.

열린 동아시아, 인문한국의 비전

내용을 기교와 바꾸려 했다'고 비판했다.[32] 귀국 후 이용악의 어떠한 절망이 기교를 낳게 한 것일까?

1940년부터 나타나는 이용악 시의 변화를 단순히 그의 개인적인 문제로 국한해서 해명할 수 없다. 실제로 이러한 시의 변화는 당대 사회·문화적인 분위기를 주도했던 신체제기의 미학과 연동해서 읽을 때 그 의미가 명료해진다. 전시체제기의 미학은 명랑·충실·규율[33]인데, 이용악의 행태와 시는 이에 역행하여 반(反)시국적이고 비(非)국민적이고 불온한 것이었기 때문이다. 같은 시대의 비평가인 김태오(金泰午)는 이용악 시를 '사회와 생활'의 '생활시'라고 규정하고, "폐허의 비운에 빠져 불행한 생활에 부닥치면서 침통은 하나 여기에 새 생활의 의도"가 없는 점, "패배의 생활을 소박하게 기록하며 함축은 있으나 소극적 정적 생활상만을 그리는 데는 우수하지만 건설적 기획, 즉 적극적 동적 생활을 보여주지 못함이 그의 단점이라 하겠다."고 비평하였다.[34] 이용악 시가 생활의 침통함을 함축하고 있지만 건설적 기획과 동적인 생활을 보여주지 못했다는 비판은, 역설적으로 이용악이 전시체제기의 국책 미학과 논리에서 일탈하고 있음을 의미하는 것으로 이해할 수 있다.

우러러 받들 수 없는 하늘 검은 하늘이 쏟아져 내린다

---

32 임화, 「시단월평 ― 시와 현실과의 교섭」, 『인문평론』, 1940. 5, 59쪽.

33 "'명랑의 감각'이란 제국으로부터 발신되어 제국의 이익에 봉사하는 제국의 감각이다. 그것은 전시체제기라는 특수한 상황에 부응하는 쾌의 감각으로서, 미리 주어진 감각이다. ……(중략)…… 경쾌하면서도 일사분란하며, 활기 넘치면서도 질서정연한 리듬은 …… (중략)…… 군인의 신체리듬과 유사하며 '마음을 정돈하고 정신을 가다듬는' 모습은 복종을 위해 일체의 자의식을 소거하는 의례와 유사하다." 곽은희, 「전시체제기 놀이의 프로파간다화와 식민지 규율」, 『동아시아문화연구』 50집, 한양대 동아시아문화연구소, 2011, 376~378쪽 참조.

34 김태오, 「시평(5) ― 생활의 탐구와 신낭만」, 『동아일보』 1940. 2. 18, 5쪽.

온몸을 굽이치는 병든 흐름도 캄캄히 저물어 가는데

예서 아는 이를 만나면 숨어버리지

숨어서 휘정휘정 뒷길을 걸을라치면

지나간 모든 날이 따라오리라

썩은 나무다리 걸쳐 있는 개울까지

개울 건너 또 개울 건너

빠알간 숯불에 비웃이 타는 선술집까지

푸르른 새벽인들 내게 없었을라구

나를 에워싸고

외치며 쓰러지는 수없이 많은 나의 얼굴은

파리한 이마는 입술은 잊어버리고자

나의 해바라기는

무거운 머리를 어느 가슴에 떨어트리랴

이제 검은 하늘과 함께

줄기줄기 차가운 비 쏟아져 내릴 것을

네거리는 싫어 네거리는 싫어

히히 몰래 웃으며 뒷길로 가자

　　　　　—「뒷길로 가자」 전문[35]

　이 시에 나타난 시적 주체의 태도는 다분히 자조적이고 위악적이
다. '받들 하늘' '우러를' 이상은 파산하고, '검은 하늘이 쏟아져 내리고,
병든 시절이 저물어가는' 상황에서 네거리를 피해 "히히 몰래 웃으며
뒷길로" 숨는 시적 주체는 자학적이다. 하지만 시적 주체의 시선이 과

──────────

35　『조선일보』, 1940. 6. 15. 인용자가 현대어 표기.

거와 현재를 동시에 바라보고 있다는 점에서, 그의 태도는 암담한 현실 앞에서 의도적으로 가장(假裝)한 자기분열로 읽을 수 있다. '나의 해바라기'를 바칠 곳 없는 현실 앞에서, 내 뒤를 따라오는 '지나간 모든 날'을, 그 '푸르른 새벽'의 기억을, 나를 에워싸고 외치는 '수없이 많은 나의 얼굴, 파리한 이마와 입술'을 어찌할 수 없어, 그는 '온몸을 굽이치는 병든 흐름'을 데카당한 절망과 광기로 분출해 낸다. 이것은 '검은 하늘' '차가운 비 쏟아져 내리는' 현실을, 전시체제기의 미학이 지향했던 것처럼 낙관론과 이상주의로 과장하지 않기 위해 그가 선택한 길이기도 했다.

한편 귀국 후 시세계의 변화는 북방의 로컬리티를 제재로 하는 시가 급격히 위축되는 것으로도 나타났다. 1940년대 이용악의 시에서 '북방'은 단순한 '설화적' '고향'으로서의 의미 이상을 갖기가 어려워졌다. 북방 로컬리티가 유발하는 정서와 감각은 유랑하는 마이너리티의 고난에 찬 주체성과 심퍼시(sympathy), 국경이라는 경계가 산출하는 민족적 정체성 혹은 연대감, 망국(민)이라는 불온한 정치적 자각의 장소성, 다민족과 이국적 코드와의 접촉으로 생성되는 낭만성 등의 산실이었다. 그런데 중일전쟁 수행과정에서 '일만지(日滿支) 삼국의 동양평화론'을 핵심으로 하는 '신체제론'이 선포되었고, 이에 따라 조선은 '총후 조선' 및 '내선일체'·'만선일여(滿鮮一如)' 등의 이념으로 신체제에 흡수 통합되어 갔다. 북방은 동양평화의 전진기지이자 왕도낙토의 신개척지로 그 로컬리티의 성격이 변화하였다. 북방은 더 이상 유랑하는 망국민의 고난의 장소가 아니라, 유토피아와 동양평화를 '건설'하는 '병사'나 프론티어의 숭고한 성소로 담론화해 갔다.

1940년대 낙향을 전후한 이용악 시에서 '고향' 심상은 이전과 다른 성격과 양상으로 표현된다. 어떤 패퇴(敗退)에 따른 자기 환멸감에 시달리면서 위치 잡기를 하는 모색의 양상이, '고향'을 통해 시도되고 있다.

「북방시초」나 「두메산골」 연작시 일부는 시간과 장소성이 소거된 이상적이고 비(非)경험적인 공간, 설화의 공간처럼 느껴진다.

아이도 어른도
버섯을 만지며 히히 웃는다
독한 버섯인 양 히히 웃는다

……(중략)……

어디서 꽃가루 날아오는 듯 눈부신 산머리

온 길 갈 길 죄다 잊어버리고

까맣게 쓰러지고 싶다.
―「두메산골(2)」 부분[36]

원래 유이민이 넘나드는 이용악의 고향 '두메산골'은, 긴장감이 맴도는 불온한 국경의 장소이기 십상이었는데, 이 시에서는 그런 생활지리적 긴장이 소거되고, 과거 – 현재 – 미래의 시간조차 증발한 채 자기완결적인 설화의 세계로 구성되어 있다.

그동안 이용악 시 연구에서 '고향'은 '식민지 조선의 제유'로서 '고향 – 조선'의 심상지리는 이용악 시의 원천을 형성한다고 논해져 왔다.[37] 망국민, 이국에서의 고학생, 유이민 등 결핍과 부재를 대체하는 심

---

36   『시학』, 1939. 10.
37   이경수, 「이용악 시에 나타난 '길'의 표상과 '고향 – 조선'이라는 심상지리」, 『우리문학연구』

상지리적 장소로서 '고향'을 발견하거나 표상한 점은 강조될 필요가 있다. 김재홍은 『낡은집』의 주제를 "궁핍화와 유·이민 삶의 형상화"[38]로 요약했는데, 그 '유·이민 삶'은 북방 로컬리티를 배경으로 하였다. 그런데 조선으로 귀환한 뒤, 이용악의 시에는 유이민 삶의 타자성이나 북방의 로컬리티를 제재나 장소성으로 삼는 시가 급격히 줄어들고, 시적 주체의 내면을 드러내는 시가 주류를 이룬다. 조선에 와서 쓴 시 중에서 북방의 장소성을 다룬 시를 뽑으면, 「전라도 가시내」(1939.8), 「오랑캐꽃」(1939.10), 「눈보라의 고향」(1940.12.26), 「막차 갈 때마다」(1941.12.1), 「벨로우니카에게」(1941.8.1), 그리고 「북방시초」 연작시에 묶인 「막차 갈 때까지」, 「달잇는 제사」, 「등잔 밑」 정도이다. 이 시들은 유이민 생활의 타자성을 드러낸 것이 아니라, 시인 자신이 '고향'에 자리 잡기 위한 내적 모색을 보여 준다.

어쩌자고 자꾸만 그리워지는
당신들을 깨끗이 잊어버리고자
북에서도 북쪽
그렇습니다 머나먼 곳으로 와버린 것인데

산굽이 돌아 돌아 막차 갈 때마다
먼지와 함께 들이키기엔
너무나 너무나 차가운 유리잔
　　—「막차 갈때마다 – 북방시초(1)」 전문[39]

　　　27집, 2005, 242~243쪽.
38　　김재홍, 『이용악』, 한길사, 2008, 77쪽.
39　　『매일신보』, 1941.12.1.

이 시에서 "북쪽" 또는 "북방"은, 예전 시에서처럼 유이민 생활의 고단함을 주조로 한 "여인이 팔려간 나라"(「북쪽」, 『분수령』)가 아니라, 그가 낙향한 함경도 '고향' 자체이다. 그 '고향'은 "참나무 불이 이글이글한/오지화로에 감자 두어개 묻어놓고/멀어진 서울을 그리는 것은/도포 걸친 어느 조상이 귀양 와서/일삼든 버릇일까"(「두메산골(3)」)처럼 자족적인 설화의 세계로 나타난다. 더욱 흥미로운 것은 '고향'을 제재로 한 시들에서 시적 주체의 마음과 시선이 '남쪽 하늘' 서울을 향해 있다는 점이다. 그는 그리운 당신들이 있는 서울을 멀리 떠나와 있는 자신을 '귀양 온 자'에 비유하는 전도된 위치에 있다. 이처럼 이용악의 시에서 서울은 이중적이다. 그가 서울을 전유하는 방식에 따라 당시 그의 위치(position)가 정해진다.

글쓰기에서 주체와 대상의 위치(position)는 중요하다. 위치에 따라 글쓰기 방식, 세계 해석 방식, 문제에 접근하는 방법, 해결방법, 가치체계가 달라지기 때문이다. 귀국 직후의 이용악에게 서울은 '술에 잠긴 센트 헤레나'였고, 그 위치(position)는 '유배지' 혹은 '감옥'으로서의 서울이었다. 서울은 노숙 등의 생활고와 정신적 치욕, 자기모순 혹은 자기혐오, 그에 따른 퇴폐적 일탈을 경험하게 하는 곳이었다. 그리하여 그는 서울을 떠나 고향, 북방으로 낙향하였다.[40] 그런데 '북방'에 와서는 도리어 "서울을 그리워"하면서 북방이 자기를 가두고 있다며 '귀양 온 자'로서의 위치(position)를 상정한다. 이러한 위치(position)의 이중성·양가성은 40년대 초반 시인 이용악과 그의 시를 이해하는 근거가 된다.

---

[40] 이용악이 낙향한 시점은 1942년이라고 알려져 왔는데, 시적 정황을 보면, 『인문평론』이 폐간된 1941년 4월 이후인 1941년 어느 시점인 것 같다.

3. 문학의 전쟁 마케팅과 『인문평론』의 위치

「오랑캐꽃」의 위치(position)와 의미를 밝히는 것이 전시체제기 이용악
의 시세계와 실존의 고뇌를 밝히는 열쇠라고 생각한다. 그의 대표작인
「전라도 가시내」가 『낡은집』의 연장 속에서 산출된 것이라면,「오랑캐
꽃」은 『낡은집』의 연장에 있으면서도 새로운 분기점을 보여 주는 시라
고 할 수 있다.

먼저 「오랑캐꽃」이라는 텍스트가 놓여 있는 위치를 살펴보자.「오
랑캐꽃」은 이용악이 참여하여 편집 출판한 『인문평론』 창간호(인문사,
1939.10)에 발표되었다. 〈시란〉에 이용악의 「오랑캐꽃」에 이어 김기림,
임학수, 오장환의 시가 차례로 실린다.

『인문평론』 창간호의 '권두언'「건설과 문학」은 창간 이념을 밝히

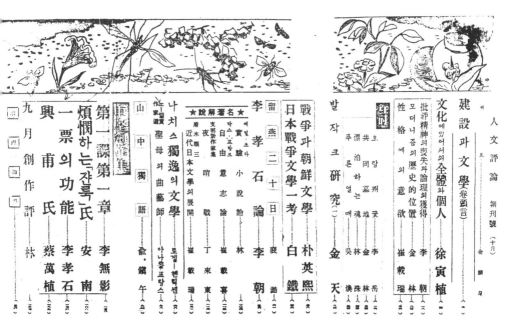

『인문평론』 창간호(1939.10) 목차란

고 있다.

"세계의 정세는 시시각각으로 변하고 獨波(독일·폴란드 - 인용자)간에는 벌써 무력 충돌이 발생하여 歐洲(구주)의 위기를 告(고)하고 있다. 그러나 동양에는 동양으로서의 사태가 있고 동양민족엔 동양민족으로서의 사명이 있다. 그것은 東洋新秩序(동아신질서)의 건설이다. 支那(지나)를 구라파적 질곡으로부터 해방하여 동양에 새로운 자주적 질서를 건설함이다. ……(중략)…… 양심적인 작가는 시국과 관계해서 반성하고 고민하였다. 이리하여 문학의 건설성이 재음미되기 시작한다.

× ×

그러나 문학의 건설적 역할이란 말과 같이 쉬운 것은 아니다. 混渾(혼혼)한 정세에서 의미를 따내고 그로써 새로운 인간적 가치를 창조한다는 것은 단순한 시국적 언사나 국책적 몸짓과 같이 용이한 것은 아니다. 우선 새로운 질서에서 탄생되는 새로운 성격 하나를 창조하는 것만 하여도 전선에 분투하는 전사에 뒤지지 않는 위대한 건설적 행동임을 우리는 알아야 한다."[41]

권두언에서 말하는 '건설'이란 '동양신질서'의 건설을 의미하는바, 그것은 "지나를 구라파의 질곡으로부터 해방"하는 것이며, 이것이 '시국', '국책'의 핵심이다. '동아신질서', '건설'이란 곧 '전쟁' 수행을 의미하는 것이다. 1937년의 중일전쟁이 장기전으로 돌입하자 '군·관·민 거국일치'를 슬로건으로 한 '국가총동원법'(1938.4)을 통해 '고도국방건설'이라는 '신체제' 확립을 선언했다. 무한 함락(1938.10)을 계기로 고노에

---

41 「건설과 문학」(권두언), 『인문평론』 창간호, 1939.10, 2~3쪽.

내각은 '동아신질서 성명'(1938.11)을 발표하여 영국·구미를 향하던 기존의 외교 원칙을 지양하고, 일본·만주·왕조명 정권 중심의 중국이 합심하여 새로운 '동아질서'를 건설하겠다고 선포하였다.[42] 『인문평론』의 '권두언'은 문학도 이러한 '신질서' 속에서 '건설적으로 행동'해야 한다고 주장한다. 그것은 곧 "전선에 분투하는 전사"의 역할을 하는 '총후문학'의 길이다.

나가무라[中村] 조선군사령관은 신체제의 의의와 조선의 책무를 다음과 같이 발표했다.

> 지나 파견군의 신체제와 함께 興亞(흥아)의 鴻業(홍업) 갱(更)히 획기적 전개를 보려고 하는 차제에 ……(중략)…… 今次事變(금차사변)은 유사 이래의 聖戰(성전)이라고 하며 義戰(의전)이라고 칭하고 있는데 ……(중략)…… 구주대전후 세계를 풍미시킨 구미 의존, 평화사상과 개인주의적 자유사조는 我國(아국) 朝野(조야)에도 彌漫(미만)하야 소위 경제 사상 국난시대를 현출하야 마침내는 외교의 後據(후거)될 군비의 축소까지 초래하게 되어 내고 국민의 원기를 鎖磨(쇄마)하고 외교는 위축·퇴영하야 열강의 輕侮(경모)를 받게 되었다. ……(중략)…… 동아의 장래를 통찰하건대 대륙전진기지로서 아국 3분1의 인구를 점하는 조선반도의 책무는 더욱 중차대한 바 있다. 滿鮮一如(만선일여) 속히 空陸(공륙)의 동맥을 완성하여 초비상시에 備(비)하는 동시에 사변 이래 앙양하여 온 반도민의 애국심을 더욱 進起(진기)하여 내선일체, 군민일치 익익 단결을 공고케 하여 써 百難(백난)을 排(배)하야 我(아) 국책의 수행에 기여하지 않으면 안 된다.[43]

42　「신질서 건설 매진할 독자외교방침 전개」, 『동아일보』, 1938. 11. 14.
43　「만주사변 8주년과 中村 조선군사령관 談」, 『동아일보』, 1939. 9. 18.

나가무라 조선군 사령관은 아(我)를 조선과 분리하여 일본을 특권화하는 발화법을 구사하고 있으면서, '내선일체', '군민일체', '익익단결'을 호소하고 있는 이중성을 드러낸다. 이 신체제, 신질서는 '興亞(흥아)', '동양평화'를 말하고 있지만, 핵심은 '성전'·'의전'이라는 전쟁 수행에 두고 있다. 결국 신체제는 전쟁하는 주체('총후 조선', '총후 국민')를 창출하여 동원하는 시스템이자 전시체제였다.

당시 일본과 조선에서는 중일전쟁을 배경으로 한 문학이 산출되어 일대 붐을 불러일으키며 수많은 독자들을 사로잡았다. 그 가운데 단연 돋보이는 것은 히노 아시헤이[火陽葦平]의 '병대 연작'(『麥と兵隊』, 『土と兵隊』, 『花と兵隊』)이었다. 『麥と兵隊(보리와 병대)』(1938년 8월 『개조』 발표)은 제18사단 보병 114연대 중지파견군(中支派遣軍) 보도부에 전속된 히노 아시헤이가 서주회전(徐州會戰)에 종군했을 때의 수기를 바탕으로 한 전선기록[戰記]이다. 이 작품은 일본뿐만 아니라 20개 언어로 번역되어 세계 각국에서 읽힌 일본 전쟁문학의 대표작이다.[44] 『보리와 병대(麥と兵隊)』는 출간되자마자 "재판 3판을 거듭하여 14판까지 증판하는 기록을 세우는"[45] 등 센세이션을 불러일으키고, 외국 언어로 번역하며 세계문학 장으로 뻗어나갔다. 조선에서는 1939년 7월에 총독부 도서과 통역관 니시무라 산타로[西村眞太郎]가 『보리와 병정』(조선총독부)이라고 번역 발간하였다. "'전 국민 모두에게 읽히겠다'는 총독부의 포부에 따라 30전이라는 '헐값의 희생적 보급판'으로 재탄생한 『보리와 병정』은 1만 2000부 발행 즉시 매진되고 8쇄까지 찍어내는 쾌거를 이루었다."[46]

---

44 정선태, 「총력전 시기 전쟁문학론과 종군문학」, 『동양정치사상사』 5~2, 한국동양정치사상사학회, 2005, 137~138쪽.

45 「전쟁문학의 최고봉 조선판 『보리와 병정』」, 『매일신보』, 1939. 6. 4.

46 이혜진, 『사상으로서의 조선문학』 소명출판, 2013, 234쪽. 『매일신보』(1939.6.4)는 「전쟁문학의 최고봉 조선판 「보리와 병정」」이란 제목으로 "『보리와 병정』이란 책은 작년 9월에 출간이

이러한 전쟁문학의 유행에 조선의 출판업자와 문단도 크게 고무되고 흥분했던 것 같다. 박영희는 "책을 읽는 동안에 나는 병사의 한 사람이 된 듯이 그 전황의 실감을 갖게 되었다. 국가를 위하고 동양의 평화를 위해서 악전고투하는 병사들의 실상을 볼 때 황군에게 경의와 감사의 뜻을 표하지 않을 수 없게 된다."[47]고 감격해 마지않았다. 최재서는 "금번사변(今番事變)이 산출한 전장문학의 백미라고 할 만한『보리와 병정』이 출판되었다는 것은 의미심장하다."고 하면서 "前線(전선)에 있는 황군장병의 고초를 문학작품에 의하여 직접 일반 민중에게 알리려는 것"[48]이라고『보리와 병정』의 출판 의의를 밝혔다.

한편 출판업에 종사하는 최재서, 임화, 이태준 등이 주축이 되어 전쟁문학 마케팅을 기획하였는데, 그것이 '황군위문작가단'이었다. 1939년 4월 "학예사의 임화, 인문사의 최재서, 문장사의 이태준이 주동한 황군위문작가단은 범문단적인 협의를 거친 후, 출판업자와 문단의 비용 부담에 의해서, 김동인·박영희·임학수의 3명을 파견하기로 결정을 보았다."[49]『삼천리』는 문단 차원에서 '북지전선에 황군위문 떠남에 제하여, 조선문단사절 특집'을 기획하여 전쟁문학을 어젠다화하였다. 위문작가단에 선발된 김동인·박영희·임학수가 포부와 감회를 표하고 이광수, 유진오, 김기진, 정인섭, 이선희, 김문집, 김동환 등이 장별사를

되자 휩쓰는 듯한 인기 속에 재판 3판을 거듭하여 14판까지 중판되는 기록을 지었는데 내지문단에서도 가장 유명한 이 전쟁문학을 이번에 조선에서는 조선어 연구의 권위인 총독부 도서과 통역관 서촌진태랑(西村眞太郎) 씨가 수개월 동안 조선말로 고심 번역"하였다며 전쟁문학 붐을 고조시켰다고 전했다.

47 박영희,『보리와 병정』: 명저명역의 독후감(하),『매일신보』, 1939. 7. 27.

48 최재서,「西村眞太郎 씨 번역의『보리와 병정』독후감(상)」,『매일신보』, 1939. 7. 22.

49 김병걸·김규동 편,「친일문학의 경위와 의미」,『친일문학작품선집』1, 실천문학사, 1986, 415쪽. "1939년 4월 12일 서울을 출발한 이 3명은 石家莊(석가장)·楡次(유차)·太原(태원)·臨粉(임분)·運城(운성)·安邑(안읍) 등 각지를 위문한 후 5월 13일 귀경한다. 이들은 출발 당시에 목적했던 대로 박영희가「전선기행」을, 임학수가「전선시집」을 창작 발표한다."

썼다.[50] 박영희는 「전쟁과 문학자의 임무」에서 "일본제국의 이번 사변에 있어서 동양 영원의 평화 확립에로 매진하는 근본정신을 이해"하고 "황민으로서의 의무감을 통감"하면서, "조선인은 총후를 굳게 지킬 것을 각오하고 일방 황군에 대한 감사를 표해"[51]야 한다고 주장하였다. 그것이 바로 전쟁 신체제의 의의이며 문학자의 임무라는 것이다.

『인문평론』이 창간되던 시점이 바로 이때이다. '전쟁'과 '전쟁문학'이 시국과 문학장의 최대 이슈가 되었으며, 각종 신문, 매체 ―『삼천리』,『문장』,『조광』들은 전쟁과 전쟁문학을 기사화하기에 여념이 없었다.[52] 이러한 분위기에 영합하여『인문평론』도 지나사변이 세계사적 전환의 계기이자, 이 전쟁의 수행이 문학·문단뿐 아니라 문화사적 새로운 국면이라고 설파하였다. 그에 맞춰 편집의 방향을 잡아 나갔다. 앞서 살펴보았듯이 인문사의 최재서, 문장사의 이태준, 학예사의 임화 등은 '전쟁'을 출판 자본의 마케팅 전략으로 주목하고, 황군위문작가단을 범문단적 차원에서 조직하고, 출판업자와 문단의 비용 부담으로 하여 작가단 파견을 결정한 바 있다. 이들은 '전쟁' 시국과 함께 부상한 대중의 욕망을 문학적으로 생성 소비하기 위해 '전쟁문학'을 아이템화하여 문학의 전쟁 특수(特需)를 꾀했다. 전시체제의 이념과 출판 자본, 문단이 결탁하여 조선의 문학장을 '전쟁문학장'으로 이끌어 가고 있었다. '황군위문'의 결과인 임학수의『전선시집』이 인문사(1939.9)에서 출간되었으며,『인문평론』창간호 목차란 한 면을 차지해서 광고했다.

---

50 「북지전선에 황군위문 떠남에 제하여, 조선문단사절 특집」,『삼천리』, 1939.7.
51 박영희, 「전쟁과 문학자의 임무」,『삼천리』, 1939.7, 234쪽.
52 『문장』은 1939년 7월부터 9월까지 임학수의『북지견문록』을 연재하였다. 박영희는『전선기행』서문에서 '황군위문'이 "조선 출판업자 제위와 조선문단의 애국적 열의의 제일의 행사"로서 "이것을 계기로 해서 조선문단의 문예운동이 새로운 길을 개척하게 되"(박영희,『전선기행』, 박문서관, 1939, 1쪽)었다고 문화사적 의의를 설파했다.

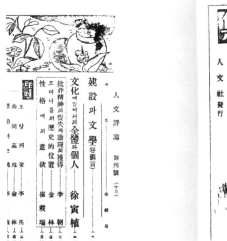

『인문평론』 창간호(1939.10)의 『전선시집』 광고[53]

이 광고는 인문사와 『인문평론』이 자사에서 출판한 『전선시집』의 판촉을 위한 출판 자본의 욕망과 출판 방향, 시국관 등을 표명한 언표라고 할 수 있다. 자사 상품 『전선시집』을 '한 시대를 구획하는 명작'이라고 자찬하고 '흥아', '성전', '총후조선민족'을 고취한 의의를 적극 부각시켰다. '신질서', '신체제', '흥아', '동양평화', '건설'의 기치는 곧 중일전쟁의 수행으로 귀결되고, '총후조선민족'이라는 슬로건은 조선과 민중을 전쟁하는 주체로 창출하는 전략이었다. 이들은 '전쟁'을 이념화할 뿐만 아니라 상품화하고 판매 전략화하면서, 이를 통해 문학장을 확장

---

53 "조선 최초의 전쟁문학―去番(거번)에 황군위문조선문단사절이 派送(파송)됨에 저자 임학수 씨는 조선시단을 대표하야 일행에 참가하였다. 씨는 전후 2개월 동안 북지전선을 馳驅(치구)하여 砲煙彈雨(포연탄우)의 밑을 멀리 전선까지 진출하였다. 이 시집은 그때에 얻은 견문과 또 일찍이 저자가 가슴에 품었던 동양적 기개가 혼연 통일되어 이루어진 조선 최초의 전장문학이다. 시국에 적합한 독물로서 가가호호에 애송되기를 바란다."(『인문평론』 창간호, 1939.10, 목차란)

하고자 하였다.[54] 실제로 『인문평론』 창간호에 실린 박영희의 「전쟁과 조선문학」에서 중일전쟁은 "동양의 영구한 평화를 위한, 일본정신의 발로"이며, 전쟁문학은 "정책의 예술화가 아니라, 일본정신의 예술화와 문학화"로 규정되고, "이 정신 위에서 창작되는 문학적 작품은 세계문학의 이상을 만들어낼 것"[55]으로 추앙되었다.

『인문평론』 창간호와 「오랑캐꽃」의 위치(position)가 바로 여기이다. 시 「오랑캐꽃」은 이러한 전쟁 담론의 장 속에서 창작된 것이었다. 『인문평론』의 편집자로서 이용악은, 인문사에서 발간한 책들과 『인문평론』을 편집하고 출판하는 중심에 있었다. 그는 스스로가 매체를 통해서 이런 전쟁 담론 생산에 참여하고 있으면서, 동시에 자기 부정을 해야 한다는 모순적인 상황에 봉착해 있었던 것이다.

4. 오랑캐-되기 혹은 비국민-되기

동일성의 시학에 의하면 "「오랑캐꽃」은 매우 난삽한 시임에 틀림없다."[56]는 지적을 받을 수 있다. 동일성의 시학은, 특정한 정체성을 재현하고 일관된 동일성으로 전체를 통괄하는 화자를 소실점으로 삼아 작품을 원근법적으로 해석하는 방법이다. 즉, "쫓겨가"는 오랑캐를 유랑하는 식민지 조선 민중(또는 변방민, 타자, 소수자)과 연계시키는 방법은,

---

54   "前月 配本인 『戰線詩集』의 聲價는 劃時代的인 名篇이라는 비평 소리가 높았다. 興亞大陸에 전개된 聖戰에 대하여 銃後朝鮮民族이 느낄 수 있는 거대한 감격과 홍분이 言首句 句마다 약동하는 시혼이 絶大의 讚仰을 얻고 각 학교 각 청년단체에서 경쟁하며 備置되고 있음을 본다."(『출판부 소식』, 『인문평론』, 1939. 12, 237쪽)

55   박영희, 「전쟁과 조선문학」, 『인문평론』 창간호, 1939. 10, 39~40쪽.

56   김학동, 「유이민의 궁핍한 삶과 서사성 ― 이용악론」, 『현대시인연구1』, 새문사, 1995, 926쪽.

실제 작품 해석 과정에서 일정한 당착과 난관에 부딪친다. '나'와 '우리'의 위치(position)가 모순적으로 유동하고 있기 때문이다.

실제로 주체는 무한한 변이와 생성의 잠재성을 품고 운동하고 있다. 주체는 욕망들의 연결과 분리를 통한 접합·접속의 결과로 발생하는 효과[57]이며 배치와 관계에서 솟아오르는 에너지인 것이다. 시「오랑캐꽃」은 '오랑캐꽃'의 정체성 탐구나 단일화자의 목소리에 집착하지 말고 시야와 감각을 열어 해석할 필요가 있다.

아낙도 우두머리도 돌볼 새 없이 갔단다
도래샘도 띳집도 버리고 강 건너로 쫓겨갔단다
고구려 장군님 무지무지 쳐들어와
오랑캐는 가랑잎처럼 굴러갔단다.

구름이 모여 골짝 골짝을 구름이 흘러
백년이 몇백 년이 뒤를 이어 흘러갔나.

너는 오랑캐의 피 한 방울 받지 않았것만 오랑캐꽃
너는 돌가마도 털메투리도 모르는 오랑캐꽃
두 팔로 햇빛을 막아줄게
울어 보렴 목 놓아 울어나 보렴 오랑캐꽃

---

57 윤수종, 『욕망과 혁명』, 서강대학교 출판부, 2009, 327쪽. "모든 의미나 주체성의 현상을 은폐하고 정제하고 공동화하며 어디에서고 이원적인 관계에 있는 집합에 따르게 하고, 압력·벡터·힘이라는 상속에 이원화되고 이중화되고 벡터화된 관계에 종속시키는 사고방식과 결별해야 한다. 주체는 결코 그렇게 작동하지 않는다."(가타리, 『분열분석의 방향으로』, 윤수종 역, 『비판』 제3호, 1998, 181쪽) 민족 - 친일, 수탈 - 착취, 지배 - 피지배, 정주 - 유랑, 저항 - 협력, 식민 - 탈식민, 주류 - 주변, 생활 - 내면, 리얼리즘 - 모더니즘 등의 이분법으로 이용악의 주체를 파악하려는 방식에서 벗어날 필요가 있다.

— 긴 세월을 오랑캐와의 싸움에 살았다는 우리의 머언 조상들이 너를
불러 「오랑캐꽃」이라 했으니 너의 뒷모양이 어찌 보면 머리태를 드
린 오랑캐의 뒷머리와도 같은 까닭이라 전한다.

— 「오랑캐꽃」[58] 전문

이 시의 첫 장면은 고(구)려 군대가 무지무지 쳐들어오는 함성과 말
발굽 소리와 무자비한 정벌과 마을의 소개(疏開), 그리고 아내도 자식도
촌장도 수습할 새 없이 혼비백산하여 줄행랑치는 오랑캐들의 아수라
장엔 비명으로 낭자하다. 2연, 시간은 흘러 산천은 의구하지만, 사태는
보존되었다. 3연, 오랑캐꽃이 이 비극적 사태를 자기 '이름' '오랑캐(꽃)'
으로서 보존하고 기억하고 비극은 계속되고 있다. 오랑캐꽃은 오랑캐
가 아니면서 오랑캐의 비극을 보존하고 있다. "오랑캐와의 싸움에 살았
다는 우리의 머언 조상"들을 "오랑캐꽃"이 증언하고 있다. 목소리는 이
기억과 사태를 감당하며 '통곡'을 듣는다.

「오랑캐꽃」에는 고구려 군대의 침략적 정벌/함성과 말발굽 소리+
오랑캐 마을의 아수라장과 초토화/비명+오랑캐꽃의 통곡이 스테레오
처럼 뒤섞여 부딪치고 있다. 여러 개의 소리와 이미지가 다성적이고 다
중적으로 길항하는 가운데, 이 시의 주체성은 솟아나는 것이다.[59]

"'오랑캐'란 말은 자민족 중심주의의 산물이기 때문에 상종 못 할
야만인이라는 함의를 진하게 풍기고 있다."[60]는 설명에 따르면, '나라
잃은 민족의 운명'으로서 여진족은 조선 민족의 동일성으로 환원되지
않는다. 오히려 '우리'라는 이데올로기 혹은 욕망에 의해 희생되어야

---

58 『인문평론』, 1939. 10, 16~17쪽.
59 이용악의 시는 소리와 청각적 요소·이미지에 매우 민감하다는 사실이다. 이용악 시의
    sound - scape에 대해서는 상세히 살펴볼 필요가 있다.
60 유종호, 「식민지 현실의 서정적 재현」, 『다시 읽는 한국시인』, 문학동네, 2002, 200쪽.

했던 타자 — 오랑캐, 오랑캐(꽃) — 되기를 적극 수행함으로써 새로운 주체성이 솟아나는 지점과 재전유 과정에 주목할 필요가 있다. 이는 조선 민족이 '총후조선민족'으로 호명되고 일본 제국의 '국민'이 되어 전쟁하는 주체로 동원되는, '전시체제' 시국·담론에 대한 불안과 공포의 표현이다. 자발적으로 전쟁하는 주체가 되어 군국주의적 진군의 대열에 동참하는 전쟁문학의 장에 참여하고 있다는 분열적 공포와 불안이 내재해 있으며, 그것은 내적 통곡과 자기 환멸로 표현되었다.

이용악은 『인문평론』 편집자의 일원으로 침략전쟁을 '동양평화'와 신체제 '건설'이라는 이데올로기, 전쟁하는 주체('총후조선국민', '총후국민')를 창출하는 한 부분으로 작동하고 있다는 자기모순(배반)과 환멸감에 빠지고, 마침내는 '뒷길로 돌아' 오랑캐(꽃) — 되기를 감행한다.[61] '변방인·원주민·오랑캐 — 되기'라는 비통하고도 환멸적인 위치(position) 잡기는 역설적으로 '비국민' — 되기이기도 하다. 조선인으로서 제국의 '국민'이 된다는 것은 동양 평화의 주역이 되고 신체제 건설의 주체 — 곧 전쟁하는 주체가 되는 것으로 귀결된다. 이와 반대로 '나는 조선의 원주민, 오랑캐이며 식민지민이다'(제국의 타자이다)라고 고통스럽게 커밍아웃하는 것으로서만 이 전쟁 — 신체제 국면에서 자유로울 수 있었던 것이다. 오랑캐이기를 부끄러워하고 이에서 벗어나고자 했던 조선의 지식인들은 결국 신체제론 — 동양담론(서양 근대 파산을 구원할 세계사적 사명감에 들려올려진 논리) — 전쟁하는 주체("고구려 장군님")에 포섭될 수밖에 없었다.

「오랑캐꽃」 이후, 이용악을 둘러싼 전쟁문학 장은 더욱 압박해 왔

---

61 실제로 일본은 중국을 국가로 인정하지 않고 변방, 지방으로 취급했는데, '중일전쟁'을 '지나사변'이라고 명명하며 지방의 한 사태로 규정했다. '지나인'을 미개한 오랑캐 취급을 하며, 그 소탕을 동양 평화를 위한 성전으로 이데올로기화하였다.

다. 『인문평론』은 더욱 노골적으로 전쟁을 고취하고 이념화하고 전쟁 문학을 마케팅화하였다.[62] 일찍이 문학청년 이용악에게 지대한 영향을 주었던 동향 선배 시인 김동환[63]도 『삼천리』를 통해 '황군위문작가단'을 조직하고 '문필보국(文筆報國)'을 기치로 한 조선문인협회를 주도하면서 국민문학을 선도하였다. 동경 유학 시절 이용악과 동고동락하며 『이인(二人)』이라는 동인 활동을 함께 했던 김종한도 시기는 조금 늦지만 국민문학 신봉자가 되어 갔다.[64] 이런 상황에서 이용악은 자발적으로 '오랑캐 — 되기', 곧 제국 혹은 국가의 밖을 상상하며 타자, 이질 분자, 이방인, 원주민, 비국민('오랑캐')을 자처하는 한편, 실제 생활은 제도권 속에서 영위해야 했다. 그것은 「술에 잠긴 센트헤레나」와 「뒷길로 가자」에서 보듯이 자조적 퇴행을 감행하는 것이었다. 술에 취하여 싸우고 얻어맞고 노숙하고 데카당의 경계에서 위태롭게 흔들렸다.

술잔을 빨면 모든 영혼을 가벼이 물리칠 수 있었으나
나중에 내 돌아가는 곳은
허깨비의 집이올시다 캄캄한 방이올시다
거기 당신의 제우스와 함께 가두어 뒀습니다

---

62 당시 『인문평론』의 편집 방향을 주도하였던 최재서의 사유와 입장을 보여 주는 예로, 그가 중일전쟁이 일어나서 출정하는 군인들을 전송하는 자리(1937년 7월 25일, 동경역)에서 "聖戰(성전)이라는 말을 듣고", "나는 그곳에 벌어진 창가와 만세와 격려와 절규의 흥분이 소용돌이치는 광경에 완전히 나 자신을 잃고 말았다. ……(중략)…… 흥분을 지나친 살기로 불이 일어날 지경이었다. ……(중략)…… 浪激(낭격)처럼 밀려오는 <u>국민적 성열</u>에 좀체로 눈을 붙일 수가 없었다. ……(중략)…… 기를 휘두르며 만세를 부르는 정경은 참으로 눈물겨웠다. 이리하여 <u>나는 전쟁 속의 한 사람이 되었다.</u>"라는 회고가 『인문평론』에 실려 있다(최재서, 「사변 당초와 나」, 『인문평론』, 1940.7, 98~99쪽. 밑줄 강조 - 인용자).

63 유정, 「암울한 시대를 비춘 외로운 시혼 — 향토의 시인 이용악의 초상」, 윤영천, 『이용악시전집』(2쇄), 창작과비평사, 1994, 184쪽.

64 이용악이 인문사를 나온 다음, 김종한이 그를 이어 인문사에 들어가 최재서와 『국민문학』을 편집 출간했다.

당신이 엿보고 싶은 가지가지 나의 죄를

그러나 어서 물러 가십시오

푸른 정녕코 푸르른 하늘이 나를 섬기는 날

당신을 찾아

여러 강물을 건너가겠습니다

자랑도 눈물도 없이 건너가겠습니다

─「밤이면 밤마다」부분[65]

술에 빠져서 고통을 잊고, 술이 깨면 그는 허깨비가 되고 자기의 죄를 스스로 본다. 이 죄로부터 자유롭고 싶어, "푸르른 하눌"을 꿈꾸지만, 다시 술에 취해 싸우고, 삶은 지리멸렬하게 지속되었다. 마침내 그가 "자랑도 눈물도 없이 건너 가겠습니다"를 실행한 것이 『인문평론』 폐간(1941.4)과 함께 낙향하는 것이었다. 아마도 최재서가 『인문평론』에 이어 발행한 『국민문학』에 합류할 것을 권했을 것이나, 이용악은 거절하고 낙향하였다.

아래의 시는 '허깨비의 집'에서 나와 '벌판을 가는', 약간은 경쾌한 '나'를 볼 수 있는 색다른 작품이다.

몇천 년 지난 뒤 깨어났음이뇨

나의 밑 다시 나의 밑 잠자는 혼을 밟고

새로이 어깨를 일으키는 것

나요

불길이요

65　이용악, 『오랑캐꽃』, 아문각, 1947, 33~34쪽.

……(중략)……

이제 벌판을 가는 것
바람도 비도 눈보라도 지나가 버린 벌판을
이렇게 많은 단 하나에의 길을 가는 것
나요
끝나지 않는 세월이요
——「벌판을 가는 것」 부분[66]

이 시는 『인문평론』 폐간(1941.4) 즈음하여 발표되었다. 거기엔 그
동안 "등을 동구리고" 고뇌했던 시들과 달리, "어깨를 일으키는 것/나
요/불길이요"라며 '깨어남'과 "끝나지 않은 세월"을 말한다. 선배나 체
제나 출판 자본의 논리나 시대적 담론이나 시국, 국책에 휘둘리지 않고
"나요!"라고 당당하게 스스로를 주장한다. 이전의 시에서 볼 수 없는 어
떤 해방감을 읽을 수 있다.
　마침내 모든 것의 진원지인 서울을 떠나서 변방이자 북방인 함경
도 고향으로 떠나버렸다. 그런데 낙향한 뒤 이용악은 고향집의 등잔 밑
에서 다시 서울을 그리워한다. 서울은 소용돌이치는 매혹과 환멸의 양
가성이 길항하는 곳이다.

모두 벼슬 없는 이웃이래서
은쟁반 아닌
아무렇게나 생긴 그릇이 되려

66　이용악, 「벌판을 가는 것」, 『춘추』, 1941. 5.

머루며 다래까지도 나눠 먹기에 정다운 것인데
서울 살다 온 사나인 그저 앞이 흐리어
멀리서 들려오는 파도 소리와 함께
몰래 울고 싶은 등잔 밑 차마 흐리어
　　　　　　　　　　　　—「등잔 밑」 전문[67]

　그는 시간이 정지된 것 같은 설화의 세계, 등잔 밑의 협소한 세계인
고향에서 격동하는 서울(의 문학장)을 그리워하고 있다. 이런 열망이 현
실적 긴장감을 떨어뜨리고, 중심에 대한 욕망과 시국에의 참여에 대한
시도로 표현되기도 했다.

단 한번 정의의 나래를 펴기에
우리는 얼마나 많은 세월을 참아왔습니까.

이제 오랜 치욕과 사슬은 끊어지고
잠들었던 우리의 바다가 등을 일으켜
동양의 창문에 참다운 새벽이 동트는 것이요
승리요
적을 향해 다만 앞을 향해
아세아의 아들들이 뭉쳐서 나아가는 곳
승리의 길이 있을 뿐이요.
　　　　　　—「눈내리는 거리」 부분[68] (밑줄 강조 - 인용자)

67　「등잔밑」,『매일신보』, 1941. 12. 14.
68　「눈나리는 거리」,『조광』, 1942. 3.

신체제 전쟁 시국에서 "등을 동구리고"(「등을 동구리고」) 갈등하던 주체가 갑자기 "등을 일으키"면서 "동트는 새벽"을 찬미하고, "정의", "적", "승리", "동양", "아세아의 아들"을 부르짖는다. 이것은 스스로를 전쟁하는 주체로 동원하려는 시도이다. 이 협소한 '등잔 밑'의 세계에서 주류의 세계, 동양과 아시아의 스케일로 나가고 싶은, "등을 일으켜" 세우고 싶은, 자아를 확장하고 싶은, 열망이 발동하고 있음을 볼 수 있다.

하지만 이용악은 이 욕망을 바로 회수해 버린다. 그것은 큰 용기와 결단이 필요했다. '동양평화'와 '정의'의 세계에 접속한 사람들은 더욱 깊숙이 빨려 들어가서 스스로 파산하는 것이 일반적인 행방이었는데, 이용악처럼 곧바로 그 욕망을 회수한 경우는 드물다. 이용악은 이후 3편 정도의 시를 발표하고는, 1942년 6월 「구슬」이라는 상징적이고 난해한 시를 발표한 뒤 침묵하였다.

5. 맺음말

일제는 1931년 만주사변을 시작으로 1945년 패전까지 15년 전쟁을 수행하였다. 특히 1937년 중일전쟁 도발에 이은 국가총동원법(1938년)의 전면적 발동으로 제국의 '신민'은 물적·육체적·정신적으로 총동원되고, 전쟁하는 주체가 되기를 강요받았다. 조선문학의 장도 제국의 전쟁 수행과 더불어 큰 변화를 겪었다. 문인과 작품들은 전시체제의 시간에 의해 내밀한 규정을 받았다. 이용악도 바로 이런 전시체제기에 조선의 문단에 던져진 한 텍스트였다.

이용악의 첫 시집 『분수령』(1937.5)과 두 번째 시집 『낡은집』(1938. 11)은 일본 고학 중에 도쿄의 삼문사에서 발간하였다. 이 두 시집은 조선 문학장에 바로 소개되고, 생활 체험을 바탕으로 한 리얼리티와 비극적 체험을 감상에 빠지지 않고 굴강하고 냉철하게 표현한 점이 높이 평가받았다.

포부와 기대를 품고 1939년 5월 전후 귀국한 이용악은 인문사에서 『인문평론』을 편집하면서 시를 썼다. 그런데 귀국 후 그의 시는 예전과 다른 모습을 보인다. 내면의 불안과 분노, 공포에 휩싸여서 좌절감을 호소하는 시를 발표하고 있다. 『분수령』과 『낡은집』의 덕목이던 굴강한 정신과 당찬 주체 대신 뒷골목으로 숨어 퇴폐의 경계에서 비틀거리는 자학적 주체가 그의 시를 주도하고 있었다. 이는 전시체제기 전쟁문학을 마케팅화하는 미디어 종사자로서, 궁핍한 생활인으로서, 그리고 시인으로서의 위치가 충돌하는 양상이 표출된 것으로 보인다.

이용악이 귀국하여 『인문평론』 창간 준비를 할 즈음, '전쟁'과 '전쟁문학'이 문학장과 미디어의 최대 이슈로 떠오르고 있었다. 이러한 분위기에 영합하여 『인문평론』도 지나사변이 세계사적 전환의 계기이자, 이 전쟁의 수행이 문학·문단뿐 아니라 문화사적 신국면이라고 선전하였다. 그에 맞춰 의제와 편집 방향을 잡아 나갔다. 전시체제의 이념과 출판 자본의 전쟁 특수(特需) 욕망과 문단의 자기 확장 열망이 결탁하여 조선의 문학장을 '전쟁문학장'으로 이끌어가고 있었던 것이다. 이용악은 이런 문학장의 편집자로서 자기 위치(position)를 고통스럽게 대면하면서 전쟁 담론을 편집하고 시를 써야 했다.

전시체제기에 '북방 로컬리티'의 성격이 변화하면서 이용악의 시적 언어 및 이미지가 침탈당했다. 이용악 시의 북방 로컬리티는 유랑하는 식민지민의 고난에 찬 주체성과 연대감, 국경 혹은 망국이라는 불온한 정치적 장소성, 이국적 코드와의 접촉으로 생성되는 낭만성 등의 산실로서, 한국 근대시의 한 영토였다. 그런데 중일전쟁 이데올로기인 '일본 만주 중국 삼국의 동양평화론'에 의해, '북방'은 동양 평화의 전진 기지이자 왕도낙토(王道樂土)의 신개척지로 상징화되고 로컬리티의 성격이 오염되었다. 북방은 유랑하는 망국민의 생활과 고난의 장소가 아니라, 동양 평화를 건설하는 병사나 프론티어의 숭고한 성소로 담론화되면서, 이용악은 개성적인 시적 토포스를 침탈당하고 시 쓰기에 타격을 받았던 것 같다. 그래서 이 시기 이용악 시의 북방은 '고향'으로 환원되거나, 치열한 역사적 시간성과 장소성이 소거된 채 비경험적인 시공간, 설화적 공간으로 대체되곤 하였다. 이 또한 전시체제기 이용악의 시적 번뇌가 되었다.

이런 역사적·문학적 정황 속에서 산출된 시 「오랑캐꽃」은 전시체제기에 '오랑캐/비국민 — 되기'를 적극 타진한 작품이다. 그동안 「오랑캐꽃」은 화자를 소실점 삼아 동일성 속에서 해석하다 보니 당착과 난관에 부딪쳤다. 이에 변이와 생성의 잠재성을 품은 운동, 접합과 접속의 결과로 발생하는 효과로서, 주체 개념으로 해석할 필요가 있다. 고구려 군대의 침략적 정벌/함성과 말발굽 소리+오랑캐 마을의 아수라장과 초토화/비명+오랑캐꽃의 통곡이 스테레오처럼 뒤섞여 부딪치고있다. 여러 개의 소리와 이미지가 다성적이고 다중적으로 길항하는 가운데, 이 시의 주체성은 솟아나는 것이다.

이용악은 자발적으로 '오랑캐 — 되기', 제국 밖을 상상하며 타자, 이질 분자, 이방인, 원주민, 비국민('오랑캐')을 자처하면서 고투하다가 결국 일제가 끝날 때까지 침묵하였다.

참고문헌

『조선일보』, 『동아일보』, 『매일신보』, 『비판』, 『시학』, 『삼천리』, 『인문평론』, 『조광』, 『문장』, 『춘추』, 『민성』, 『대조』

김광현 외, 『전위시인집』, 노농사, 1946.12.

박영희, 『전선기행』, 박문서관, 1939.

박현수, 『원전주해 이육사 시전집』, 예옥, 2008.

이용악, 『분수령』, 삼문사, 1937.

_____, 『낡은집』, 삼문사, 1938.

_____, 『오랑캐꽃』, 아문각, 1947.

곽효환, 「이용악의 북방시편과 북방의식」, 『어문학』 88집, 한국어문학회, 2005.

김병걸·김규동 편, 『친일문학작품선집』 1, 실천문학사, 1986.

김용직, 『한국현대시인연구』, 서울대학교 출판부, 2000.

김재홍, 『이용악』, 한길사, 2008.

김학동, 『현대시인연구1』, 새문사, 1995.

유종호, 『다시 읽는 한국시인』, 문학동네, 2002.

윤수종, 『욕망과 혁명』, 서강대학교 출판부, 2009.

윤여탁, 「이용악의 「오랑캐꽃」 텍스트의 해석방법 연구」, 『한국시학연구』 27, 한국시학회, 2010.4.

윤영천, 「민족시의 전진과 좌절」, 『이용악시전집』(2쇄), 창작과비평사, 1994.

이경수, 『한국 현대시의 반복 기법과 언술 구조 : 1930년대 후반기의 백석·이용악·서정주 시를 중심으로』, 고려대학교 박사학위 논문, 2002.

_____, 「이용악 시에 나타난 '길'의 표상과 '고향 – 조선'이라는 심상지리」, 『우리문학연구』 27집, 2005.

이경희, 『북방의 시인 이용악』, 국학자료원, 2007.

이명찬, 『1930년대 한국시의 근대성』, 소명출판, 2000.

이정애, 「이용악 시 연구」, 서울대학교 석사학위 논문, 1990.

정선태, 「총력전 시기 전쟁문학론과 종군문학」, 『동양정치사상사』 5~2, 한국동양정치사상사학회, 2005.

조은주, 『디아스포라 정체성과 탈식민주의적 계보학 연구 — 일제 말기 만주 관련 시
    를 중심으로』, 서울대학교 박사학위 논문, 2010.

최재서, 『문학과 지성』, 인문사, 1938.

한아진, 「이용악 시의 서사성과 장소 체험」, 동국대학교 석사학위 논문, 2014.

가타리, 「분열분석의 방향으로」, 윤수종 역, 『비판』 제3호, 1998.

초출일람

제1부 동아시아 연구의 현재와 미래

1장 배항섭, 최초 게재

2장 박소현, 「법률과 사실, 그리고 서사 – 법문학비평의 관점에서 본 전근대 동아시아의 범죄소설」, 『중국 문학』 98, 한국중국어문학회, 2019.

3장 김용태, 「"문체반정"과 동아시아 한문학」, 『민족문학사연구』 84, 민족문학사연구소, 2024.

4장 손성준, 「해방기에 소환된 망국의 역사 – 김진성의 『월남망국사』(1949) 번역에 대하여」, 『국제어문』 102, 국제어문학회, 2024.

5장 임우경, 「동아시아 냉전과 군'위안소'의 연쇄」, 『일본문화연구』 81, 동아시아일본학회, 2022.

제2부 사회적 관계성

1장 김경호, 「同一한 史實, 相異한 記錄― 秦 始皇帝 死亡과 胡亥 繼位 기사를 中心으로」, 『대동문화연구』 100, 성균관대 대동문화연구원, 2017 ; 「전한시기 『논어(論語)』의 전파와 그 내용 -새로운 출토문헌 『논 어』의 『제론(齊論)』설과 관련하여」, 『역사와 현실』 107, 한국역사연구회, 2018(이상 두 논문을 토대로 다시 집필함)

2장 高銀美, 「日本・高麗との交易事例からみた元の対外政策」, 『史苑』 79(2), 立教大学史学会, 2019.

3장 김영죽, 「譯官, 士와 商의 경계에 서다 -조선 후기 역관과 士商(儒商) 사이의 개연성을 중심으로」, 『한국 언어문화』 79, 한국언어문화학회, 2022.

4장 박이진, 「일본사회의 외국인 '혐오'와 혼혈 -'국제아', '더블' 담론의 이분법과 '아시아계' 혼혈」, 『일본문화연구』 86, 동아시아일본학회, 2023.

5장 장무후이, 「解读新质生产力的理论内涵与政策动态」, 『중국사회과학논총』 6(2), 성균관대 성균중국연구소, 2024.

제3부 난과 민주주의

1장 이평수, 「南京得勝圖와 太平天國」, 『동양사학연구』 165, 동양사학회, 2023.

2장 박은영, 「근대전환기 일본 여성의 정치참여와 자기인식 -니지마 야에(新島八重)를 중심으로」, 『일본사상』 41, 한국일본사상사학회, 2021.

3장 김예진, 「정부 수립기 잡지 『월간 아메리카』의 번역 속 소년 표상과 미국의 문화외교」, 『통번역교육연구』 21(3), 한국통번역교육학회, 2023.

4장 이혜령, 「1975년 세계여성대회와 분단 체험 -이효재, 목격과 침묵 그리고 증언 사이에서」, 『상허학회』 68, 상허학보, 2023.

제4부 열린 지식과 표상

1장 이영호, 최초 게재

2장 임태승, 「오래된 학교의 깊은 비밀: '成均'의 신화철학적 의미 분석」, 『대동문화연구』 75, 성균관대 대동문화연구원, 2011.

3장 고연희, 「한국팔경시와 회화에 나타난 '牧笛' 景 고찰」, 『한국시가연구』 58, 한국시가학회, 2023.

4장 진재교, 「조선조 후기 文藝 공간에서의 王世貞」, 『한국한문학연구』 54, 한국한문학연구, 2014.

5장 정우택, 「전시체제기 이용악 시의 위치(position) -『오랑캐꽃』을 중심으로」, 『한국시학연구』 41, 한국시학회, 2014.

동아시아학술원총서 14

열린 동아시아, 인문한국의 비전

1판 1쇄 인쇄   2025년 2월 14일
1판 1쇄 발행   2025년 2월 28일

책임편집   김경호·손성준
지은이   배항섭·박소현·김용태·손성준·임우경·김경호·고은미
              김영죽·박이진·장무후이·이평수·박은영·김예진
              이혜령·이영호·임태승·고연희·진재교·정우택
펴낸이   유지범
외주디자인   심심거리프레스

펴낸곳   성균관대학교 출판부
등록   1975년 5월 21일 제1975-9호
주소   03063 서울특별시 종로구 성균관로 25-2
전화   02)760-1253~4
팩스   02)760-7452
홈페이지   http://press.skku.edu/

ISBN 979-11-5550-657-8 93000

이 저서는 2018년 대한민국 교육부와 한국연구재단의 지원을 받아 수행된 연구임.
(NRF-2018S1A6A3A01023515)